故宮

博物院藏文物珍品全集

故宮博物院藏文物珍品全集

元代書法

主編：王連起

商務印書館

元代書法

Calligraphy of the Yuan Dynasty

故宮博物院藏文物珍品全集

The Complete Collection of Treasures of the Palace Museum

主　編……………………王連起
副主編……………………傅紅展
編　委……………………趙志成　傅東光　張　彬
攝　影……………………馮　輝

出版人……………………陳萬雄
編輯統籌……………………張倩儀

編輯顧問……………………吳　空
責任編輯……………………段國強
設　計……………………嚴欣強
出　版……………………商務印書館（香港）有限公司
香港筲箕灣耀興道 3 號東滙廣場 8 樓
http://www.commercialpress.com.hk
發　行……………………香港聯合書刊物流有限公司
香港新界荃灣德士古道 220-248 號荃灣工業中心 16 樓
製　版……………………中華商務彩色印刷有限公司
香港新界大埔汀麗路 36 號中華商務印刷大廈
印　刷……………………中華商務彩色印刷有限公司
香港新界大埔汀麗路 36 號中華商務印刷大廈
版　次……………………2022 年 4 月第 2 次印刷

ISBN 978 962 07 5336 7

All inquiries should be directed to:
The Commercial Press (Hong Kong) Ltd.
8/F., Eastern Central Plaza, 3 Yiu Hing Road, Shau Kei Wan, Hong Kong.

故宮博物院藏文物珍品全集

總序

楊新

故宮博物院是在明、清兩代皇宮的基礎上建立起來的國家博物館，位於北京市中心，佔地72萬平方米，收藏文物近百萬件。

公元1406年，明代永樂皇帝朱棣下詔將北平升為北京，翌年即在元代舊宮的基址上，開始大規模營造新的宮殿。公元1420年宮殿落成，稱紫禁城，正式遷都北京。公元1644年，清王朝取代明帝國統治，仍建都北京，居住在紫禁城內。按古老的禮制，紫禁城內分前朝、後寢兩大部分。前朝包括太和、中和、保和三大殿，輔以文華、武英兩殿。後寢包括乾清、交泰、坤寧三宮及東、西六宮等，總稱內廷。明、清兩代，從永樂皇帝朱棣至末代皇帝溥儀，共有24位皇帝及其后妃都居住在這裏。1911年孫中山領導的“辛亥革命”，推翻了清王朝統治，結束了兩千餘年的封建帝制。1914年，北洋政府將瀋陽故宮和承德避暑山莊的部分文物移來，在紫禁城內前朝部分成立古物陳列所。1924年，溥儀被逐出內廷，紫禁城後半部分於1925年建成故宮博物院。

歷代以來，皇帝們都自稱為“天子”。“普天之下，莫非王土；率土之濱，莫非王臣”（《詩經・小雅・北山》），他們把全國的土地和人民視作自己的財產。因此在宮廷內，不但匯集了從全國各地進貢來的各種歷史文化藝術精品和奇珍異寶，而且也集中了全國最優秀的藝術家和匠師，創造新的文化藝術品。中間雖屢經改朝換代，宮廷中的收藏損失無法估計，但是，由於中國的國土遼闊，歷史悠久，人民富於創造，文物散而復聚。清代繼承明代宮廷遺產，到乾隆時期，宮廷中收藏之富，超過了以往任何時代。到清代末年，英法聯軍、八國聯軍兩度侵入北京，橫燒劫掠，文物損失散佚殆不少。溥儀居內廷時，以賞賜、送禮等名義將文物盜出宮外，手下人亦效其尤，至1923年中正殿大火，清宮文物再次遭到嚴重損失。儘管如此，清宮的收藏仍然可觀。在故宮博物院籌備建立時，由“辦理清室善後委員會”對其所藏進行了清點，事竣後整理刊印出《故宮物品點查報告》共六編28冊，計有文物117萬餘件（套）。1947年底，古物陳列所併入故宮博物院，其文物同時亦歸故宮博物院收藏管理。

二次大戰期間，為了保護故宮文物不至遭到日本侵略者的掠奪和戰火的毀滅，故宮博物院從大量的藏品中檢選出器物、書畫、圖書、檔案共計13427箱又64包，分五批運至上海和南京，後又輾轉流散到川、黔各地。抗日戰爭勝利以後，文物復又運回南京。隨着國內政治形勢的變化，在南京的文物又有2972箱於1948年底至1949年被運往台灣，50年代南京文物大部分運返北京，尚有2211箱至今仍存放在故宮博物院於南京建造的庫房中。

中華人民共和國成立以後，故宮博物院的體制有所變化，根據當時上級的有關指令，原宮廷中收藏圖書中的一部分，被調撥到北京圖書館，而檔案文獻，則另成立了"中國第一歷史檔案館"負責收藏保管。

50至60年代，故宮博物院對北京本院的文物重新進行了清理核對，按新的觀念，把過去劃分"器物"和書畫類的才被編入文物的範疇，凡屬於清宮舊藏的，均給予"故"字編號，計有711338件，其中從過去未被登記的"物品"堆中發現1200餘件。作為國家最大博物館，故宮博物院肩負有蒐藏保護流散在社會上珍貴文物的責任。1949年以後，通過收購、調撥、交換和接受捐贈等渠道以豐富館藏。凡屬新入藏的，均給予"新"字編號，截至1994年底，計有222920件。

這近百萬件文物，蘊藏着中華民族文化藝術極其豐富的史料。其遠自原始社會、商、周、秦、漢，經魏、晉、南北朝、隋、唐，歷五代兩宋、元、明，而至於清代和近世。歷朝歷代，均有佳品，從未有間斷。其文物品類，一應俱有，有青銅、玉器、陶瓷、碑刻造像、法書名畫、印璽、漆器、琺瑯、絲織刺繡、竹木牙骨雕刻、金銀器皿、文房珍玩、鐘錶、珠翠首飾、家具以及其他歷史文物等等。每一品種，又自成歷史系列。可以說這是一座巨大的東方文化藝術寶庫，不但集中反映了中華民族數千年文化藝術的歷史發展，凝聚着中國人民巨大的精神力量，同時它也是人類文明進步不可缺少的組成元素。

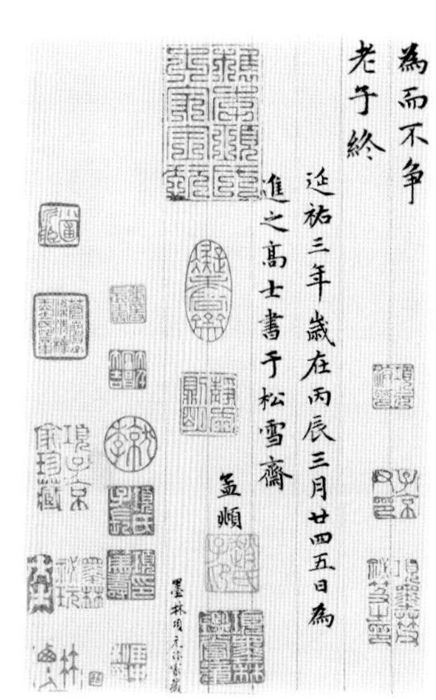

開發這座寶庫，弘揚民族文化傳統，為社會提供了解和研究這一傳統的可信史料，是故宮博物院的重要任務之一。過去我院曾經通過編輯出版各種圖書、畫冊、刊物，為提供這方

面資料作了不少工作，在社會上產生了廣泛的影響，對於推動各科學術的深入研究起到了良好的作用。但是，一種全面而系統地介紹故宮文物以一窺全豹的出版物，由於種種原因，尚未來得及進行。今天，隨着社會的物質生活的提高，和中外文化交流的頻繁往來，無論是中國還是西方，人們越來越多地注意到故宮。學者專家們，無論是專門研究中國的文化歷史，還是從事於東、西方文化的對比研究，也都希望從故宮的藏品中發掘資料，以探索人類文明發展的奧秘。因此，我們決定與香港商務印書館共同努力，合作出版一套全面系統地反映故宮文物收藏的大型圖冊。

要想無一遺漏將近百萬件文物全都出版，我想在近數十年內是不可能的。因此我們在考慮到社會需要的同時，不能不採取精選的辦法，百裏挑一，將那些最具典型和代表性的文物集中起來，約有一萬二千餘件，分成六十卷出版，故名《故宮博物院藏文物珍品全集》。這需要八至十年時間才能完成，可以說是一項跨世紀的工程。六十卷的體例，我們採取按文物分類的方法進行編排，但是不囿於這一方法。例如其中一些與宮廷歷史、典章制度及日常生活有直接關係的文物，則採用特定主題的編輯方法。這部分是最具有宮廷特色的文物，以往常被人們所忽視，而在學術研究深入發展的今天，卻越來越顯示出其重要歷史價值。另外，對某一類數量較多的文物，例如繪畫和陶瓷，則採用每一卷或幾卷具有相對獨立和完整的編排方法，以便於讀者的需要和選購。

如此浩大的工程，其任務是艱巨的。為此我們動員了全院的文物研究者一道工作。由院內老一輩專家和聘請院外若干著名學者為顧問作指導，使這套大型圖冊的科學性、資料性和觀賞性相結合得盡可能地完善完美。但是，由於我們的力量有限，主要任務由中、青年人承擔，其中的錯誤和不足在所難免，因此當我們剛剛開始進行這一工作時，誠懇地希望得到各方面的批評指正和建設性意見，使以後的各卷，能達到更理想之目的。

感謝香港商務印書館的忠誠合作！感謝所有支持和鼓勵我們進行這一事業的人們！

1995年8月30日於燈下

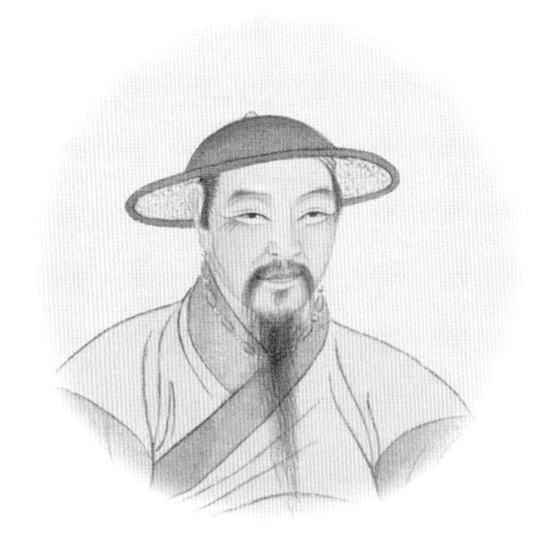

目錄

文物目錄

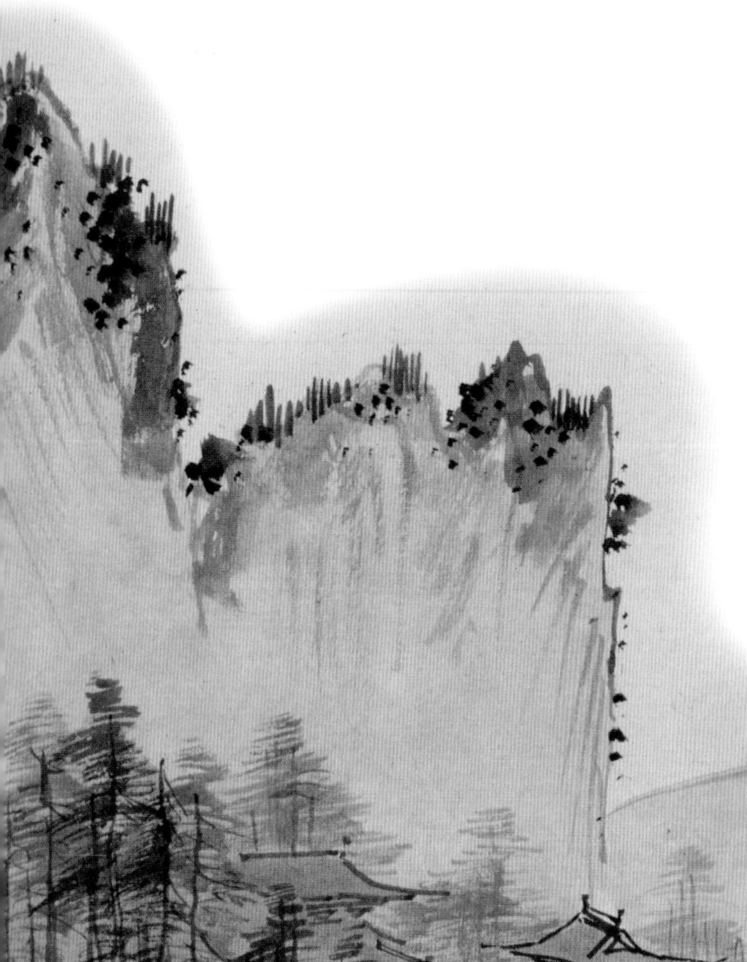

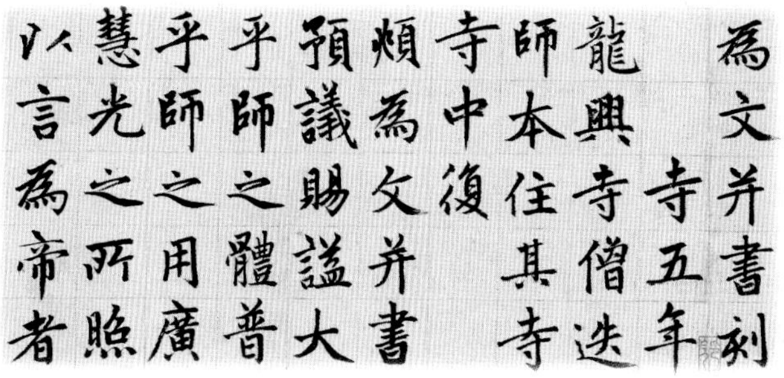

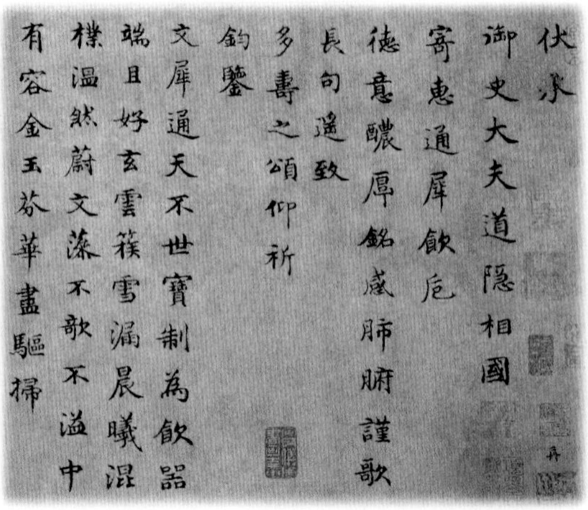
伏承
御史大夫道隱相國
寄惠通犀飲卮
德意釀厚銘感肺腑謹歌
長句遙致
多壽之頌仰祈
鈞鑒
文犀通天不世寶制為飲器
端且好玄雲筱雪漏晨曦混
樸溫然蔚文藻不歆不溢中
有容金玉芬華盡驅掃

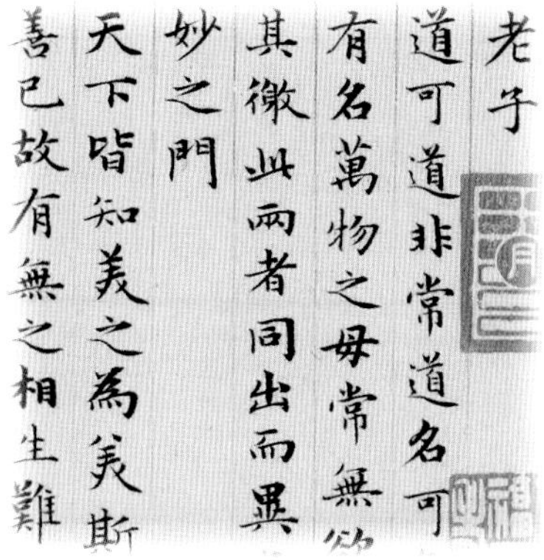

元代書法

導言

王連起

故宮博物院收藏的元人法書墨跡，其數量之多，質量之精，都久為世人矚目。以代表元代書法最高水平的趙孟頫、鮮于樞、鄧文原三家作品為例，故宮所藏可以説是國內外博物館中最豐富的。本卷選擇故宮收藏元人法書真跡百件，從中可以清晰地看出元代書法藝術的風格特徵以及發展變化的軌跡。

師法晉唐反對宋人的時代書風

蒙古大汗忽必烈於1271年建都大都（今北京），國號元。1279年滅南宋。元朝結束了自唐末以來中國的分裂局面，建立了空前統一的大帝國。但這個統一是蒙古鐵騎武力征服的結果。蒙古統治者根據征服的先後及臣服的程度，將國人分為四等：國人（蒙古人）、色目人（西北各族、西域及歐洲人）、漢人、南人（原屬南宋境內的漢人）。

雖然漢人地位低下，但在建立政權的過程中，元蒙統治者認識到漢文化對統治中國的重要性，因此，元世祖忽必烈不僅命太子真金學習漢文，而且還將程鉅夫到江南搜訪遺逸的詔書也改作漢文。世祖、仁宗對宋宗室趙孟頫的優禮，表明了元朝廷對漢族文士的重視。元仁宗以後諸帝，甚至產生了臨池作書的興趣。袁桷《清容居士集》記載仁宗曾書“除官贊”，清代《懋勤殿法帖》刻有仁宗的“敕李孟帖”。元英宗的字，陶宗儀《書史會要》稱之為“雄健縱逸”。元文宗更是雅好文藝，其書“永懷”拓本及康里巙小正書跋墨跡至今傳世，其書出於集王書《聖教序》，可見有相當的功力。天曆二年（1329）朝廷設奎章閣學士院，延攬了一大批文士，著名書法家虞集、柯九思、揭傒斯、李泂、雅琥以及歐陽玄、康里巙、周伯琦等，都曾先後在此供職。陶宗儀《奎章政要》記載：“文宗之御奎章閣日，學士虞集、柯九思常侍從，以討論書法名畫為事。”在征服者以武力征服的同時，高度發達的漢文化也開始了對征服者的征服！

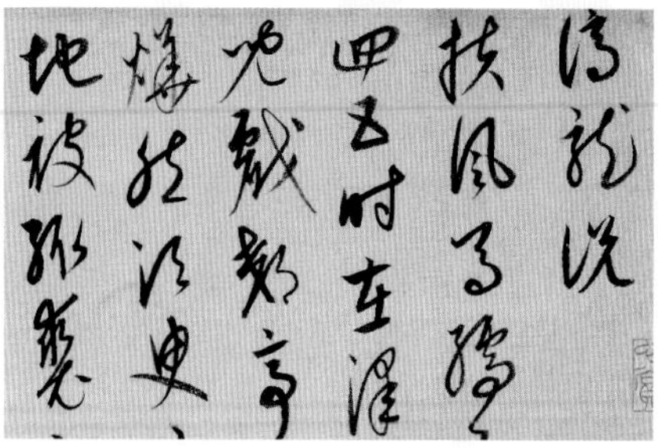
圖62 《謫龍説卷》

一些蒙古人和隨蒙古人來中原的色目人很快接受了漢文化，並成為傑出的文藝家，如高克恭、貫雲石、泰不華、盛熙明、迺賢等等。特別是康里（游牧於今烏拉爾河地區的突厥部落）人巙巙子山，曾一度被人比肩趙孟頫，稱“南趙北巙”，在中國書法史上取得了很高的地位。

但是，總的來看，元蒙帝室貴族漢化的程度不如契丹（遼）和女真（金）人。很多蒙古達官不僅不懂漢文，甚至不能用毛筆作花押。他們對元朝廷優禮漢族士人、嚮往漢文化是反感的。柯九思、雅琥就是在得寵不到兩年的時間內被蒙古貴族以“挾其末技，趨附權門，請罷黜之”的。但也正因此，統治者對文藝的控制，特別是思想方面的束縛，遠遜於前代。元蒙統治者的種族和地域歧視，使得漢族（特別是文化發達的南方漢人）士人仕途不暢，反而又促進了文人書畫家們的藝術專業化傾向。這就是元代書法藝術發展的社會歷史背景。

元代書法直接南宋和金代，但其藝術風格、書學主張和審美標準卻同宋、金有着極大的不同。從書法發展史上看，甚至可以説是對宋人書法的反動。

宋人崇尚顏真卿，論書往往把人品、書品攪在一起，這是由當時的社會歷史條件決定的。發展到後來，很多人甚至就是“學權貴書”。朱熹與人論書，就是因為“書學漢賊”（將鍾繇書誤作曹操）而自愧，而那位字寫得不好的論書者，卻因為書學“唐之忠臣（顏真卿）”而顯得理直氣壯[1]。當然，宋人學顏是意在變法，當時的代表書家蘇軾就明白地宣示他的書法是“不踐古人，自出新意”。所謂宋人“尚意”，其實就是輕視法度，書貴自運。蘇軾論書還肯定了“醜”的審美功能，改變了晉唐人中和雅正“不激不厲而風規自遠”的追求盡善盡美的書法審美理想。這種種因素，使得宋人從蔡襄以後就很少有人能寫工整的楷書和篆隸了。南宋以降，更是競相“以意為書”，基本是輕肆燥露的行書。書風到了非改變不可的地步。關於宋元書風的嬗變，虞集有一段議論堪稱是總結性的：

“……大抵宋人書，自蔡君謨（蔡襄）以上，猶有前代意。其後坡（蘇軾）、谷（黃庭堅）出，遂風靡從之，而魏晉之法盡矣。……至元初，士大夫多學顏書，雖刻鵠不成，尚可類鶩。而宋未知張之謬者，乃多尚歐率更書，纖弱僅如編葦，亦氣韻使然耶！

自吳興趙公子昂出，學書者始知以晉名書。然吾父執姚先生曰：‘此吳興也，而謂之晉，可乎？’”②

其實，在趙孟頫成名之前，人們對宋人書的“師法不古”、行書獨盛已經不滿，藝術上的復古傾向已經漸成趨勢了。收入本卷的楊桓篆書、蕭㪺隸書《無逸篇》就是明證。然而托古改制、掃蕩宋末書風流弊的代表人物只能是趙孟頫。因為只有他書法各體兼善，詩文音律、鑑賞皆能，其次還因為他是宋宗室，是元朝廷“藻飾太平之美”的主要人選，由他以師法魏晉為號召扭轉書壇頹勢，其影響就更大了。趙孟頫不但有這種主張，而且身體力行，他的真、行、草、篆、隸乃至章草諸體都取得了傑出的成就，特別是行、楷書，被後人稱為“超宋邁唐，直接右軍”。在他的影響和帶動下，元代書壇先後出現了一大批書法家，這些人有的是趙孟頫的朋友，有的則是其學生或晚輩，代表人物有鮮于樞、鄧文原、康里巎、張雨、虞集、周伯琦、柯九思、俞和、饒介等等。他們雖然藝術風格各異，成就也有高下之分，但基本上是師承晉唐人，取自古人並在功力上着力，在風神韻致上用心，從而形成了元人書法的風格。在經歷了宋末的怒張燥露風氣後，書壇出現了清新雅正的風氣。

圖23 《臨黃庭經卷》

這種風格的形成，既是書法藝術發展的必然，又是特定的社會心理在藝術上的反映。因為元代雖然國家統一，疆域廣大，但民族矛盾貫穿始終。受儒家“兼濟”思想影響的漢族文人，若想做一番事業，就必須走出仕的道路，但現實使他們認識到，這個新朝廷畢竟不是漢人的天下。以往文人即使失意退隱山林甚至放逐蠻荒，但那種“縱使浮雲能蔽日，長安不見使人愁”的對朝廷的艾怨、希望，甚至幻想，總不會破滅。但元代不同，因語言文化的不通，對他們思想的壓抑和不平，統治者根本不會理會，他們只有靠文學藝術上的修養和成就來求得解脫和安慰了。所以，元代大多數藝術家進無豪放雄壯之情，退無慷慨悲歌之意，不是沒有了喜怒哀樂，而是盡量表現得淡化超然；不要說是沒了唐人的自豪與激情，就是宋人的外露恣肆也較為少見。表現在藝術風格上，多趨向於中和典雅，講究姿致、蕭散簡遠，甚至程式化。所以，從元貞、大德到後至元（1295－1340），師法晉唐崇韻尚法的書法藝術審美追求，就一直支配着大多數書法家。元代後期，一方面學趙孟頫者日多，棄源從流，藝術上的探索和創新減弱，風格定型化。趙孟頫原本是“師古”的，學他的人卻變成了“師今”，書風漸趨平庸。另一方面，民族矛盾、社會矛盾日趨尖鋭，政治局勢的動亂也進一步引起人們心理的傾斜不安。中和典雅、雍容虛婉的審美意識，開始受到攲側動蕩、鬱勃不平思想的衝擊。一些不甘心囿於常人面貌的書法家，開始有意識地避開或擺脱趙孟頫工穩秀媚書風的影響，而向攲側、縱放、古拙甚至怪異方面另辟蹊徑。楊維楨是這方面的代表人物。他有着強烈的超凡嗜古和標新立異意識，為了避開平正圓熟，甚至不惜故作橫斜扭曲。人稱其書有“亂世氣”，就是指社會動亂引起的社會心理傾斜在書法藝術上的反映。元末最有影響的應是康里巎的迅疾書法，經饒介、宋克等人的發展變化，行將開啟又一種新的時代風氣。

托古改制的趙孟頫

趙孟頫的書法，同時代人已經稱之為“上下五百年，縱橫一萬里，舉無此書”。還有一點也是空前的，就是他諸體皆善。《元史》本傳説他：“篆、籀、分、隸、真、行、草書，無不冠絕古今。”

在歷代大書家中，趙孟頫的墨跡傳世最多，同樣偽書也最多，這給如何評價趙書帶來了問題。特別是明末清初以來，一些人因趙孟頫以宋宗室出仕元朝，便説他沒有骨氣，進而貶斥他的書法為軟媚、流滑。實際上是沒有區分趙書的真偽。有人為之辯護，説那些都是趙孟頫早年書，中晚年就不同了。這同樣也是不了解趙書師承變化的實際情況，甚至也同樣是不辨趙書的真偽。因為真的趙書，無論是早晚都絕無軟媚、流滑之病，而且早年書較之中年，更沉着厚重，甚至有些古拙。之所以會出現這種藝術特徵，完全是由於他為了反對宋金以來書法的刻露輕肆之風，力主師法魏晉造成的。他的師法魏晉，實際上早年偏重於魏，後來則專注於晉。在《哀鮮于伯幾》詩中，他説自己二十餘歲時是“我方學鍾法”。在至大二年(1309)跋自己二十年前所書《禊帖源流》中，也説自己早年小楷是“規模鍾元常、蕭子雲”。鮮于樞、文嘉、詹景鳳都説趙孟頫早年學過沈馥《定鼎碑》，即魏太武帝東巡御射碑。鍾繇傳為楷書的創始者，其書尚未擺脱隸意，屬過渡性書體，古拙有餘而靈逸不足。《定鼎碑》更是典型的拙樸類魏碑。趙孟頫早年的楷書和行楷書，如跋錢選《八花圖》、《來禽梔子圖》、跋韓滉《五牛圖》第一段、《趵突泉詩》、《陋室銘》以及本書所收《與達觀長老札》

圖4 《老子道德經卷》

（惠書帖）、《二贊二詩卷》都屬於這一類，結體方闊，筆力厚重，呈古拙之貌。特別是楷書，直至他五十歲所書玄妙觀的兩個碑《三門記》和《三清殿記》，還有很濃的北碑書意。清朝後期興起了所謂的“碑學帖學論”，但論者所指的“碑”主要是魏碑，按這個標準，趙孟頫可以說是康有為諸君“碑學”的祖師了。

同樣，趙孟頫為了反對南宋以來繪畫的俗豔膚淺纖弱，也力倡“畫貴有古意”，其早年的《幼輿秋壑圖》就非常古拙，如果不是卷後有其子趙雍及姚式、虞集、倪瓚等人題，恐怕不少人是不敢斷定此為趙畫的。趙孟頫四十歲後，書畫都有很大變化，因為他師古是為了改制，不是摹古和復古。早年師古過了頭，不利於筆墨的變化發揮，所以四十歲後書法就漸離了學魏而偏向師晉，並痛感於宋人的尚意輕法，其楷書特別注意向唐人取法，這在他的碑版書中體現得尤為明顯，但主要致力的還是二王（王羲之、王獻之）。

概括趙孟頫書法的風格變化，可分為四個階段：四十五歲之前稱早年，實際應是壯年；四十五至五十五歲稱中年；五十五歲至六十歲稱中晚年；六十歲以後為晚年。本書所選故宮收藏的趙書真跡三十餘件，四個階段的藝術風格基本都可看到。需要指出的是，趙孟頫真正的早年書存世很少，一般所指的早年書實際上是其已經出仕的三十三歲以後的作品了。其早年書學宋高宗，結體上舒下促。壯年有些帖可看出在有意糾正，本卷所收的《二體千字文冊》（圖12）就是刻意將字的下部寫得舒展放逸。屬於其壯年書的還有草書《保母磚跋卷》（圖10）、行書《與達觀長老札》（惠書帖）（圖11）、《二贊二詩卷》（圖13）。趙氏早年草書學智永，所以比學鍾繇的楷書縱逸流便，筆法變換豐富。《二贊二詩卷》沒有年款，文震孟跋說是趙四十歲書，有人考證此時趙孟頫未在湖州，便斷為偽書，這是不確切的。此帖法兼顏（真卿）米（芾），縱逸沉雄，是壯年趙書佳構，同《與達觀長老札》（惠書帖）、《與季宗源二札》、大字《陋室銘》等是筆意一脈相通的真跡，從風格看當是四十餘歲書。

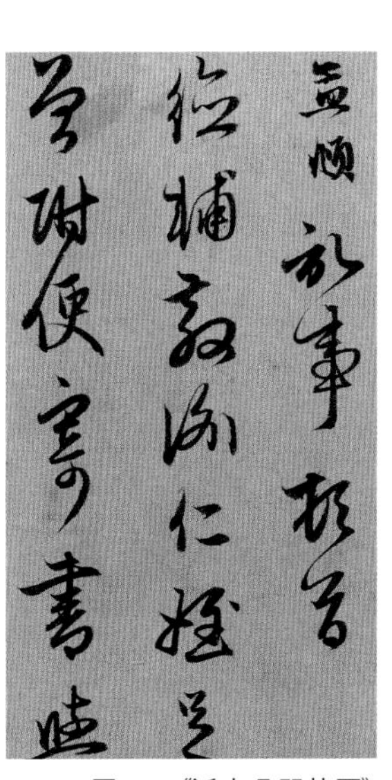
圖14《近來吳門帖頁》

趙孟頫四十五歲以後，經過長期臨摹探索，融會貫通，已經完全形成了自己的藝術風格。《近來吳門帖頁》（圖14）、《採神圖跋頁》（圖17）、《玄都壇歌》（《雜書三段帖卷》）（圖19）、《周易系辭》（《雜書三段帖卷》）（圖19）、《國賓山長帖卷》（圖20）、《遠遊篇卷》（圖22）等，是他中年書的代表作品。點畫精美，骨肉勻亭，妍潤遒媚，風骨內含而神采外溢。

趙孟頫五十五歲至六十歲期間，用筆結體進一步精美成熟。特別是結構，筆筆提起，體勢由方圓兼顧化為頎長健拔，如《崑山淮雲院記冊》（圖25）、《跋五牛圖》第二段、為夫人管道昇代筆的《秋深帖頁》（圖39）等三札、行書《洛神賦卷》（圖26）等，及現藏日本已經燒殘的《蘭亭十三跋》。點畫起止有斬截之勢，筆畫暢朗，沉着痛快，學王（羲之）書雄秀超過了姿媚。這時期時間較短，但藝術風格的變化明顯，至大年間筆畫豐富，皇慶年間書見瘦硬，《萬壽曲卷》（圖27）、跋《國銓善見律》等可證。這是趙書由中年姿媚向晚年蒼勁風格過渡的轉變期。

趙孟頫六十歲以後，人書俱老，其書縱橫任意，筆到法隨，可謂達於化境。這一階段傳世作品最多，行書《千字文卷》（圖28）、《續千字文卷》（圖29）、《膽巴帝師碑卷》（圖32）、《酒德頌卷》（圖31）、小楷《道德經卷》（圖30）、《洛神賦冊》（圖34）、《絕交書卷》（圖33）、《杭州福神觀記》等，皆是名篇佳作。趙孟頫中年以後，鍾書影響已不見痕跡，但“鍾繇三體”的啟示則終其一生，即根據用途不同，所用書體也各有別，如詩文流美蘊藉，書札任意灑脱，碑版體勢莊嚴。又如其五十歲後書碑多參李邕書意，但其詩文書札無論早晚都不見李書意味。唐代以後，書碑楷書很少有精品傳世，因為一，宋人不重視；二，書家往往得於整齊而失於呆板。趙書取法六朝和唐碑，寫得既鴻朗莊嚴有氣勢，又俊邁灑脱見靈逸。存世趙碑墨跡，包括曾被人用以糊窗的“松江寶雲寺殘碑”也只有十件。故宮獨藏四件，都是堪稱勁媚的佳構。趙書小楷，點畫精致，結法工麗，剛健而含婀娜，也達到了極高的藝術水平。

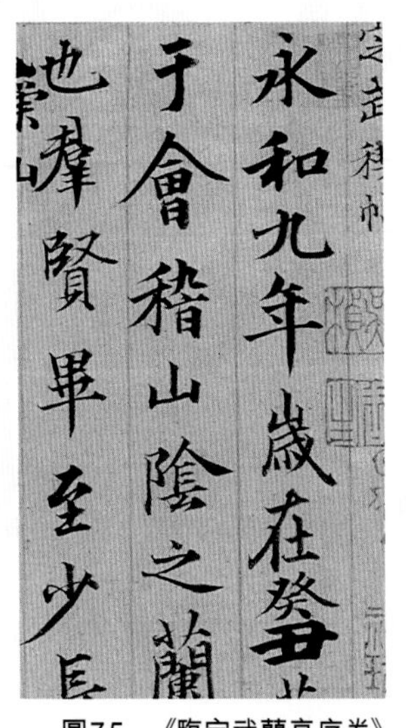
圖75　《臨定武蘭亭序卷》

趙孟頫曾補唐人臨王羲之《講堂帖》、《瞻近帖》，雖盡力斂其華美而效古勁，但較之唐人的質樸沉重，其精致雍容圓熟仍不可掩，這就是前人所說的“時代壓之，不能高古”，或稱古質而今妍。所以，儘管趙書師法晉唐，但其作品仍是他自己的面貌，也即是前引虞集文之謂：“此吳興也，而謂之晉，可乎？”其實，不僅趙書，所有的元人師古學古，都是一種藝術的再創造。

趙書點畫精美而結構安詳，備古法而見生氣，似平常而極不平常，愈工愈精，除天資學養外，亦需深厚的功力。趙孟頫是在經過多年的鑽研，到五十歲以後才達到結構用筆的完美無缺。因此，儘管元代和元以後學趙書者甚多，學得好的人卻不多。元代書家中，俞和（圖75、76）、錢良右父子功力最深，得趙書間架結構；柯九思稍易體勢而得點畫精美；郭畀（圖54、55）、張雨（圖56、57）得其俊爽朗健；趙雍（圖59）、朱德潤得其自然灑脱；張淵存世書只有《五古詩帖頁》（圖58）一件，全學趙孟頫大德初年為其所書的《洛神賦卷》。其他，則幾乎是只見規模形似了。

元代前期的代表書家

元代前期很多書法家還留有南宋或金代書法的影響，如白珽、李倜、袁桷學米（芾），溥光學黃（庭堅），姚樞學歐（歐陽詢），仇遠書也從歐入手。白珽、仇遠宋末已稱咸淳名士。白珽墨跡除本卷所收《陳君詩帖冊頁》外，多是同人唱和者及題跋，最長者為至元二十四年（1287）同鮮于樞、仇遠、張楧、鄧文原等唱和所書的“武林勝集”序。其書頗見氣勢而不甚講究點畫，《陳君詩帖冊頁》（圖3）、《題莫景行西湖寫真畫詩》（《贈莫維賢詩文卷》）（圖99）皆其晚年書，還可見學米痕跡，但已是體勢圓潤，筆力渾厚，拙樸而疏放。

仇遠書一生變化頗大，《書史會要》稱其“楷書學歐”，其早年書體勢瘦長，確有些學歐的寒斂之態，又取法宋高宗、趙孟堅，稍見縱放。《自書詩卷》（圖9）三十八首，詩見其《金淵集》及《元詩紀事》，是其最長篇的墨跡。晚年書出入智永和顏魯公，書體寬博圓厚，《莫景行詩引》（《贈莫維賢詩文卷》）（圖99）是其八十一歲時所書，用筆多變，體兼楷、行、草甚至章草，可謂丰姿多態。

這一時期，除趙孟頫外，鮮于樞、鄧文原是成就最高的書法家。

鮮于樞，《元史》無傳。據盛彪題其父墓誌可知，鮮于樞比趙孟頫年長八歲。元人劉致跋其書《進學解》講到他的一些學書經歷：“始學奧敦周卿竹軒，後學姚魯公雪齋，為湖南憲司經歷，見李北海《嶽麓寺碑》，乃有所得。至江浙，與故承旨趙公子昂諸人遊處，其書遂大進。”在元代，以趙孟頫為代表的扭轉宋人書風的托古改制的書法變革中，鮮于樞起了重要作用。他在批評宋人書方面比趙孟頫更為激烈。如在跋《保母磚帖》中，他嘲笑米芾：“卻笑南宮米夫子，一生辛苦讀何書。”對黃庭堅批評

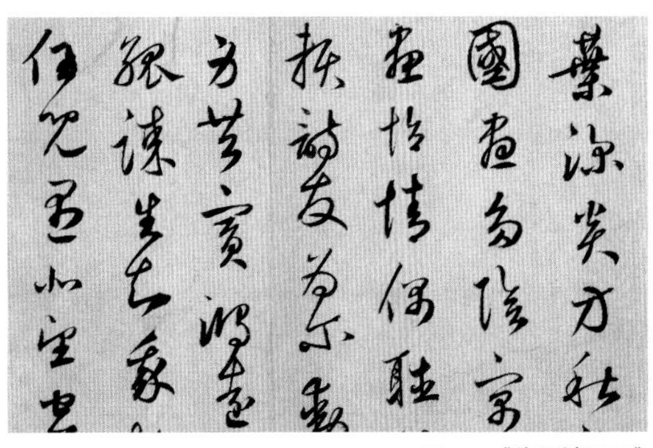

圖7　《秋興詩冊頁》

更甚："至於涪翁，全無古人意。"[3]甚至說草書"至山谷乃大壞，不可復理"[4]。但實際上，鮮于樞同趙孟頫在"師古"方面是有明顯區別的。趙取法魏晉，最後主要師二王，以韻致稱勝；鮮于則基本是學唐人，從虞世南、顏真卿到孫過庭、懷素、高閑，以骨氣見長。

鮮于樞書法的成熟在四十五歲前後。以他四十五歲跋小米（友仁）《雲山圖》、四十六歲書《王安石雜詩》，與此前的幾個題跋，如跋《保母磚帖》、《祭侄稿》、《定武蘭亭序》以及至元二十四年（1287）的"武林勝集"詩相較，區別是明顯的。但即便是成熟後的鮮于樞書，也仍可看出他追蹤前人的軌跡。元貞元年（1295），他五十歲時所書《張公行狀稿》，認真學習顏真卿，從形式、章法到結字用筆都摹仿《祭侄稿》。元貞二年所作草書《唐詩》，筆致也可見孫過庭《書譜》、賀知章《孝經》（傳）遺意。

本卷所收鮮于樞五帖，都是其成熟的佳作。《老子道德經卷》（圖4）上卷，是鮮于樞存世墨跡中唯一的精工楷書長篇，下筆折鋒入畫，收筆頓挫藏鋒，轉折需作搭筆，牽連精致入微，體勢略顯頎長，點畫修短合度，分明從虞世南書中變出。《秋興詩冊頁》（圖7）、《秋懷詩冊頁》（圖8）是與仇遠、白珽的唱和詩，當是其晚年之作，結體疏朗勻稱，筆勢瘦勁矯健，提按轉換，筆多鋒棱，是鮮于樞書法中少見的姿態俱佳之作。行草書《杜甫魏將軍歌卷》（圖5），縱橫任意，筆酣墨暢，字與字時有聯屬，似筆走龍蛇，頗為奔放；點畫雖有曲折停頓，但指腕的起伏跌宕卻不大，明顯受到懷素《自敘帖》這類平面運動多於提按起伏的狂草影響。大行書《杜工部行次昭陵詩卷》（圖6），結構疏鬆而筆勢雄渾，不甚講究點畫筆法的精工，而用心於骨力氣勢，因而頗為粗放雄壯，與記載中稱其面帶"河朔偉氣"的氣質是相符的。

鮮于樞存世書作包括題跋約有四十餘件，是趙孟頫書的四分之一，但他的大字行草卻是元人中最多的。陳繹曾向他請教寫懸腕書，鮮于樞瞑目伸臂曰：膽，膽，膽！他的大字雖雄壯，但結構稍疏懈，給人以鼓努之感；不太注意用筆——也不擇筆，又不注意點畫的精致。特別是他的師承選擇，從其行草書看，唐代高閑對他的影響最大，以至令朱彝尊懷疑，傳世的假高閑《千字文》和張旭書都是他作的[5]。他雖曾同趙孟頫一起刻意學古書，但他沒有像趙後來專法二王，取法乎上，因此被後人批評"少韻度"，"乏姿態"。他到杭州時已近四十歲，而五十六（一說五十七）歲便去世了，這也是影響他取得更大成就的一個因素。

鄧文原，雖也曾與趙孟頫齊名一時（見黃溍為鄧氏所撰神道碑），但傳世墨跡更少，只有十餘件，原因可能如張雨跋其章草《急就章卷》所說："中歲以往，爵位日高，而學書益廢。"他的學書師承，《書史會要》說是"早法二王，後法李北海"。其字頗像趙孟頫書，

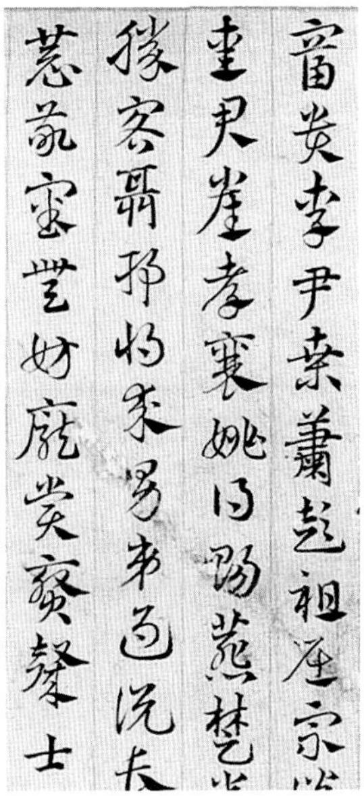

圖40 《急就章卷》

因此有人將他歸入學趙行列，其唯一的楷書長篇《清居院記》，即由於較像趙書而被懷疑為偽作。其實，此帖用筆結體雖有些像趙孟頫，但同任何階段的趙書都是有區別的，而水平之高也是作偽者難以達到的。所以，這只能歸為師承相同而造成的殊途同歸。有一個例子可以幫助說明這個問題。故宮藏宋元人跋《保母磚帖》，其中鄧文原跋雖無年款，但在仇遠和趙孟頫至元二十四年丁亥（1287）跋之間，可知也是寫於此年，鄧氏時年三十歲。其書結體用筆取法二王楷書，較之同卷上趙孟頫和鮮于樞的楷書更顯勻稱秀美。它像趙書是像十年後的趙書，而此時的趙書小楷，還是學鍾繇、智永、褚遂良，還有些"規模八分"，是比較古拙的。趙孟頫楷書到元貞、大德初年才轉向二王的流便新體。鄧文原於大德三年（1299）所書章草《急就章卷》（圖40）的楷書自識，也是工穩遒媚，更像趙孟頫成熟後的楷書。所以，與其說鄧文原學趙書，倒不如說趙的楷書轉向二王或多或少受到鄧的啟迪，只是後來趙孟頫名氣越來越大，人們便認為鄧是學趙的了。

本卷選取鄧文原書法五件，包括楷、行草和章草。《芳草帖頁》（圖41）結體方整穩健，筆畫輕清勁媚，有很高的藝術水平，同趙孟頫成熟後的楷書可視為同一機杼。行書《五言律詩帖頁》（圖44），原題在范仲淹《伯夷頌》卷後，其前龔璛跋為大德四年所書，鄧書還要晚些。此帖筆力沉着雄健，體勢修長挺拔，既有二王書的韻致姿態，又有李北海書的遒逸沉雄，證實了《書史會要》的評述不差。《家書帖頁》（圖42、43），信筆草草，似不經意，但運筆起止有法，曲折停蓄可見，但已無前幾帖的遒媚精緊，而頗見疏放蕭散，已是晚年之筆了。

袁桷以詩文名世，書法學米，《雅譚帖頁》（圖50）、《一庵首坐詩帖頁》（圖51）可證。其書縱逸弄姿，欹側求態，而筆勢精緊。他曾問學於趙孟頫，趙告訴他米書"芒角刷掠，求於匱韞川媚，則箴有也"⑥。因此其書上追晉唐，尤得力於唐人寫經。

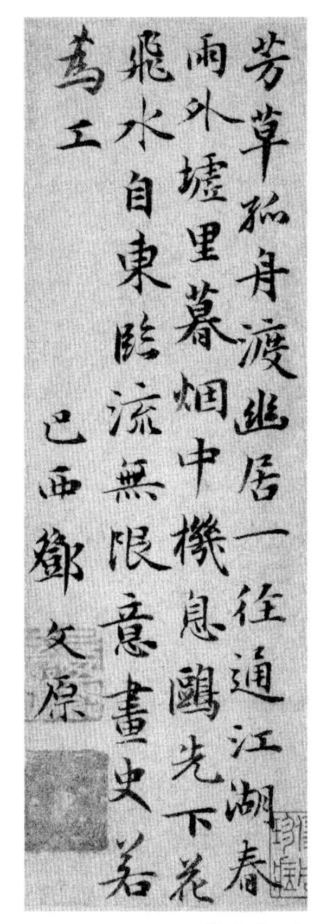

圖41 《芳草帖頁》

龔璛與元代前期書畫家交往廣泛，《教授帖頁》（圖46）即是寫給書法家錢良右的，其婿為著名篆刻家吾衍。《靜春堂詩序卷》（圖47）則是為詩人袁易詩作寫的序文，書法疏放縱逸，流暢自然，結法略見趙書影響而不規模形似。序中還有楊載、陸文圭、陳繹曾、虞集等名家書。

元代還有很多書家，如陳基（圖83、84）、沈右（圖85）、陸廣（圖86）、馮子振、楊維楨（圖67、68）、陸居仁（圖88）、危素（圖65）、饒介（圖89、90）等，或有相當水平，或有鮮明個性。一些畫家如吳鎮、倪瓚（圖73、74）、王蒙（圖77）、朱德潤、方從義等人的書法，亦有很高的藝術水平。

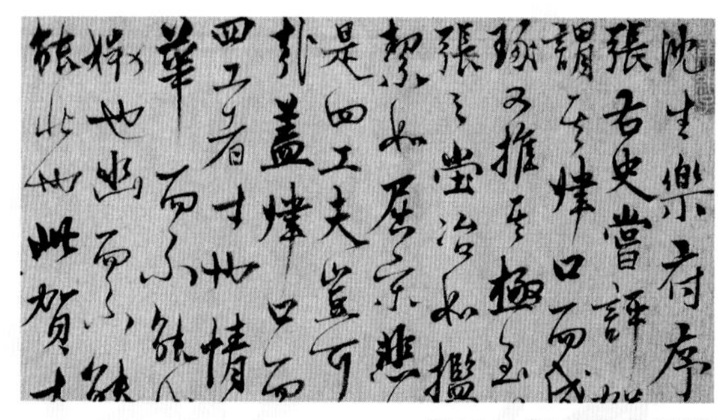
圖67 《沈生樂府序卷》

重現書壇的篆隸和章草書

為了糾正宋人的尚意輕法、只擅行書，元代書法家師古溯源，因此，宋代鮮見的篆、隸、章草又重現於書壇。《書史會要》所載元人能寫篆、隸者就在百人以上，而且很多人都有文字學方面的著述。因為書法作為一種獨立的藝術，嚴格講應是在漢字基本定型後，也即是隸書產生後的事，只有這時，作為書法藝術最重要因素的筆法和結體才開始完備，並具備了藝術變化的空間。所以，篆、隸書在文字學和書法藝術發展史上是有特殊意義的。在已不作為日常通用文字時，要寫好篆、隸，精通六書就是必然的了。

本卷選篆、隸書各三件，章草一件。從這些作品中可以看到，儘管它們常常被人稱為復古，但由於書寫方式和工具的改變，特別是書寫者審美標準的差異，追求書法藝術美的自覺程度以及書寫技藝的高下，使得元人的篆隸和章草書同前人有着很大的區別，已經不僅是一種字體的書寫，而成為藝術的再創作了。

楊桓篆書《無逸篇卷》（圖1），結體修長勻稱，運筆圓潤婉轉，尚見小篆規模，但又比李斯、李陽冰以來的篆書“委備”，即從結構到筆畫都更曲折繁複。行筆有轉折，入筆出筆見筆鋒，與《毛公鼎》、《詛楚文》更接近，這就打破了秦漢以來篆書只寫小篆的傳統。元以前小篆雖有玉筋、鐵線之別，但基本上是尚婉而通、圓轉勻稱的。宋樓鑰甚至有“燒筆使禿

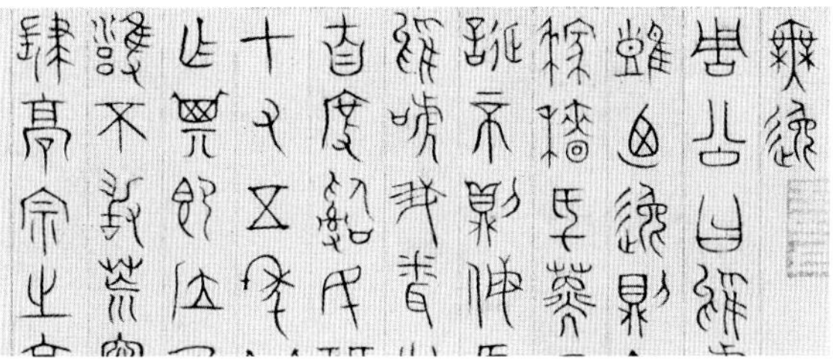

圖1 《無逸篇卷》

而用之”説，這種篆書雖可稱“筆筆中鋒”，但卻明顯缺乏筆法變化而顯單一。楊桓變通大小篆法，從而使其筆法變化豐富。

周伯琦篆書《宮學國史二箴卷》（圖69）同楊桓篆法，入筆出筆多尖鋒，師“詛楚”又顯不同，不受小篆字體束縛，結體更多吸收籀篆影響，不甚經意於齊整劃一，而是大小隨度，疏茂適宜，用筆也是方圓兼施，變化多端。他曾刻意臨寫《石鼓文》，墨跡亦藏故宮。他的篆書大字“秀野軒”三字，結構穩健，筆力雄渾。而一些篆書題跋，“篆則毫聚，分則毫輔”，篆隸筆法融於一爐，較為齊整，顯得精美樸茂。元順帝改奎章閣為宣文閣，其“宣文閣寶”璽文亦由周伯琦所篆。

《書史會要》記泰不華篆書有兩種風格：一是“篆書師徐鉉、張有，稍變其法，自成一家”；二是“常以漢刻題額字法題今代碑額，極高古可尚”。其篆書《陋室銘卷》（圖72）後，清人羅天池跋稱“篆法深得斯、冰嚴整之妙”。其實，其書並非學（李）斯、（李陽）冰小篆，雖筆畫舒展，遒勁溫潤，卻並不渾齊嚴整，體勢修長，而是結法不拘，更像徐鉉“彌匾法”。觀其書垂腳毫輔，收筆作懸針，也確有漢碑碑額“倒韭”之意。泰不華另有篆書碑刻《王烈婦碑》，筆畫細勁，體態修長，精謹齊整，略似斯、冰，而亦法籀篆。元代這種上參金文籀篆，下及斯、冰、二徐（徐鉉、徐鍇），既活潑多樣又應規合矩的篆書，實開清代篆書之先河，而緊接其後的明人，反而僅限於勻稱、圓轉、平穩和藻飾性了。

元代書法有兩個明顯特徵，就是師古和守法，並主要表現在篆、隸二體上。元人隸書主要取法隸書成熟後的魏晉甚至唐人。

蕭㪺隸書《無逸篇卷》（圖2）後自識：“大德辛丑中伏，關中蕭㪺作漢隸附於楊武子古書後”，雖指明是漢隸，但結體方整工謹而近於平板，用筆平直刻畫而乏含蓄，分明更像學晉唐人隸書。吳叡隸書在當時也很著名，其書《老子道德經卷》（圖71）洋洋五千言，結體規整，筆法純熟，方圓兼備，首尾功力不懈，看得出是盡力效法漢隸。但雕琢處仍不能脱晉唐人隸書的刻板之病，終乏漢隸的渾厚自然。這是因為漢隸是由篆書演變的，其筆意“以峭激蘊紆餘，以倔強寓款婉”。它的蠶頭燕尾、左波右磔，本是篆書的隱藏含蓄，其體勢是淳厚自然的。而楷書形成並成為通用書體後，再寫隸書，其波磔體勢則成為有意的仿效、誇張，就顯得做作，楷書結體用筆的平直、舒展特性就會時時流露出來，從而有平板、單薄、刻畫之病。真是“時代壓之，不能高古”。顧祿隸書《五言詩帖頁》（圖100）也有這些特點。當然，元人隸書中也有較為淳古的。趙孟頫行草書《陶淵明五言詩冊頁》的虞集隸書對題（圖37），用筆方圓兼施，頗多變化，於蕭疏古拙中見生動活潑，似有漢魏遺意，無怪《書史會要》稱其“古隸為當代第一”。

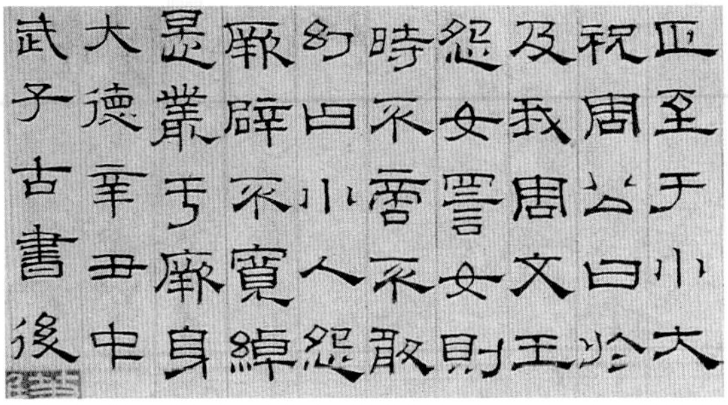

圖2 《無逸篇卷》

章草是“解散隸體而粗書之”的隸書草寫，是今草產生前的古草，其形態筆法與隸書是相通的。趙孟頫倡導師古，章草絕跡書壇數百年後又重現，但趙書的專門章草作品已看不到了（傳世趙氏名款的三篇《急就章》都不是真跡），僅從其行草書《絕交書卷》、《酒德頌卷》等帖中散見數字。康里巎、方從義、仇遠等也有興會之作，楊維楨數帖如《張氏通波阡表》、《夢遊海棠城詩》等章草意味頗濃，但僅是筆畫的波磔，並無結構的章法。真正反映元代章草面貌的，是鄧文原和俞和的作品。

鄧文原章草《急就章卷》（圖40）臨的是皇象本系統，筆力瘦勁，體態靈秀，雖然盡力保持波磔挑筆，體勢方扁，字字自相牽繞而絕不相互連帶等章草特點，但總顯精美有餘而樸茂不足，一些字的楷書筆法和體態無法避免，風格同古章草還是迥異的。這種復古作品實際上體現的還是元人的審美意識和藝術追求。

俞和《自書詩》七首，其中兩首是章草書寫。任意揮灑不同於臨仿，因此更見縱逸跌宕之態，而且韻律協調，藝術水平較高。但同樣也不是“解散隸體而粗書”的古章草筆法，而多今草甚至行楷筆意，精巧多於古拙，這是時代造成的風格。

少數民族書法家的湧現

元代特定的歷史條件，使中華各民族文化又一次大融合，從而湧現出一批少數民族書法家，這是此前歷代沒有的。其中有的人可入大家之林，而元人存世墨跡中最大的字也是少數民族書法家貫雲石所書。漢化的契丹人耶律楚材是蒙古族接受漢文化的主要倡導者，其書《送劉陽門詩》，顏筋柳骨，氣勢雄強，“如生鐵鑄成”，其大處着眼的氣度，與其朔漢施能的開國宰相風格是一致的。前面講到的泰不華，原名達普化，他的書藝除篆書外，行楷書也極有功力。以跋鮮于樞《御史箴》為例，結構嚴謹得於歐，筆畫舒放取法虞（世南），又學得王書峭勁瘦挺，潤之以趙書的姿媚遒勁，從而顯得精謹中見疏朗，極為飛動靈逸。

元代少數民族書家中成就最高的要算康里巎，他與趙孟頫曾一度被並稱為“南趙北巎”。《書史會要》也說：“評者謂國朝以書名世者，自趙魏公後，便及公也。”本書選其墨跡四件，從中可看出他確實是元代傑出的書法家。他先後任祕書監丞、奎章閣學士院大學士、翰林學士承旨兼經筵官、侍書學士。雖然趙孟頫書畫名氣影響大，但因為他是南人和亡宋宗室，只能以藝術主張和實踐成就來顯示漢文化藝術的光輝，康里巎就不同了，他祖、父都是元朝廷重臣，他自己不僅位高望重，還曾擔任元文宗、順帝的經筵官——老師，因此他不但可以憑藝術上的卓越成就帶動朝野，而且還能以自己與朝廷的特殊關係在政治措施上推動漢文化的弘揚。元蒙統治者漢化的標誌是奎章閣之立。元文宗去世後，蒙古大臣們便議論欲廢掉奎章閣和藝文監。康里巎力排眾議，指出“‘民有千金之產，猶設家塾，延館客，豈有堂堂天朝，富有四海，一學房乃不能容耶？！’帝聞而深然之，即日改奎章閣為宣文閣，藝文監改崇文監，存設如初”[7]。

陶宗儀《南村輟耕錄》記載康里巎能日書三萬字，也許有些誇張，但從《述張旭筆法記卷》（圖61）等帖可以看出，他的草書確實寫得迅急如風雨，特點是入筆點得很輕，轉折也少有搭筆，嚴格講這是字病，他也因此而受到“結法少疏”、“沉着不足”等批評。但其大多數作品運筆得法，多用中鋒，筆畫也圓潤剛健，又今草大草互見，字字筆筆皆有呼應而又不一味連綿，顯得剛勁清新。其楷書所見均為小字，體勢頎長，筆畫遒勁，略顯欹側而結法穩健，確如《書史會要》所說：“正書師虞永興”，有虞書圓秀精熟、外柔內剛的風姿特色。其行草主要得益於王羲之，從《臨十七帖頁》（圖63）、《宣使帖》中的一些字如“報”、“奉”、“頓首”，可以看出王書的瘦硬通神和瀟灑天真，康里巎是學到了精髓的。其運筆如刷，毫輔滿紙，矯健縱逸處又有王獻之以至米芾的影響，但放而不肆，奇不涉險。至於筆畫輕清勁利，圓轉遒媚處，仍可見趙孟頫書影響。僧來復題《趙松雪巎子山二公墨跡卷》詩中云：“灑翰親從魏公遊，題遍宣麻數千幅”，指出他曾得到過趙孟頫的指教，只不過其書太銳利流暢、矯健新奇，離趙書已經很遠，完全是筆筆有古人，又筆筆是自己的自家風格了。康里巎書對元末明初書壇有很大影響，完全可以和鮮于樞、鄧文原佔有同等的地位。

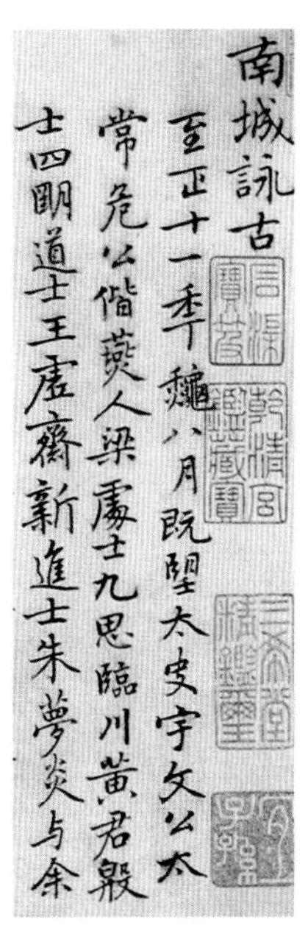

圖101 《南城詠古詩帖卷》

廼賢為西域葛邏祿氏，《南城詠古詩帖卷》（圖101）是其存世的唯一長篇墨跡。結體疏朗，筆畫清健，受趙孟頫書影響而不規模形似，意態在張雨、陳基、陸廣之間。故宮另藏其小正書題趙雍《挾彈遊騎圖》詩一首，書法較前帖更工謹，行筆的點畫起止也更精緻，意態清和，平正中有虛婉，也許是題趙雍（趙孟頫子）畫的緣故，此帖全法乃翁。廼賢書尚有跋《賢首國師手札》，書寫得頗有韻致。

盛熙明，自稱“丘茲盛熙明”，丘茲即龜茲，在今新疆庫車。《書史會要》稱其“清修謹飭，篤學多才，工翰墨，亦能通六國書”。著有《法書考》八卷，從書法源流、歷代書家優劣、筆法、結構、風神乃至印章，論述甚詳，雖雜取前代之説，但選擇頗精。虞集、揭傒斯、歐陽玄都曾為之作序。此書在元順帝時上進，“上方留神書法，覽之終卷，親問八法旨要”。推動了蒙古朝廷進一步接受漢文化。其作為西域人不但擅書法，而且還有研究著作，確實難能可貴。他的墨跡見本卷趙孟頫《雜書三段帖卷》（圖19）後，似筆力柔弱而點畫有法。

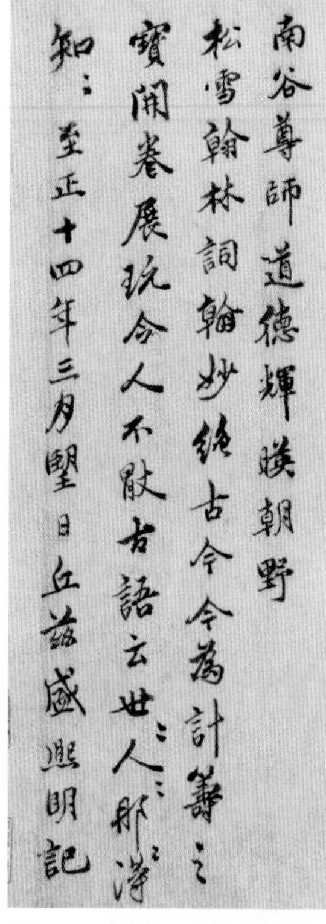

圖19 《雜書三段帖卷》後盛熙明跋

元代還有不少少數民族人士有墨跡傳世，因此可見，經過民族融和與民族文化交流，書法藝術影響的範圍也空前地擴大了。這也證明了中華民族光輝燦爛的古代文化是各族人民共同創造的。

註釋：

① 朱熹《朱文公集》卷八一，《題曹操帖》。

② 虞集《道園學古錄》卷十一，《題吳傅朋書並李唐山水跋》。

③ 鮮于樞跋劉敞《秋水篇》。

④《趙孟頫、鮮于樞行草合冊》。

⑤ 朱彝尊《曝書亭集》卷五十三《鮮于伯幾草書千字文跋》。

⑥ 袁桷《清容居士集》卷四十六《題薛紹彭帖》。

⑦《元史．康里巎傳》。

圖版

1

楊桓　篆書無逸篇卷

紙本　篆書
縱27.2厘米　橫64.5厘米

Wu Yi Pian in seal script
By Yang Huan (1234-1299)
Handscroll, ink on paper
H. 27.2cm　L. 64.5cm

楊桓(1234－1299)，字武子，號辛泉，元代兗州(今屬山東)人。曾官太史院校書郎、監察御史、祕書少監，預修《大一統志》。博學，精通古文字，著有《六書統》、《書學正韻》等書。工書法，尤精篆籀，在當時享有盛名，《環宇訪碑錄》有其數通篆書碑，而墨跡僅見篆書《無逸篇》。

此卷書《尚書．無逸篇》全文，與蕭𣂏隸書、趙孟頫小楷《無逸篇》合裝為一卷，此為首段。款署"大德己亥東魯楊桓書"，鈐"楊桓武子"(朱文)印。"大德己亥"為元大德三年(1299)，楊桓時年六十六歲，為其卒年。餘紙有清代年羹堯跋。鑑藏印五十八方。

此帖入筆出筆，皆見筆鋒，有別於秦漢以來小篆書的"尚婉而通"。帖後年羹堯題云："其甚不經意整齊處，純是鐘鼎遺法。"其實，這是元人篆書普遍學"詛楚文"形成的特點。但其修長的體勢，圓潤的筆致，還未離小篆的影響。

歷代著錄：《平生壯觀》、《大觀錄》、《江村銷夏錄》、《石渠寶笈三編》、《故宮已佚書畫目》。

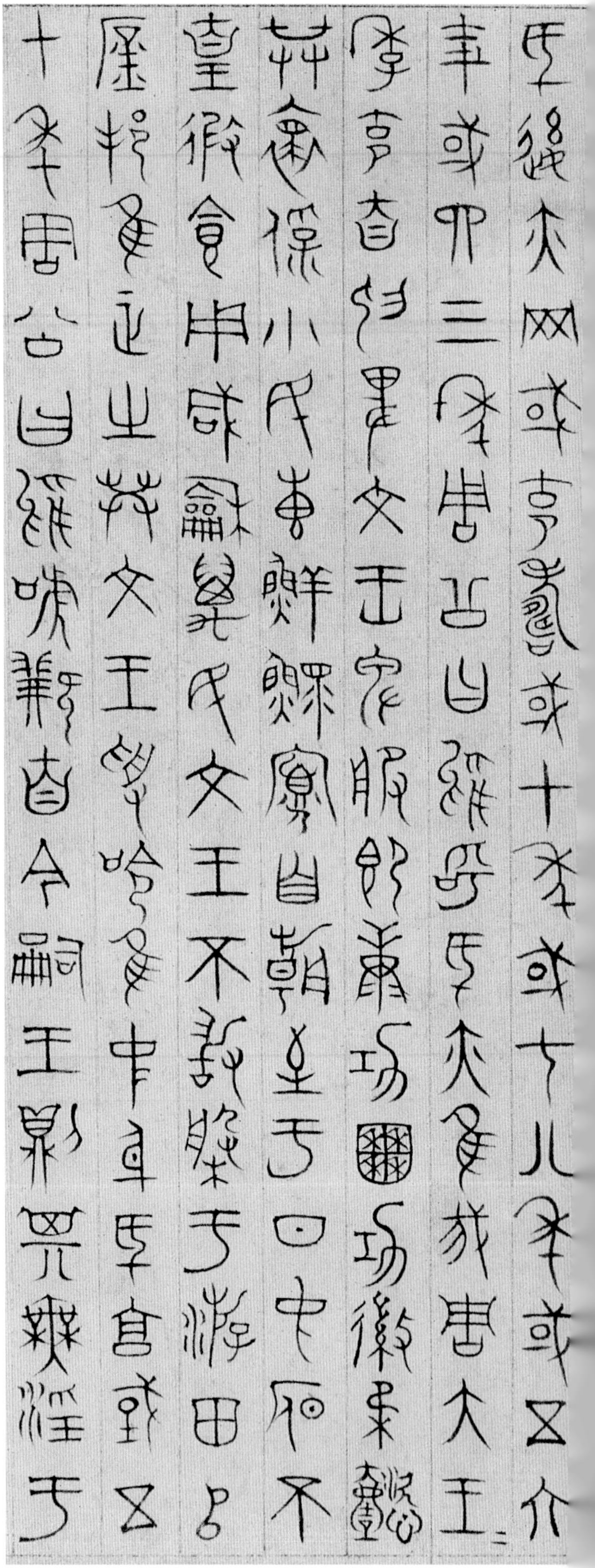

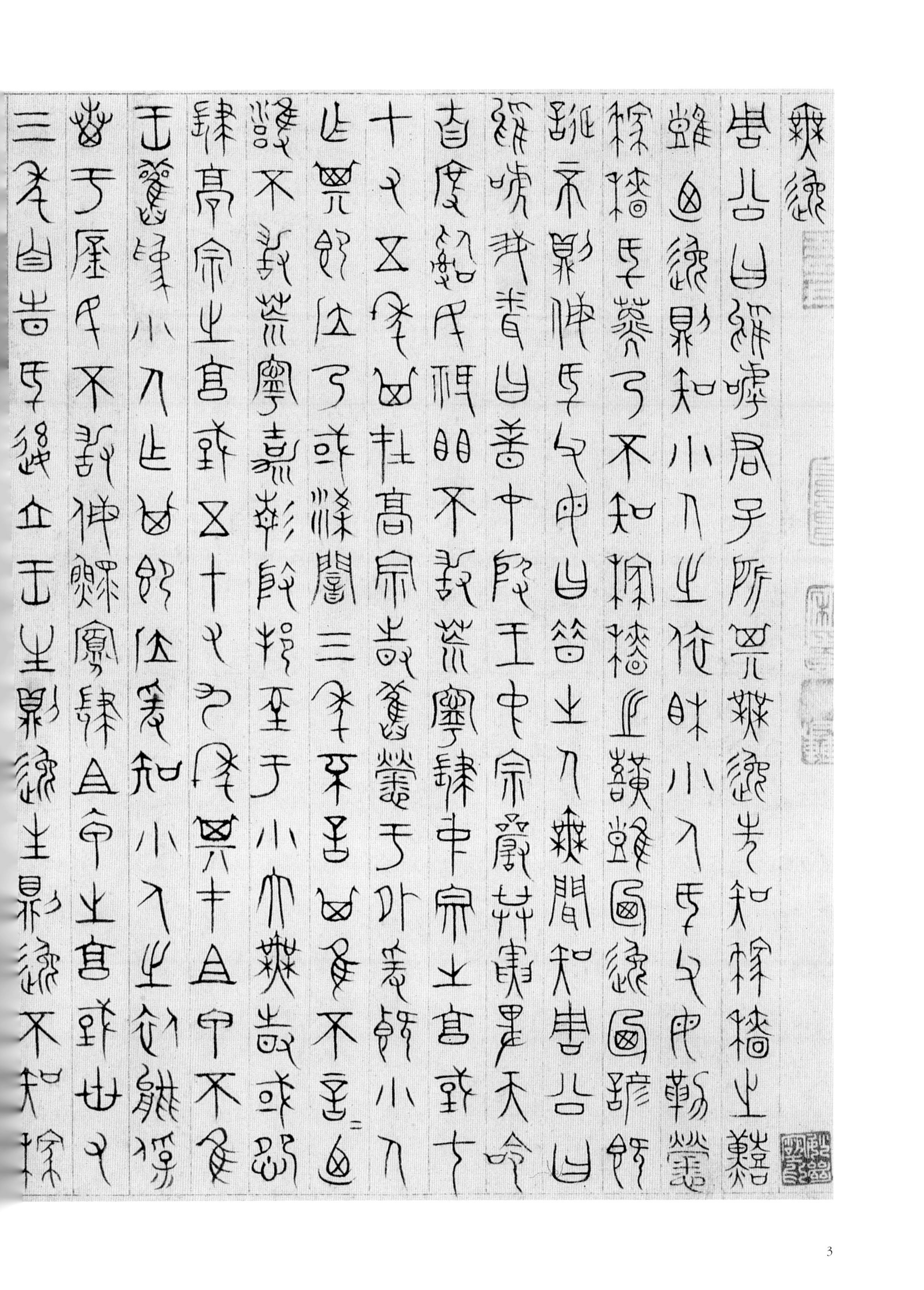

厥後亦罔或克壽或十年或七八年或五六
年或四三年周公曰嗚呼厥亦惟我周太王王
季克自抑畏文王卑服即康功田功徽柔懿
恭懷保小民惠鮮鰥寡自朝至于日中昃不
遑暇食用咸和萬民文王不敢盤于遊田以
庶邦惟正之供文王受命惟中身厥享國五
十年周公曰嗚呼繼自今嗣王則其無淫于
觀于逸于遊于田以萬民惟正之供無皇曰
今日耽樂乃非民攸訓非天攸若時人丕則
有愆無若殷王受之迷亂酗于酒德哉周公
曰嗚呼我聞曰古之人猶胥訓告胥保惠
胥教誨民無或胥譸張為幻乃變亂先王之正
刑至于小大民否則厥心違怨否則
厥口詛祝周公曰嗚呼自殷王中宗及
高宗及祖甲及我周文王茲四人迪哲厥或
告之曰小人怨汝詈汝則皇自敬德厥愆曰朕
之愆允若時不啻不敢含怒此厥不聽人乃或
譸張為幻曰小人怨汝詈汝則信之則若時不永念
厥辟不寬綽厥心亂罰無罪殺無辜怨有同
是叢于厥身周公曰嗚呼嗣王其監于茲
大德乙亥東魯鄧桓書

其不甚經意整齊處純是鍾鼎遺灋

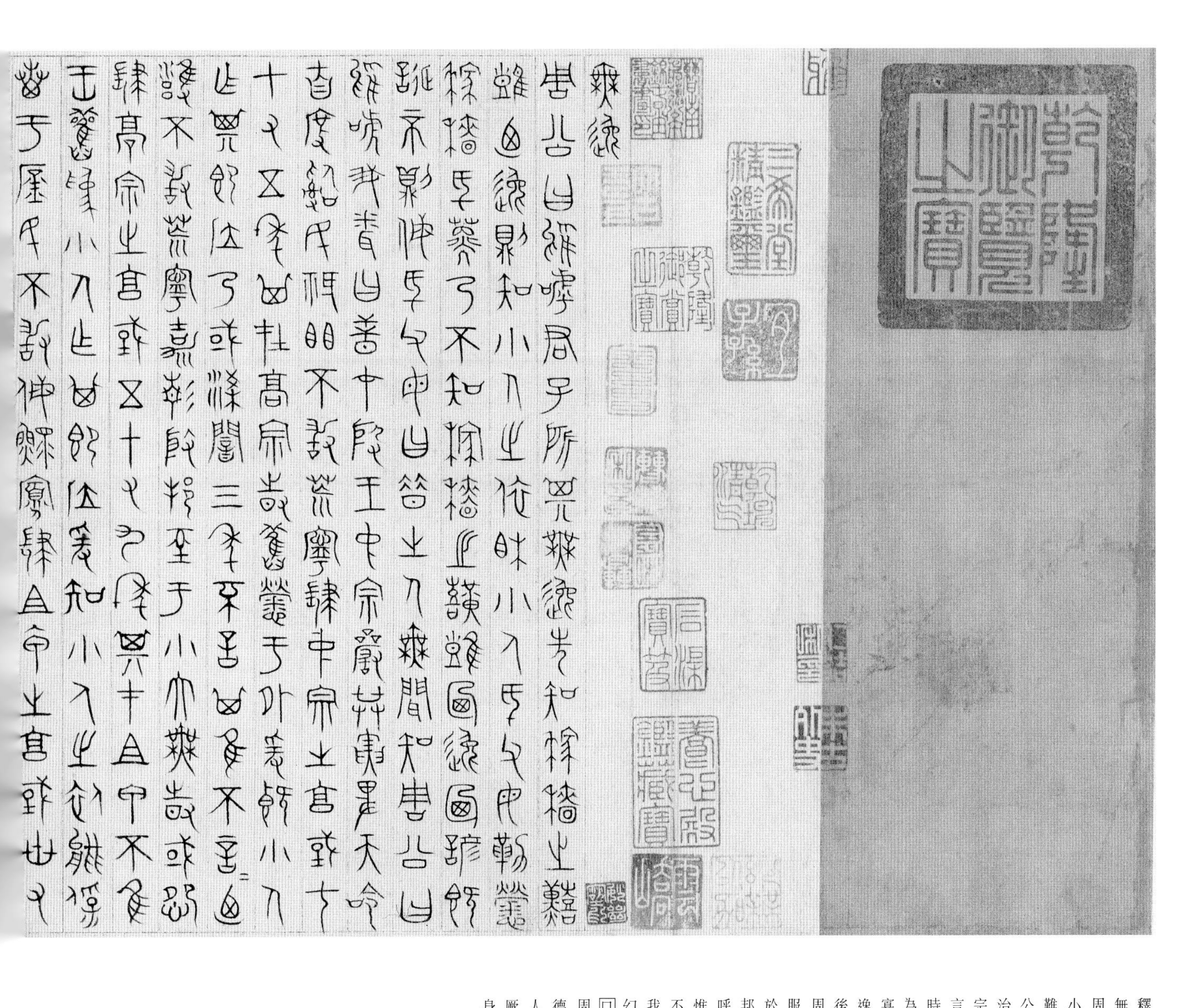

釋文：

無逸

周公曰：嗚嘑，君子所其無逸。先知稼穡之艱難，乃逸，則知小人之依。相小人，厥父母勤勞稼穡，厥子迺不知稼穡之艱難，乃逸乃諺，既誕不則，侮厥父母，曰：昔之人無聞知。周公曰：嗚呼，我聞曰，昔在殷王中宗，嚴恭寅畏，天命自度，治民祇懼，不敢荒寧。肆中宗之享國，七十又五年。其在高宗，時舊勞於外，爰既小人。作其即位，乃或梁闇，三年不言。其惟不言，言乃雍。不敢荒寧，嘉靖殷邦。至於小大，無時或怨。肆高宗之享國，五十有九年。其在祖甲，不惟王，舊為小人。作其即位爰知小人之依，能保惠於庶民，不敢侮鰥寡。肆祖甲之享國，卅有三年。自時厥後，立王生則逸。生則逸，不知稼穡之艱難，不聞小人之勞，惟耽樂之從。自時厥後，亦罔或克壽，或十年，或七八年，或五六年，或四三年。周公曰：嗚呼，厥亦惟我周。大王，王季，克自抑畏。文王卑服，即康功、田功。徽柔懿恭，懷保小民，惠鮮鰥寡。自朝至於日中昃，不遑暇食，用咸和萬民。文王不敢盤於遊田，以庶邦惟正之供。文王受命惟中身，厥享國五十年。周公曰：嗚呼，繼自今嗣王，則其無淫於觀、於逸、於遊、於田，以萬民惟正之供，無皇曰：今日耽樂。乃非民攸訓，非天攸若，時人丕則有愆，無若殷王受之迷亂，酗於酒德哉。周公曰：嗚呼，我聞曰，古之人猶胥訓告，胥保惠，胥教誨，民無或胥譸張為幻。乃變亂先王之正刑。至於小大民，否則厥心違怨，否則厥口詛祝。周公曰：嗚呼，自殷王中宗，及高宗，及祖甲，及我周文王，茲四人迪哲。厥或告之曰：小人怨汝詈汝。則皇自敬德，厥愆，曰：朕之愆。允若時，不啻不敢含怒，此厥不聽，人乃或譸張為幻，曰：小人怨汝詈汝。則信之。則若時不永念厥辟，不寬綽厥心，亂罰無罪，殺無辜，怨有同，是叢於厥身。周公曰：嗚呼，嗣王其監於茲。　大德己亥東魯楊桓書

2

蕭𣂏　隸書無逸篇卷
紙本　隸書
縱27.4厘米　橫60.3厘米

Wu Yi Pian in official script
By Xiao Ju (1241-1318)
Handscroll, ink on paper
H. 27.4cm　L. 60.3cm

蕭𣂏（1241－1318），字維斗，號勤齋，元代京兆（今陝西西安）人。曾官太子右諭德等。對天文、地理、律曆、算術等均有研究，被稱為一代醇儒。著述頗豐。其名雖不見書史，但《環宇訪碑錄》有他撰文書碑數件，存世墨跡僅見隸書《無逸篇》。

款署"大德辛丑（1301）中伏闗中蕭𣂏 作漢隸附於楊武子古書後"，鈐"蕭氏維斗父"（白文）印。作者時年六十一歲。此段後無跋，在第三段趙孟頫楷書後有元代揭傒斯詩題及清代年羹堯又跋。

此卷書法工穩精嚴，雖云"作漢隸"，實際是師法《熹平石經》、《受禪表》一類漢魏之際的成熟隸書，其平直板實處，頗類唐人隸書。

鑑藏印記："志雅"（朱文）、"仁喆私印"（白文）、"朱古外史"（白文）、"紫篔軒"（白文）、"乾坤清氣"（朱文）、"妙無以加"（朱文）、"太古無上"（白文）、"曹南陳魏公宅錦春堂書畫印"（朱文）、"雲嶠"（白文）、"平昌"（朱文）、"一無之印"（白文）、"合同"（朱文）、"陳"（朱文）、"西山殑雪"（白文）、"平生真賞"（朱文）、"部曲將印"（白文）及清乾隆內府諸印。

著錄、釋文同前楊桓篆書《無逸篇》。

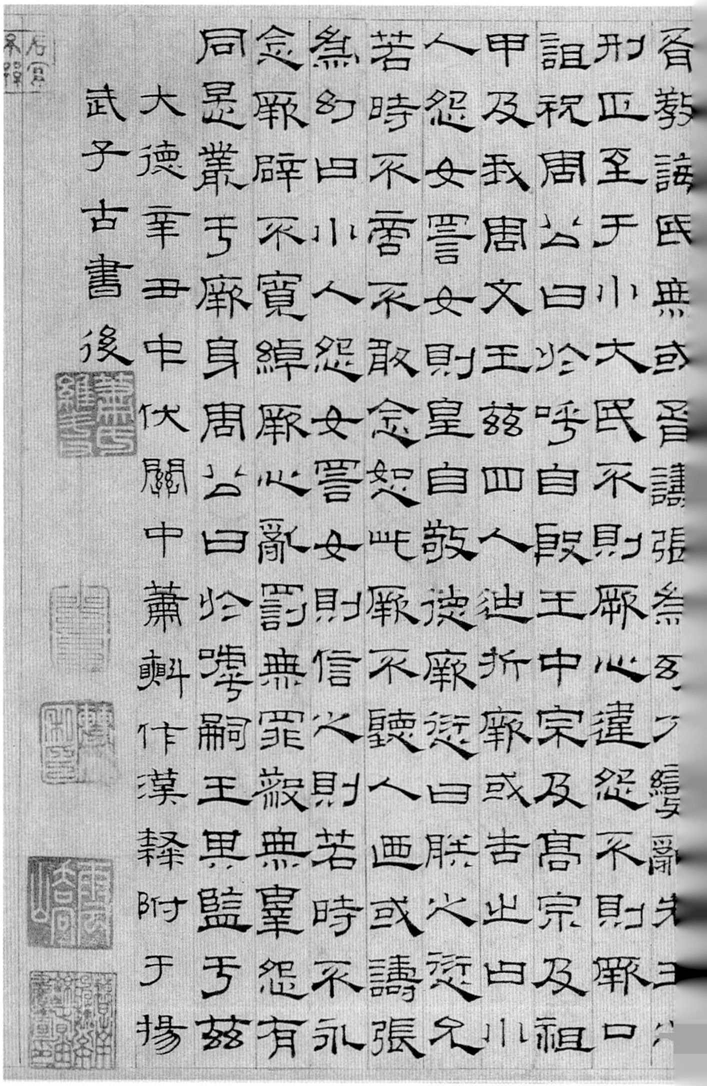

無逸

周公曰嗚嘑君子所其無逸先知稼穡之囏
難乃逸則知小人之依相小人厥父母勤勞
稼穡厥子西不知稼穡之囏難乃逸乃諺既
誕不則侮厥父母曰昔之人無聞知周公曰
嗚嘑我聞曰昔在殷王中宗嚴恭寅畏天命
自度治民祗懼不敢荒寍肆中宗之亯國七
十又五年其在高宗時舊勞于外爰既小人
作其即位西或梁闇三年不言其惟不言言西
雝不敢荒寍嘉靖殷邦至于小大無時或怨
肆高宗之亯國五十有九年其在祖甲不惟
王舊為小人作其即位爰知小人之依能保
惠于庶民不敢侮鰥寡肆祖甲之亯國卅有
三年自時厥後立王生則逸生則逸不知稼
穡之囏難不聞小人之勞惟耽樂之從自時
厥後亦罔或克壽或十年或七八年或五六
年或四三年周公曰於嘑厥亦惟我周大王王
季克自抑畏文王卑服即康功田功徽柔懿
恭懷保小民惠鮮鰥寡自朝至于日中昃不
皇暇食用咸龢萬民文王不敢槃于游田以
庶邦惟正之共文王受命惟中身厥亯國五
十年周公曰於嘑繼自今嗣王則其無淫于
觀于逸于游于田以萬民惟正之共無皇曰
今日耽樂西非民攸訓非天攸若時人不則

3

白珽　行書陳君詩帖冊頁

紙本　行書
縱31.2厘米　橫68.2厘米

Chen Jun Shi Tie (Poem presented to Chen Zheng) in running script
By Bai Ting (1248-1328)
Leaf, ink on paper
H. 31.2cm　L. 68.2cm

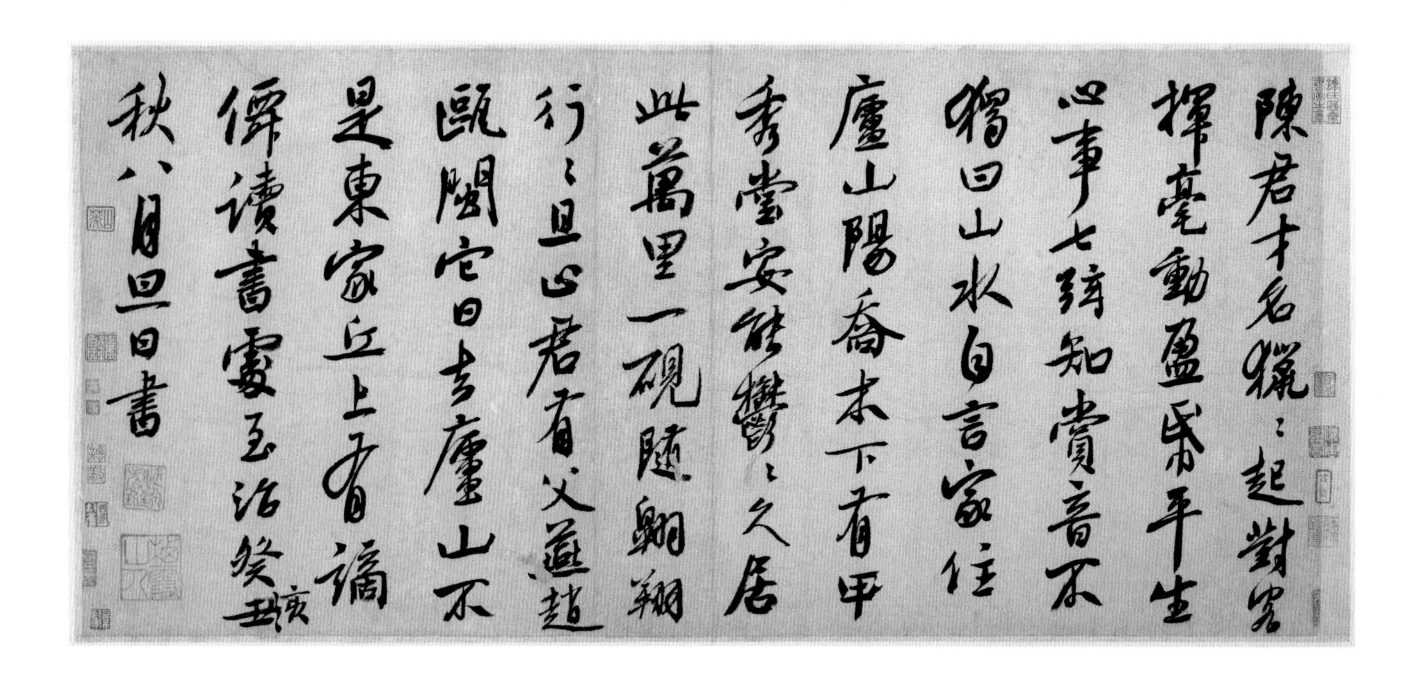

白珽(1248－1328)，字廷玉，號湛淵，元代錢塘(今浙江杭州)人。曾做婺州路、蘭溪州判官。居杭州西湖，後移至棲霞，自號棲霞山人。擅長詩文，與周密、趙孟頫、鮮于樞、鄧文原、仇遠等往來甚密。詩與仇遠齊名，書法學米芾。

《陳君詩帖》係《法書大觀冊》之一，書七言古詩一首。款署“至治癸亥(1323)秋八月旦日書”，白珽時年七十六歲。鈐“湛淵子白珽”(朱文)、“棲霞山人”(朱文)印。此詩應是贈予陳徵的。陳徵，字明善，從吳澄學，虞集、揭傒斯等都很推重他。其家住廬山五老峯下，這與詩中“自言家住廬山陽”正相吻合。

此帖結體圓潤，筆法蒼渾，筆勢放縱，點畫隨意，仍可看出米(芾)書的影響，又有自己的樸拙之態。

鑑藏印記：“儀周鑑賞”(白文)、“蓮樵鑑賞”(朱文)、“鍾伯氏”(白文)、“山英”(朱文)及完顏景賢、張爰、何子彰、譚敬諸家印記。

歷代著錄：《墨緣彙觀》、《三虞堂書畫目》(《元人法書真跡冊》之一)。

釋文：
陳君才名獵獵起，對客揮毫動盈紙。平生心事七弦知，賞音不獨曰山水。自言家住廬山陽，喬木下有甲秀堂。安能鬱鬱久居此，萬里一硯隨翱翔。行行且止君有父，燕趙甌閩它日去。廬山不是東家丘，上有謫仙讀書處。　至治癸丑(點去)亥秋八月旦日書

4

鮮于樞　楷書老子道德經卷

紙本　楷書

縱26.7厘米　橫642.5厘米

Lao Zi Dao De Jing (The Classic of Virtue of the Tao by Lao Zi) in regular script

By Xianyu Shu (1246-1301)

Handscroll, ink on paper

H. 26.7cm　L. 642.5cm

鮮于樞(1246－1301)，字伯幾，號困學民、虎林隱吏、直寄道人、西溪翁等，自稱漁陽(今北京北部)人。曾官帥府從事，三司史掾、太常寺典簿等職。工書，尤長於行草，得法於唐人，元代書壇"托古改制"的主要倡導者，與趙孟頫齊名。

《道德經卷》從"天長地久"開始，末書"老子道德經卷上"，缺下卷，不具名款。每段接紙有"三教弟子"朱文印。卷後有翁方綱題跋、吳榮光題名、顏世清跋共五段，又"松下清齋"書籤。

此帖書法學虞世南，體勢修長，筆法精美，清爽勁利，是伯幾僅見的楷書長篇，當為中年時佳作。

鑑藏印記："謹庭祕玩"(朱文)、"松下清齋"、"純期滿字更獲半珠"(朱文)、"枕經書屋考藏之印"(朱文)、"陸恭私印"(白文)、"譚溪審定"(朱文)、"蘇齋墨緣"(朱文)、"曾在茓坡案頭"(朱文)、"古吳潘介繁茓坡氏印記"(朱文)及葉恭綽諸印。

歷代著錄：《須靜齋雲煙過眼錄》。

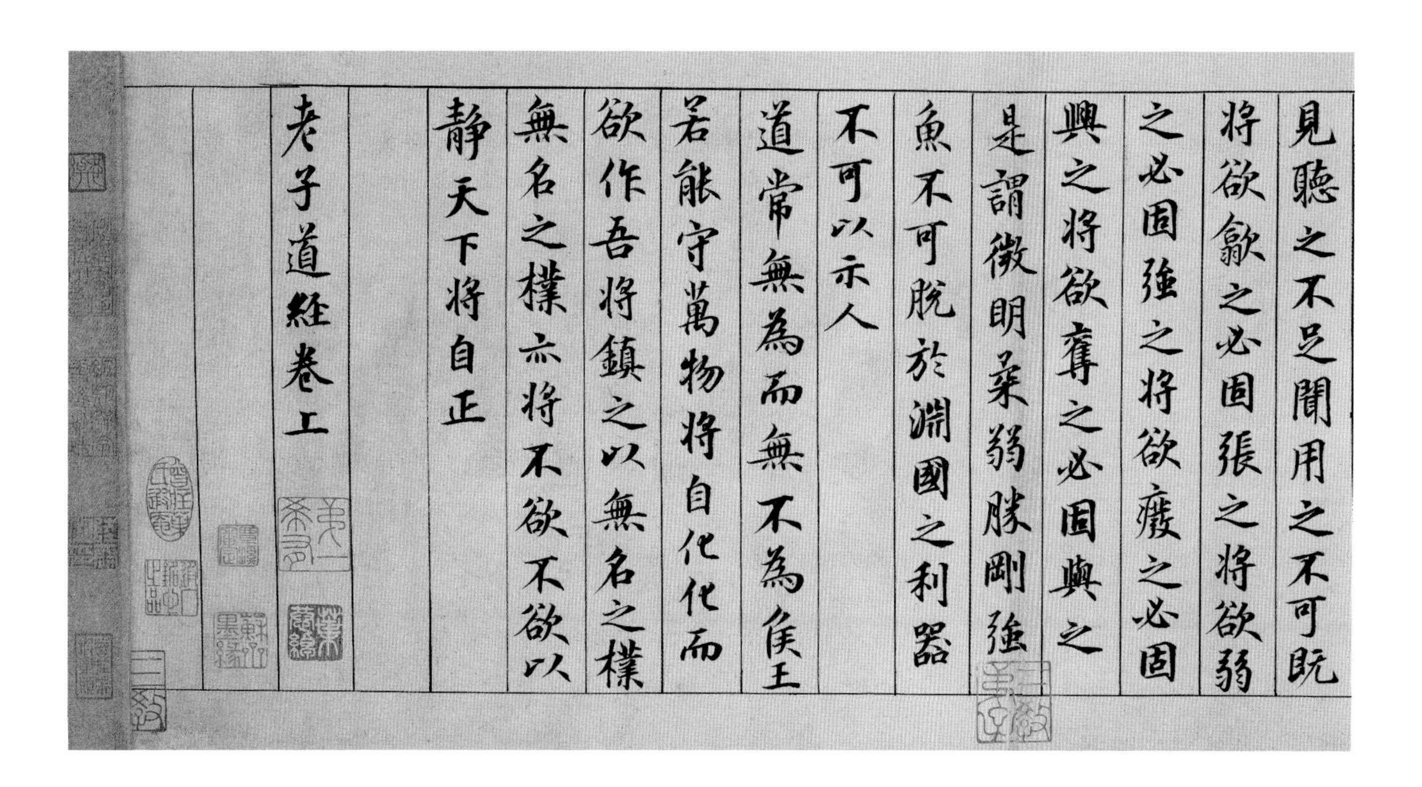

雌乎明白四達能無知乎
生之畜之生而不有為而
不恃長而不宰是為玄德
三十輻共一轂當其無有
車之用埏埴以為器當其
無有器之用鑿戶牖以為
室當其無有室之用故有
之以為利無之以為用
五色令人目盲五音令人耳
聾五味令人口爽馳騁田
獵令人心發狂難得之貨
令人行妨是以聖人為腹
不為目故去彼取此
寵辱若驚貴大患若身何
為寵辱寵為下得之若驚
失之若驚是謂寵辱若驚
何謂貴大患若身吾所以
有大患者為吾有身及吾
無身吾有何患故貴以身
為天下若可寄天下愛以
身為天下若可託天下
視之不見名曰夷聽之不
聞名曰希搏之不得名曰

譽之其次畏之侮之信不
足有不信猶其貴言功成
事遂百姓謂我自然
大道廢有仁義智慧出
有大偽六親不和有孝慈
國家昏亂有忠臣
絕聖棄智民利百倍絕仁
棄義民復孝慈絕巧棄
利盜賊無有此三者以為
文不足故令有所屬見素
抱樸少私寡欲
絕學無憂唯之與阿相去
幾何善之與惡相去何若
人之所畏不可不畏荒其
兮其未央哉衆人熙熙如
享太牢如春登臺我獨
怕兮其未兆如嬰兒之未
孩乘乘兮若無所歸衆人
皆有餘而我獨若遺我
愚人之心也哉純純兮俗人
昭昭我獨若昏俗人察察
我獨悶悶忽若晦寂兮似
無所止衆人皆有以我獨
頑似鄙我獨異於人而貴求

者無功自矜者不長其於
道也曰餘食贅行物或惡
之故有道者不處
有物混成先天地生寂兮
寥兮獨立而不改周行而不
殆可以為天下母吾不知其
名字之曰道強為之名曰
大大曰逝逝曰遠遠曰返故
道大天大地大王亦大域中
有四大而王居其一焉人法
地地法天天法道道法自
然
重為輕根靜為躁君是以
君子終日行不離輜重雖
有榮觀燕處超然奈何萬
乘之主而以身輕天下輕
則失臣躁則失君
善行無轍迹善言無瑕謫
善計不用籌算善閉無關
楗而不可開善結無繩約
而不可解是以聖人常善
救人故無棄人常善救物
故無棄物是謂襲明故善
人不善人之師不善人善人

天長地久天地所以能長
且久者以其不自生故能
長生是以聖人後其身而
身先外其身而身存非以
其無私耶故能成其私
上善若水水善利萬物又
不爭處衆人之所惡故幾
於道居善地心善淵與善
仁言善信政善治事善能
動善時夫惟不爭故無尤
持而盈之不如其已揣而
銳之不可長保金玉滿堂
莫之能守富貴而驕自遺
其咎功成名遂身退天之
道
載營魄抱一能無離乎專
氣致柔能如嬰兒乎滌除

《老子道德經卷》之一

微此三者不可致詰故復
渾而為一其上不皦其下
不昧繩繩不可名復歸於
無物是謂無狀之狀無物
之象是謂惚恍迎之不見
其首隨之不見其後執古
之道以御今之有能知古
始是謂道紀
古之善為士者微妙玄通
深不可識夫惟不可識故
強為之容豫若冬涉川猶
畏四鄰儼若客渙若冰將
釋敦兮其若樸曠兮其若
谷渾兮其若濁孰能濁以
靜之徐清孰能安以久動
之徐生保此道者不欲盈
夫惟不盈故能弊不新成
致虛極守靜篤萬物並
作吾以觀其復夫物芸芸
各復歸其根歸根曰靜靜
曰復命復命曰常知常曰
明不知常妄作凶知常容
容乃公公乃王王乃天天乃
道道乃久沒身不殆

若

《老子道德經卷》之二

食於母
孔德之容唯道是從道之
為物惟恍惟忽惚兮恍其
中有象恍兮惚其中有物
杳兮冥其中有精其精甚
真其中有信自古及今其
名不去以閱衆甫吾何以
知衆甫之然哉以此
曲則全枉則直窪則盈弊
則新少則得多則惑是以
聖人抱一為天下式不自見
故明不自是故彰不自伐故
有功不自矜故長夫唯不爭
故天下莫能與之爭古之所
謂曲則全者豈虛言哉誠
全而歸之
希言自然飄風不終朝驟
雨不終日孰為此者天地天
地尚不能久而況於人乎故
從事於道者道者同於道
德者同於德失者同於失同
於道者道亦得之同於德
者德亦得之同於失者失
亦得之信不足有不信

《老子道德經卷》之三

夫佳兵者不祥之器物或
惡之故有道者不處君子
居則貴左用兵則貴右兵
者不祥之器非君子之器
不得已而用之恬淡為上
勝而不美而美之者是樂
殺人夫樂殺人者不可得
志於天下吉事尚左凶事
尚右偏將軍處左上將軍
處右言以喪禮處之殺人
衆多以悲哀泣之戰勝則
以喪禮處之
道常無名樸雖小天下不
敢臣侯王若能守萬物將
自賓天地相合以降甘露人
莫之令而自均始制有名名
亦既有夫亦將知止知止所
以不殆譬道之在天下猶川
谷之與江海
知人者智自知者明勝人者
有力自勝者強知足者富
強行者有志不失其所者久
死而不亡者壽
大道汎兮其可左右萬物

濮陽太常與趙承
旨同時以書名世而
世間所傳真迹最少
錢塘黄秋盦藏有
伯英書梅花賦卷
壬子之春按試濟上
飯於秋盦官廨予
遂中道携松雪書
天冠山廿八詩手艸
與之對看覺梅花
賦神氣短弱迥非
趙比肩當時何
以齊名至此心甚疑
之耿耿數歲矣今見
謹庭兄所藏此伯英
書道德經上半卷殘
本天然道媚真得
永興河南神骨直
當上溯右軍正與松
雪當避席耳恨
不與秋盦並几而對

前後鈐有絳期鴻字更獲半珠
兩印在當時珍重此書可以想見
潘氏須靜齋雲煙過眼錄曾紀
觀於陸謹庭處下注嗣歸三松
堂蓋陸潘世為姻戚古物往往流
通亦想見盛世風雅今歲新春
前獲是卷書以誌喜
壬戌上元日燈下記於寒木春華館
試吳天章墨康熙御製蘭
蕊筆惜書劣不稱耳是夕跋
竟並觀梅略華演上元夫人抄
劍覺公孫大孃舞劍然不必專
美於前其矯若游龍伯英是卷
書法庶幾可比豈附紀於此歟後
來摹像得之使解人悟此境界
不足為俗道也 鄦寔題之

伯英書卷余藏有三名
極其妙大約吳興十卷
不若漁陽一卷此可爲知
者道耳寶熙侍郎藏
有游皋亭山記安麓村
評為第一然墨跡
以視此亦未免却步矣
鄦寔又記

觀伯英真書知其於蘭亭智永
虞永興用功最深曩見楊凝式
韭花帖有其跋尾與此正同跋尾
大德五年乃歸道山前一年所書
證諸是卷蓋晚筆也 鄦寔

之資不貴其師不愛其資
雖知大迷是為要妙
知其雄守其雌為天下谿為
天下谿常德不離復歸於
嬰兒知其白守其黑為天
下式為天下式常德不忒
復歸於無極知其榮守其
辱為天下谷為天下谷常
德乃足復歸於樸樸散則
為器聖人用之則為官長
故大制不割
将欲取天下而為之吾見
其不得已天下神器不可
為也為者敗之執者失之
故物或行或隨或呴或吹
或強或羸或載或隳是以
聖人去甚去奢去泰
以道佐人主者不以兵強
天下其事好還師之所處
荊棘生焉大軍之後必有
凶年故善者果而已不敢
以取強果而勿矜果而勿
伐果而勿驕果而不得已
是果而勿強物壯則老是

《老子道德經卷》之四

恃之以生而不辭功成不名
有愛養萬物而不為主常
無欲可名於小萬物歸之
而不為主可名於大是以聖
人終不為大故能成其大
執大象天下往往而不害安
平泰樂與餌過客止道之
出口淡乎其無味視之不足
見聽之不足聞用之不可既
将欲歙之必固張之将欲弱
之必固強之将欲廢之必固
興之将欲奪之必固與之
是謂微明柔弱勝剛強
魚不可脫於淵國之利器
不可以示人
道常無為而無不為侯王
若能守萬物将自化化而
欲作吾将鎮之以無名之樸
無名之樸亦将不欲不欲以
靜天下将自正

老子道經卷上

《老子道德經卷》之五

論也展玩二旬之久
筆舌若短讚說莫
罄姑系數語於卷
後以識墨緣
嘉慶六年歲在辛
酉春二月廿有四日
北平八翁方綱

嘉慶庚午六月廿日南海吳榮光觀

右鮮于伯幾真書道德經上卷
前闕道可道至用之不勤約三百
餘字自天長地久至卷終尚兩
千餘字通體如一筆書深得
蘭亭虞褚神韻元人書法首
推伯幾其墨迹尔獨少真書尤
罕覯僅於題跋偶然遇之吉光
片羽而已若此卷洋洋二千餘言
而又精好完整世寧非第二
本也覃溪跋亦推崇甚至惟云
殘本非此老所見不廣耳昔大令
洛神賦僅十三行鍾紹京靈飛
經亦剩幾十二行高閑千文祇賸半
卷即此幾行書[illegible]

《老子道德經卷》之六

5

鮮于樞　行草書杜甫魏將軍歌卷

紙本　行草書
縱48厘米　橫462厘米

Du Fu Wei Jiang Jun Ge ("Song of General Wei" made by Du Fu) in running-cursive script
By Xianyu Shu
Handscroll, ink on paper
H. 48cm　L. 462cm

書錄唐代杜甫詩《魏將軍歌》。款署"右少陵魏將軍歌　困學民書"，鈐"漁陽"(朱文)、"鮮于"(朱文)、"白幾印章"(白文)、"困學齋"(朱文)印。卷前題簽"元鮮于伯幾草書杜詩真跡　道光庚子夏日重裝　秋賞齋珍藏"。卷末有羅天池長跋，述此卷流傳經過。

此帖書法縱橫揮灑，奔放自如，筆勢連綿而氣酣墨暢，有一氣呵成之勢。一些字的點畫停頓處，提按變化較少，取法於唐人，以氣勢稱勝。

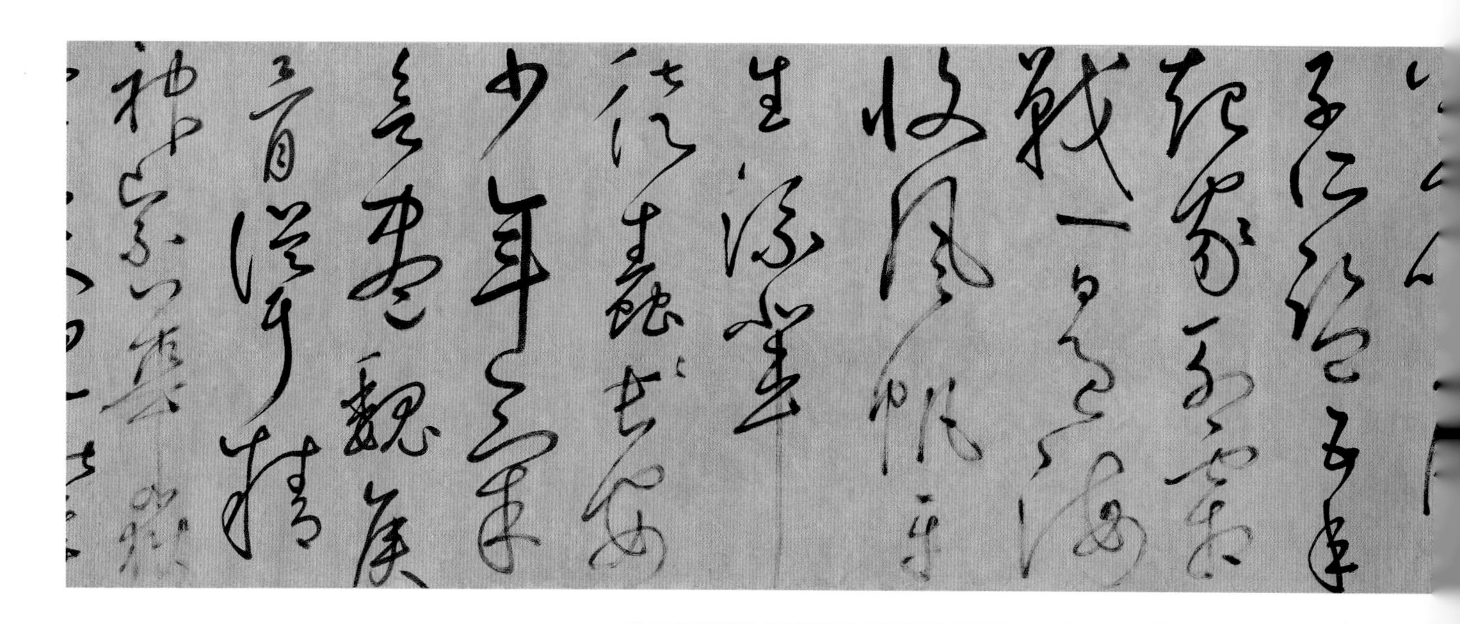

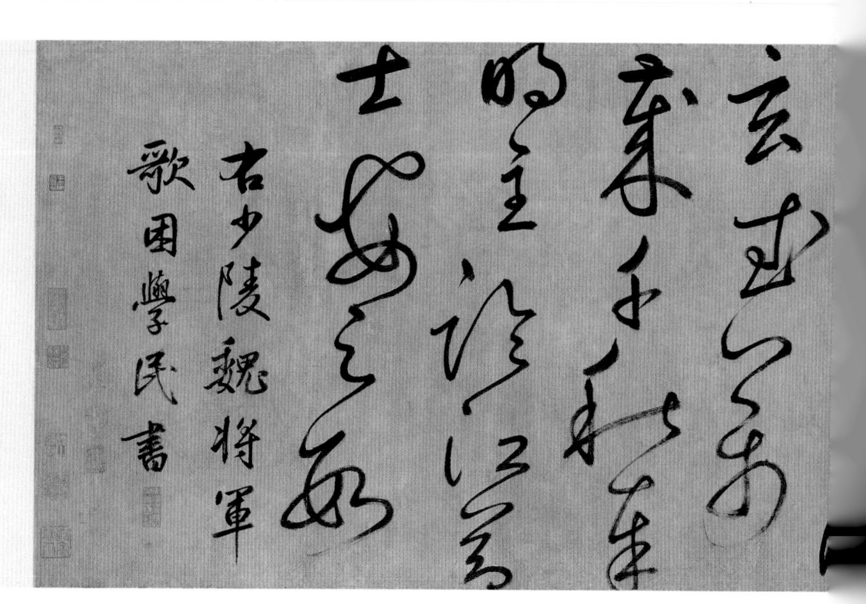

釋文：

將軍昔著從事衫，鐵馬馳突重兩銜。被堅執銳略西極，崑崙月窟東巉岩。君門羽林萬猛士，惡若哮虎子所監。五年起家列霜戟，一日過海收風帆。平生流輩徒蠢蠢，長安少年氣欲盡。魏侯骨聳精神緊，華岳峰尖見秋隼。星躔寶校金盤陀，夜騎天駟超天河。攙槍熒惑不敢動，翠蕤雲旓相蕩摩。吾為子起歌都護，酒闌插劍肝胆露。勾陳蒼蒼風玄武，萬歲千秋奉明主，臨江節士安足數。

右少陵魏將軍歌　困學民書

鑑藏印記：“都省書畫之印”（朱文）、“紀察司印”（朱文）、“禮部之□書畫關防”（朱文）及黃德峻、伍元蕙、王南屏等印。

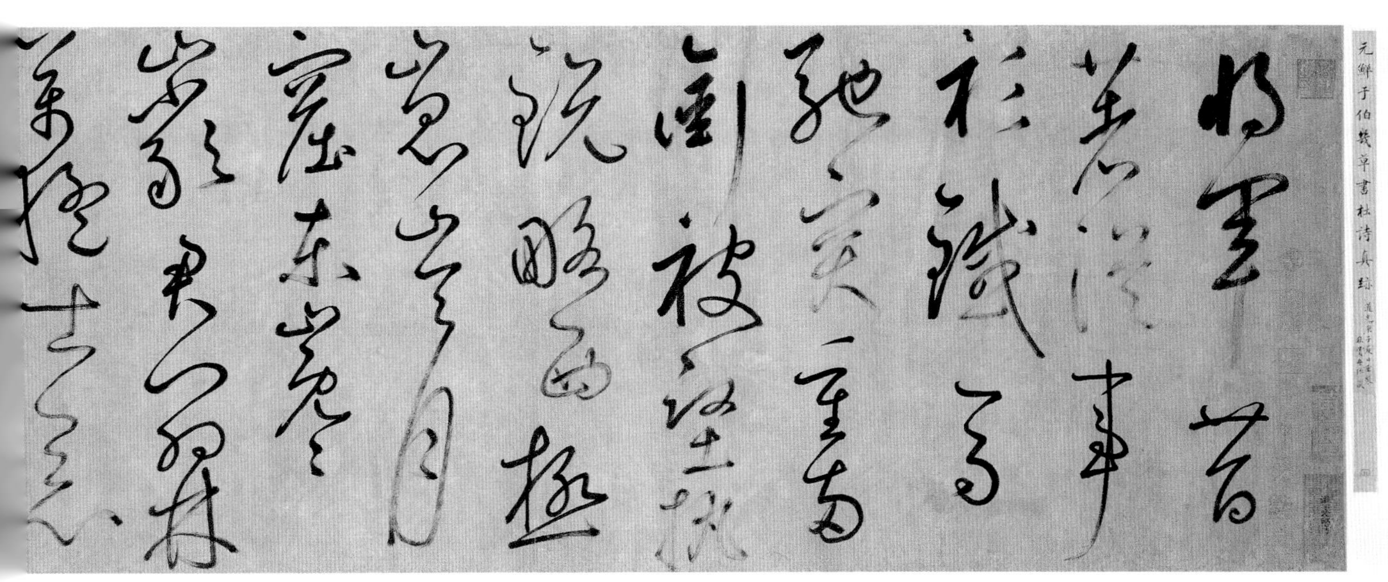

《杜甫魏將軍歌卷》之一

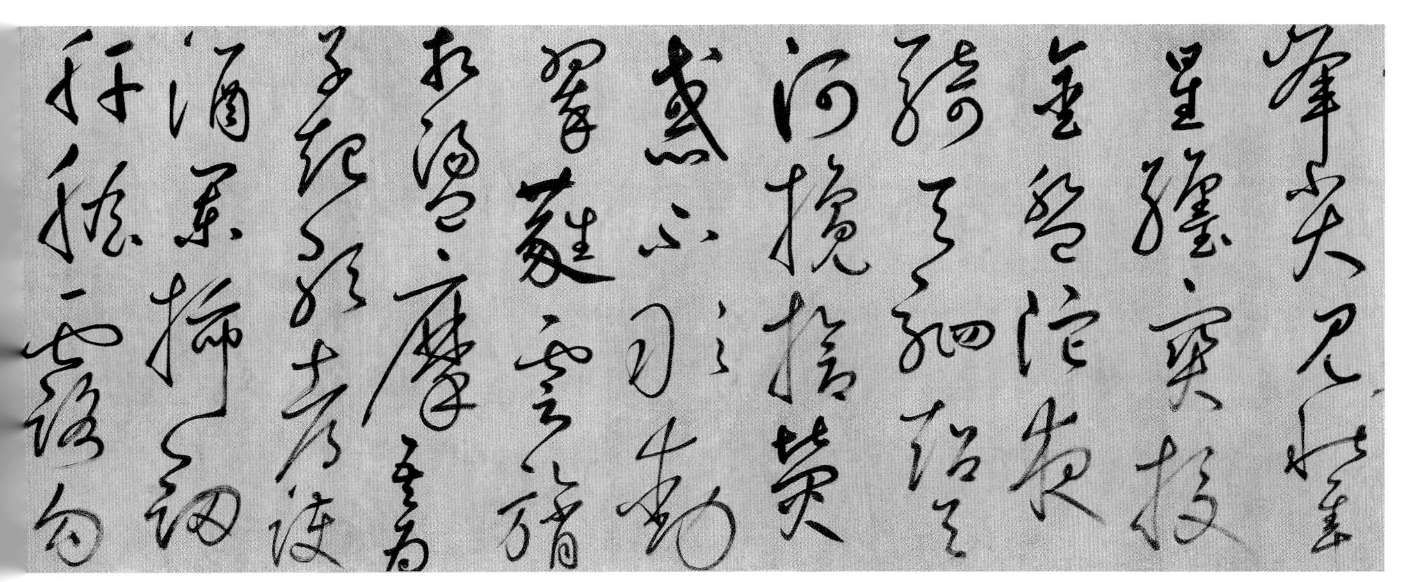

《杜甫魏將軍歌卷》之二

6

鮮于樞　行書杜工部行次昭陵詩卷

紙本　行書
縱32厘米　橫342厘米

Du Gong Bu Xing Ci Zhao Ling Shi (Poem by Du Fu on Visiting Zhaoling Mausoleum) in running script
By Xianyu Shu
Handscroll, ink on paper
H. 32cm　L. 342cm

書錄杜甫《行次昭陵詩》一首。末款"右工部行次昭陵詩困學民書"，鈐"鮮于"（朱文）、"白幾印章"（白文）、"箕子之裔"（朱文）、"虎林隱吏"（朱文）、"中山後人"（朱文）印。卷末有王禕、宋濂題跋。

柳貫曾說鮮于樞："公毅然美大夫，面帶河朔偉氣，每酒酣驁放，揮毫結字，奇態橫生，勢有不可遏者。"此帖結體舒朗，筆勢雄渾，大氣磅礴，與其性情頗相符合。為伯幾大字行書的代表作品。

鑑藏印記："司"（朱文，四分之一印）、"清靜"（白文）、"蕉林玉立氏圖書"（朱文）、"觀其大略"（白文）、"太史氏"（朱文）、"宋景濂氏"（白文）、"王禕之印"（白文）及清乾隆、嘉慶、宣統內府諸印等。另五段接紙各有梁清標騎縫印"河北棠村"（白文）。

歷代著錄：《平生壯觀》、《石渠寶笈初編》、《故宮已佚書畫目》。

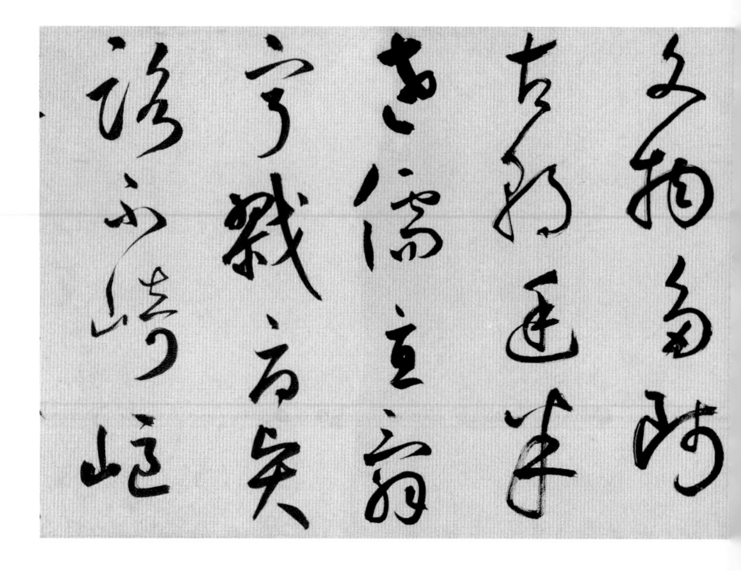

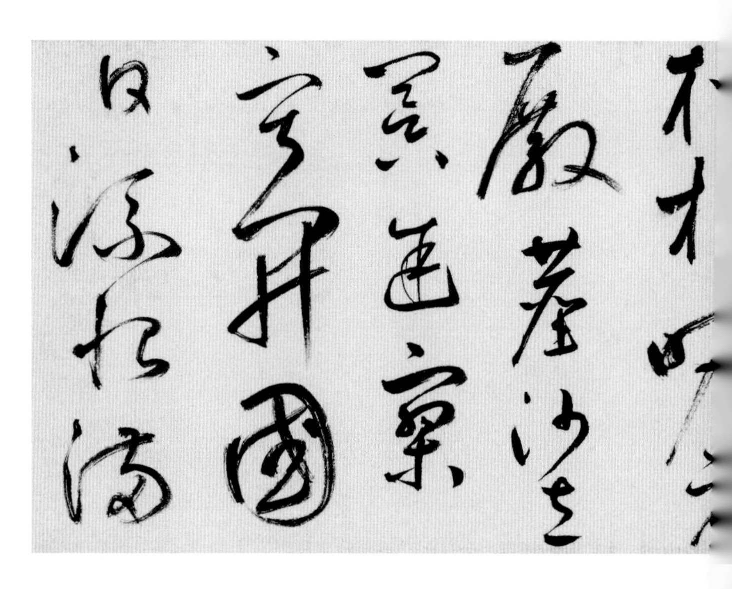

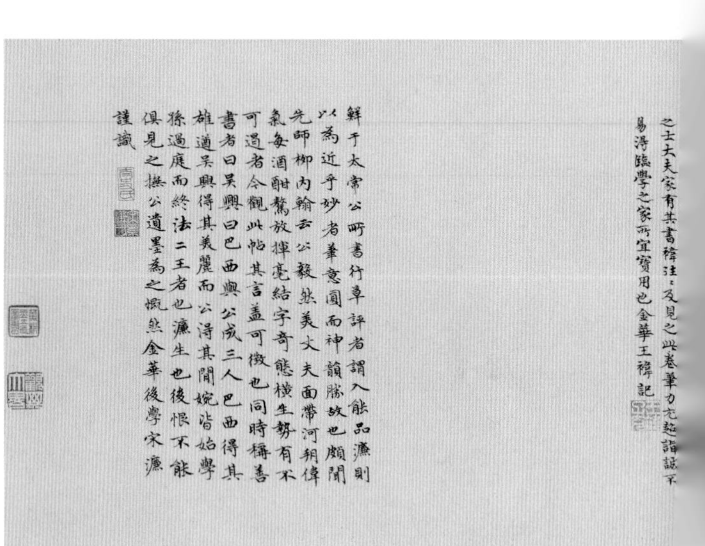

釋文：
舊俗疲庸主，群雄問獨夫。
讖歸龍鳳質，威定虎狼都。
天屬尊堯典，神功協禹謨。
風雲隨絕足，日月繼高衢。
文物多師古，朝廷半老儒。
直辭寧戮辱，賢路不崎嶇。
往者災猶降，蒼生喘未蘇。
指揮安率土，盪滌撫烘鑪。
壯士悲陵邑，幽人拜鼎湖。
玉衣晨自舉，鐵馬汗長趨。
松柏瞻虛殿，塵沙立冥途。
寥寂開國日，流恨滿山隅。
右工部行次昭陵詩　困學民書

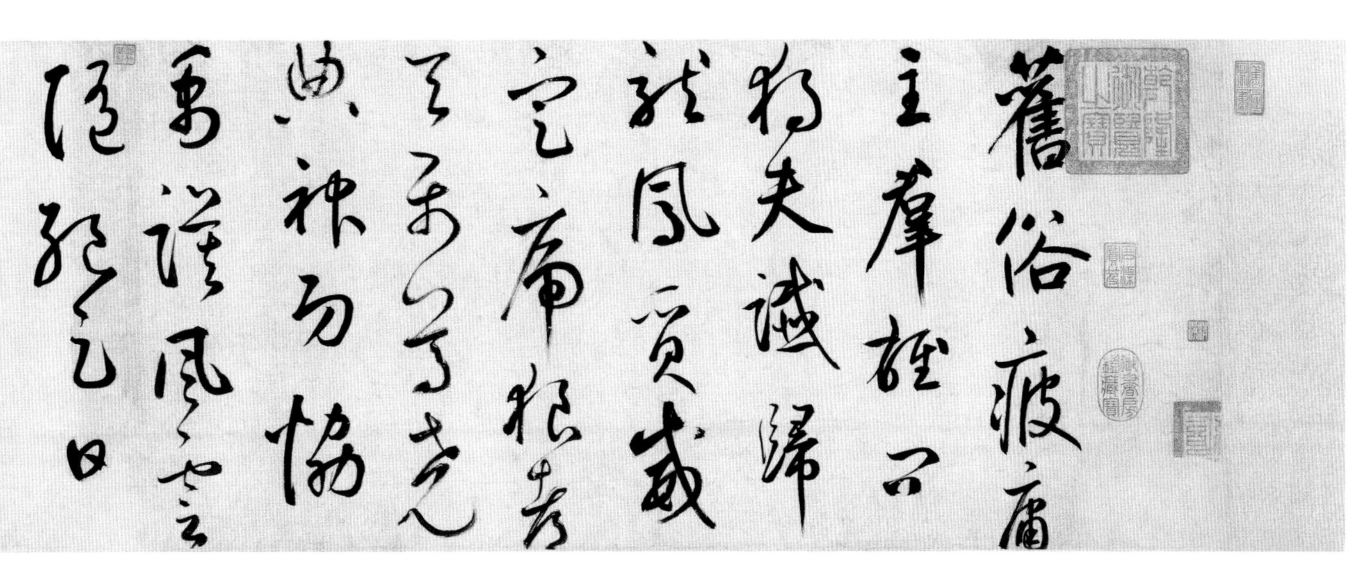

《杜工部行次昭陵詩卷》之一

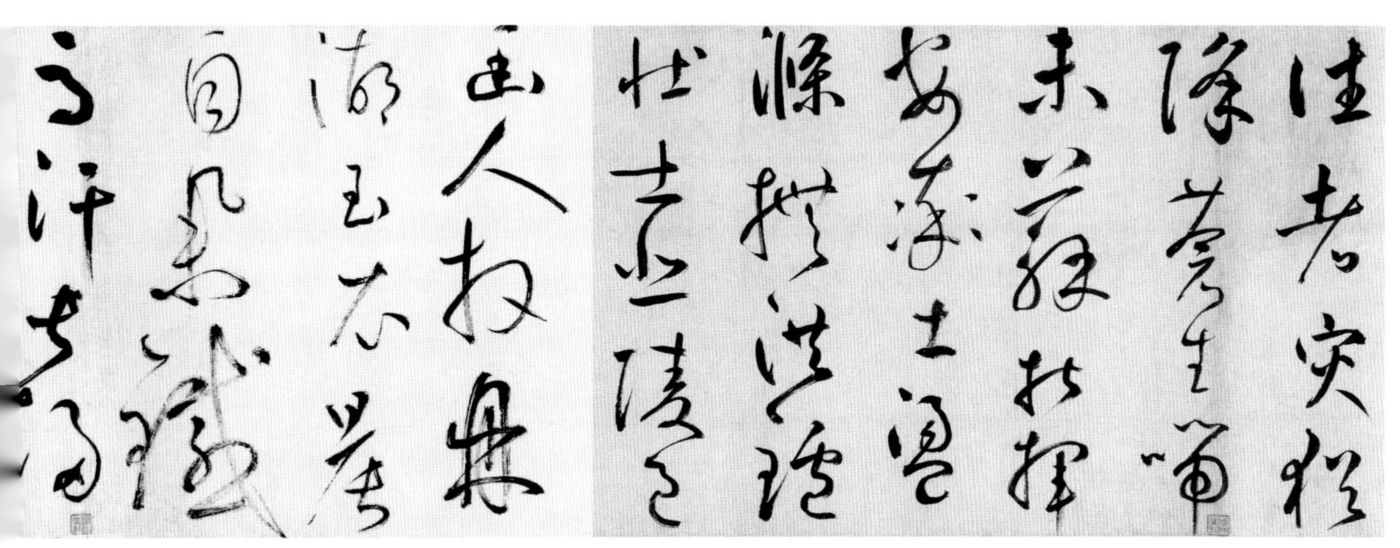

《杜工部行次昭陵詩卷》之二

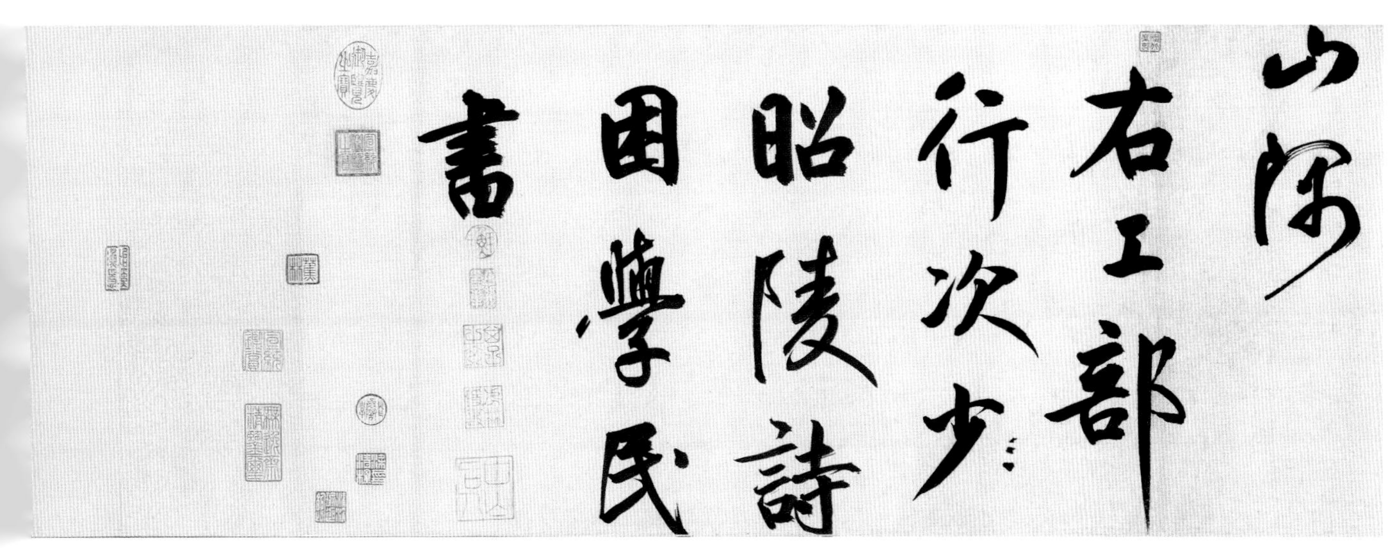

《杜工部行次昭陵詩卷》之三

7

鮮于樞　行書秋興詩冊頁

紙本　行書

縱33.6厘米　橫40.6 、41.8厘米

清宮舊藏

Qiu Xing Shi (Poem on Autumn Mood) in running script

By Xianyu Shu

Album of 2 leaves, ink on paper

1. H. 33.6cm　L. 40.6cm / 2. H. 33.6cm　L. 41.8cm

Qing Court collection

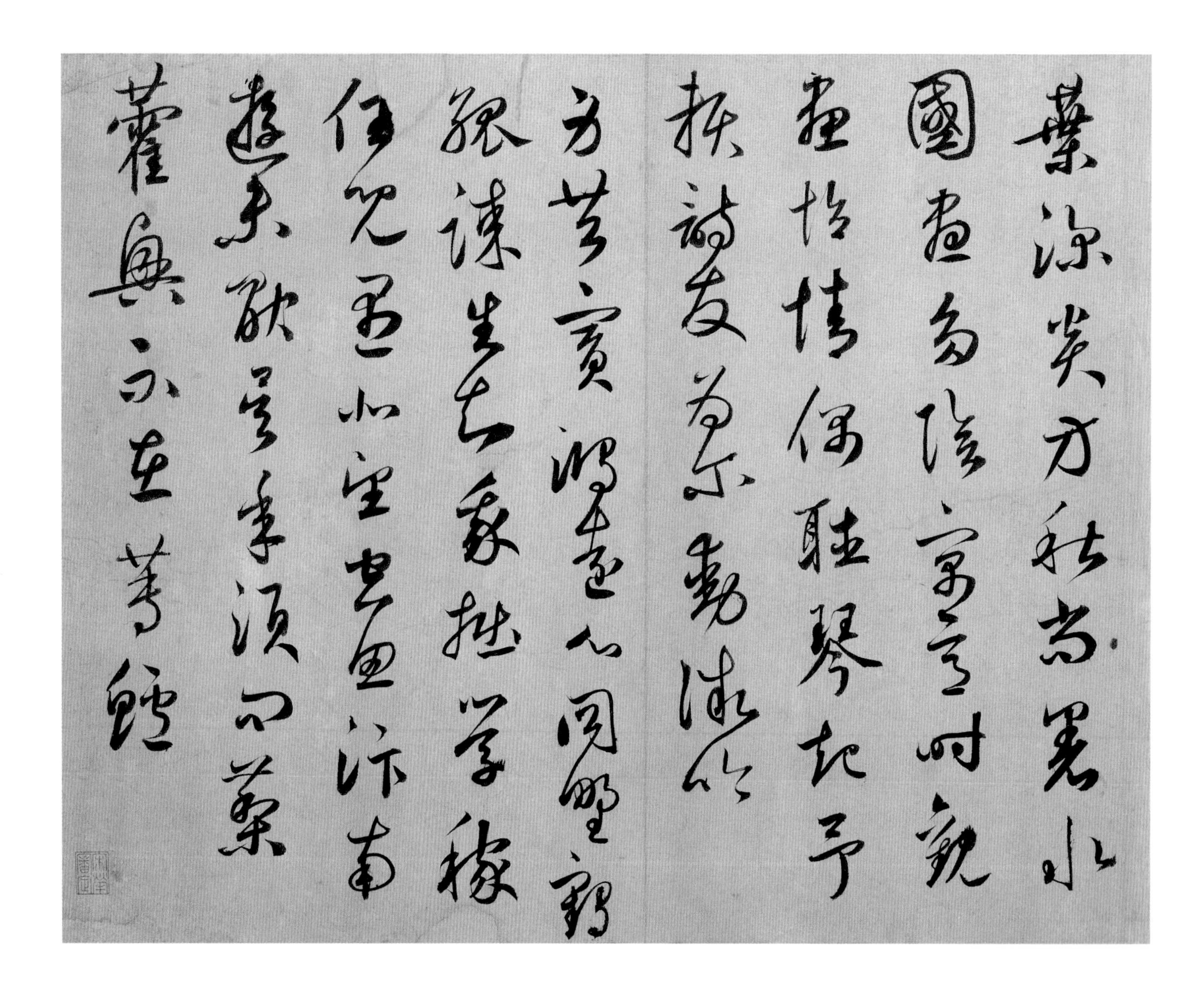

《秋興詩冊》書錄五律詩三首，為《宋元寶翰冊》之一。首書"次韻仇仁父晚秋雜興"，此為和仇遠詩作，款署"樞拜呈"。詩中"北望空思汴，南遊未厭吳"一句，既含其思鄉之情，又表明作者當時所處之地。伯幾少年時曾居汴梁，後至江浙。

鮮于樞書法成就最高的是行草書，而且大都出於中晚歲，越到晚年，作品愈多。此帖俊爽勁健，略見蒼疏，是其中晚年的代表作品。

鑑藏印記："長垣王氏珍玩"（白文）、"宋犖審定"（朱文）。

歷代著錄：《石渠寶笈初編》。

釋文：

次韻仇仁父晚秋雜興　樞拜呈

薄宦常為客，虛名不救貧。又看新過雁，仍是未歸人。茅屋寒誰補？柴車晚自巾。青雲有知己，潦倒若為親。　沉靜莓苔合，門閒落葉深。炎方秋尚暑，水國晝多陰。寓意時觀畫，怡情偶聽琴。起予賴詩友，為爾動微吟。　身共賓鴻遠，心同野鶴孤。謀生知我拙，學稼任兒愚。北望空思汴，南遊未厭吳。年須問藜藿，興不在蓴鱸。

8

鮮于樞　行草書秋懷詩冊頁

紙本　行草書

縱35.2厘米　橫45.5、35厘米

清宮舊藏

Qiu Huai Shi (Poem on Thoughts in Autumn) in running-cursive script

By Xianyu Shu

Album of 2 leaves, ink on paper

1. H. 35.2cm　L. 45.5cm / 2. H. 35.2cm　L. 35cm

Qing Court collection

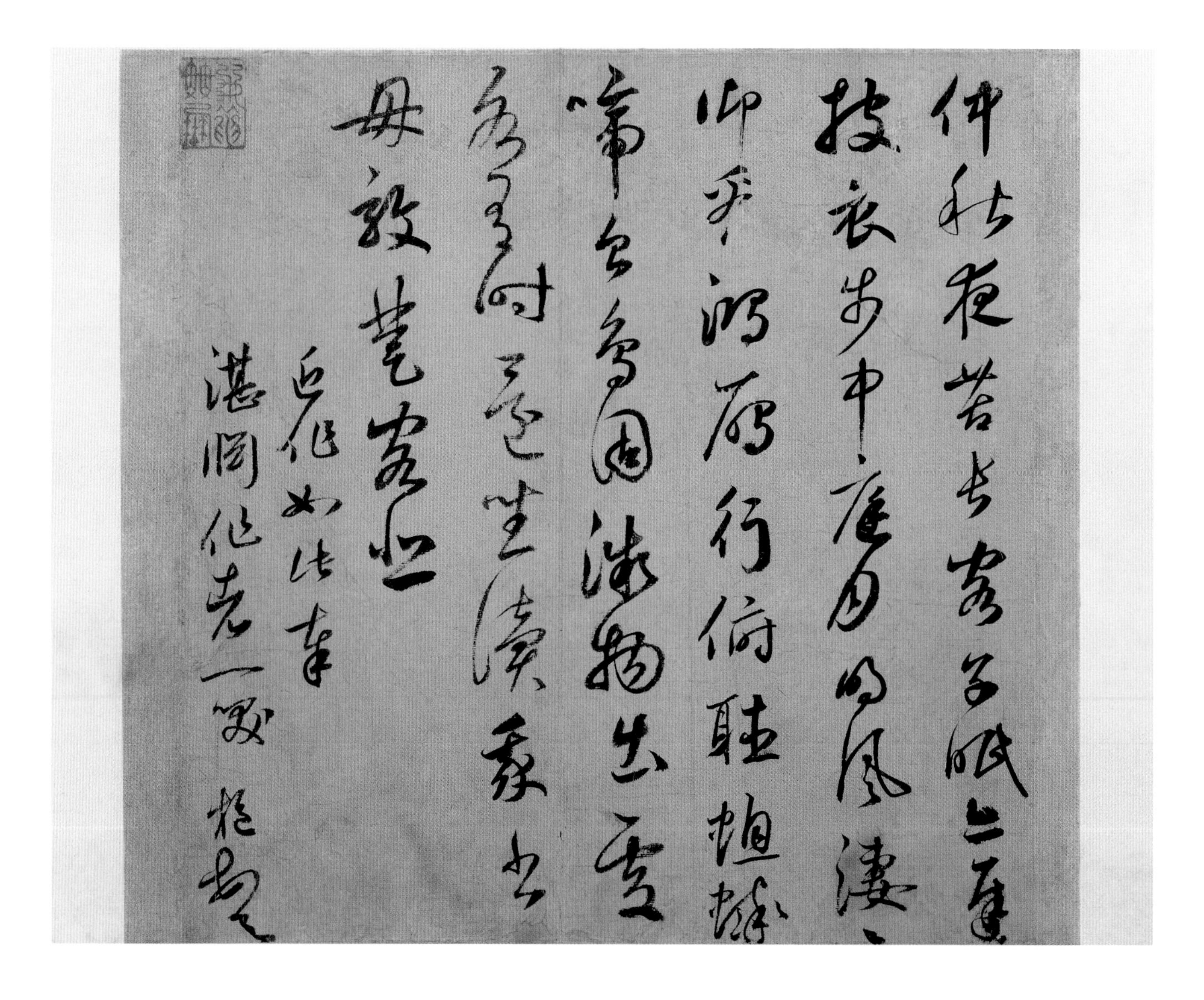

《秋懷詩冊》係鮮于樞感懷秋夜之景而作，"奉湛淵作者一笑"，説明是寄給白珽的。末款署"樞頓首"。

此帖同前《秋興詩》筆意相近，也應是鮮于樞在江浙時所書。唯紙質不如前帖精良，因此乾筆較多，但筆勢連貫舒展，牽連轉折交待分明，仍是伯幾書的精品。

鑑藏印記："飛龍舞鳳"（朱文）、"宋犖審定"（朱文）。

歷代著錄：《石渠寶笈初編》（《宋元寶翰冊》之一）。

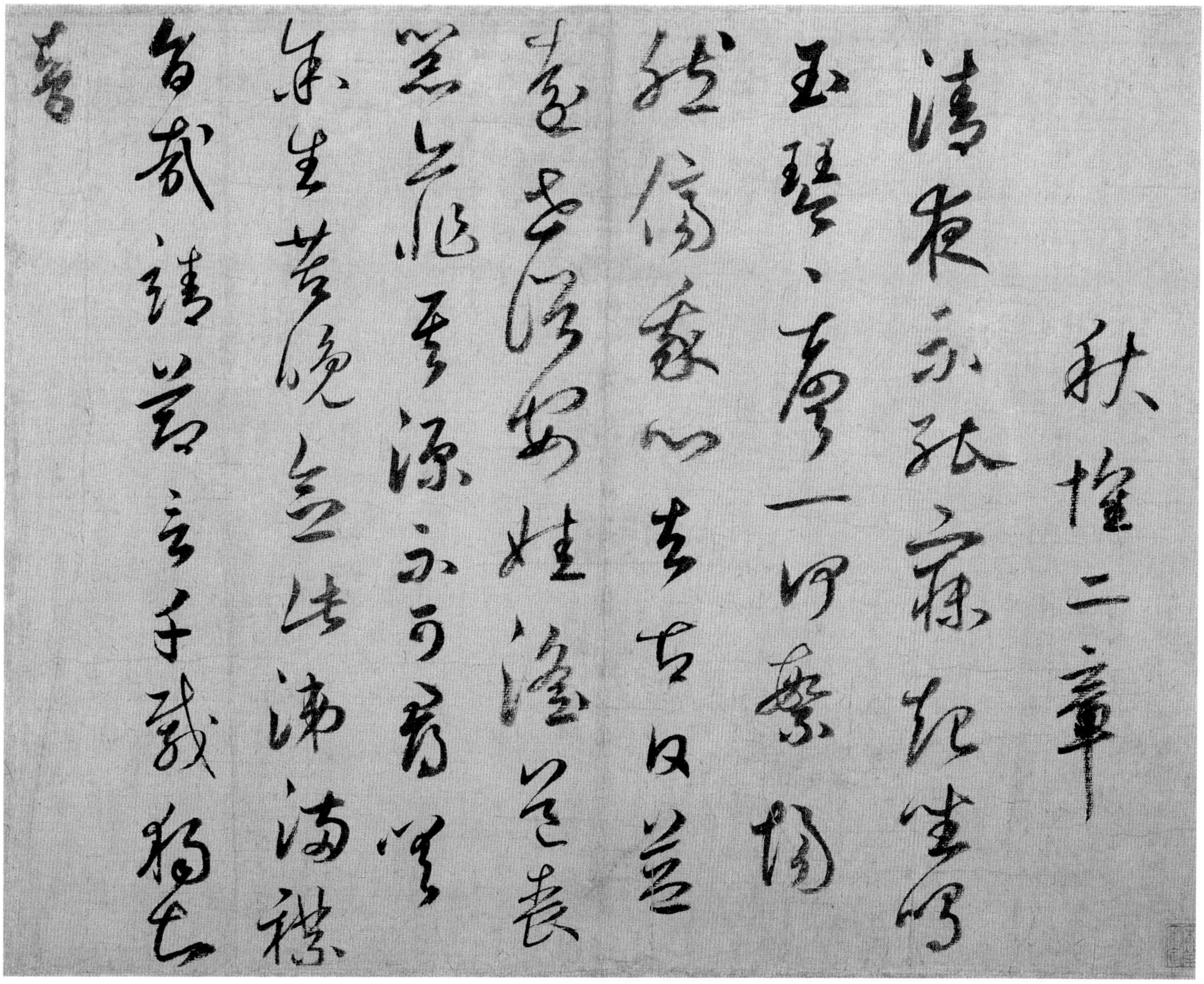

釋文：
秋懷二章
清夜不能寐，起坐鳴玉琴。琴聲一何繁，惕然傷我心。去古日益遠，世俗安姓淫。道喪器亦非，其源不可尋。嗟余生苦晚，念此涕滿襟。旨哉靖節言，千載獨知音。
仲秋夜苦長，客子眠亦遲。披衣步中庭，月明風淒淒。仰看鴻雁行，俯聽蟪蟀啼。蟲鳥固微物，出處各有時。還坐讀我書，毋效楚客悲。
近作如此，奉湛淵作者一笑。樞頓首

9

仇遠　行書自書詩卷

紙本　行書
縱34.5厘米　橫455.4厘米

Zi Shu Shi (Self-transcribed poem) in running script
By Qiu Yuan (1247-?)
Handscroll, ink on paper
H. 34.5cm　L. 455.4cm

仇遠(1247－?)，字仁近，號山村民，元代錢塘(今浙江杭州)人。曾為溧陽州教授。工詩，與趙孟頫、鮮于樞、周密、白珽、鄧文原有交往，早在南宋咸淳年間已有詩名。書法受宋高宗、趙孟堅影響，早年書瘦勁，略顯拘謹，晚年縱放。仇遠卒年不詳，1327年尚有墨跡存世。

《自書詩卷》書錄律詩三十八首，《元詩紀事》、《元詩選》有載。是贈給盛元仁的，元仁名彪，其詩與仇遠齊名。末款"戊寅七夕前三日　武林仇遠頓首再拜"。"戊寅"為元至元十五年(1278)，仇遠年三十二歲。引首有王洪行楷"興觀"、鄭雍言篆書"興觀"題字，卷末有元代石岩(民瞻)、俞希魯、蘇霖，明代王洪、胡儼、胡濟、翟佑，清代龔翔麟、翁嵩年諸人題跋。

此帖為仇遠早年書法，結體嚴謹，筆法精勁，體勢峻健；在間架結構上有歐書的意態，但更可見趙孟堅的影響，使轉、牽連、停頓處頗見經心。該詩卷是仇遠存世書中的唯一長篇巨製。

鑑藏印記："汾亭石氏"(朱文)、"希魯"(白文)、"用中"(朱文)、"聽雨軒"(朱文)、"子敬"(朱文)、"虛靜齋"(朱文)等。每段各鈐騎縫印"國佐之章"(白文)八方。

(釋文見附錄)

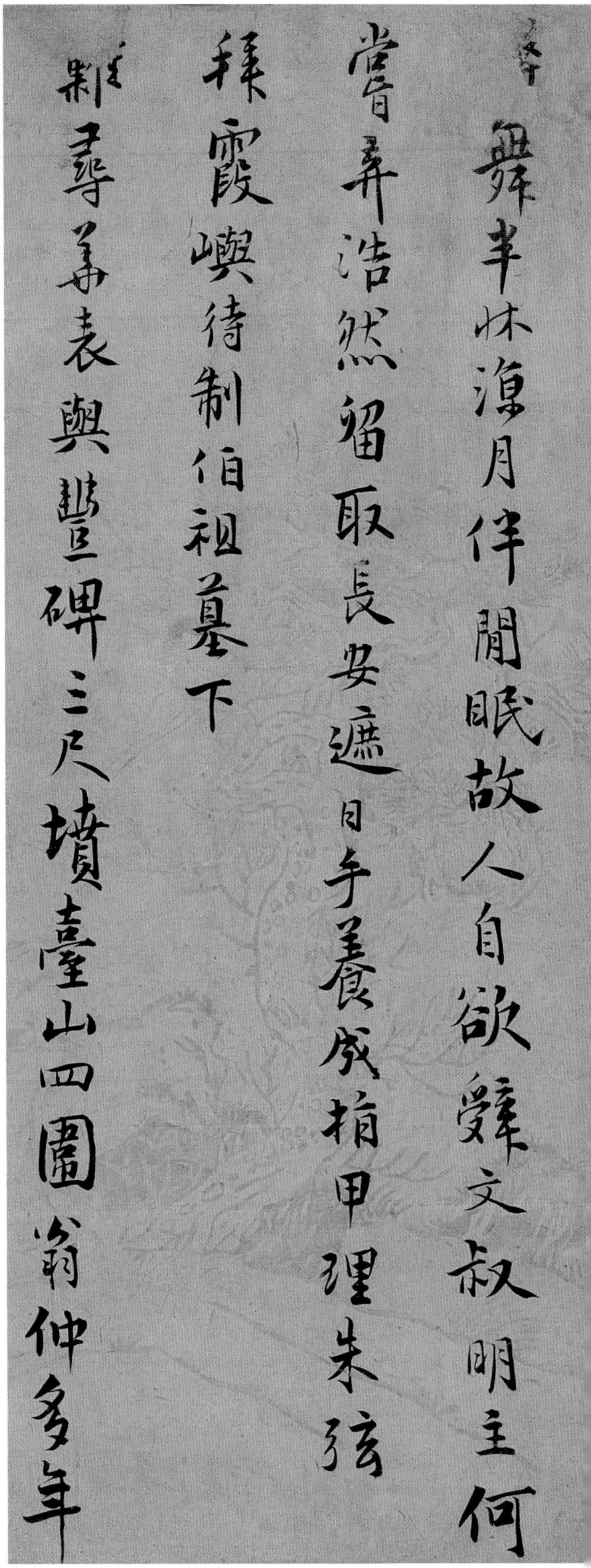

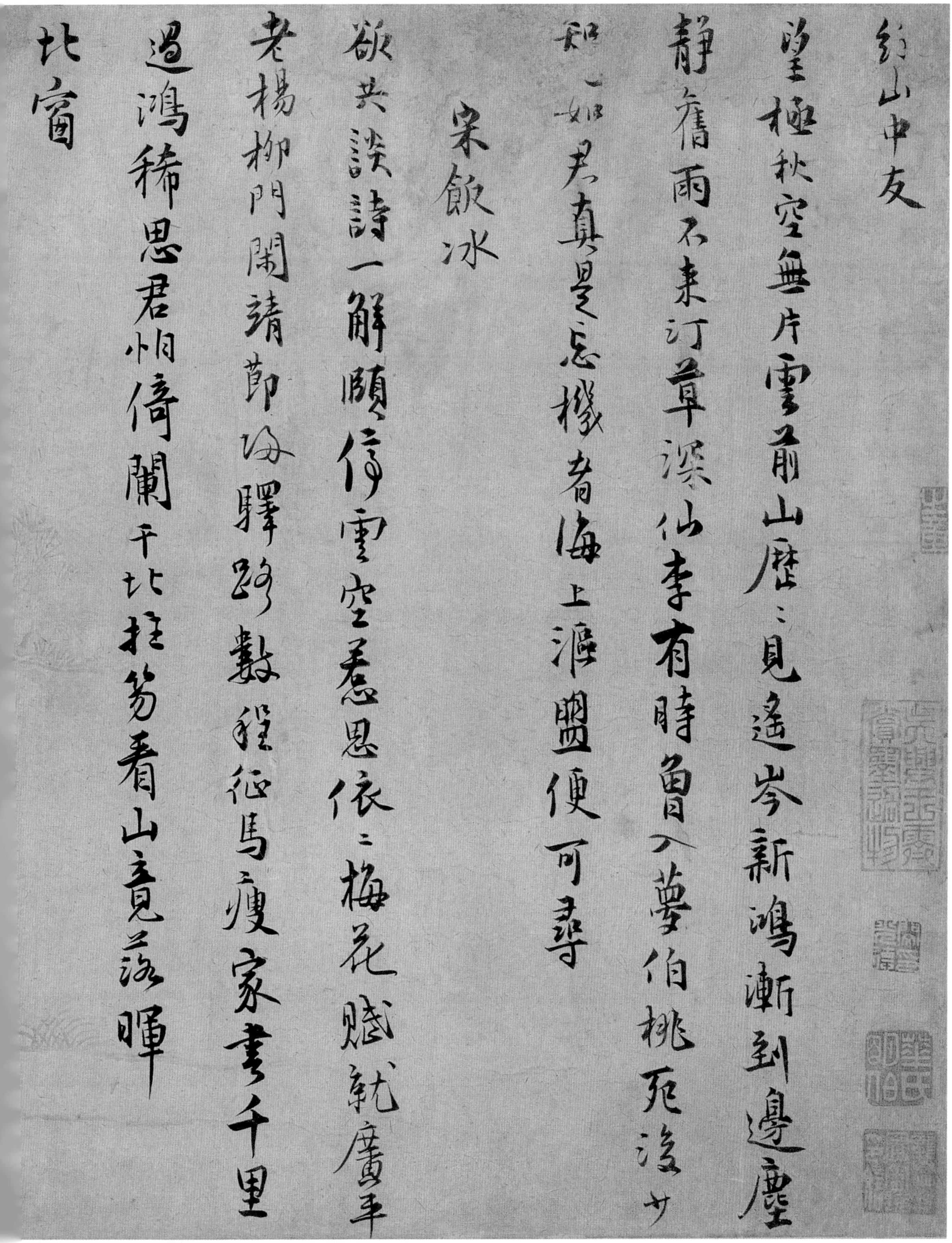

約山中友
望極秋空無片雲前山歷々見遙岑新鴻漸到邊塵
靜舊雨不來汀草深仙李有時曾入夢伯桃死後廿
知一如君真是忘機者海上漚盟便可尋

宋飲冰
欲共談詩一解頤停雲空惹思依々梅花賦就廣平
老楊柳門閑靖節海驛路數程征馬瘦家書千里
過鴻稀思君悵倚闌干北拄笏看山竟落暉
北窗

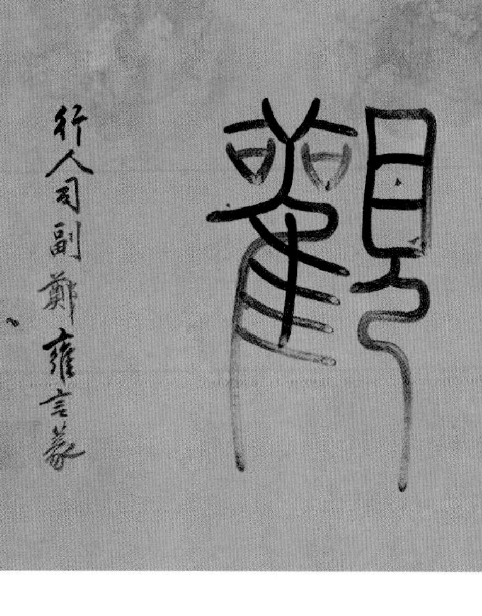

訪山中友

望極秋空無片雲亂山歷歷見遙岑新鴻漸到邊塵靜暮雨不來汀草深仙李有時留入夢伯桃死後少知心如君真是忘機者海上盟便可尋

宋飲冰

欲共談詩一解頤停雲空惹思依依梅花賦就廣平老楊柳門閒靖節歸路數程征馬瘦家書千里過鴻稀思君相倚闌干北狂勞看山竟落暉

北窗

六窗隱几樂吾天莫道新愁到耳邊一帽好花供舞半林溪月伴閒眠故人自欲雙文叔明主何嘗弃浩然留取長安遮日手養成指甲理朱弦

拜霞嶼侍制伯祖墓下

將尋吾表輿豐碑三尺墳臺山四圍翁仲多年蒼珮剝子孫寒食紙錢稀瘦藤拔地長蛇走

真妃已返鳳臺仙獨立池亭思悵然海岳不傳青鳥信石唇誰抱白雲眠宮桃移種難生實陀釋初翻不引鞭凝碧荒涼絲管靜萍花浮滿釣魚船

江上送友

知心懷親憶故州相逢沽酒且遲留夕陽有恨荒荒白江水無聲浪浪流孤鳥出潮投渚尾野蘆飛雪壓風頭郁愁明月中秋近不得同登庾亮樓

送劉仲聞歸廬陵

驛路梅花漠漠寒賦形帽出長安忽知客久歸心切自覺交深別語難春入西江隨馬去山留殘雪待人看青原白鷺如相問十載湖濱只釣竿

道場山

山行龜背路羊腸伏虎禪師古道場老木陰中安御坐白雲堆裏揮僧床白泉清澈涵秋味尖塔孤撐界夕陽笑月弄空人影散松風如雨動天黃

何山

溪轉峰回一徑平田頭白水照人清寺因何氏封山姓客聽坡詩證地名蘿月長隨行道影杉風猶帶讀書聲雲津橋下潺湲急悵濯襟裾客濯纓

新安郡圃

臺榭凌空眼界寬得閒來此獨憑欄春浮練水蒸城潤雪襯黃山入座寒古樹巢空群鳥散荒池沙滿碎萍乾白雲空望歸期定不見青油誰牡丹

拜孫花翁墓下

水仙有地葬詩人一片荒山野火焚薦菊有亭今作圃掃松無子湯圍墳蝸牛負殼粘碑石老鶴攜雛入隴雲欲把長篇歌楚些却憐度曲不如君

兵間有歌舞者

邊塵未定苦無謀年少金多絕不憂野戰已酣紅帕首塗歌猶醉錦纏頭蛾貪銀燭那知死月戀金尊不忍愁亦欲辭秦賞隱去桃花源上覓漁舟

二

東爛進退憶盈時惟悰終較昔年稀柳多客折涼陰薄蔽少人稀雨綠肥胡蝶覺來方識夢海鷗飛去未忘機相逢且可談風月莫話興亡與是非

三

風雨蕭蕭白晝昏素襟受此一涼恩丘園不作軒裳夢陵谷空遺斧鑿痕可和船歌楚澤何堪抱瑟立齊門有時散步西原上共醉田家老瓦盆

問趙元父病

裹飯無因絕往還惟應帖子報平安山公馬向花前放岐伯書從枕上看貸易近來多比藥丈詩強欲着南冠有時泥醉西園月只欠梅花共倚闌

贈金孫璧

黃紙紅旗事已休莫思入谷有鳴騶天開東壁圖書府人主西湖烟雨樓林淺易尋和靖隱菊荒空憶親公遊客來把翫新題扇半似鍾繇半似歐

再答元父

驟裏龍媒去未還獨將疑段客長安青黃誰來溝中斷黑白當從局外看尊俎風流隨日月山林人物古衣冠翁挂花滿袖宦情不風十二宮

客遊吾浙莫吾山

湖山滿目復游空風景還家客自生桐葉外秋先落木風中乾坤浪浪吾將江漢寒鴻自去隱人多嗜酒却憐美酒醉新聲

和兩山

世事枰棋入角危有人袖手只攢眉路通巴蜀那須檄兵立潼關更要詩少竟醉即從汝笑樹猶如此信是哀傳聞吳舞消兵氣猶把蓁心向聖儀

二

窮鄉何處覓新豐自無仙仙醉夢中未學伏波尸馬革且隨甯里閒魚蒙屢秋書有柴桷日兵后那無草木風吾欲飛神游八極扁舟坦卧不須蓬

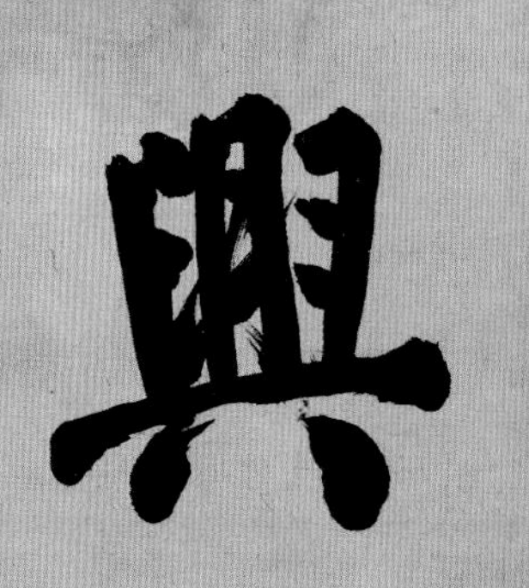

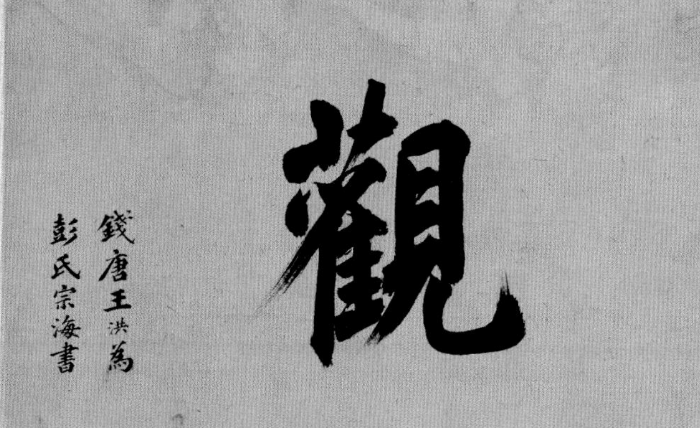

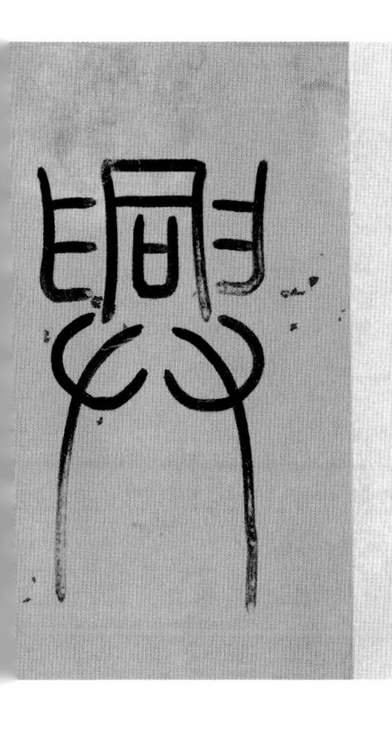

《自書詩卷》之一

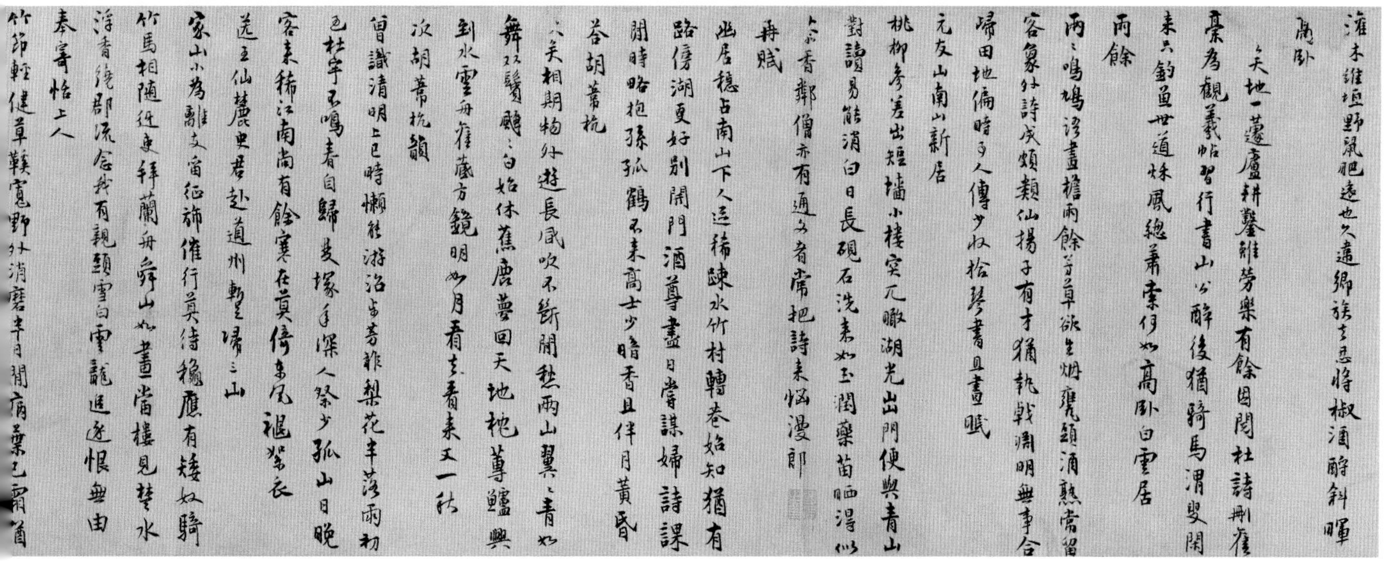

《自書詩卷》之二

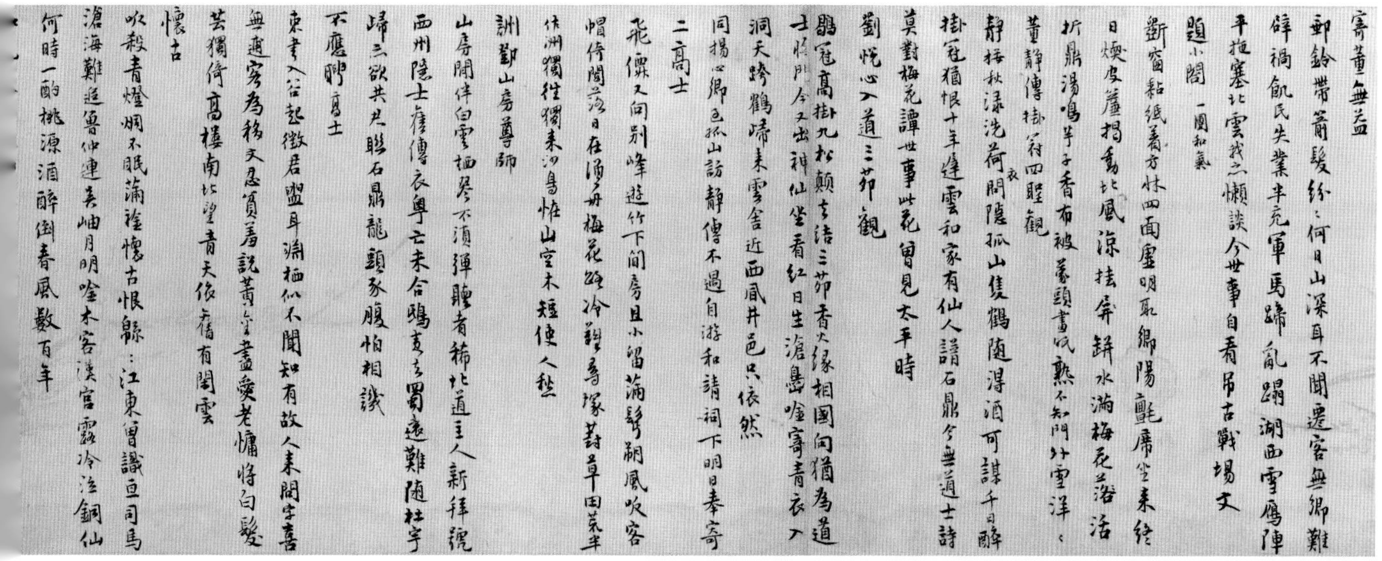

《自書詩卷》之三

山村仇先生在宋時已有能詩聲至
元中嘗分教京口余時尚童丱從
先人杖屨識之後每至杭必造其廬
拜林下先生雖生長繁華之地而神
清骨聳脩然山澤臞儒也今覩所錄
與甫林盛先生贈行小卷其間多
感慨興亡之辭而優柔不迫平淡中
有深味真得詩人之旨者也詩後題
識歲月距今六十八年矣翰墨如新
誠可愛玩季高其慎藏之哉至正
乙酉七夕後五日晚學俞希魯敬書

延祐丁巳秋余至錢塘拜識 山村仇先生於 北村湯先生之
讀易精舍既而屢承誨益唐律三十八首先生所作書贈
虎林盛先生行者虎林先生余 表姊李高先生之外父余
之外舅祖也其年戊寅表叔始生但後此一月耳每季嘗披誦
於表姊處觀翰之工非胸中有萬卷書何以致此誠我輩後
學之軌範也表姊今後四[illegible]平日玩好之物[illegible]戚彥清甥[illegible]

多感慨興亡之意讀之不覺[illegible]
作詩必以用事為能讀書未免於固前
輩謂少陵詩無一字無來歷不過言其
學博而有根據耳非但謂用事也且詩
言志首適其性情之正而得乎事理之
當也何必拘拘於用事與不用事哉豈仇
公學淺識博固以用事為能耶然其詩
皆自書字畫清勁無塵俗氣其亦山
林脩潔之士哉翰林庶吉士芳克脩
持以示題遂為書之
永樂十六年夏六月豫章胡儼跋

南宋遭方厄腥羶繞以揚吁嗟
頹俗中見此孤鳳凰栖既不偶
長鳴悲亂亡所懷甫林彥頗謂
諧中腸遺篇發光彩遺之期不
忘雅律尊少陵金石恒鏗鏘

康熙癸巳春二月錢唐龔翔麟借觀七日

海寧馬氏仲安藏仇山村手書唐律三
十八首乃贈盛元仁之行者跋者元石
巖俞希魯蘇霖明王洪胡儼胡濙瞿
佑共七人洪又大書興觀二字於前鄭森
從而篆之裝池為一卷山邨集世久失傳此
卷如吉光片羽誰不知寶重況予杭人也
山村元仁王洪瞿佑皆鄉之前哲手澤
具存曩乃借觀凡七日然終不可留
也爰手錄其副而歸之康熙癸巳二月
戊午蘅林龔翔麟識

山村先生被服儒雅介然獨立為時宗仰於今幾四
百餘年風流未墜高山在望讀其詩其言哀以思
觀其書超穎拔俗脫去宋人習氣雖殘編斷簡猶足
寶重況卷帙甚富而中間贈答吟詠忠厚悱惻之意
油然而生可以興可以觀矣馬子衎齋欲余同鮮于
太常遊高亭山卷刊石皆江鄉事實可垂不朽余未
敢辭癸巳四月立夏後一日翁嵩年謹識於梅東草堂

讀陳子邦集

簡齋吟毋是吾師向汝能為杜拾遺宇宙無人同叫
嘯公卿自古嘆流離家塗切切誰憐汝遺恨茫茫不
在詩莫道墨梅曾遇主黃花一絕更堪悲

近世習唐詩者以不用事為第一格少陵無
一字無來處衆人固不識也若不用事云者正
以文不讀書之過耳暇日與里人論元仁言之予
元仁俱以筆墨受雨山先生知予之心元仁之心
先生之心同矣元仁攜十錦將東書復推輒
錄小卷贈行以寄君思君元仁小好詩錄
以叙我以寄予思明月天涯千里對面[illegible]
不孤矣戊寅七月朔三日武林仇遠頓首時

右仇仁近手書自作律詩三十八首與
盛元仁二公皆咸淳名士觀其筆無勝
意豈特其書可貴重哉亦可以見其為人
矣他日貴游子弟捐一石刻之使吾輩
皆得墨本以刮目散懷亦一奇事也至
正甲申歲秋孟汾亭石巖民瞻為

《自書詩卷》之四

寶藏之古歲元用彥清沒蕩然一空聞者莫不興歎 玄妙
高士鄭本中偶以得此出以示余令人感悼尤深先哲云違去
日如馳時有代謝變遷物有成敗聚散然之理之常也昔兵間
有歌舞者先生詩云野戰已酣紅帕首塗歌猶醉錦纏頭寄
董無益云還客無鄉難辟禍飢民失業半充軍賦不應[illegible]
高士詩又云忍貧羞說黃金盡愛老慵將白髮[illegible]三複
斯言一時不能忘情今野戰已酣誰事歌舞遷客飢民
多不忍說金盡而貧皆不羞說此又古今事變所不能
全者也俟河之清人壽幾何余年六十有七玩好之心亦忘
樂夫天命而已一念不留與道長往其樂斯無窮焉本中
年富力強脩練閒暇從事辭翰得此卷於離亂中而
愛護長留天地間茲非山村虎林二先生之幸也歟茲非
山村虎林二先生之幸也歟歲在丁酉閏九月甲寅京口
虛靜道人蘇霖子啟謹識

右山村先生詩三十八首洪獲觀于彭宗海氏其頓挫
沉鬱彷彿杜少陵之風而悲歎感槩猶不能脫晚宋
氣習者豈其遭時之變而然歟詩後自謂作詩必用
事然古人吟詠之妙又有在於用事之外風行水上
涣乎自然耳今去先生百有餘載讀之彷彿不
謂顧瞻周道之悲此固先生之心也歟若乃辭翰
之工有不待鄉里後學之贅辭也
永樂戊戌夏六月四日王洪拜手識

《自書詩卷》之五

秦何四傳問哉毀居販[illegible]斯文
幸不泯復歸君子鄉墨華久
不剎雪繭猶含芳金玉慎斯寶
貯之宮錦囊儀哉故家物得
茲有輝光
南海胡濟

山村虎林二公宋咸淳名士並以詩鳴于時迨至元初
虎林將有行役山村手寫唐律三十八首以贈皆其自
作也且又題識歲月于後謂近世習唐詩者以不用事
為第一格少陵無一字無來處衆人固不識也若不用
事云者正以文不讀書之過爾其言似有所激然亦切
中寡學而輒談比興之病後有石民瞻跋語稱此卷豈
特辭翰可重亦可以見其為人他日貴游子弟捐一石
刻之使吾輩皆得墨本以刮目散懷亦一奇事也然
至今百五十年矣竟乏刻石者何世間好奇者之寡耶
可為慨嘆矣卷舊藏于盛公之裔季高後為玄妙
道士鄭本中所得復轉而屬之市民彭宗海子姪
邏婚於彭氏因遂獲之蓋四傳矣不幸乏好奇者
為之刻石以廣著於墨本然亦幸其不轉於墨

《自書詩卷》之六

10

趙孟頫　草書保母磚跋卷

紙本　草書
縱31.6厘米　橫32厘米

Bao Mu Zhuan Ba in cursive script
By Zhao Mengfu (1254-1322)
Handscroll, ink on paper
H. 31.6cm　L. 32cm

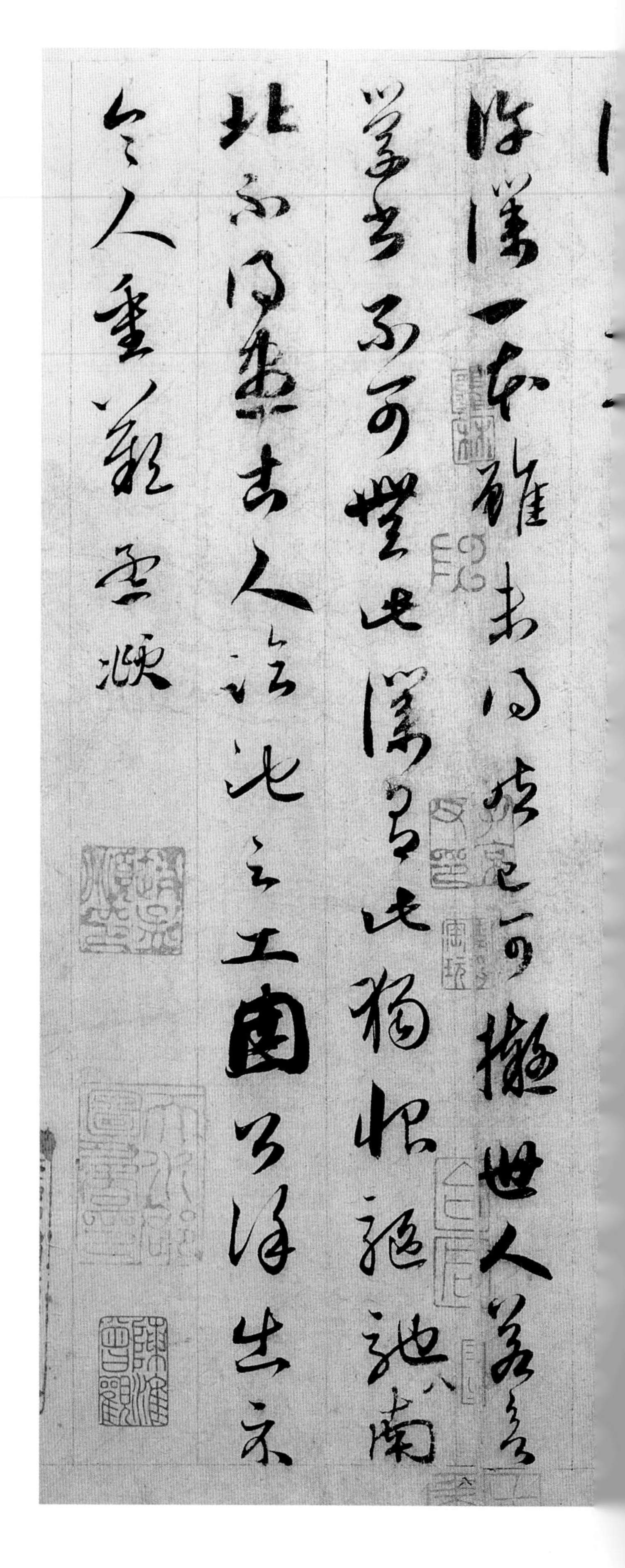

趙孟頫(1254－1322)，字子昂，號松雪道人，別號鷗波、水精宮道人。元代吳興(今浙江湖州)人。宋宗室。入元，經程鉅夫薦，出仕，累官至翰林學士承旨、榮祿大夫等。生前“被遇五朝，官居一品，名滿天下”。死後封魏國公，謚號“文敏”。博學多才，詩、文、書、畫、音樂造詣均深。書、畫在當時居於領袖地位，書法“篆、籀、分、隸、真、行、草書無不冠絕古今”，真、行二體，成就尤高，世稱“趙體”，對當時及後世影響巨大。

此帖是趙孟頫出仕元朝的第二年，“因公事至杭”時，為友人周密所藏晉王獻之書《保母磚》拓本作的跋。帖的前後尚有宋姜夔，元周密、鮮于樞、仇遠、張埛、白珽、鄧文原、王易簡、王沂孫、呂同老、王英孫、龍仁夫、杜與可等人題跋。

趙氏早年的草書，風格上主要受隋智永《千字文》的影響，作品大都用意精密，草法嚴謹。同時也比較注意點畫細節的豐富變化，以及章法韻律的自然和諧。《保母磚跋》反映了這些特點。

鑑藏印記：“子京父印”、“墨林”、“陳淮曾觀”等。

歷代著錄：《江村書畫目》、《契蘭堂書畫錄》。

釋文：
保母碑雖近出，故是大令當時所刻，較之蘭亭，真所謂固應不同，世人知愛蘭亭，不知此也。丙戌冬，伯幾得一本，繼之公謹丈得此本，令諸人賦詩，然後朋識中知有此文。丁亥八月，僕自燕來還，亦得一本，又有一詩僧許僕一本，雖未得，然已可擬。世人若欲學書，不可無此。僕有此，獨恨驅馳南北，不得盡古人臨池之工。因公謹出示，令人重嘆。孟頫

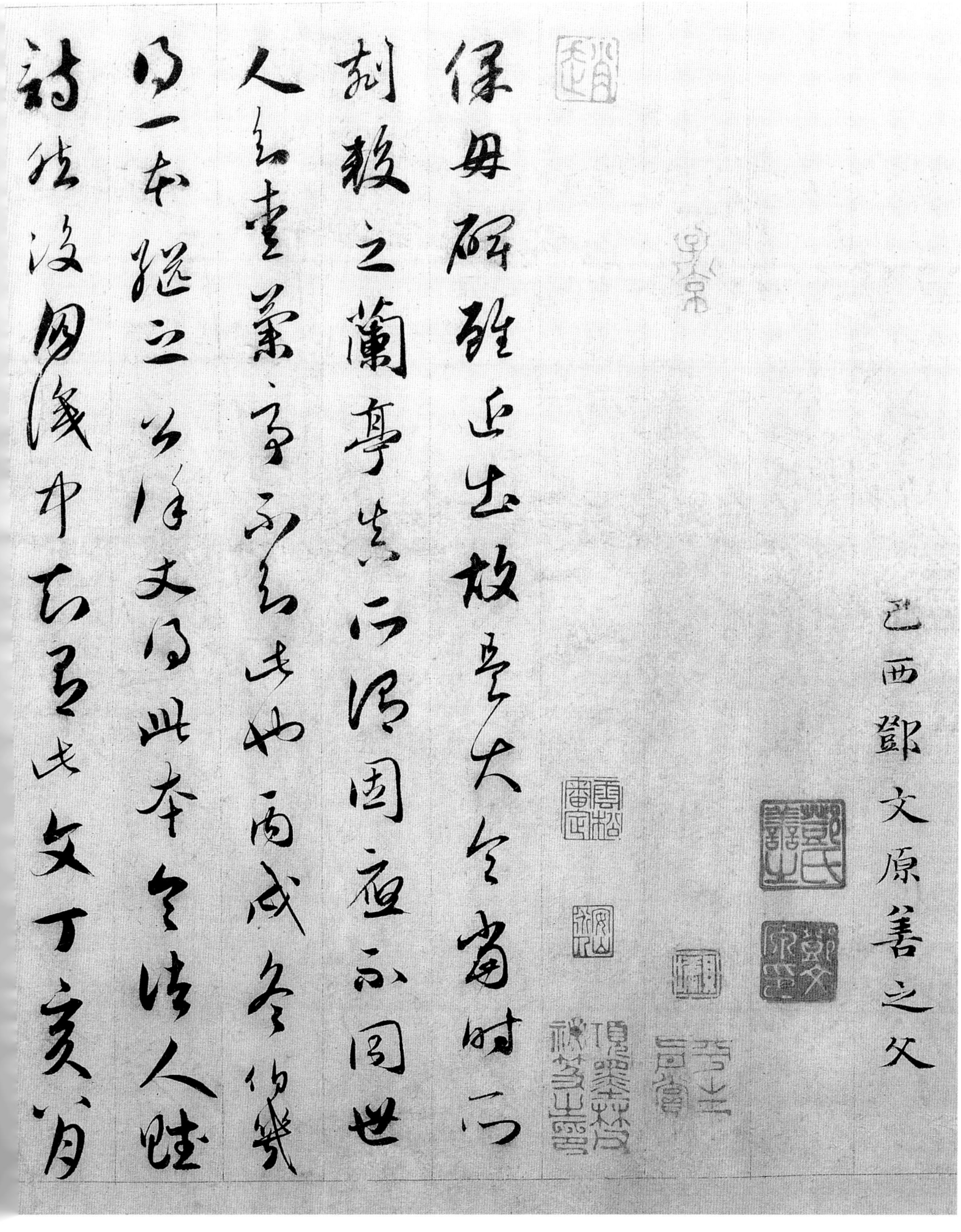

己酉鄧文原善之父

保母磚雖近出故是大令當時所
刻較之蘭亭真行固應不同世
人但重蘭亭不知此也丙戌冬伯幾
以一本贈之以俾文同此本今諸人陸
詩然後因淺中石民文丁亥八月

11

趙孟頫　行書與達觀長老札（惠書帖）

紙本　行書

縱31厘米　橫38.3厘米

Yu Da Guan Zhang Lao Zha (Letter to an elder of Da Temple) in running script

By Zhao Mengfu

Leaf, ink on paper

H. 31cm　L. 38.3cm

此帖是寫給“達觀長老”的信札。達觀的生平失考，趙氏另一通寫給“子明”的書札中，也提到達觀，説明二人之間有較多交往。作品風格與《保母磚跋》很接近，結字方闊，點畫豐腴，風格穩健，富有姿態，應是大德初年所書。

鑑藏印記：“安岐之印”（白文）、“安儀周書畫之章”（白文）、“怡府世寶”（朱文）、“亮生審定精品祕寶”（白文）等。

歷代著錄：《壬寅銷夏錄》。

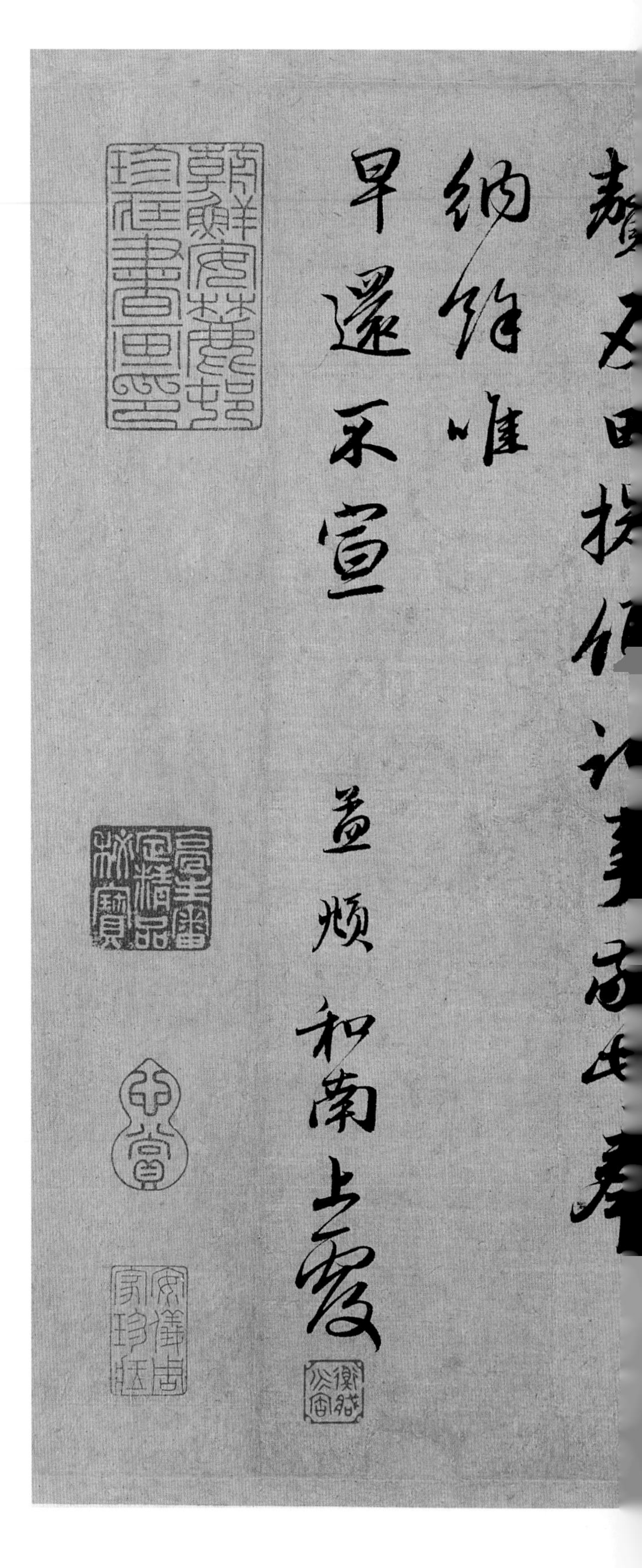

釋文：

達觀長老禪師。孟頫和

南上記拜封。孟頫和南

上覆達觀長老禪師道

契。孟頫政此馳仰，忽

承惠書，深切欣浣。涼

筍之餉，尤見厚意，領

次感激。所索書已與施

老言之，不複贅及。田

提領記事敬此奉納，餘

唯早還不宣。孟頫和南

上覆

達觀長老禪師

來人納一函

孟頫和南上記律書

孟頫和南上覆

達觀長老禪師道契 孟頫啟

與馳仰忽承

直去深切欣浣

滌筆之餉尤見

厚意領次感激

所索書已與

施老言之不復

12

趙孟頫　二體千字文冊
紙本　楷、草書　二十五開半
開縱24.7厘米　橫25厘米

Er Ti Qian Zi Wen (The Thousand-Character Classic) in running and regular scripts
By Zhao Mengfu
Album of 25 and a half leaves, ink on paper
Each leaf: H. 24.7cm　L. 25cm

《千字文》是中國古代流佈很廣的一種啟蒙讀物，梁代周興嗣作。作品文辭通俗優美，典故運用豐富。歷代書法家書寫《千字文》者很多，其中年代最早、最著名者是陳、隋間的智永和尚。據記載，其在永欣寺時，曾書寫《真草千字文》八百餘本，分送給浙東一帶的寺院。這些寫本（或刻本）後來也就成為人們學習書法的範本。

趙孟頫是繼智永之後，書寫《千字文》較多且最有名者，自稱"二十年來寫《千文》以百數"。從現存的七、八種作品來看，大致可分成臨作和創作兩大類。前者書寫的年代較早，後者則多作於其書風成熟之後。此本《千字文》屬於前者，基本是以智永的《真草千字文》為範本，藝術上保持了智永作品的典雅和流美。

鑑藏印記："石雪齋祕笈印"（朱文）、"丁白嘉"（朱文）、"丁五郎多壽"（朱文）、"黃冠村人"（朱文）等。

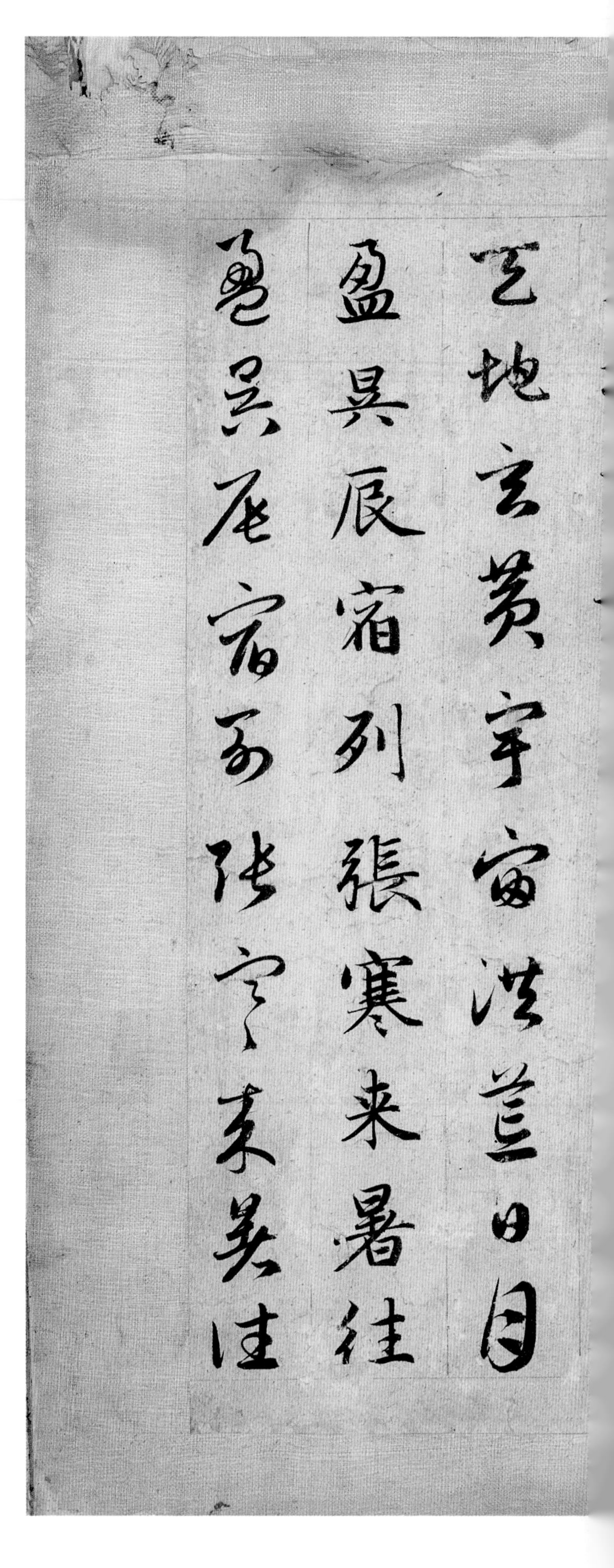

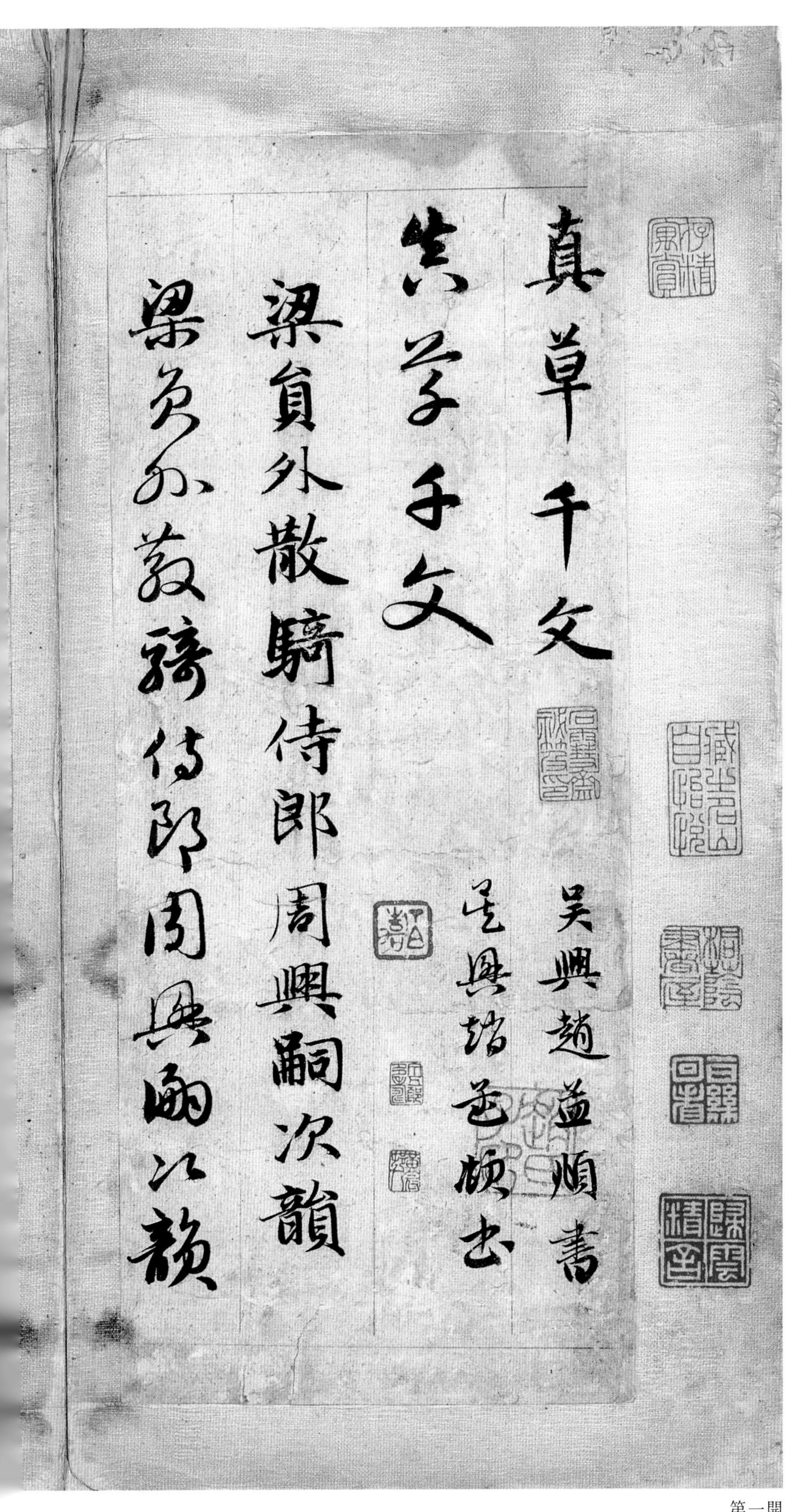
真草千文
真草千文
吳興趙孟頫書
吳興趙孟頫書
梁員外散騎侍郎周興嗣次韻
梁員外散騎侍郎周興嗣次韻

第一開

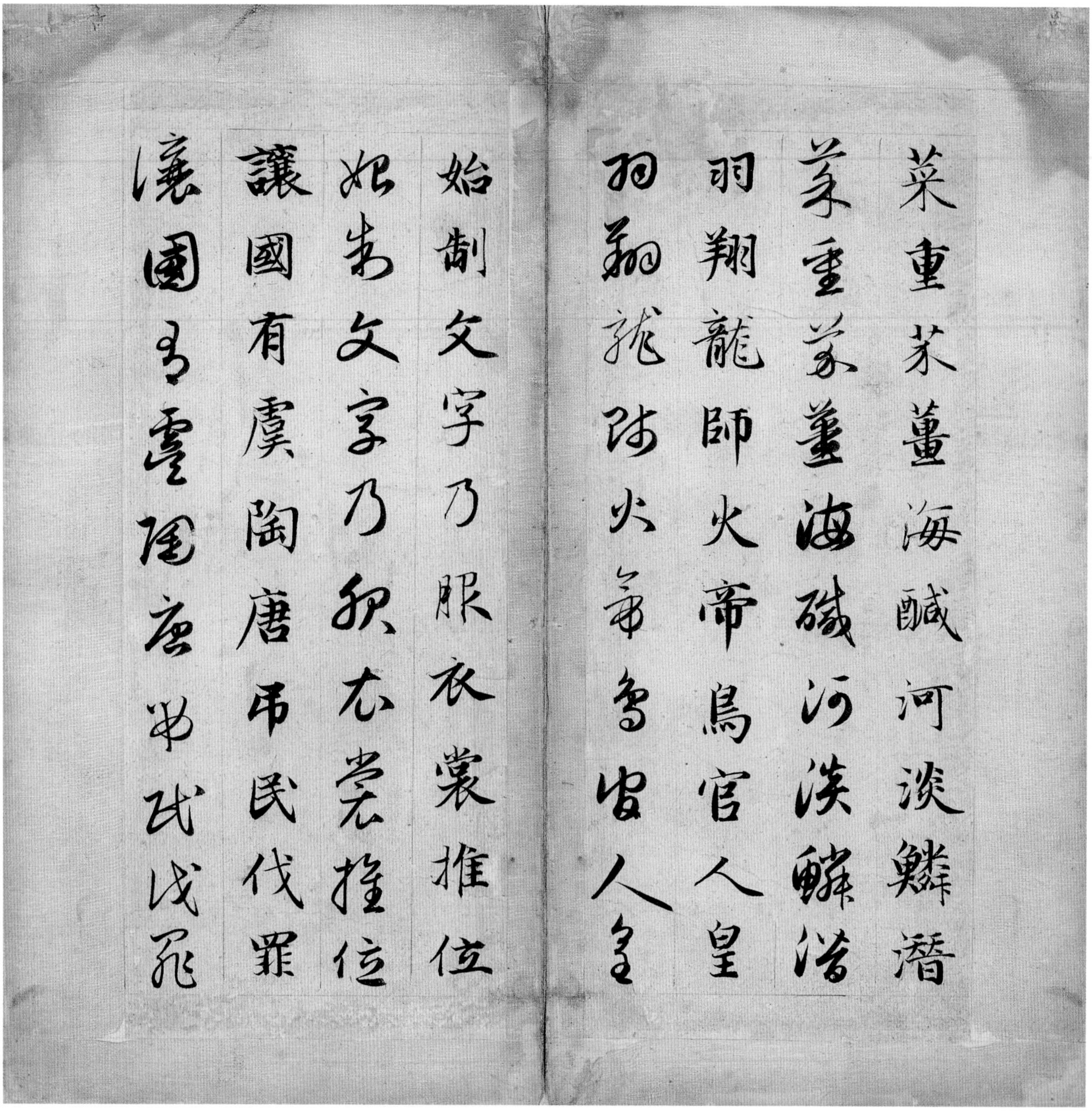

菜重芥薑海鹹河淡鱗潛
菜重芥薑海鹹河淡鱗潛
羽翔龍師火帝鳥官人皇
羽翔龍師火帝鳥官人皇
始制文字乃服衣裳推位
始制文字乃服衣裳推位
讓國有虞陶唐弔民伐罪
讓國有虞陶唐弔民伐罪

第三開

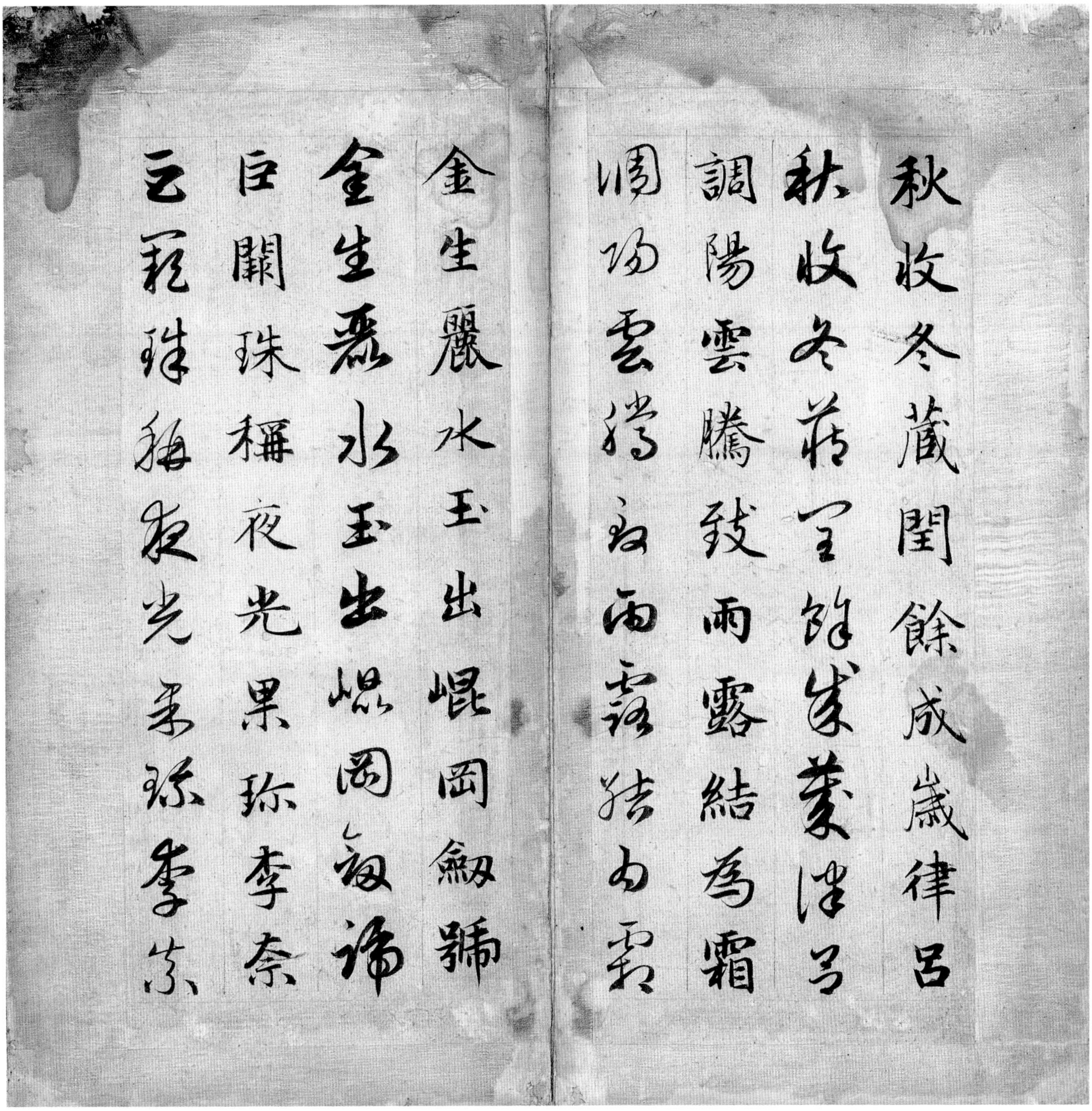

秋收冬藏閏餘成歲律呂

秋收冬藏閏餘成歲律呂

調陽雲騰致雨露結爲霜

調陽雲騰致雨露結爲霜

金生麗水玉出崑岡劍號

金生麗水玉出崑岡劍號

巨闕珠稱夜光果珍李柰

巨闕珠稱夜光果珍李柰

第二開

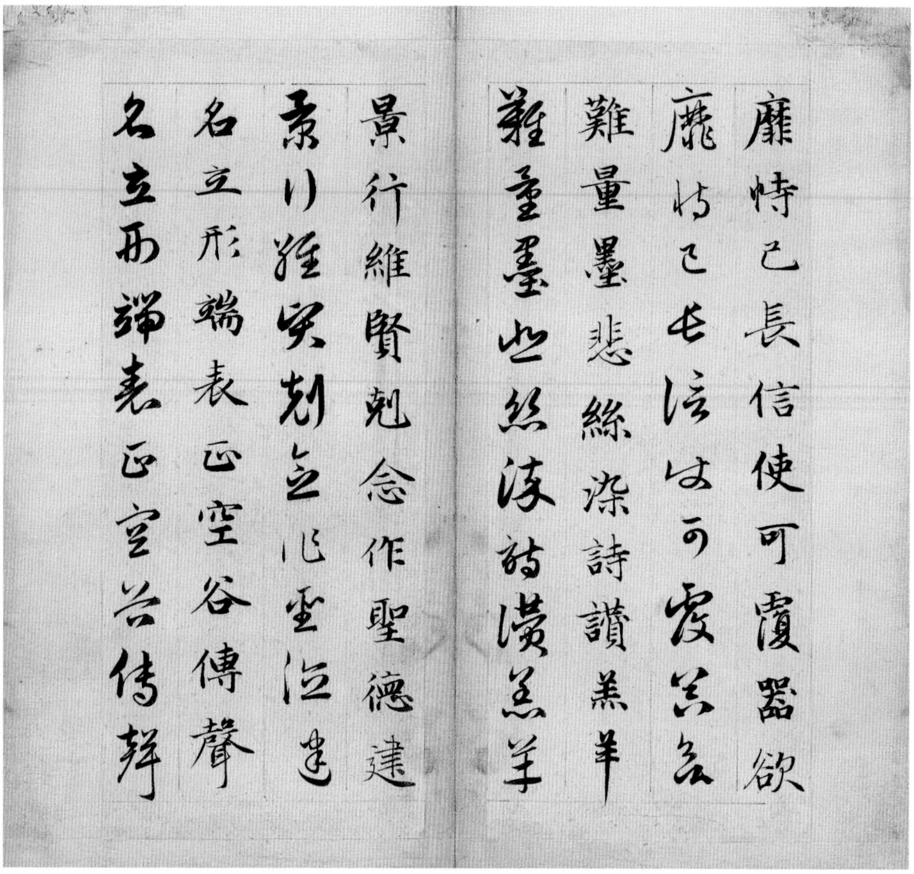

靡恃己長信使可覆器欲
靡恃己長信使可覆器欲
難量墨悲絲染詩讚羔羊
難量墨悲絲染詩讚羔羊
景行維賢剋念作聖德建
景行維賢剋念作聖德建
名立形端表正空谷傳聲
名立形端表正空谷傳聲

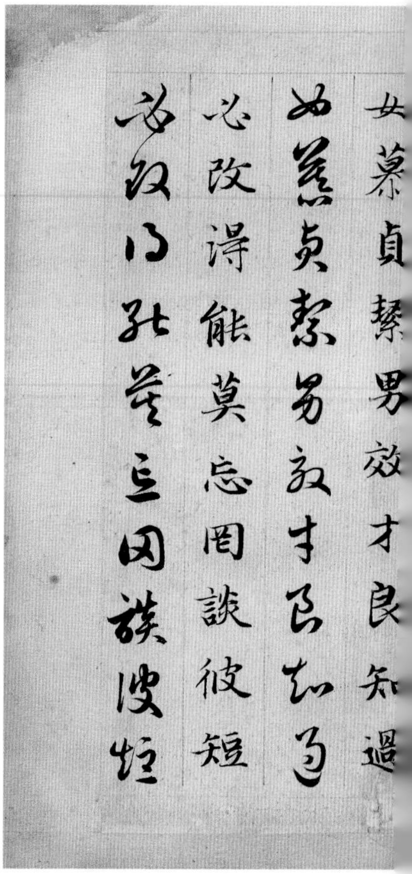

第六開

女慕貞絜男效才良知過
女慕貞絜男效才良知過
必改得能莫忘罔談彼短
必改得能莫忘罔談彼短

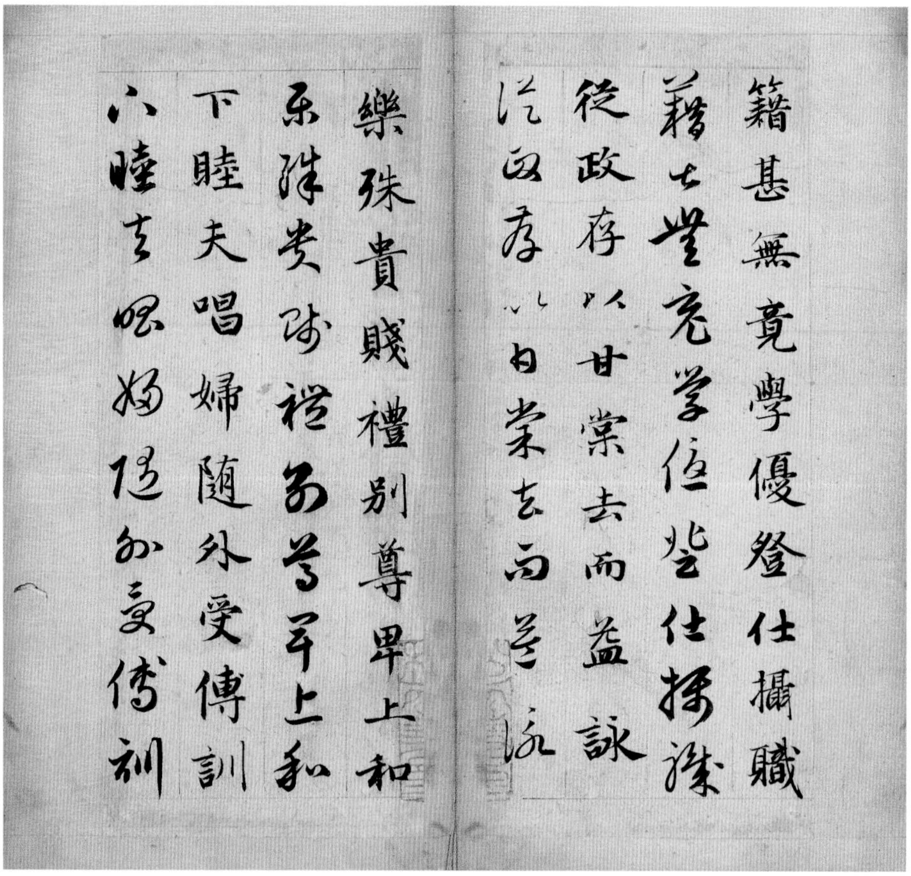

籍甚無竟學優登仕攝職
籍甚無竟學優登仕攝職
從政存以甘棠去而益詠
從政存以甘棠去而益詠
樂殊貴賤禮別尊卑上和
樂殊貴賤禮別尊卑上和
下睦夫唱婦隨外受傅訓
下睦夫唱婦隨外受傅訓

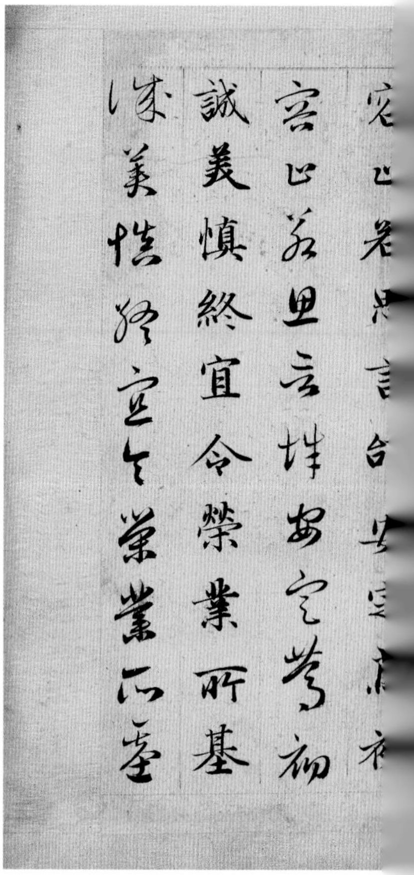

第九開

容止若思言辭安定篤初
容止若思言辭安定篤初
誠美慎終宜令榮業所基
誠美慎終宜令榮業所基

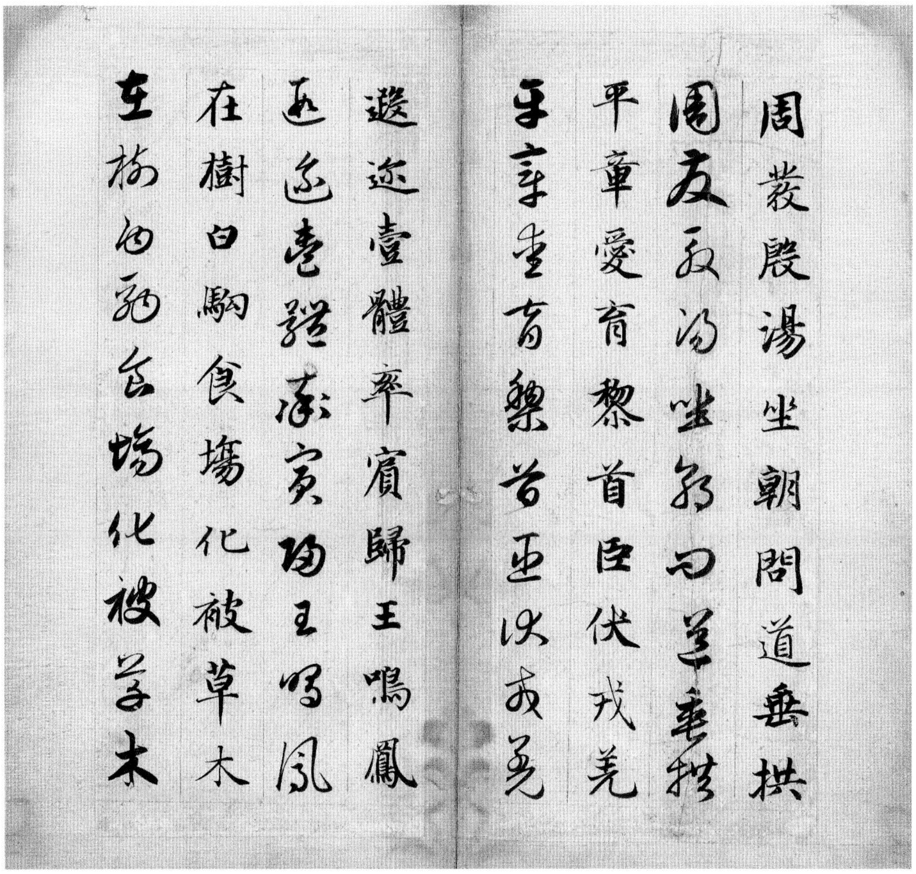

周發殷湯坐朝問道垂拱
周發殷湯坐朝問道垂拱
平章愛育黎首臣伏戎羌
平章愛育黎首臣伏戎羌
遐邇壹體率賓歸王鳴鳳
遐邇壹體率賓歸王鳴鳳
在樹白駒食場化被草木
在樹白駒食場化被草木

第四開

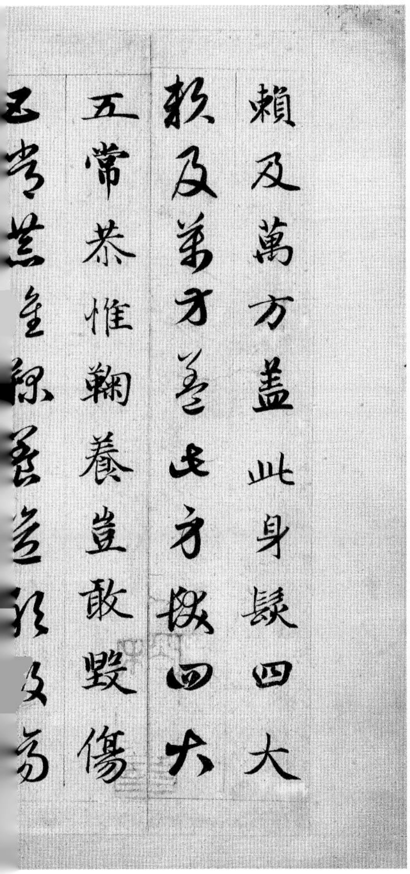

賴及萬方蓋此身髮四大
賴及萬方蓋此身髮四大
五常恭惟鞠養豈敢毀傷
五常恭惟鞠養豈敢毀傷

第五開

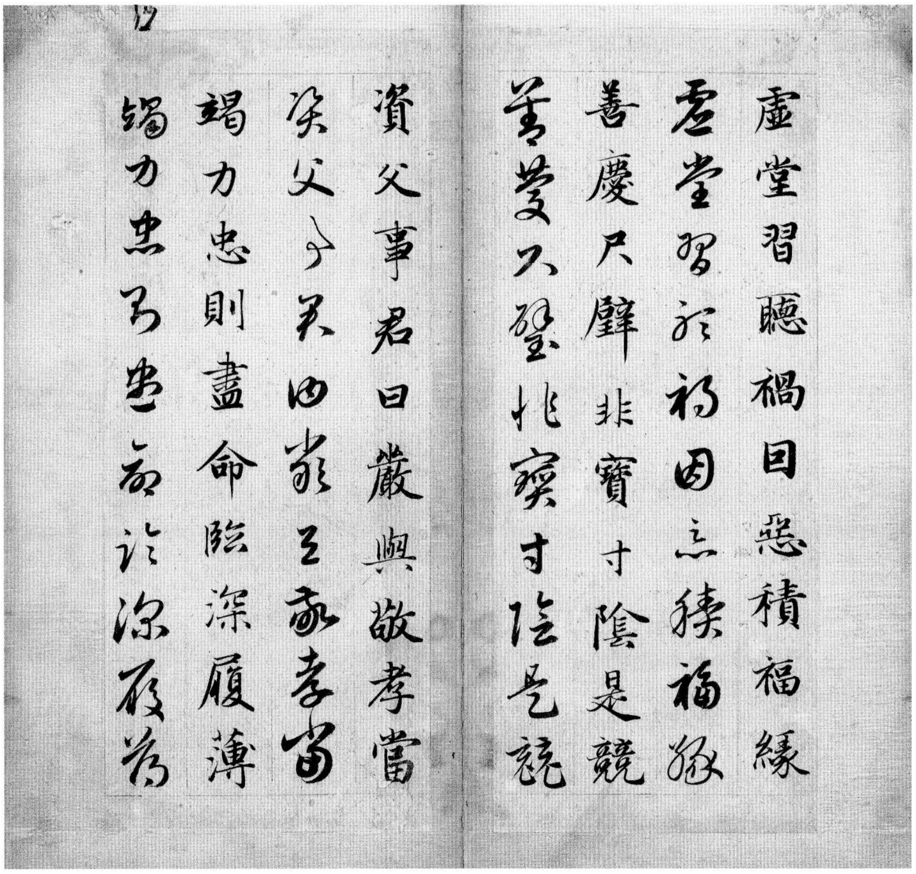

虛堂習聽禍因惡積福緣
虛堂習聽禍因惡積福緣
善慶尺璧非寶寸陰是競
善慶尺璧非寶寸陰是競
資父事君曰嚴與敬孝當
資父事君曰嚴與敬孝當
竭力忠則盡命臨深履薄
竭力忠則盡命臨深履薄

第七開

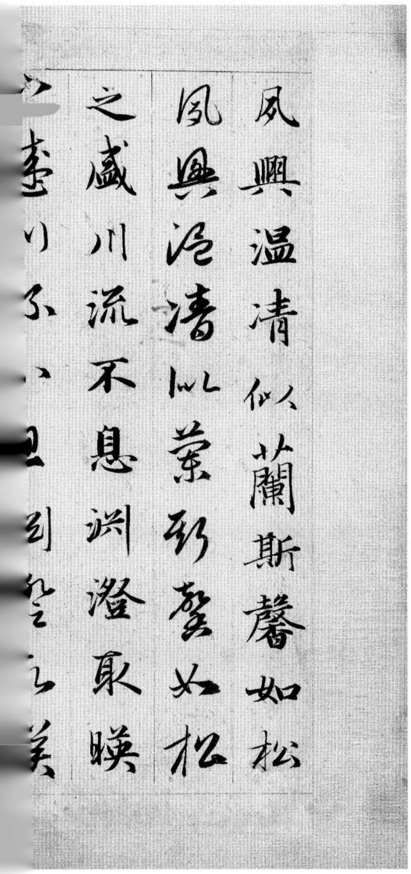

夙興溫凊似蘭斯馨如松
夙興溫凊似蘭斯馨如松
之盛川流不息淵澄取暎
之盛川流不息淵澄取暎

第八開

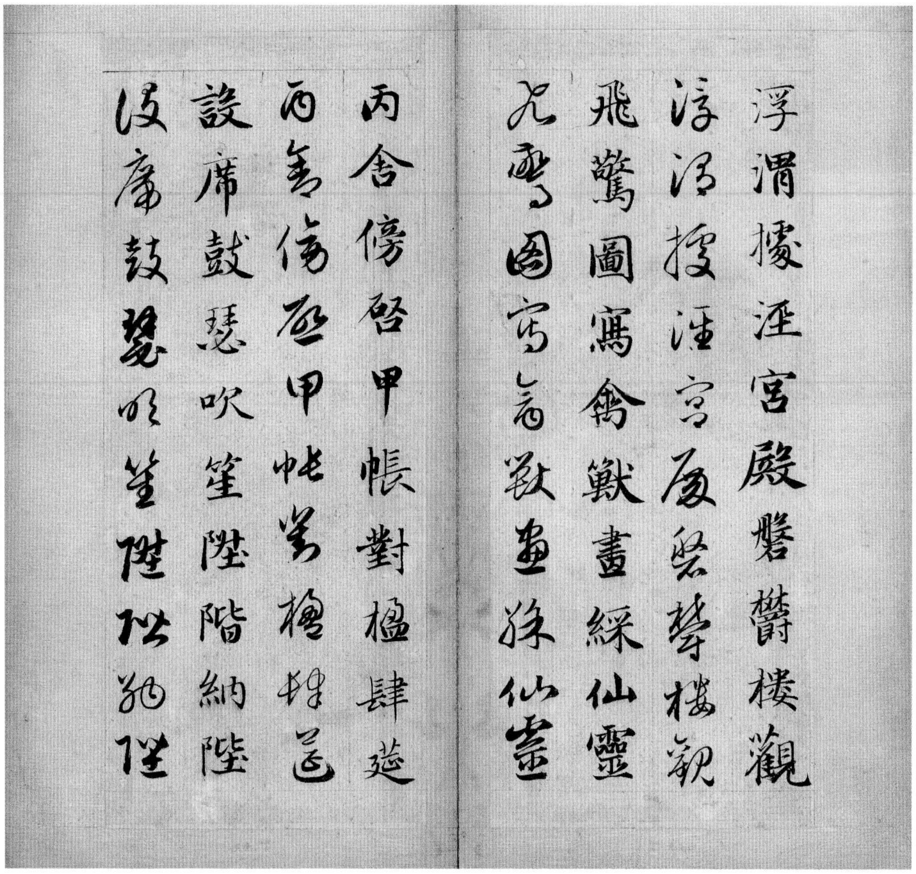

浮渭據涇宮殿盤鬱樓觀
浮渭據涇宮殿盤鬱樓觀
飛驚圖寫禽獸畫綵仙靈
飛驚圖寫禽獸畫綵仙靈
丙舍傍啓甲帳對楹肆筵
丙舍傍啓甲帳對楹肆筵
設席鼓瑟吹笙陞階納陛 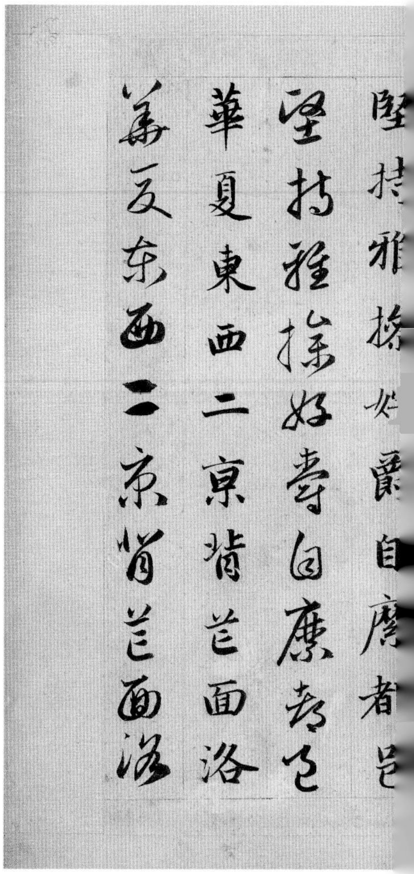
設席鼓瑟吹笙陞階納陛

第十二開

堅持雅操好爵自縻都邑
堅持雅操好爵自縻都邑
華夏東西二京背邙面洛
華夏東西二京背邙面洛

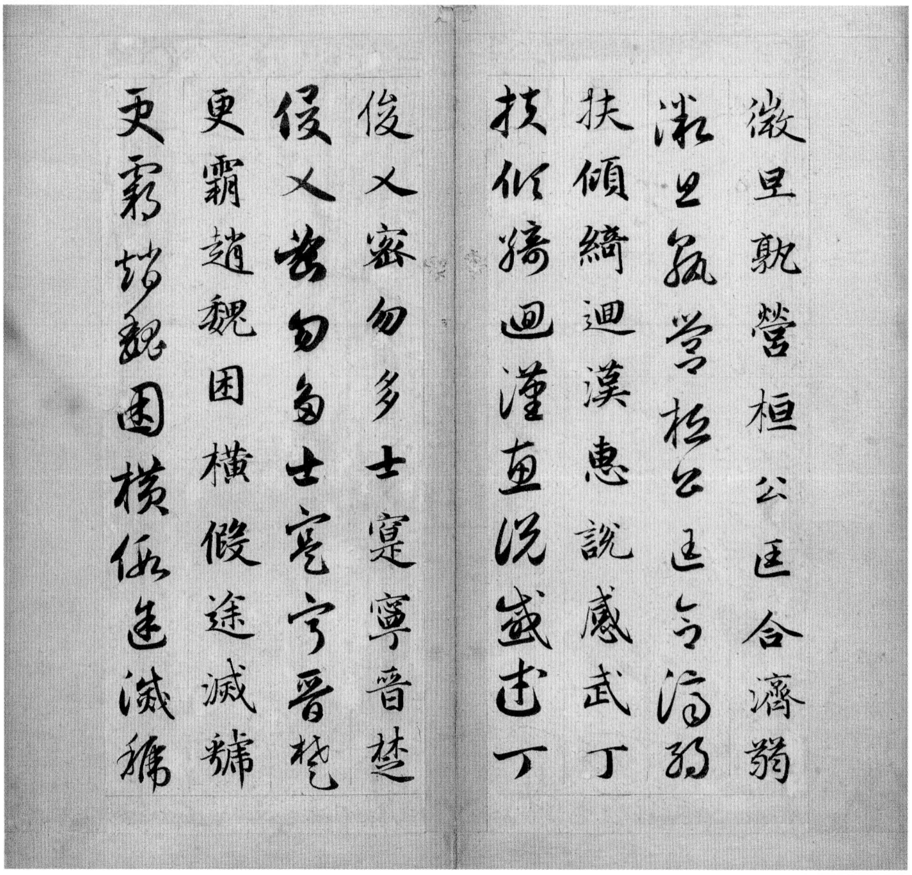

微旦孰營桓公匡合濟弱
微旦孰營桓公匡合濟弱
扶傾綺迴漢惠說感武丁
扶傾綺迴漢惠說感武丁
俊乂密勿多士寔寧晉楚
俊乂密勿多士寔寧晉楚
更霸趙魏困橫假途滅虢 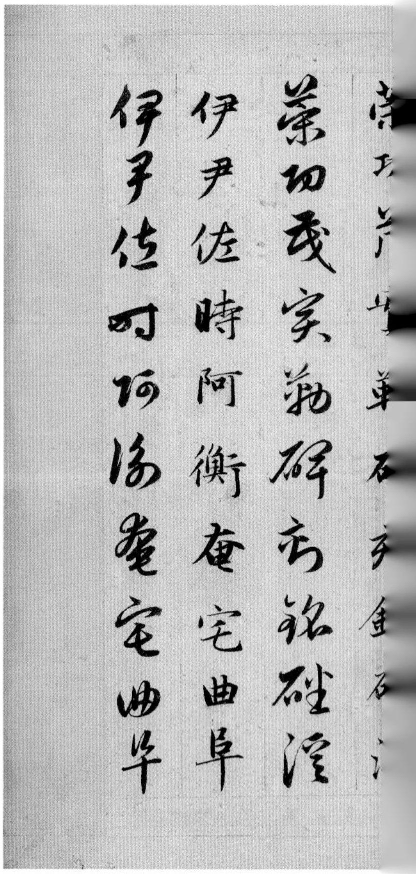
更霸趙魏困橫假途滅虢

第十五開

策功茂實勒碑刻銘磻溪
策功茂實勒碑刻銘磻溪
伊尹佐時阿衡奄宅曲阜
伊尹佐時阿衡奄宅曲阜

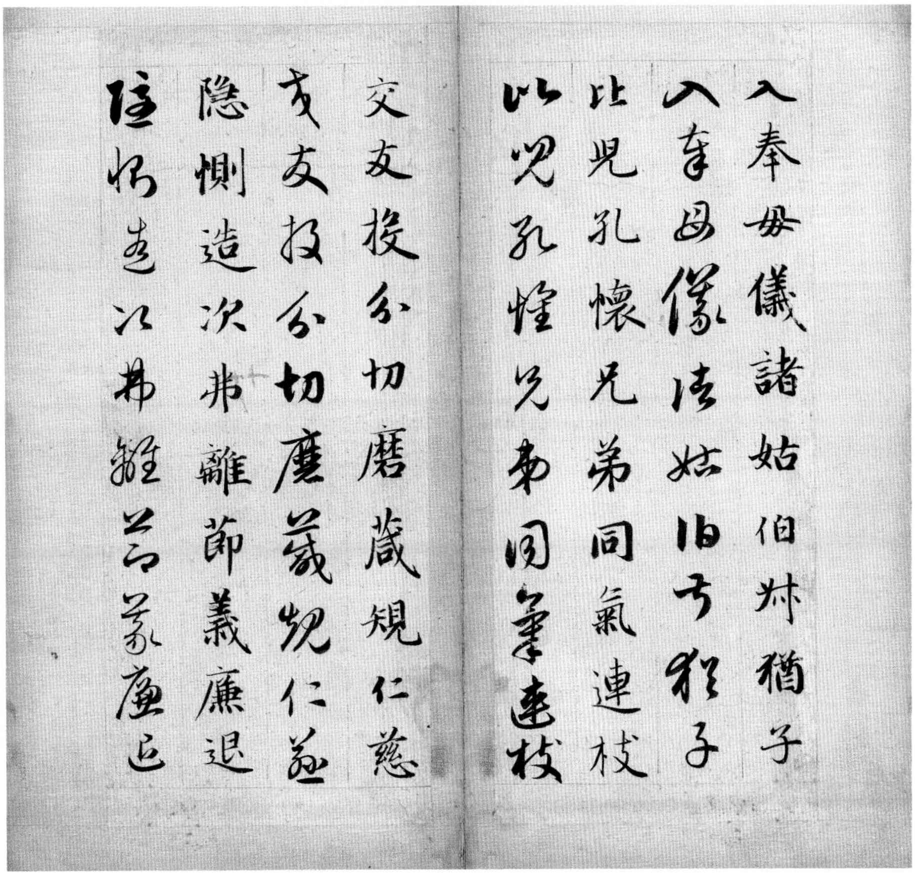

入奉母儀諸姑伯叔猶子
入奉母儀諸姑伯叔猶子
比兒孔懷兄弟同氣連枝
比兒孔懷兄弟同氣連枝
交友投分切磨箴規仁慈
交友投分切磨箴規仁慈
隱惻造次弗離節義廉退
隱惻造次弗離節義廉退

第十開

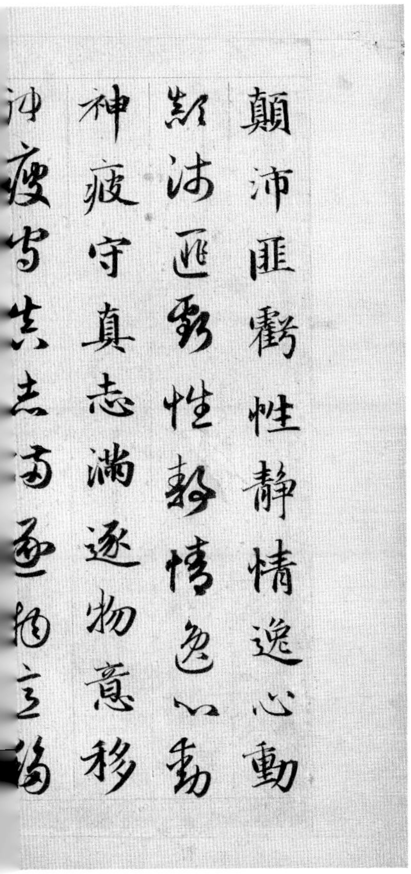

顛沛匪虧性靜情逸心動
顛沛匪虧性靜情逸心動
神疲守真志滿逐物意移
神疲守真志滿逐物意移

第十一開

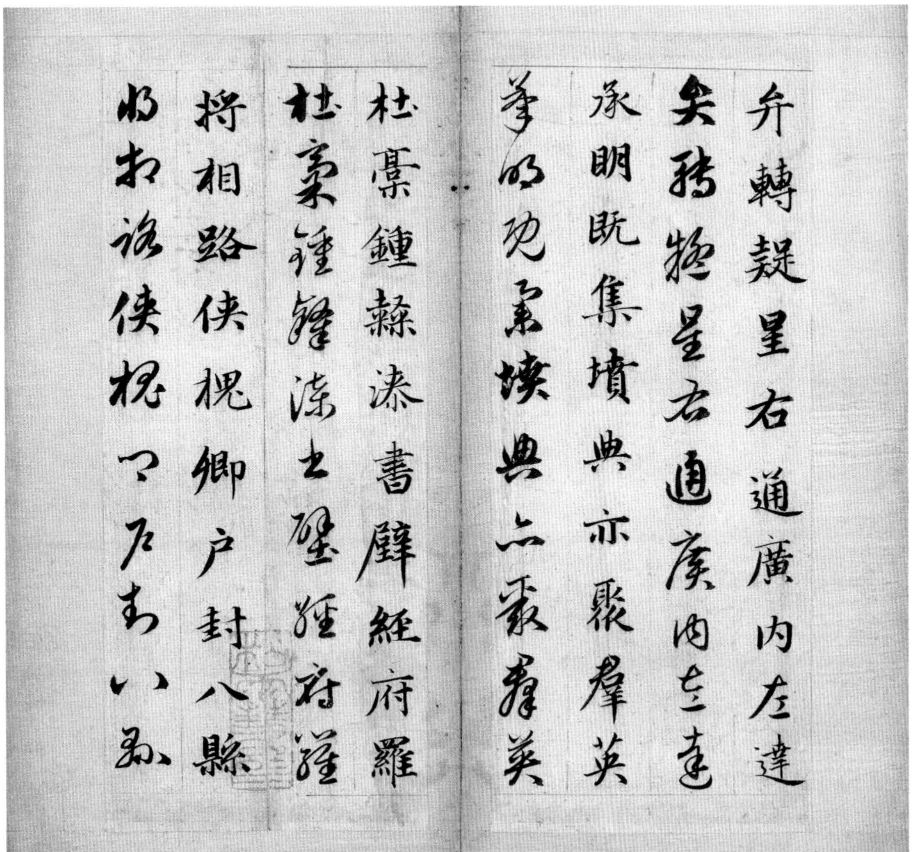

弁轉疑星右通廣內左達
弁轉疑星右通廣內左達
承明既集墳典亦聚羣英
承明既集墳典亦聚羣英
杜稾鍾隸漆書壁經府羅
杜稾鍾隸漆書壁經府羅
將相路俠槐卿戶封八縣
將相路俠槐卿戶封八縣

第十三開

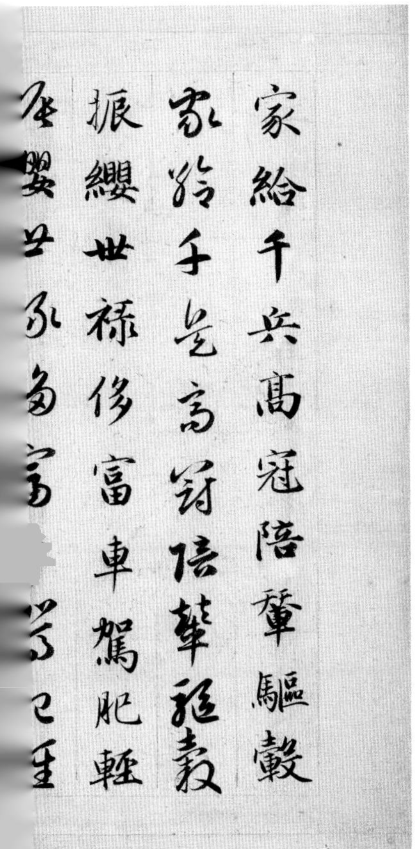

家給千兵高冠陪輦驅轂
家給千兵高冠陪輦驅轂
振纓世祿侈富車駕肥輕
振纓世祿侈富車駕肥輕

第十四開

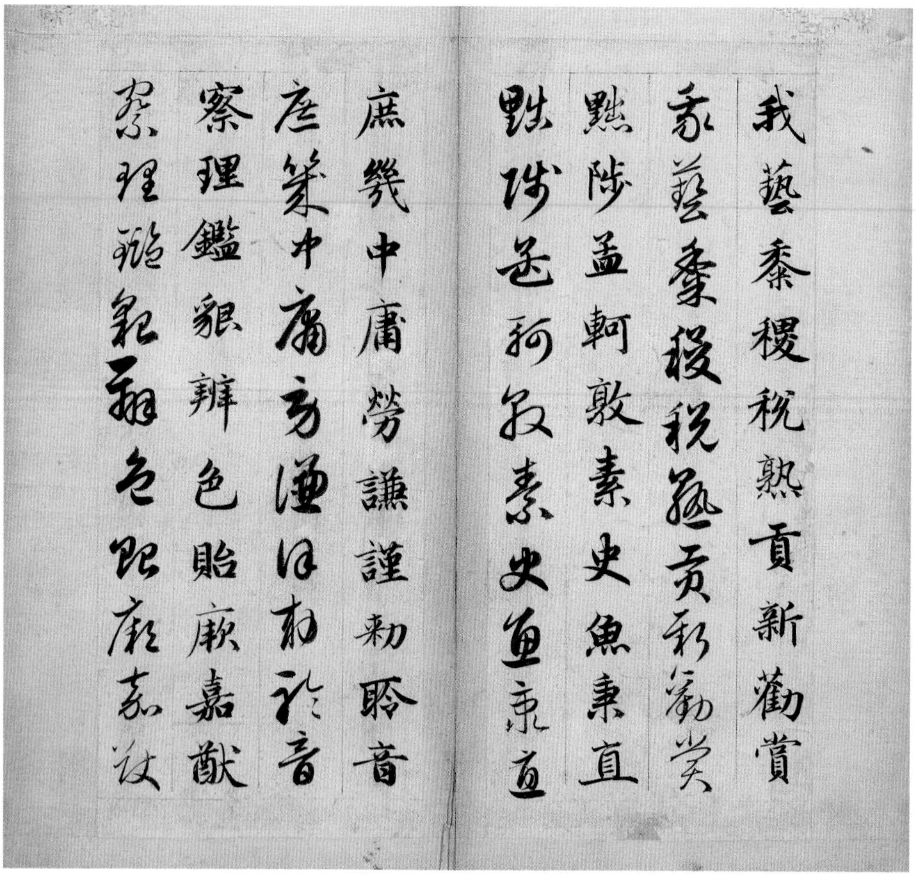

我藝黍稷稅熟貢新勸賞
我藝黍稷稅熟貢新勸賞
黜陟孟軻敦素史魚秉直
黜陟孟軻敦素史魚秉直
庶幾中庸勞謙謹勑聆音
庶幾中庸勞謙謹勑聆音
察理鑑貌辨色貽厥嘉猷 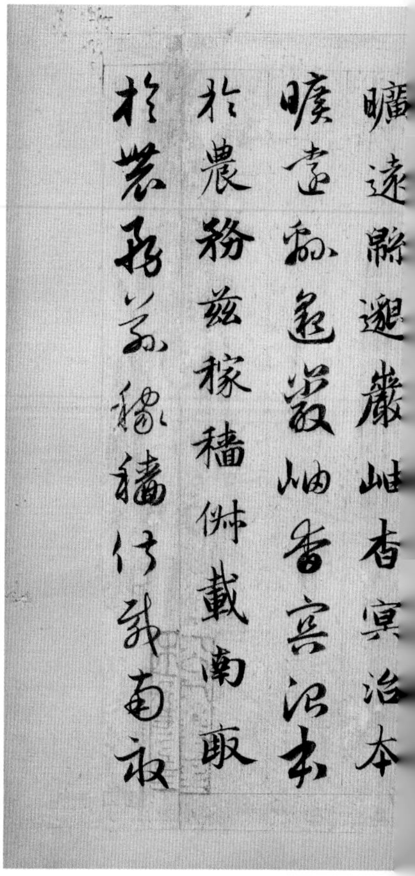
察理鑑貌辨色貽厥嘉猷

第十八開

曠遠綿邈巖岫杳冥治本
曠遠綿邈巖岫杳冥治本
於農務茲稼穡俶載南畝
於農務茲稼穡俶載南畝

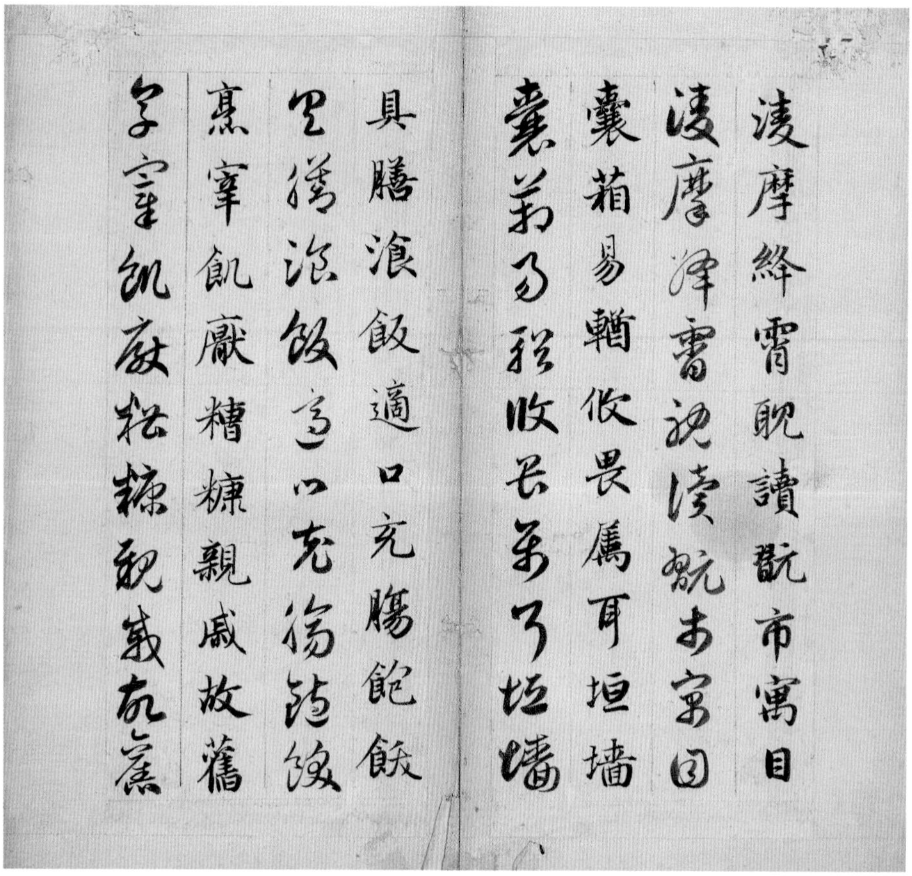

凌摩絳霄耽讀翫市寓目
凌摩絳霄耽讀翫市寓目
囊箱易輶攸畏屬耳垣墻
囊箱易輶攸畏屬耳垣墻
具膳飡飯適口充腸飽飫
具膳飡飯適口充腸飽飫
烹宰飢厭糟糠親戚故舊 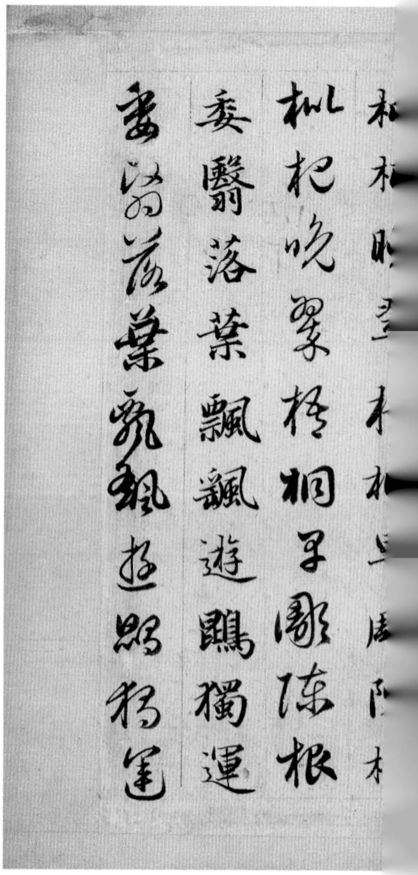
烹宰飢厭糟糠親戚故舊

第二十一開

枇杷晚翠梧桐早凋陳根
枇杷晚翠梧桐早凋陳根
委翳落葉飄颻遊鵾獨運
委翳落葉飄颻遊鵾獨運

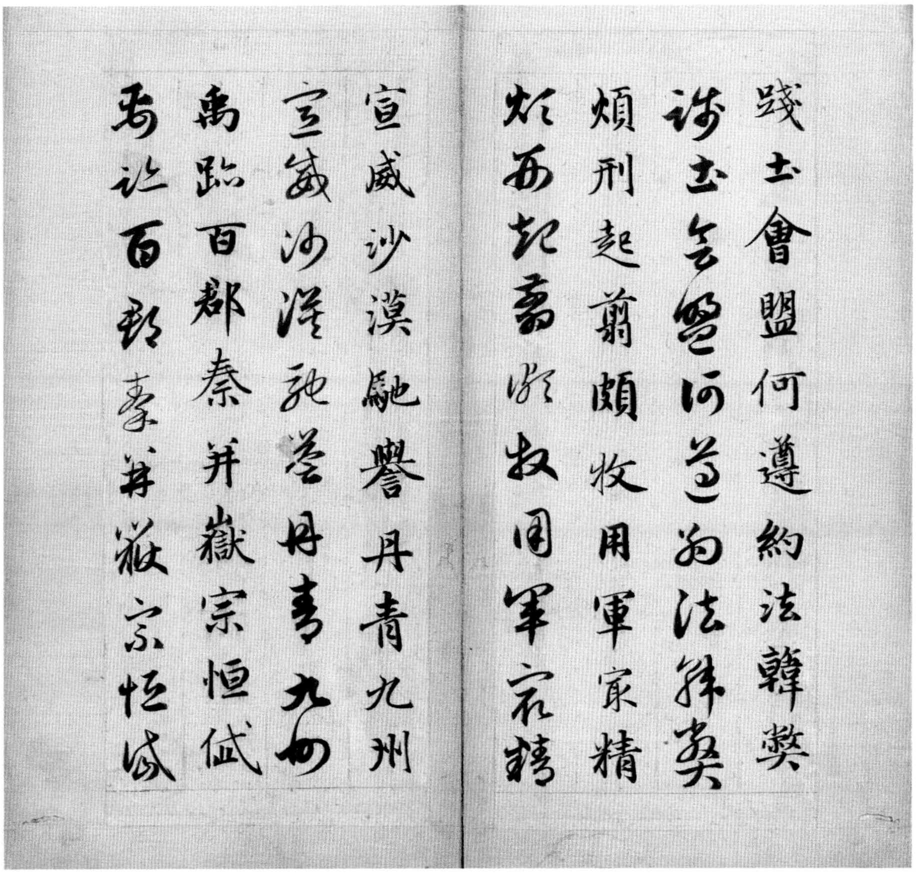

踐土會盟何遵約法韓弊
踐土會盟何遵約法韓弊
煩刑起翦頗牧用軍最精
煩刑起翦頗牧用軍最精
宣威沙漠馳譽丹青九州
宣威沙漠馳譽丹青九州
禹跡百郡秦并嶽宗恆岱
禹跡百郡秦并嶽宗恆岱

第十六開

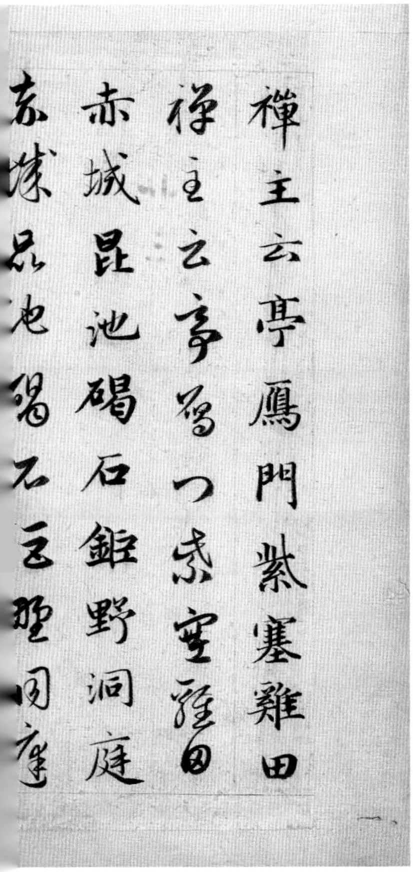

禪主云亭雁門紫塞雞田
禪主云亭雁門紫塞雞田
赤城昆池碣石鉅野洞庭
赤城昆池碣石鉅野洞庭

第十七開

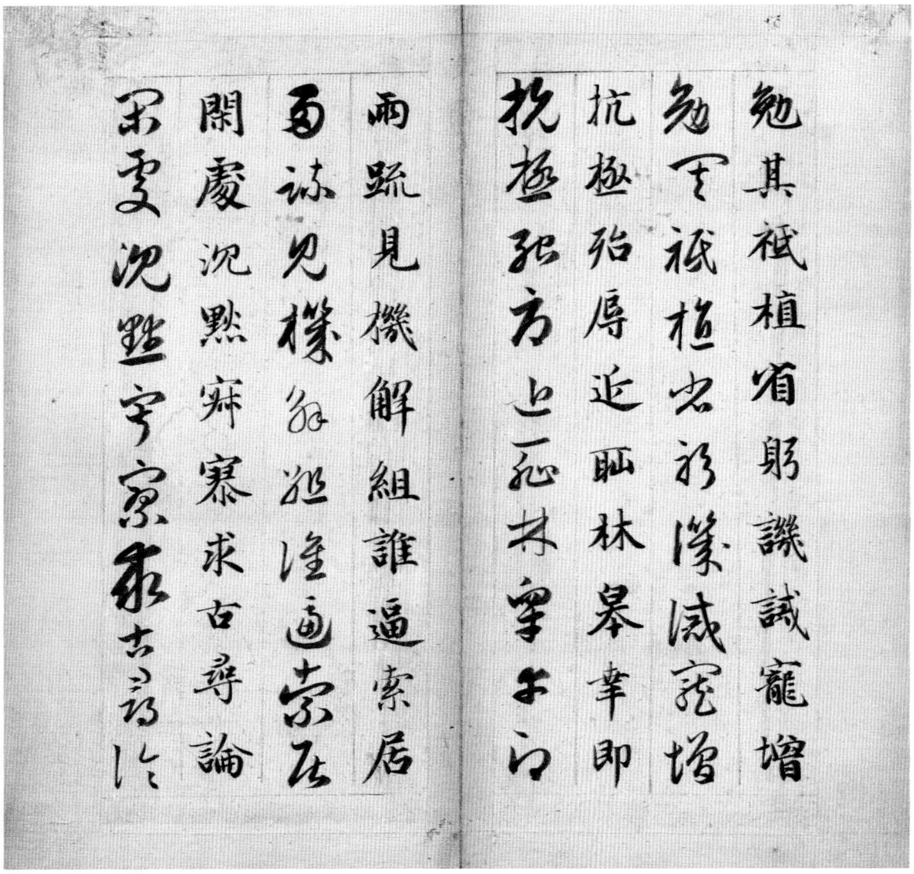

勉其祗植省躬譏誡寵增
勉其祗植省躬譏誡寵增
抗極殆辱近恥林皋幸即
抗極殆辱近恥林皋幸即
兩疏見機解組誰逼索居
兩疏見機解組誰逼索居
閑處沉默寂寥求古尋論
閑處沉默寂寥求古尋論

第十九開

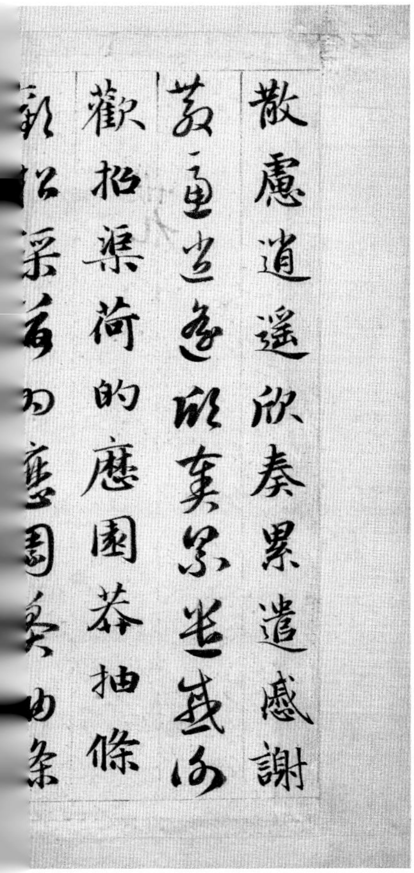

散慮逍遙欣奏累遣慼謝
散慮逍遙欣奏累遣慼謝
歡招渠荷的歷園莽抽條
歡招渠荷的歷園莽抽條

第二十開

駭躍超驤誅斬賊盜捕獲
駭躍超驤誅斬賊盜捕獲
叛亡布射遼丸嵇琴阮嘯
叛亡布射遼丸嵇琴阮嘯

恬筆倫紙鈞巧任釣釋紛
恬筆倫紙鈞巧任釣釋紛
利俗並皆佳妙毛施淑姿
利俗並皆佳妙毛施淑姿

第二十四開

牋牒簡要顧答審詳骸垢
牋牒簡要顧答審詳骸垢
想浴執熱願涼驢騾犢特
想浴執熱願涼驢騾犢特

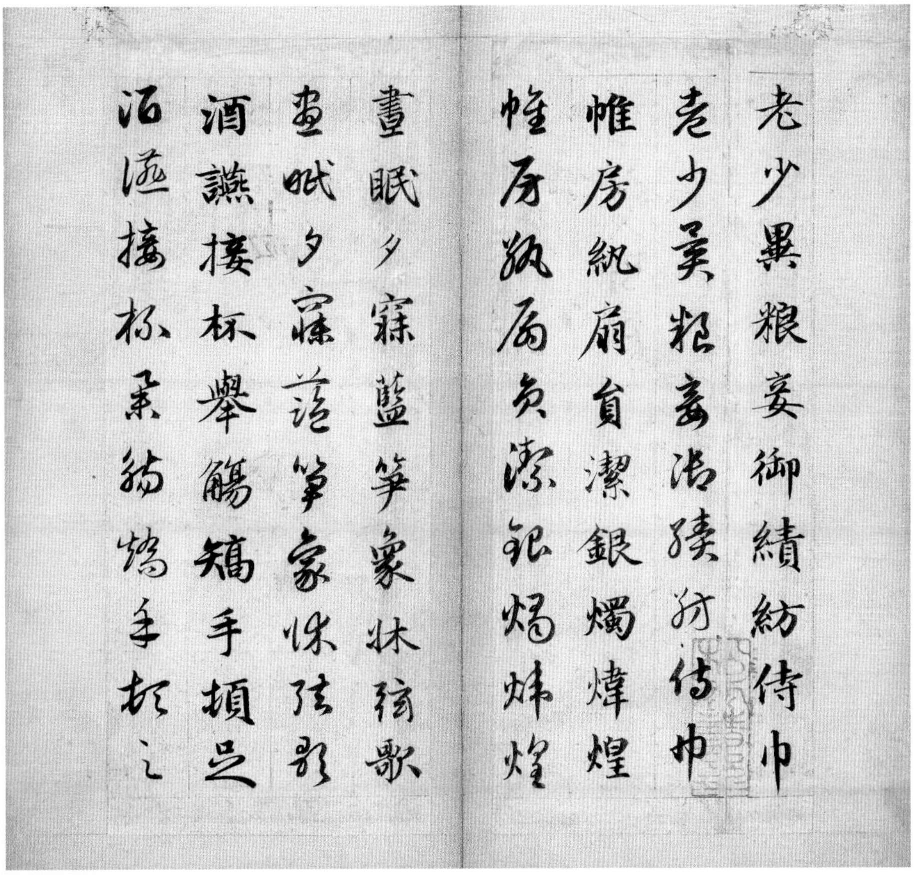

老少異糧妾御績紡侍巾
老少異糧妾御績紡侍巾
帷房紈扇圓潔銀燭煒煌
帷房紈扇圓潔銀燭煒煌
晝眠夕寐藍筍象牀弦歌
晝眠夕寐藍筍象牀弦歌
酒讌接杯舉觴矯手頓足
酒讌接杯舉觴矯手頓足

第二十二開

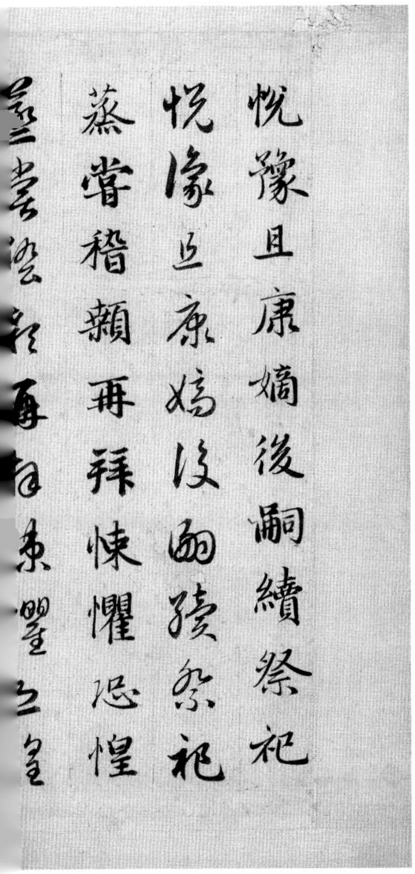

悅豫且康嫡後嗣續祭祀
悅豫且康嫡後嗣續祭祀
蒸嘗稽顙再拜悚懼恐惶
蒸嘗稽顙再拜悚懼恐惶

第二十三開

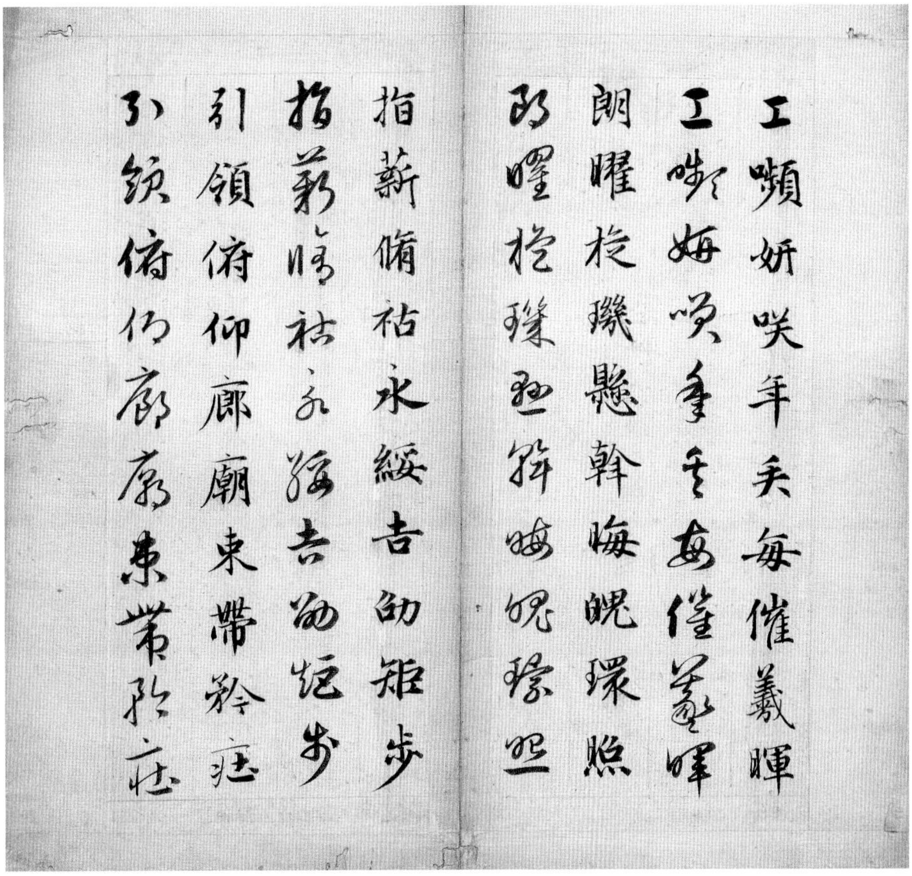

工顰妍笑年矢每催羲暉
工顰妍笑年矢每催羲暉
朗曜璇璣懸斡晦魄環照
朗曜璇璣懸斡晦魄環照
指薪修祜永綏吉劭矩步
指薪修祜永綏吉劭矩步
引領俯仰廊廟束帶矜莊
引領俯仰廊廟束帶矜莊

第二十五開

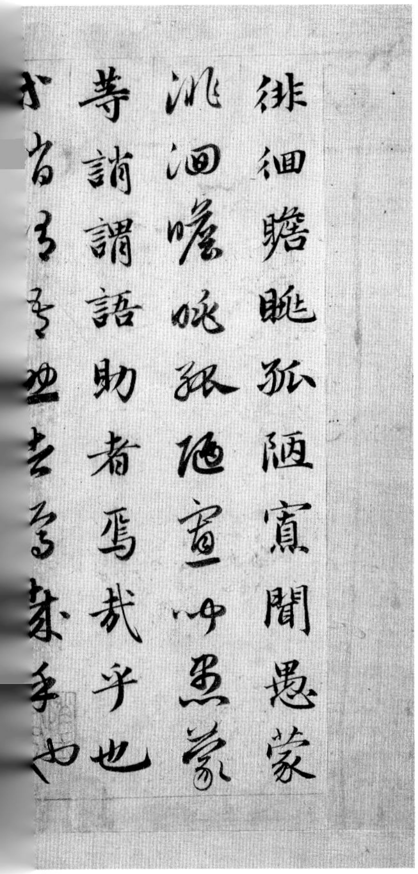

徘徊瞻眺孤陋寡聞愚蒙
徘徊瞻眺孤陋寡聞愚蒙
等誚謂語助者焉哉乎也
等誚謂語助者焉哉乎也

第二十六開

13

趙孟頫　行書二贊二詩卷
紙本　行書
縱27厘米　橫456.3厘米

Er Zan Er Shi in running script
By Zhao Mengfu
Handscroll, ink on paper
H. 27cm　L. 456.3cm

款署"湖州觀堂與受益外郎飲酒一杯之餘，便覺醉意橫生。戲書此卷，為他日一笑之資。孟頫"。"受益"名張謙，大德元年前後，曾官江浙行省檢校。"觀堂"是佛寺中修習的場所。據趙氏《重修觀堂記》，湖州的觀堂始建於南宋嘉泰年間，宋末毀圮嚴重。元至元二十一年曾重新修葺，歷時十年。趙文作於大德元年(1297)九月，本卷也應作於此時。卷末有明代卞榮、王世貞、董其昌、文震孟、陳繼儒，清代英和、永理跋。

此帖是與好友相聚，一時酒酣的乘興之作。紙質瑩潤光滑，信手寫來，"神融筆暢"，滂沛悅然。風格上多得顏(真卿)、米(芾)二家筆意，這在趙氏的書作中是極少見的。

鑑藏印記：王世貞、英和等人印。

歷代著錄：《辛丑銷夏記》、《三虞堂書畫目》、《珊瑚網》、《過雲樓書畫續記》。

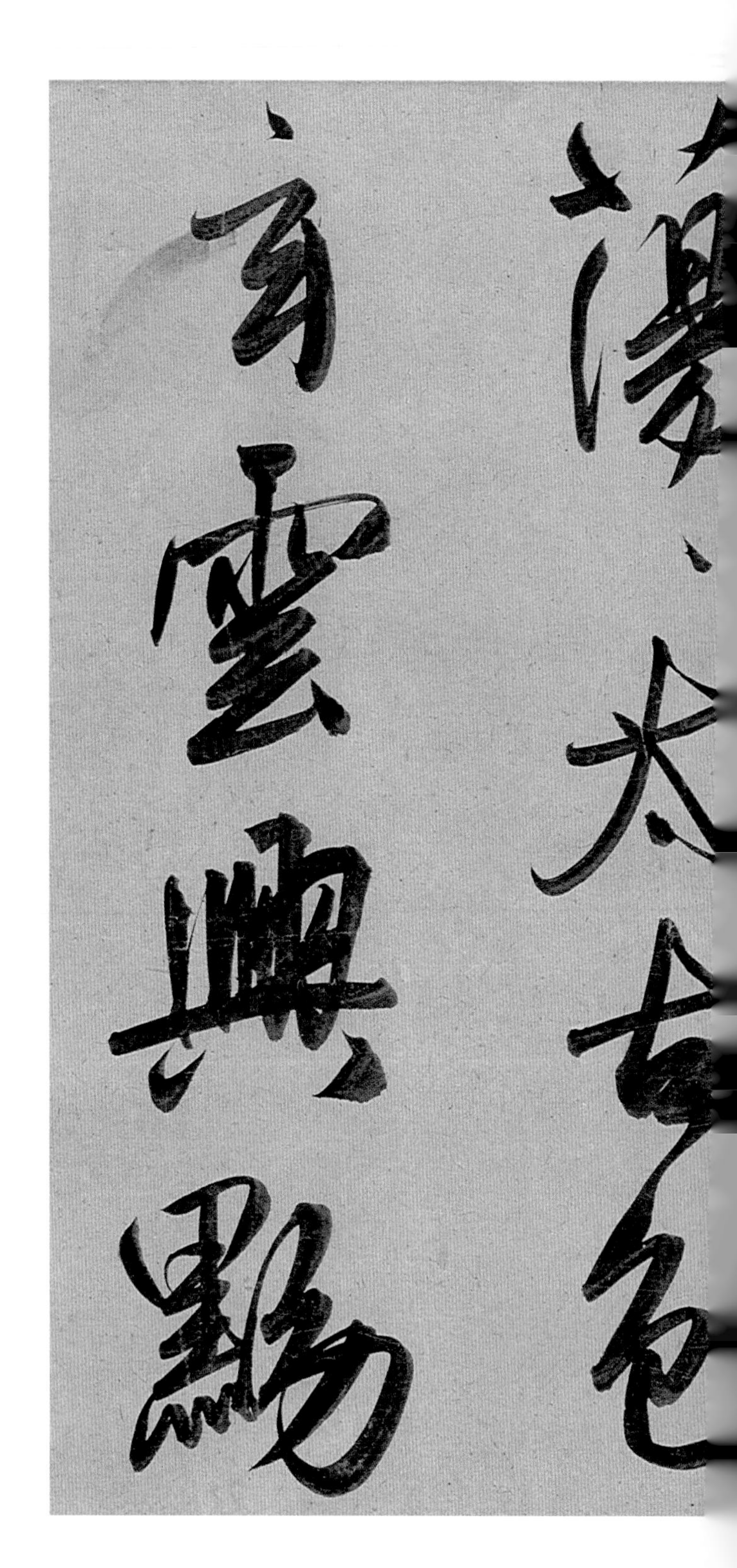

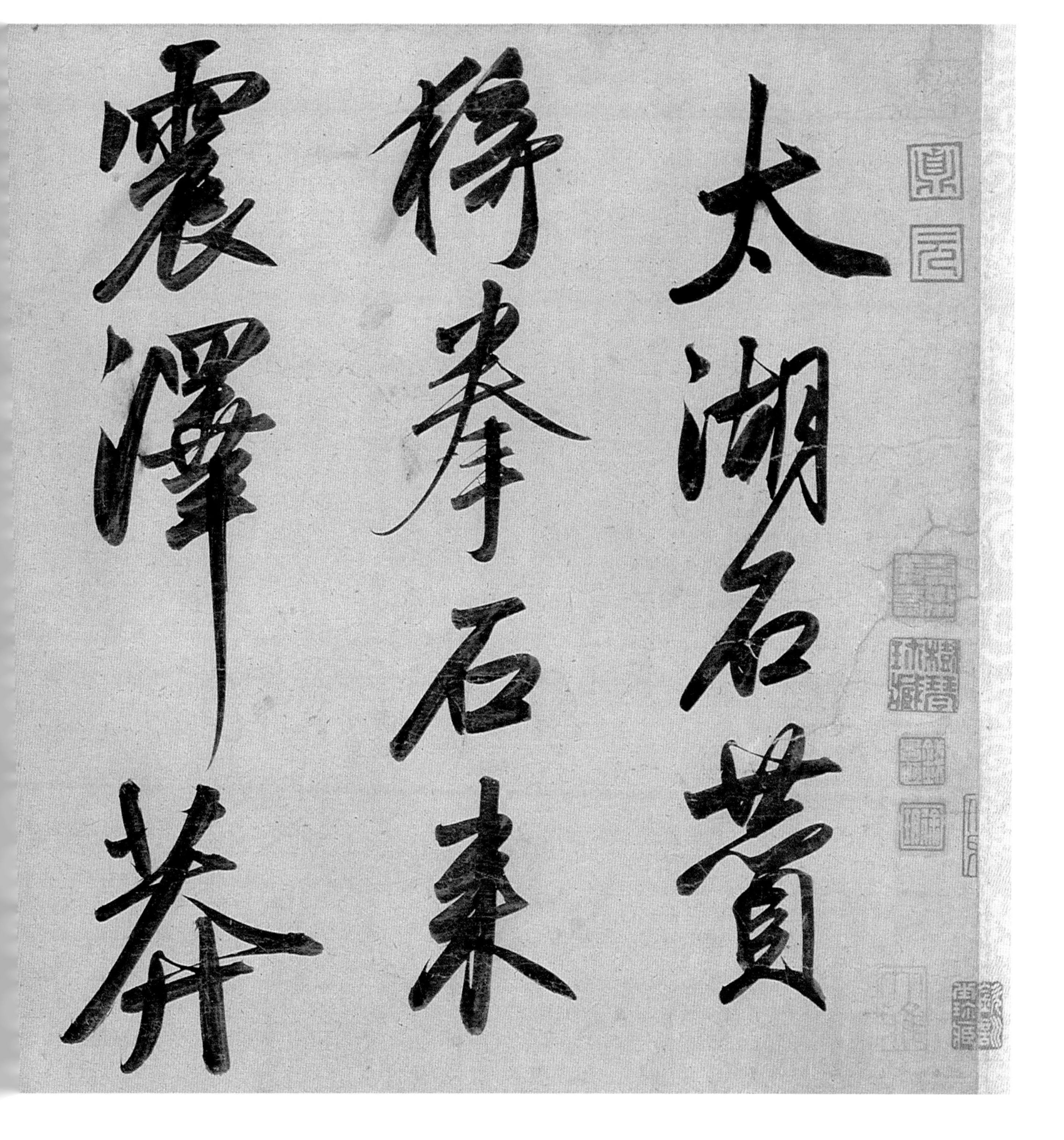

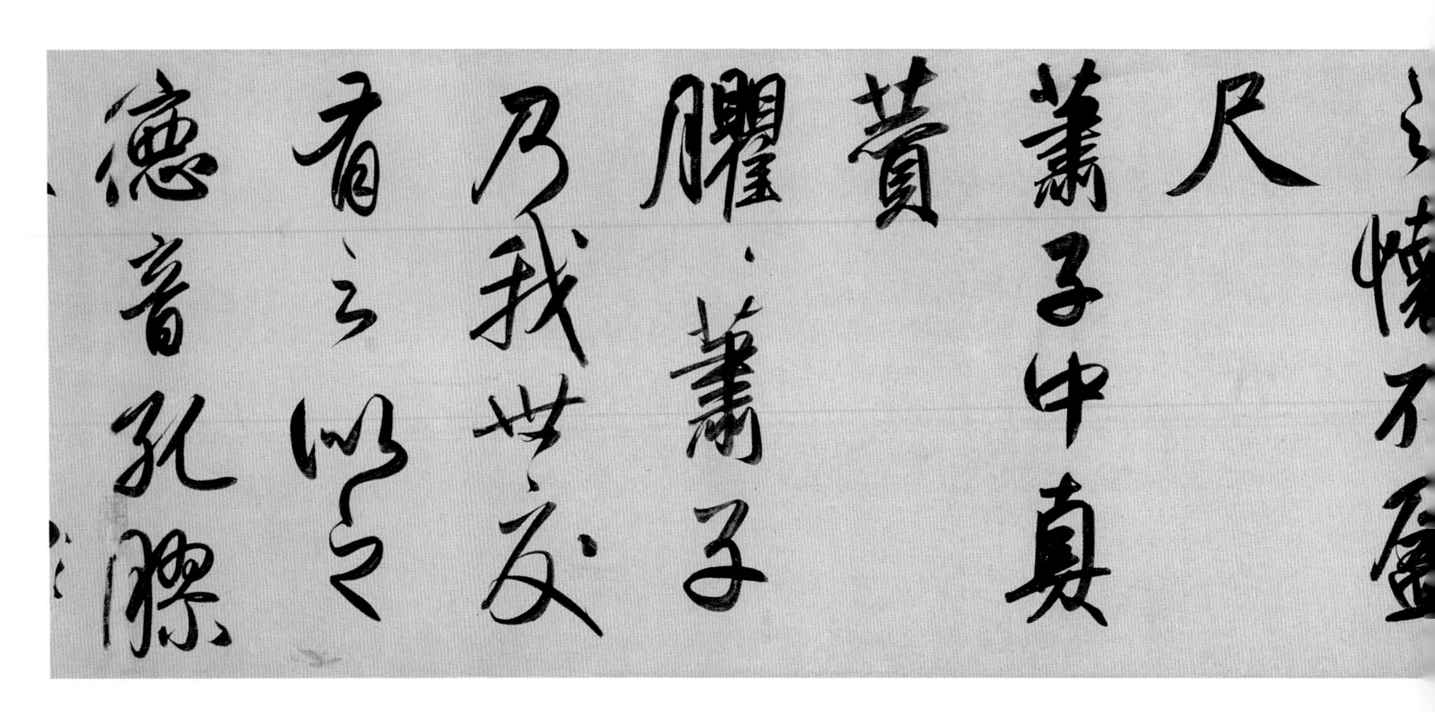

釋文：
太湖石贊
猗拳石，來震
澤。莽蕩蕩，太
古色。玄雲興，
黝如墨。冒八
荒，雨萬物。卷
之懷，不盈尺。
蕭子中真贊
臞臞蕭子，乃我
世交。有之似
之，德音孔膠。

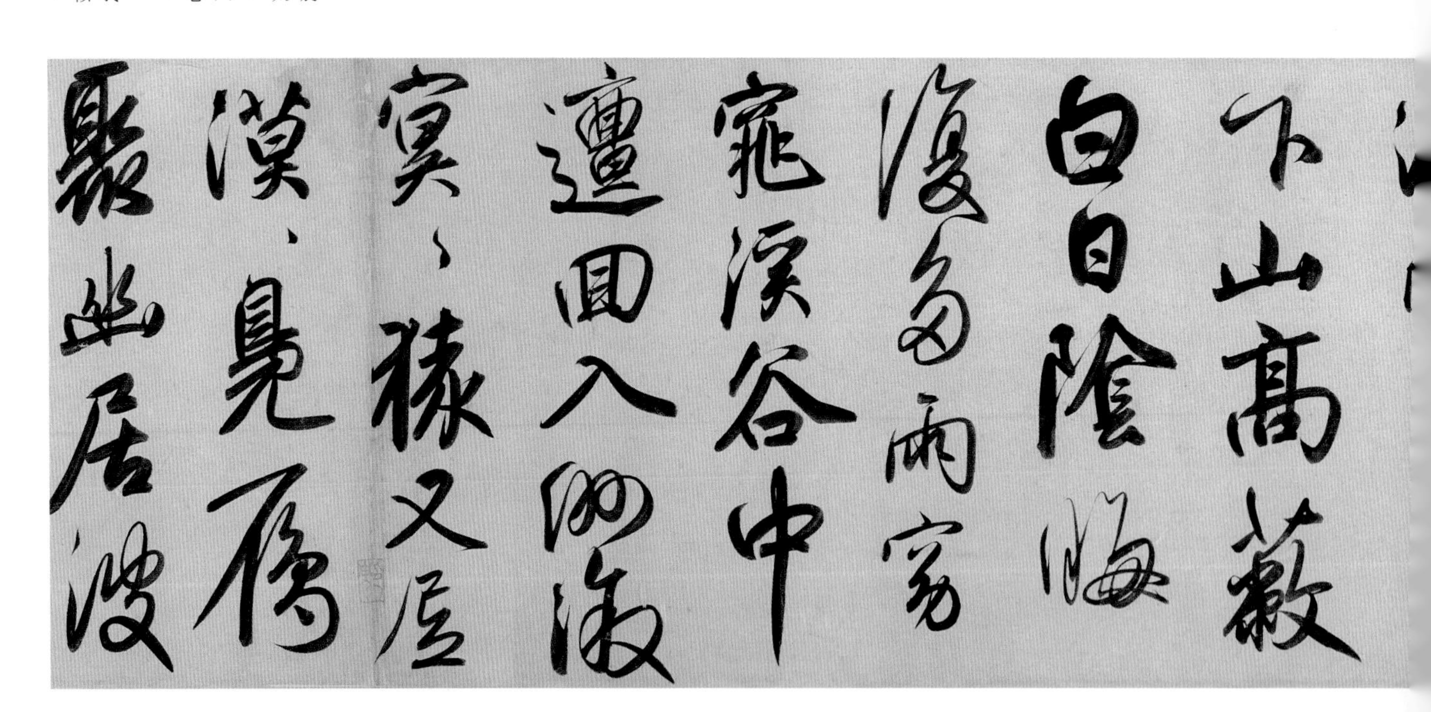

環堵之中（此字
點去）宮，嘯歌
其中。相彼逸
民，可與同風。
題董元溪岸圖
石林何蒼蒼，油
雲出其下。山高
蔽白日，陰晦復
多雨。窈窕溪谷
中，邅回入洲
溆。冥冥猿又
居，漠漠鳧雁
聚。幽居波（彼）

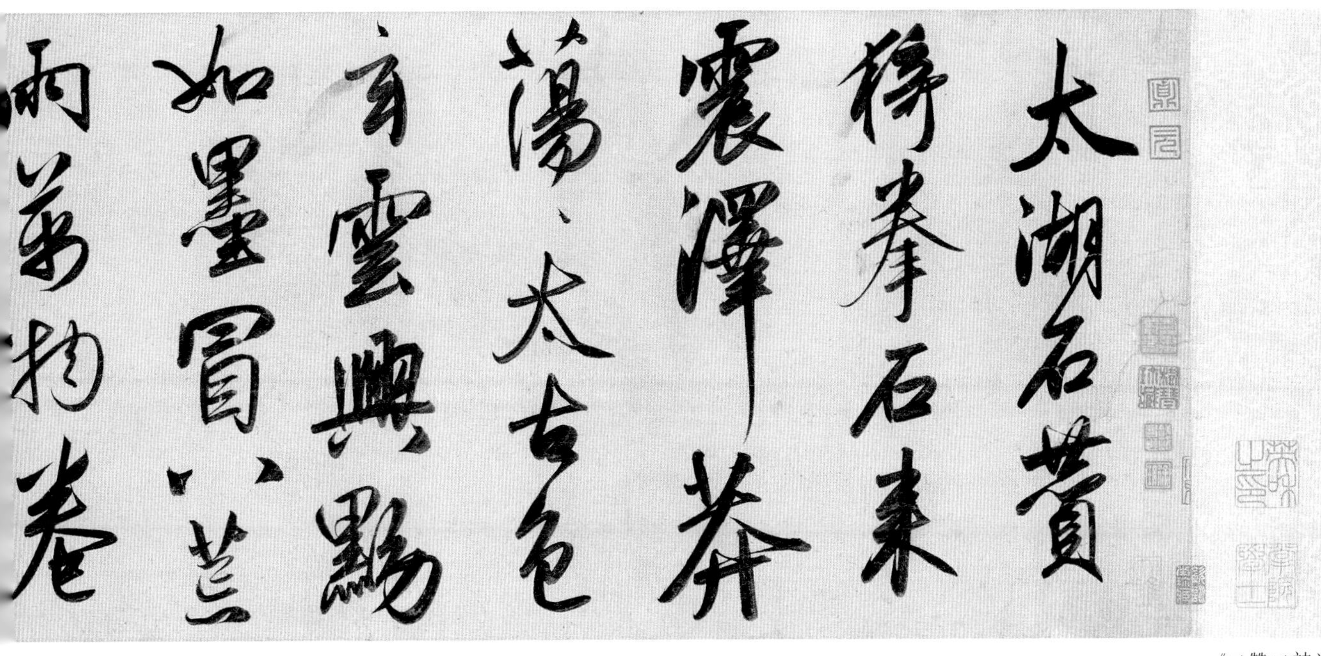

《二贊二詩卷》之一

《二贊二詩卷》之二

誰子，孰與玩芳草。因之發長謠，商聲動林莽。

題洗馬圖

鬐紉叟駕誰能御，駑蹇紛紛何足顧？青絲絡首錦障泥，鞭箠空勞怨長路。明窗戲寫耒黃詩，洗刷歸來氣如怒。不須對

此苦怨嗟，男兒自昔多徒步。

湖州觀堂與受益外郎飲酒一杯之餘，便覺醉意橫生。戲書此卷，為他日一笑之資。孟頫

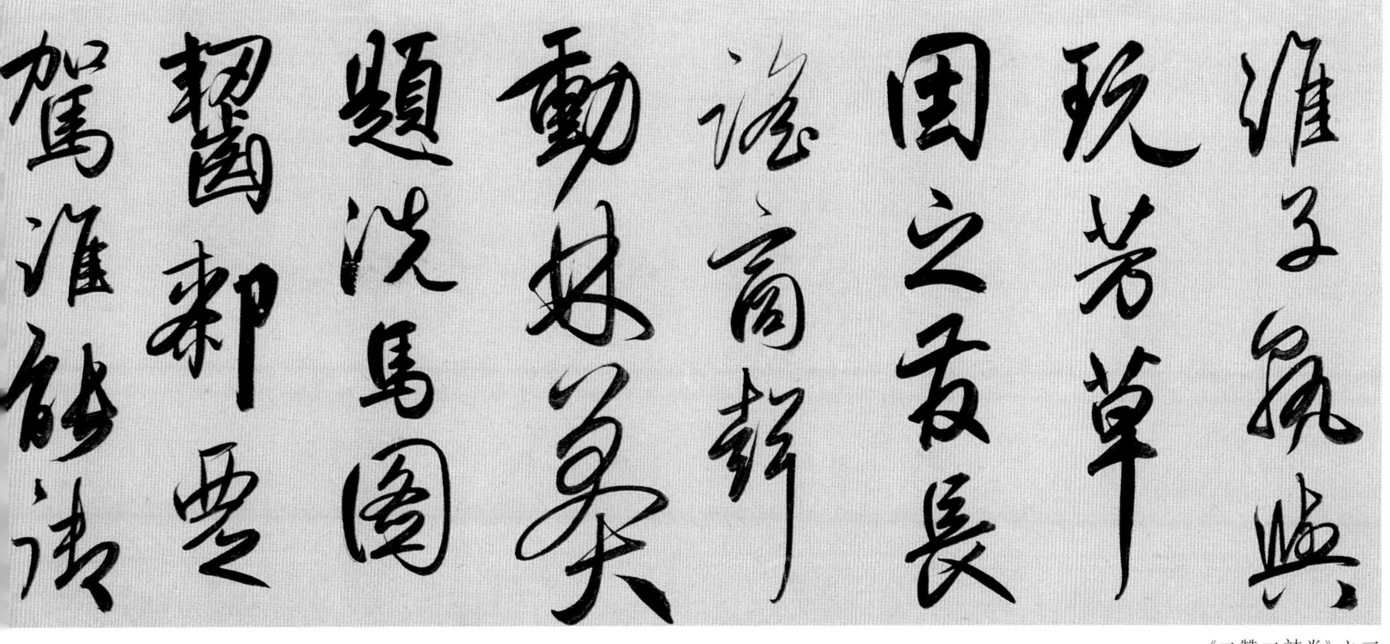

《二贊二詩卷》之三

《二贊二詩卷》之四

及跋尾凡二百三十二字李北海法十四米襄陽法十六而妙際時以大令數之至真體逸中極自然為姿波瀾道麗於不衰拙古而得法手拈來頭 是道故曹漢以後境也下筆作以眉山贊得後之亦似見一斑表〻者立春日題此覺芳英爛熳筆端

後學王世貞

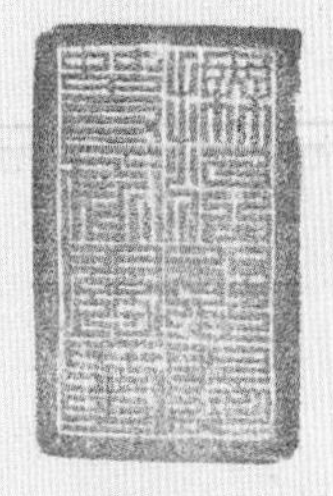

此趙文敏學顏魯公送蔡明遠敘兼米海嶽用筆迥異平日之作可寶也

董其昌

諸城師賜此跡時有衣鉢相傳一生學之不盡之諭拜受不敢忘因名舍曰藏松

趙文敏卷明人論其書法詳矣此卷乃在湖州時作案文敏四世祖崇憲請王伯圭賜第于湖故為湖人文敏年十四用父蔭補官調真州司戶參軍宋亡家居雖時尚幼也及入元則以至元廿三年程鉅夫以之見世祖其後雖屢有馳驛至江南行省及同知濟南路總管府事遷泰州尹之命然未嘗一至家暨至大三年始謁告去未幾仁宗仍還延祐六年復得請南歸則是文敏年四十時不得在湖文湛持跋語當別有據耶

成親王記

壬辰春暮江陰孫邦瑞吳縣吳湖帆宜興潘仲麐同觀于錢爽和處湖帆識

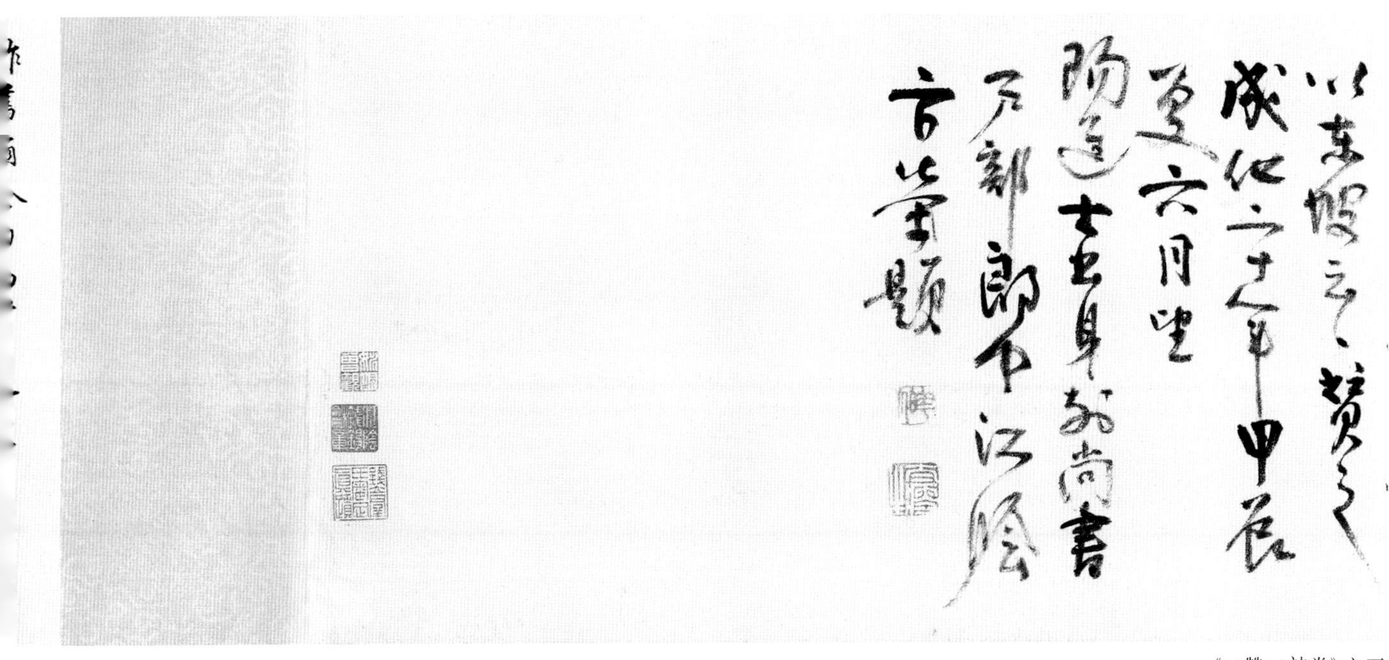

《二贊二詩卷》之五

嘗聞故老云松雪翁蚤年學書專
法思陵及入仕後與鮮于公往還始
壹宗二王故中歲書猶多婉媚要亦
其人蘊藉風流韻勝於骨故運腕
翩翩神情酷肖或遂輕其雙鉤廓
填也卞司農王司寇皆精於鑒賞
者其題語甚珍重知為翰墨之貴
品矣平生所見惟羲興吳澈如光祿
所藏家廟碑記與此筆法正等皆
四十時所書也
崇禎元年清和月雨中題於清瑤
嶼之長生壺　竺塢樵文震孟

松雪翁此卷直與[illegible]者子
同參顏平原[illegible]刻之碑版[illegible]
張吳興之勳
陳繼儒書於頑仙廬

《二贊二詩卷》之六

14

趙孟頫　行書近來吳門帖頁

紙本　行書
縱28.4厘米　橫49.5厘米
清宮舊藏

Jin Lai Wu Men Tie in running script
By Zhao Mengfu
Leaf, ink on paper
H. 28.4cm　L. 49.5cm
Qing Court collcction

《近來吳門帖》、《宗陽宮帖》、《違遠帖》、《採神圖跋》、《過蒙帖》同在趙孟頫《翰札集冊》中，冊中另有七帖均偽。

《近來吳門帖》是寫給"德輔教諭"的書札。德輔姓段，河東人，曾作過國子司業，故有"教諭"之稱。帖中有"近來吳門"之語，可知是趙氏南還的時候寫的。從書法上看，此帖應略晚於《宗陽宮》、《違遠》二帖，筆法較為婉轉流美。

歷代著錄：《石渠寶笈初編》(下同)。

釋文：
孟頫記事頓首，德輔教諭仁姪足下。近來吳門，曾附便寄書與德俊令弟，不見回報，不審前書得達否？昨令弟求書《老子》，今已書畢，帶在此，可疾忙報令弟來取。長興劉九舍亦在此，德輔可來嬉數日。前發至觀音，已專人納還宅上，至今不蒙遣還，餘錢千萬付下，以應用。顒俟，顒俟！老婦附致意堂上安人。不宣。十四日　孟頫記事頓首

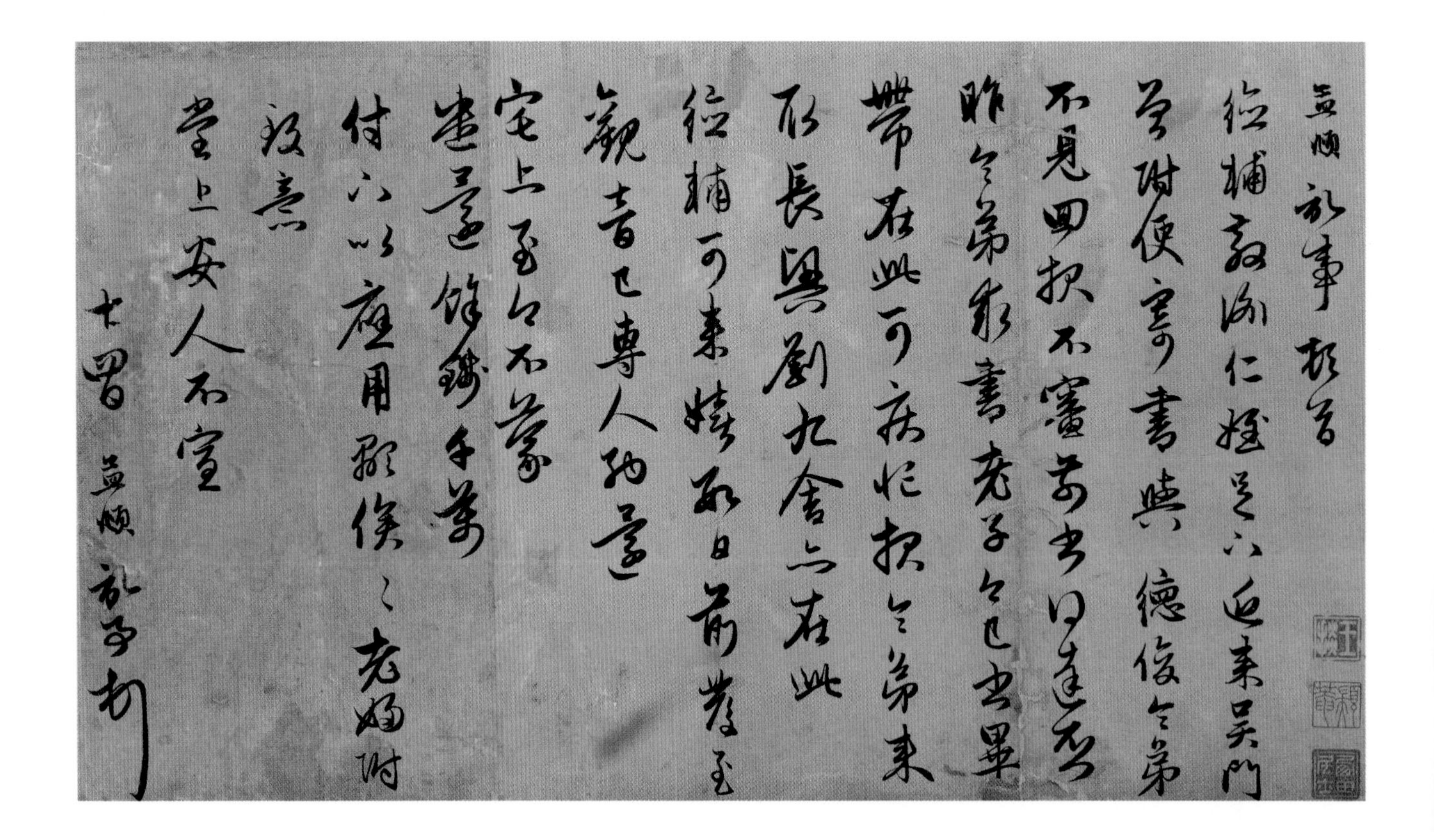

15

趙孟頫　行書宗陽宮帖頁

紙本　行書
縱27.5厘米　橫28.7厘米
清宮舊藏

Zong Yang Gong Tie in running script
By Zhao Mengfu
Leaf, ink on paper
H. 27.5cm　L. 28.7cm
Qing Court collection

《宗陽宮帖》是趙孟頫任江浙儒學提舉時寫給屬吏的信札。宗陽宮是位於杭州三聖橋的一座道觀，南宋初建(宋吳自牧《夢粱錄》)，元時毀而重建。"任先生"名士林，字叔亮，是趙氏的朋友，其在大德七、八年間，曾被"宗陽杜宗師(道堅)館之於宮，教授弟子數十人"，趙氏此帖，講的正是這件事。

此帖是趙氏中年之作，與早期作品相比，書法受唐人影響較多。筆力厚重，筆法精美，比較注重內在的結構和力度。

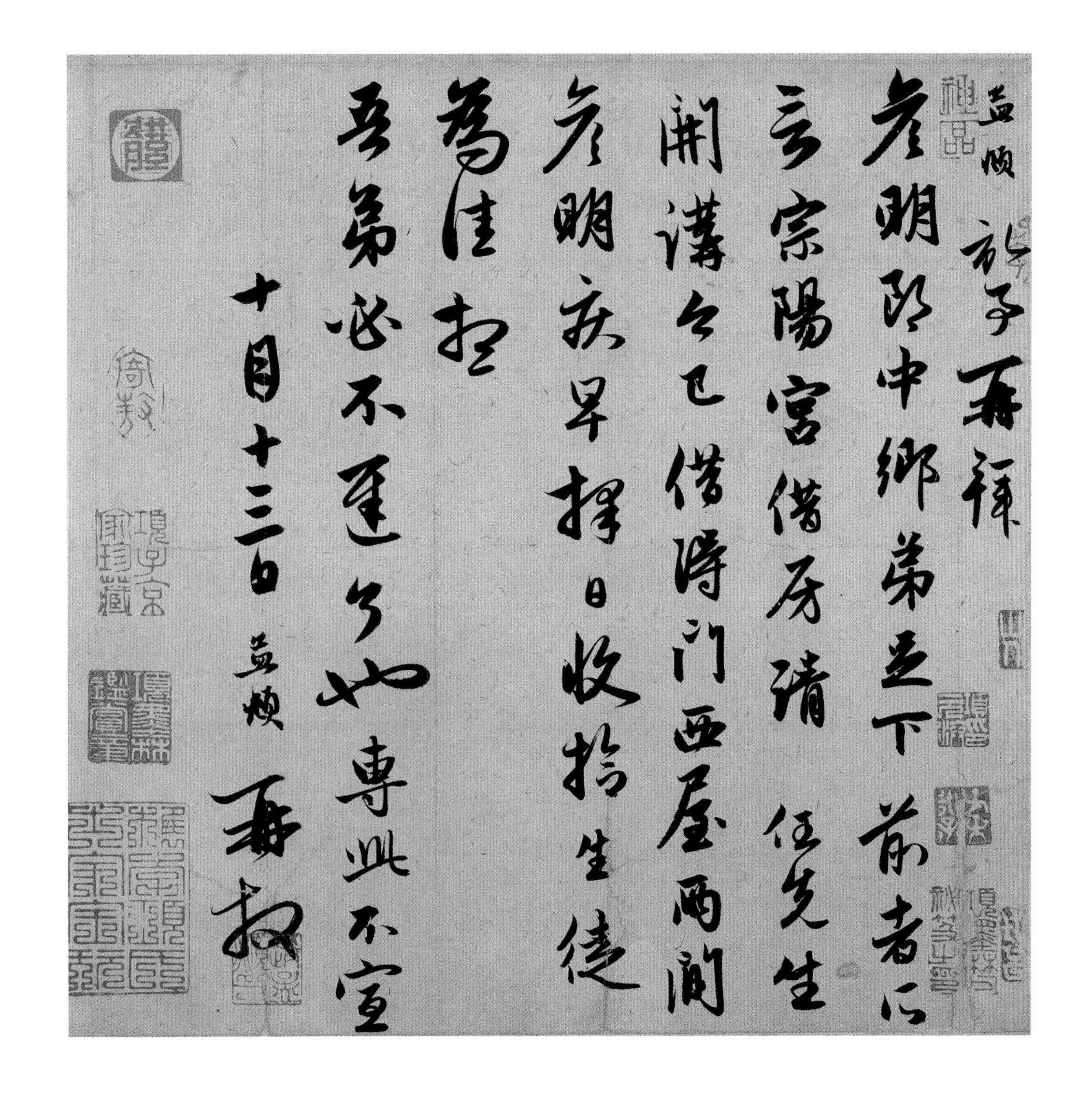

釋文：
孟頫記事再拜，彥明郎中鄉弟足下。前者所言宗陽宮借房，請任先生開講，今已借得門西屋兩間。彥明疾早擇日收拾生徒為佳，想吾弟必不遲了也。專此不宣。十月十三日　孟頫再拜

16

趙孟頫　行書違遠帖頁

紙本　行書
縱29.7厘米　橫29.7厘米
清宮舊藏

Wei Yuan Tie in running script
By Zhao Mengfu
Leaf, ink on paper
H. 29.7cm　L. 29.7cm
Qing Court collection

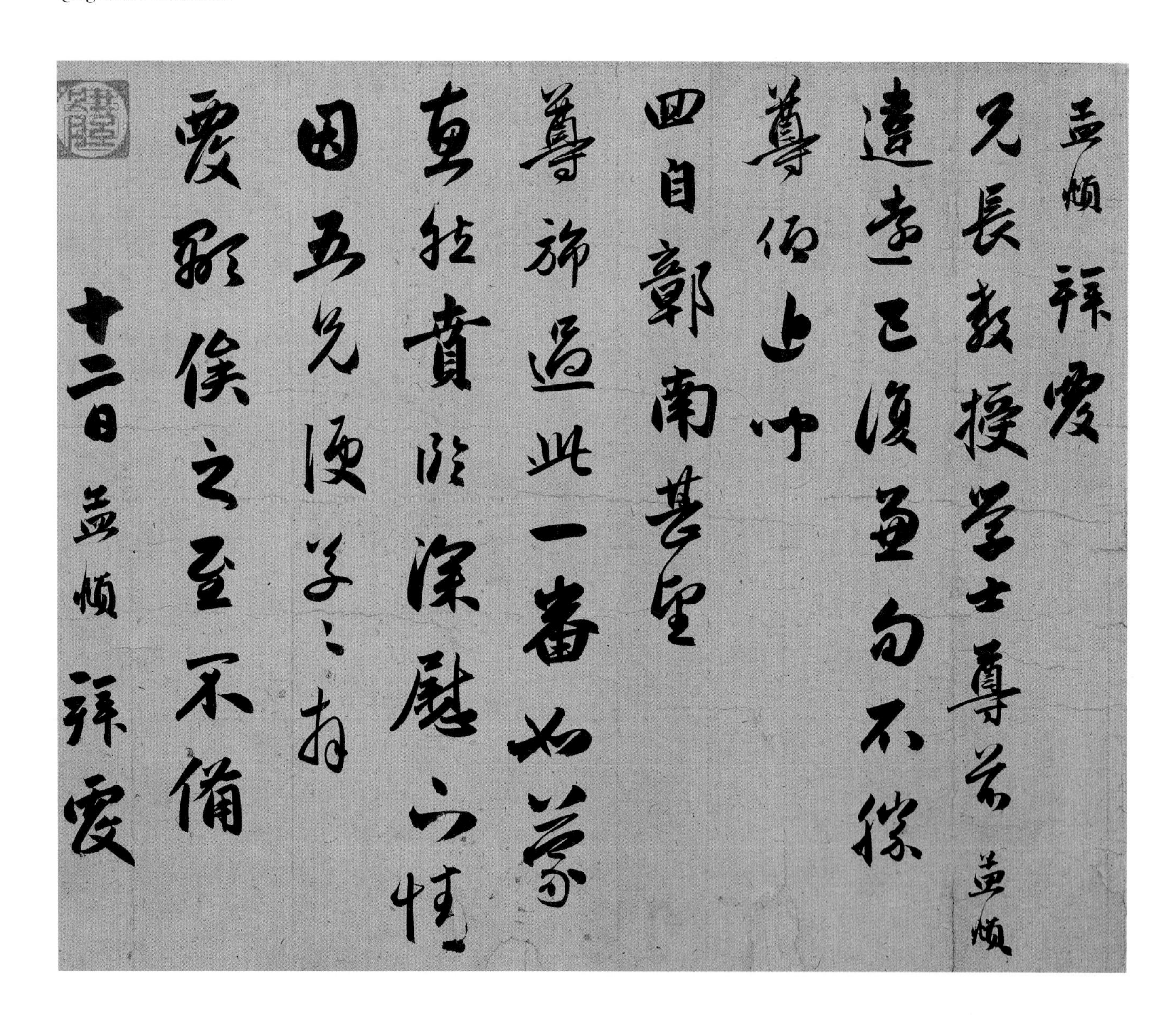

帖上款“兄長教授學士”，應指趙氏的長兄孟頖，其在大德年間，曾作杭州路儒學教授。“五兄”名孟頖，字景魯，死於大德九年（1305），因知帖作於此前。此帖的風格與《宗陽宮帖》十分接近，應是同一時期的作品。

釋文：
孟頫拜覆兄長教授學士尊前。孟頫違遠，已復兼旬，不勝尊仰。近聞回自彰南，甚望尊旆過此一番，如蒙惠然賁臨，深慰下情。因五兄便，草草拜覆，顒俟之至。不備。十二日　孟頫拜覆

17

趙孟頫　小楷書採神圖跋頁

紙本　小楷書
縱27.9厘米　橫33.3厘米
清宮舊藏

Cai Shen Tu Ba in small-regular script
By Zhao Mengfu
Leaf, ink on paper
H. 27.9cm　L. 33.3cm
Qing Court collection

釋文：
右周文矩子建採神圖，曾入紹興內府，前有紹興題識印款。傅彩溫潤，人物古雅，信為一種珍玩。子建舍曹氏無其人，但未詳「採神」為何義？當必有說，以俟知者。　大德八年春二月十四日　吳興趙孟頫子昂

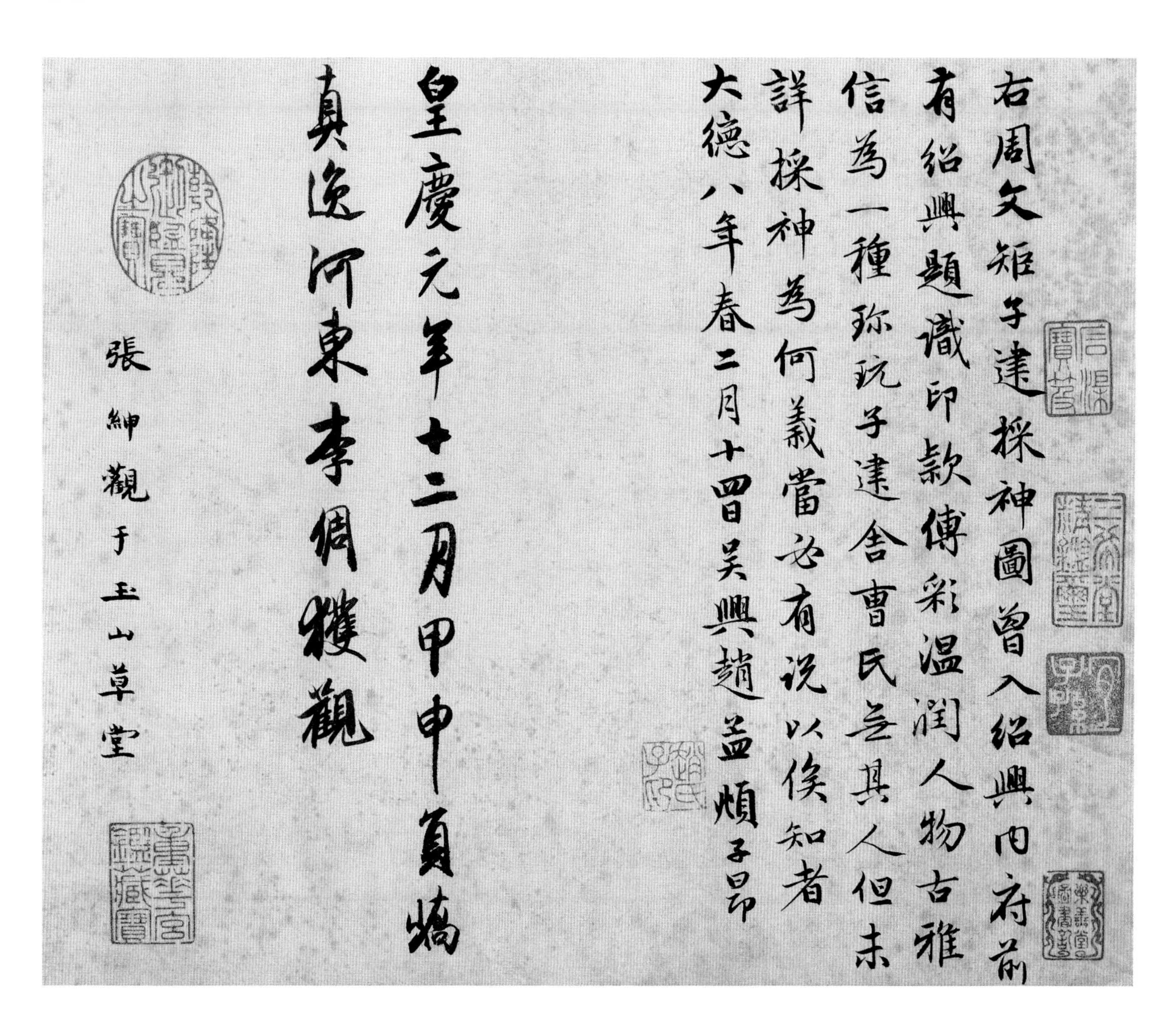

此帖是為五代畫家周文矩《子建採神圖》作的跋，原畫已佚。跋中稱周畫"傅彩溫潤，人物古雅"，有益於對周氏畫作的認識。書於大德八年(1304)，趙氏五十歲。

《採神圖跋》是趙氏成熟時期的作品，雖寥寥數行，但字字精謹嚴密，毫髮無憾，為其小楷書的代表傑作。

鑑藏印記：明代項元汴，清代王掞及乾隆內府諸印。

18

趙孟頫　行書過蒙帖頁

紙本　行書
縱29.5厘米　橫39.6厘米
清宮舊藏

Guo Meng Tie in running script
By Zhao Mengfu
Leaf, ink on paper
H. 29.5cm　L. 39.6cm
Qing Court collection

帖上款稱"總管相公宗兄"，應是趙氏的一位同宗，信中感謝了他對"家兄"的照顧，又為友人求職。從內容及書法判斷，此帖應與《近來吳門帖》寫作時間相近，書法變前者的婉轉流美為瘦勁清逸，墨色也較淡。

釋文：
孟頫記事頓首再拜，總管相公宗兄閤下。孟頫前者家兄過蒙照管，此皆吾兄以孟頫之故，感激難勝。即日炎熱，伏惟尊候勝常。學賓康振孫，舊在常學有俸，其人至貧，藉此以活，而近乃有住支之行，望吾兄憐其寒素，特與放支，豈勝幸甚。未由侍教，伏乞倍保尊重。不宣。孟頫頓首再拜。

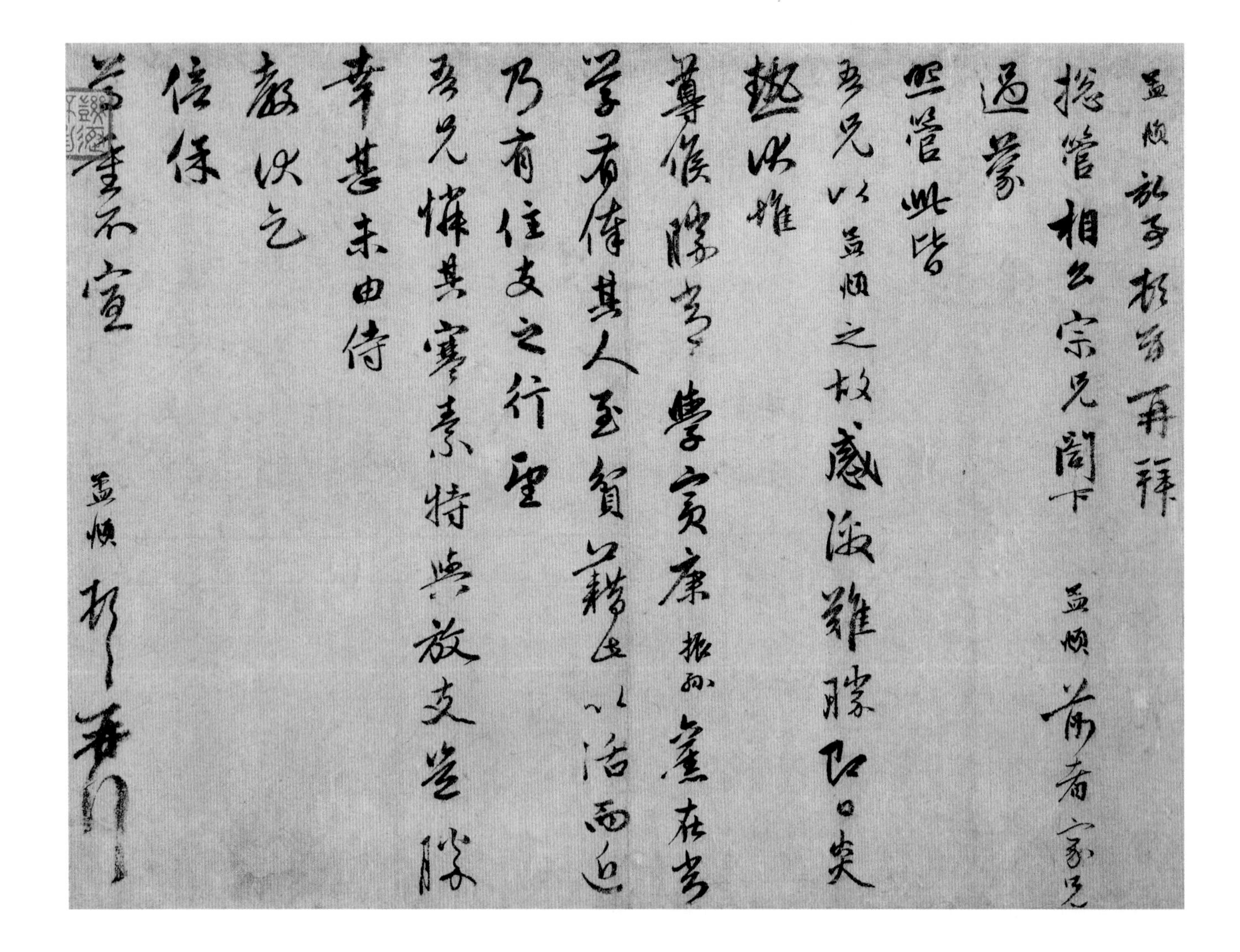

19

趙孟頫　行書雜書三段帖卷

紙本　行書
首段縱31.1厘米　橫101.5厘米　二段縱31.1厘米
橫100.2厘米　三段縱29.9厘米　橫103厘米

Za Shu Shan Duan Tie (Three parts of the calligraphy on miscellaneous subjects) in running or cursive script
By Zhao Mengfu
Handscroll, ink on paper
H. 31.1cm　L. 101.5cm / H. 31.1cm　L. 100.2cm
H. 29.9cm　L. 103cm

首段大行書《周易系辭》一章，“大德九年十月十一日”書。第二段，行書唐杜甫《玄都壇歌》詩，書於“大德十年正月十八日”。兩段均為“南谷尊師”所作。第三段，行草書自作五言詩二章，係為南谷弟子袁安道所作，書於“延祐六年(1319)十二月廿九日”。卷尾有元代陳旅、張雨、杜本、揭傒斯、張翥、王漸、李孝光、釋廷俊、趙□、程文、盛熙明、朱右題跋。第三段後有明代項元汴據《松雪齋集》校補脱漏詩句。引首白岩(喬宇)篆書“松雪墨蹟”四字。

南谷姓杜，名道堅，自號南谷子，當塗采石(今屬安徽)人。曾住持杭州宗陽宮、湖州計籌山升元報德觀、白石通玄觀。趙氏一生，與佛、道教人物交遊甚多，但尊為“師父”、自稱“弟子”的只有中峰明本和杜道堅二人。杜道堅也是最早把趙氏推薦給元朝廷者。

此卷前兩段寫作的時間和書法風格極相近，為趙氏行書藝術的代表作。首段大字行書，筆法奔放跌宕。二段則以婉轉流暢見長，風格妍潤雋逸。第三段是趙氏極晚年之作，行中兼草，禿筆中鋒，風格遒健蒼古。

鑑藏印記：明代項元汴、清代李肇亨及乾隆內府諸印。

歷代著錄：《石渠寶笈初編》。

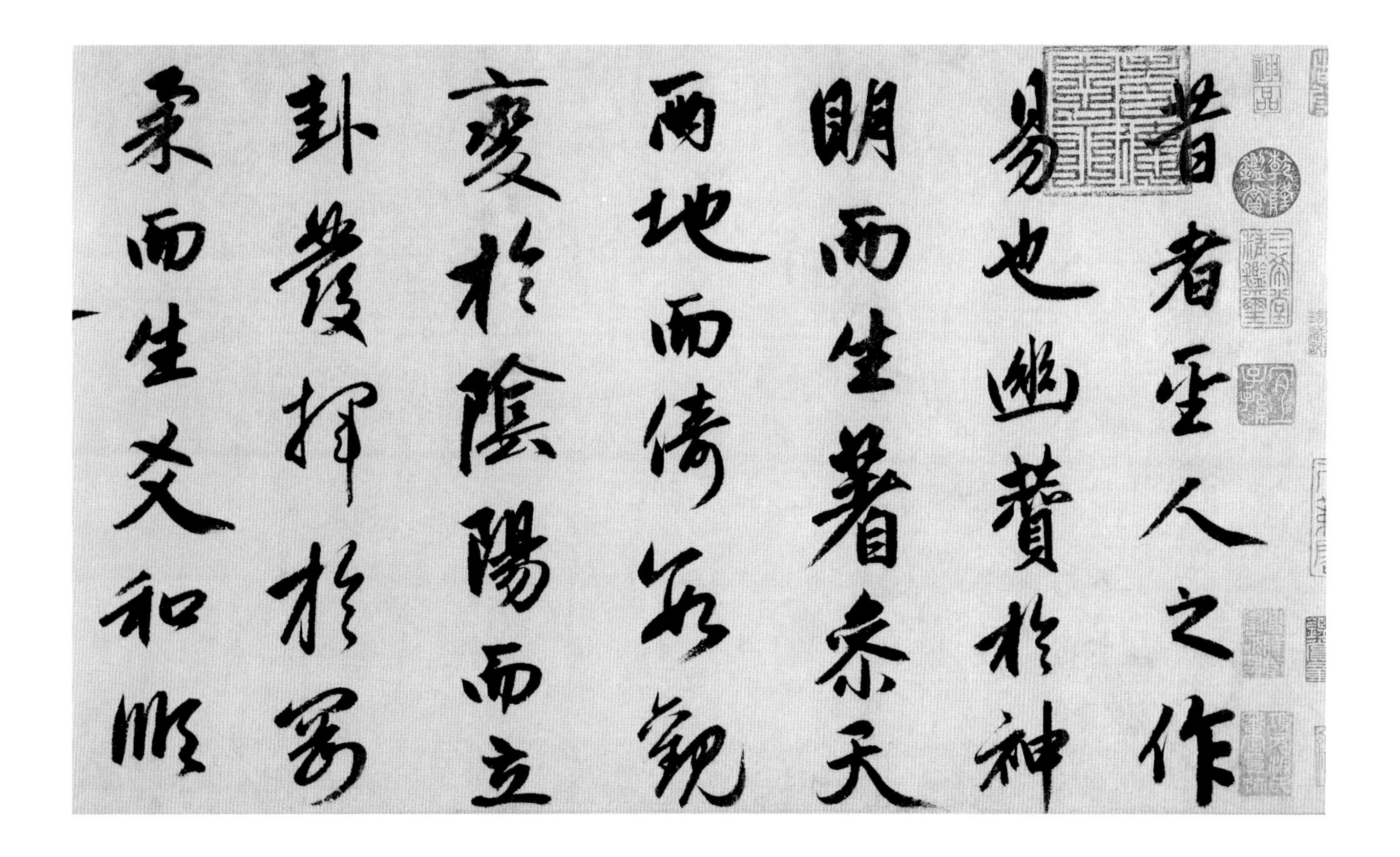
昔者聖人之作
易也幽贊於神
明而生蓍參天
兩地而倚數觀
變於陰陽而立
卦發揮於剛
柔而生爻和順

釋文：

白雲從何來？乃在計籌山。
山中老仙伯，翻翔白雲間。
結屋松竹裏，開窗泉石旁
邊。焚香誦《道德》，清齋
降神仙。俯仰皆自得，洗心
遊太玄。我欲往從之，規買
山下田。藝藥掃白髮，栽桃
映紅顏。庶幾林下意，期了
區中緣。丹成從師去，笑拍
洪崖肩。
瓊山發天秀，珠泉表地靈。
柔荑吐丹葩，喬林標絳英。
酌醴吸衝和，汲澗漱甘清。
石門開洞門，木龍走岩扃。
清飆一時至，四座浮幽馨。
閬風何必遠，世塵空

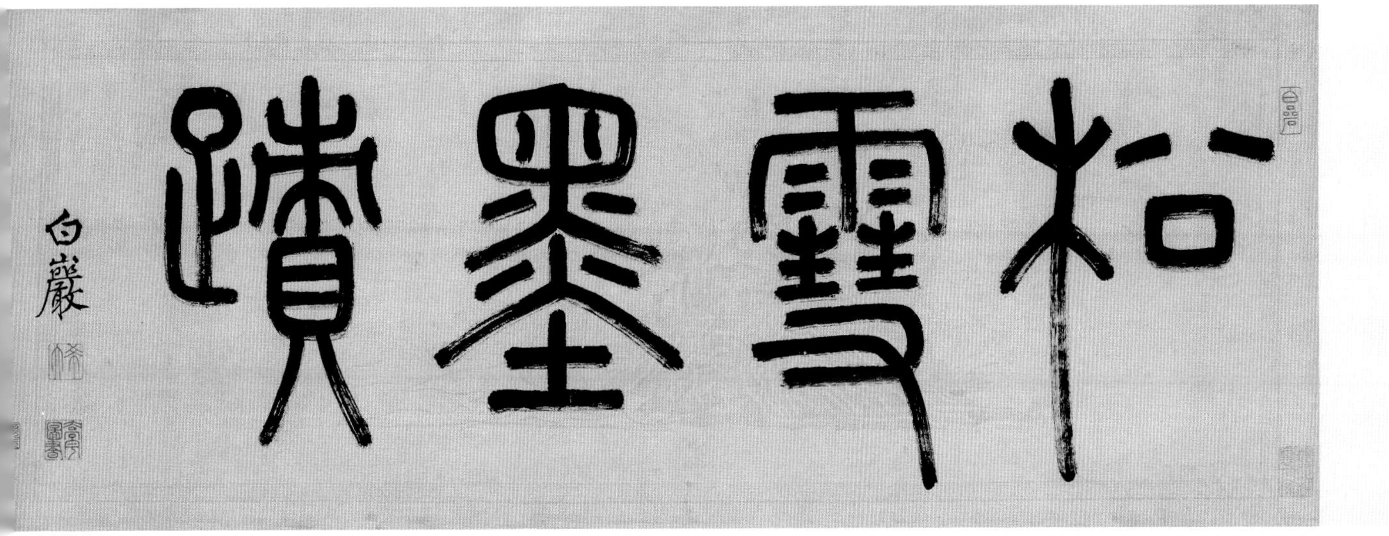

松雪墨蹟

白巖

《雜書三段帖卷》之一

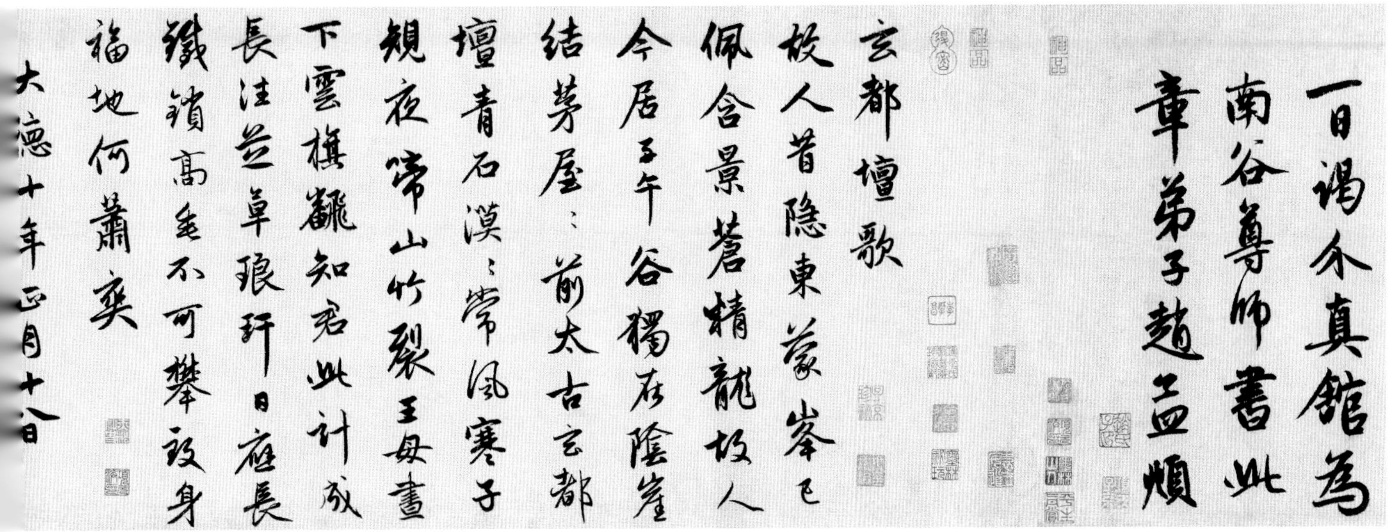

一日謁尒真館為
南谷尊師書此
章弟子趙孟頫

玄都壇歌
故人昔隱東蒙峯已
佩含景蒼精龍故人
今居子午谷獨在陰崖
结茅屋屋前太古玄都
壇青石漠漠常風寒子
規夜啼山竹裂王母晝
下雲旗翻知君此計成
長往芝草琅玕日應長
鐵鎖高垂不可攀致身
福地何蕭爽

大德十年正月十八日

《雜書三段帖卷》之二

仁宗朝仕至榮祿大夫翰林承旨
皇元之用賢養賢以布衣之論申於
朝廷之上後儀公不得不稱弟子也
凡所交書札至多往往散逸安道董
存錄此卷展而感歎為書其尾
至元後戊寅正月廿又九日甲子謹記

真人弟子多一時名士然文敏趙公則
自兒童時從其先太師已尊事于
真人故出處之際書問往來無時無
之且於諸徒孫咸以親昆弟焉是見
情誼之篤故復寫二舊詩與安道使
永藏之其視好其名而寶其遺墨
者故不同也杜本拜題

右故翰林學士承旨魏國趙文敏公與昇元
杜真人翰墨一卷文敏平生於真人雖片紙
必自稱弟子真人固有道之士非文敏篤於
情誼不能也語曰故舊不遺則民不偷余
於文敏見之適從真人高弟子袁安道
觀此卷為之感歎不已至元五年歲己卯
三月十九日揭傒斯謹題

昇元袁高士次吳興公所與
南谷真人諸帖為一卷筆執從

[illegible]
至正三年龍在癸未六月十八日番昜釋廷俊題

趙文敏公翰墨妙天下猶於
南谷老僊施弟子禮執之甚
恭余嘗目擊之今安道能寶藏
其遺珠可嘉尚偶入山中因題
其後餘不復云來平趙饒

顏公乞米能留帖王子籠鵝為
寫經不解吳興閒紙筆天書雲
篆共封扃婺源程文

南谷尊師道德輝暎朝野
松雪翰林詞翰妙絕古今今為計籌之
寶開卷展玩令人不狀古語云世人〻所淨〻
知〻至正十四年三月望日丘茲盛巡明記

昔張子房漢代人傑而圯上取履遂巡甚
至曹敬伯為相國舍蓋公而身事之古豪
傑之士有大過人者必有賢人達士為之
先也矧惟
南谷真人敷歷
中朝
世皇側席問道趙魏公執禮之唯謹宜哉嗚
夫莫為之前雖美弗彰莫繼於後雖
盛弗傳予於南谷文敏又何較重輕於
其間耶覽卷之餘殊增仰止至正十有
三年癸巳秋九月丹丘生朱右頓首

自冥。從遊當有期，淹留詎無成。左手擷紫芝，右手採黃精。振衣陟崇岡，遐觀散神情。長嘯煙霧裏，滿空鸞鶴聲。　吾昔年為先師杜真人賦此二詩，今其弟子袁安道來索書，因寫與使藏之。延祐六年十二月廿九日松雪齋書　子昂

前詩似更有二句，然老昏忘之矣。

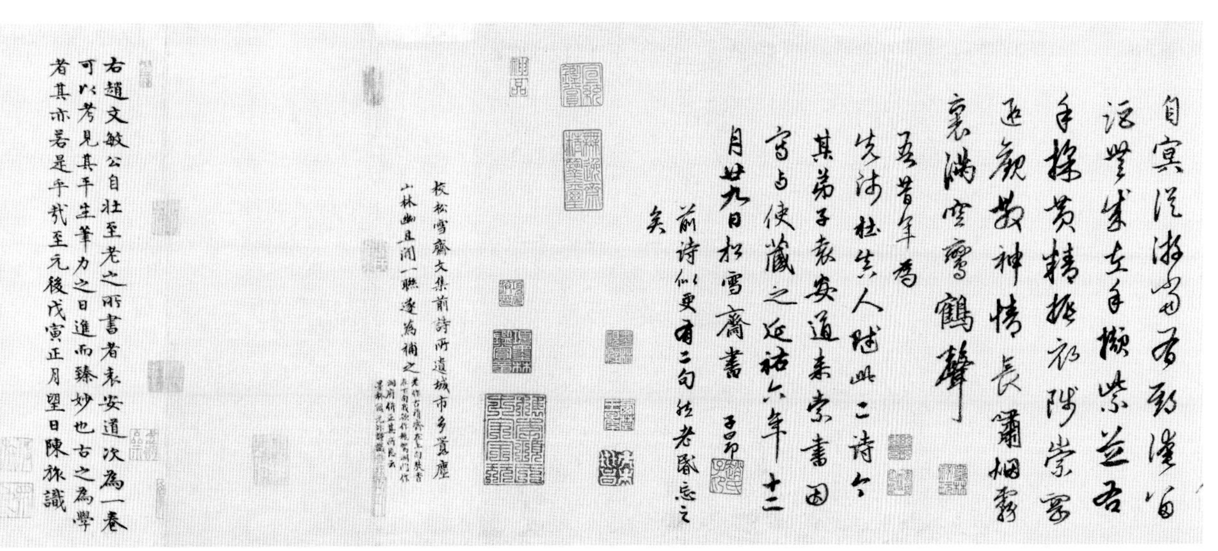

唐吳貞節薦李太白於玄宗員
右趙文敏公自壯至老之所書者袁安道次為一卷
可以考見其平生筆力之日進而臻妙也古之為學
者其亦若是乎至元後戊寅正月望日陳旅識
月廿九日松雪齋書
前詩似更有二句往老昏忘之
矣

《雜書三段帖卷》之三

衛道緊沈著妙絕當世信山房
之至寶也然非谷仙之有道不能
北面吳興非吳興之辭翰沐風餘
韻惡能偉然百卅弍山中多密石
勒而傳之人將爭睹又冥翅星鳳
寶墨也邪高士其圖之至正十季
季春十又五日張翥識

道家以絀聰明去健羨為務有稱設
於老氏者彼豈固使之為設哉道
若是耳夫視位為械爵祿為泥塗
或庶幾於道德性命之察焉此松
雪翁所以為南谷尊師書之而屢
贊之也安道出此卷以示予遂拜
觀而識其後江右王漸

唐時公卿大夫遵老子氏者亦牘稱曰
尊師自稱曰弟子蓋當時之制而亦以
尊其道也松雪老翁好師古故亦云至正
八年二月二日李孝光在玄元真館觀

《雜書三段帖卷》之四

20

趙孟頫　行書國賓山長帖卷

紙本　行書
縱26.3厘米　橫103.2厘米
清宮舊藏

Guo Bin Shan Chang Tie in running script
By Zhao Mengfu
Handscroll, ink on paper
H. 26.3cm　L. 103.2cm
Qing Court collection

此帖為信札，從語氣來看，這位“國賓山長學士”應是趙氏熟識的朋友。據屬款“閏月一日”及文中“先子沒四十餘年”之語，應書於大德十年(1306)，趙孟頫五十三歲。

趙氏一生書學，最重古法，後人或以此將其歸為“復古”，實為收南宋縱放之風。只有書札一體，自由揮灑，歷來被評論家稱為“最得右軍神韻”。此帖是其書札的代表之作，書法風格爽利自然，特別是點畫、轉折間似不經意的尖角和波折，都使人聯想到諸多唐摹晉帖的遺韻風采。

鑑藏印記：“安儀周家珍藏”(朱文)、“煜峰鑑賞”(白文)及清宣統內府印。

歷代著錄：《墨緣彙觀》、《石渠寶笈續編》。

釋文：
孟頫頓首：國賓山長學士友愛足下。孟頫自頃得答字云，行當入城。日望文旆之來，而歲事更新，已復一月，其懸想之意殊拳拳也。人至得所惠字，乃知疾患漸安，極用為慰。戶役造船之擾，雖不能不動心，然要當善處，恐未可緣此便為釋老之歸。釋老二家，又豈能盡無事耶？此卻非細事，更須詳思，切祝，切祝！承索先人墓表，謹以一本上納。蓋先子沒四十餘年，而墓石未建，念之痛心，故勉強為之。才薄(旁注「劣」)不能制奇文，力薄不能立豐碑，此皆可深恨者。非國賓相知，不敢及此。名印當刻去奉送，承別紙惠畫絹、茶牙、麂、鳩、魚乾、烏雞、新筍，荷意甚厚，一一祗領，不勝感激。偶有上黨紫團參一本，恐可入喘藥，附去人奉納，冀留頓。未承教間，唯厚自愛，不宣。閏月一日　孟頫再拜　烏雞不閹者求一二對作種，無則已之。
手書再拜復國賓山長友愛足下　趙孟頫謹封
老婦附承堂上安人動履

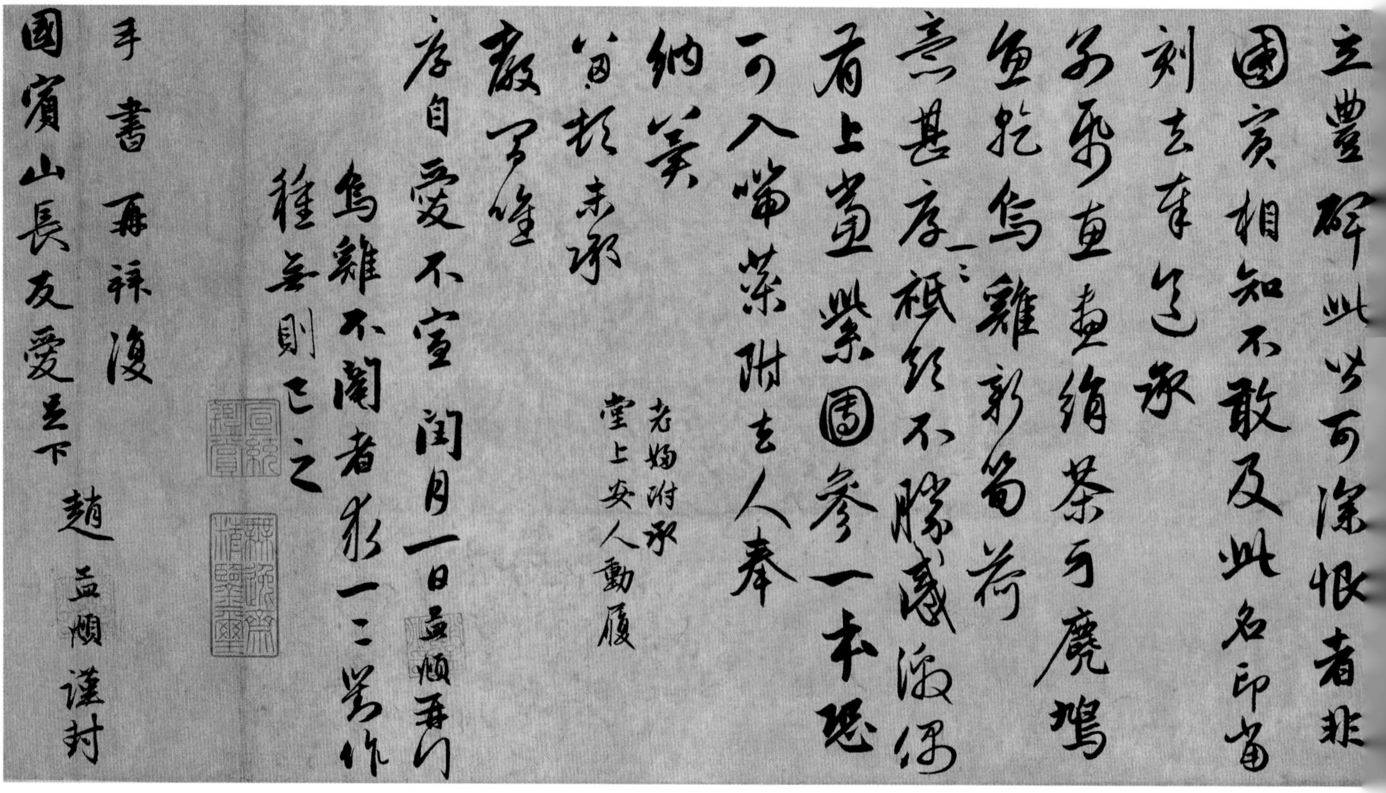

益煩 頓首
國賓山長學士
自作詩
蒼字云行當
文稱之來而
一月其趣甚

益煩 頓首
國賓山長學士友愛足下 益煩
自作詩
蒼字云行當入城日望
文稱之來而求事更新 已復
一月其趣甚哉之意殊拳拳 人
望得
所直字乃知
吾東濠 安極用為望户俊
送船之擾殊不能不為之往
要當若更恐未可緣此便
為輝老之歸 輝老二家又
豈能去無事耶 此邪 非
細事更須
詳思切視 承
索先人墓表謹以一本上
細蓋先子沒四十餘年而墓

21

趙孟頫　楷書張總管墓誌銘卷

紙本　楷書

縱32.7厘米　橫259厘米

Zhang Zong Guan Mu Zhi Ming (Epitaph for the General Director Zhang) in regular script

By Zhao Mengfu

Handscroll, ink on paper

H. 32.7cm　L. 259cm

《張總管墓誌銘》署銜“集賢直學士、朝列大夫、前行江浙儒學提舉”，當書於元至大二年之前。另帖中書寫墓主的下葬時間時，“年”字前有點去“至大元”三字，雖為誤書(應在安葬時再填)，卻明示了作品的寫作時間。元至大元年(1308)，趙氏五十五歲。卷尾附明代祝允明，清代永瑆跋。

此帖是趙氏極其經意的作品，筆法之圓勁，結體之舒展，風格之端莊穩重，都集中反映了其在楷書方面的高度成就。祝允明稱：“魏公此筆，予觀之衝素渾含而姿媚溢發，非他粗示地文者比。蓋周旋中禮，從容中道，其書之聖者也。”

鑑藏印記：明代何良俊，清代梁清標、英和等人印。

歷代著錄：《辛丑銷夏記》。

行江浙等處儒學提舉趙
孟頫書并篆額
公諱繼祖字善卿博之堂邑人
博於令為東昌大父山保義校
尉堂邑縣丞父泰亨宣威將軍
管軍捴管代有軍績俱以武力

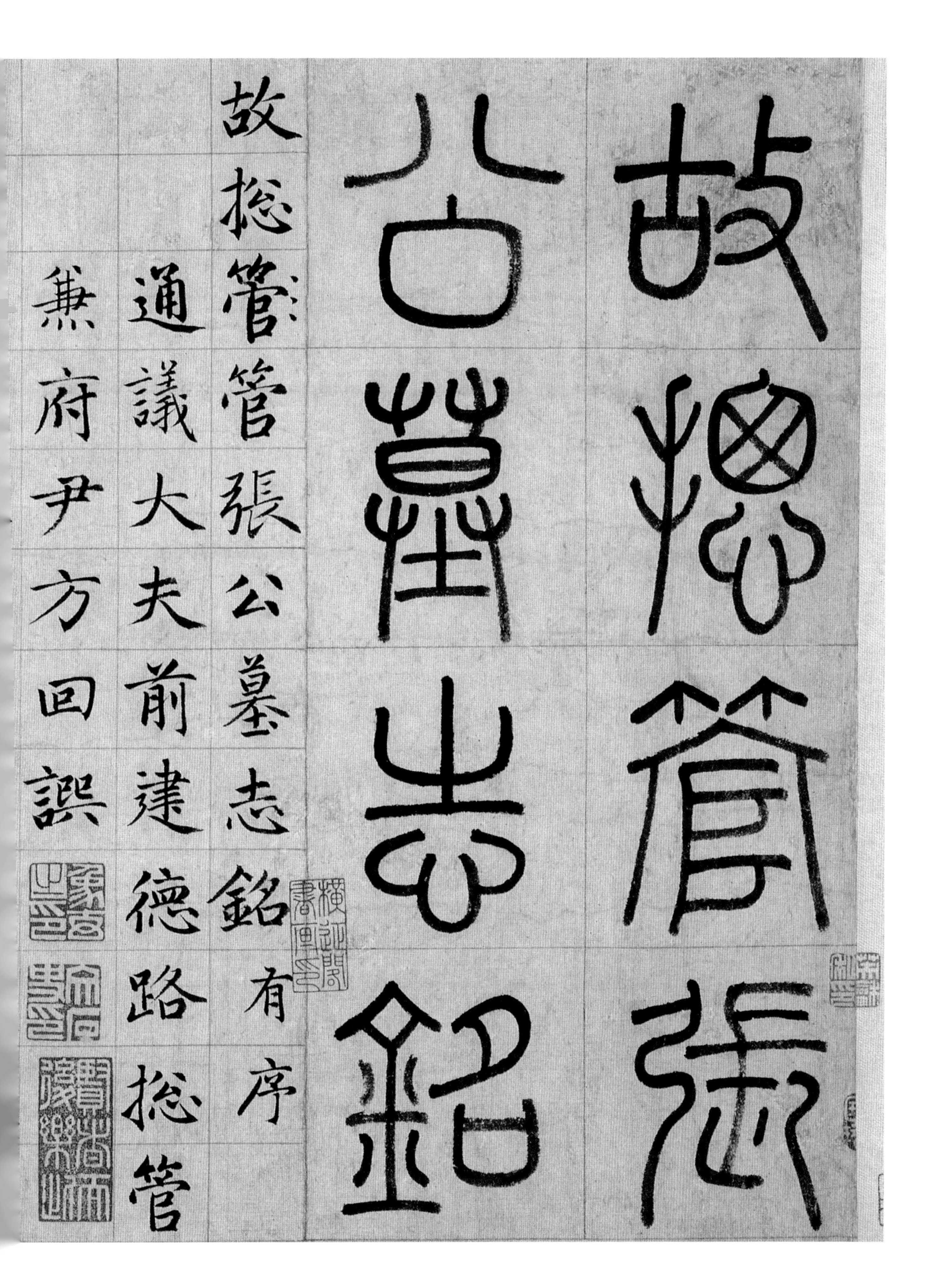

故揔管管張公墓志銘有序
通議大夫前建德路揔管
兼府尹方回譔

皆以為榮一時自省若府以下
長佐僚屬至於所部之吏若卒
皆異之曰堂張之子也至元丁
丑宣威南征自靜江班師扶億
柩潭[illegible]軍公之[illegible]目
眚不見用有司亟具公姓名以
聞是歲公襲職為父後授昭信
校尉就佩虎符公忍死蒞事々
一循宣威舊無改纖芥時軍務
甫定每警急不測調度公先事
知幾出奇應變與士卒同甘苦
不少自大兵政以平民事以寧
且日侍平章公省中不去左右
政事多所諮詢應對剖析率中
肯綮令聞籍々則又異之曰堂
張其有子矣辛巳夏五公隨省
移師鎮鄂北濟洞庭萬艦齊發
桂旗蔽空少選風怒雲奔蛟鼉
掀舞前後顧望舟出沒濤浪中
且行且仆若不相保公慮平章
公不能達麾輕舟前進疾櫂以
赴之倉皇顛沛公之舟竟以溺
死者十四人而公之弟忠顯校
尉管軍捴把佩銀符曰榮祖者
亦在焉蓋他舟之溺者不與實
是月十五日也是役也平章公
實目擊之哀悼痛切暨其衆咸

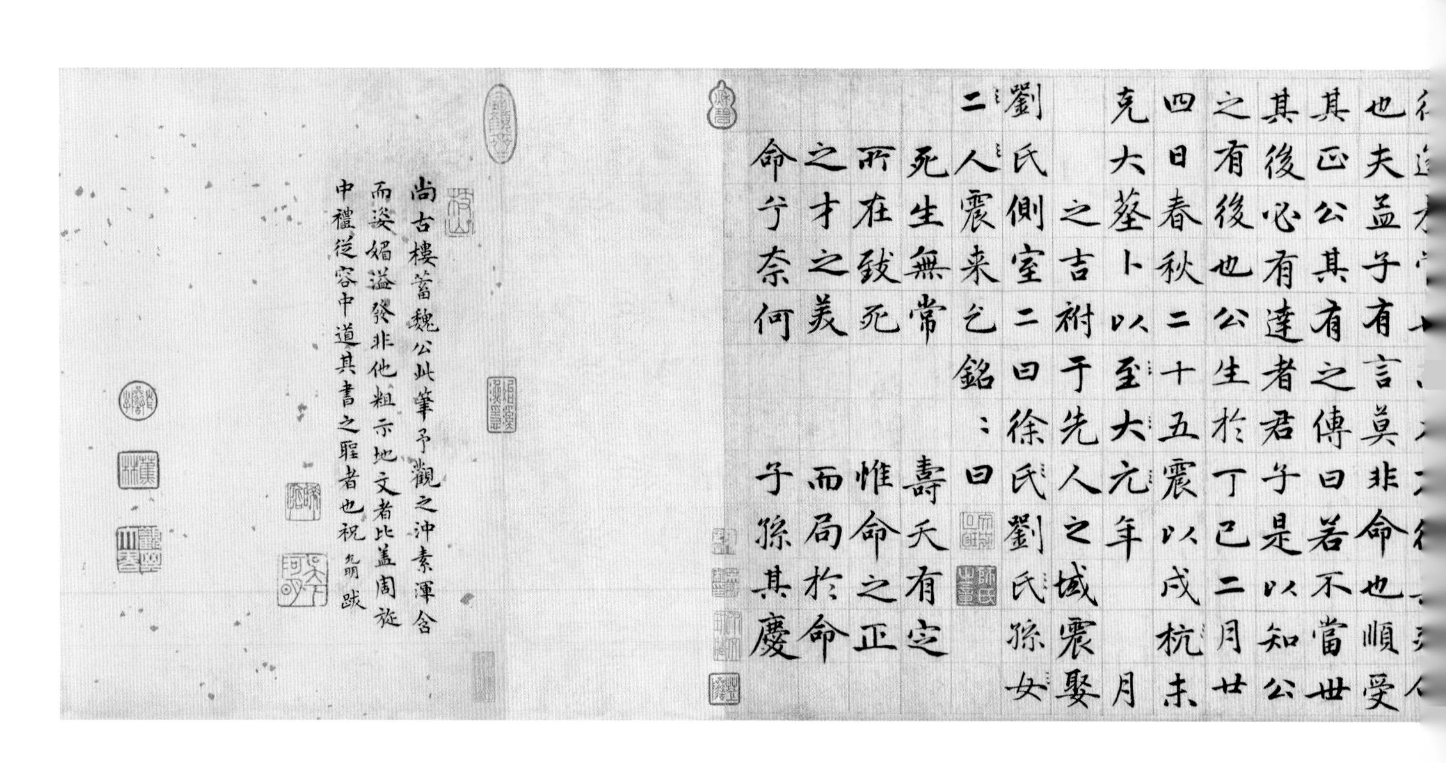
也夫孟子有言莫非命也順受
其正公其有之傳曰若不當世
其後必有達者君子是以知公
之有後也公生於丁巳二月廿
四日春秋二十五震以戊杭未
克大塋卜以至大元年月
之吉祔于先人之域震娶
劉氏側室二曰徐氏劉氏孫女
二人震来乞銘曰
死生無常　壽夭有定
所在致死　惟命之正
之才之羨　而局於命
命兮奈何　子孫其慶

尚古樓蓄魏公此筆予觀之沖素渾含
而姿媚溢發非他粗示地文者比蓋周旋
中禮從容中道其書之聖者也祝允明跋

故揔管張公墓志銘

故揔管管張公墓志銘有序
通議大夫前建德路揔管
兼府尹方回譔
集賢直學士朝列大夫前
行江浙等處儒學提舉趙
孟頫書并篆額
公諱
繼祖守善鄉博之堂邑人
博於今為東昌大父山保義校
尉堂邑縣巡父泰亨宣威將軍
管軍揔管代有軍績俱以武力
名世且其智謀有異於人當路
皆異之目保義為拔都勸其勇
也謂宣威曰堂張別其姓也公
胚胎世德自幼穎悟博學彊記
善言話美色笑舉動不似凡兒
有膽略膂力過人方乘髫時即
從宣威隴蜀湖廣閫師行水陸
往来鹽亘不啻萬餘里生長食
息步步趍趍已有其父風軍旅
之事戰勝攻取之法耳目所寓

《張總管墓誌銘卷》之一

矣之悲且艤舟不進令其下日
夜求公尸不得又留官屬暜守
土者徧求之越四日得焉求虎
符又不得而尸之傷有人犬迹
遂迹之獲於商人舟中號呼痛
哉公娶郭氏與子震俱在潭訃
至驚慟隕絕即日奔喪扶護歸
殯于博其所遺部卒八百一十
七人及飛虎拔都一千人顯祖
曰而領之時郭二十有六歲廢
膏沐忘寢食毅然以栢舟自誓
謂立後以嫡公實有子不可使
無後子雖幼名器不可以假人
携震請于官既復請于
朝以震幼未得
命公死之十六年震猶未弱冠
襲充昭信校尉上千戶佩金
符凡公之舊卒悉還以餘孀妻
孤子蓬首垢面僑寓旅食瀕於
困苦者數矣天道好還公論亦
定郭亦良不易矣大德丙午有
司以郭為言明年春被
命旌表其閭人士皆歎美之公
之鎮潭也武事之暇頗耆史傳
尤喜親文學士從容尊俎多講
貫古今名將顛末故其操守常
語人曰士大夫立身為人冢槩

《張總管墓誌銘卷》之二

22

趙孟頫　行書遠遊篇卷

紙本　行書
縱27.5厘米　橫289厘米

Yuan You Pian (Going on a long journey) in running script
By Zhao Mengfu
Handscroll, ink on paper
H. 27.5cm　L. 289cm

卷尾款署"子昂為舜中書"。卷前清代唐翰題簽，後附程志和、錢應溥、朱汝珍跋。

《遠遊》是大詩人屈原晚年的詩作，作品以沉鬱熱烈的語言，抒發了被楚懷王放逐後的心情，以及"悲時俗之迫阨兮，願輕舉而遠遊"的思想情操。趙書此卷，沒有受到詩的激發感染，除了熟練技法的展示之外，藝術上雍容平和，不激不厲，當為大德末年所書。

鑑藏印記："緱山仙裔"(白文)、"建康王勳章"(朱文)、"王氏珍玩"(朱文)、"貞居道人章"(白文)、"成之書印"(朱文)等。

歷代著錄：《穰梨館過眼續錄》、《三虞堂書畫目》。

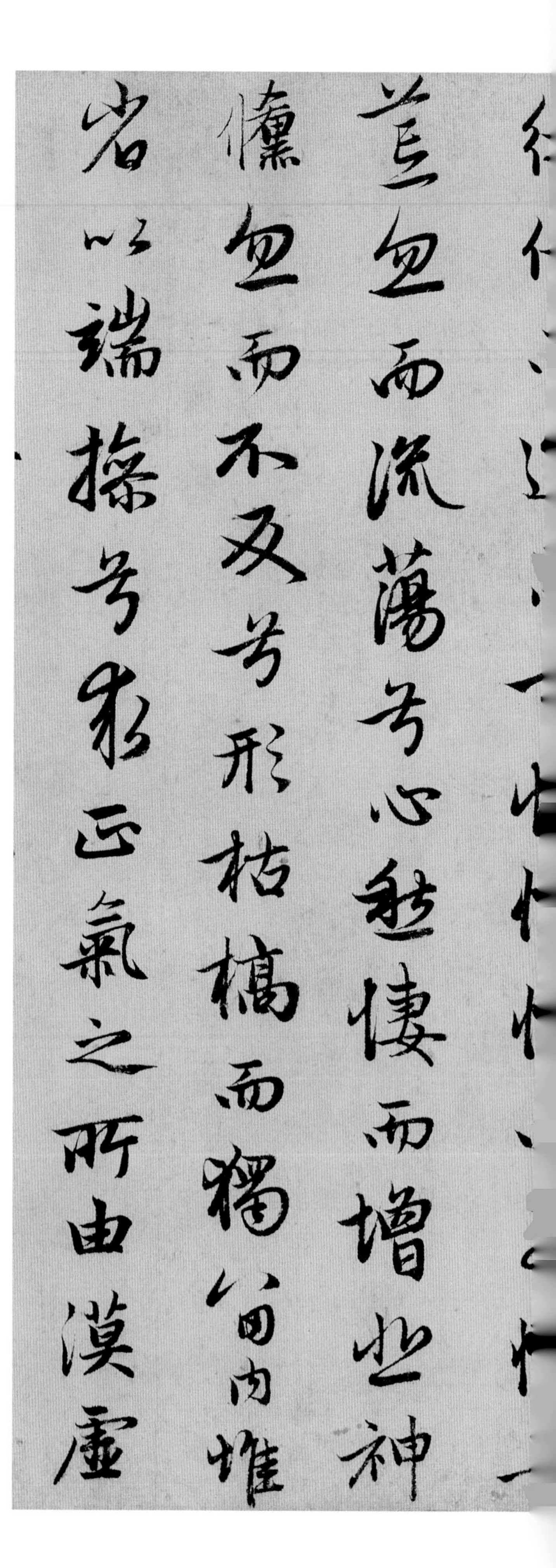

遠遊
悲時俗之迫阨兮願輕舉而遠遊
質菲薄而無因兮焉託乘而上浮
遭沈濁而汙穢兮獨鬱結其誰
語夜耿耿而不寐兮魂營營而至
曙惟天地之無窮兮哀人生之長
勤往者余弗及兮來者吾不聞步

余將焉所程兮重曰春秋忽其不淹兮
奚久留此故居軒轅不可攀援兮
吾將從王喬而娛戲餐六氣而飲沆
瀣漱正陽而含朝霞保神明之清
澄兮精氣入而麤穢除順凱風
以從遊兮至南巢而壹息見王子
而宿之兮審壹氣之和德曰道可
受兮不可傳其小無內兮其大無垠
無滑而魂兮彼將自然壹氣孔神
兮於中夜存虛以待之兮無為之先
庶類以成兮此德之門聞至貴而
遂徂兮忽乎吾將行仍羽人於丹
丘兮留不死之舊鄉朝濯髮於湯
谷兮夕晞余身於九陽吸飛泉之
微液兮懷琬琰之華英玉色頩以
脕顏兮精醇粹而始壯質銷鑠
以汋約兮神要眇以淫放嘉南州
之炎德兮麗桂樹之冬榮山蕭條
而無獸兮野寂漠其無人載營魄
而登霞兮掩浮雲而上征命天閽
其開關兮排閶闔其望予召豐
隆使先導兮問大微之所居集重
陽入帝宮兮造旬始而觀清都朝
發軔於太儀兮夕始臨乎於微

海若舞馮夷玄螭蟲象並出進
兮形蟉虯而逶蛇雌蜺便娟以
增撓兮鸞鳥軒翥而翔飛音樂
博衍無終極兮焉乃逝以徘徊舒
并節以馳騖兮逴絕垠乎寒門
軼迅風於清源兮從顓頊乎增冰
歷玄冥以邪徑兮乘間維以反顧
召黔嬴而見之兮為余先乎平路
經營四荒兮周流六漠上至列缺兮
降望大壑下崢嶸而無地兮上寥
廓而無天視儵忽而無見兮聽
惝怳而無聞超無為以至清兮
與泰初而為鄰

子昂為
彝中書

筆穩法運之妙以他跡尤奇特[illegible]彝中書不知何許人大不
紀年月白麻紙本堅潔如素凡三接鈐縫王氏二字朱文印卷首押
維山懷齋四字白文印下角押建康王勳章五字印款下押王氏珍
藏四字印皆朱文卷末一行凡四印一騎縫私印白文成之書印王勳印皆
朱文貞居衛人章白文孝妻康吳敏刊墨緣彙觀畫品卷下錄公
夫婦合作蕙竹卷有柯丹邱為王成之跋語卷中印記如維山心齋
王勳印王氏珍藏皆與是卷同先後如一則是卷在元時為句曲
外史所藏後與合作卷同藏建康王氏外史親受書法於公鑒
賞極精審源流有緒傳信傳寶夫何間然紙尾尚有鈐縫半印
二可知跋語散佚多矣卷向為沈芳村旦華世父所藏道光辛卯間
嘗攜示先大夫云嘉慶十九年歲大儉以白粲二億易得于郡城
故家時予方成童側聞緒論心焉誌之迄今三十七易寒暑矣頻
年宦遊故鄉浩劫每懷井里輒念是卷今春正月饕山之兄忽因
封見遺展對如還舊觀卷中小有汙跡幸不為劫灰神物呵護
信不誣已兄為世德世父次子長予十年精力尚矍鑠友愛敦睦
久而不渝棖觸往事不禁愴然爰付裝池并書顛末留示後
人庶幾有所觀感謹守勿失哉
大清同治七年龍集戊辰閏四月十日嘉興新豐鄉人唐翰題謹
識于太湖廳東洞庭山公廨之唯自勉齋

光緒丁未新秋程志和敬觀

元趙文敏書遠遊篇真跡 建康王氏舊藏 家寶山先寄贈 戊辰三月景堯唐壽題署

遠遊
悲時俗之迫阨兮願輕舉而遠遊
質菲薄而無因兮焉託乘而上浮
遭沈濁而汙穢兮獨鬱結其誰
語夜耿耿而不寐兮魂煢煢而至
曙惟天地之無窮兮哀人生之長
勤往者余弗及兮來者吾不聞步
徙倚而遙思兮怊惝怳而乖懷意
荒忽而流蕩兮心愁悽而增悲神
儵忽而不反兮形枯槁而獨留內惟
省以端操兮求正氣之所由漠虛
靜以恬愉兮澹無為而自得聞赤
松之清塵兮願承風乎遺則貴真
人之休德兮美往世之登仙與化去
而不見兮名聲著而日延奇傅說之
託辰星兮羨韓眾之得一形穆穆以
浸遠兮離人群而遁逸因氣變而
遂曾舉兮忽神奔而鬼怪時髣髴
以遙見兮精皎皎以往來絕氛埃而淑
尤兮終不反其故都免眾患而不懼
兮世莫知其所如恐天時之代序兮耀
靈曄而西征微霜降而下淪兮悼
芳草之先零聊仿佯而逍遙兮永

《遠遊篇卷》之一

閭屯余車之萬乘兮紛容與而
並馳駕八龍之婉婉兮載雲旗之
委蛇建雄虹之采旄兮五色雜而炫
耀服偃蹇以低昂兮驂連蜷以驕
驁騎膠葛以雜亂兮斑漫衍而方
行撰余轡而正策兮吾將過乎句
芒歷太皓以右轉兮前飛廉使以啟
路陽杲杲其未光兮凌天地以徑度
風伯為余先驅兮氛埃辟而清涼
鳳皇翼其承旂兮遇蓐收乎西皇
擥彗星以為旍兮舉斗柄以為麾
叛陸離其上下兮遊驚霧之流波
時曖曃其矘莽兮召玄武使奔
屬後文昌使掌行兮選署眾神以
並轂路曼曼其脩遠兮徐弭節
而高厲左雨師使徑侍兮右雷公
以為衛欲度世以忘歸兮意恣睢
以担撟內欣欣而自美兮聊媮娛以自
樂涉青雲以汎濫遊兮忽臨睨夫
舊鄉僕夫懷余心悲兮邊馬顧而
不行思舊故以想像兮長太息而
掩涕汎容與而遐舉兮聊抑志而
自弭指炎神而直馳兮吾將往
乎南疑覽方外之荒忽兮沛罔
象而自浮祝融戒而[illegible]

《遠遊篇卷》之二

脫脫丞相延祐間為江浙丞相伯[illegible]顏兒為左平章
答保寓國路提舉副使耶律舜中為宣使一日平章
諭該使吏曰我保此人乃風憲舊人及其材能正當
選用 元楊元誠山居新話第十三條
光緒丁丑十月二十九日過唯自知齋 鴟安出示此卷 致為舜中
書當即新話中所稱耶律舜中其人者或以指為撫不知元人
士夫稽仲多以字行似可無疑且時代適相符合也書以俟
再致子密錢應溥記

宣統元年二月八日阜陽程文葆常熟曾樸
義州李葆恂同觀
宣統癸亥孟夏長白金瀛清遠朱汝珍拜觀於寸園

《遠遊篇卷》之三

23

趙孟頫　小楷書臨黃庭經卷

紙本　小楷書
縱26.5厘米　橫485.4厘米

Lin Huang Ting Jing (Copy of the Book of the Lower Elixir Field [Exterior Aspect]) in small-regular script
By Zhao Mengfu
Handscroll, ink on paper
H. 26.5cm　L. 485.4cm

款署"孟頫"，下鈐"趙氏子昂"(朱文)印。卷後有元代鄧文原、楊載、孔濤、柯九思、黃溍、楊瑀、段天祐、杜本、王國器、歐陽玄、趙奕、劉貞、黃公望、應本、王元傑，明代周鼎跋。

《黃庭經》是道家的一部經典，晉代王羲之曾書此經，流傳有刻本。此卷是據宋代太清樓刻本臨寫的，為趙氏中晚年所書。雖為臨書，但毫不拘束，能融法度森嚴與蕭散自得為一體，是趙孟頫小楷書的精品。

鑑藏印記："應氏珍藏"(朱文)、"柯氏清玩"(朱文)、"常關圖書"(朱文)等。

靈臺通天臨中野方寸之中至關下玉房之中神門戶
既是公子教我者明堂四達法海員真人子丹當我前
三關之間精氣深子欲不死脩崐崘絳宮重樓十二級
宮室之中五采集赤神之子中池立下有長城玄谷邑長
生要眇房中急棄捐揺俗專子精寸田尺宅可治生繫
子長流心安寧觀志流神三奇靈閑暇無事脩太平

黃庭經

上有黃庭下有關元前有幽闕後有命門噓吸廬外出入丹田審能行之可長存黃庭中人衣朱衣關門壯籥蓋兩扉幽闕俠之高巍巍丹田之中精氣微玉池清水上生肥靈根堅志固不衰中池有士服赤朱橫下三寸神所居中外相距重閉之神廬之中務脩治玄廱氣管受精符急固子精以自持宅中有士常衣絳子能見之可不病橫理長尺約其上子能守之可無恙呼噏廬間以自償保守兒堅身受慶方寸之中謹蓋藏精神還歸老復壯俠

淵見吾形其成還丹可長生下有華蓋動見精立於明
堂臨丹田將使諸神開命門通利天道至靈根陰陽
列布如流星肺之為氣三焦起上服伏天門候故道闕
離天地存童子調利精華調髮齒顏色潤澤不復白
下于嚨喉何落落諸神皆會相求索下有絳宮紫華
色隱在華蓋通六合專守諸神轉相呼觀我諸神辟
除耶其成還歸與大家至於胃管通虛無閉塞命門
如玉都壽專萬歲將有餘脾中之神舍中宮上伏命
門合明堂通利六府調五行金木水火土為王日月列宿
張陰陽二神相得下王英五藏為主腎最尊伏於大陰
藏其形出入二窾舍黃庭呼吸廬間見吾形強我筋骨
血脉盛恍惚不見過清靈恬惔無欲遂得生還於七
門飲大淵道我玄廱過清靈閒我仙道與奇方頭載
白素距丹田沐浴華池生靈根被髮行之可長存二府
相得開命門五味皆至開善氣還常能行之可長生
永和十二年五月廿四日五山陰縣寫

孟頫

小楷欲蕭散自得而法度森嚴雖古
人亦難之當今子昂為第一余見所臨
黃庭多矣此尤為得意者也 文原書

松雪翁年老不復為人作小楷書中父
其寶藏之延祐七年七月廿五日浦城楊載

承旨趙公嘗言學書之法必由臨摸之功然後
筋骨風神韻度可得而見不則是為不知而作
也觀此卷則知其信然平生所見何啻數十百
卷無不同者而風神韻度誠有次第非如中甫
深知書者未易言也京兆杜本

予外舅文敏公得鍾紹京硬黃紙搨黃庭經後
大書特健藥三字次復得唐人黃素絹貼本遂
收為珠玉之題卷尾後閱中父所藏太清樓本
特妙諸刻自京師歸求之昕夕玩繹不去
手嘗摹一本謝中父每詔見筆曰是書亙古
資益第唐人所莫風神飄逸殊得右軍
筆意碑刻固不能盡也公仙去幾廿餘年
今觀此卷則向之訓誡者宛然若昨日事
不覺老淚交墮昔人謂悵過西州門慟哭
而返者此予黃壚同符之悲也噫信夫至正
辛巳夏五下澣吳興王國器謹書

宋徽宗初即位刻續秘閣帖以繼淳化
其中有黃庭經筆意渾厚斯時米元
章書名猶未行世故不預其事後作太
清樓帖亦有黃庭而臨摹之責專屬
之元章 元章雖精於此而間寓自己筆
法帖雖佳頗有此恨趙魏公學魏晉書歷
年殆徧諸體此帖乃不雜他法蓋佳製也
至正六年九月十二日葉鄉歐陽玄跋

刻大觀帖于太清樓下雖更定彙
次字頗嫵媚惟元祐續帖家為精妙
此可與若鑒者道獨此帖第五卷有
黃庭經宿寒帖小楷余家藏續帖
十卷首尾具備又別購得黃庭一本
松雪翁甚欲得之遂對本臨法以相
易此翁書法妙一代加之臨摹古人
猶逸少之臨元常益臻其妙諸君
子又品題于後子孫其永寶之至正
七年花朝武林山人應本中父題
時年七十有六

晉人書法韻度渾厚得於石經遺意
右軍黃庭經獻之樂毅論極小而真
冥合天矩昔人謂窮微入聖信矣松雪翁
默契心法於千載之上追跡前脩妙絕當
代豈止太清樓臨本目耶之奇宜寶之
中吳後學王元杰謹書

有美王孫趙魏公獨擅名
玉堂閒白晝繭紙榻黃庭
六代丰神遠諸公鑒賞精
雲東一展弓光彩動奎星
後學桐鄉周鼎出于
雲東僑舘
成化己亥秋七月廿六日

黃庭經
上有黃庭下有關元前有幽闕後有命門噓吸廬外出
入丹田審能行之可長存黃庭中人衣朱衣關門壯蘥
蓋兩扉幽闕俠之高巍巍丹田之中精氣微玉池清水上
生肥靈根堅固志不衰中池有士服赤朱橫下三寸神所居
中外相距重閉之神廬之中務脩治玄雍氣管受精符
急固子精以自持宅中有士常衣絳子能見之可不病橫
理長尺約其上子能守之可無恙呼噏廬間以自償保守
兒堅身受慶方寸之中謹蓋藏精神還歸老復壯俠
以幽闕流下竟養子玉樹
至道不煩不旁迕
靈臺通天臨中野方寸之中至關下玉房之中神門戶
既是公子教我者明堂四達法海員真人子丹當我前
三關之間精氣深子欲不死脩崐崘絳宮重樓十二級
宮室之中五采集赤神之子中池立下有長城玄谷邑長
生要眇房中急棄捐搖俗專子精寸田尺宅可治生繫
子長流心安寧觀志流神三奇靈閑暇無事脩太平
常存玉房視明達時念大倉不飢渴役使六丁神女
謁閉子精路可長活正室之中神所居洗心自治無敢
汙歷觀五藏視節度六府脩治潔如素虛無自然道
之故物有自然事不煩垂拱無為心自安體虛無之居
在廉間寂莫曠然口不言恬惔無為遊德園積精香
潔玉女存作道憂柔身獨居扶養性命守虛無恬惔
無為何思慮羽翼以成正扶疏長生久視乃飛去五行
參差同根節三五合氣要本一誰與共之升日月抱珠
懷玉和子室子自有之持無失即欲不死藏金室出月
入日是吾道天七地三回相守升降五行一合九玉石落是
吾寶子自有之何不守心曉根蒂養華采服天順地
合藏精七日之奇吾連相舍崐崘之性不迷誤九源之
山何亭亭中有真人可使令蔽以紫宮丹城樓俠以日月
如明珠萬歲照照非有期外本三陽物自來內養三神
可長生魂欲上天魄入淵還魂反魄道自然旋璣懸珠
環無端玉石戶金蘥身兒堅載地玄天迫乾坤象以四
時赤如丹前仰後卑各異門送以還丹與玄泉象龜引
氣致靈根中有真人巾金巾負甲持符開七門此非枝
葉實是根晝夜思之可長存仙人道士非可神積精所
致和專仁人皆食穀與五味獨食大和陰陽氣故能不
死天相既心為國主五藏王受意動靜氣得行道自守
我精神光晝日照照夜自守渴自得飲飢自飽經歷六
府藏卯酉轉陽之陰藏於九常能行之不知老肝之
為氣調且長羅列五藏生三光上合三焦道飲醬漿我
神魂魄在中央[illegible]

《臨黃庭經卷》之一

方趙公無恙時仲弘已謂此書不可復得況
今日乎又況他日乎字字皆照乘珠也誠可寶
至寶泰定元年正月十五日承學孔濤拜觀

晉人書以韻度勝六朝以丰神勝唐人求
其丰神而不得故以筋骨勝趙翰林
中年書甚有六朝遺意此黃庭外景
經是也余嘗收唐人所臨外景經筋骨
雖佳其去真蹟遠矣反不若趙公是
書之為近似也此為知者道鑒識之士
必賞余言至順元年六月八日
奎章閣鑑書博士柯九思跋

今人學二王不過隨人作計如剪花插上看桃李耳若
趙公乃是枝頭葉底親見其活精神者此未易與俗子
道也至順元年九月十八日[illegible]識

唐人學王右軍小楷若歐虞褚薛為
冠然皆自成一家七百餘年之後吳
興趙文敏公於右軍書法獨為超
詣今觀所臨黃庭誠所謂優孟抵
掌而知其為孫叔敖也楊瑀

黃庭經石刻存於世者獨太清樓本為不失真
中父嘗有家藏善本松雪翁每愛而臨之此其
一也字首尾初不規規形似而位置筆法皆太

《臨黃庭經卷》之二

至正甲午十二月四日嘉禾舟中得拜觀
先人所書黃庭手澤如新惟增感愴之奇其珍藏之
男雍百拜書

黃庭外景乃是右軍得意小楷予閱諸
石刻字法行款多不佯惟太清帖中與
霜寒連刻者最為殊絕松雪翁深造
筆意快雪晴佳老眼為之增爽應氏
其珍藏之至正甲午臘嘉平日
海岱劉貞書

近世人學書自少小全抹成形
至長大方解事乃習法書由
是不得不為俗筆所牽
松雪翁髫亂時習字時便自
黃庭始不知其臨幾千百本
矣中年收得鍾紹京墨跡筆
意韜逕不拘楷法暨持徙藥本
又是紹京本不同于時濾璉皆親
見之此本蓋是
老子所臨得趣者宜其他本
不能及也至正五年二月十二日同訪
元誠出示輒題其後　大癡黃公望
稽首再拜謹識

《臨黃庭經卷》之三

24

趙孟頫　行書臨定武蘭亭序卷
絹本　行書
縱27.4厘米　橫102厘米

Lin Ding Wu Lan Ting Xu (Copy of the Preface of the "Orchid Pavilion", Ding Wu Edition) in running script
By Zhao Mengfu
Handscroll, ink on silk
H. 27.4cm　L. 102cm

此卷原在趙孟頫十六跋"定武蘭亭"王曉本卷中，附連王蒙跋。後被人分割另裝在南宋翻刻蘭亭別本的後面。趙氏蘭亭十六跋，係元至大三年(1310)北上大都時，應友人吳靜心之請所作，趙氏時年五十七歲。

《蘭亭序》是晉代大書法家王羲之的代表作，趙氏一生對之極為推重，臨習至勤，其臨作至今存世的尚有十餘本，此卷是其中年代較晚，也是比較精緻的一件。

鑑藏印記："慶錫私印"(白文)、"龍友過眼"(朱文)、"裴伯謙審定真跡"(朱文)、"希晉齋印"(白文)、"守廉祕玩"(朱文)。

歷代著錄：《平生壯觀》、《式古堂書畫彙考》、《壯陶閣書畫錄》。

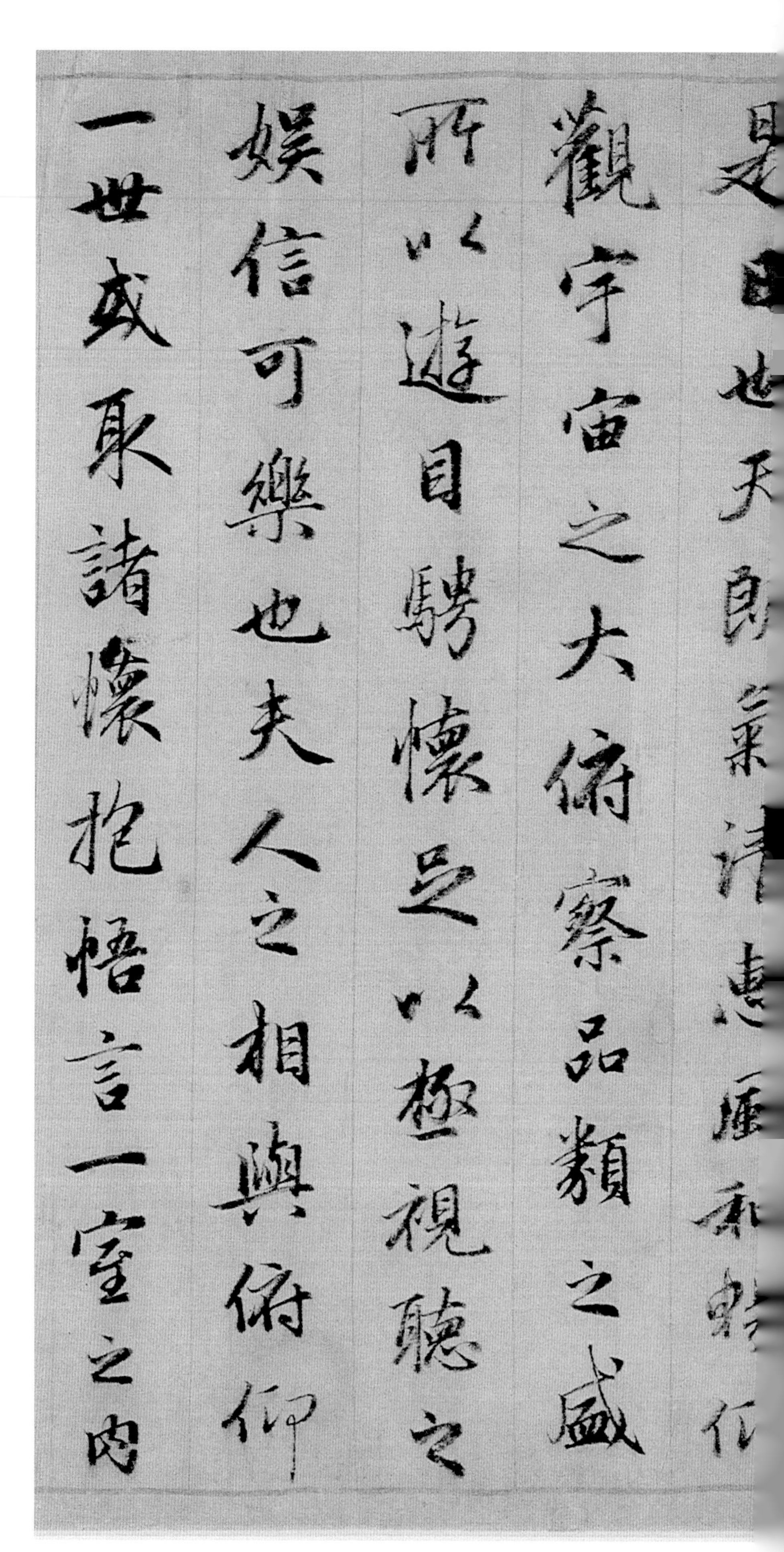

永和九年歲在癸丑暮春之初
于會稽山陰之蘭亭脩契事
也羣賢畢至少長咸集此地
有崇山峻領茂林脩竹又有清流激
湍暎帶左右引以為流觴曲水
列坐其次雖無絲竹管絃之
盛一觴一詠亦足以暢敘幽情

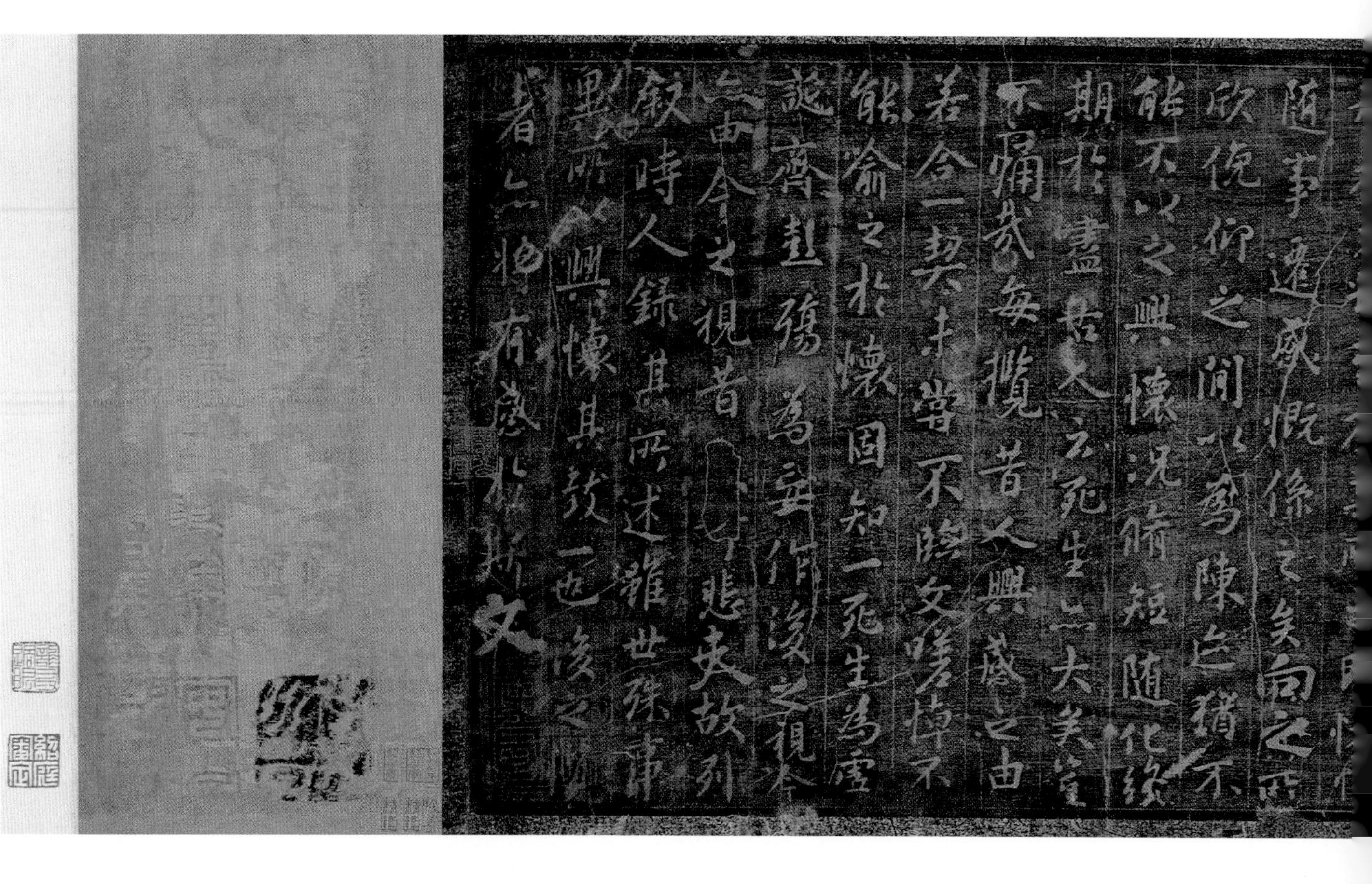

隨事遷感慨係之矣向之所
欣俛仰之間以為陳迹猶不
能不以之興懷況脩短隨化終
期於盡古人云死生亦大矣豈
不痛哉每攬昔人興感之由
若合一契未嘗不臨文嗟悼不
能喻之於懷固知一死生為虛
誕齊彭殤為妄作後之視今
亦由今之視昔悲夫故列
敘時人錄其所述雖世殊事
異所以興懷其致一也後之覽
者亦將有感於斯文

稧帖雖閟於昭陵然唐太宗嘗命趙模韓政諸葛正馮承素搨以賜諸王近臣者不一又虞褚歐陽各有臨摹墨跡所以勒石傳世者不勝其衆但徧觀諸刻無能及定武本者非因山谷諸公品題而重也宋景文初得此石於民間未甚刓缺至薛師政師定其子道祖竊歸長安劉損湍流帶右天數字以惑人故今有定武全本劉本之異兼用墨有重輕故肥瘦不同鑒者紛紛異論余兼將四本以相參較只是一石後人摹刻雖多皆不能彷彿此四本也今此帖字全而瘦其缺損至微且少直是初本但益見其用墨之濃然不失其為無瑕玉耳今劉本自不多見況熙寧之前摹拓于中山而全美如此者尤可貴也慶元六年庚申六月朔旦臨川王厚之順伯跋

定武石刻好古者識其鍼眼蟹爪丁形以為別而搨本亦用此幾似之然其真贋自能目辨心得於神情韻度之表何可亂也正如九方歅之相馬着不以天機觀未有弗失於形色者此帖精采殊燁燁良可秘賞　晉張翥題

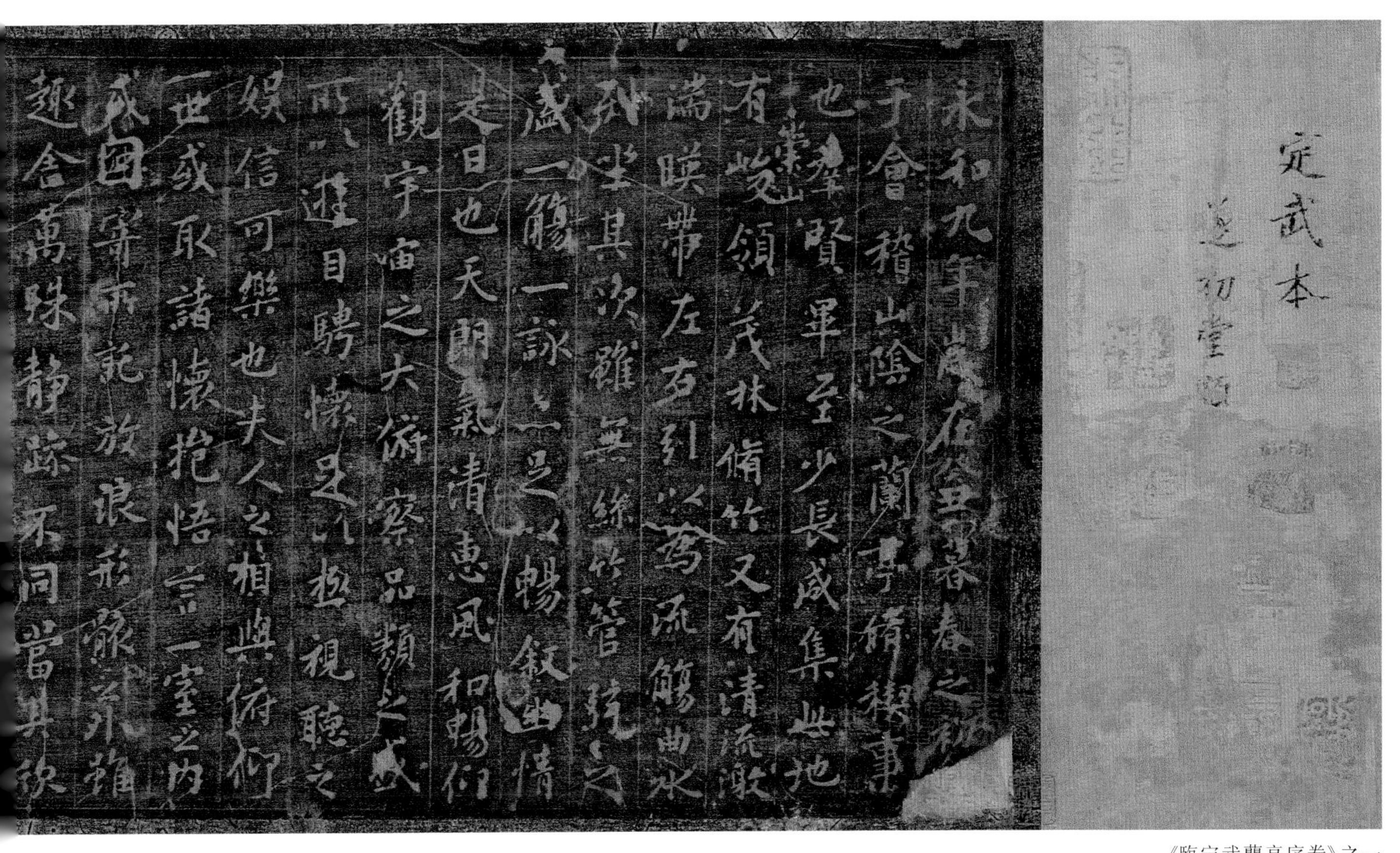

《臨定武蘭亭序卷》之一

蘭亭序世以定武石刻為最然定
武自有三本其佳者則民間李氏
本李氏秘惜之別刻一本世之所
刻皆其副耳韓忠獻用其本刻
之則官本也李氏亡負官錢宋景
文以公帑代償取石寘庫中薛道
祖刻他石以換之斷去湍流帶右
天五字其後太歸
宣和殿矣此本石在長安薛謂之
唐古本觀其精彩煥發實出定
武但不肥耳徧閱諸本無有能出
其右者近時所刻雖多皆未有得
其髣髴誠可貴也淳熙甲辰十
二月辛亥梁溪尤袤題

《臨定武蘭亭序卷》之二

知老之將至及其所之既惓情
隨事遷感慨係之矣向之所
欣俛仰之間以為陳迹猶不
能不以之興懷況脩短隨化終
期於盡古人云死生亦大矣豈
不痛哉每攬昔人興感之由
若合一契未嘗不臨文嗟悼不
能喻之於懷固知一死生為虛
誕齊彭殤為妄作後之視今
亦由今之視昔 悲夫故列
敘時人錄其所述雖世殊事
異所以興懷其致一也後之攬
者亦將有感於斯文

子昂

光緒四年歲在戊寅暮春之初竹隱老人慶錫同子徒
獲觀定武未損五字蘭亭本於好閒齋 時年六十又

愛惜之至不忍去手於文敏題跋中
此本又當為第一世嗚呼一千年之前
惟有一人一人惟有此得意書數
千刻中惟此一刻墨本在世者何
啻萬計皆化劫灰存至今日惟此
一本最精後千年惟有一人一人
惟有此一題為至精至賞舉千
年之世書法之精妙者無過此一
本以此論之金玉易得性命可輕
好事之家當為傳世之寶不可
以尋常書刻觀也余於至正廿五
年秋七月購得於吳城如獲重寶
玩弄不捨後之子孫當世寶之毋
為富者財物所易毋為强者勢
力所奪真吾之子孫也苟能專心
臨摹數千過雖不能企及前世人
要當不讓今世能書者遂識而
藏之黃鶴山人王蒙書

永和九年歲在癸丑暮春之初
于會稽山陰之蘭亭脩禊事
也羣賢畢至少長咸集此地
有崇山峻領茂林脩竹又有清流激
湍暎帶左右引以為流觴曲水
列坐其次雖無絲竹管弦之
盛一觴一詠亦足以暢敘幽情
是日也天朗氣清惠風和暢仰
觀宇宙之大俯察品類之盛
所以遊目騁懷足以極視聽之
娛信可樂也夫人之相與俯仰
一世或取諸懷抱悟言一室之內
或因寄所託放浪形骸之外雖
趣舍萬殊靜躁不同當其欣

《臨定武蘭亭序卷》之三

自永和九年至于今日凡千有餘歲[illegible]
間善書入神者當以王右軍為第一所
謂龍跳天門虎臥鳳闕真不誣也右[illegible]
平生書最得意者蘭亭為第一其真
跡為隨僧辯材所藏唐太宗以計獲[illegible]
命褚遂良馮承素等摹搨以賜近臣
刻石惟定武一本最得其真後世共[illegible]
之故石刻當以定武為第一石晉時為
契丹輦其石北棄中山境中後人
取龕宣化堂壁薛紹彭易歸其第
獻于朝高宗南渡至楊州而失之其
石已亡而碑本散落人間者有數[illegible]
有濃淡紙有精麤摹拳手有高下故雖
出一石覓然不同又有真贗相雜非精
鑒者不能識也余平生所見定武本
惟此一本紙墨既嘉摹拳手復善無[illegible]
髮遺恨千古墨本中此本當為第一
自右軍之下唐宋多論千有餘年
後能繼右軍之筆法者惟先外祖
魏國趙文敏公當為第一文敏平昔
所題蘭亭墨本亦多矣或一題數[illegible]

《臨定武蘭亭序卷》之四

25

趙孟頫　楷書崑山淮雲院記冊
紙本　楷書　二十二開
開縱25.1厘米　橫15厘米

Kun Shan Huai Yun Yuan Ji in regular script
By Zhao Mengfu
Album of 22 leaves, ink on paper
Each leaf: H. 25.1cm　L. 15cm

昆山淮雲院係顧信所創。顧信，字善夫，江蘇崑山人。曾官金玉局使、杭州軍器使提舉等職，晚年隱居在家。是趙孟頫好友，也是趙書的熱心收藏者。今有顧信刻趙孟頫為其書的《樂善堂帖》殘帖二卷存世。《崑山淮雲院記》首頁鈐有"崑山顧信善夫真賞"印，可知是應顧氏之請書寫的，"至大庚戌"(1310)，趙氏五十七歲。

此帖是趙書成熟時期的大楷書代表作。書法風格以"唐楷"為主，同時也吸收了王羲之《蘭亭序》中的某些成份。變大德時期的扁闊厚重為清朗疏宕，在筆法的運用上也更為圓潤精緻，富有彈性。中國的楷書藝術，在唐代達到鼎盛後，逐漸失去在書壇的主流位置，直到趙孟頫出現後，楷書才得以復興和延續。這是趙氏在書學史上的重要貢獻。

鑑藏印記：元代顧信、明代項元汴、清代梁清標及近代徐宗浩等人印。

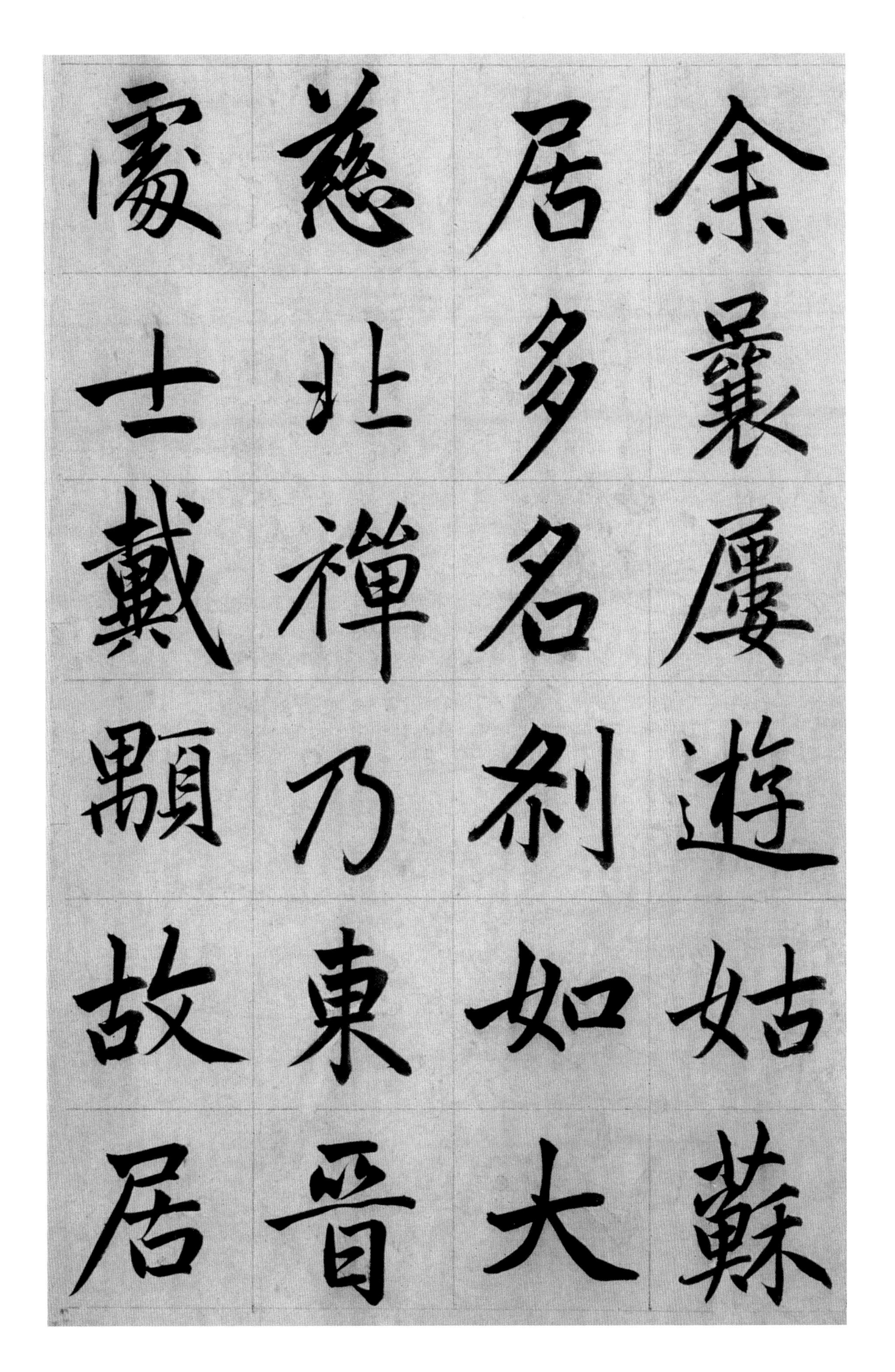
余曩屢遊姑蘇
居多名刹如大
慈北禪乃東晉
處士戴顒故居

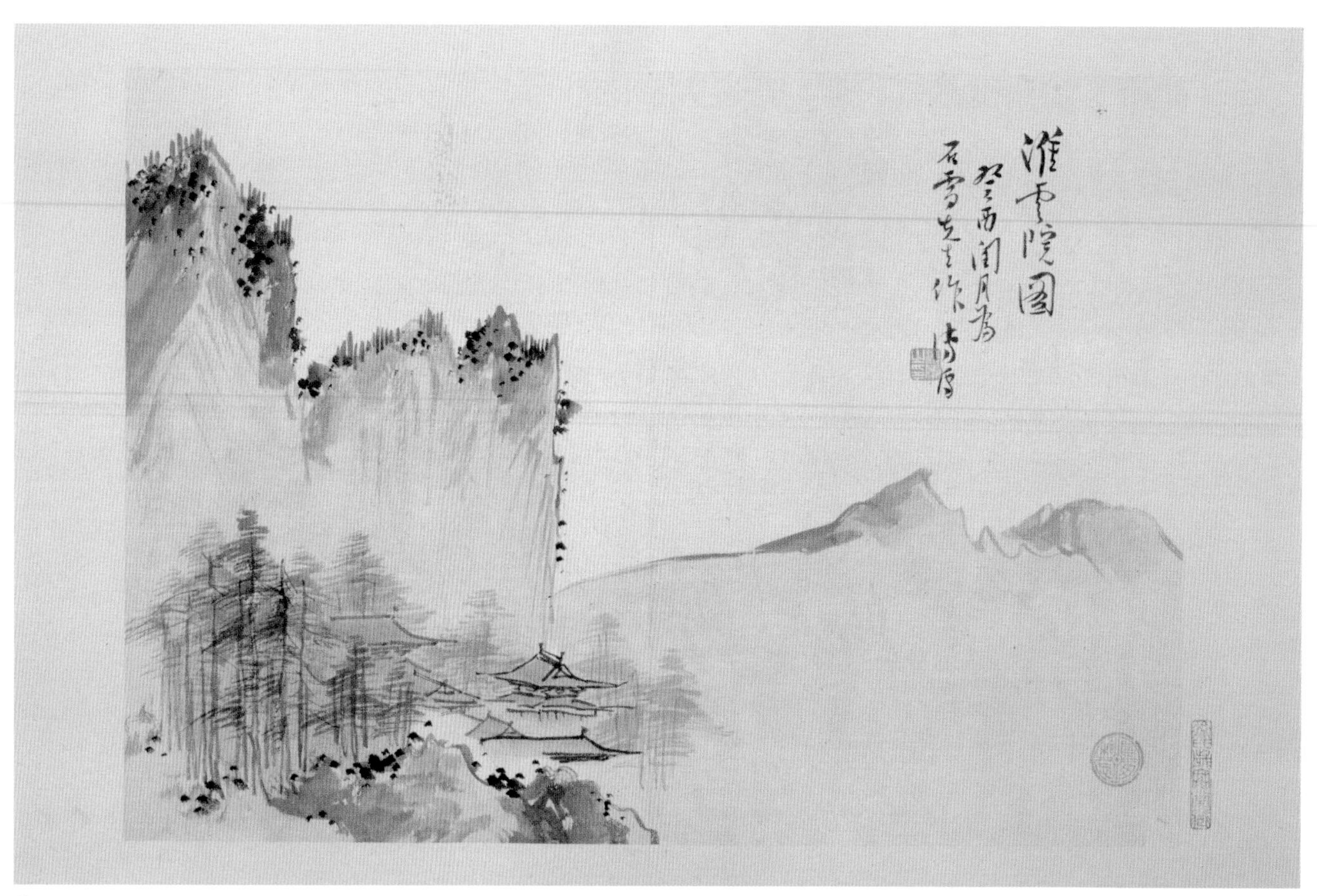

第二開

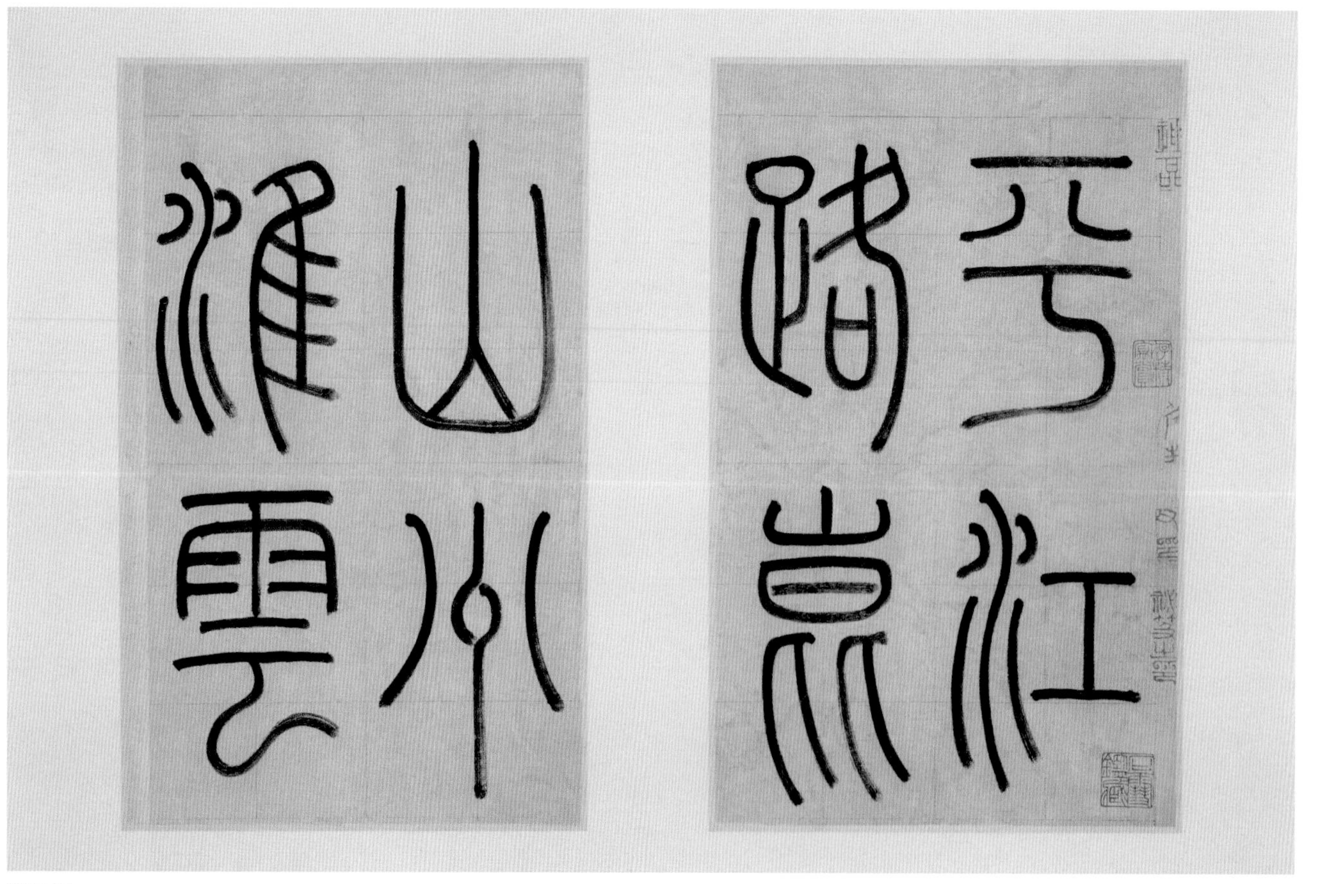

第四開

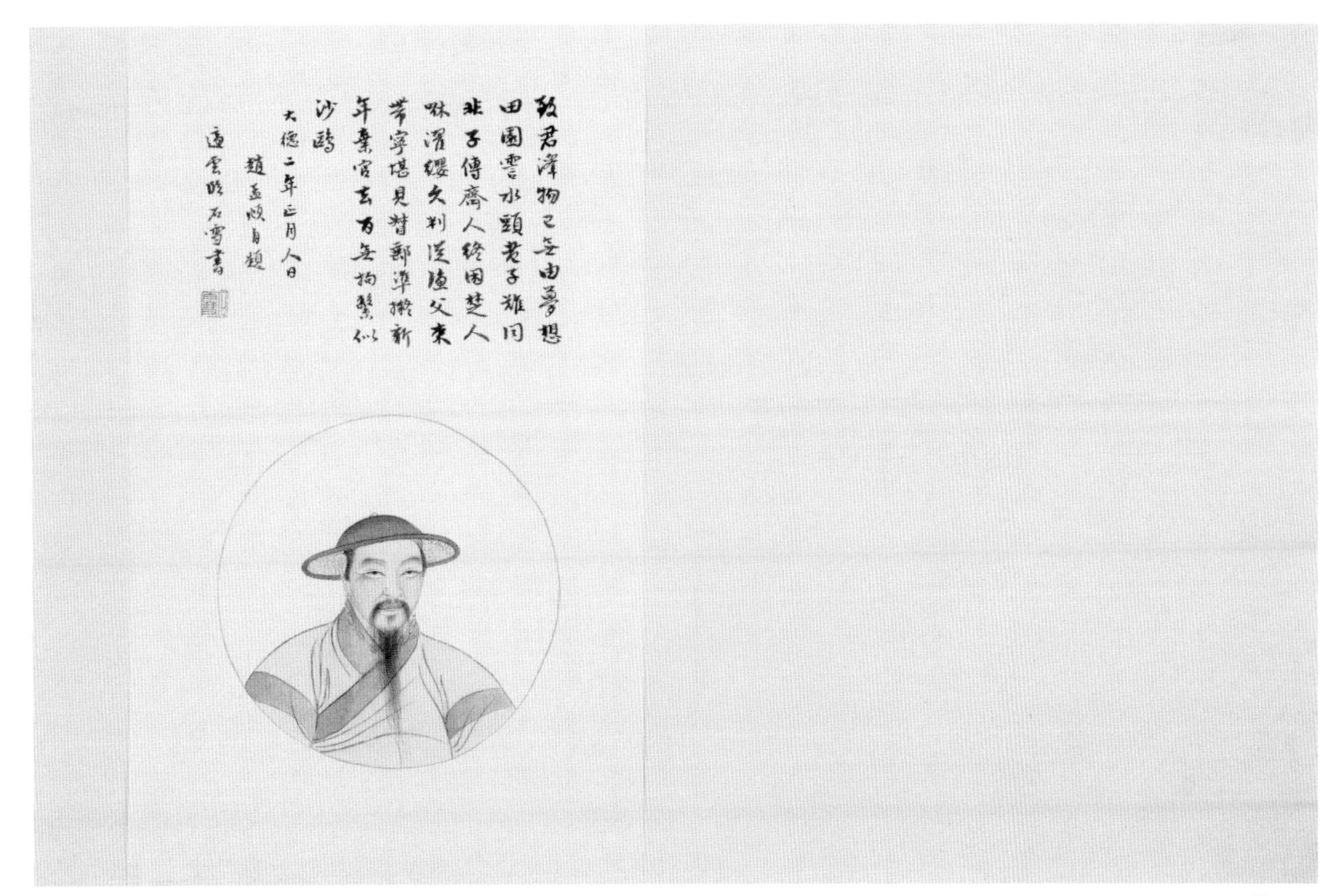
致君澤物已無由夢想
田園霅水頭老子難同
非子傳齊人終困楚人
咻濯纓久判從漁父束
帶寧堪見督郵準擬新
年棄官去百無拘繫似
沙鷗
大德二年正月八日
趙孟頫自題
適雲臨 石雪書

第一開

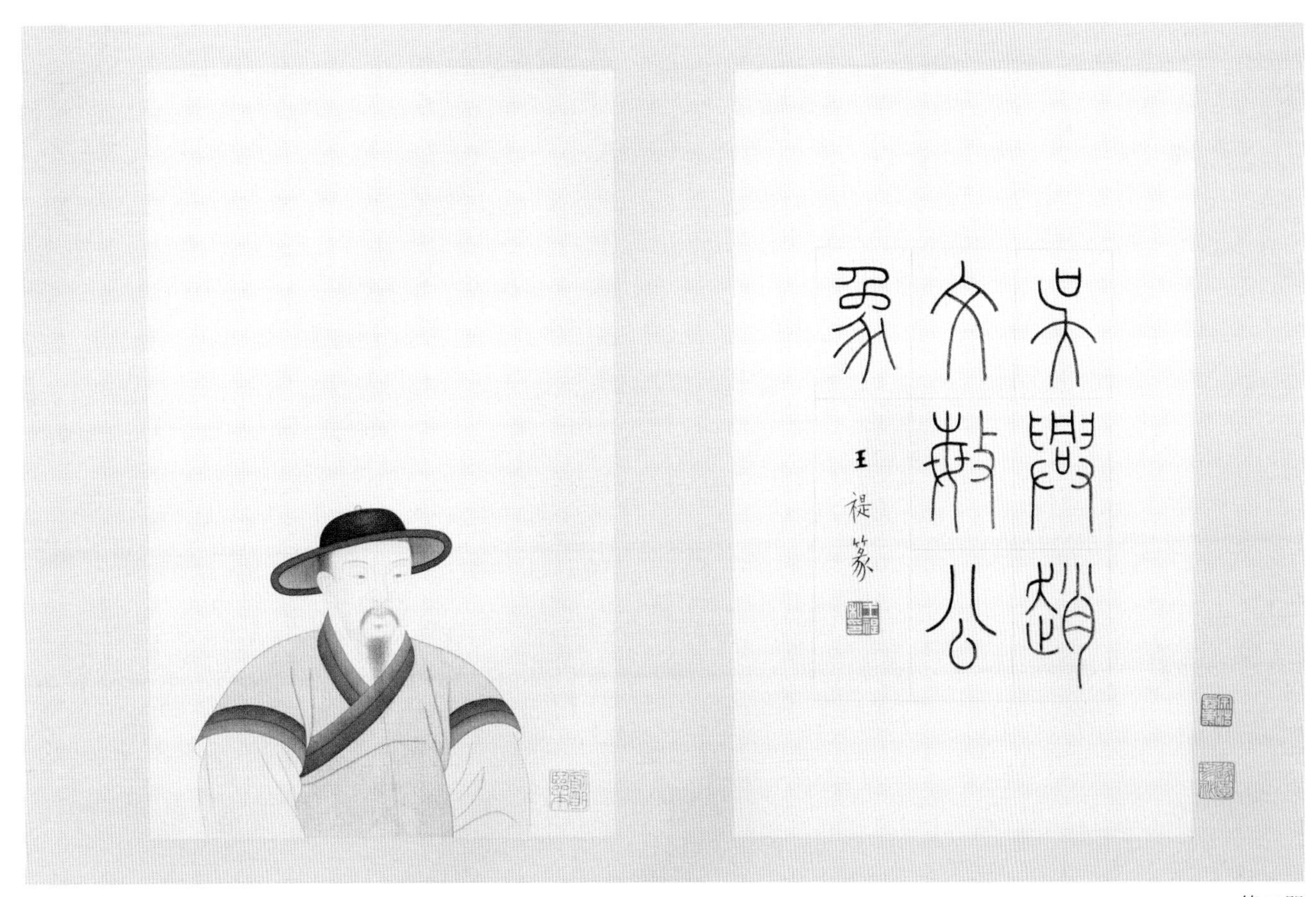
吳興趙文敏公象
王禔篆

第三開

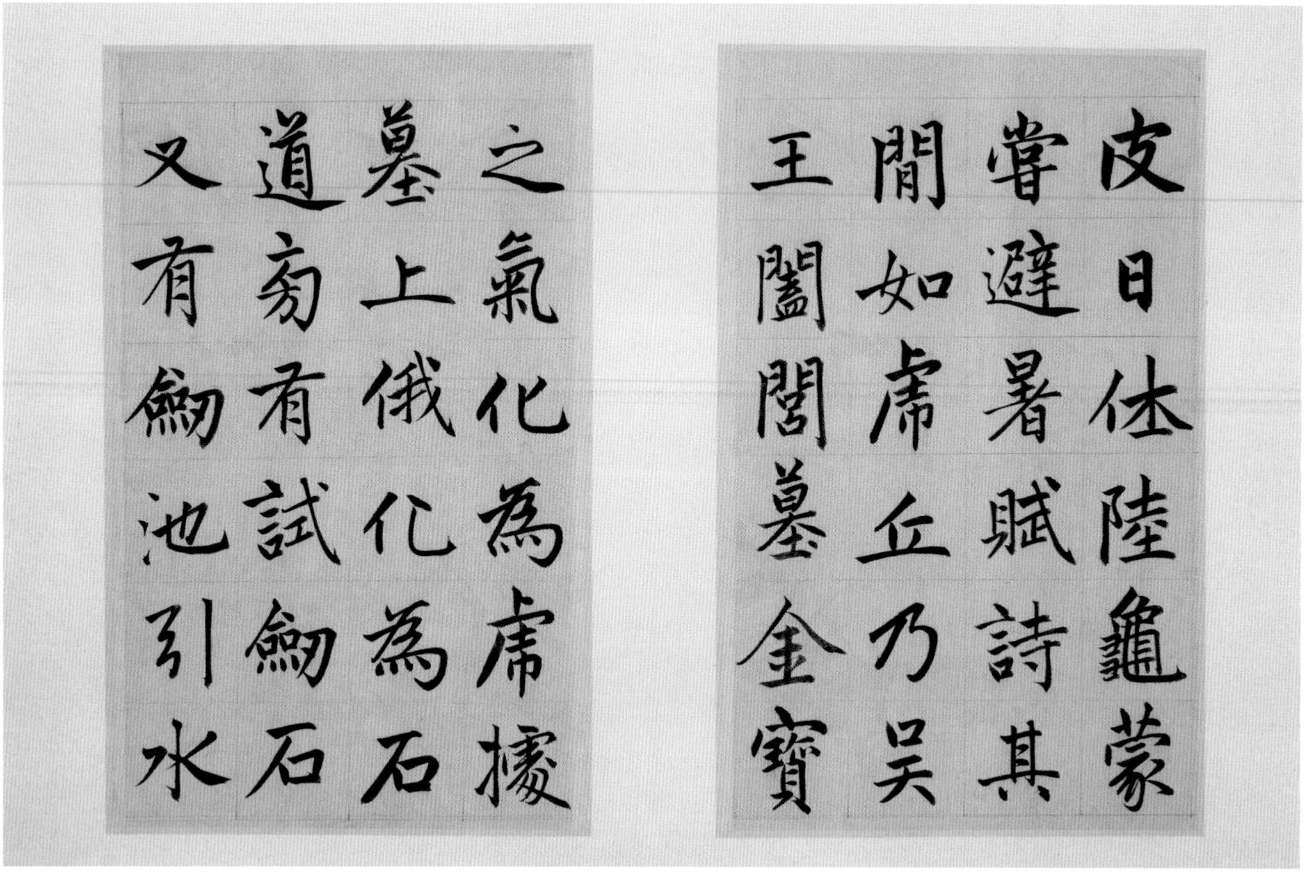

皮日休陸龜蒙
嘗避暑賦詩其
間如虎丘乃吳
王闔閭墓金寶

之氣化為虎據
墓上俄化為石
道旁有試劍石
又有劍池引水

第六開

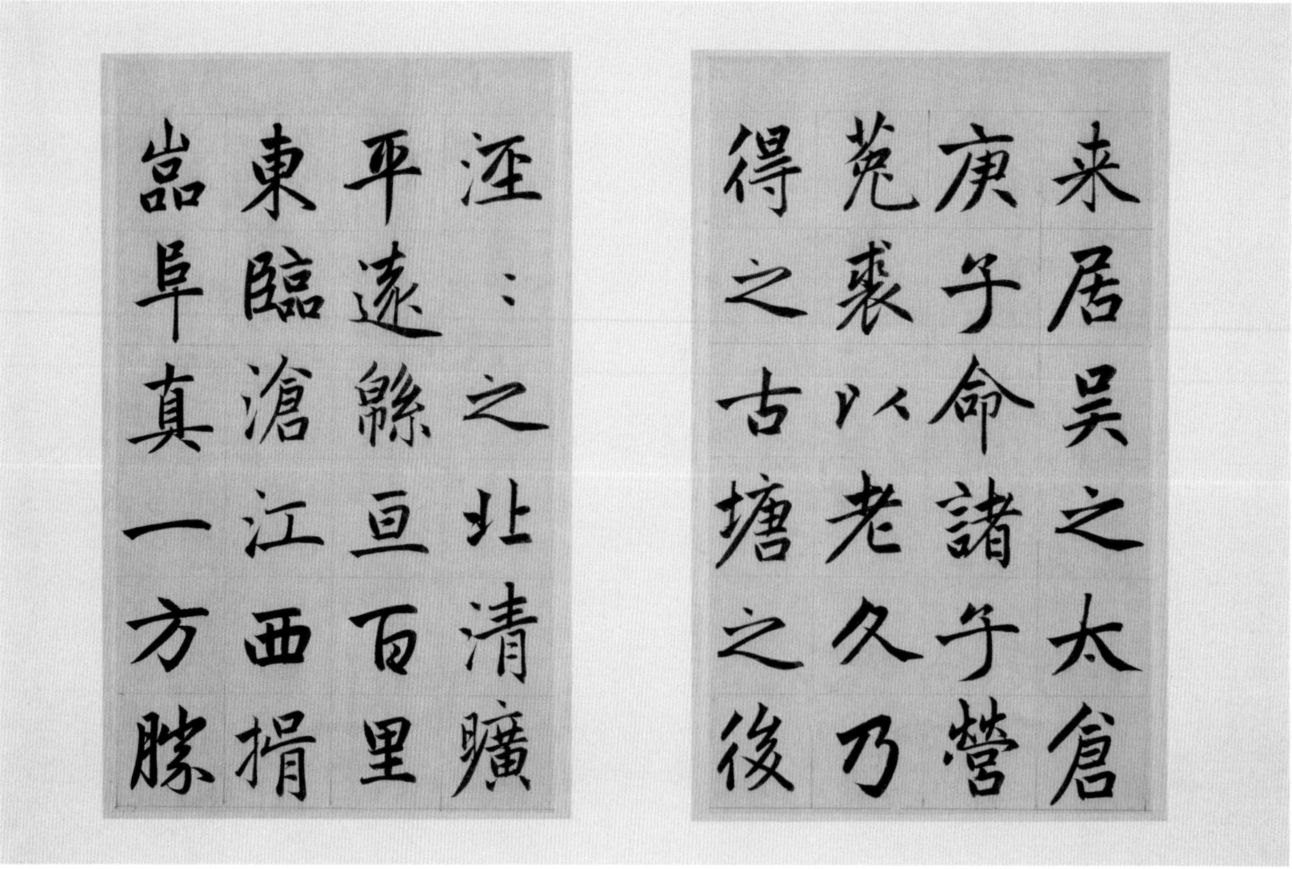

來居吳之太倉
庚子命諸子營
菟裘以老久乃
得之古塘之後

涇涇之北清曠
平遠緜亘百里
東臨滄江西挹
崑阜真一方勝

第八開

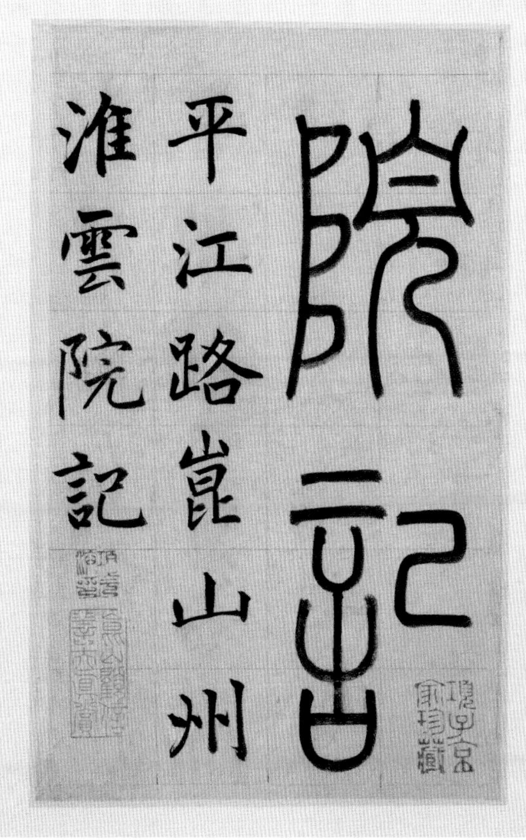
院記

平江路崑山州
淮雲院記

余曩屢遊姑蘇
居多名剎如大
慈北禪乃東晉
處士戴顒故居

第五開

以澹大衆他如
靈巖穹窿之類
尚多有之今崑
山淮雲院蓋顧

君信所刱也顧
爲淮海崇明之
鉅族其上世曰
德者至元辛卯

第七開

正庭始欲遷訟
寧信以淮淛異
處雖之曰與佛
有緣不若開山
刱始之為愈正
庭可之且曰佛
道如雲之在天
無住亦無不住

第十開

四三年一切皆
備昔也榛莽荒
蕪今也丹碧輝
燿見者色然莫
不起敬真無負
護持之
命旨矣雖然傳
業嗣事又在其

第十二開

處龜乃卜墨遂
營宅延建菴廬
僧可通丁未長
至日曰掃松胥

會菴次共圖興
掫師祖正庭爲
求檀施浮江而
来者輒受業焉

第九開

遂額以淮雲闡
于敎所如其請
顧德捐已產爲
倡先歲建大殿

自造山門而朱
長者邦富掫華
嚴經閣香積廚
則正庭爲之不

第十一開

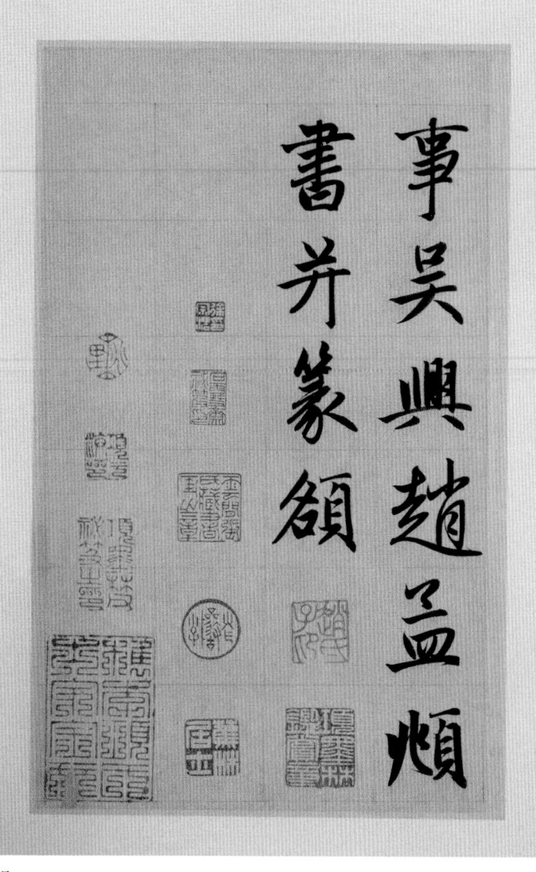

異乎至大庚戌
陵陽年獻記中
順大夫揚州路
泰州尹兼勸農

第十四開

近得趙文敏書崑山淮雲院記墨蹟冊索溥松
風貝子倩為寫石雪齋臨池圖紀以二絕
淮雲院記並書源石雪齋圖豈畫論東坡王維吳道子畫詩吳生雖妙絕猶以畫工論以多藝多才真不忝古今輝映兩王孫
六法能於八法通千秋松雪與松風偶携此冊滄江
去靜夜應驚貫月虹
索溥心畬居士儒補寫淮雲院圖並觀韓幹畫
馬卷
韓馬林書世富傳墨華如漆逼雙眸與君並几相觀
處定有龍光燭斗牛余藏唐林藻深慰帖墨蹟頗為居士所賞
渚清沙白玉山秋竹樹蒼涼起客愁舊院淮雲今在
否乞成圖畫續風流淮雲院蘇州志未載蓋湮沒久矣
癸酉二月 石雪居士

第十六開

子若孫尚勉之
哉夫雲觸石而
出膚寸而合不
崇朝而雨天下

三千大千一切
恒河沙佛世界
皆在被冒沾濡
中尚何淮澍之

第十三開

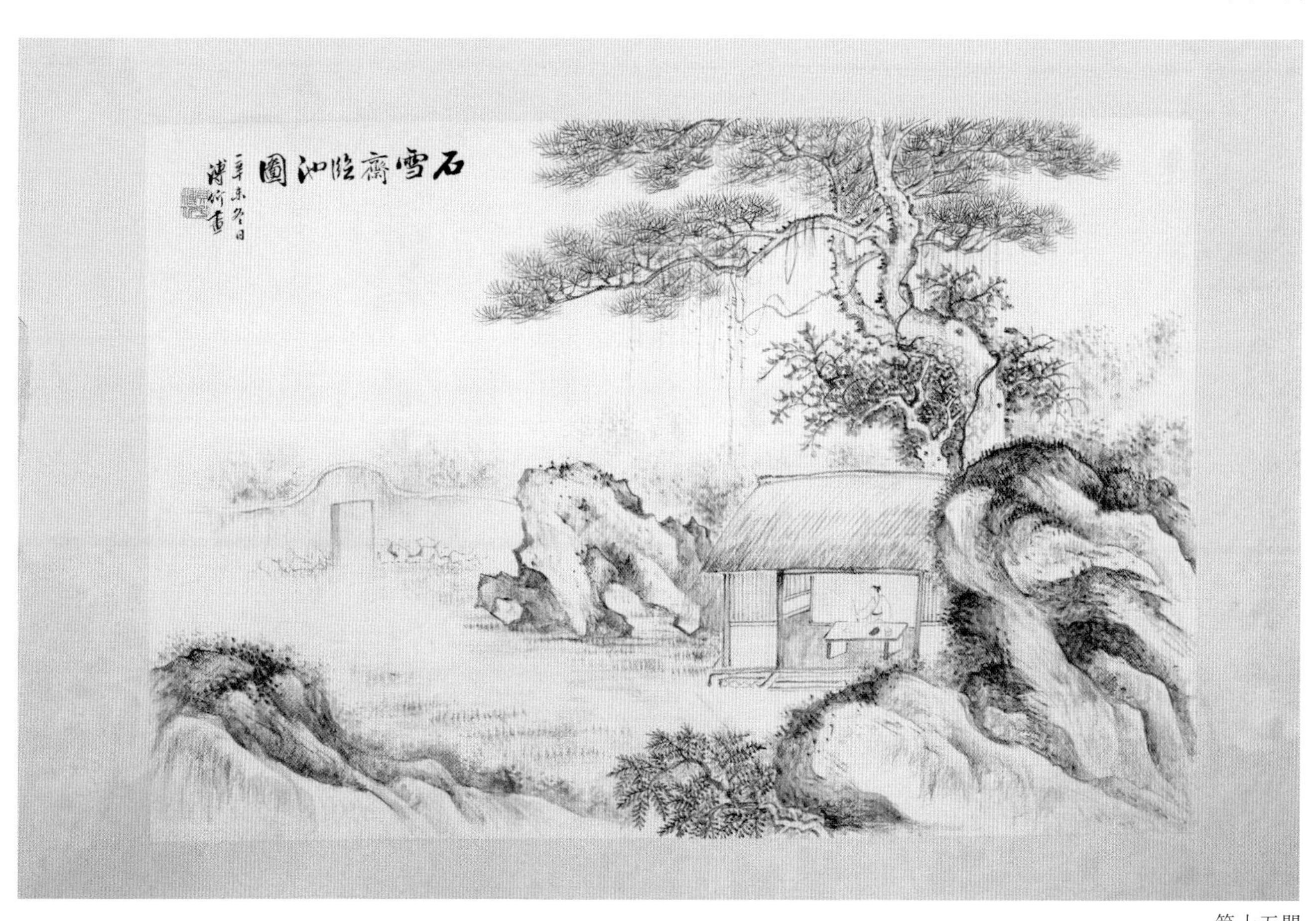

第十五開

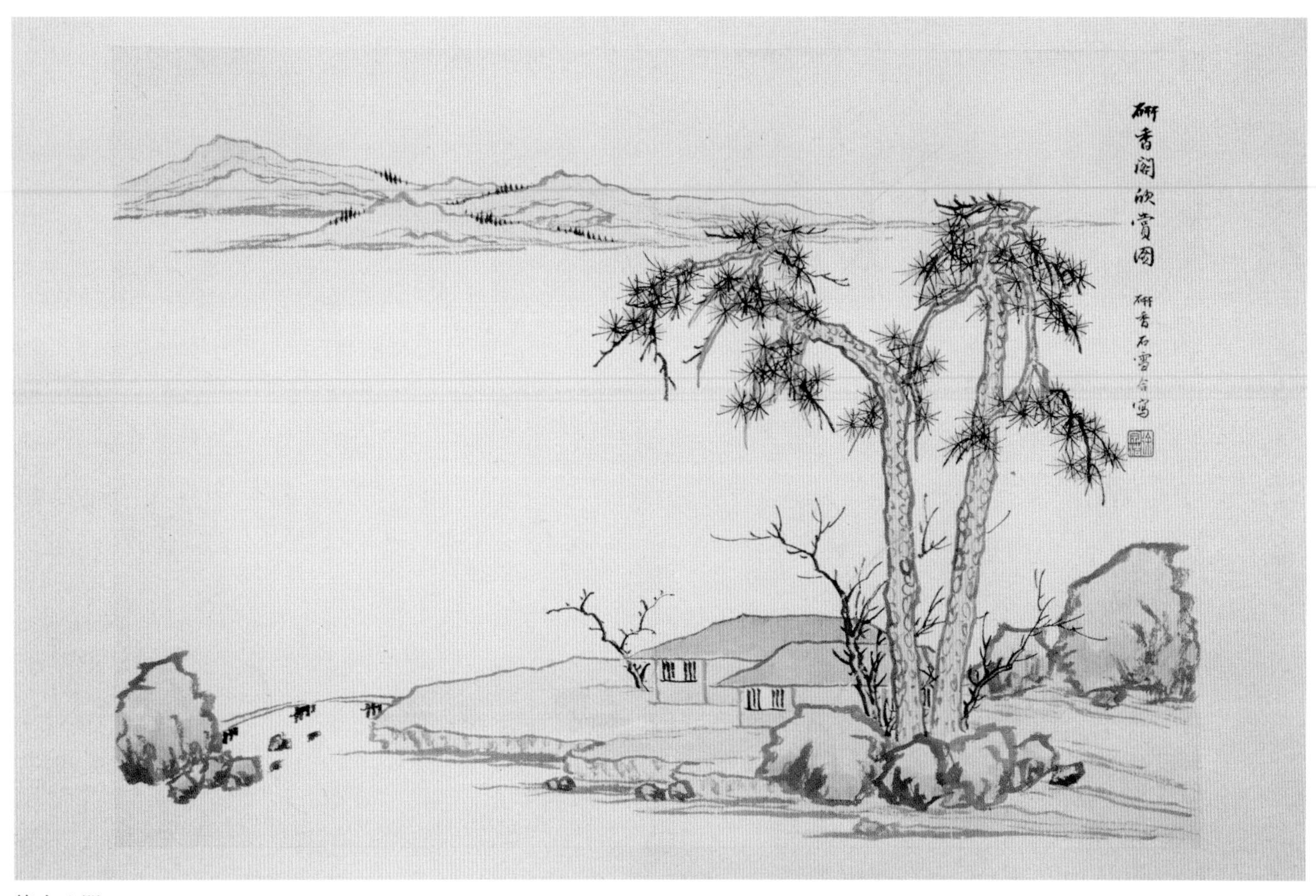
研香閣欣賞圖
研香石雪合寫

第十八開

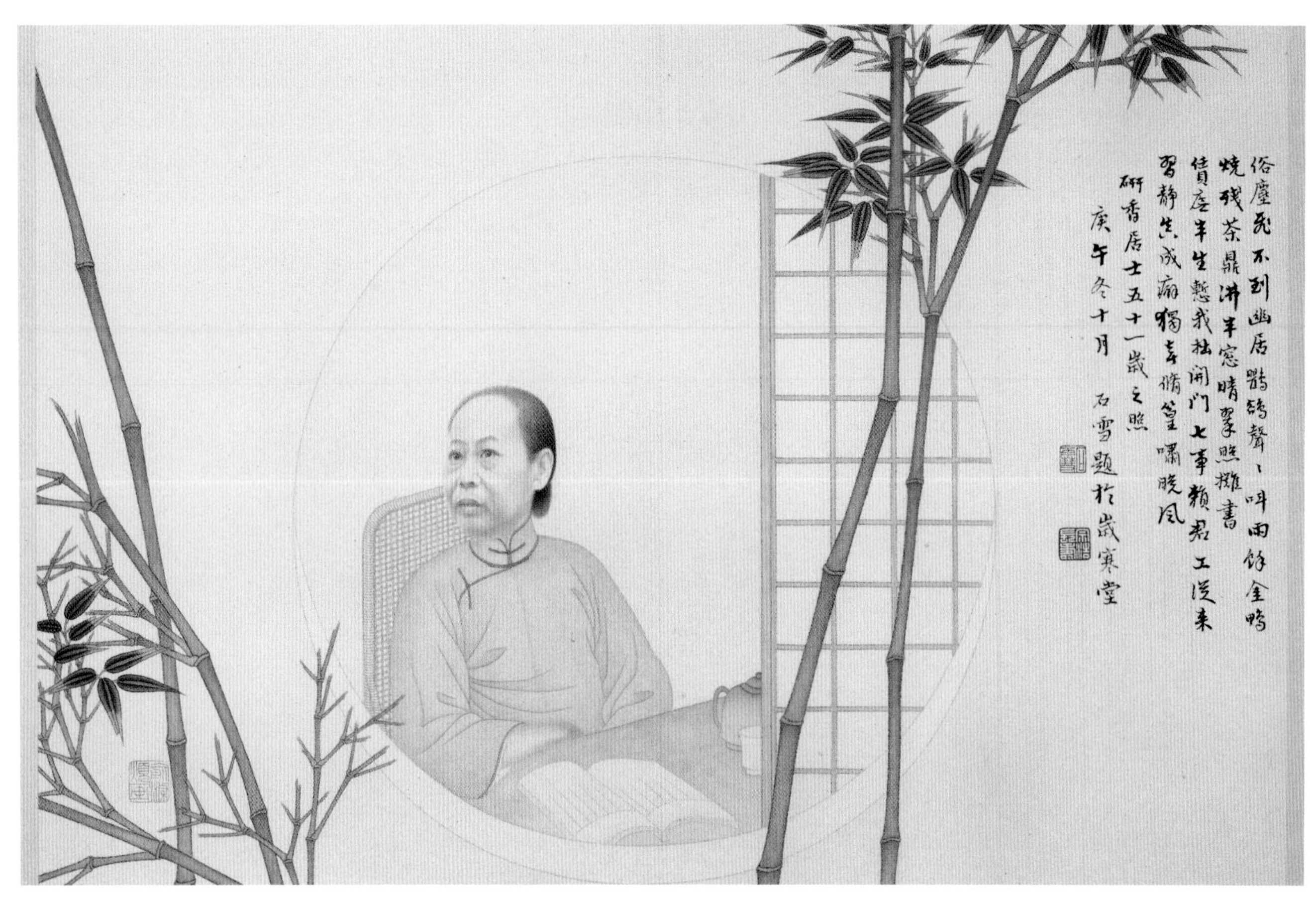
俗塵飛不到幽居鵓鴣聲聲叫雨餘金鴨
燒殘茶鼎沸半窗晴翠照攤書
貧居半生戀我私閑門七事賴君工從來
習靜生成癖獨對脩篁嘯曉風
研香居士五十一歲之照
庚午冬十月　石雪題於歲寒堂

第二十開

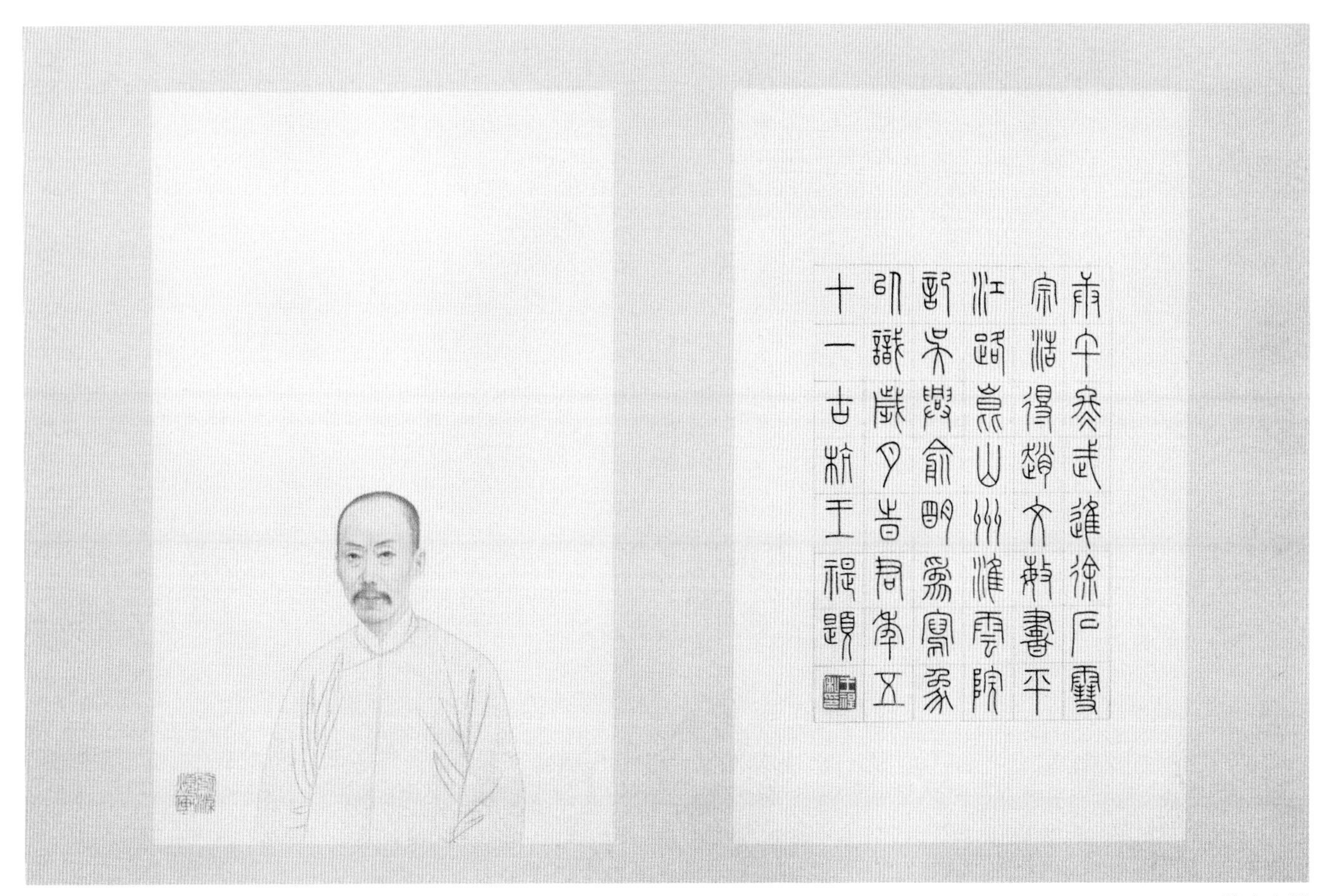

第十七開

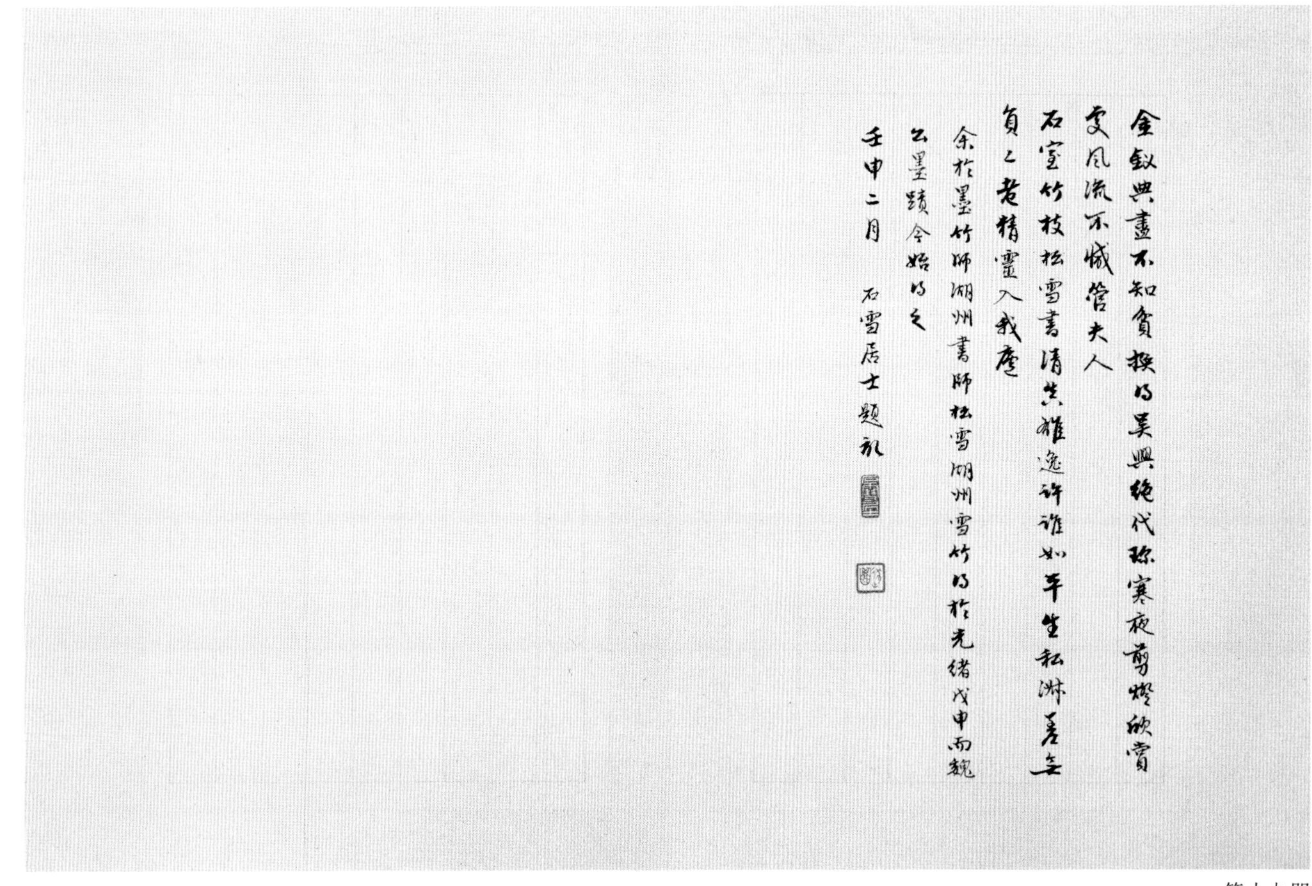

第十九開

墓碑又為冢晚年書徵覺縱橫此記正如初寫黃庭
恰到好處也僕自多小即篤嗜公書獲觀雖多等諸
雲煙過眼今何幸此冊入我橐中歐陽文忠序集古
録云足吾所好玩而老焉趙子固跋定武蘭亭云性
命可輕至寶是保吾於此記亦云爾
庚午十二月石雪居士徐宗浩記於歲寒堂

顧善夫信大德初為浙江軍器提舉以能書稱晚歸
樂善處士與文敏公厚善嘗刻樂善堂帖石已久佚
拓本艱得吳漁川觀察藏顧刻殘帖卷數不相聯屬
裝為兩冊中有淮雲通上人化緣序及淮雲詩為公
所書此院記即為善夫書者當亦上石惜不得顧帖
全帙一並觀耳公書傳世日少裴氏壯陶閣所藏妙
法蓮華經卷第六為人假觀東歸聞已效昭陵故事
矣玄妙觀三門記蘭亭十三跋殘字舊藏京師故家
輾轉流落海外可慨也幸膽巴碑仇鍔墓誌湖州妙

第二十二開

余見翁覃溪手錄吳興跋自書洛神賦云余臨王獻之
洛神賦凡數百本間有得意亦自寶之顧善夫余之愛
友其家所藏皆得意筆也揚州何進士每以高價求余書
可謂好事者遂書此賦一通贈之至治二年秋孟子昂記
按此松雪翁與顧善夫交善迥異尋常為其作書自有
徇知之合此記之筆精墨妙非偶然也　又
昔趙德父得定武蘭亭帖前有李龍眠蜀紙畫右軍像
黃小松得漢石經遺字沈唐為寫小像於冊首良以古刻
難得則寫作者藏者之像一以致仰止之思一以寓欣賞之

意其跡重為何如也今余得公此蹟友人俞子源頗為公之
鄉人工繪事又得公遺法乃為公寫像裝於記前并寫余
像附於後余之嗜古不敢望德父小松於百一而源頗高致逸
情殊不讓李沈云
是記篆額十字文四百四十八字兼為福文襄康安所藏不知
何時散出為吾友何景齋見之與以重金不可得迨余覩時
適張君俶棣與偕一見歎為精絕均諉細君亦縱臾購藏以
為臨池之助硯香有為儉嗇獨於此無少吝惜一物之得雖云有
數亦賴有以促成之者矣並記之

第二十四開

趙文敏公書集古今大成風流蘊藉韻骨俱勝虞伯生云趙公書翰精審流麗度越魏晉郱子愿云文敏書直接右軍之脉非虞褚輩所能齊肩李竹懶跋玄妙觀三門記云有太和之朗而無其佻有李海之重而無其鈍不用平原面目而含其精神董香光跋中峯帖云文敏書自右軍大令後直接宗派非唐人所及馮定遠論書云晉人用理唐人用法宋人用意趙松雪用法而參以宋人之意上追二王後人不及也諸公推崇公書可謂至矣惟公書變化無方儁生平所見四百餘種結構罕有同者獨此記與湖州妙嚴寺記絕相似妙嚴寺記徑署官階此記則署至大庚戌攷公於至大二年己酉七月擢中順大夫揚州路泰州尹兼勸農事時年五十有六次年庚戌十月拜翰林侍讀學士知制誥同脩國史是此二記為己酉庚戌書也相距匪遥用筆故無小異姚雲東跋妙嚴寺記云端雅而有雄逸之氣此語亦足以盡此記之妙世所稱公之妙蹟如玄妙觀三門記四十六歲書松江寶雲寺記五十四歲書在此記之而杭州福神觀記仇鍔

第二十一開

嚴寺記靈隱濟禪師塔銘南臺絕句與林道人帖妙法蓮華經卷第五虎丘隆禪師碑成王補洛神賦大德五年絹本生大德四年為盛逸民書洛神賦與清夫書洛神賦黃庭經送秦少章序三竹卷與民瞻十札補鮮于伯幾千文金丹四百字杭州福神觀記古木竹石卷雙松平遠卷酒德頌道德經與德俊進之次山明遠子方靜心六札元人八段中之竹石宗元集冊中鴛鴦鵲華秋色卷竹石卷疎林秀石卷重江疊嶂圖卷與中峯十一札六體千文嵇叔夜絕交書卷高峯和尚行狀卷松江寶雲寺記白雲法師淨土詞與日林和上書心經汲黯傳國賓帖進之郎中帖德輔帖宅民帖皇慶二年書禊帖卷或已寓目或有影本悉尚無恙頗同好韞櫝而藏勿為外豪奪去萬一以之易米亦望沽諸國人柳陵谷何常散亡可懼安得彙海內諸墨蹟影印互藏廣流傳以裨後學而公書法庶不致減絕於世度亦愛公書者所願聞也姑記此以為之券

第二十三開

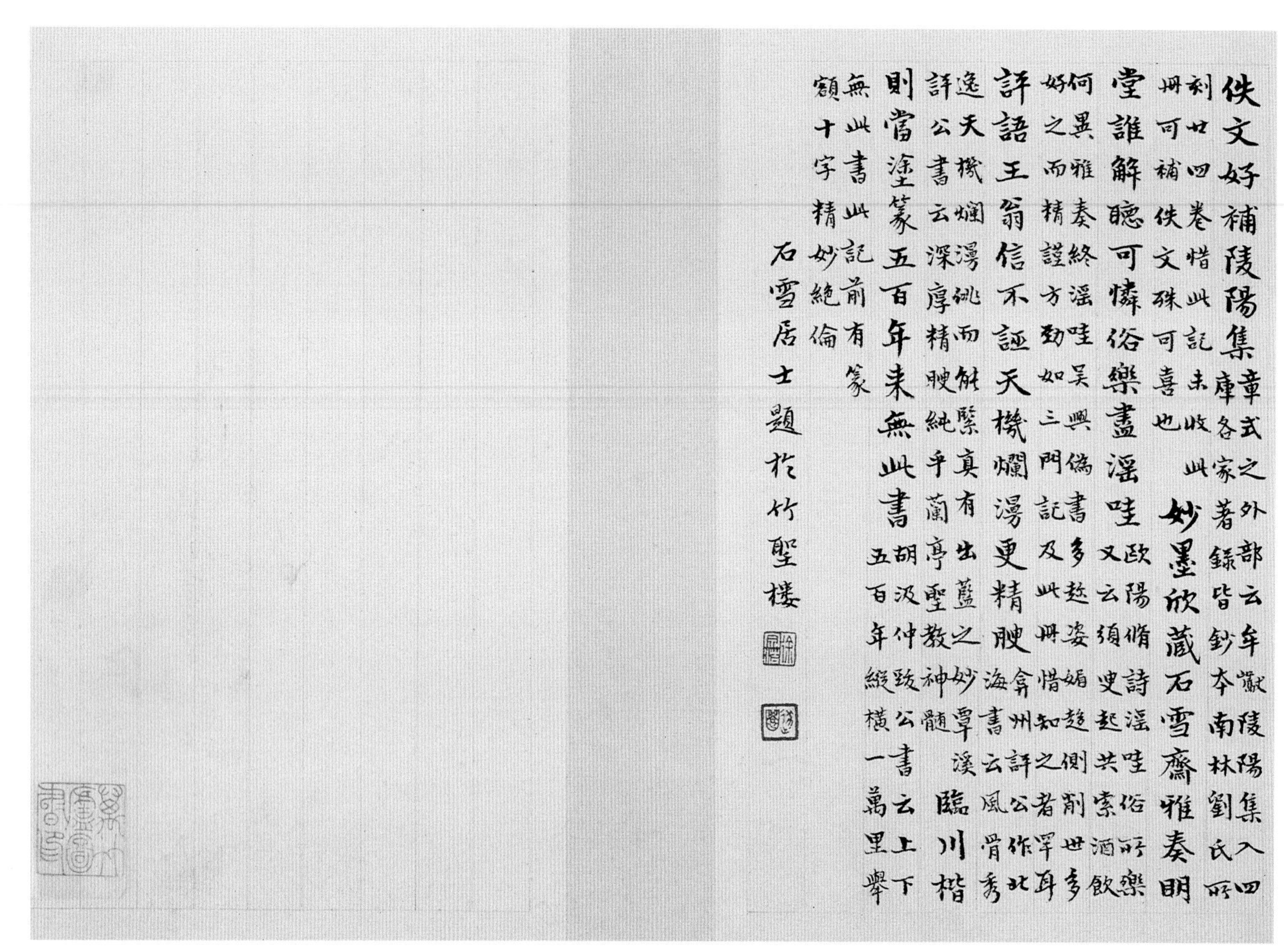
佚文好補陵陽集章武之外部云年獻陵陽集入四庫各家著錄皆鈔本南林劉氏所刻廿四卷惜此記未收此冊可補佚文殊可喜也
妙墨欣藏石雪齋雅奏明
堂誰解聽可憐俗樂盡淫哇歐陽脩詩淫哇俗所樂又云須叟起共索酒飲何異雅奏終淫哇吳興偽書多趙姿媚趙之側削世多好之而精謹方勁如三門記及此冊惜知者罕耳
許語王翁信不誣天機爛漫更精腴翁州許公作北海書云風骨秀逸天機爛漫姚而解緊真有出藍之妙覃溪許公書云深厚精腴純乎蘭亭聖教之神髓
臨川楷
則當塗篆五百年來無此書胡汲仲跋公書云上下五百年縱橫一萬里舉無此書此記前有篆顏十字精妙絕倫
石雪居士題於竹聖樓
第二十五開

26

趙孟頫　行書洛神賦卷

紙本　行書
縱29厘米　橫220.9厘米
清宮舊藏

Luo Shen Fu (Ode to the Goddess of the Luo River) in running script

By Zhao Mengfu
Handscroll, ink on paper
H. 29cm　L. 220.9cm
Qing Court collection

款署"子昂"。沒有年款，從書法風格判斷，應是其五十歲左右所作。卷尾附元代李倜、明代高啟、清代王鐸、曹溶四家跋。

《洛神賦》原名《感甄賦》，是三國魏曹植的名篇，文辭華麗，感情浪漫，富於想象力，歷代書畫家以此為題的作品很多，趙孟頫書《洛神賦》存世就有六、七件之多。此卷筆法蒼沛，結字勁媚，最得右軍"蘭亭"神髓，是其同類行書作品中最精彩的一件。

鑑藏印記："式古堂書畫"(朱文)、"卞令之鑑定"(朱文)、"卞永譽印"(朱文)及清乾隆、嘉慶、宣統內府諸印。

歷代著錄：《式古堂書畫彙考》、《石渠寶笈初編》。

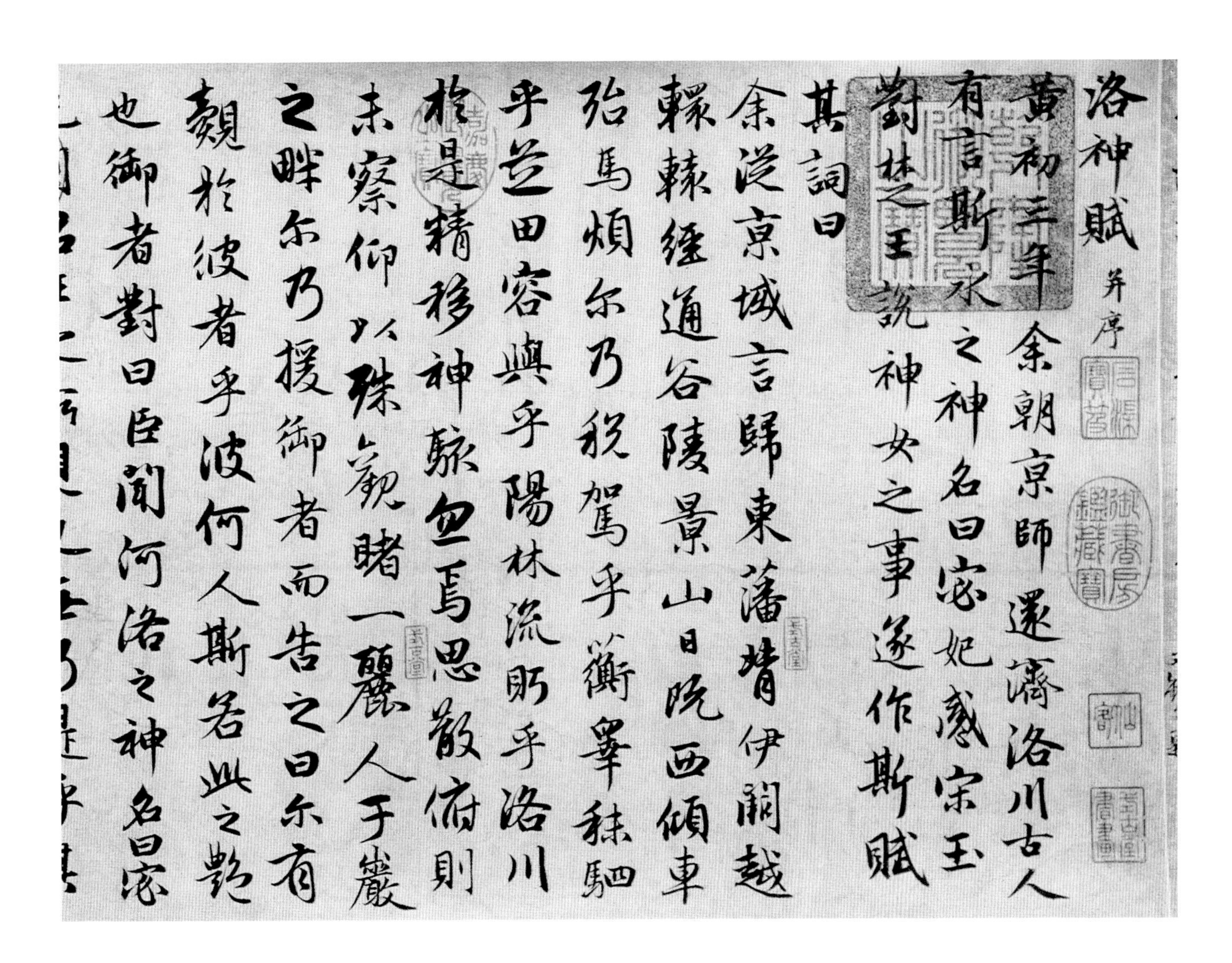

…丹唇外朗皓齒內鮮明眸
善睞靨輔承權瓌姿艷逸儀
靜體閑柔情綽態媚於語言
奇服曠世骨像應圖披羅衣之
璀粲兮珥瑤碧之華琚戴金
翠之首飾綴明珠以耀軀踐
遠遊之文履曳霧綃之輕裾微
幽蘭之芳藹兮步踟躕於山隅
於是忽焉縱體以遨以嬉左倚
采旄右蔭桂旗攘皓腕於神
滸兮采湍瀨之玄芝余情悅其
淑美兮心振蕩而不怡無良媒
以接歡兮託微波而通辭願誠
素之先達兮解玉佩而要之嗟
佳人之信脩羌習禮而明詩抗瓊
珶以和予兮指潛川而為期執
眷眷之款實兮懼斯靈之我
欺感交甫之棄言兮悵猶豫
而狐疑收和顏以靜志兮申禮
防以自持於是洛靈感焉徙
倚彷徨神光離合乍陰乍陽
竦輕軀以鶴立若將飛而未翔
踐椒塗之郁烈步蘅薄而流
芳超長吟以永慕兮聲哀厲

靈體之復形御輕舟而上遡
浮長川而忘反思綿綿而增慕
夜耿耿而不寐霑繁霜而至曙
命僕夫而就駕吾將歸乎東路
攬騑轡以抗策悵盤桓而不
能去

子昂

大令好寫洛神賦人間合有數本惜乎
未見其全此卷雪書無一筆不合法蓋
㠯蘭亭肥本運腕而出之者可云買王
得羊矣 員嶠山人

趙魏公行草寫洛神賦其法雖出
入王氏父子間然肆筆自得則別有天
趣故其體勢逸發真如見矯若游龍
之入於煙霞中也
吳城高啟

出自秘府金匱始得見此光怪傳日
真沉泗之鼎復現人間 [illegible] 戊子五月 [illegible]題

洛神賦 并序
黃初三年余朝京師還濟洛川古人
有言斯水之神名曰宓妃感宋玉
對楚王說神女之事遂作斯賦
其詞曰
余從京域言歸東藩背伊闕越
轘轅經通谷陵景山日既西傾車
殆馬煩尔乃稅駕乎蘅皋秣駟
乎芝田容與乎陽林流眄乎洛川
於是精移神駭忽焉思散俯則
未察仰以殊觀睹一麗人于巖
之畔尔乃援御者而告之曰尔有
覿於彼者乎彼何人斯若此之艷
也御者對曰臣聞河洛之神名曰宓
妃則君王之所見也無乃是乎其
狀若何臣願聞之余告之曰其形
也翩若驚鴻婉若遊龍榮曜秋
菊華茂春松髣髴兮若輕雲
之蔽月飄飖兮若流風之迴雪遠
而望之皎若太陽升朝霞迫而察
之灼若芙蕖出淥波穠纖得衷
脩短合度肩若削成腰如約素

《洛神賦卷》之一

而彌長尔乃衆靈雜遝命儔嘯
侶或戲清流或翔神渚或采明
珠或拾翠羽從南湘之二妃攜
漢濱之游女歎匏瓜之無匹詠
牽牛之獨處揚輕袿之猗靡
翳脩袖以延佇體迅飛鳧飄
忽若神陵波微步羅襪生塵
動無常則若危若安進止難
期若往若還轉眄流精光潤
玉顏含辭未吐氣若幽蘭華
容婀娜令我忘餐於是屏翳收
風川后靜波馮夷鳴鼓女媧
清歌騰文魚以警乘鳴玉鸞
以偕逝六龍儼其齊首載雲
車之容裔鯨鯢踊而夾轂水
禽翔而為衛於是越北沚過南
岡紆素領迴清陽動朱脣以
徐言陳交接之大綱恨人神之
道殊怨盛年之莫當抗羅袂
以掩涕兮淚流襟之浪浪悼良
會之永絕兮哀一逝而異鄉無
微情以效愛兮獻江南之明
璫雖潛處於太陰長寄心

《洛神賦卷》之二

27

趙孟頫　行書萬壽曲卷

紙本　行書
縱27.5厘米　橫144厘米

Wan Shou Qu (Song of Longevity) in running script
By Zhao Mengfu
Handscroll, ink on paper
H. 27.5cm　L. 144cm

此卷是趙孟頫皇慶年間官集賢侍讀學士時，“應制”作的樂府頌詞，共四章。款署“臣孟頫”，並鈐“臣孟頫”(白文)印。元代皇慶三年(1314)，趙氏六十一歲。卷後附元代柯九思跋。

趙氏晚年主要在集賢、翰林二院任職，做過不少應詔、應制的文字及書寫工作。因係本職，所以書寫時的態度都十分認真，藝術上力求完美。他的才華和努力也贏得了“非公有博雅淵深之學，則不能藻飾太平之美”的贊譽。《萬壽曲》就是這類作品中的代表。

鑑藏印記：清代乾隆、宣統內府諸印。

歷代著錄：《平生壯觀》、《石渠寶笈初編》。

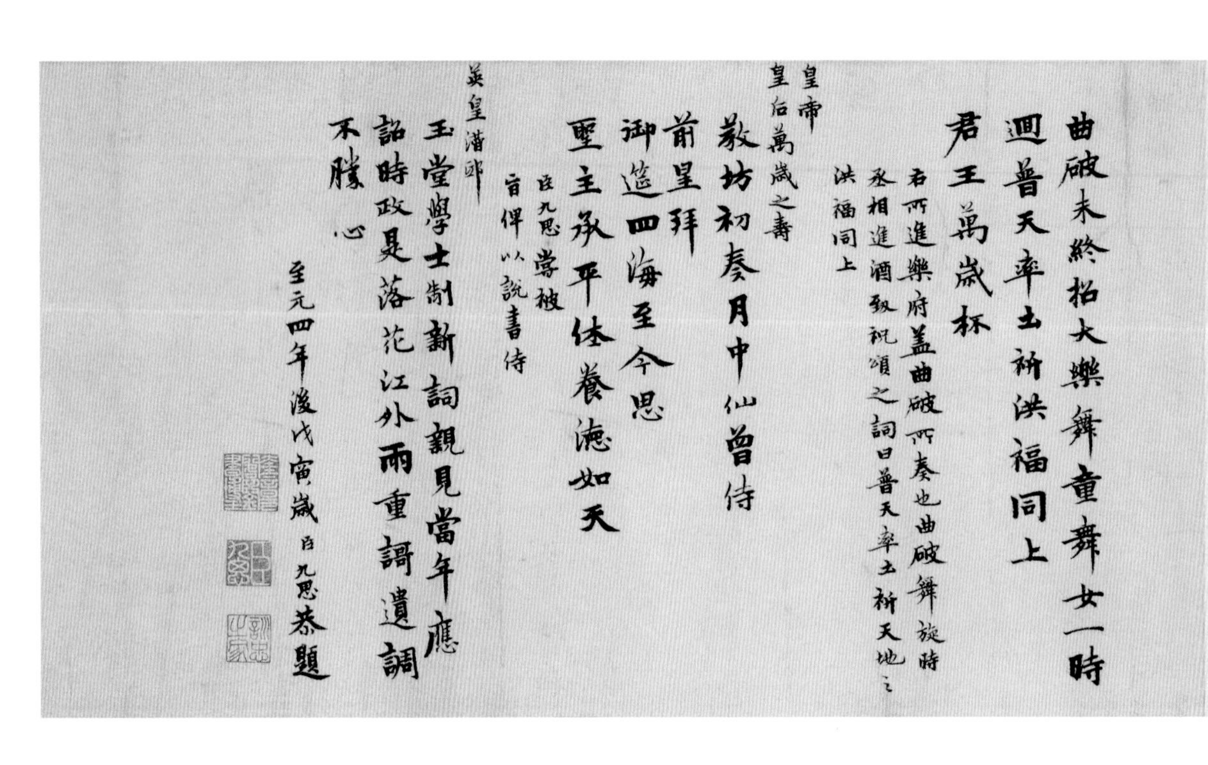

釋文：

皇慶二年元日應制樂府萬年歡　中呂宮

閶闔初開，正蒼蒼曙色，天上春回。絳幘雞人，時報禁漏頻催。九奏鈞天帝樂，御香惹、千官環珮。鳴鞘靜，嵩岳三呼萬歲，聲震如雷。殊方異域盡來。滿彤庭貢珍，皇化無外日繞龍顏。雲近絳闕蓬萊。四海歡欣，鼓舞聖德，過唐、虞、三代，年年宴王母瑤池，紫霞長進瓊杯。

聖節應制樂府月中仙　道宮

春滿皇州，見祥煙擁日，初晚龍樓。宮花苑柳，映仙仗雲移金鼎香浮。寶光生玉斧，聽鳴鳳簫韶樂奏，德與和氣遊。天生聖人，千載希有，祥瑞電射（此字點去）繞虹流。有雲成五色，芝生三秀，四海泰平，致民物雍熙，朝野歌謳。千官齊拜舞，玉杯進，長生酒春（二字倒寫）。願皇慶萬年，天子與天同壽。

皇慶三年元日　萬年歡

天上春風（此字點去）來，正陽和布澤，斗柄初回，一朵祥雲捧日，萬象生輝。常德光昭四表，玉帛盡、梯航來會；彤庭敞、花覆千官。紫霄鵷鷺裒徊。仁風徧滿九垓。望霓旌緩引，寶扇徐開。喜動龍顏。和氣藹然交泰。九奏簫韶舜樂，獸尊舉麒麟香靉。從今數，億萬斯年。聖主福如天大。

聖節長壽仙　道宮

瑞日當天，對絳闕蓬萊，非霧非煙。翠光覆禁苑，正淑景和（此字點去）芳妍。綵仗和風細轉，御香飄滿黃金殿。喜萬國會朝，千官拜舞，億兆同歡。福祉如山如川。應玉渚流虹，璇樞飛電。八音奏舜韶慶玉燭調元。歲歲龍輿鳳輦，九重春醉蟠桃宴。天下太平，祝吾皇壽與天地齊年。　臣孟頫

《萬壽曲卷》之一

《萬壽曲卷》之二

28

趙孟頫　行書千字文卷

絹本　行書
縱26.5厘米　橫373.4厘米

Qian Zi Wen (The Thousand-Character Classic) in running script
By Zhao Mengfu
Handscroll, ink on silk
H. 26.5cm　L. 373.4cm

卷首署“行書千文”，末款“子昂書”。引首明代徐霖篆書“松雪千文”，卷後有元代張雨、玄覽道人(王壽衍)、趙雍、趙奕、王國器、鄭元祐、黃公望，明代莫雲卿、張湘、詹景鳳、郭衢階、蘇雨、徐霖、關大道、廖守初、沈紹文、袁袠、王守、鄒守益、李本、蘇術、王畿等跋。

趙書“千字文”，臨作多顯示學古功力，創作則藝術性較強。此卷為其晚年創作。作品寫在質地相對較硬的絹地上，楷書起首，後逐漸舒展為行書。筆力蒼勁、圓潤、瀟灑，筆法精熟，但韻致不失。連一向不太重視趙書的明代書家莫是龍也不禁感嘆：“昔人謂方圓一萬里，上下數百年，絕無承旨書法，觀此本信然。”

鑑藏印記：明代郭衢階、廖守初、吳廷，清代王澍及乾隆、嘉慶、宣統內府諸印。

歷代著錄：《東圖玄覽編》、《寓意錄》、《石渠寶笈初編》。

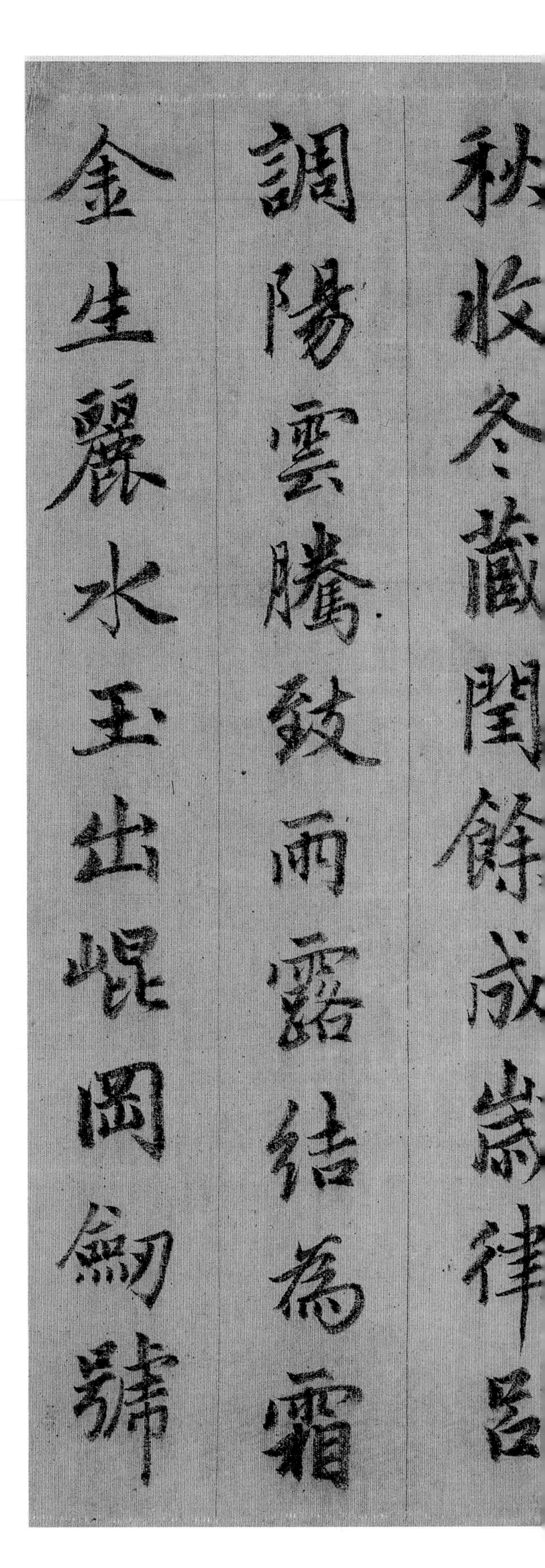

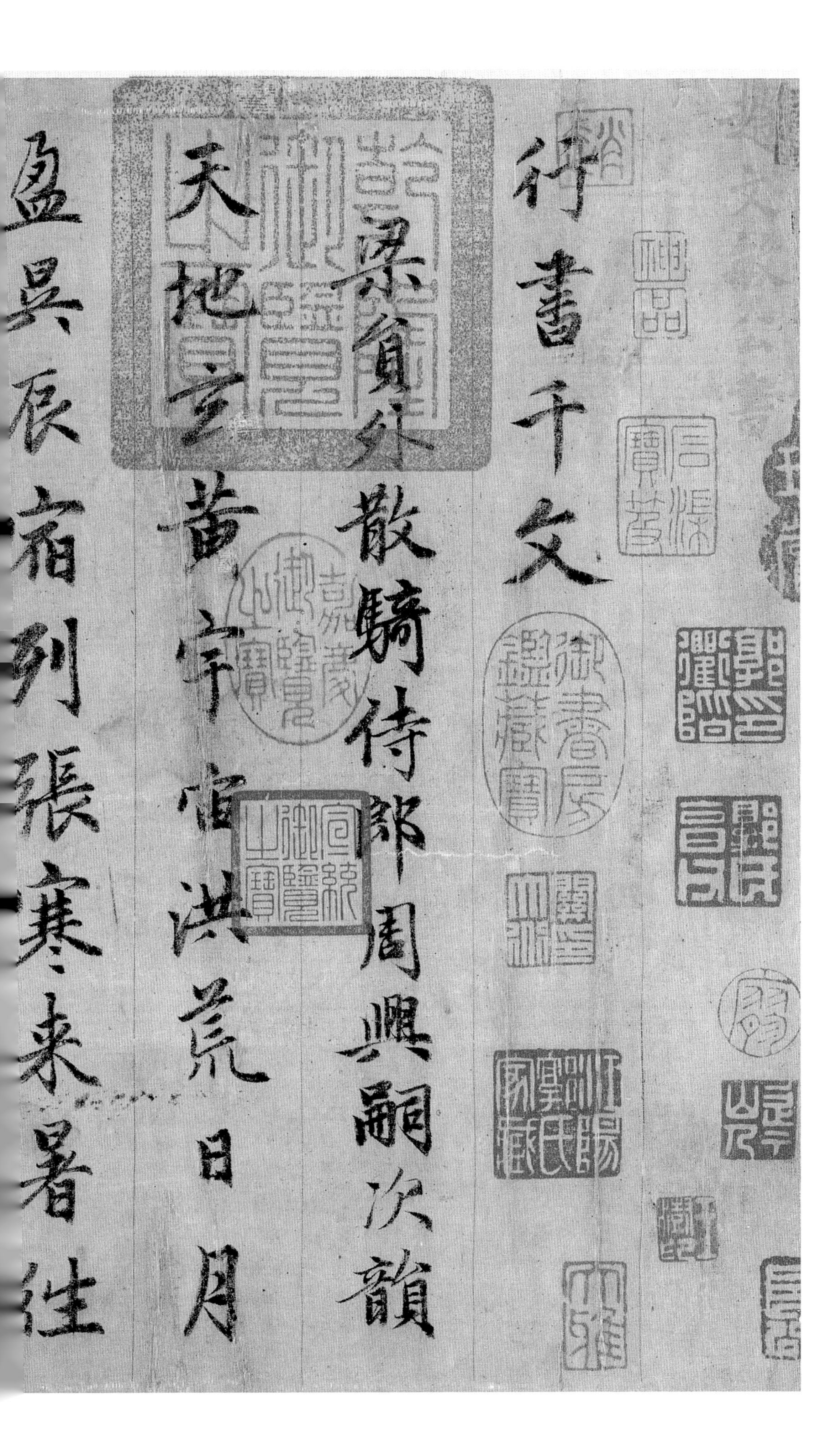
行書千文
散騎侍郎周興嗣次韻
天地玄黃
宇宙洪荒日月
盈昃辰宿列張寒來暑往

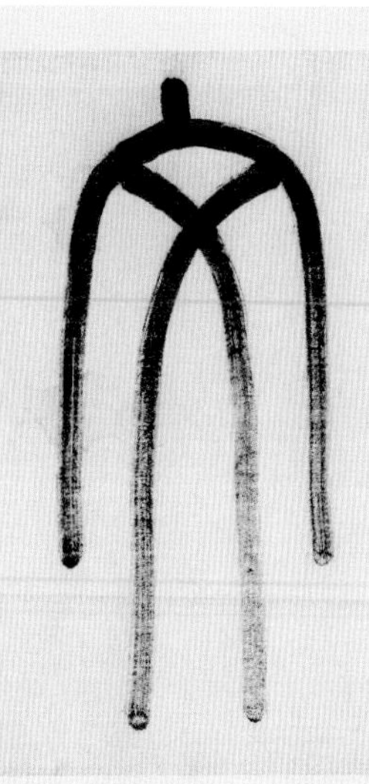

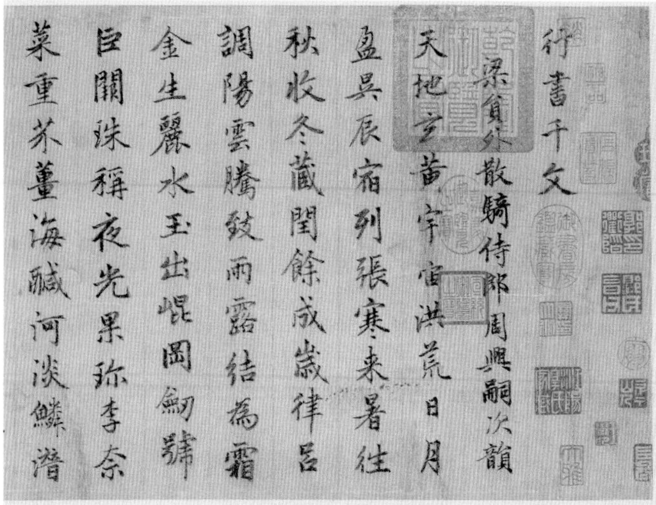

後學吳郡徐霖敬題

行書千文

梁員外散騎侍郎周興嗣次韻

天地玄黃宇宙洪荒日月盈昃辰宿列張寒來暑往秋收冬藏閏餘成歲律呂調陽雲騰致雨露結為霜金生麗水玉出崑岡劍號巨闕珠稱夜光果珍李柰菜重芥薑海鹹河淡鱗潛

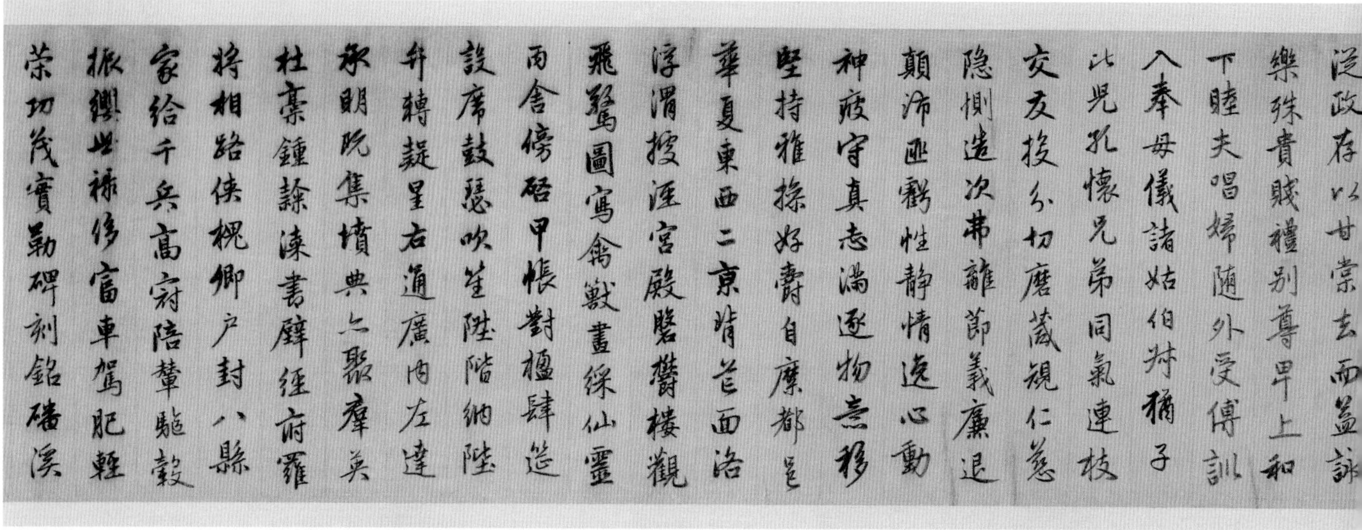

從政存以甘棠去而益詠樂殊貴賤禮別尊卑上和下睦夫唱婦隨外受傅訓入奉母儀諸姑伯叔猶子比兒孔懷兄弟同氣連枝交友投分切磨箴規仁慈隱惻造次弗離節義廉退顛沛匪虧性靜情逸心動神疲守真志滿逐物意移堅持雅操好爵自縻都邑華夏東西二京背邙面洛浮渭據涇宮殿盤鬱樓觀飛驚圖寫禽獸畫綵仙靈丙舍傍啓甲帳對楹肆筵設席鼓瑟吹笙陞階納陛弁轉疑星右通廣內左達承明既集墳典亦聚群英杜稾鍾隸漆書壁經府羅將相路俠槐卿戶封八縣家給千兵高冠陪輦驅轂振纓世祿侈富車駕肥輕策功茂實勒碑刻銘磻溪

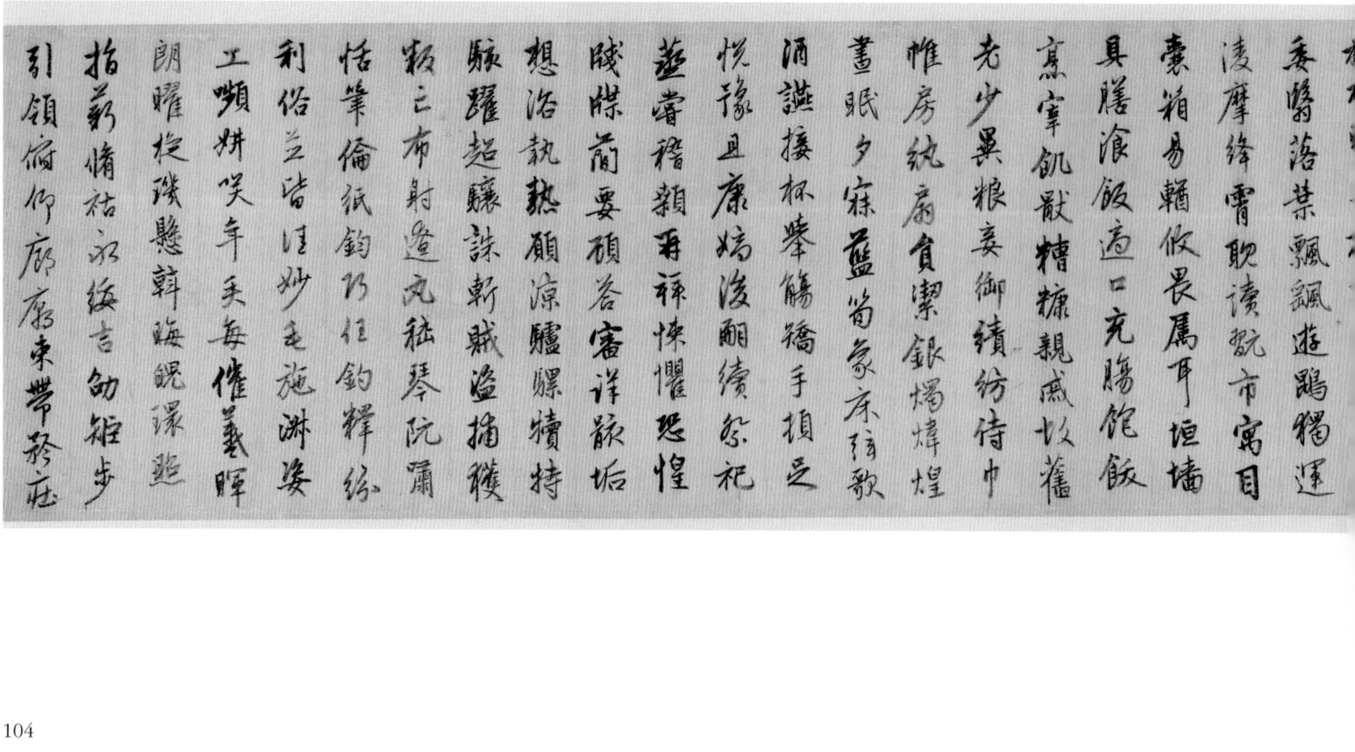

委翳落葉飄颻遊鵾獨運凌摩絳霄耽讀翫市寓目囊箱易輶攸畏屬耳垣墻具膳餐飯適口充腸飽飫烹宰飢厭糟糠親戚故舊老少異糧妾御績紡侍巾帷房紈扇圓潔銀燭煒煌晝眠夕寐藍筍象床絃歌酒讌接杯舉觴矯手頓足悅豫且康嫡後嗣續祭祀蒸嘗稽顙再拜悚懼恐惶牋牒簡要顧答審詳骸垢想浴執熱願涼驢騾犢特駭躍超驤誅斬賊盜捕獲叛亡布射遼丸嵇琴阮嘯恬筆倫紙鈞巧任釣釋紛利俗竝皆佳妙毛施淑姿工顰妍笑年矢每催羲暉朗曜璇璣懸斡晦魄環照指薪修祜永綏吉劭矩步引領俯仰廊廟束帶矜莊

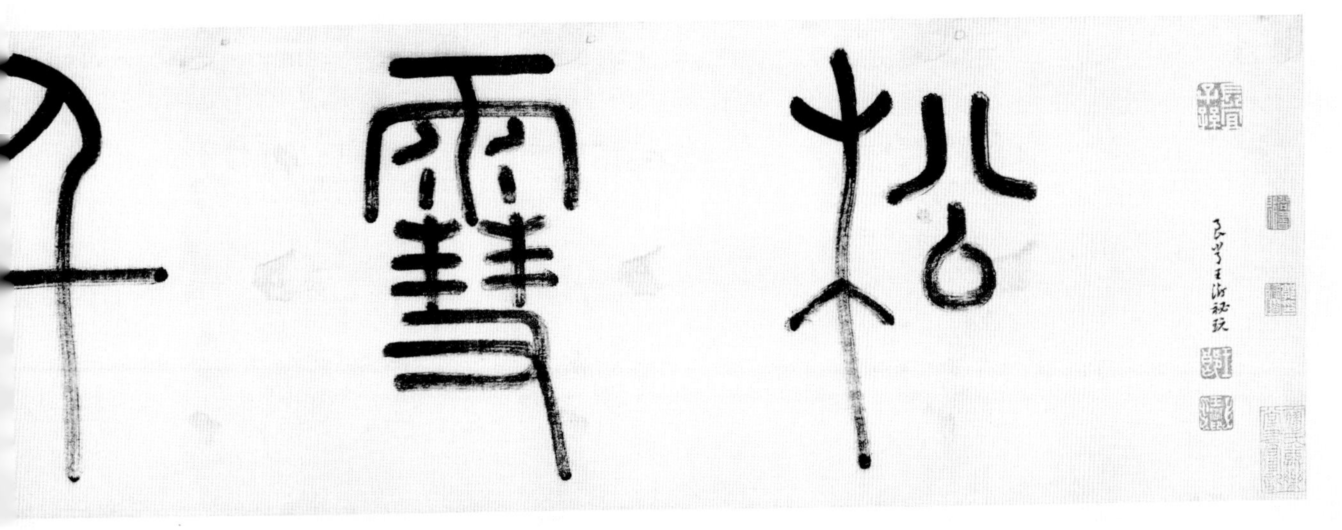

《千字文卷》之一

羽翔龍師火帝鳥官人皇
始制文字乃服衣裳推位
讓國有虞陶唐弔民伐罪
周發殷湯坐朝問道垂拱
平章愛育黎首臣伏戎羌
遐邇壹體率賓歸王鳴鳳
在樹白駒食場化被草木
賴及萬方蓋此身髮四大
五常恭惟鞠養豈敢毀傷
女慕貞絜男效才良知過
必改得能莫忘罔談彼短
靡恃己長信使可覆器欲
難量墨悲絲染詩讚羔羊
景行維賢剋念作聖德建
名立形端表正空谷傳聲
虛堂習聽禍因惡積福緣
善慶尺璧非寶寸陰是競
資父事君曰嚴與敬孝當
竭力忠則盡命臨深履薄
夙興溫凊似蘭斯馨如松
之盛川流不息淵澄取暎
容止若思言辭安定篤初

《千字文卷》之二

伊尹佐時阿衡奄宅曲阜
微旦孰營桓公匡合濟弱
扶傾綺迴漢惠說感武丁
俊乂密勿多士寔寧晉楚
更霸趙魏困橫假途滅虢
踐土會盟何遵約法韓弊
煩刑起翦頗牧用軍最精
宣威沙漠馳譽丹青九州
禹跡百郡秦并嶽宗恒岱
禪主云亭鴈門紫塞雞田
赤城昆池碣石鉅野洞庭
曠遠緜邈巖岫杳冥治本
於農務茲稼穡俶載南畝
我藝黍稷稅熟貢新勸賞
黜陟孟軻敦素史魚秉直
庶幾中庸勞謙謹勑聆音
察理鑑貌辨色貽厥嘉猷
勉其祗植省躬譏誡寵增
抗極殆辱近恥林皋幸即
兩疏見機解組誰逼索居
閒處沉默寂寥求古尋論
散慮逍遙欣奏累遣慼謝

《千字文卷》之三

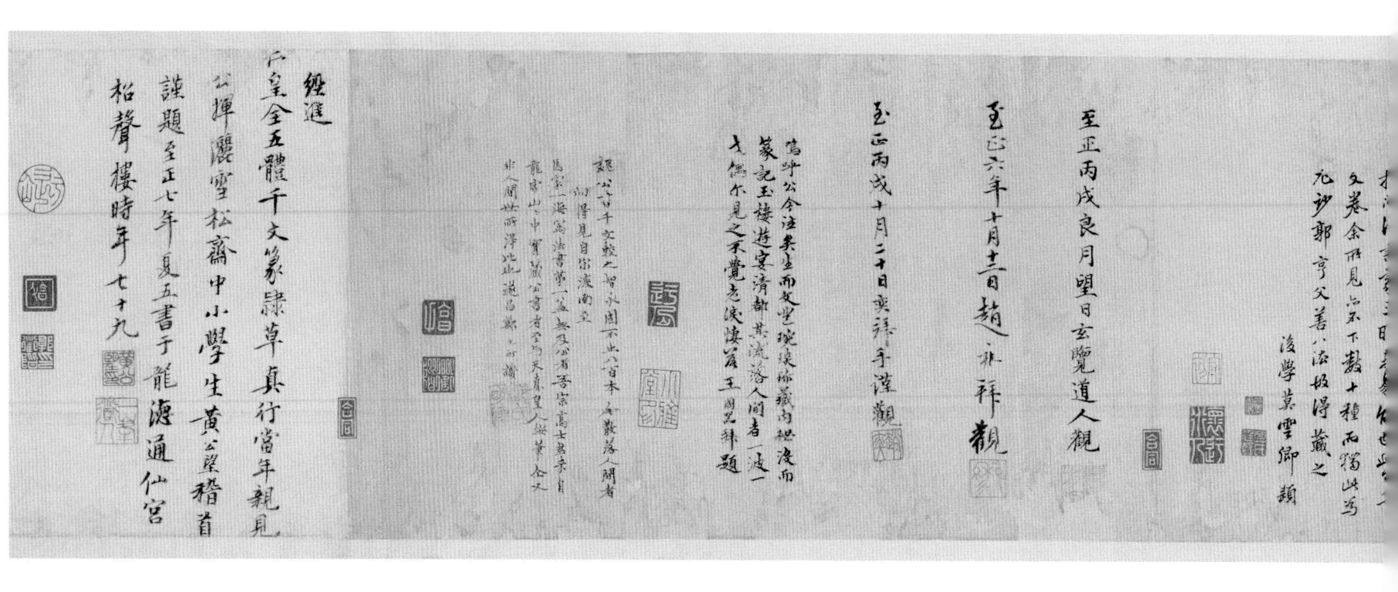

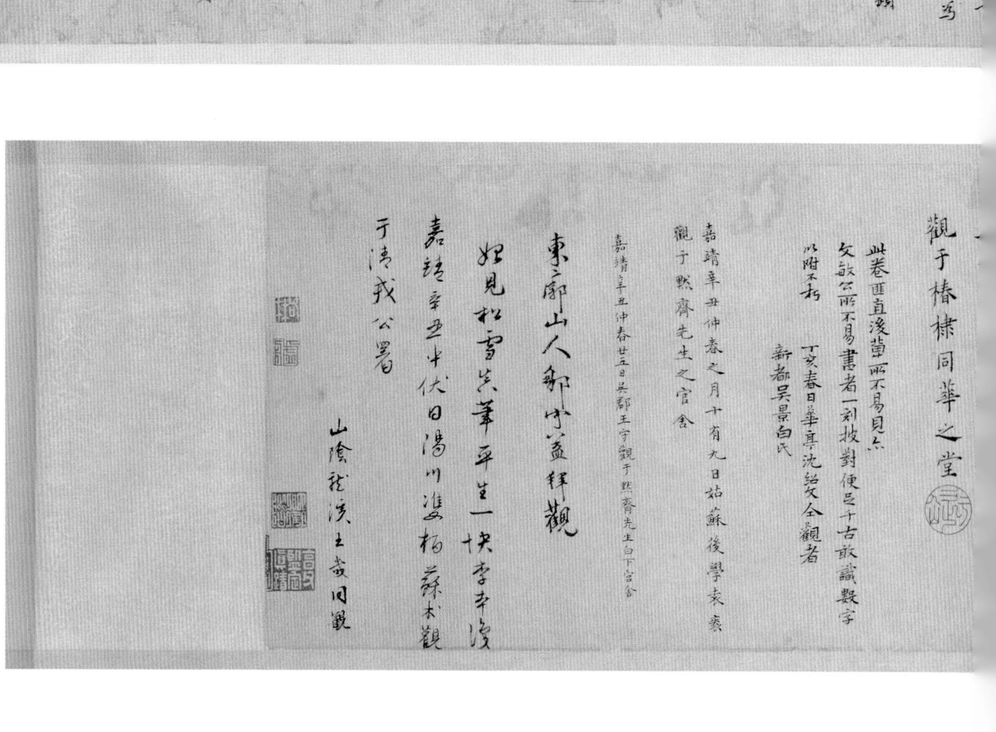

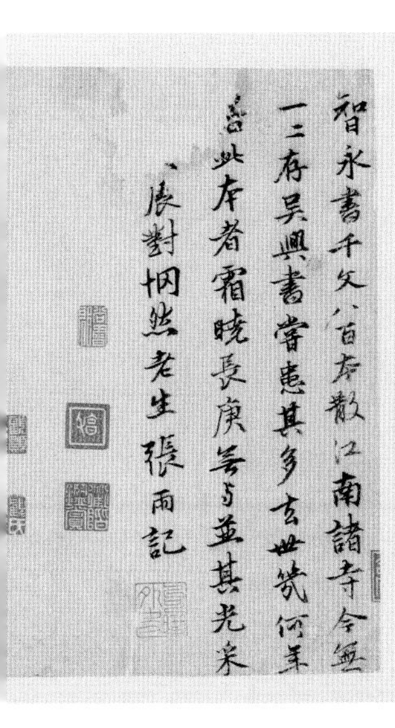

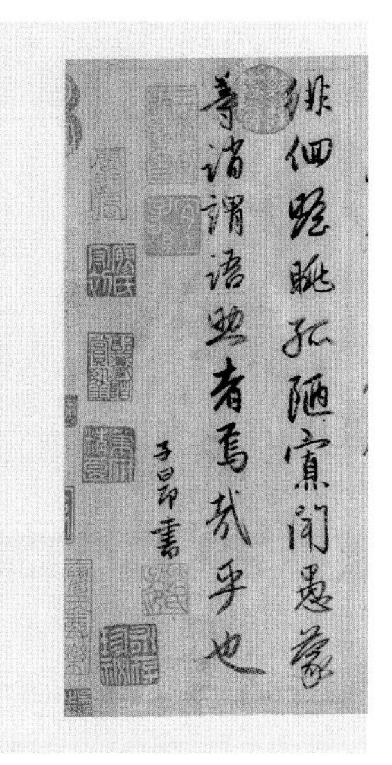

《千字文卷》之四

嘉靖庚子季夏望太原張湘觀

趙承旨此卷千文蓋學智永禪師法書世人罕見余因來而出之假令永師有靈當亦莞爾而笑且服唐朱知其源委於三百年後也此卷筆法高古圓潤峻秀為承旨得意之作新安唐[illegible]

逸少有名之跡不過數首黃庭勸進像贊洛神而已吴興公若此等書所謂字字注目畫畫抽心者足擬黃庭數首詎可多得耶張雨鄭元祐輩嘗嘆已甚秘惜之矧遠二百餘年而今神光猶自燁燁也後學蜀郡

郭衢階題

松雪翁書法宗逸少而有其三昧自向之妙今去翁三百餘年乃觀此卷[illegible]足[illegible]喜哉萬曆甲申仲秋廿九日滄人蘇雨識

吴郡徐霖拜觀于[illegible]雲如之小雅堂時正德己卯

吴興公書法上追晉人此本尤其得意者誠可寶也 [illegible]大道

《千字文卷》之五

29

趙孟頫　楷書續千字文卷

紙本　楷書
縱24.3厘米　橫153.3厘米

Xu Qian Zi Wen (Continuation of the Thousand-Character Classic) in regular script
By Zhao Mengfu
Handscroll, ink on paper
H. 24.3cm　L. 153.3cm

此卷首尾稍有殘損，款署"延祐二年夏四月十一日為□□□□書於咸宜寓舍　集賢學士、資德大夫趙孟頫書"。元延祐二年(1315)，趙氏六十二歲。

《續千字文》，宋代侍其瑋作，係續周興嗣《千字文》之作，但聲名及流佈都遠不及原作廣泛。趙氏此書，是現存墨跡中最早的續作版本。此卷書法保持了趙書以往的精細和嚴謹，但情調稍為古淡乾澀，與中年時期的遒麗婉美，以及極晚年的高曠蒼勁都不同。

鑑藏印記："繫熉齋珍藏書畫印"(白文)。

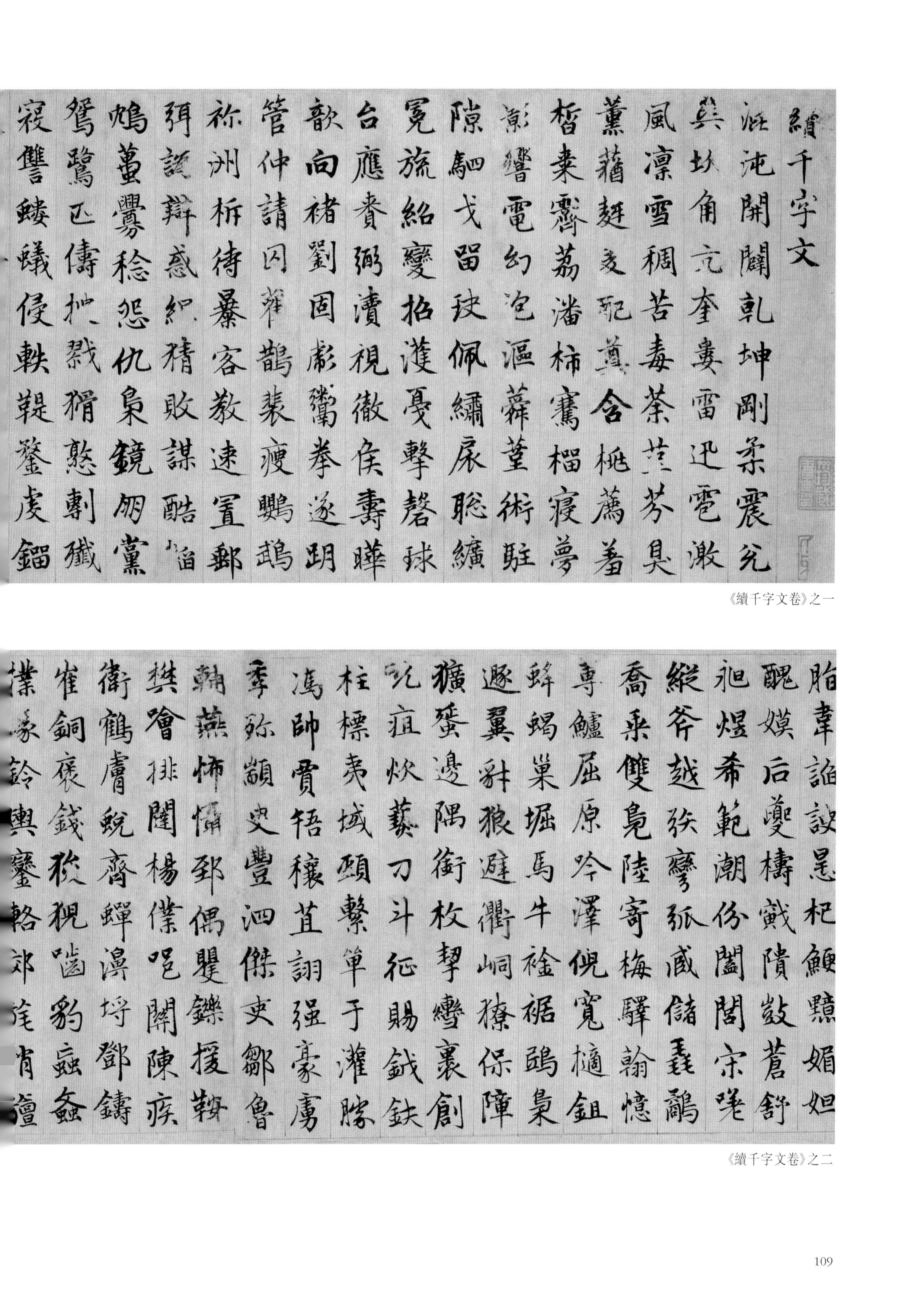

《續千字文卷》之一

《續千字文卷》之二

30

趙孟頫　小楷書道德經卷
紙本　小楷書
縱24.5厘米　橫618.6厘米

Dao De Jing (The Classic of the Virtue of the Tao) in small-regular script
By Zhao Mengfu
Handscroll, ink on paper
H. 24.5cm　L. 618.6cm

小楷書老子《道德經》全篇。款署“延祐三年歲在丙辰三月廿四五日，為進之高士書於松雪齋　孟頫”，鈐“趙”(朱文)、“大雅”(朱文)、“趙子昂氏”(朱文)印。“進之高士”姓崔，與周密同鄉，曾官提舉，是趙孟頫的親戚。卷前明代姚綬行書“松雪書道德經”，近人張大千二題，白描老子像，卷末有項元汴藏款一行。元延祐三年(1316)，趙子昂六十三歲。

出多言數窮不如守中
谷神不死是謂玄牝玄牝之門是謂天地根
緜緜若存用之不勤
天長地久天地所以能長且久者以其不自生故
能長生是以聖人後其身而身先外其身而身
存非以其無私耶故能成其私
上善若水水善利萬物而不爭處衆人之所
惡故幾於道居善地心善淵與善人言善信
政善治事善能動善時夫惟不爭故無尤矣
持而盈之不如其已揣而銳不可長保金玉滿
堂莫之能守富貴而驕自遺其咎功成名遂
身退天之道
載營魄抱一能無離乎專氣致柔能如嬰兒
乎滌除玄覽能無疵乎愛民治國能無為乎
天門開闔能無雌乎明白四達能無知乎生之
畜之生而不有為而不恃長而不宰是謂玄德
三十輻共一轂當其無有車之用埏埴以為器

此帖書法結體嚴謹，筆畫精到，疏密適宜，於穩健蒼勁的筆勢中，依然可見其姿媚、灑脱的書風。雖是長篇小楷，卻能首尾如一，可見其功力之深。是趙氏晚年小楷書的代表傑作。

鑑藏印記：項元汴、項篤壽、梁清標、張大千諸印。

歷代著錄：《妮古錄》、《珊瑚網書跋》、《平生壯觀》、《式古堂書畫彙考》。

老子
道可道非常道名可名非常名無名天地之始
有名萬物之母常無欲以觀其妙常有欲以觀
其徼此兩者同出而異名同謂之玄玄之又玄衆
妙之門
天下皆知美之為美斯惡已皆知善之為善斯不
善已故有無之相生難易之相成長短之相形高
下之相傾音聲之相和前後之相隨是以聖人處
無為之事行不言之教萬物作而不辭生而不
有為而不恃功成不居夫惟不居是以不去
不尚賢使民不爭不貴難得之貨使民不為
盜不見可欲使心不亂是以聖人之治也虛其心實
其腹弱其志強其骨常使民無知無欲使夫知
者不敢為也為無為則無不治矣
道沖而用之或不盈淵乎似萬物之宗挫其銳
解其紛和其光同其塵湛兮似若存吾不知
其誰之子象帝之先

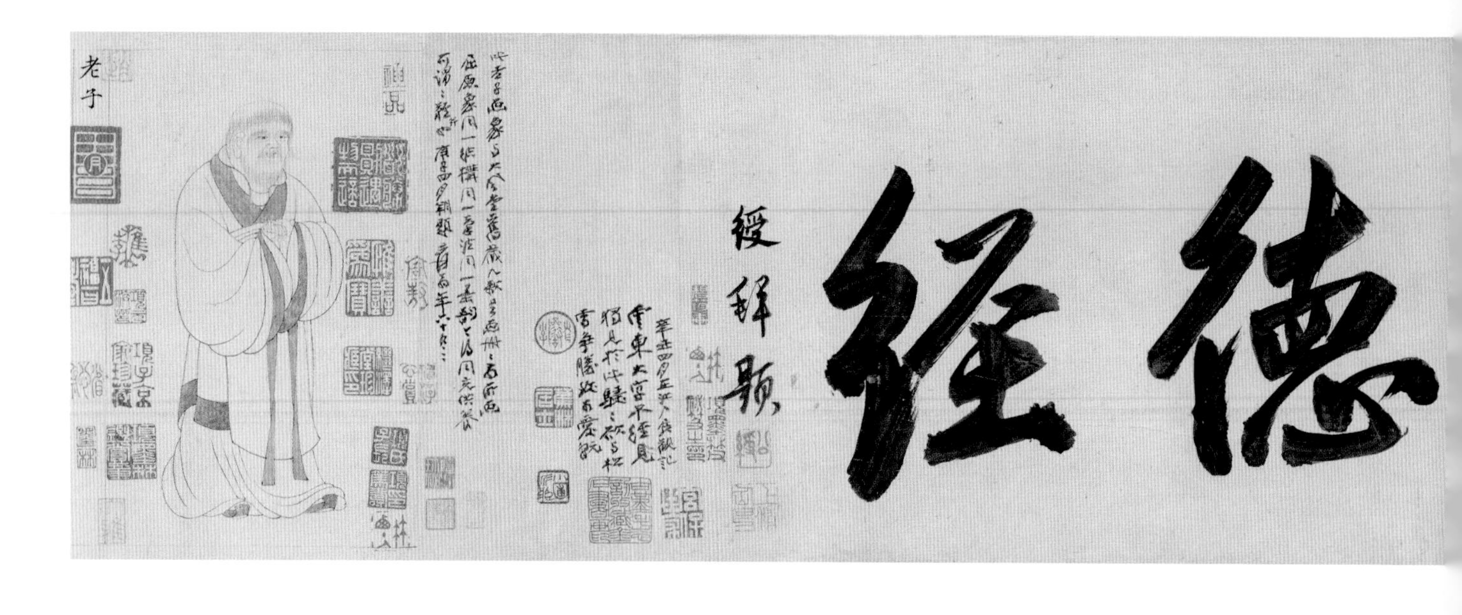

患若身吾所以有大患者為吾有身及吾無身
吾有何患故貴以身為天下若可寄天下愛以
身為天下若可託天下
視之不見名曰夷聽之不聞名曰希搏之不得
名曰微此三者不可致詰故混而為一其上不
皦其下不昧繩繩兮不可名復歸於無物是謂
無狀之狀無物之象是謂忽恍迎之不見其
首隨之不見其後執古之道以御今之有能知
古始是謂道紀
古之善為士者微妙玄通深不可識夫惟不可
識故强為之容豫兮若冬涉川猶兮若畏四
鄰儼兮其若容渙兮若冰將釋敦兮其若
樸曠兮其若谷渾兮其若濁孰能濁以靜
之徐清孰能安以動之徐生保此道者不欲
盈夫惟不盈故能弊不新成
致虛極守靜篤萬物並作吾以觀其復夫物
芸芸各歸其根歸根曰靜靜曰復命復命曰
常知常曰明不知常妄作凶知常容容乃公公
乃王王乃天天乃道道乃久沒身不殆
太上下知有之其次親之譽之其次畏之侮之故
信不足焉有不信猶兮其貴言功成事遂百
姓皆謂我自然
大道廢有仁義智慧出有大偽六親不和有
孝慈國家昏亂有忠臣
絕聖棄智民利百倍絕仁棄義民復孝慈
絕巧棄利盜賊無有此三者以為文不足故
令有所屬見素抱樸少私寡欲
絕學無憂唯之與阿相去幾何善之與惡相
去何若人之所畏不可不畏荒兮其未央哉眾
人熙熙如享太牢如登春臺我獨泊兮其未兆
若嬰兒之未孩乘乘兮若無所歸眾人皆有
餘我獨若遺我愚人之心也哉沌沌兮俗人昭
昭我獨若昏俗人察察我獨悶悶澹兮其
若海飂兮似無所止眾人皆有以我獨頑似鄙
我獨異於人而貴求食於母
孔德之容惟道是從道之為物惟恍惟忽
忽兮恍其中有象恍兮忽其中有物窈兮
冥兮其中有精其精甚真其中有信自古

老是謂不道不道早已
夫佳兵者不祥之器物或惡之故有道者不
處君子居則貴左用兵則貴右兵者不祥之
器非君子之器不得已而用之恬淡為上勝
而不美而美之者是樂殺人夫樂殺人者不可
得志於天下矣吉事尚左凶事尚右是以偏將
軍處左上將軍處右言居上勢則以喪禮
處之殺人眾多則以悲哀泣之戰勝則以喪
禮處之道常無名樸雖小天下莫能臣侯王
若能守萬物將自賓天地相合以降甘露人
莫之令而自均始制有名名亦既有夫亦將知
止知止所以不殆譬道之在天下猶川谷之於
江海也
知人者智自知者明勝人者有力自勝者强知
足者富强行者有志不失其所久死而不亡者
壽
大道汎兮其可左右萬物恃之以生而不辭功
成不居衣被萬物而不為主故常無欲可名
於小矣萬物歸焉而不知主可名於大矣是
以聖人能成其大也以其不自大故能成其大
執大象天下往往而不害安平泰樂與餌過
客止道之出口淡乎其無味視之不足見聽之
不足聞用之不可既
將欲歙之必固張之將欲弱之必固强之將欲
廢之必固興之將欲奪之必固與之是謂微明
柔弱勝剛强魚不可脫於淵國之利器不
可以示人道常無為而無不為侯王若能守萬
物將自化化而欲作吾將鎮之以無名之樸無
名之樸亦將不欲不欲以靜天下將自正
上德不德是以有德下德不失德是以無德上
德無為而無以為下德為之而有以為上仁為
之而無以為上義為之而有以為上禮為之而莫
之應則攘臂而仍之故失道而後德失德而後
仁失仁而後義失義而後禮夫禮者忠信之薄
而亂之首也前識者道之華而愚之始也是以

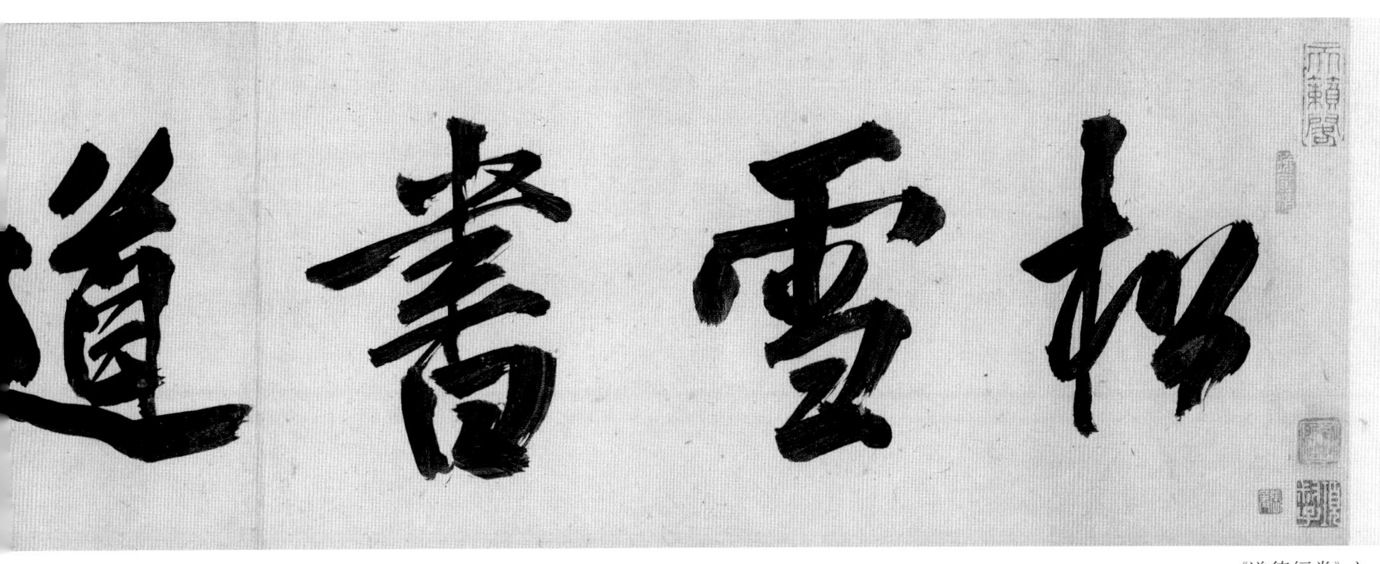

《道德經卷》之一

老子
道可道非常道名可名非常名無名天地之始
有名萬物之母常無欲以觀其妙常有欲以觀
其徼此兩者同出而異名同謂之玄玄之又玄衆
妙之門
天下皆知美之為美斯惡已皆知善之為善斯不
善已故有無之相生難易之相成長短之相形高
下之相傾音聲之相和前後之相隨是以聖人處
無為之事行不言之教萬物作而不辭生而不
有為而不恃功成不居夫唯不居是以不去
不尚賢使民不爭不貴難得之貨使民不為
盜不見可欲使心不亂是以聖人之治也虛其心實
其腹弱其志強其骨常使民無知無欲使夫知
者不敢為也為無為則無不治矣
道沖而用之或不盈淵乎似萬物之宗挫其銳
解其紛和其光同其塵湛兮似若存吾不知
其誰之子象帝之先
天地不仁以萬物為芻狗聖人不仁以百姓為芻
狗天地之間其猶橐籥乎虛而不屈動而愈
出多言數窮不如守中
谷神不死是謂玄牝玄牝之門是謂天地根
綿綿若存用之不勤
天長地久天地所以能長且久者以其不自生故
能長生是以聖人後其身而身先外其身而身
存非以其無私耶故能成其私
上善若水水善利萬物而不爭處衆人之所
惡故幾於道居善地心善淵與善人言善信
政善治事善能動善時夫唯不爭故無尤矣
持而盈之不如其已揣而銳不可長保金玉滿
堂莫之能守富貴而驕自遺其咎功成名遂
身退天之道
載營魄抱一能無離乎專氣致柔能如嬰兒
乎滌除玄覽能無疵乎愛民治國能無為乎
天門開闔能無雌乎明白四達能無知乎生之
畜之生而不有為而不恃長而不宰是謂玄德
三十輻共一轂當其無有車之用埏埴以為器
當其無有器之用鑿戶牖以為室當其無有
室之用故有之以為利無之以為用
五色令人目盲五音令人耳聾五味令人口爽

《道德經卷》之二

及令其名不去以閱衆甫吾何以知衆甫之
然哉以此
曲則全枉則直窪則盈弊則新少則得多
則惑是以聖人抱一為天下式不自見故明不
自是故彰不自伐故有功不自矜故長夫唯
不爭故天下莫能與之爭古之所謂曲則全
者豈虛言哉故誠全而歸之
希言自然飄風不終朝驟雨不終日孰為此
者天地天地尚不能久而況於人乎故從事
於道者道者同於道德者同於德失者同
於失同於道者道亦得之同於德者德亦得
之同於失者失亦得之信不足焉有不信焉
跂者不立跨者不行自見者不明自是者不
彰自伐者無功自矜者不長其於道也曰餘
食贅行物或惡之故有道者不處也
有物混成先天地生寂兮寥兮獨立而不改
周行而不殆可以為天下母吾不知其名字之
曰道強為之名曰大大曰逝逝曰遠遠曰返故
道大天大地大王亦大域中有四大而王居
其一焉人法地地法天天法道道法自然
重為輕根靜為躁君是以君子終日行不離
輜重雖有榮觀燕處超然奈何萬乘之主
而以身輕天下輕則失臣躁則失君
善行無轍迹善言無瑕謫善計不用籌策
善閉無關楗而不可開善結無繩約而不可
解是以聖人常善救人故無棄人常善救物
故無棄物是謂襲明故善人不善人之師不
善人善人之資不貴其師不愛其資雖智大
迷是謂要妙
知其雄守其雌為天下谿為天下谿常德不
離復歸於嬰兒知其白守其黑為天下式為天
下式常德不忒復歸於無極知其榮守其辱
為天下谷為天下谷常德乃足復歸於樸樸散
則為器聖人用之則為官長故大制不割
將欲取天下而為之者吾見其不得已天下神
器不可為也為者敗之執者失之故物或行
或隨或噓或吹或強或羸或載或隳是以聖
人去甚去奢去泰

《道德經卷》之三

故知足之足常足矣
不出戶知天下不窺牖見天道其出弥遠其
知弥少是以聖人不行而知不見而名無為而
成
為學日益為道日損損之又損以至於無為
無為而無不為矣故取天下者常以無事及
其有事不足以取天下
聖人無常心以百姓心為心善者吾善之不善
者吾亦善之德善矣信者吾信之不信者吾
亦信之德信矣聖人之在天下慄慄為天下
渾其心百姓皆注其耳目聖人皆孩之
出生入死生之徒十有三死之徒十有三人之
生動之死地亦十有三夫何故以其生生之厚
蓋聞善攝生者陸行不遇兕虎入軍不避
甲兵兕無所投其角虎無所措其爪兵無所
容其刃夫何故以其無死地道生之德畜之
物形之勢成之是以萬物莫不尊道而貴
德道之尊德之貴夫莫之爵而常自然
故道生之畜之長之育之成之熟之養之
覆之生而不有為而不恃長而不宰是謂
玄德
天下有始以為天下母既得其母以知其子既知
其子復守其母沒身不殆塞其兌閉其門終
身不勤開其兌濟其事終身不救見小曰
明守柔曰強用其光復歸其明無遺身殃
是謂襲常
使我介然有知行於大道唯施是畏大道甚
夷而民好徑朝甚除田甚蕪倉甚虛服文
彩帶利劍厭飲食貨財有餘是謂盜夸
非道也哉
善建者不拔善抱者不脫子孫祭祀不輟修之

可以市尊行可以加人人之不善何棄之有故
立天子置三公雖有拱璧以先駟馬不如坐進
此道古之所以貴此道者何也不曰求以得有
罪以免耶故為天下貴
為無為事無事味無味大小多少報怨以德
圖難於其易為大於其細天下之難事必
作於易天下之大事必作於細是以聖人終不
為大故能成其大夫輕諾必寡信多易多
難是以聖人由難之故終無難矣
其安易持其未兆易謀其脆易泮其微易
散為之於未有治之於未亂合抱之木生於
毫末九層之臺起於累土千里之行始於足
下為者敗之執者失之是以聖人無為故無敗
無執故無失民之從事常於幾成而敗之慎
終如始則無敗事矣是以聖人欲不欲不貴難
得之貨學不學復衆人之所過以輔萬物之
自然而不敢為
古之善為道者非以明民將以愚之民之難治
以其智多故以智治國國之賊不以智治國國
之福知此兩者亦楷式能知楷式是謂玄德玄
德深矣遠矣與物反矣然後乃至大順
江海所以能為百谷王者以其善下之也故能為
百谷王是以聖人欲上人以其言下之欲先人以
其身下之是以聖人處上而人不重處前而人不
害是以天下樂推而不厭以其不爭故天下莫
能與之爭
天下皆謂我道大似不肖夫惟大故似不肖
若肖久矣其細矣夫我有三寶保而持之一曰慈
二曰儉三曰不敢為天下先夫慈故能勇儉故
能廣不敢為天下先故能成器長今捨其
慈且勇捨其儉且廣捨其後且先死矣夫慈
以戰則勝以守則固天將救之以慈衛之

能行是以聖人云受國之垢是謂社稷主受國
不祥是謂天下王正言若反
和大怨必有餘怨安可以為善是以聖人執左
契而不責於人故有德司契無德司徹天道
無親常與善人
小國寡民使民有什伯之器而不用使民重死
而不遠徙雖有舟車無所乘之雖有甲兵無
所陳之使民復結繩而用之甘其食美其服
安其居樂其俗鄰國相望雞犬之聲相聞
民至老死不相往來
信言不美美言不信善者不辯辯者不善
知者不博博者不知聖人無積既以為人已愈
既以與人已愈多天之道利而不害人之道
為而不爭
老子終

延祐三年歲在丙辰三月廿四五日為
進之高士書于松雪齋
孟頫

墨林項元汴家藏

而亂之首也前識者道之華而愚之始也是以
大丈夫處其厚不處其薄居其實不居其
華故去取彼此
昔之得一者天得一以清地得一以寧神得一
以靈谷得一以盈萬物得一以生侯王得一以
為天下貞其致之一也天無以清將恐裂地無
以寧將恐發神無以靈將恐歇谷無以盈將
恐竭萬物無以生將恐滅侯王無以為貞而貴
高將恐蹶故貴以賤為本高以下為基是以侯
王自稱孤寡不穀此其以賤為本耶非乎
故致數譽無譽不欲琭琭如玉落落如石
反者道之動弱者道之用天下之物生於有
有生於無
上士聞道勤而行之中士聞道若存若亡下
士聞道大笑之不笑不足以為道故建言
有之明道若昧夷道若纇進道若退上德
若谷大白若辱廣德若不足建德若偷質
真若渝大方無隅大器晚成大音希聲大
象無形道隱無名夫惟道善貸且成
道生一一生二二生三三生萬物萬物負陰而抱
陽沖氣以為和人之所惡唯孤寡不穀而王公
以為稱故物或損之而益或益之而損人之所
教亦我義教之強梁者不得其死吾將以為
教父
天下之至柔馳騁天下之至堅無有入於無間
吾是以知無為之有益不言之教無為之益天
下希及之
名與身孰親身與貨孰多得與亡孰病是故
甚愛必大費多藏必厚亡知足不辱知止不
殆可以長久
大成若缺其用不敝大盈若沖其用不窮大
直若屈大巧若拙大辯若訥躁勝寒靜勝

《道德經卷》之四

身其德乃真脩之家其德乃餘脩之鄉其德乃
長脩之國其德乃豐脩之天下其德乃普故
以身觀身以家觀家以鄉觀鄉以國觀國以
天下觀天下吾何以知天下之然哉以此
含德之厚比於赤子毒蟲不螫猛獸不據攫
鳥不搏骨弱筋柔而握固未知牝牡之合而朘
作精之至也終日號而嗌不嗄和之至也知和曰常
知常曰明益生曰祥心使氣曰強物壯則老是
謂不道不道早已
知者不言言者不知塞其兌閉其門挫其銳解
其紛和其光同其塵是謂玄同不可得而親不
可得而踈不可得而利不可得而害不可得而
賤故為天下貴
以正治國以奇用兵以無事取天下吾何以知其
然哉以此天下多忌諱而民彌貧民多利器國
家滋昏人多伎巧奇物滋起法令滋彰盜賊
多有故聖人云我無為而民自化我好靜而民
自正我無事而民自富我無欲而民自樸我
無情而民自清
其政悶悶其民淳淳其政察察其民缺缺禍
兮福所倚福兮禍所伏孰知其極其無正邪
正復為奇善復為妖民之迷其日固已久矣是以
聖人方而不割廉而不劌直而不肆光而不耀
治人事天莫如嗇夫是謂早復早復謂之重積
德重積德則無不克無不克則莫知其極莫
知其極可以有國有國之母可以長久是謂深根
固蔕長生久視之道
治大國若烹小鮮以道蒞天下者其鬼不神
非其鬼不神其神不傷人聖人亦不傷人夫
兩不相傷故德交歸焉
大國者下流天下之交天下之交牝常以靜勝
牡以靜為下故大國以下小國則取小國小國以
下大國則取大國故或下以取或下而取

《道德經卷》之五

善為士者不武善戰者不怒善勝敵者不爭
善用人者為下是謂不爭之德是謂用人之
力是謂配天古之極
用兵有言吾不敢為主而為客不敢進寸而
退尺是謂行無行攘無臂仍無敵執無兵
禍莫大於輕敵輕敵者幾喪吾寶故抗兵
加哀者勝矣
吾言甚易知甚易行天下莫能知莫能行
言有宗事有君夫惟無知是以不我知也知
我者希則我貴矣是以聖人被褐懷玉
知不知上不知知病夫惟病病是以不病聖
人不病以其病病是以不病
民不畏威而大威至矣無狹其所居無厭其
所生夫惟不厭是以不厭是以聖人自知不自
見自愛不自貴故去彼取此
勇於敢則殺勇於不敢則活此兩者或利或
害天之所惡孰知其故是以聖人猶難之天之
道不爭而善勝不言而善應不召而自來
繟然而善謀天網恢恢踈而不失
民常不畏死奈何以死懼之若使民常畏死
而為奇者吾得執而殺之孰敢常有司殺者殺
而代司殺者殺是謂代大匠斲夫代大匠斲
希有不傷其手矣
民之飢以其上食稅之多是以飢民之難治以其
上之有為是以難治民之輕死以其上求生之厚
是以輕死夫惟無以生為者是賢於貴生
人之生也柔弱其死也堅強草木之生也柔脆
其死也枯槁故堅強者死之徒柔弱者生之徒
是以兵強則不勝木強則共堅強處下柔弱
處上
天之道其猶張弓乎高者抑之下者舉之有
餘者損之不足者補之天之道損有餘以補不
足人之道則不然損不足以奉有餘孰能損

《道德經卷》之六

31

趙孟頫　行書酒德頌卷

紙本　行書

縱28.5厘米　橫65.2厘米

Jiu De Song (Ode to propriety in drinking) in running script

By Zhao Mengfu

Handscroll, ink on paper

H. 28.5cm　L. 65.2cm

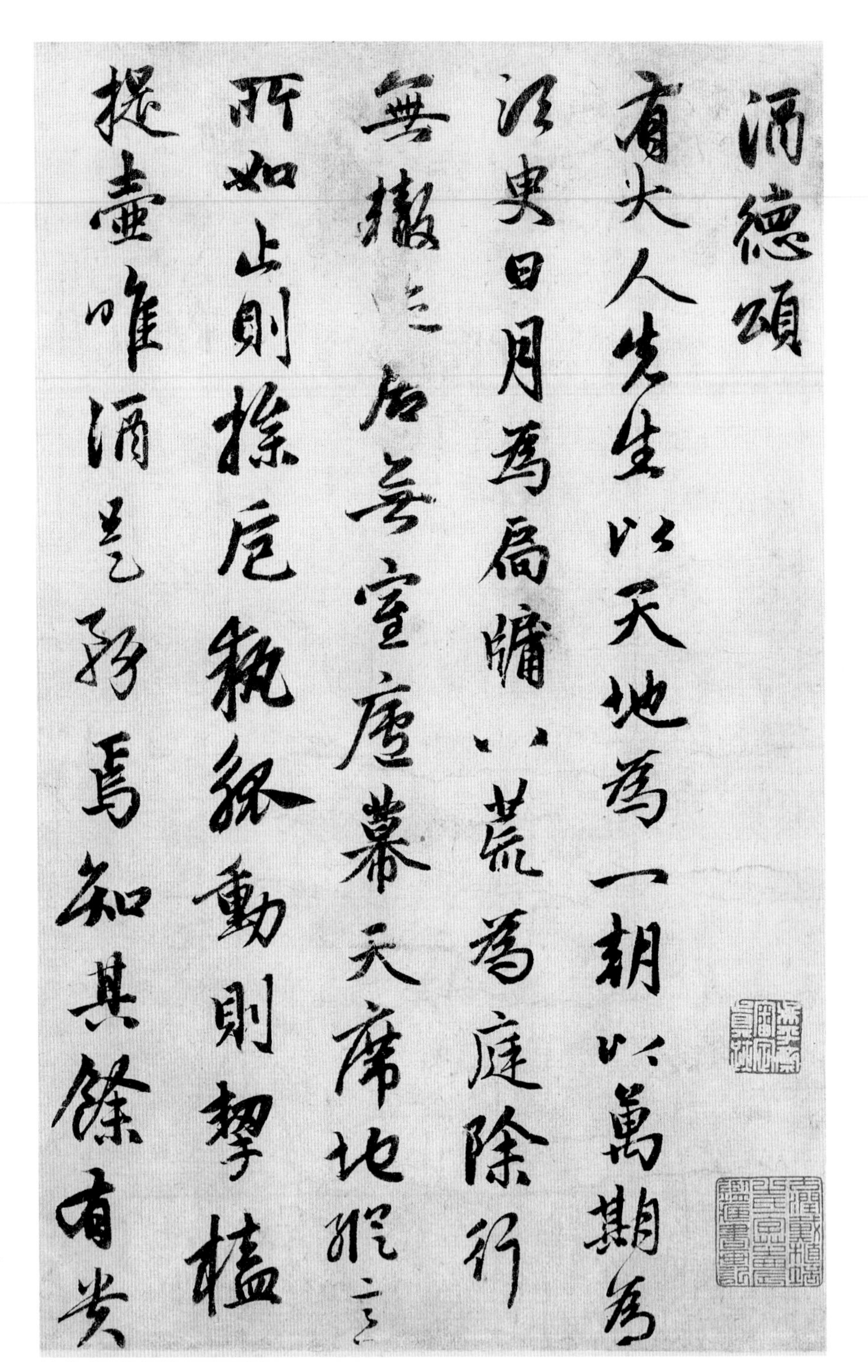

《酒德頌》為西晉劉伶作，趙孟頫為瞿澤民書，文字與《昭明文選》稍有出入。款署"延祐三年丙辰歲十一月廿一日為瞿澤民書　子昂"，鈐"趙子昂氏"(朱文)印。帖後有徐有貞、陳鑑、劉珏、楊循吉、文彭、王穉登、翁方綱、阮元、孫星衍等人題跋。

此帖書法筆勢縱逸，筆法變化豐富，既有二王風範，又是自家面目。姿媚雋逸，出神入化。六十三歲的趙孟頫，可謂人書俱老，書藝已臻於爐火純青，堪稱趙書的代表之作。帖後文彭跋云："倍手拈來，頭頭是佛，若必曰'蘭亭'，恐不必以此論松雪"。其他題跋的明清書家對此帖也是推崇備至。

鑑藏印記：戴植、吳雲、顧文彬等印。

歷代著錄：《東圖玄覽編》、《真跡日錄》、《過雲樓書畫記》、《三虞堂書畫目》。

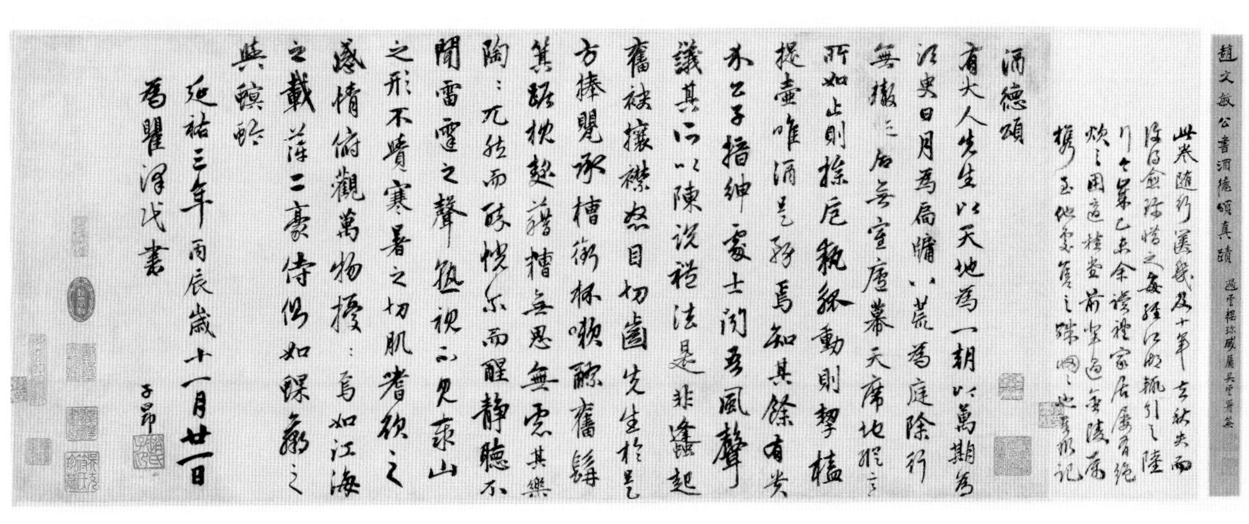

《酒德頌卷》之一

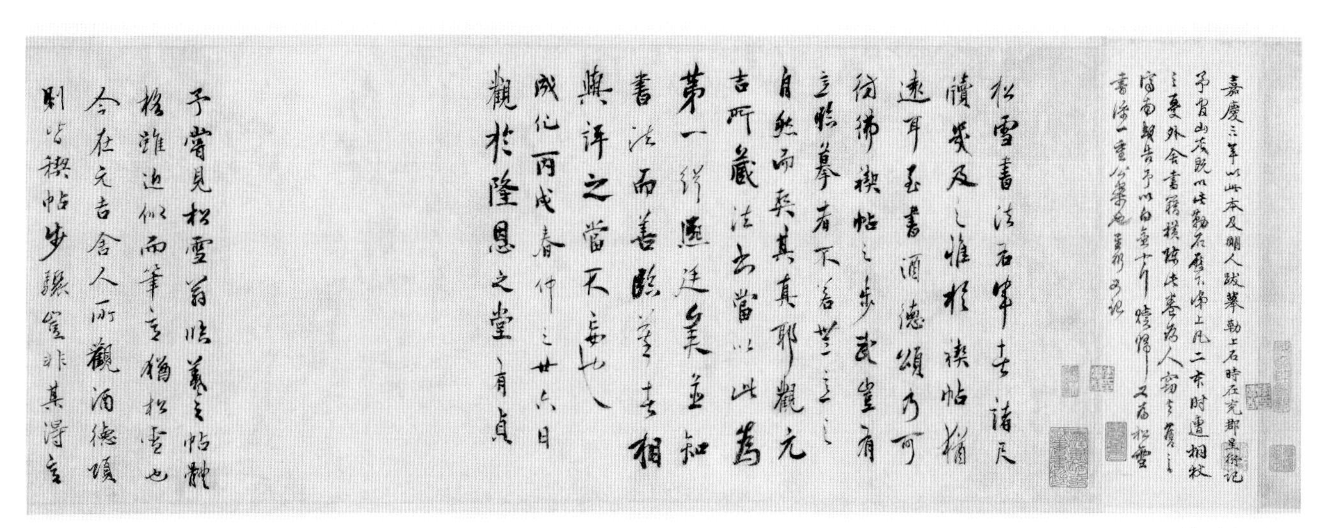

《酒德頌卷》之二

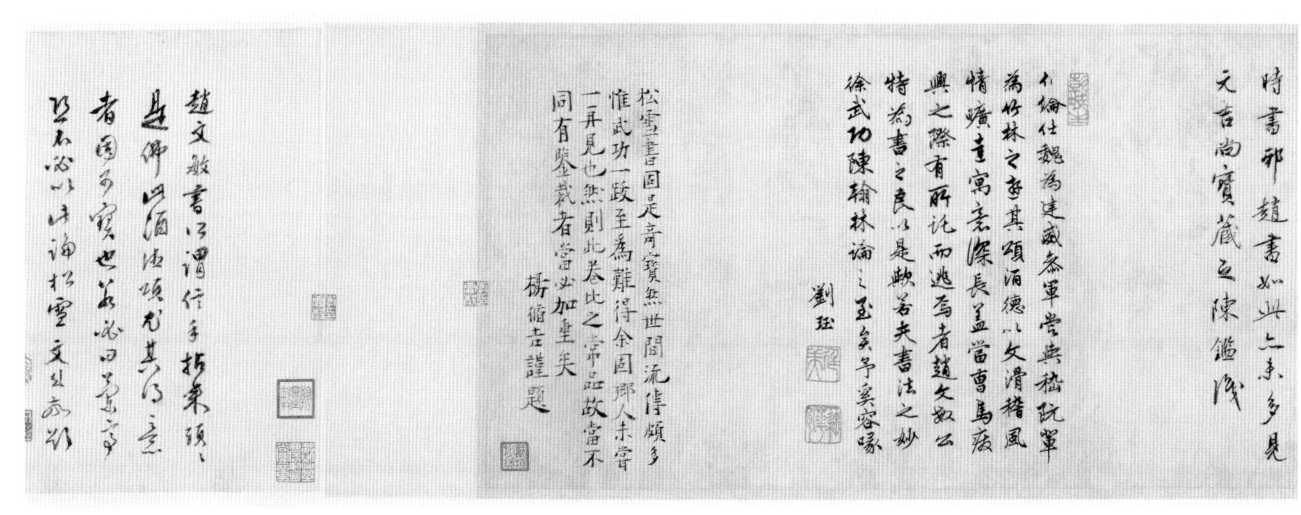

《酒德頌卷》之三

釋文：有大人先生，以天地為一朝，以萬期為須臾，日月為扃牖，八荒為庭除（衢）。行無轍跡居無室廬，幕天席地，縱意所如。止則操卮執觚，動則挈榼提壺，唯酒是務，焉知其餘。有貴介公子，搢紳處士，聞吾風聲，議其所以，陳說禮法，是非鋒（蜂）起，奮袂攘襟，怒目切齒，先生於是方捧甖承槽，銜杯漱醪，奮髯箕踞，枕麴藉糟，無思無慮，其樂陶陶。兀然而醉，恍爾而醒，靜聽不聞雷霆之聲，熟視不見泰山之形，不覺寒暑之切肌，嗜欲之感情，俯觀萬物擾擾，焉如江海之載（浮）萍，二豪侍側，（焉）如蜾蠃之與螟蛉。　延祐三年丙辰歲十一月廿一日為瞿澤民書　子昂

前年秋淵如林曹以所藏趙書此頌屬
題，予雅一再題記，然其中有一處堆疑可
驗其真而後來未經人道破者，心竊識之
而未遽質之也。今年春予復得趙書數
行，以此法驗之，天然吻合，於是復借此卷
來相對，驗其爲真，乃愈無疑。發不
蓋矣。想淵如亦審於後題此一層謂驗
之法，理應明白叙出，然以題此一經流傳
一入收藏家之手，又必闕作聽之者矣。
此意亦不可不慎防也。是以仍不詳説，第
爲識其可以見真之驗而已。乙卯二月編記
漁莊記筆，法亦古厚，然
尚在此前十年。

趙松雪延祐三年書酒德頌，是年松雪
年六十三矣，其銜稱林學士承旨，在是年
予以今文選本校之，第期上諸書多以字
陳説禮法是非鋒非八字，趙書亦奮袂
攘襟怒目切齒，二語且著上多乃字，鋒
起作蜂起，欲爾而醒，悦爾而醒，不覩
泰山作不見泰山，利欲作嗜欲，載浮作
載薛，凡此數處，互有短長，豈松雪所據宋
以前本竟大異今本耶？又予見隋人書史孝
山出師頌墨蹟，以今本文選校之，異處亦多，
是知古籍流傳，無從校正者多矣。拖尾有徐
有貞等六人跋，徐鹽海人，有句親詩集；
劉珏長州人，有完庵詩集；楊循吉字君謙，
禮部主事，有松籌堂集，吴縣人，與徐武功
同里，跋中甚推重武功，毋乃以奪門勞績爲
鄉里榮耶？淵如前輩同年囑
爲考證之，跋書此。阮元

趙松雪書多贗本，而筆力沉著如印
泥劃沙者，卷非後人所能仿。此卷得於
都門，其文字之異於文選處亦以校勝。
凍見趙書四十二章經及華氏中藏
楞嚴與校本不同，趙亦自云得內秘本
寫之，益證此本非妄作。余不能書，愛
而審視，寔追對不謬，由見者不少也。
太歲在單閼三月十二日孫星衍

嘉慶四年己未三月淵如觀察過武
林，携此卷出示，時在二弟時桃錢塘
官廨中蔣應觀

嘉慶四年四月廿五日段玉裁、錢時霽、
夏文燾、黄丕烈、袁廷檮、李銳、顧
廣圻同觀於楓橋五硯樓，玉裁書。

嘉慶辛酉八月晦日古右北平吴鼎臣獲觀于京邸
出萬明寺書以誌幸

予所藏松雪書壽春堂記，乃公晚年學涪
翁筆，楷法特爲蒼鬱，使人紬繹不盡。此
酒德頌係其中歲所書，較洛神賦恬意
秀勁過之。穐七月客於白下，從淵如觀察借
閲，過吴門復留于唐明府陶山署齋，未獲
臨橅。今仲冬望前，連日與觀察相叙胥江
舟中，云此須善價，毋庸汲汲求售，故識數語
還之，寶愛不能釋也。古華陳廷慶

後閲阮公跋，考證明確，始識予斷爲中
年書之過。胥江舟次，淵如刺促不得重
書，更正罪甚甚。廷慶又筆

嘉慶己未中冬望日
與淵如觀察同客吴
門，出眎此卷，因記歲
月於後。同觀者嘉定
瞿中溶、錢東塾、吴縣
滕震。何元錫記

嘉慶庚申人日後二日吴江郭麐祥伯氏觀於西湖寓樓

予生平好書畫，不以書好自累，古書取其校
正譌缺，古畫窺古人筆法及服物制度，所得書
宋元版以別本校證，每多顛舊者，以爲他書此
趙文敏墨迹已刻二石，可以不存，適家弟鳳
卿見示黄文節書帖，愛逾常，因以此償之

當時如此此書在延祐三年
數年南歸吳興宗遣使即其家偶
書李經其時距四年有吞年
精進故所書蒼勁直逼蘭亭可
寶也春雨初晴飛筆入硯愛校
谷本異同証出觀察并可與中
丞互相參訂云馮巢又記

吾家藏元明楊載譔趙子昂行狀一卷，係公子仲穆
手寫，授梓常禎，閒海鹽胡宣子得之吳興邮教
授者，筆法遒秀，古色盎然，有舊跋數則，極可賞玩。
比寓京師，承德孫君鳳卿以子昂書酒德頌見示，
乃延祐三年丙辰歲十一月廿一日爲瞿津民書。
按狀，延祐丙辰七月進拜翰林學士承旨榮祿
大夫，知制誥，兼修國史，仁宗聖眷甚隆，字而不名
云云。書此頌時，距拜官僅三月耳。子昂出處吾不
得而知，然主臣遇合，洵一時盛事。卷中劉廷美跋
云伯倫仕魏爲建威參軍，其頌酒德寓意淡長，蓋
當晉馬嚴興之際，有所託而逃焉者。趙文敏公特
爲書之，良以是與。恐大想當然語也。
嘉慶六年歲在辛酉秋九月三日海寧陳鱣記于
京師宣南坊寓館

光緒五年歲在己卯四月上弦新建勒方錡
歸安吳雲、沈秉成、吳潘曾瑋、中江李鴻裔
同觀於艮盦方伯之怡園

萬曆丁丑清明前三日在虎丘舟中觀
趙榮祿書酒德頌神明煥然甚快病夫
之目 太原王穉登敬題

品趙書以蒼勁古厚為上其專取圓秀者非知言之選也此頌筆
筆皆入右軍之室即謂作換鵝觀亦何不可僕則謂中間數
筆直可作古篆觀矣 乾隆癸丑秋八月三日北平翁方綱

[illegible]建申之月己丑國子監祭酒蒙古法式善翰林院編脩
錢塘吳錫麒翰林院檢討遂寧張問陶兵科給事中婺源王友亮內閣中
書介休劉錫五刑部郎中洛陽田嵩刑部員外郎仁和魏成憲刑部主事歙
州馮敏昌績溪方體寧化伊秉綬工部主事靈石何道生蘭州州判浮山張道
渥臨川學正安邑宋葆淳廩貢生婺源胡翔雲布衣江都羅聘同觀于孫公園
淵如郎中寓齋

長白那彥成曾觀 乾隆癸丑五月晦日

嘉慶己未春暮錢唐梁同書觀

此卷是趙書家上神品後有
明諸家跋徐武功陳緝熙劉
完庵皆吳景間同時以鑒
藏著稱卷內恰有三人
手跋此段鑒賞風味在文
祝諸公之前也陳鑑字緝
熙吳人景泰時官祭酒即
摹刻蘭亭入石者所藏
諸帖舊本余嘗見之劉
珏字廷美長洲人宣德中
官山西按察司僉事工
於唐律時人稱為劉八
句所居寄傲園仿盧鴻
一草堂圖為之癸丑八月

《酒德頌卷》之四

右松雪行書酒德頌阮眉事既
取今文選未校其字之不同矣聞
嘗考之東坡赤壁賦鄉塾小兒皆
能成頌誦坊本作而吾子之所
嘗遠東坡自書作共食二字殊
勝非石刻嘗以正沐傳之失者
書家何重在此至宮古人文字處處
有往往誤而不改者近代董香
光尤甚如米道記其跡之王
子安未察其變邪為之東可
查以為據依也余去秋於汪容
甫家頭見松雪正書急就篇
草書生批施不擬至何以此
卷則絕手東家法而朗秀圓
潤正可競爽淵如比部至寶
之乾隆癸丑七月兆望秋暑未
退揮汗題此趙[illegible]

上元退庵管鏞觀於暢園

鄭研齋桂未谷同看
嘉慶丙辰重九

《酒德頌卷》之五

家淵如觀察以趙文敏書酒德
頌見貽予讀之朋与諸書不合
扃牖藝文類聚作牖戶庭除晉
書文選初學記類聚作庭衢提
壺初學記作持壺蠡起初學記
作蜂起案說文蠡飛蟲蠡人者
从䖵逢聲廣韻蜂与蠭同作
蠭起者疑誤承槽李善文選晉
書類聚事類賦注皆作承槽惟
初學記北堂書鈔作承糟下有
枕麴藉糟則此當從槽嗽醪類
聚作歠醪奮髯類聚作奮髯漢
書宋傳傅奮髯括几則頌即本
此類聚作鬢者非莫踞文選作
踑踞說文有莫字無踑字則今
莫為正藉糟類聚作籍糟恍
而醒初學記閒本文選皆不
見泰山閒本文選同嗜欲之感
情亦同如江海之載浮萍文選作
如江漢之載浮萍二豪侍側下文
選晉書有焉字則阮芸臺中丞

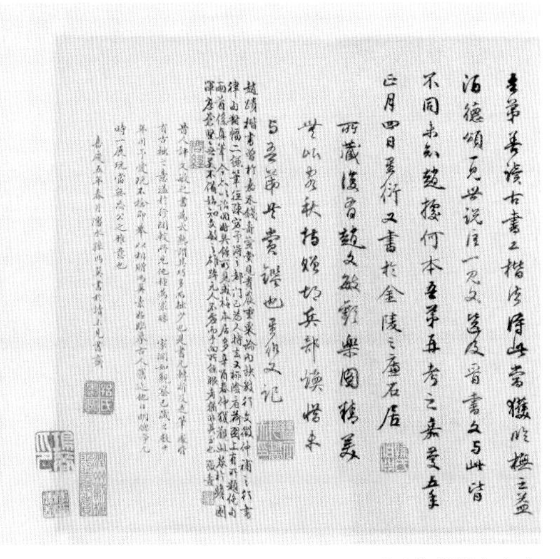

《酒德頌卷》之六

32

趙孟頫　楷書膽巴帝師碑卷

紙本　楷書

縱33.6厘米　橫166厘米

Dan Ba Di Shi Bei (Stele of Imperial Tutor Dan Ba) in regular script

By Zhao Mengfu

Handscroll, ink on paper

H. 33.6cm　L. 166cm

《膽巴帝師碑》或稱《龍興寺碑》，趙孟頫撰文並書。膽巴(1230－1303)，一名嘉葛刺思，吐蕃突甘斯旦麻(今四川石渠)人。元世祖至元七年(1270)賜號帝師。皇慶元年追號“大覺普慈廣照無上膽巴帝師”，這是元仁宗第二次命趙孟頫為之書碑。卷末年款“延祐三年”，可知是其六十三歲時書。卷後有清代楊峴、李鴻裔、潘祖蔭、王寧等人題跋。

趙氏書法，行草師二王，碑版取唐法，曾遍學褚(遂良)、顏(真卿)、徐(浩)、張(從申)、蘇(靈芝)等，尤得柳(公權)、李(邕)為多。但皆捨其面目而含其精神，創後世所稱之“趙體”。此碑運流麗遒勁之筆，寫莊重精嚴之書，於端正中見生動，剛健中含婀娜，有極高的藝術水平，為趙書名碑。

鑑藏印記：“第一希有”(朱文)及近人譚敬諸印。

歷代著錄：《南陽法書表》、《東圖玄覽》、《式古堂書畫彙考》、《壬寅銷夏錄》、《三虞堂書畫目》。

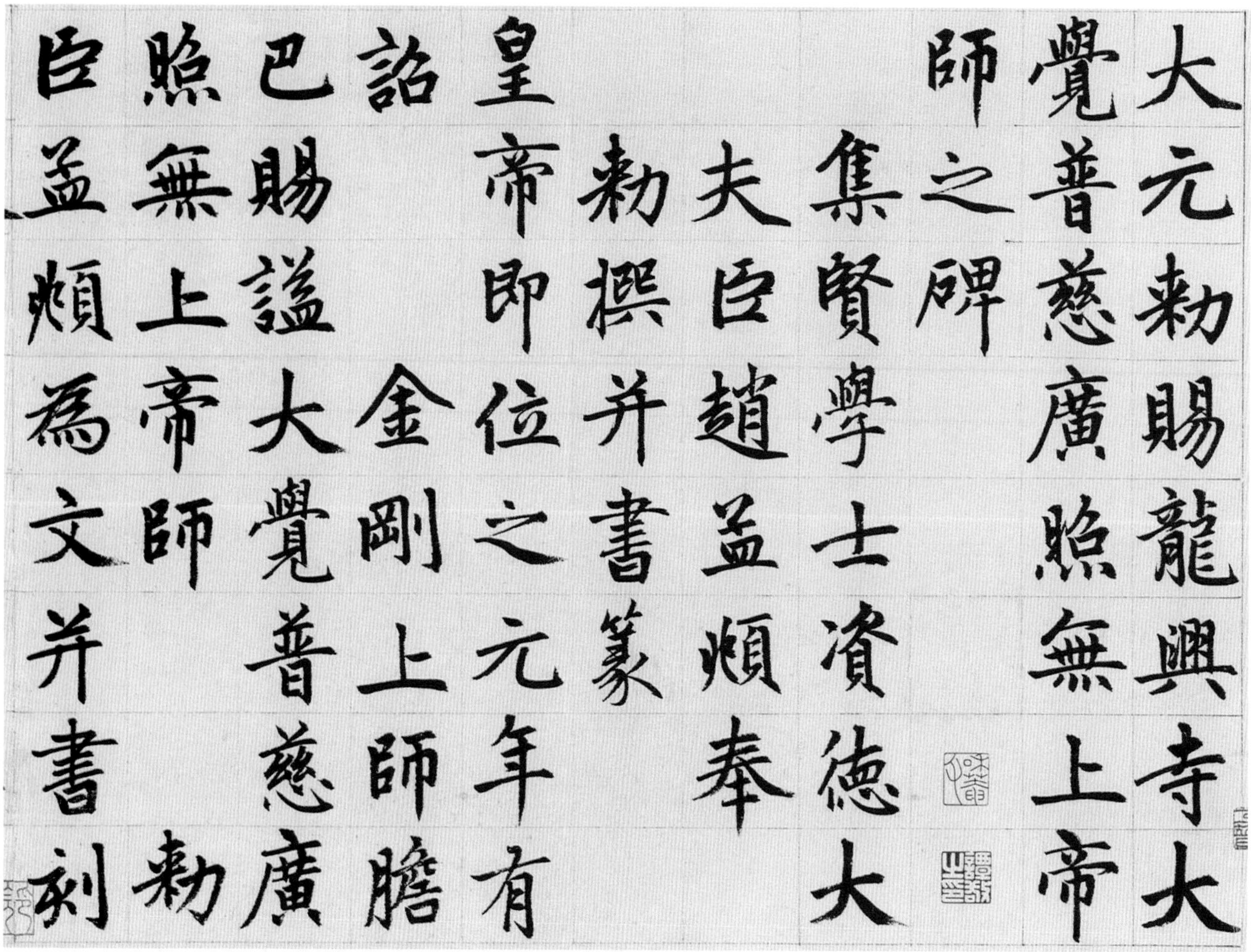

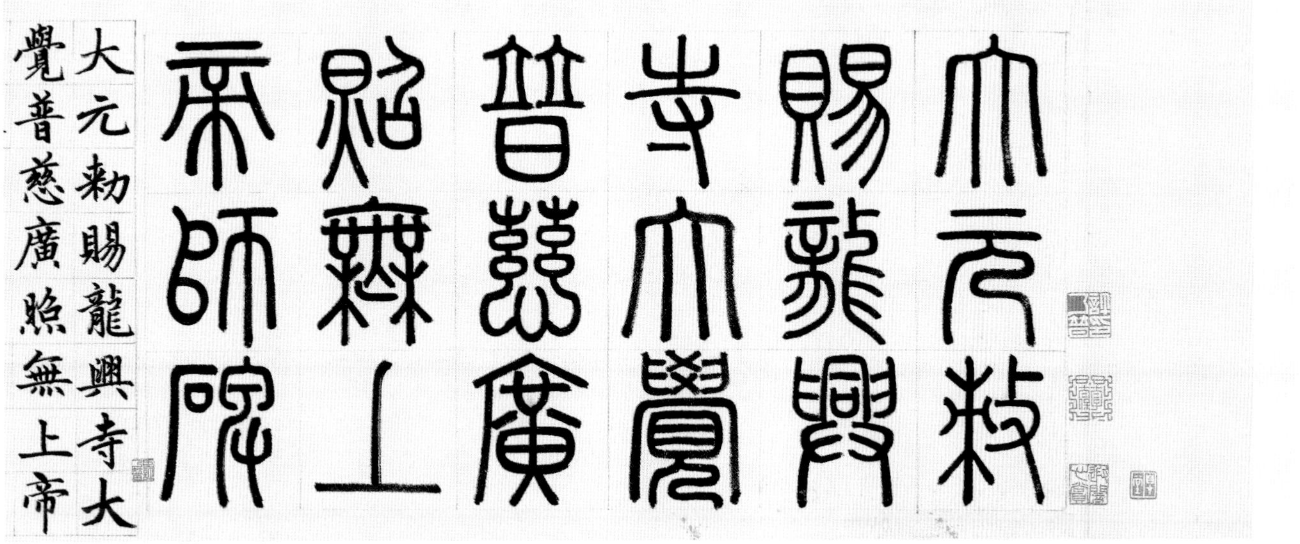

《膽巴帝師碑卷》之一

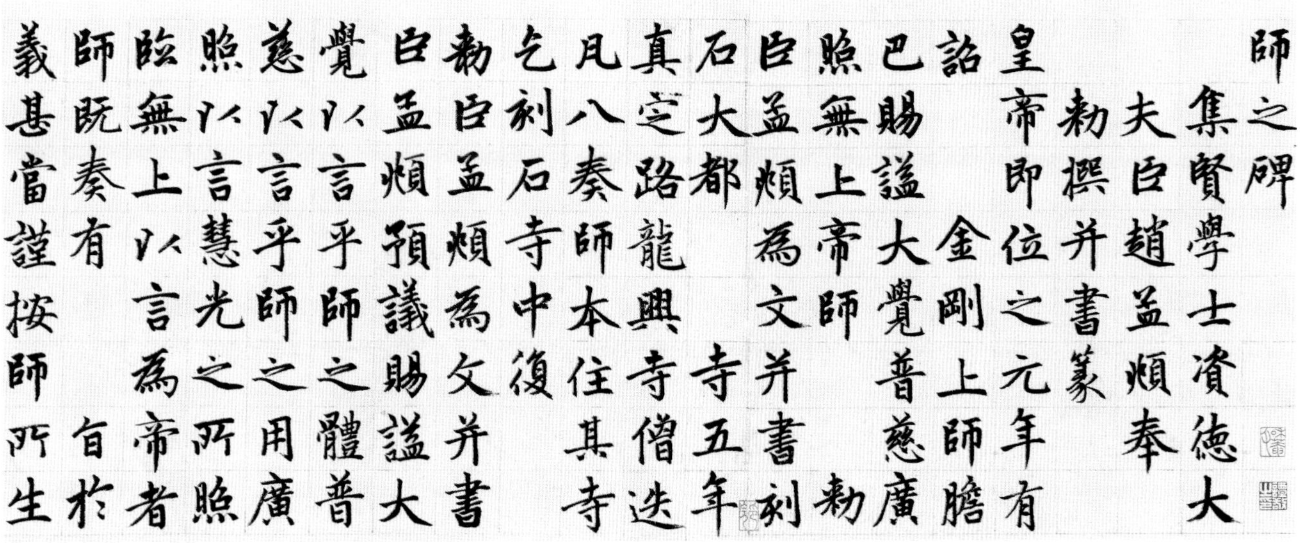

《膽巴帝師碑卷》之二

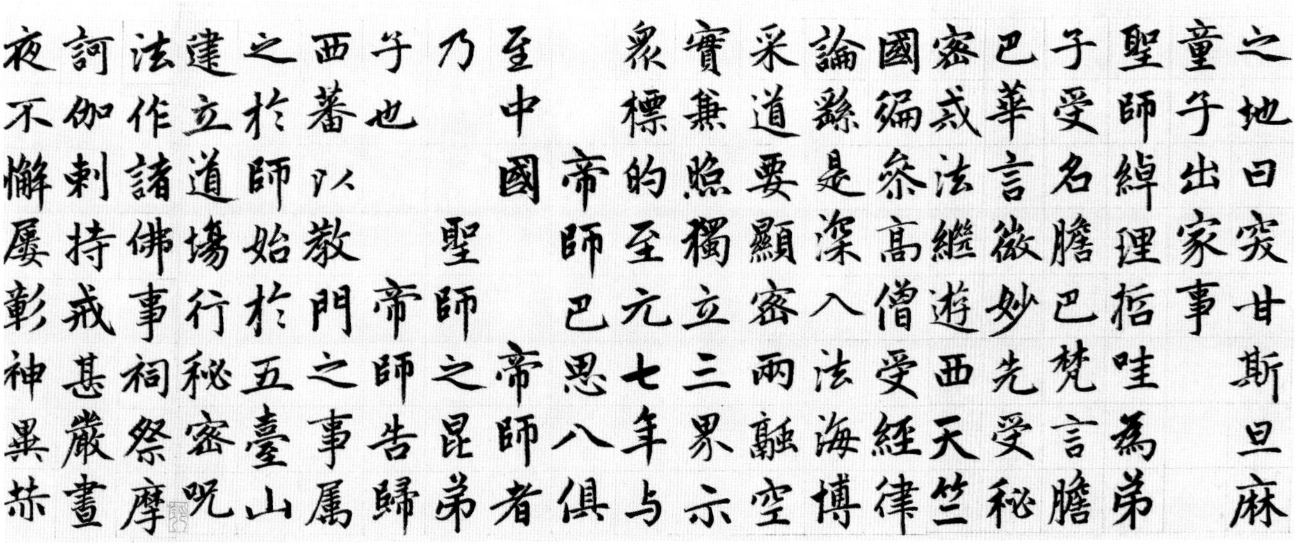

《膽巴帝師碑卷》之三

流出計其長短小大
多寡之數與閣材盡
合詔取以賜僧惠演
為之記師始來東土
寺講主僧宣徽大師
普整雄辯大師永安
等即禮請師為首住
持元貞元年正月師
忽謂衆僧曰將有聖
人興起山門即為梵
書奏
徽仁裕聖皇太后奉
今皇帝為大功德主
主其寺復謂衆僧曰
汝等繼今可日講妙
法蓮華經孰復相代
無有已時用名集神
靈擁護
聖躬受無量福香華
果餌之費皆度我私
財且預言
聖德有受命之符至

皇帝
皇太后壽命等天地
王宮諸眷屬下至於
含生歸依法力故皆
證佛菩提成就衆善
果獲無量福德臣作
如是言傳布於十方
下及未來世贊歎不
可盡
延祐三年　月
立石

吳興書此碑年已六十有三去年時祖又年用筆猶復灼鏡
風致而神力老健如挽强者矯矯從今人見之氣增一倍
道光二十有三年歲次癸卯七月大暑後十日姚元之拜觀

戊午己未間客許文恪京邸即知有膽巴碑墨迹
觀文恪新之今題記衆世仁兄始得觀讀某某出此
而仍舊風趣如鳳皇翔集光采溢目甚爲忻舒爲題
嘉而一見無已乙酉二月廿七日楊峴題

唐李北海寫碑版家多後唯趙文
敏足以繼之文敏晚年寸大字規橅
北海然西頎盼遂無一筆失度不止
優孟虎賁而已此書膽巴碑骨氣
遒美純用本家自運之筆王弇州
所謂易太和之朗而無其佻者也
光緒甲申嘉平小除日李鴻裔題

自宋刻唐摹諸晉偽帖起後賢
相承以函札字體入碑版數百年
不變唐法盡失趙董為兩代宗工
能轉移風氣然所作碑版仍函札
書也凡函札書最貴墨本此字裹
行間波折起伏濃淡之際具有
墨采流露猶文家所謂筆妙
非木石刻本之所能傳故論趙董
書未求之刻帖中相去則萬里
矣　光緒十一年八月從　江陰繆師
許獲觀
屺懷先生所藏此卷附記於後　懿榮

膽巴即丹巴譯音之轉也今哲卜尊
丹巴實總漠北黃教仍世呼畢勒罕
皆襲其名
屺懷郎中出示趙書膽巴碑屬題
數字
乙酉九月玉牒盛昱

余舊藏此碑刻本甚精當即錢竹汀所據之本
但不記是元貞元年元貞幾年耳此為文敏真迹無
可疑者所見趙書墨迹石刻大抵如斯其有過趣
圓美者則鈎摹之失昔年每見此懷書七為吾學
承旨者今知當得此卷藏之有年宜其契合無間
惜乎年之不永耳
宣統元年三月楊守敬記時年七十有二

然流聞自是德業隆
盛人天歸敬　皇伯
武宗皇帝
晉王及
今皇帝
皇太后皆從受戒法
下至諸王將相貴人
委重寶為施身執弟
子禮不可勝紀龍興
寺建於隋世寺有金
銅大悲菩薩像五代
時契丹入鎮州縱火
焚寺像毀於火周人
取其銅以鑄錢宋太
祖伐河東像已毀為
之歎息僧可傳言寺
有復興之讖於是為
降詔復造其像高七
十三尺建大閣三重
以覆之旁翼之以兩
樓壯麗奇偉世未有
也繇是龍興遂為河

《膽巴帝師碑卷》之四

大元年東宮既建以
舊邸田五十頃賜寺
為常住業師之所言
至此皆驗大德七年
師在上都彌陀院入
般涅槃現五色寶光
獲舍利無數
皇元一統天下西蕃
上師至中國不絕操
行謹嚴具智慧神通
無如師者臣孟頫為
之頌曰
師從無始劫學道不
退轉十方諸如來一
：所受記未來世必成
佛住娑婆世界演說
無量義身為
帝王師度脫一切衆
黃金為宮殿七寶妙
莊嚴種：諸珎異供
養無不備：建立大道
塲邪魔及外道破滅

《膽巴帝師碑卷》之五

《膽巴帝師碑卷》之六

33

趙孟頫　行草書絕交書卷

絹本　行草書
縱21.8厘米　橫254.7厘米
清宮舊藏

Jue Jiao Shu in running-cursive script
By Zhao Mengfu
Handscroll, ink on silk
H. 21.8cm　L. 254.7cm
Qing Court collection

書錄《嵇叔夜(康)與山巨源(濤)絕交書》全文，間有漏句。款署"延祐六年九月望日　吳興趙孟頫書"，鈐"趙子昂氏"(朱文)、"松雪齋圖書印"(朱文)，起首鈐"趙"(朱文)、"大雅"(朱文)印。延祐六年(1319)，趙孟頫六十六歲。引首有文彭隸書"松雪真跡"，後紙有曹文埴、高士奇(二段)、陳廷敬跋。

此帖書法與趙書其他作品似有區別，初為行楷書，寫至後來由行轉草，間有章草出現。下筆由緩至急，筆勢縱橫欹側，奔放蒼勁。較之常見趙書的虛和雍容，而更多激昂、跌宕、縱放之貌。雖下筆如飛，卻能筆到法隨，變換多姿，不失章法韻致。全書如風捲雲舒一氣呵成。這些藝術特點，當與趙孟頫有感於此文的內容及由此觸發的內心矛盾有關。

鑑藏印記："篤壽"(白文)、"子長"(朱文)、"少溪主人"(朱文)、"蘭石主人"(白文)、"高士奇"(朱文)、"江村"(朱文)、"竹窗"(朱文)及乾隆、嘉慶內府諸印。

歷代著錄：《大觀錄》。

(釋文見附錄)

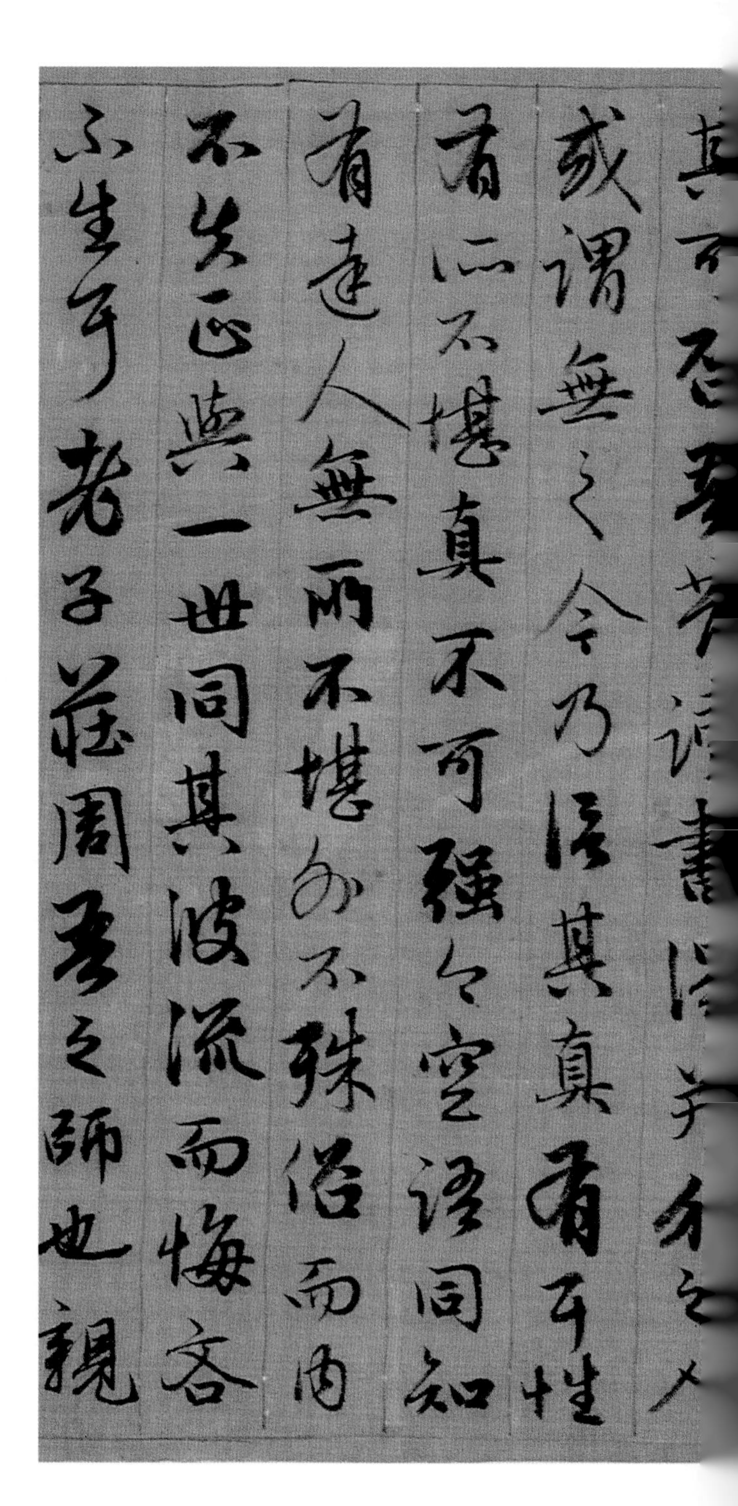

嵇叔夜與山巨源絕交書

康白：足下昔稱吾於潁川，吾嘗謂之知言。然經怪此意尚未熟悉於足下，何從便得之也？前年從河東還，顯宗、阿都說足下議以吾自代，事雖不行，知足下不知之。足下傍通，多可而少怪；吾直性狹中，多所不堪，偶與足下相知耳。間聞足下遷，惕然不喜，恐足下羞庖人之獨割，引尸祝以自助，手薦

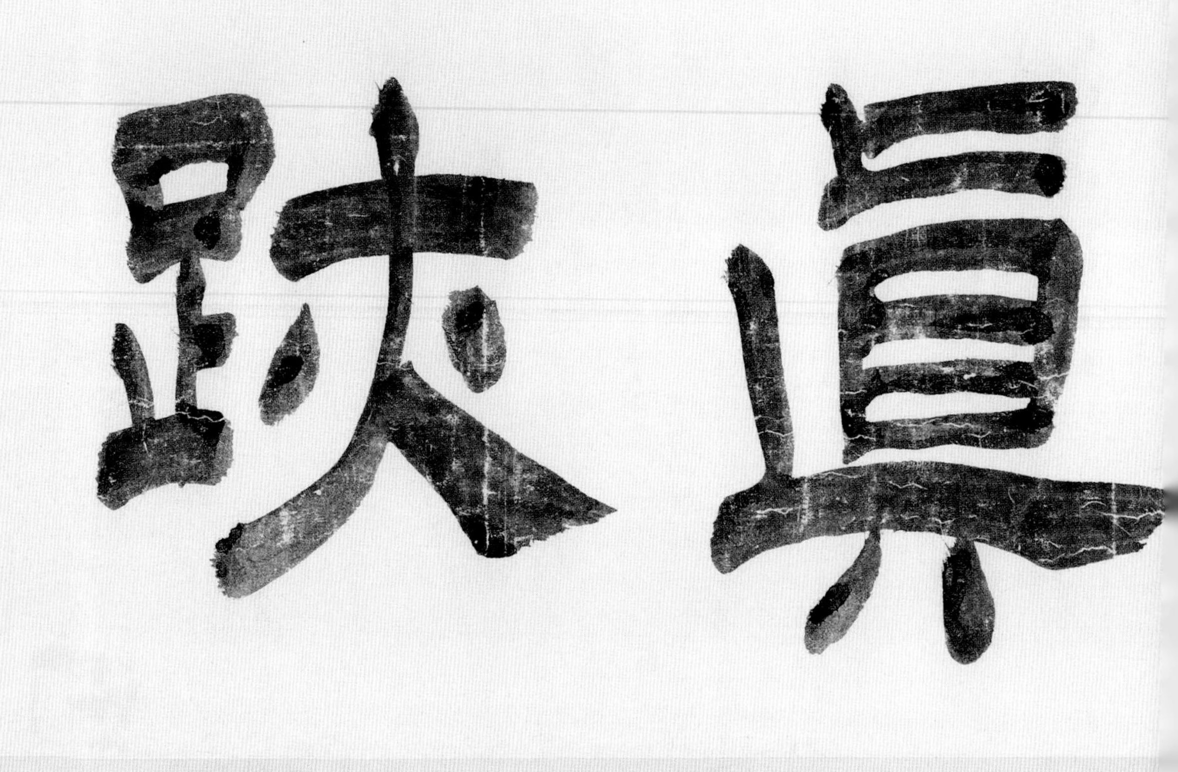

鸞刀漫之羶腥故具為足下陳
其可否吾昔讀書得并介之人
或謂無之今乃信其真有耳性
有所不堪真不可強今空語同知
有達人無所不堪外不殊俗而內
不失正與一世同其波流而悔吝
不生耳老子莊周吾之師也親
居賤職柳下惠東方朔達人也
安乎卑位吾豈敢短之哉又仲尼
兼愛不羞執鞭子文無欲卿相而
三登令尹是乃君子思濟物之意
也所謂達人能兼善而不渝窮
則自得而無悶以此觀之故堯
舜之君世許由之巖棲子房之佐
漢接輿之行歌其揆一也仰瞻
數君可謂能遂其志者故君
子百行殊塗而同致循性而動
各附所安故有處朝廷而不
出入山林而不反之論且延陵高

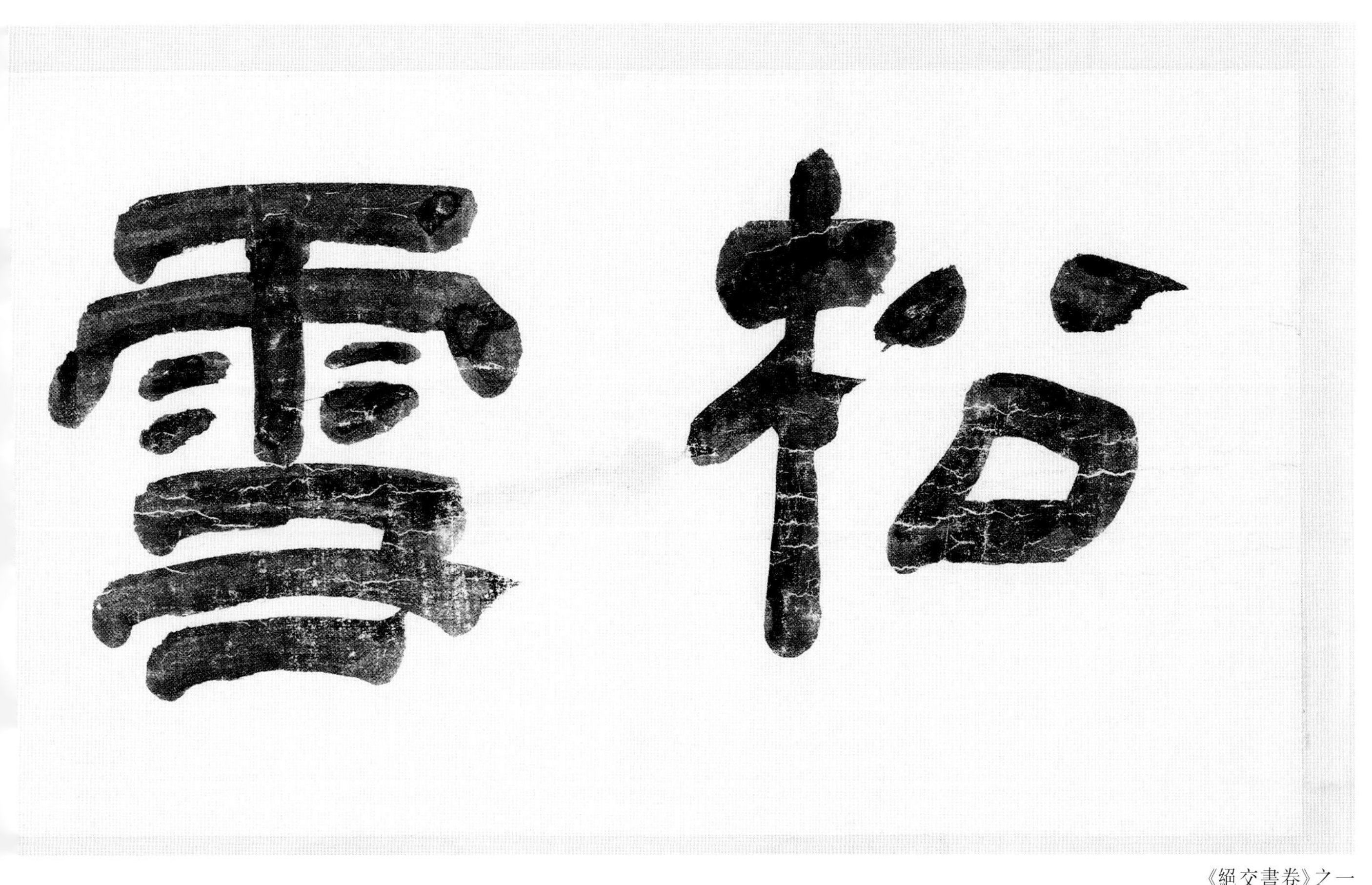

《絕交書卷》之一

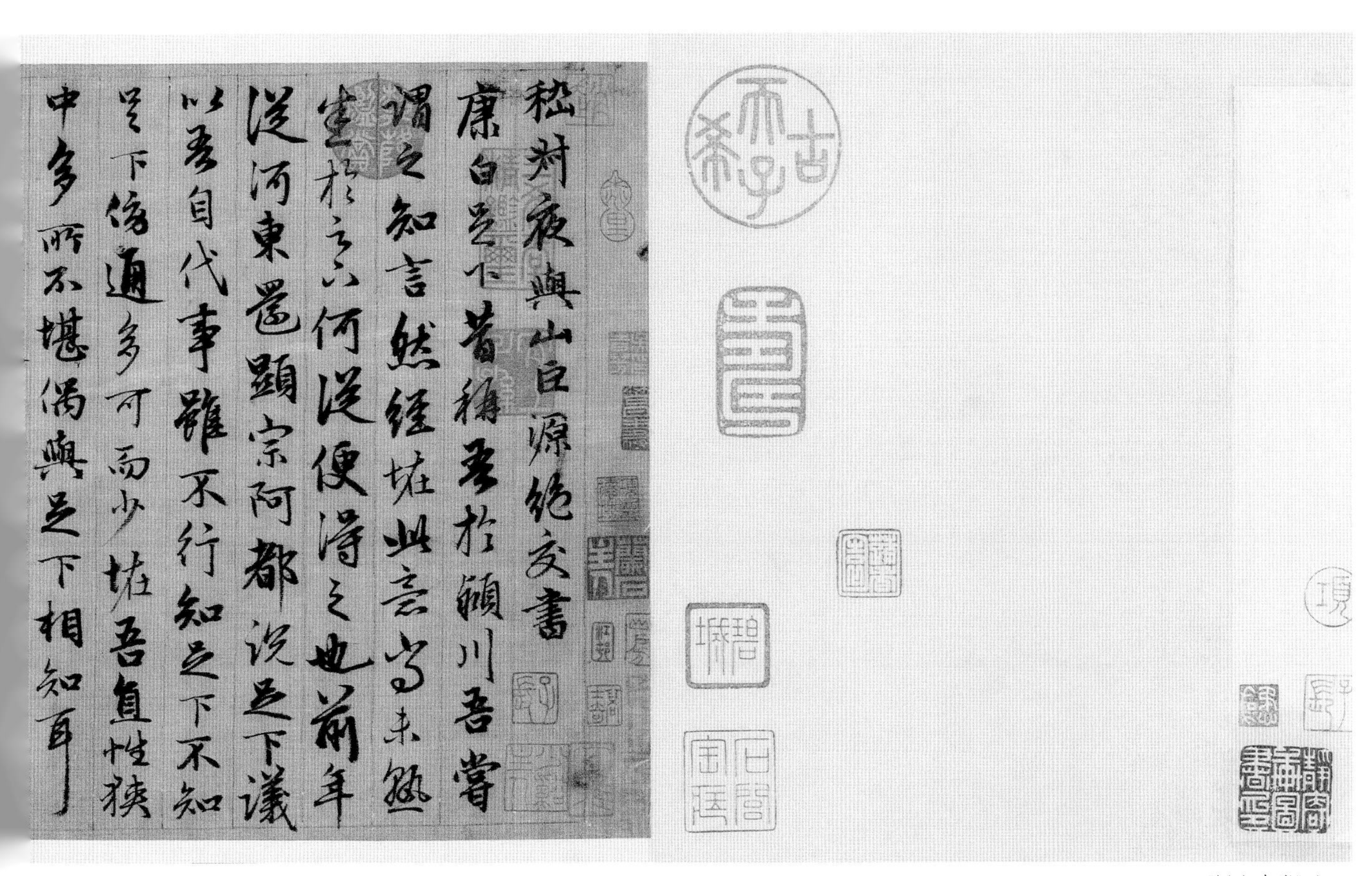

《絕交書卷》之二

又不識人情闇於機宜無石
之慎而有好盡之累久與事接
疵釁日生雖欲無患其可得乎
又人倫有禮朝廷有法自惟至
熟有必不堪者七甚不可者二
臥喜晚起而當關呼之不置一
不堪也抱琴行吟弋釣草野而吏
卒守之不得妄動二不堪也危坐
一時痺不得搖性復多虱把搔無
已而當裹以章服揖拜上官三
不堪也素不便書又不喜作書而人
間多事堆案盈机不相酬答則
犯教傷義欲自勉強則不
能久四不堪也不喜弔喪而人道
以此為重己未見恕者所怨至
欲見中傷者雖瞿然自責然性
不可化欲降心順俗則詭故不情
亦終不能獲無咎無譽如此五
不堪也不喜俗人而當與之共事

以為輪曲者必不可以為桷蓋不
欲以枉其天才令得其所也故
四民有業各以其志為樂惟達
者為能通之此足下度內耳
不可自見好章甫強越人以文冕
也自以嗜臭腐養鴛雛以死鼠
也吾頃學養生之術方外榮華
去滋味游心於寂寞以無為為
貴縱無九患尚不顧足下所好
者又有心悶疾頃轉增篤私意
自試必不能堪其所不樂自卜
已審若道盡塗窮則已耳
足下無事冤之令轉於溝壑
也吾新失母兄之歡意常悽
切女年十三男年八歲未及成
人況復多病顧此悢悢如何可
言今但願守陋巷榮華將
離離以此為快此最近之可
得而言耳法丈長中廣度

《絕交書卷》之三

《絕交書卷》之四

趙孟頫書嵇康絕交書先後入石渠者得三卷已
入之卷不署作書年月蒼秀圓勁足規二王已撫
刻三希堂帖中續又得二卷此卷署延祐六年其
一署延祐七年精采亦不減已入卷想孟頫當時
愛康此書再三泚筆亦如虞世南謂王子敬好
寫洛神人間合有數本毋庸作分別相也乾隆
乙巳孟冬御識　臣曹文埴奉
敕敬書

波天知我意歸如箭風送蒲帆過皂
河俯仰行踪是舊談記同殿角啓琅
函十三寒暑真虛擲徒有嵇生七不
堪丁丑歲直大內南書房與陳說巖
跋尾時說巖方為總憲也後居柘湖
雲間遂以相贈甲戌十月重到苑西三
度扈從沙漠未一展視頃南還曉發
茅滬風利水駛薄晚下至宿遷舟
中觀此屈指舊題已十三年因書二
詩時康熙丁丑九月晦日江邨高士奇

得而言耳然使長才廣度無
所不淹而能不營乃可貴耳
若吾多病困欲離事自全以
保餘年此真所乏耳豈可見
黃門而稱貞哉若趣欲共
登王塗期於相致時為歡益
一旦迫之必發其狂疾自非重
怨不至於此也野人有快炙
背而美芹子者欲獻之至尊
雖有區區之意亦已疏矣願足
下勿似之其意如此既以解
足下并以為別嵇康白
延祐六年九月望日吳興趙孟頫書

《絕交書卷》之五

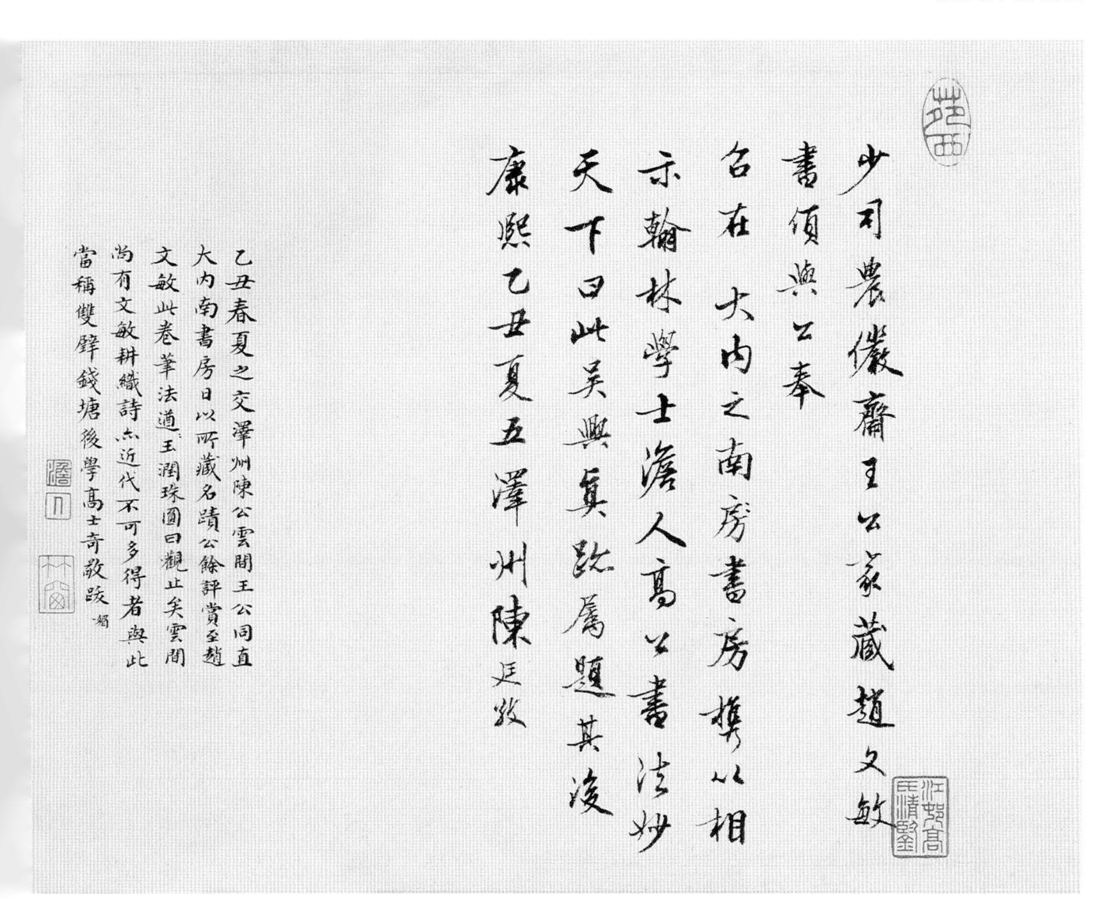

少司農儼齋王公家藏趙文敏
書須與公奉
名在大內之南房書房携以相
示翰林學士澹人高公書法妙
天下曰此吳興真跡屬題其後
康熙乙丑夏五澤州陳廷敬
乙丑春夏之交澤州陳公雲間王公同直
大內南書房日以所藏名蹟公餘評賞至趙
文敏此卷筆法遒遒玉潤珠圓曰觀止矣雲間
尚有文敏耕織詩亦近代不可多得者與此
當稱雙璧錢塘後學高士奇敬跋

《絕交書卷》之六

34

趙孟頫　小楷書洛神賦冊

紙本　小楷書　六開
縱25.7厘米　橫10.3－13厘米（不等）

Luo Shen Fu (Ode to the Goddess of the Luo River) in small-regular script
By Zhao Mengfu
Album of 6 leaves, ink on paper
H. 25.7cm　L. (1) 12.6cm (2) 12cm (3) 12.7cm (4)13cm
(5) 12.7cm (6)12.1cm (7) 12.4cm (8) 10.3cm

款署"延祐六年八月五日　吳興趙孟頫書"，鈐"趙子昂氏"（朱文）印，卷首有"趙"（朱文）、"大雅"（朱文）印。趙孟頫六十六歲書。後紙有元代張雨、陳方，清代周升桓題跋。

趙氏小楷宗法二王，得益於《黃庭經》、《洛神賦》最多，而旁參晉唐人寫經，於工穩精整中饒有綽約姿媚的風致。此帖書法可謂體現了文中"翩若驚鴻、婉若遊龍"的婀娜矯健。帖後張雨跋云："公藏大令真跡凡九行，嘗為余手臨於松雪齋。此卷典型具在，當居石刻之右"。其實，從《松雪齋集》卷十"洛神賦跋二則"可知，趙孟頫實際上得到的是墨跡本《洛神賦》十三行，只不過九行同米友仁跋裱於前，又四行裱於後。

鑑藏印記："文徵明印"（白文，二方）、"衡山"（朱文）、"三橋居士"（朱文）、項元汴、梁清標及嘉慶內府印等。首開下角有項氏"晚"字編號。

歷代著錄：《式古堂書畫彙考》。

飄飄兮若流風之迴雪遠而望之皎若太陽升朝
霞迫而察之灼若芙蕖出淥波穠纖得衷脩短
合度肩若削成腰如約素延頸秀項皓質呈露
芳澤無加鉛華弗御雲髻峨峨脩眉聯娟丹脣
外朗皓齒內鮮明眸善睞靨輔承權柔情綽
瓌姿艷逸儀靜體閑柔情綽態媚於語言
奇服曠世骨像應圖披羅衣之璀粲兮珥瑤碧
之華琚戴金翠之首飾綴明珠以耀軀踐遠遊
之文履曳霧綃之輕裾微幽蘭之芳藹兮步踟
蹰於山隅於是忽焉縱體以敖以嬉左倚采旄
右蔭桂旗攘皓腕於神滸兮采湍瀨之玄芝
余情悅其淑美兮心振蕩而不怡無良媒以接
歡兮託微波而通辭願誠素之先達兮解玉珮以
要之嗟佳人之信脩羌習禮而明詩抗瓊珶以和

第二開

洛神賦 并序

曹子建

黃初三年余朝京師還濟洛川古人有言斯水之神名曰宓妃感宋玉對楚王神女之事遂作斯賦其詞曰

余從京域言歸東藩背伊闕越轘轅經通谷陵景山日既西傾車殆馬煩爾迺稅駕乎衡皋秣駟乎芝田容與乎陽林流眄乎洛川於是精移神駭忽焉思散俯則未察仰以殊觀睹一麗人于巖之畔迺援御者而告之曰爾有覿於彼者乎彼何人斯若此之豔也御者對曰臣聞河洛之神名曰宓妃然則君王之所見無迺是乎其狀若何臣願聞之余告之曰其形也翩若驚鴻婉若遊龍榮耀秋菊華茂春松髣髴兮若輕雲之蔽月

第一開

齊首載雲車之容裔鯨鯢踊而夾轂水禽翔而
為衛於是越北沚過南岡紆素領迴清陽動朱
脣以徐言陳交接之大綱恨人神之道殊兮怨
盛年之莫當抗羅袂以掩涕兮淚流襟之浪浪
悼良會之永絕兮哀一逝而異鄉無微情以效愛
兮獻江南之明璫雖潛處於太陰長寄心於君
王忽不悟其所舍悵神宵而蔽光於是背下陵
高足往神留遺情想像顧望懷愁冀靈體之復
形御輕舟而上遡浮長川而忘返思綿綿而增慕
夜耿耿而不寐霑繁霜而至曙命僕夫而就駕吾
將歸乎東路攬騑轡以抗策悵盤桓而不能去
延祐六年八月五日吳興趙孟頫書

第四開

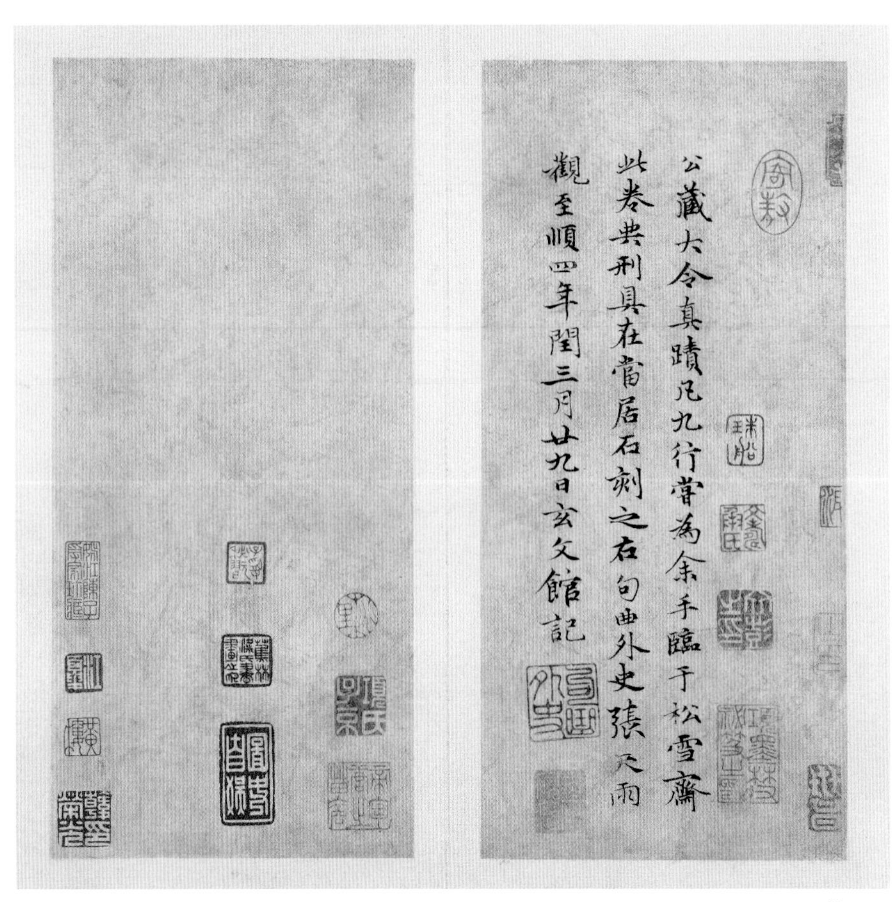

公藏大令真蹟凡九行嘗為余手臨于松雪齋
此卷典刑具在當居石刻之右句曲外史張天雨
觀至順四年閏三月廿九日玄文館記

第六開

余兮指潛淵以為期執眷眷之款實兮懼斯靈
之我欺感交甫之棄言兮悵猶豫而狐疑收和顏
以靜志兮申禮防以自持於是洛靈感焉徙倚
彷徨神光離合乍陰乍陽擢輕軀以鶴立若將飛
而未翔踐椒塗之郁烈步蘅薄而流芳超長吟
以永慕兮聲哀厲而彌長爾迺眾靈雜遝命儔
嘯侶或戲清流或翔神渚或採明珠或拾翠羽
從南湘之二妃携漢濱之遊女歎匏瓜之無匹兮
詠牽牛之獨處揚輕袿之倚靡翳脩袖以延佇
體迅飛鳧飄忽若神陵波微步羅襪生塵動
無常則若危若安進止難期若往若還轉眄流
精光潤玉顏含辭未吐氣若幽蘭華容婀娜
令我忘餐於是屏翳收風川后靜波馮夷擊鼓女
媧清歌騰文魚以警乘鳴玉鸞以偕逝六龍儼其

第三開

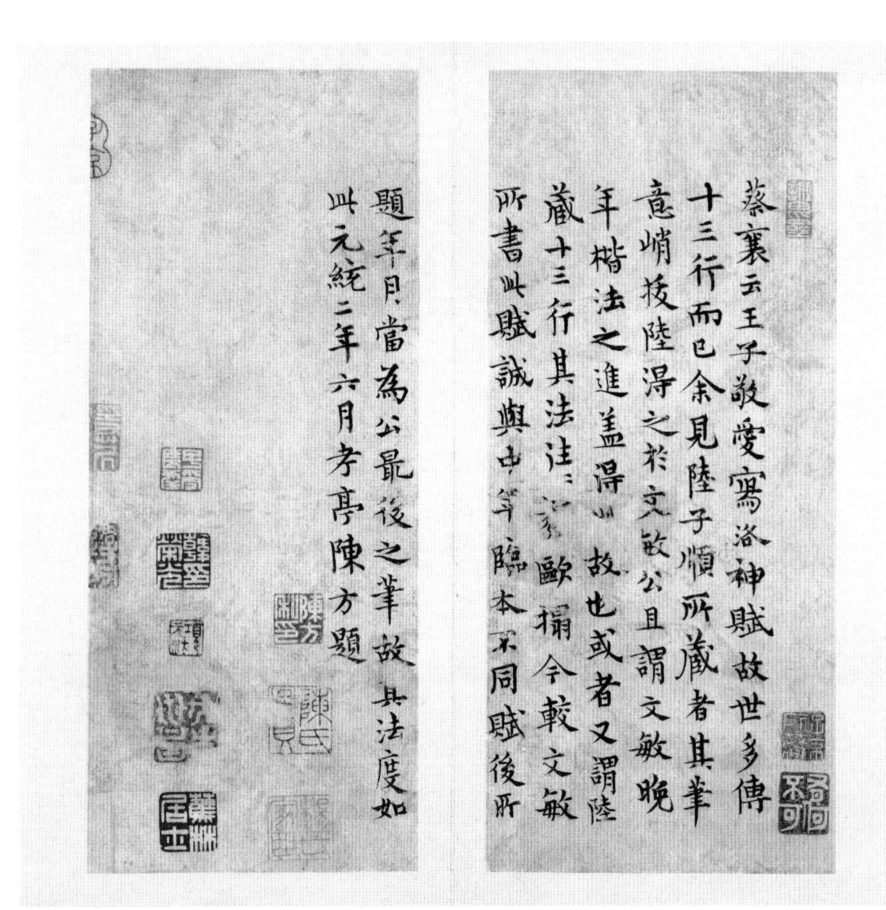
蔡襄云王子敬愛寫洛神賦故世多傳
十三行而已余見陸子順所藏者其筆
意峭拔陸得之於文敏公且謂文敏晚
年楷法之進蓋得此故也或者又謂陸
藏十三行其法往往江家歐揚今較文敏
所書此賦誠與中年臨本不同賦後所
題年月當為公最後之筆故其法度如
此元統二年六月孝亭陳方題

第五開

35

趙孟頫　行書韓愈和盧郎中雲夫寄示盤谷子歌卷

紙本　行書

縱30厘米　橫99.5厘米

Han Yu Song Li Yuan Shi (Poem Presented to Li Yuan By Han Yu) in running script

By Zhao Mengfu

Handscroll, ink on paper

H. 30cm　L. 99.5cm

書錄唐韓愈《盧郎中雲夫寄示送盤谷子詩兩章歌以和之》詩。此卷與趙孟頫行書《與國賓山長帖卷》、楊維楨行草書《小遊仙辭》、危素楷書《陳氏方寸樓記》合裝於一卷。末款“子昂”，鈐“趙子昂氏”（朱文）、“松雪齋”（朱文）印。

此帖書法初起筆勢嚴謹，楷中帶行，寫至後來，行中有草，筆法變化多端，點畫、使轉交代分明。從其筆力的蒼勁厚重，可知是子昂晚年力作。

鑑藏印記：“孫煜峰珍藏印”（朱文）及清乾隆、嘉慶內府諸印等。

歷代著錄：《墨緣彙觀》、《石渠寶笈續編》。

釋文：

昔尋李願向盤谷，正見蒼(高)厓(崖)巨辟爭開張。是時新晴天井溢，誰把長劍倚太行。衝風吹破落天外，飛雨白日灑洛陽。東蹈燕川食曠野，有饋木蕨牙(芽)滿筐。馬頭溪深不可厲，借車載過水入箱。平沙綠浪榜方口，雁鴨飛起穿垂楊。窮探極覽頗恣橫，物外日月本不忙。歸來辛苦欲誰為，坐令再往之計墮渺茫。閒門長安三日雪，推書撲筆歌慨慷。旁無壯士遣屬和，遠憶盧老詩顛狂。開緘忽睹送歸作，字向紙上皆軒昂。又知李侯竟不顧，方冬獨入崔嵬藏。我今進退幾時決，十年蠢蠢隨朝行。家請官給(供)不報答，無異雀鼠偷太倉。行抽手版付丞相，不待彈劾還耕桑。　子昂

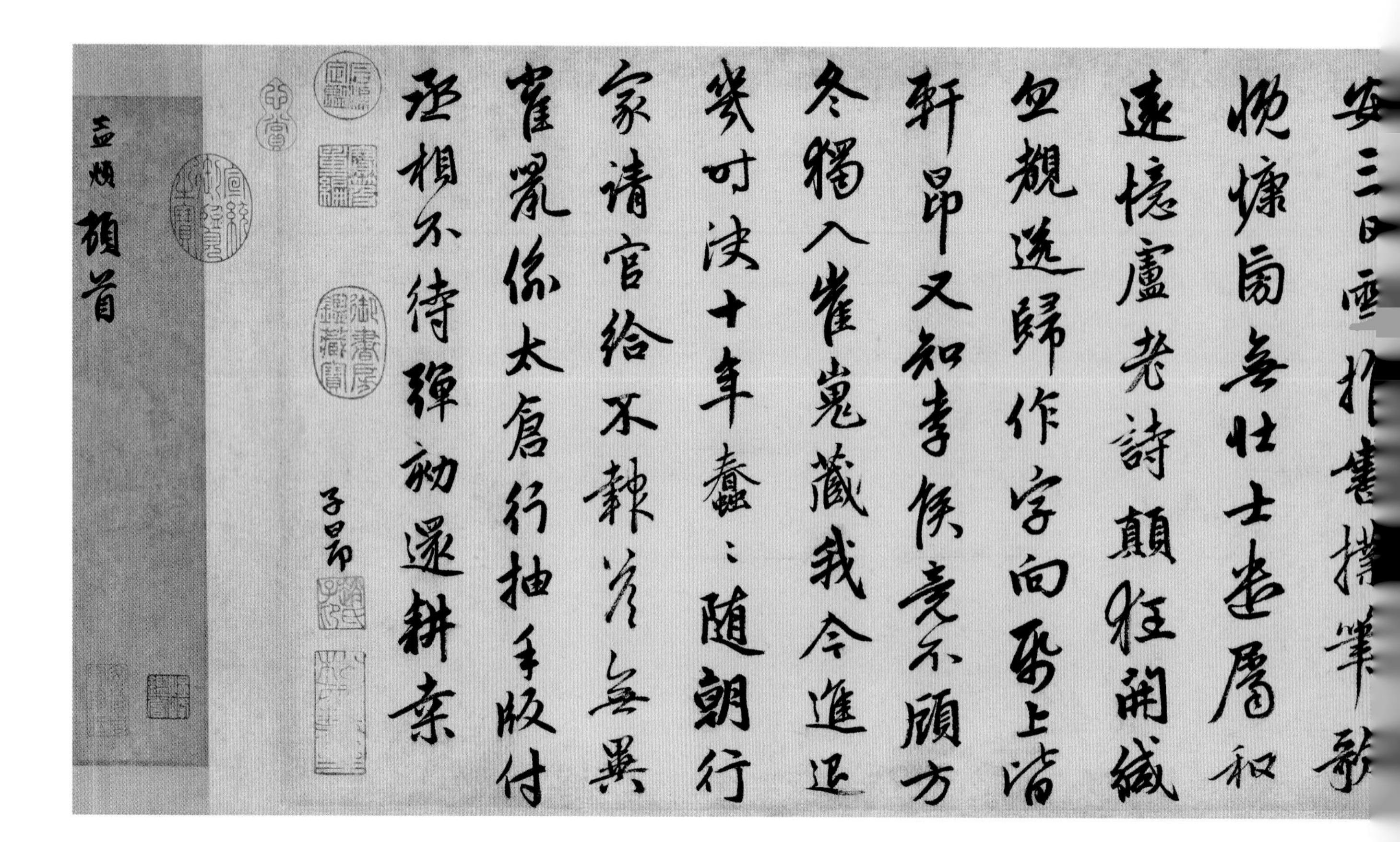

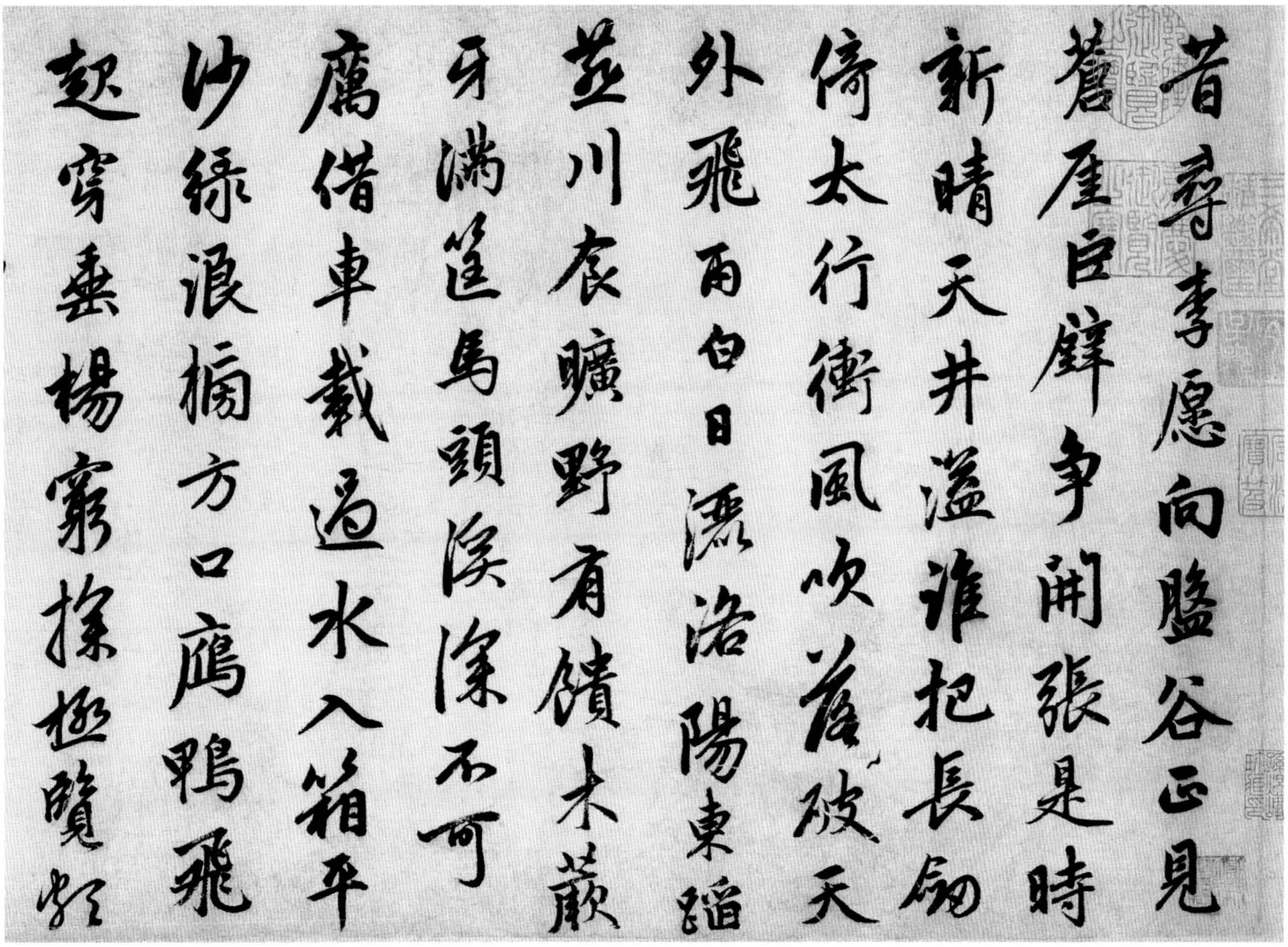

昔尋李愿向盤谷正見
蒼厓白鮮爭開張是時
新晴天井溢誰把長劍
倚太行衝風吹落破天
外飛雨白日灑洛陽東蹈
燕川食曠野有饋木蕨
芽滿筐馬頭溪深不可
厲借車載過水入箱平
沙綠浪榜方口雁鴨飛
起穿垂楊窮探極覽頗

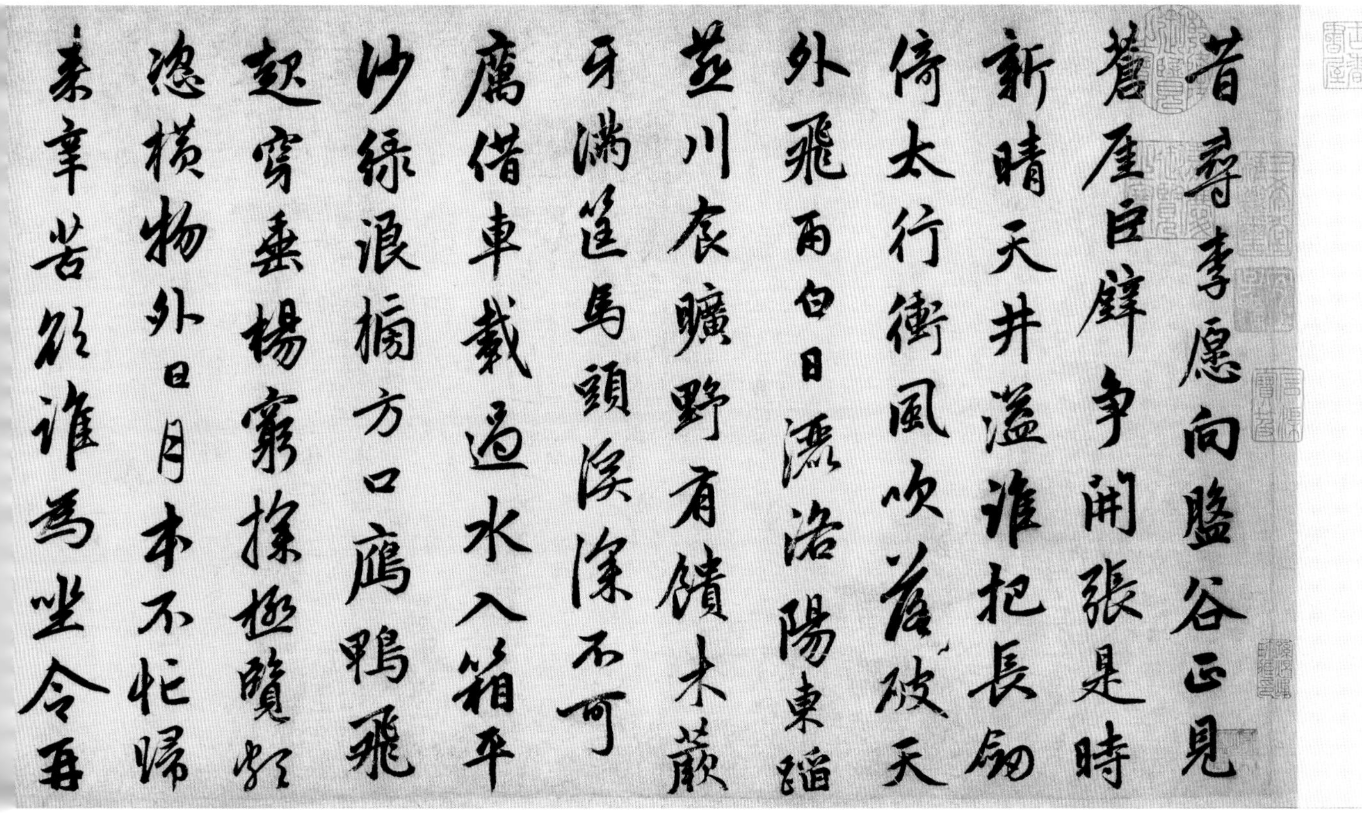

昔尋李愿向盤谷正見
蒼厓白鮮爭開張是時
新晴天井溢誰把長劍
倚太行衝風吹落破天
外飛雨白日灑洛陽東蹈
燕川食曠野有饋木蕨
芽滿筐馬頭溪深不可
厲借車載過水入箱平
沙綠浪榜方口雁鴨飛
起穿垂楊窮探極覽頗
恣橫物外日月本不忙歸
來辛苦欲誰為坐令再

36

趙孟頫　行書七絕詩冊頁

紙本　行書

縱34.7厘米　橫35.3厘米

Qi Jue Shi (Four-line poem with seven characters each line and a strict tonal pattern and rhyme scheme)

By Zhao Mengfu

Album leaf, ink on paper

H. 34.7cm　L. 35.3cm

大行書七絕一首，款署"子昂為中庭老書"，鈐"趙子昂氏"(朱文)印。

此帖書法筆力深沉穩健，氣勢雄強放縱，結體嚴謹端莊。雖短短五行大字，卻從首至尾富有變化；雖書風蒼老，但依舊灑脱雍容，是趙孟頫晚年大行書精品。

鑑藏印記："張珩私印"(白文)、"博山"(朱文)、"潘厚審定"(白文)等。

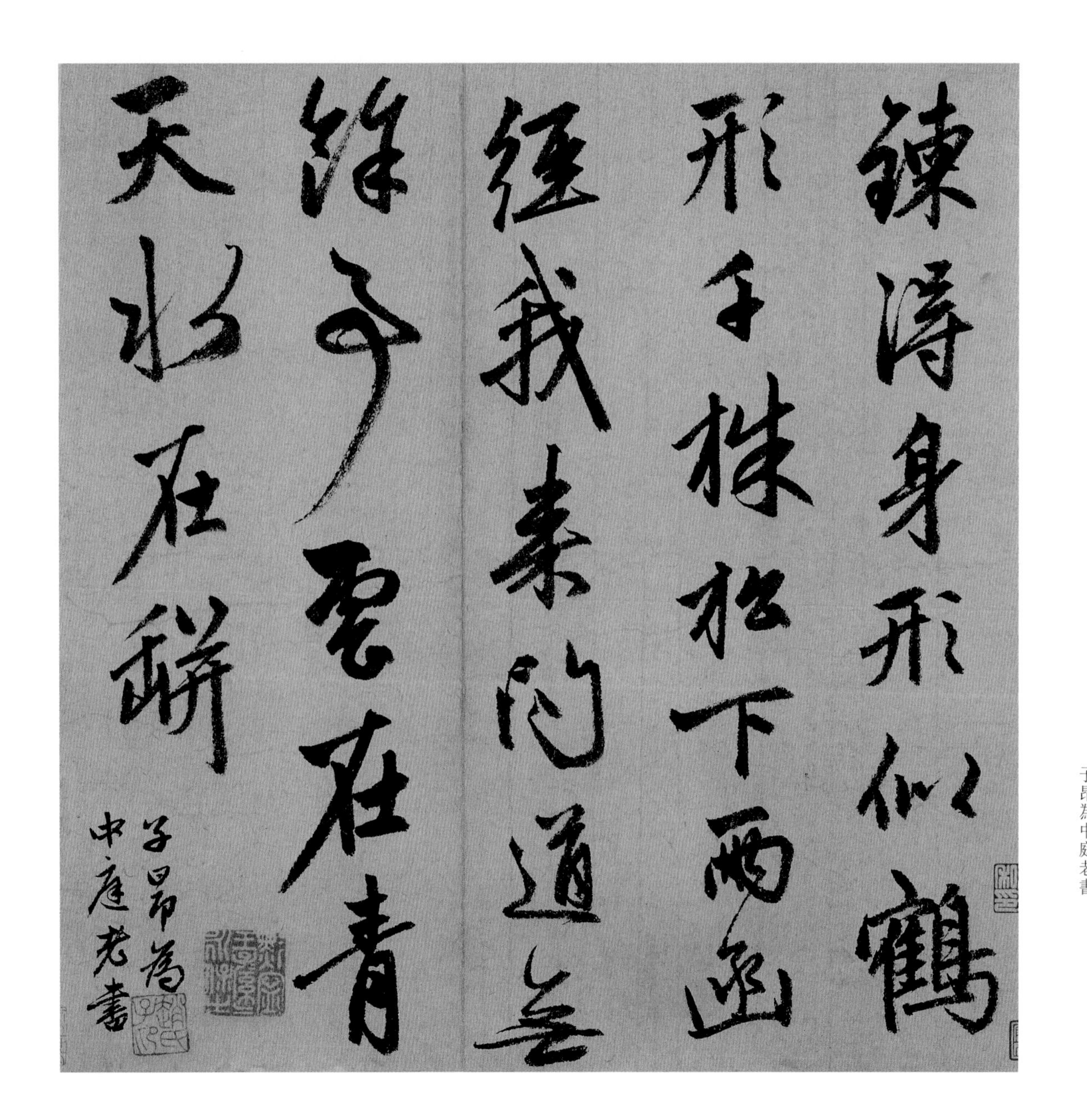

釋文：

練得身形似鶴形，千株松下兩函經。

我來問道無餘事，雲在青天水在瓶。

子昂為中庭老書

37

趙孟頫　行草書陶淵明五言詩冊頁

紙本　行草書
縱32.7厘米　橫45.8厘米

Tao Yuanming Wu Yan Shi (Poem of Tao Yuanming with five characters each line) in running-cursive script
By Zhao Mengfu
Album leaf, ink on paper
H. 32.7cm　L. 45.8cm

書錄陶淵明《飲酒二十首》詩之六，入《法書大觀冊》。款署“子昂”，鈐“趙子昂氏”（朱文）印。帖後元代虞集隸書跋。

此帖書法點畫、使轉尚可見二王書的形質性情，但又分明是自家書的遒逸勁媚風格。雖無年款，但其蒼勁老到的筆法，已經展示了趙氏人書俱老的晚年書風。

鑑藏印記：“安儀周家珍藏”（朱文）、“景賢”（白文）及譚敬等印。

釋文：
秋菊有佳色，裛露掇其英。泛此忘憂物，遠我遺世情。一觴雖獨進，杯盡壺自傾。日夕群動息，歸鳥趣（趨）林鳴。嘯傲東軒下，聊復得此生。
子昂

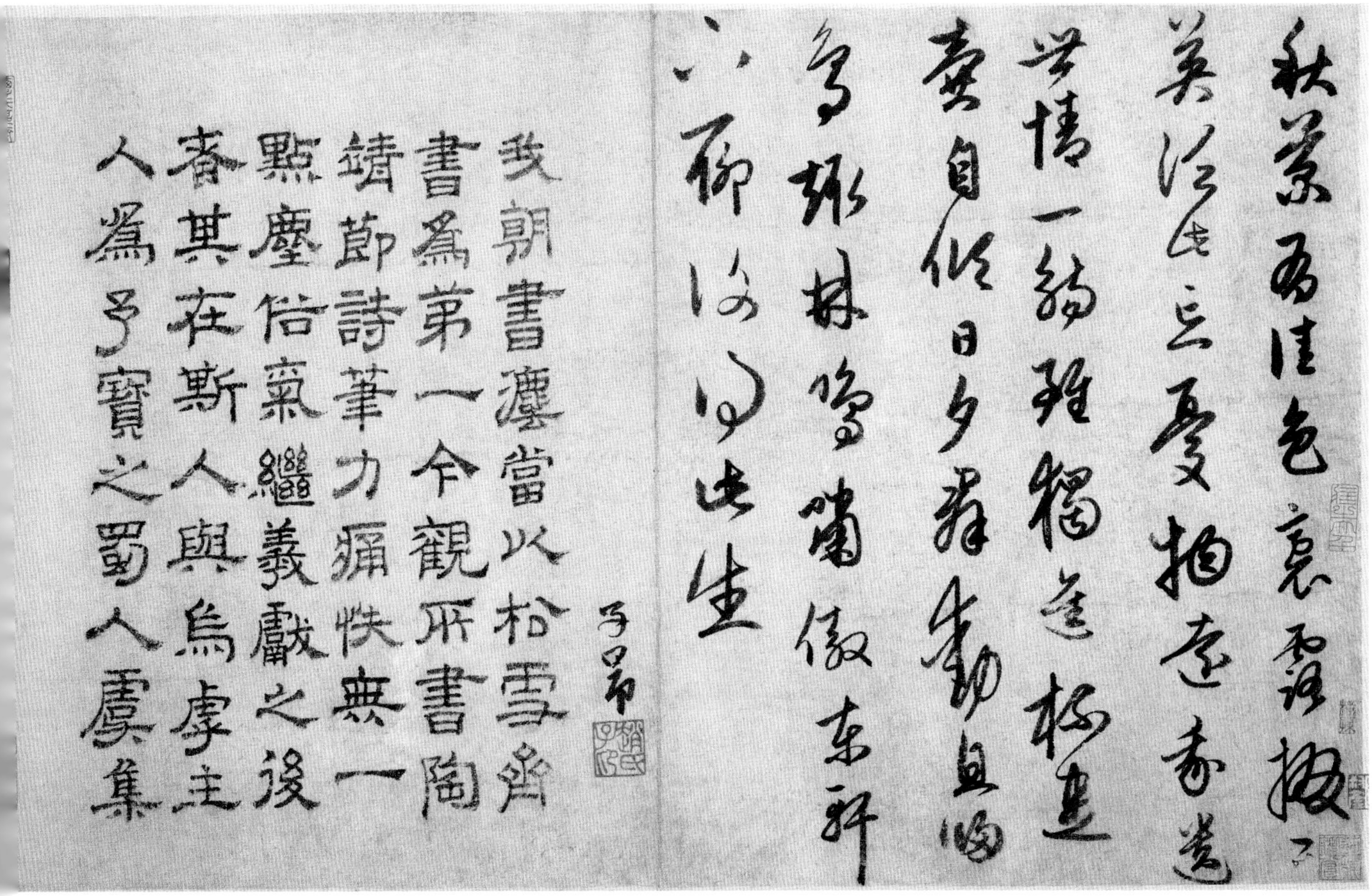

38

趙孟頫　行書上中峯札卷

紙本　行書
縱30.5厘米　橫上62.7厘米　中63厘米　下62.3厘米

Shang Zhong Feng Zha (Letter to Buddhist Monk Zhong Feng) in running script
By Zhao Mengfu
Handscroll, ink on paper
H. 30.5cm　L. 62.7cm, 63cm, 62.3cm

此卷係趙孟頫致中峯和尚的信札，緘封署"弟子趙孟頫謹封"，鈐"趙孟頫印"(朱文)印。根據信中內容可知，此札是趙氏在大都任職時書與中峯的。中峯於延祐五年被朝廷賜號"佛慈圓照廣慧禪師"，並改"師子院"為"師子正宗禪寺"，又詔趙孟頫撰碑文賜之。信中"聖旨已得，碑文都已圓備"應即指此事。所以，此札書於延祐五年(1318)，趙氏六十五歲。

中峯和尚，即明本(1263－1323)，號中峯，浙江錢塘人，俗姓孫。二十五歲時出家，後主天目山中峯獅子院，稱中峯和尚。後出遊四方，所至結庵，皆名幻住。與趙孟頫交往密切，除此札外，還有《趙孟頫致中峯和尚十一札冊》(台北故宮博物院藏)和《趙孟頫致中峯和尚六札卷》(日本藏)存世。

此帖因係書札，信筆寫來，自然流暢，筆意縱橫，迅疾靈動，字中雖有遒媚婉約之態，但更多蒼勁縱逸之勢，足見其晚年書法風貌。

鑑藏印記：清乾隆、嘉慶、宣統內府諸印。

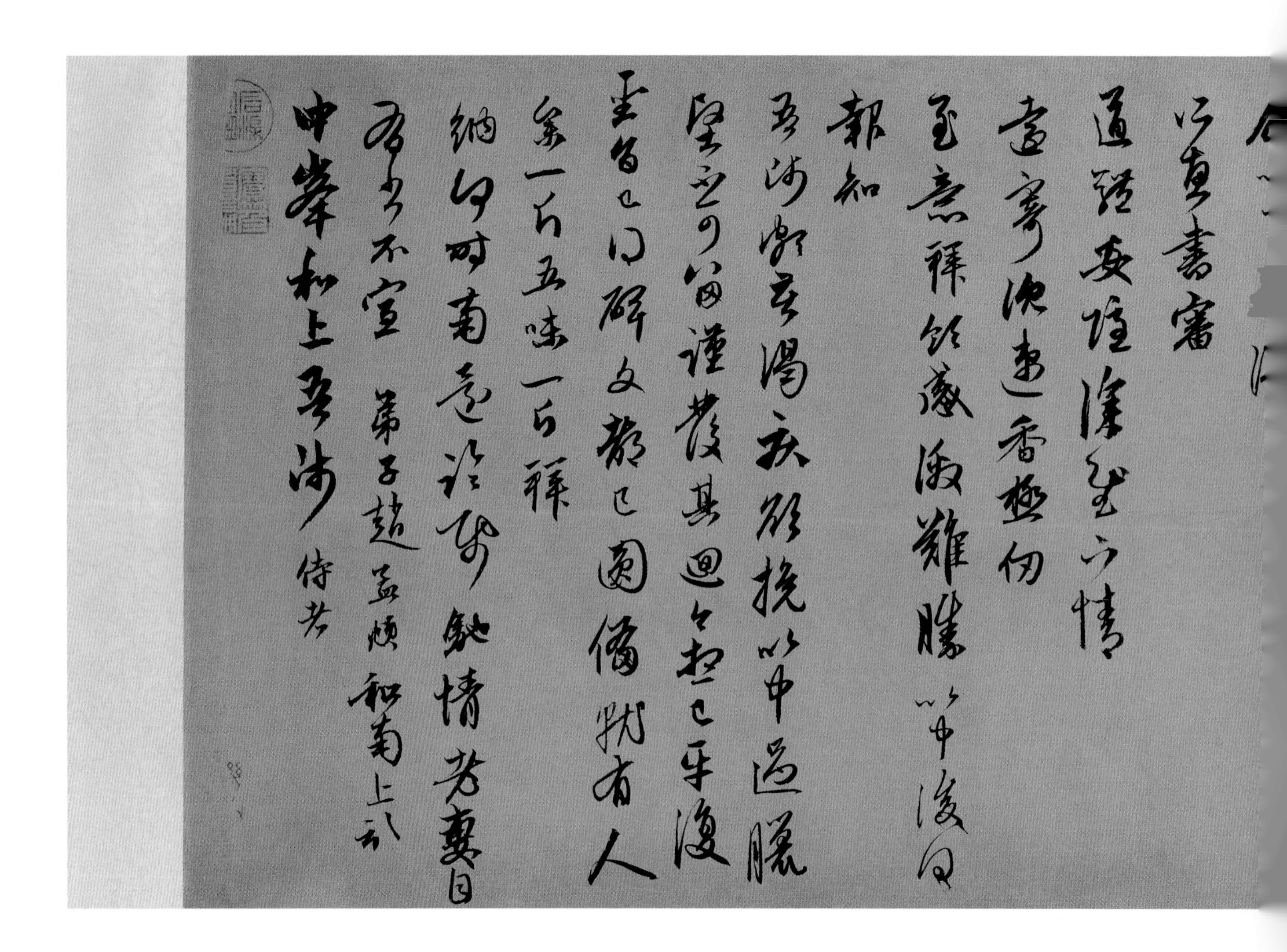

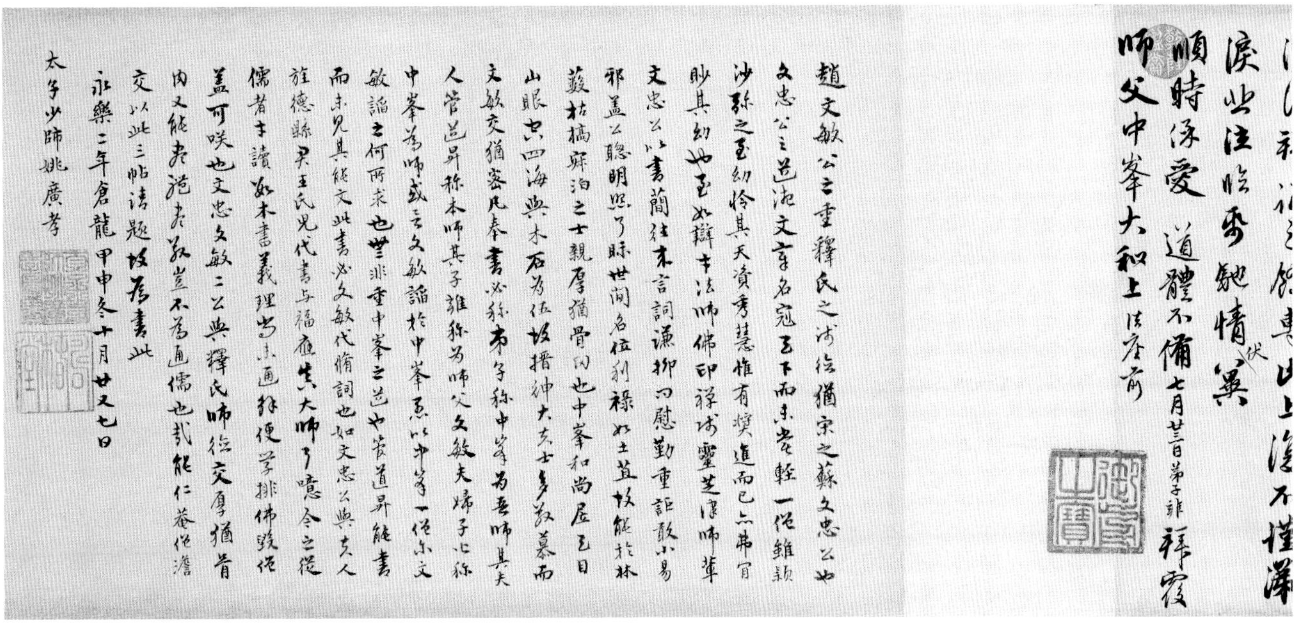

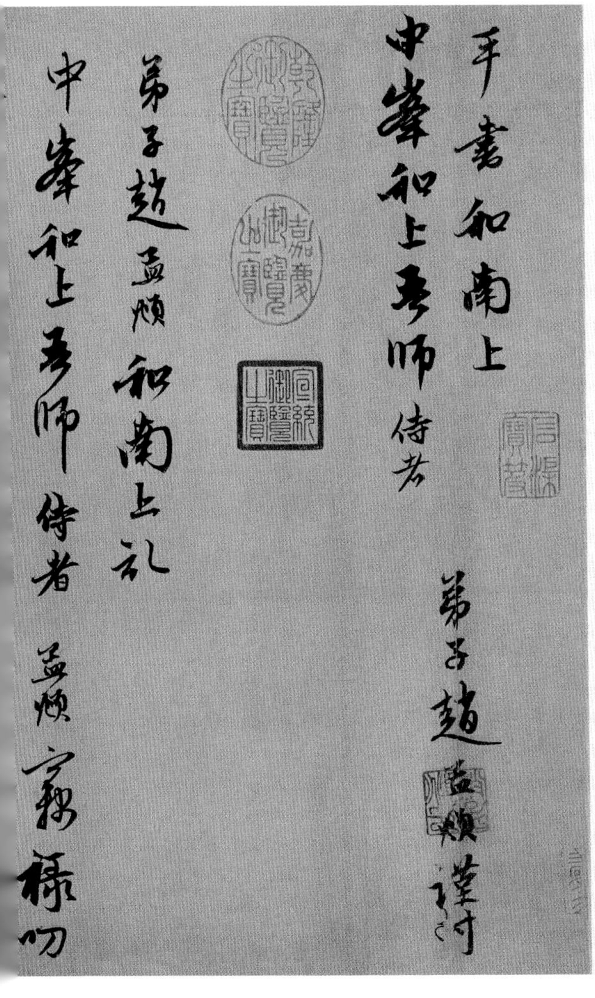

釋文：

手書和南上中峯和上吾師侍者，弟子趙孟頫謹封。弟子趙孟頫和南上記中峯和上吾師侍者：孟頫竊祿叨位，日逐塵緣，欲歸未能，南望馳企。以中來得所惠書，審道體安穩，深慰下情。遠寄沈速香極仞至意，拜領，感激難勝，以中後得報，知吾師頗苦渴疾，欲挽以中過臘，堅不可留，謹發其回，今想已平復。聖旨已得，碑文都已圓備。就有人參一斤，五味一斤拜納。何時南還，臨紙馳情，老妻自有書，不宣。弟子趙孟頫和南上記，中峯和上吾師侍者。

39

管道昇　行書秋深帖頁

紙本　行書
縱26.9厘米　橫53.3厘米
清宮舊藏

Qiu Shen Tie in running script
By Guan Daosheng (1262-1319)
Leaf, ink on paper
H. 26.9cm　L. 53.3cm
Qing Court collection

管道昇（1262－1319），字仲姬，趙孟頫之妻。善畫，書史亦有名，存世墨跡四件，三件為趙孟頫代筆。

《秋深帖》係趙孟頫為夫人代筆的問安信札。首署"道昇跪覆嬸嬸夫人"，末款"道昇跪覆"。

此帖筆力扎實，體勢修長，秀媚圓活，暢朗勁健。實為趙氏五十六、七歲時佳作。信筆寫來，一時忘情，竟署了自己的款，發覺後忙又改過，"道昇"下還可以看出塗改的痕跡。

鑑藏印記：清宣統內府及李肇亨等印。

釋文：

道昇跪覆嬸嬸夫人粧前：道昇久不奉字，不勝馳想。秋深漸寒，計惟淑履請安。近尊堂太夫人與令侄吉師父，皆在此一再相會，想嬸嬸亦已知之。茲有蜜果四盝、糟霜餅四包、郎君鮝廿尾、柏燭百條拜納，聊見微意，辱略物領，誠感當何如。未會晤間，冀對時珍愛。官人不別作書，附此致意。三總管想即日安勝，郎、娘悉佳。不宣。九月廿日道昇跪覆

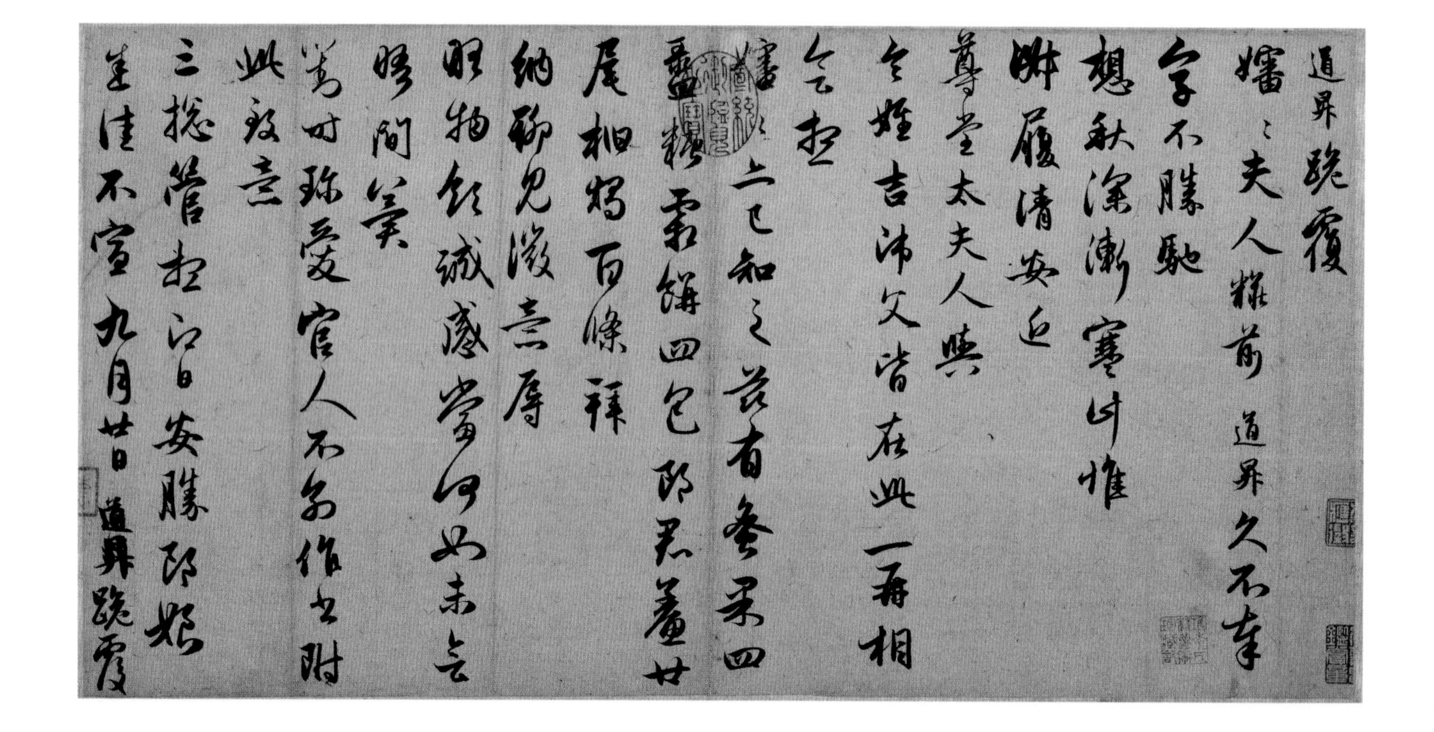

40

鄧文原　章草急就章卷

紙本　章草
縱23.3厘米　橫368.7厘米
清宮舊藏

Ji Jiu Zhang (An improvisation) in cursive script of Zhang style
By Deng Wenyuan (1258-1328)
Handscroll, ink on paper
H. 23.3cm　L. 368.7cm
Qing Court collection

鄧文原(1258－1328)，字善之，因自題齋居曰素履，人稱素履先生。元代綿州(今四川綿陽)人。曾官翰林修撰，預修《成宗實錄》，江浙儒學提舉、國子司業、翰林侍制、江南浙西道肅政廉訪司事、集賢直學士、國子祭酒、經筵官等。擅正、行、草書，尤以章草著稱於世，與趙孟頫、鮮于樞齊名。

款署"大德三年三月十日為理仲雍書於大都慶壽寺僧房巴西鄧文原"，鈐"鄧文原印"(白文)、"巴西鄧氏善之"(白文)、"素履齋"(朱文)印。理仲雍名熙，于闐(今新疆和田)人，曾為吳郡判官。慶壽寺在元大都(今北京西長安街雙塔寺，已廢)。元大德三年(1299)，鄧文原四十二歲。卷首清乾隆帝行書"草聖"，卷尾清代董邦達畫松柏竹石圖。本幅後有元代石岩、楊維楨、張雨，明代余詮、袁華、道衍、陳謙題跋。

《急就章》亦稱《急就篇》，為西漢史遊撰寫，以韻語編次姓名、稱謂及衣食總用等常用字，供童蒙識字。流傳甚廣，各代都有抄本、臨本、刻本等。

此帖為鄧文原早年書，觀其用筆圓轉勁健，流露鋒芒，法度嚴謹，甚合古人遺意。元代張雨稱："素履齋書此，早年大合作。中歲以往，爵位日高，而書學益廢，與之交筆研者，始以余言為不妄。殆暮年章草，如隔世矣，信為學不可止如此。"可為確論。

鑑藏印記："袁華私印"(白文)、"姜紹書印"(白文)、"二酉"(朱文)及項元汴、清乾隆、宣統內府諸印。

歷代著錄：《式古堂書畫彙考》、《珊瑚網書跋》、《平生壯觀》、《大觀錄》。

(釋文見附錄)

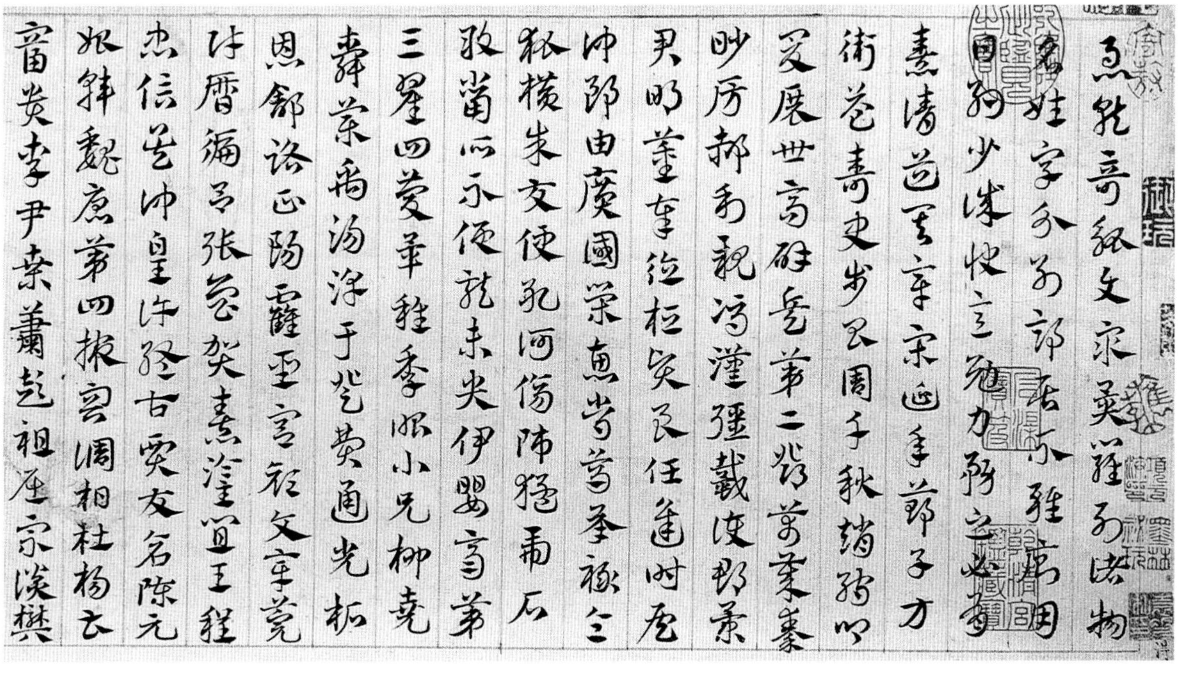

[illegible]
沖郎由廣國榮惠常烏承祿令
狐橫朱交便孔何傷師猛虎石
敢當所不侵龍未央伊嬰齊第
三翟回慶畢稚季昭小兄柳堯
舜藥禹湯淳于登費通光柘
恩舒路正陽霍聖宮顏文章莞
財曾偏呂張魯賀喜灌宜王程
忠信吳仲皇許終古賈友倉陳元
始韓魏唐第四掖容調柏杜楊
曹富貴李尹桑蕭彭祖屈宗談樊
爰君崔孝讓姚得賜燕楚嚴薛
勝客聶邪將求男弟過說長祝
恭敬審無妨龐賞賜聲士梁
朱[illegible]好范建羌[illegible][illegible][illegible]第五[illegible]
可[illegible]苟[illegible]友[illegible]涉恬田細兒汾內
黃柴桂林溫直徐奚驕孝[illegible][illegible]
[illegible][illegible]弘敬[illegible]美芳毛[illegible]羽焉生
華尚凡倩丘[illegible]周陰寶上翠[illegible]
[illegible]庶霸遂萬[illegible]口治勞功建初
第六褚回池榮偉房減罷軍橋
寶陽康輔福宜秦[illegible][illegible]海息充
申屠[illegible][illegible]俠公孫都[illegible]仁記[illegible]破
胡[illegible]萬[illegible][illegible][illegible]梁蔡游威左地
[illegible]淳于[illegible]伯徐萬[illegible][illegible][illegible][illegible]
[illegible][illegible][illegible][illegible]第七錦繡縵旄離雲
爵乘風縣鍾華洛樂豹首落莽
兔雙鶴春草雞翹鳧翁濯郁
金半見緗白䋮縹綟綠紈皂紫
硟烝栗絹紺縉紅繎青綺綾縠
靡潤鮮綈絡縑練素帛蟬第八
絳緹絓紬絲絮綿[illegible][illegible]囊橐不
直錢服瑣緰與繒連貰貸賣買
販肆便資貨市贏匹幅全絺綌枲
紵裹約纏綸組縌綬以高遷量

[illegible]
執[illegible]猶獵鬼臭[illegible]沽酒釀醪稽極
程棋局博戲相易輕冠幘簪簧
結髮紐頭額頞頻眉目耳鼻口唇
舌齗牙齒頰頤頸項肩臂肘捲
捥節爪拇指手胂腴胸脅喉咽髃
第十七[illegible][illegible][illegible]心主脾腎五[illegible][illegible]
[illegible]乳尻髖脊膂腰背呂[illegible][illegible][illegible]
[illegible]脛為柱[illegible][illegible][illegible][illegible][illegible][illegible][illegible]鑲
盾刃刀鉤鈒戟鈹鎔劍鐔鍭弓弩
箭矢鎧兜鍪鐵錘檛杖棁柲殳
第十八[illegible][illegible]軸輿[illegible][illegible][illegible][illegible][illegible]
[illegible]
[illegible]
[illegible]
[illegible]
[illegible]堂第十九門戶井竈廡囷京
[illegible]
[illegible]
[illegible]
[illegible]
[illegible]第廿種樹收斂[illegible]
[illegible]
[illegible]
[illegible]
[illegible]
[illegible]第廿一[illegible]
[illegible]
[illegible]
[illegible]
[illegible]
[illegible]第廿二[illegible]
張[illegible]
[illegible]

[illegible]
省察諷諫[illegible]江水涇渭街術曲筆
研[illegible]善[illegible]火燭[illegible][illegible][illegible][illegible][illegible]
[illegible][illegible]河[illegible]沛巴蜀[illegible]川[illegible][illegible][illegible][illegible]
依[illegible][illegible][illegible][illegible]老[illegible]第卅一漢地廣
大無不容盛萬方來朝臣妾使令
邊竟無事中國安寧百姓承德
陰陽和平風雨時節莫不滋榮蝗
災不起五穀孰成賢聖並進博士
先生長樂無極老復丁

大德三年三月十日為理仲雅書于大都慶壽寺僧房巴西鄧文原

天曆庚午清明日汾亭石巖民瞻觀于武林宗陽明復齋

至正八年六月廿日會稽楊維禎偕河南陸仁同展於東滄聽海閣仁嘗學章草者以此為入臨石之鋒云

至正庚寅夏五月廿又四日方外張雨謂素履齋書此篇年大合作中歲以往爵位日高而書學益廢与之交筆研者始以予言為不妄殆暮年章草如隔世矣信為學不可以如此

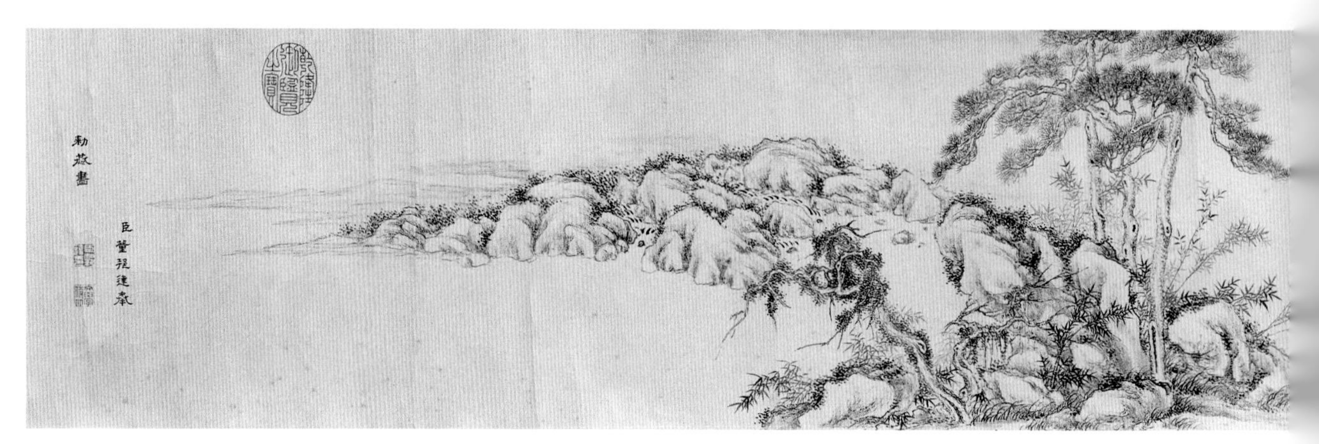

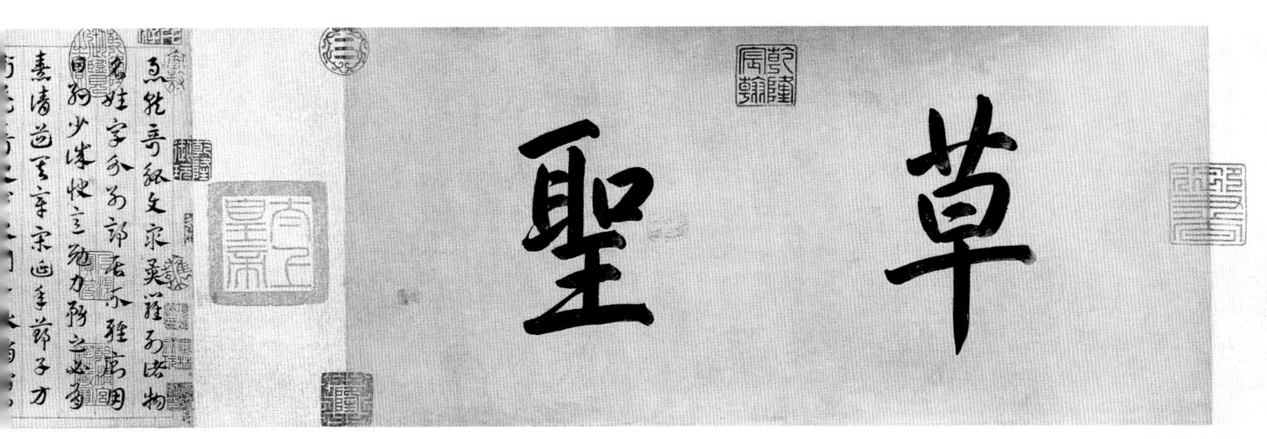

《急就章卷》之一

《急就章卷》之二

《急就章卷》之三

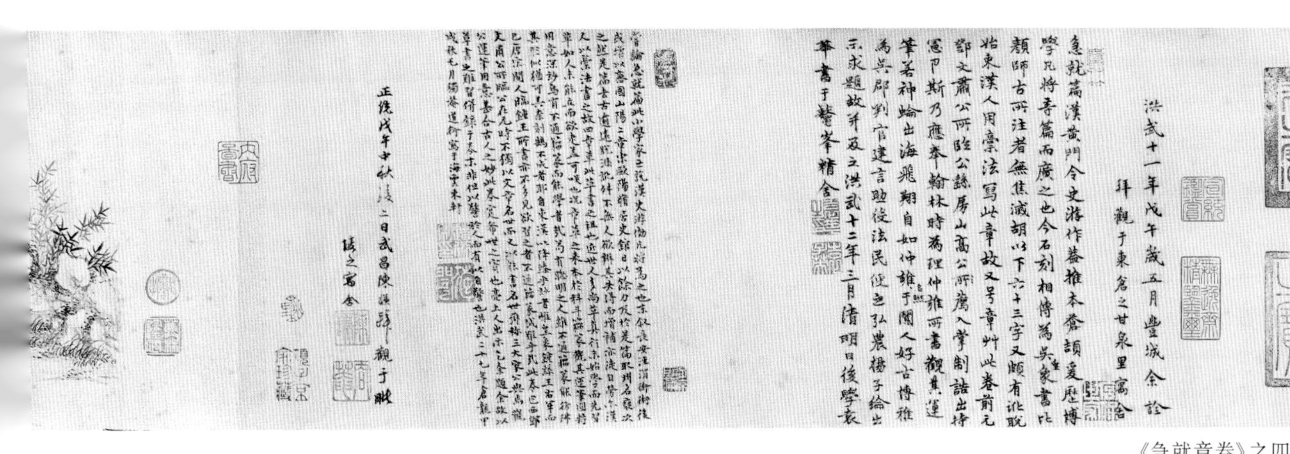

《急就章卷》之四

41

鄧文原　行楷書芳草帖頁

紙本　行楷書
縱20.8厘米　橫7.1厘米
清宮舊藏

Fang Cao Tie in running-regular script
By Deng Wenyuan
Leaf, ink on paper
H. 20.8cm　L. 7.1cm
Qing Court collection

款署“巴西鄧文原”，鈐“巴西鄧氏善之”（白文）印。

此帖書法楷中有行，端嚴秀整，濃纖剛柔寓於筆墨之中。根據鄧文原書法演變過程判斷，應為其中早年作品。陶宗儀《書史會要》言：“文原正、行、草書，早法二王，後法李北海。”其書結體方闊，筆力勁健，入筆鋒棱外露，有“蘭亭”之雅麗，但無“蘭亭”之圓活。

鑑藏印記：“儀周珍藏”（朱文）。

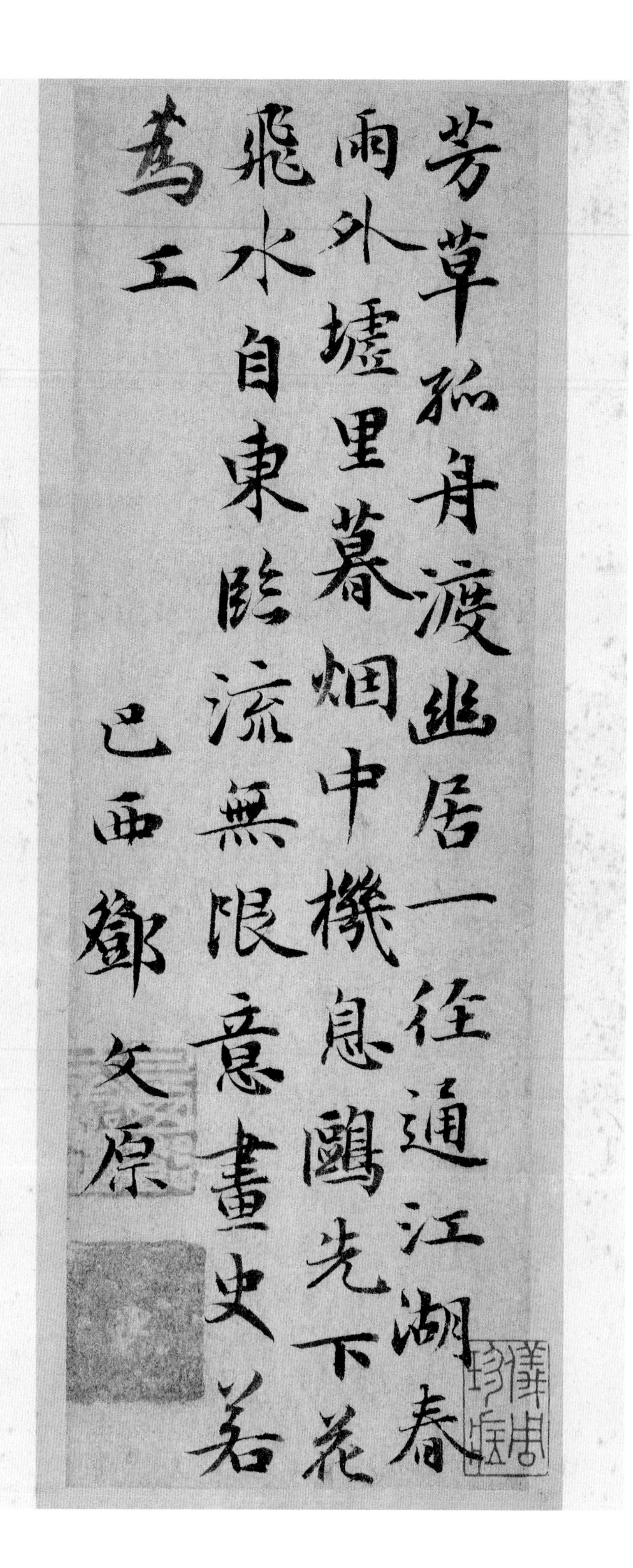

釋文：
芳草孤舟渡，幽居一徑通。
江湖春雨外，墟里暮煙中。
機息鷗先下，花飛水自東。
臨流無限意，畫史若為工。
巴西鄧文原

42

鄧文原　行書家書帖頁

紙本　行書
縱31.2厘米　橫34.5厘米
清宮舊藏

Jia Shu Tie (A letter home) in running script
By Deng Wenyuan
Leaf, ink on paper
H. 31.2cm　L. 34.5cm
Qing Court collection

《家書帖》兩通（圖42、43），均敘述其經歷、地點，因知為鄧文原在江東建康道肅政廉訪司事時所寫，時在延祐六年至至治二年（1319－1322）間，鄧文原六十餘歲。文中"慶長"名鄧衍，鄧文原子。

此帖用筆精妙，有晉人行狎書之勢，筆法輕活秀潤，不失古人風韻。入筆細微，稍露鋒芒，清健而宛麗，以韻勝而不失法度。元代黃溍稱鄧文原："工於筆札，與趙魏公（孟頫）齊名。"

鑑藏印記："阿爾喜普之印"（白文）、"樂琴書以消夏"（朱文）。

釋文：

鄧善之平安家書，四月初五日，鉛山州發。

十六日信州收汝母初三日書，知吾兒上墳未歸。所付饒吏書，尚未到。李經歷言，其人尚留杭也。老父以十七日至玉山，留十日，過永豐，又五日，過鉛山，自此過德興方可還司。日色向炎，未有絺綌衣，恐下旬方能遂歸期，不知汝母可來宛陵否？今因福建李公亮書史遷調浙西，作此報平安，想家中一一安好，餘不多及。　四月四日　父書付慶長夫婦

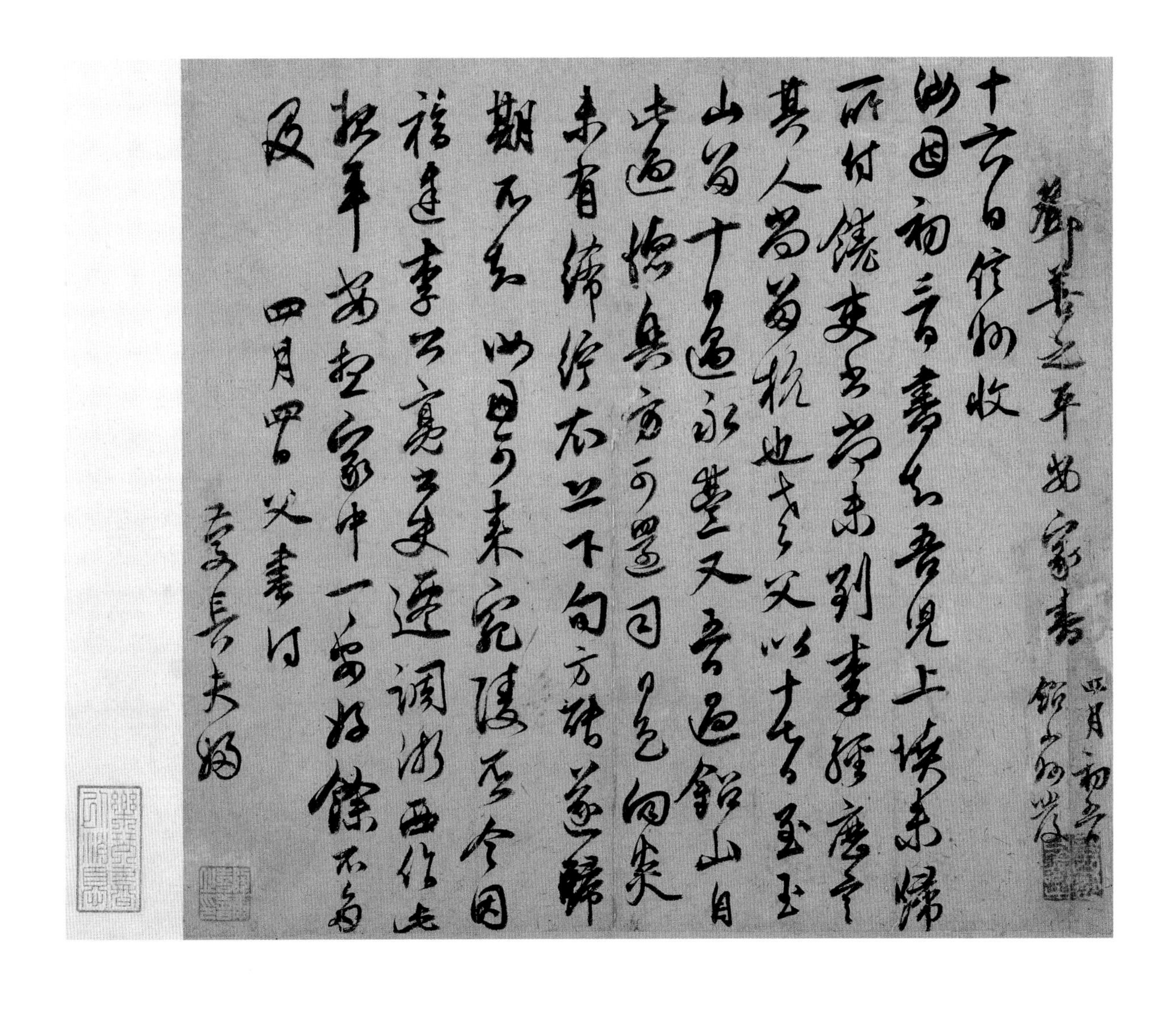

43

鄧文原　行書家書帖頁

紙本　行書
縱24.2厘米　橫29.1厘米
清宮舊藏

Jia Shu Tie (A letter home) in running script
By Deng Wenyuan
Leaf, ink on paper
H. 24.2cm　L. 29.1cm
Qing Court collection

款署"文原書寄賢妻縣君"，鈐"素履齋"(朱文)。

此帖行筆連綿，韻意清閒，與前書相比更為率意，筆勢放縱，任興所適，頗有"任天然而自逸，若眾山之連峰"之態。

鑑藏印記："友古軒"(白文)、"樂蓀"(白文)。

釋文：
連收慶長書，知吾妻一向平安，甚喜。我客中幸無恙，但終日勞於酬應，而老陸雖無他過，其蠢不可言，飲食起居，多不如意，無奈何也。若還司後未有脫身之計。不知吾妻可同穩兒暫到宣州，伺八月分司卻還杭如何？若不可來，則止。此行皆未有脫暖之衣，又無便可寄。茲因饒州令史鋪馬便，作此。　文原書寄賢妻縣君

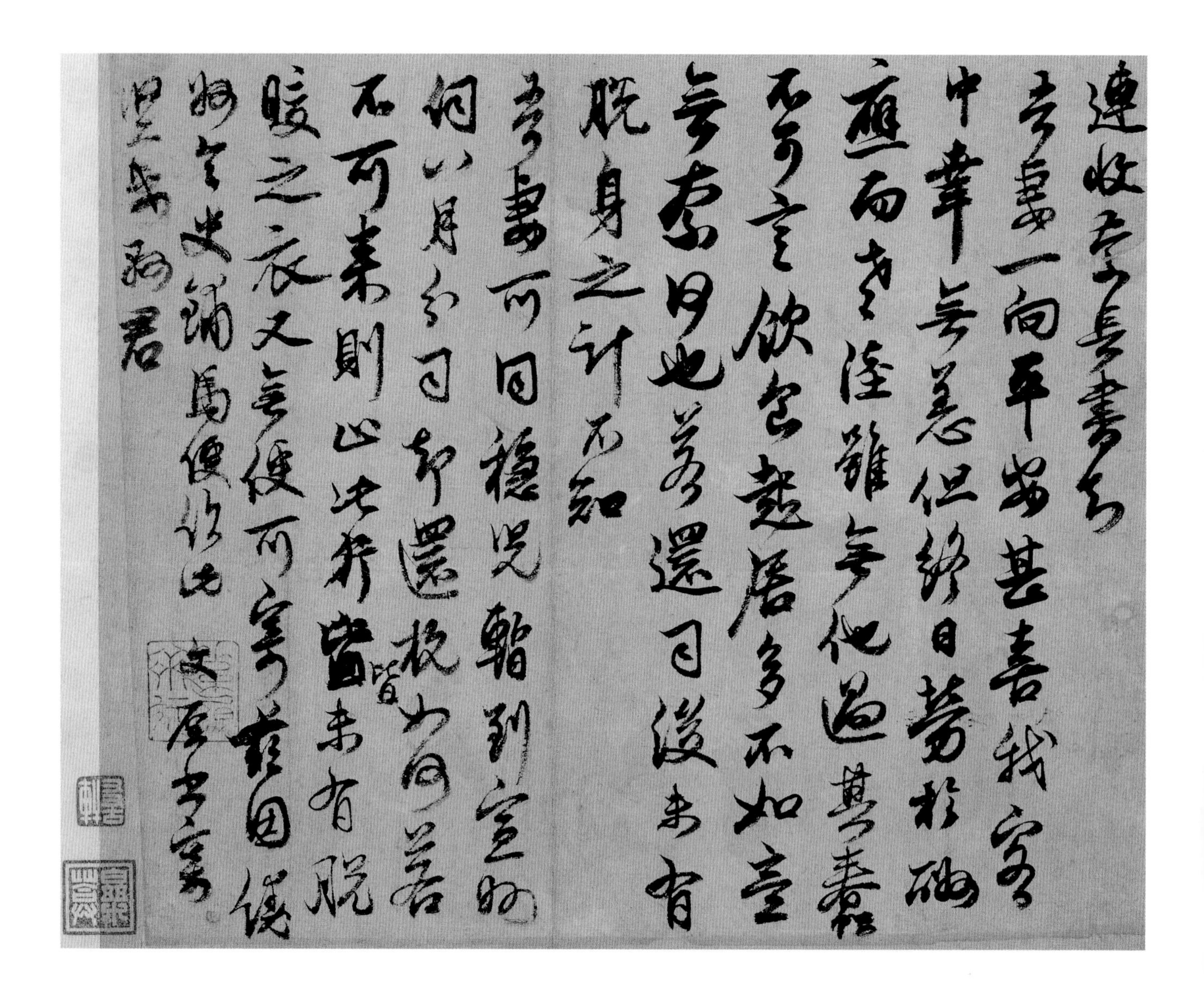

44

鄧文原　行書五言律詩帖頁

紙本　行書
縱32.7厘米　橫40.9厘米
清宮舊藏

Wu Yan Lü Shi Tie (Five-syllable regulated verse) in running script
By Deng Wenyuan
Leaf, ink on paper
H. 32.7cm　L. 40.9cm
Qing Court collection

《五言律詩帖》原是題宋范仲淹書《伯夷頌》卷後。明《鐵網珊瑚》、清《大觀錄》等著錄，鄧跋猶存，後為人割出，范書現已不知下落。款署"蜀後學鄧文原頓首"，鈐"鄧文原印"(白文)、"巴西鄧氏善之"(白文)印。約為大德四年書，鄧文原四十三歲。

此帖書法矯健俊爽，瀟灑自得，經意而有規矩，是元代書法的典型風貌。對於鄧文原的書法成就，同時代書法家虞集贊譽道："大德、延祐之間稱善書者，必歸巴西(鄧文原)、漁陽(鮮于樞)、吳興(趙孟頫)。"

鑑藏印記："褒賢"(白文，半印)、"十陸世孫"(白文，半印)、"貞元"(朱文，半印)及張珩、潘厚等印。

釋文：
先哲吾師表，斯文古鼎銘。義形扣馬諫，書勝換鵝經。故事 皇祐，鄉祠謁仲丁。登堂睹遺墨，山雨颯英靈。心田垂世遠，手澤歷年殊。誰購山陰序，真還合浦珠。身惟名不朽，書與道同符。諸老珍題在，猶堪立懦夫。
蜀後學鄧文原頓首。

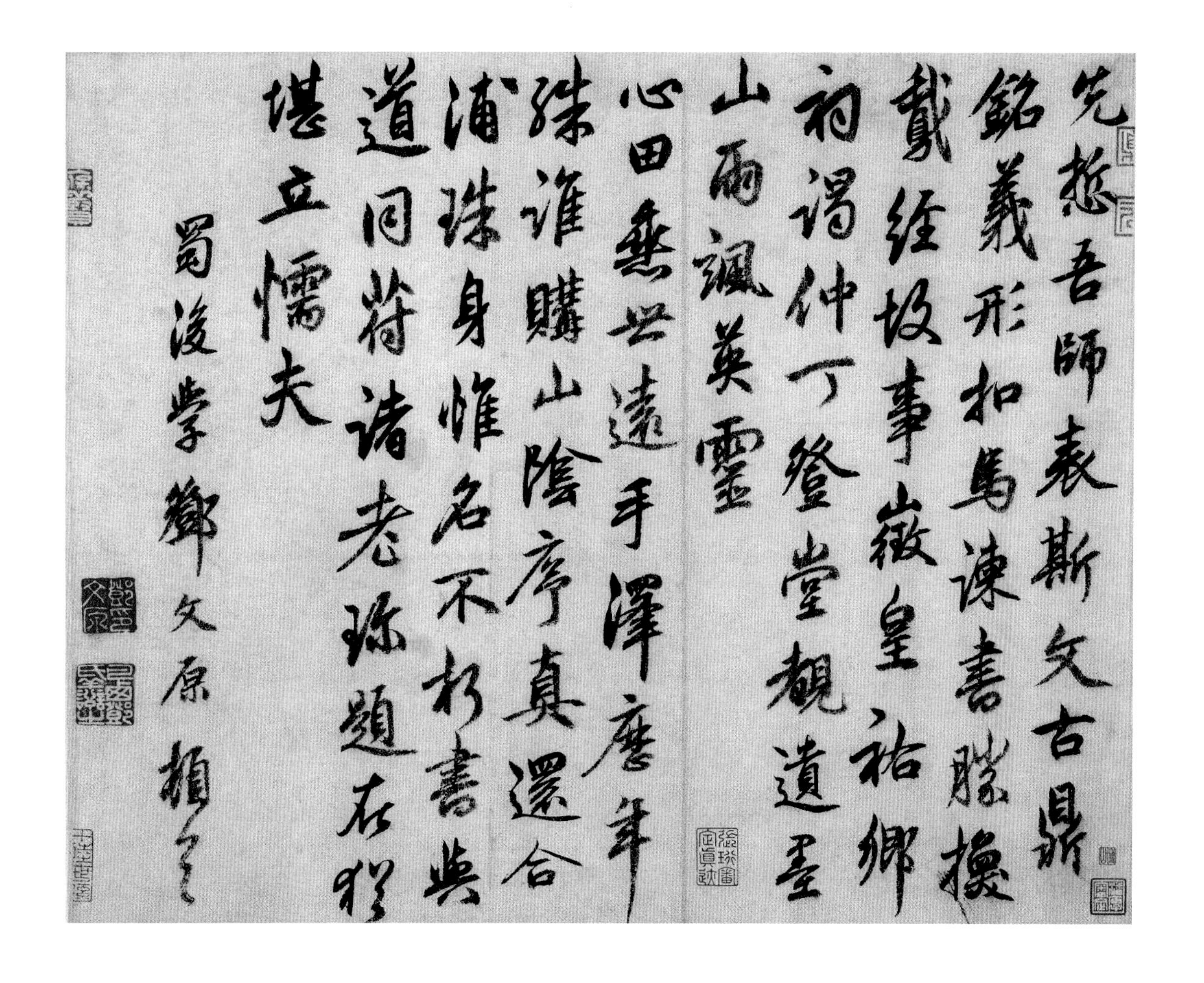

45

鄧文原　行書近者帖頁

紙本　行書
縱31.6厘米　橫52.5厘米

Jin Zhe Tie in running script
By Deng Wenyuan
Leaf, ink on paper
H. 31.6cm　L. 52.5cm

《近者帖》為《元八家書札》之一。鄧文原在江東建康道肅政廉訪司任時所作，時間與其《家書帖》大致相同，時年六十餘歲。文中"桐川"、"宛陵"在今安徽省境內。

此帖書法如行雲流水，舒暢快捷，隨鋒就勢，輕盈爽快，神氣妍美，飄然自適，有王羲之書法遺韻。

鑑藏印記："賓"(朱文)、"項叔子"(白文)、"墨林山人"(白文)、"天籟閣"(朱文)、"項子京珍藏印"(朱文)等。

歷代著錄：《鐵網珊瑚》。

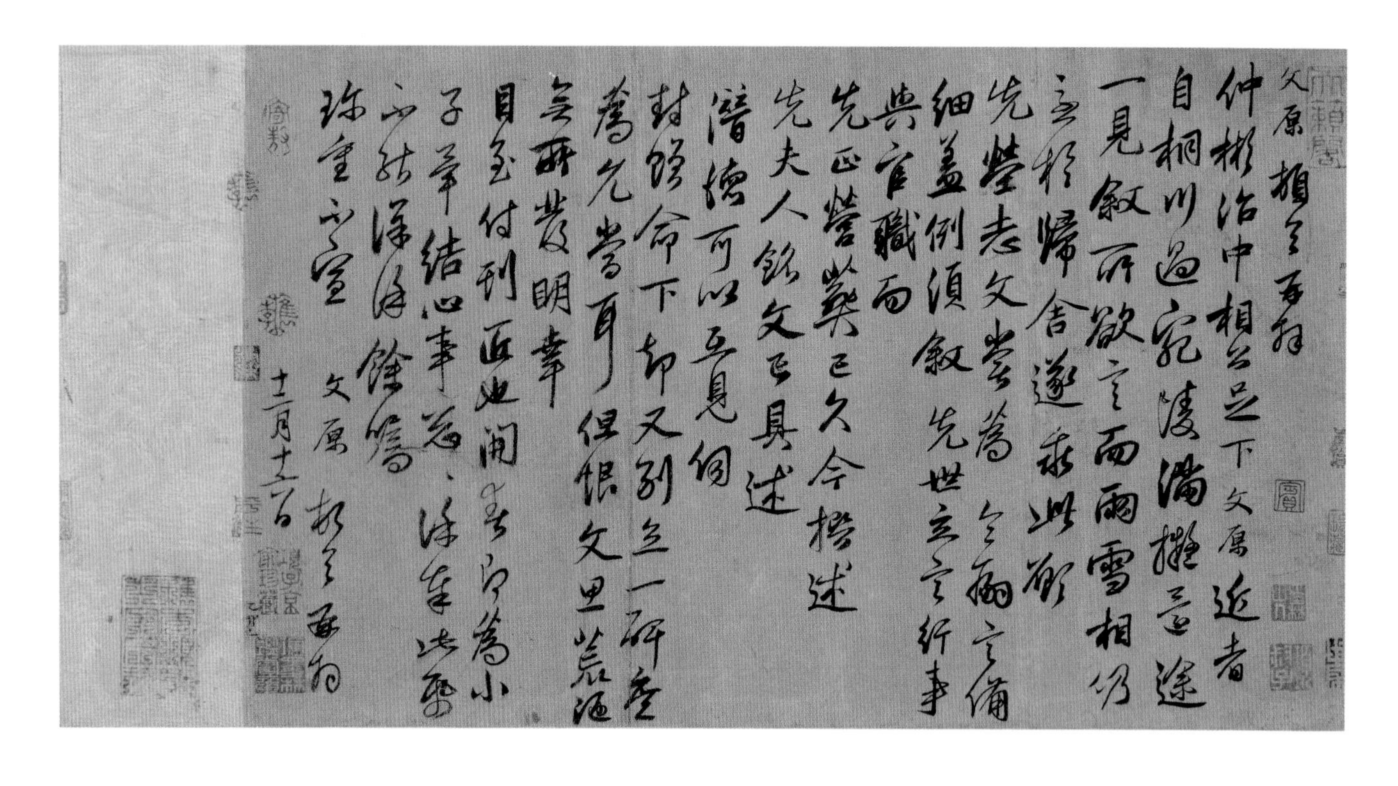

釋文：
文原頓首再拜。仲彬治中相公足下，文原近者自桐川過宛陵，滿擬還途一見，敘所欲言，而雨雪相仍，急於歸舍，遂乖此願。先塋志文，嘗為今嗣言備細，蓋例須敘先世立言行事與官職，而先正營葬已久，今撰述先夫人銘文，已具述潛德，可以互見，伺封贈命下，卻又別立一碑，庶為允當耳。但恨文思荒陋，無所發明，幸目至付刊匠也。開春即為小子畢結心事，總總謹奉此紙，不能深詳，余囑珍重不宣。　文原頓首再拜　十二月十六日

46

龔璛　行書教授帖頁

紙本　行書
縱28厘米　橫38.4厘米

Jiao Shou Tie in running script
By Gong Xiu (1266-1331)
Leaf, ink on paper
H. 28cm　L. 38.4cm

龔璛（1266－1331），字子敬，號谷陽生。自高郵徙居平江（今江蘇吳縣）。少為徐琬辟幕下，後充和靖、學道兩書院山長，官浙江儒學副提舉。善屬文，工書法。

帖中“錢翼之”為錢良佑，“子行”為吾衍的字，元太末（今浙江龍游）人，居杭州，精於篆學，是龔璛之婿。“令郎”，指錢氏之子逵。《荔枝譜》為宋蔡襄撰書，帖中稱“留與小孫習之”，或是蔡書此帖的拓本，因為原帖墨跡是不大可能作此用的。上款稱錢氏為“教授”（即教諭），當作於元至大年間（1308－1311）錢氏為吳縣教諭時，龔璛年四十餘歲，為中年之筆。

此帖書法運筆流暢自然，連貫瀟灑，下筆強勁而有力度，善於運用筆鋒。書風古澹清和，不失晉人法度。

鑑藏印記：項元汴、安岐、譚敬、趙叔彥、張爰等印，右下“集字號”、左下“甲二”字樣。

歷代著錄：《墨緣彙觀》、《三虞堂目書畫目》。

釋文：

記事拜復錢翼之教授足下，客袁州龔璛敬封。璛記事拜復，翼之教授足下，小婿子行來。重為手貼，深慰岑寂，近作見教，如對，笑談。序文甚欲云云，喧囂倥偬，實無一毫佳思，容少間嘗應命，非推調也。《荔枝譜》留與小孫習之。令郎筆仗如此，可謂撞過煙樓。碧潭回，拈紙奉復。拔暇未覓掛漏，且希昭恕，茲不具。　璛再拜

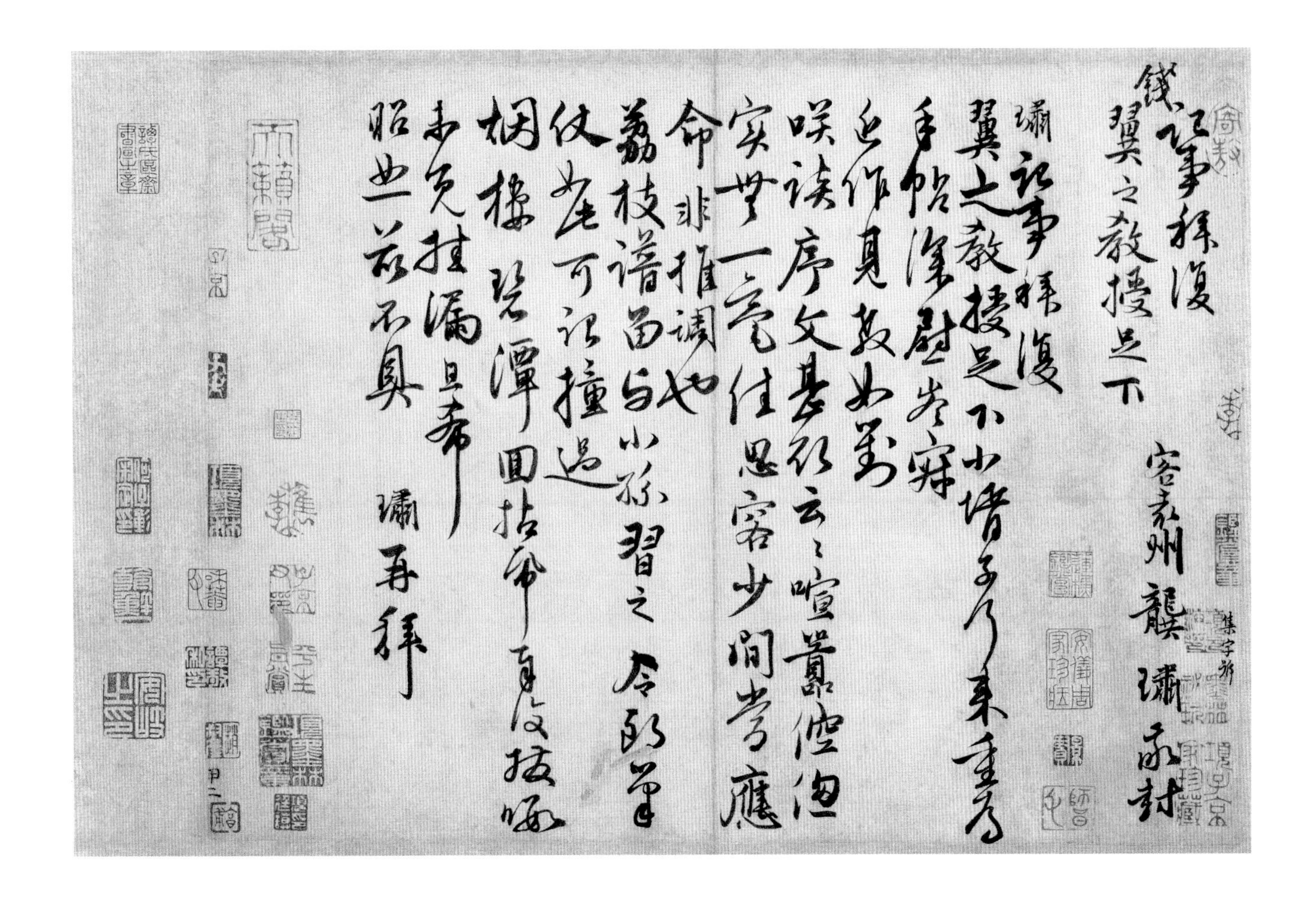

47

龔璛　行楷書靜春堂詩序卷

紙本　行楷書

縱31.2厘米　橫151厘米

Jing Chun Tang Shi Xu (Preface to an anthology of Jing Chun Tang Poetry) in running-regular script

By Gong Xiu

Handscroll, ink on paper

H. 31.2cm　L. 151cm

此卷包括龔璛、陸文圭、楊載、湯彌昌、陳繹曾書《靜春堂詩集》序，虞集、郭麟孫跋，錢重鼎詩，黃溍撰《故靜春先生袁君墓誌銘》。《靜春堂詩集》作者袁易，生於南宋景定四年(1263)，其次子袁仲長裒輯遺稿編成，請他父親的知交題序。款署"延祐庚申"為延祐七年(1320)，龔璛時年五十五歲。鈐"谷陽書房"(朱文)、"龔氏子敬"(朱文)印。

書法端莊凝重，體態嚴整方闊，畫以界格，為刻意精心之作。龔璛書法猶存古人體態，《書史會要》所謂"有晉宋人法度"。

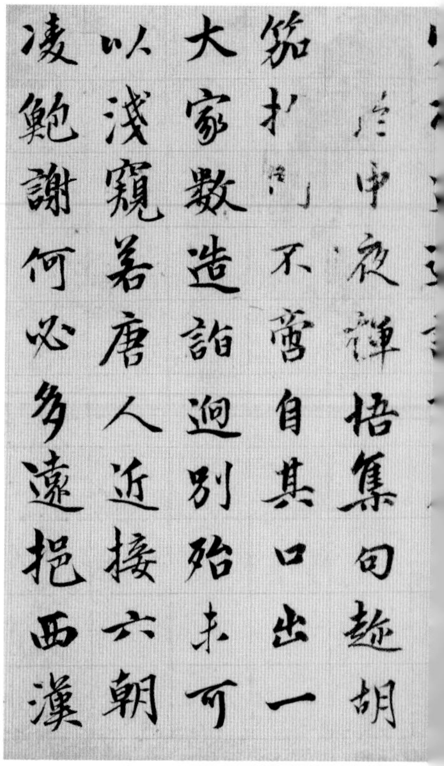

麗，抑所謂酷令人愛者，非耶？憶通甫與予交，上下古今，一返詩□情之正，予固望其鳴國家之盛，橫經石洞，歸而不復出靜春堂，手校萬卷，築修亭遂志焉。屬其仲子□□遺編，托予序，死者如可作也。顧焉得如通甫者與之評。通甫名易，姓袁氏，吳郡人。延祐庚申日南至高郵龔璛序。

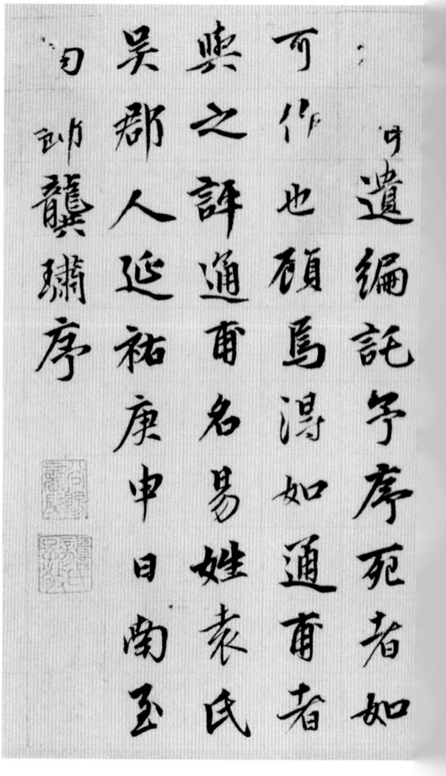

釋文：

靜春堂詩集序

予讀今人詩，不知其為今人者，唯於吾通甫為然。通甫□十餘年矣，意者亦古矣。□□今也，今斯人豈易得哉。世之為詩者，學古人欲其似，出己意欲其新，兩端而已。然似者多蹈襲，新者常崖異，唯其似而非似，□□而非新也。得之渾然，又未知古人己意，孰先孰後也，始可言詩耳。壹者，士去科舉之業，慮無不為詩，此語傷於壯，南音失之浮，□□大同，宜極於古。故今人□□詩，少所許可，僅取王半山，以其逼唐也。然半山詎肯及唐而止。三司與宋次道選詩，盡在目中矣。□於中夜禪悟集句，趁胡茄於□，不啻自其口出，一大家數，造詣迥別，殆未可以淺窺。若唐人近接六朝，淩鮑、謝，何必多遠挹西漢，□蘇、李，更不疑實致如此。使□□人懸擬風雅，不過踽踏四言，如韋孟自陳，束皙補亡，曾何繫於刪後重輕哉。聲文以時寖異，感發□人則同，每下愈況，固不可□□而力不逮亦不可。予於通甫，既曰古之人豈必以半山枉，通甫譬諸登峰造極，循循來逕，尚於此□□之也。古人所嘗有者，皆有□，人所當無者，必無。靈傑百出，清婉明

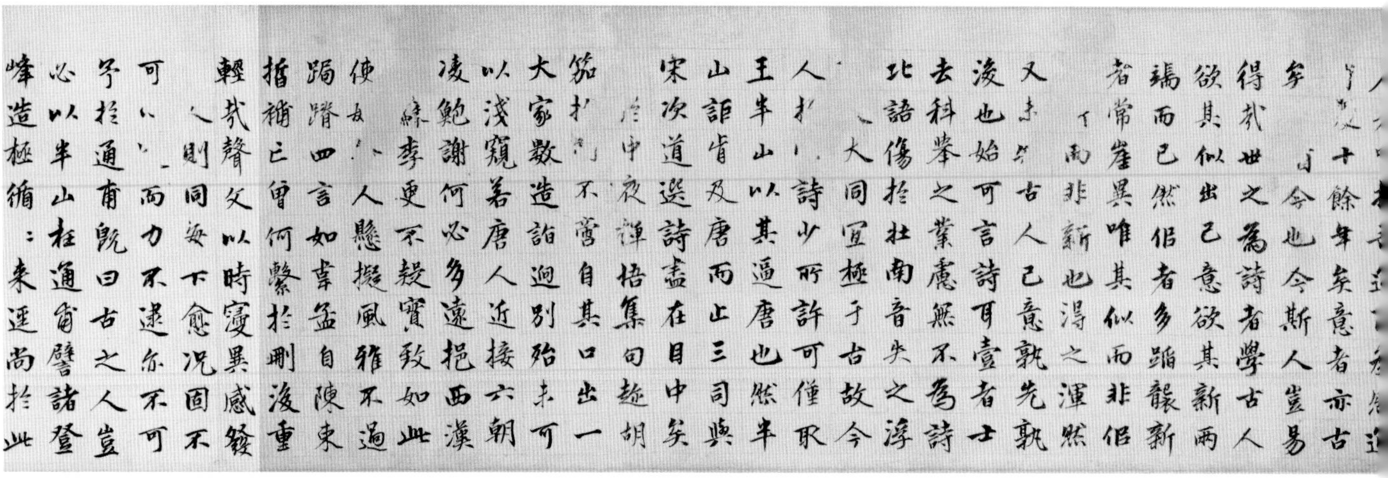

十餘年矣意者亦古
乎自今也今斯人豈易
得哉世之為詩者學古人
欲其似出己意欲其新兩
焉而已然佀者多蹈襲新
者常崖異唯其似而非佀
下而非新也得之渾然
又未矣古人己意孰先孰
後也始可言詩耳壹者士
去科舉之業慮無不為詩
北語傷於杜南音失之浮
〻大同冝極于古故今
人於〻詩少所許可僅取
王半山以其逼唐也然半
山詎肯及唐而止三司與
宋次道選詩盡在目中矣
於中夜譚悟集句趣胡
笳於〻不嘗自其口出一
大家數造詣迥別殆未可
以淺窺著唐人近接六朝
凌鮑謝何必多遠挹西漢
綠李更不疑實致如此
使女〻人懸擬風雅不過
蹋蹐四言如韋孟自陳東
楫補已曾何繫於刪後重
輕哉聲文以時變異感發
〻則同安下愈況固不
可〻〻而力不逮亦不可
予於通甫既曰古之人豈
必以半山在通甫譬諸登
峰造極循〻來逕尚於此

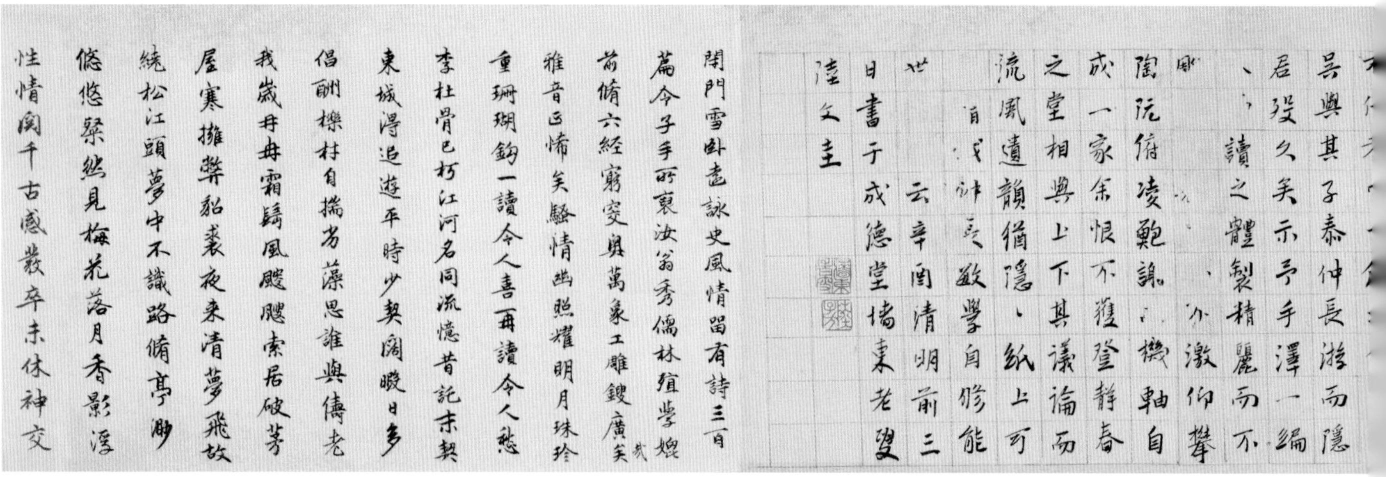

吳興其子泰仲長游而隱
居歿久矣示予手澤一編
〻〻讀之體製精麗而不
郞〻〻汸激仰攀
陶阮徐陵鮑謝〻機軸自
成一家余恨不獲登靜春
之堂相與上下其議論而
流風遺韻猶隱〻紙上可
肖或許矣斅學自脩能
世 云辛酉清明前三
日書于成德堂墻東老叟
陸文圭

閑門雪卧盡詠史風情留有詩三百
篇令子手所裒汝翁秀儒林殖學媲
前脩六經窮突奥萬象工雕鏤廣矣哉
雅音叵悕矣騷情幽照耀明月珠玲
重珊瑚鉤一讀令人喜再讀令人愁
李杜骨已朽江河名同流憶昔託末契
東城得追遊平時少契闊暇日多
倡酬櫟林自擕芳藻思誰與儔老
我歲冉冉霜鬚風颼颼索居破茅
屋寒擁弊貂裘夜來清夢飛故
繞松江頭夢中不識路脩亭渺
悠悠緊然見梅花落月香影浮
性情闕千古感嘆卒未休神交

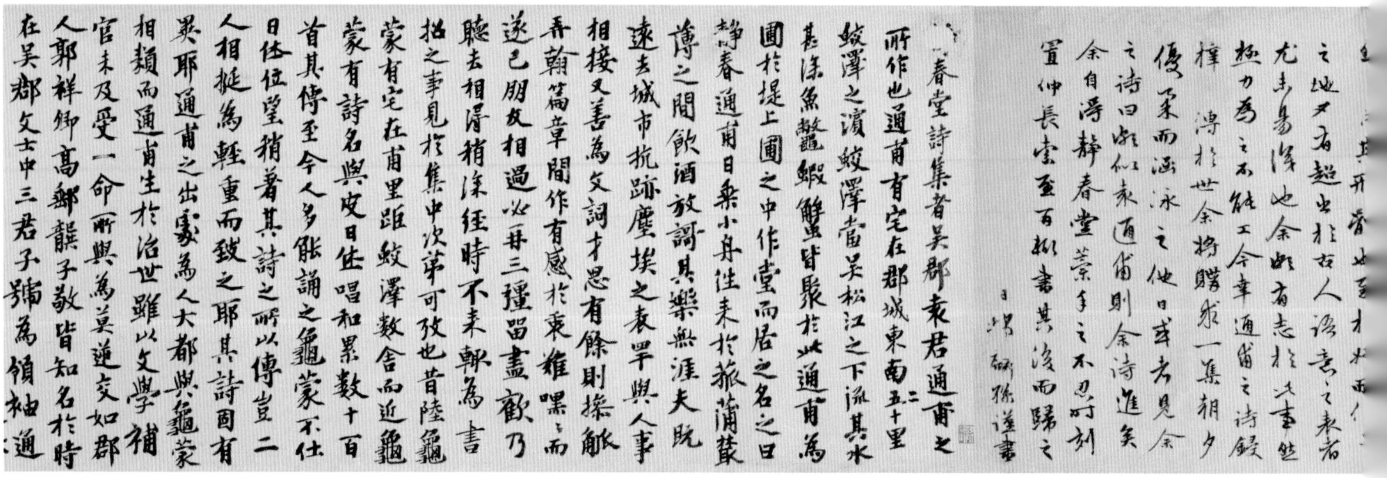

之地又有超出於古人語言之表者
尤未易得也余雖有志於此事然
極力為之不能工今幸通甫之詩錄
梓 傳於世余將購求一集朝夕
優柔而涵泳之他日或者見余
之詩曰微似求通甫則余詩進矣
余自得靜春堂藁手之不忍釋刻
置仲長壺至百朝書其後而歸之
日 [illegible]孫謹書

靜春堂詩集者吳郡袁君通甫之
所作也通甫有宅在郡城東南五十里
蛟澤之濱蛟澤當吳松江之下流其水
甚深魚鼈蝦蟹皆聚於此通甫為
圖於堤上圖之中作堂而居之名之曰
靜春通甫日乘小舟往來於蘋蒲藂
薄之間飲酒放謌其樂無涯夫既
遠去城市屏跡塵埃之表罕與人事
相接又善為文詞才思有餘則操觚
弄翰篇章間作有感於衷雜然而
遂已朋友相過必再三彊留盡歡乃
聽去相得稍深經時不來輒為書
招之事見於集中次第可攷也昔陸龜
蒙有宅在甫里距蛟澤數舍而近龜
蒙有詩名與皮日休唱和累數十百
首其傳至今人多能誦之龜蒙不仕
日休位望稍著其詩之所以傳豈二
人相挻為輕重而致之耶其詩固有
累耶通甫之出處為人大都與龜蒙
相類而通甫生於治世雖以文學補
官未及受一命所與為莫逆交如郡
人郭祥卿高郵龔子敬皆知名於時
在吳郡文士中三君子號為領袖通

靜春詩翰

咸豐癸丑二月
東鷗居士[illegible]書

《靜春堂詩序卷》之一

之也古人所嘗有者
皆才人所當無者必無
靈傑百出清婉明麗拆所
謂酷令人憂者非耶憶通
甫與予交上下古今一返
詩 情之正予固望其鳴
國家之盛橫經石洞歸而
不復出靜春堂手校萬卷
築情亭遂志焉屬其仲子
[illegible]遺編託予序死者如
可作也頗焉渴如通甫者
與之評通甫名易姓袁氏
吳郡人延祐庚申日南至
日 鄞 龔璛序

選詩惟陶阮近古神思清
曠意趣高遠粵直寄焉耳
魏晉宋之間廢興之事可
[illegible]寫之詩以
館[illegible]自知也況寓
之酒手或識其流連光陰
殫情花草似矣而非也千
載而下復有如二子之所
遭者則知二子之心者矣
[illegible]閒有隱君子
袁 甫家焉結廬構亭
出蒼莽之外樵村漁舍混
為一區城市之蹤跡而靡
鹿之性馴嗜慾之機淺而
鷗鳥之情親所交皆畸人

《靜春堂詩序卷》之二

付寘寘知我雙白鷗
通川錢重鼎敬題

[illegible]通甫游時錢德鈞湯師言
相率[illegible]通甫每有所作請出瞅
咨嗟歎賞以為不可及自後余因
作吏遂廢此事客錢唐時通甫
寄以 詩見寄並有傳書之役
不[illegible]至今猶憶結中懷百詞
江東歸吳則聞通甫已仙去每痛
斯人之不可復作未嘗不為之潸
然出涕也方通甫年少英發玉色
[illegible]娥馬名姬輕裘側帽酒酣
耳熱[illegible]香頓足作數勒歌一回
其豪壯也蓋將有以用斯世而弗
克遂彰志乃歸隱於松江之濱
葺室治圃種竹蒔花繞屋芙蕖
[illegible]雜植菱芡蓴菜於其間
菊英鮮艷不與塵事接扁其
堂曰靜春躬書萬卷日與賓客
講論經理商略古今賦則具筆硃
[illegible]而身五湖畫取乾坤清氣
以充其詩余為飢所驅不能相從
於靜春堂上下其議論尤深以為
恨役役[illegible]後其子仲長以是葉示
余且索余文予方予敘其編奈
以形 一辭然竊以為詩本原於
性情之正當其遇物興懷因時感
事形之於詩初何嘗拘拘然執筆
學為如此則似其人如彼則似某
人 [illegible]為詩也哉蓋其所蓄既

《靜春堂詩序卷》之三

故靜春先生袁君墓誌銘

金華黄溍撰

吳之隱君子曰袁君諱易字通甫其先當宋初有起進士為京官者
曰仲首始家于汴仲首之後曰京西提刑珣於君為五世祖南渡時卒
葬于吳因家焉故今為平江人曾大父曰進樂其地衍沃買田築室長
洲之蛟龍浦躬耕而食以布衣終大父曰禧之承節郎監廬州都稅
父曰樞國史實錄院檢閱文字皆仕而未顯至君復不樂仕進東平
徐公持部使者節聞君名延見與語大悅將薦之于
朝君力辭不可徐公益賢之已而行中書省署君石洞山長君乃欲然
就職既辭卒隱弗仕即所居西偏為堂曰靜春鑿水成池周于

詔入為[illegible]其幽[illegible]耶　泰定甲子春三月

湯彌昌序

靜春先生詩集後序

[illegible]

後至治元年三月既望吳興陳繹曾序

[illegible]江浙儒學提舉[illegible]長洲
建寧路儒學教授史官歐陽文公玄
誌其墓陳繹曾字伯敷世居吳興後
徙處州言雖口吃而材識精敏所著文
辭汪洋浩博見稱于時由國史編脩
官遷國子博士以歿惟吾郡山川清秀
素稱士夫淵藪元氏初克江南時人遂士
浮沉里閭間以詩酒娛世者衆迨元
之德後稍出居儒黌以彰後進若
通甫者[illegible]之學觀卷中諸
作可見不待予之勦說而知也檢校
其尚寶諸
嘉議大夫都察院左副都御史
海虞吳訥敏德識

心日八日訪
袁廣文先生承示　先世靜春遺墨拜觀之因賦
此拙語為寄
[illegible]
契生朱[illegible]上稾

袁通甫先生名易為吾
吳長洲縣人隱居不仕
子寫齋名泰書法精
妙入歐虞之室茲其

魚既殁[illegible]於吾吳莫
異苑圖楚弓楚得洵為
快事暇日出示翰墨緣深
良自慶幸也
嘉慶戊寅春月潘奕雋
時年七十有九

靜春翰墨掐雙珠展卷重看一感吁神物蛟龍懷舊
淵春驥驥志長塗半生甲乙須良友臨沒丁寧及藐
孫付託得人敢自詡摳書舊識莫如吾　汝南
族裔著長洲舊物陵夷到女流論稱有時遺
元碑還識何意等琳球名賢詩筆千金帚諸老
文章一映表歲暮懷人添感逝年年風雪此停
舟滿裝書畫米家船小泊吳閶近廿年月夕花
朝同笑傲山陬海澨互留連奇書往復平生願
寶物歸來後死緣交到死生情乃見敢盟白水
誓黄泉歲適未了曲琴書笑家生涯老蠹
魚痛事重提津逮舫古懽留結太平廬待償
負券金無價偏使貧家樂有餘過眼雲煙時聚
散靜觀物理悟盈虛　嘉慶丁丑歲除黄丕烈題
越明年戊寅季春之月顧鳳藻書

嘉慶戊寅歲夏五廿有五日陶[illegible]假觀於春風廬

元儒袁通甫先生著靜春堂詩集諸名公若顧子敬陸文圭楊仲宏
湯師言陳繹曾之有序虞邵菴郭祥卿之有跋錢仲益之有詩而以
交貴而互評之者殆無遺意詩既刻板後燬于兵火此卷為當時諸公
手書真蹟猶存而黄[illegible]為作墓誌亦在卷中蓋嘗論及其詩因附之
也然藉此篇則通甫之學行可以考見而不徒為能言之士矣靜春與
子敬祥卿尤善趙文敏公稱為吳中三君子又嘗同[illegible]遺之
以顯其高節其見重如此是固數年前予在南都定見之今不知流落
何處惜乎不得與此卷並藏袁氏也海虞吳都憲為通甫五世孫都
察院檢校以宝題此卷以宝卒無子令歸其從弟以昭以昭[illegible]
得倘業保護故物他尚[illegible]通甫於是乎有後矣
此為明吳匏菴先生題元諸名公所書靜春堂詩集序等作跋
載家藏集卷四十九當時自為袁氏書於卷內未知何時佚去
大為此卷闕事予因囑徐子子晉補録於後俾好古者讀之定見
跋義知此卷之有係於中吳文獻也[illegible]

光緒丁未三月宜都楊守敬觀

甫年年未五十今二君子年位皆過此
其名亦浸聞於
朝廷序通甫之詩皆盛有所推許謂
已不能及二君子者豈過為謙辭
求以愉悅於人然則通甫之詩必傳於
於世無疑矣豈以區區之史陸而有所不
遠也哉通甫之子泰持其詩視余復
徼余為序故為具論之云爾至治二
年十月四日浦城楊載謹序

[illegible]
城不相見通甫因已去世久矣從其子得所為詩讀之又見
子敬所謂古人之所嘗有者皆有今人之所當無者必無蓋已
得其風致於筆墨之間矣蜀郡虞集題

作者以學而為詩匪直以詩為學大學援
詩參奉如引詠歎淫液使人興起於學
故知 起予 聖人許子夏子貢為詩與學
一致也學為詩之根柢詩者學之英華培之
深厚則其發也沛然緣其英華可以探其根
根凡世之為詩為陳淺窘滯迄莫能馳騁
變化 叔坐學無源猶行潦爾若袁通甫
其以學為詩者與通甫年志學即與余
友自宋止科舉廢倪焉尋究源委篤於務
本之學於六經四書則析訂訓詁而探索徼
旨於遼國諸史則視時與事而析其是非
遠莊 下莫不貫曲暢涵泳優柔淵
而會以義之極者通甫之學也雖曰與同志求
麗澤之益而通甫頓悟自得奇軼絕塵不
可及矣故其為詩經之以風雅頌緯之以賦比
興法 林巖古趣高遠得馳騁變化之
妙一時儕詩人能事矣中歲以才諝推擇為
邑校師遍長精舍階是將任可郡文學矣乃
及一試泛汎之才而遘疾不起惜哉後後為年
以子仙 谷始哀其詩刻梓以傳余時官金
陵弗及知暨旋里取而視之則散落不少憶昔
通甫無恙與余每三日不晤語吝則走矣奴遞
詩簡於是詩章樂府[illegible]

右吾鄉靜春袁先生詩集敘跋暨墓銘
[illegible]之所作也後
[illegible]校[illegible]
不詩校不幸燬于兵其
銘者作[illegible]諸老親[illegible]今[illegible]
望與跡其隱顯優歷居俾後人知之而
不忘也詢不能讓因跡而歸之其名穩者
字子敬高郵人從家鎮江後寓于吳宗
司農鄉渠之子宋亡司農以列卿例遣
北上至華縣不食而死穩與弟理刻意
問學人以比楚兩龔歷和靖學道書院
山長官至淛江儒學提舉致仕陸文圭字
子方江陰人宋咸淳中領鄉薦元延祐間
[illegible]進[illegible]性劉明[illegible]
[illegible]試黃[illegible]
[illegible]者稱之曰牆東先生錢
重鼎字德鈞號水村通州人僑處吳城
蒲帆巷宋咸淳中以詩經裝解宋亡遂
不復仕進博極經史年九十餘猶灯下
細書小字觀書每至夜分乃寢後以耆
德旋于門鄭麟孫字祥卿郡人博學
善詩與靜春交最篤有同集贖學
士貢仲章游而唱和諸詩傳世楊
載字[illegible] 杭武宗
[illegible] 乙科同知浮梁[illegible]
[illegible] 以後史稱其首變曉
宗詩體虞集字伯生蜀人宋丞相允文
五世孫從草廬吳先生學研精探激
一寓于文官至中奉大夫奎章閣侍書
學士封仁壽郡公謚文靖黃溍字晉

[illegible]

《靜春堂詩序卷》之四

《靜春堂詩序卷》之五

家藏一時名流贈荅之
作々其家衰替盡落
他人手復不知珍惜
海寧陳徵君於敗
簏中見之購歸裝成
長卷攜過吳门出以
相示余慨氏族之興
廢靡常又幸翰墨
之寄託得所因欣喜
而跋其尾徵君字仲
魚名鱣蓋今日之能
文善書而好古者
嘉慶甲戌臘八後一日
吳縣潘奕雋題
文善書而好古者
嘉慶甲戌臘八後一日
吳縣潘奕雋題
靜春齋[illegible]

《靜春堂詩序卷》之六

48

楊載　行書靜春堂詩序卷

紙本　行書
縱31厘米　橫99.6厘米

Jing Chun Tang Shi Xu (Preface to an anthology of Jing Chun Tang Poetry) in running script
By Yang Zai (1271-1323)
Handscroll, ink on paper
H. 31cm　L. 99.6cm

楊載(1271－1323)，字仲弘，原籍浦城(今屬福建)，後徙居杭州。博學，以布衣召為翰林國史院編修官，後中進士，授承務郎，遷至寧國路總管府推官。工文章，有詩名。

署款元"至治二年"(1322)，楊載時年五十二歲。鈐"載"(朱文)、"仲弘父印"(朱文)、"浦城楊氏"(朱文)印。

此帖受顏真卿書法影響，體態豐厚，筆勢古淡，結體厚重生拙。但用筆較為鬆散，行筆沉鬱。楊載博學多識，以詩文名天下，雖不以書名，但其書意趣高遠，古樸絕俗。楊氏書散見於題跋，此詩序是其唯一書法長篇。

釋文：

靜春堂詩集者，吳郡袁君通甫之所作也。通甫有宅，在郡城東南五十里，蛟澤之濱。蛟澤當吳松江之下流，其水甚深，魚鱉蝦蟹，皆聚於此。通甫為圃於堤上，圃之中作堂而居之，名之曰靜春。通甫日乘小舟，往來於菰蒲叢薄之間，飲酒放歌，其樂無涯。夫既遠去城市，抗跡塵埃之表，罕與人事相接。又善為文詞，才思有餘，則操觚弄翰，篇章間作，有感於衷，難嘿嘿而遂已。朋友相過，必再三強留，盡歡乃聽去。相得稍深，經時不來，輒為書招之，事見於集中，次第可考也。昔陸龜蒙有宅在甫裏，距蛟澤數舍而近。龜蒙有詩名，與皮日休唱和，累數十百首，其傳至今，人多能誦之。龜蒙不仕，日休位望稍著，其詩之所以傳，豈二人相挺，為輕重而致之耶？其詩固有異耶？通甫之出處為人，大都與龜蒙相類，而通甫生於治世，雖以文學補官，未及受一命，所與為莫逆交，如郡人郭祥卿，高郵龔子敬，皆知名於時。在吳郡文士中，三君子號為領袖，通甫卒年未五十，今二君子年位皆過此，其名亦浸聞於朝廷，序通甫之詩，皆盛有所推許，謂己不能及。二君子者，豈過為謙辭，求以愉悅於人。然通甫之詩，必傳於世無疑矣，豈以區區之皮、陸而有所不逮也哉。通甫之子泰，持其詩視余，復邀余為序，故為具論之云爾。至治二年十一月四日，浦城楊載謹序。

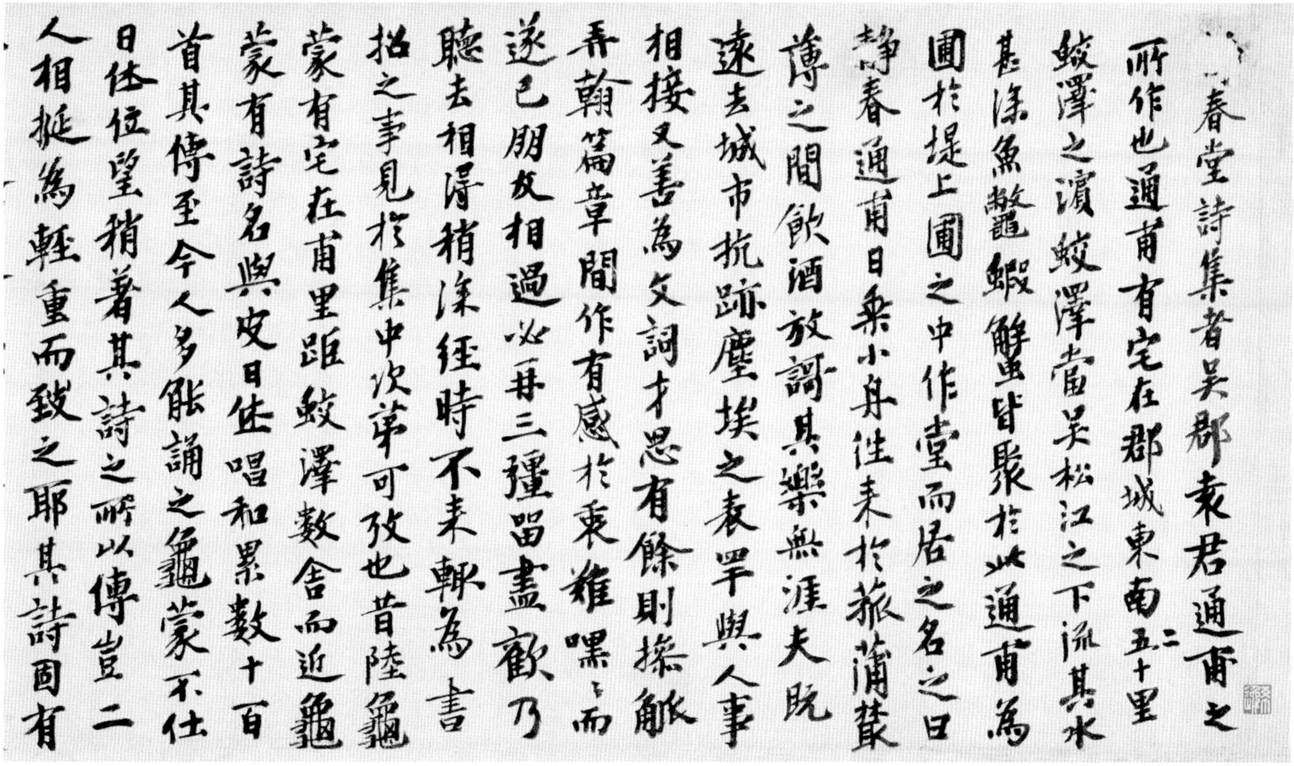

靜春堂詩集者吳郡袁君通甫之
所作也通甫有宅在郡城東南五十二里
蛟澤之濱蛟澤當吳松江之下流其水
甚深魚鱉鰕蟹皆聚於此通甫為
圖於堤上圖之中作堂而居之名之曰
靜春通甫日乘小舟往來於菰蒲葭
葦之間飲酒放詞其樂無涯夫既
遠去城市抗跡塵埃之表罕與人事
相接又善為文詞才思有餘則操觚
弄翰篇章間作有感於衷雍喈〻而
遂已朋友相過必再三穜留盡歡乃
聽去相得稍深徑時不來輒為書
招之事見於集中次第可攷也昔陸龜
蒙有宅在甫里距蛟澤數舍而近龜
蒙有詩名與皮日休唱和累數十百
首其傳至今人多能誦之龜蒙不仕
日休位望稍著其詩之所以傳豈二
人相挺為輕重而致之耶其詩固有

《靜春堂詩序卷》之一

異耶通甫之出處為人大都與龜蒙
相類而通甫生於治世雖以文學補
官未及受一命所與為莫逆交如郡
人郭祥卿高郵龔子敬皆知名於時
在吳郡文士中三君子號為領袖通
甫年未五十今二君子年位皆過此
其名亦浸聞於
朝廷序通甫之詩皆盛有所推許謂
已不能及二君子者豈過為謙辭
求以愉悅於人然則通甫之詩必傳於
於世無疑矣豈以區〻之皮陸而有所不
逮也哉通甫之子泰持其詩視余復
徼余為序故為具論之云爾至治二
年十一月四日浦城楊載謹序

仲弘所謂三君子者集游吳時皆過郭祥卿而龔子敬宦宣
城不相見通甫固已去世久矣從其子得所為詩讀之又見
子敬所謂古人之所嘗有者皆有今人之所當無者必無蓋已
得其風致於筆墨之間矣蜀郡虞集題

作者以學而為詩匪直以詩為學大學援
詩恭舉必引詠歎滛液使人興起於學
故知 起予聖人許子夏子貢者詩與學
一致也

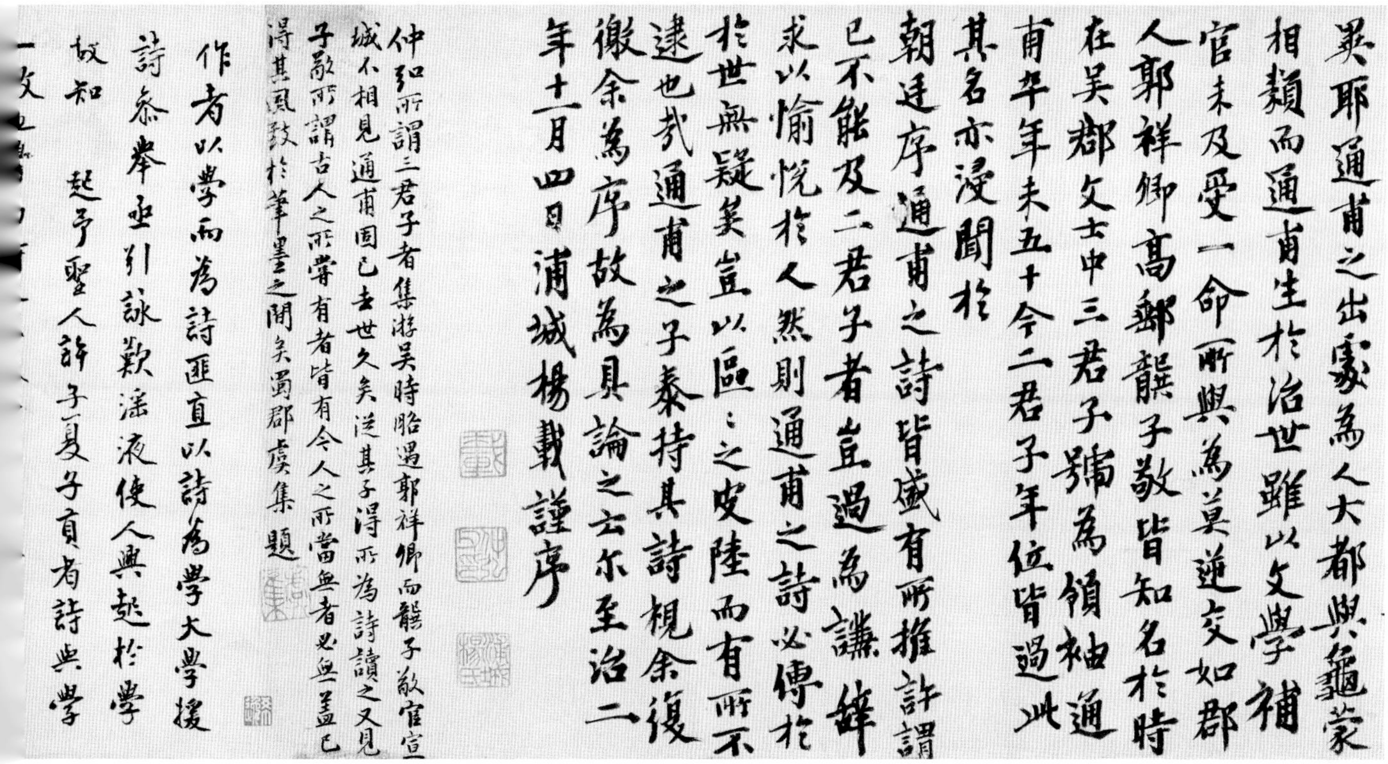

《靜春堂詩序卷》之二

49

陳繹曾　小楷書靜春堂詩序卷

紙本　小楷書
縱31.2厘米　橫49.5厘米

Jing Chun Tang Shi Xu (Preface to an anthology of Jing Chun Tang Poetry) in small-regular script
By Chen Yizeng
Handscroll, ink on paper
H. 31.2cm　L. 49.5cm

陳繹曾，字伯敷，元代湖州(今屬浙江)人。為人口吃，而文辭汪洋浩博，官至國子助教。著有《文說》、《文筌》、《翰林要訣》。

此帖用筆精勁細膩，勁利有致，筆到之處，清雅飄逸。史書中記載："陳繹曾善於書法，真草篆隸俱通習之，各得其法。"但他的墨跡傳世很少，此為代表之作。

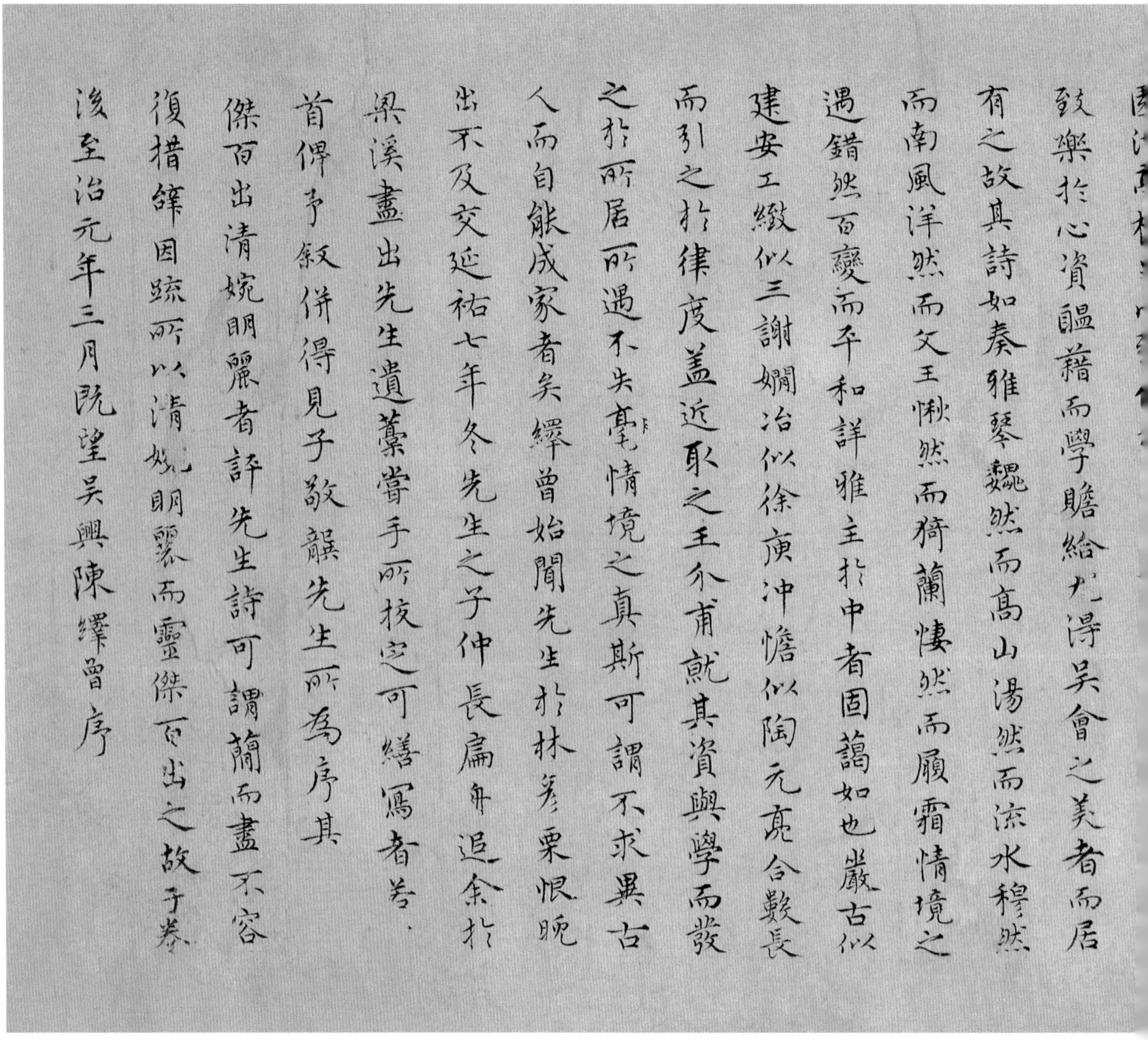

釋文：

靜春先生詩集後序

情發為詩，而生於境，使詩真出乎是，居莽蒼，遇□莫，雖欲為富麗雄偉，不可得也。居順境者反是□，其居而習焉者為主於內，即其遇而感焉者萬變乎前，二者合而見乎辭，詩之體於是不一矣。十五國之詩，音聲情態，往往不同，居使之然也。周變而王，豳易而秦，遇使之然也。夷考其衷，王周、秦豳，歌哭雖殊，本音猶在。欣戚雖異，故態未亡。習之主於內，蓋有不可得而變者矣。楚騷以降，家殊人異，苟得情境之真，未嘗求異古人，當有自能成家者。三吳之地，大率山川明遠，土物清麗，人之性情優柔樂易，居其境而習焉者，雖南走越北之燕，發於聲必平和詳雅，而無粗厲險絕之態。姑蘇為吳會，山川土物，蓋以醲富。靜春袁先生別墅，吳松具區之間，花木足以致美於目，絲竹足以致曼於耳。園池亭榭，足以致佚於身。琴書棋酒，賓從之勝，足以致樂於心。資蘊藉而學贍給，尤得吳會之美者而居有之，故其詩如奏雅琴，巍然而高山，湯然而流水，穆然而南風，洋然而文王，愀然而猗蘭，淒然而履霜。情境之遇，錯然百變，而平和詳雅，主於中者，固藹如也。嚴古似建安，工致似三謝，嫻冶似徐庾，衝憺似陶元亮，合數長而引之於律度。蓋近取之王介甫，就其資與學而發之於所居所遇，不失毫情境之真，斯可謂不求異古人，而自能成家者矣。繹曾始聞先生於林彥慄，恨晚出不及交。延祐七年冬，先生之子仲長，扁舟追余於梁溪，盡出先生遺藁，嘗手所校定可繕寫者若□首，俾予敘。並得見子敬龔先生所為序，其□□傑百出，清婉明麗者評先生詩，可謂簡而盡，不容複措辭，因疏所以清婉明麗，而靈傑百出之故於卷後。至治元年三月既望，吳興陳繹曾序。

50

袁桷　行書雅譚帖頁

紙本　行書
縱28.3厘米　橫38.9厘米

Ya Tang Tie in running script
By Yuan Jue (1266-1327)
Leaf, ink on paper
H. 28.3cm　L. 38.9cm

袁桷(1266－1327)，字伯長，號清容居士。元代慶元鄞縣(今浙江寧波)人。曾為麗澤書院山長，後官國史院編修官、翰林直學士、遷侍講學士、同知制誥兼修國史等。當時朝廷製冊、勳臣碑銘多出其手。

此帖為應酬信札，信筆書寫，無拘無束，但章法自然得體，用筆結字，很有法度。提按轉折，刻意精緻，具有米芾沉着痛快、敧側奇險之勢。

鑑藏印記："安儀周家珍藏"(朱文)、"蓮樵鑑賞"(朱文)、"景賢"(白文)、"譚氏區齋書畫之章"(朱文)、"趙叔彥"(朱白文)等。

歷代著錄：《墨緣彙觀》、《三虞堂書畫目》。

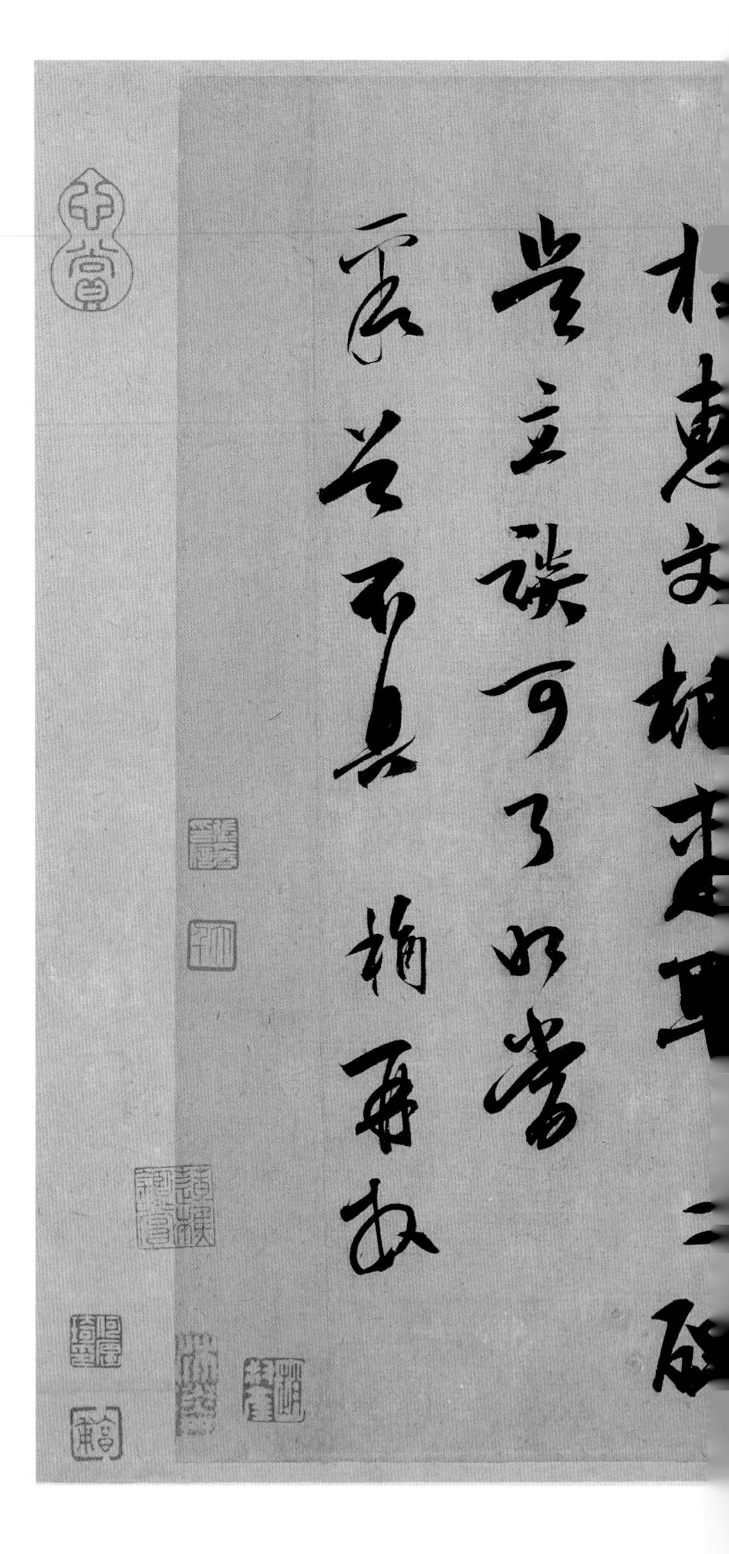

釋文：

桷比者終日獲接雅譚，繼即探伺，且有假書之請。乃聞風帆趍潮，將促運米舟以還，繇是不果。茲審佩音琅然，方持鰲高詠，視吾徒如逐臭。妙墨相遇，惜不能與玉桂惠文相聚耳。二碑豈立談可了，明當聚首。不具。桷再拜

51

袁桷　行書一庵首坐詩帖頁

紙本　行書
縱31.5厘米　橫89.7厘米

Yi An Shou Zuo Shi Tie in running script
By Yuan Jue
Leaf, ink on paper
H. 31.5cm　L. 89.7cm

文中“一庵”為拜壽寧，字無為，號一庵，永嘉人，上海靜安寺住持。尾鈐“袁伯長”(白文)、“清容齋”(朱文)印。

袁桷書法用筆得於晉唐，而有米書遺意。此帖書法整體佈置均勻，頗具法度，行筆柔韌，神采可愛，古意猶存。

鑑藏印記：李肇亨、卞永譽、安岐等印。

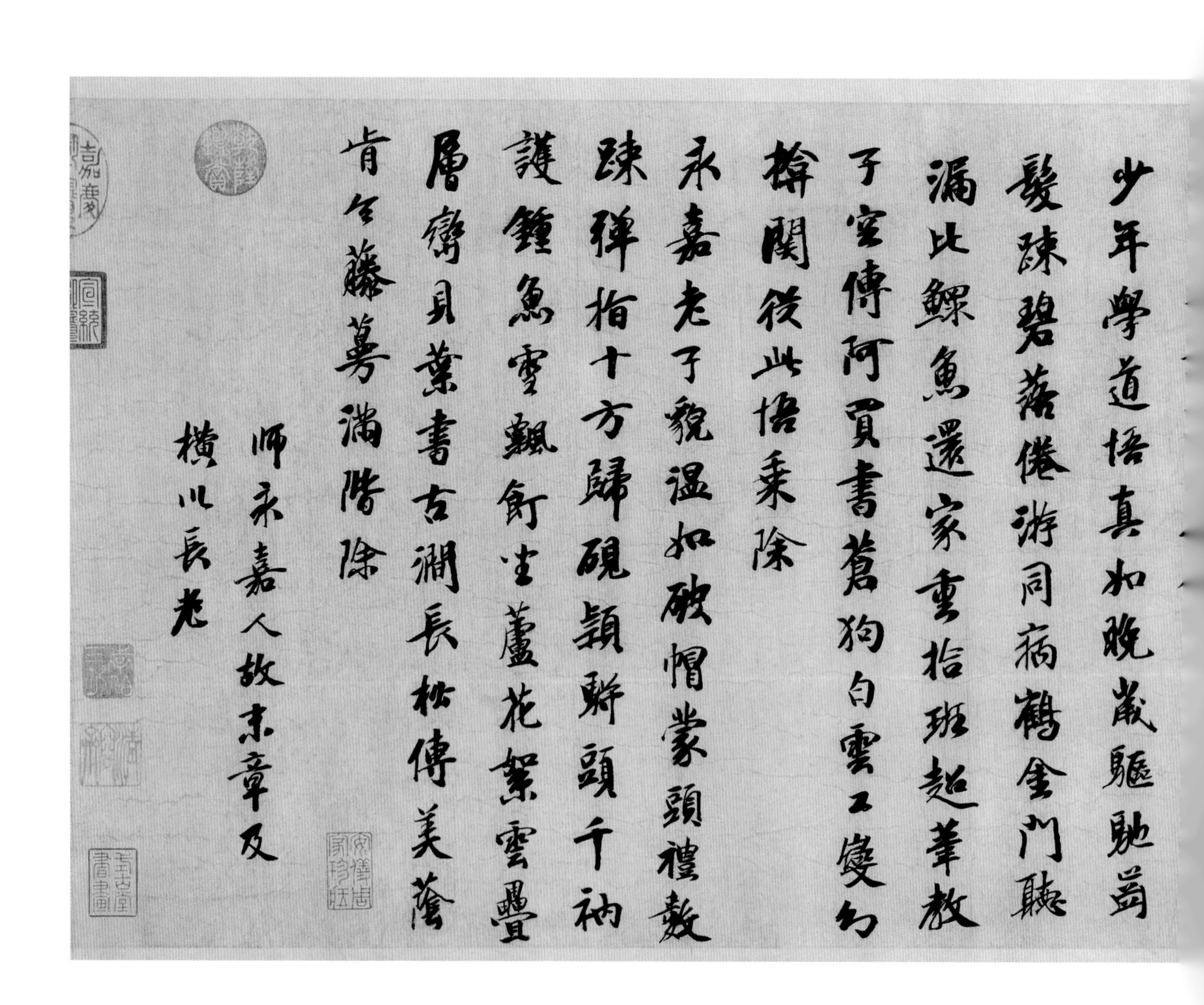

釋文：

一庵首坐：久客大慈，比得會於萬壽，深湛宏博，連辱和篇，不可虛其雅意，用韻奉謝。椨和南。

堂堂相國布金寺，曾許高人住夏來。不見烏衣遊別墅，時看金彈落生台。千林有響風調瑟，萬壑無聲雪舞杯。讀罷楞嚴誰與伴，獨於松徑且徘徊。

蕭齋圓綠長深苔，忽見談空玄度來。已信虛空那有相，極知明鏡本非台。閉門拚息雲生几，振錫忘言水覆杯。獨鶴九皋清唳徹，肯於林下久徘徊。

少年學道悟真如，晚歲驅馳齒髮疏。碧落倦遊同病鶴，金門聽漏比鰥魚。還家重拾班超筆，教子空傳阿買書。蒼狗白雲工變幻，拚關從此悟乘除。

永嘉老子貌溫如，破帽蒙頭禮數疏。彈指十方歸硯穎，駢頭千衲護鍾魚。雪飄飣坐蘆花絮，雲疊層巒貝葉書。古澗長松傳美蔭，肯令藤蔓滿階除。

師永嘉人，故末章及橫川長老。

52

虞集　行書白雲法師帖頁

紙本　行書
縱30.7厘米　橫51.8厘米

Bai Yun Fa Shi Tie in running script
By Yu Ji (1272-1348)
Leaf, ink on paper
H. 30.7cm　L. 51.8cm

虞集（1272－1348），字伯生，號邵庵。其祖仁壽（今屬四川）人，後居崇仁（今屬江西）。官大都路儒學教授、祕書少監、奎章閣侍書學士，參予纂修《經世大典》。詩文有盛名，善書法。

虞集晚年患有目疾，並經常在信札中談到，此文有“眼昏寫字不多整齊”句，應為其晚年之作。此帖書法行筆環縈，字若連綿，法度險峭，勁健古雅。如王世貞所言：

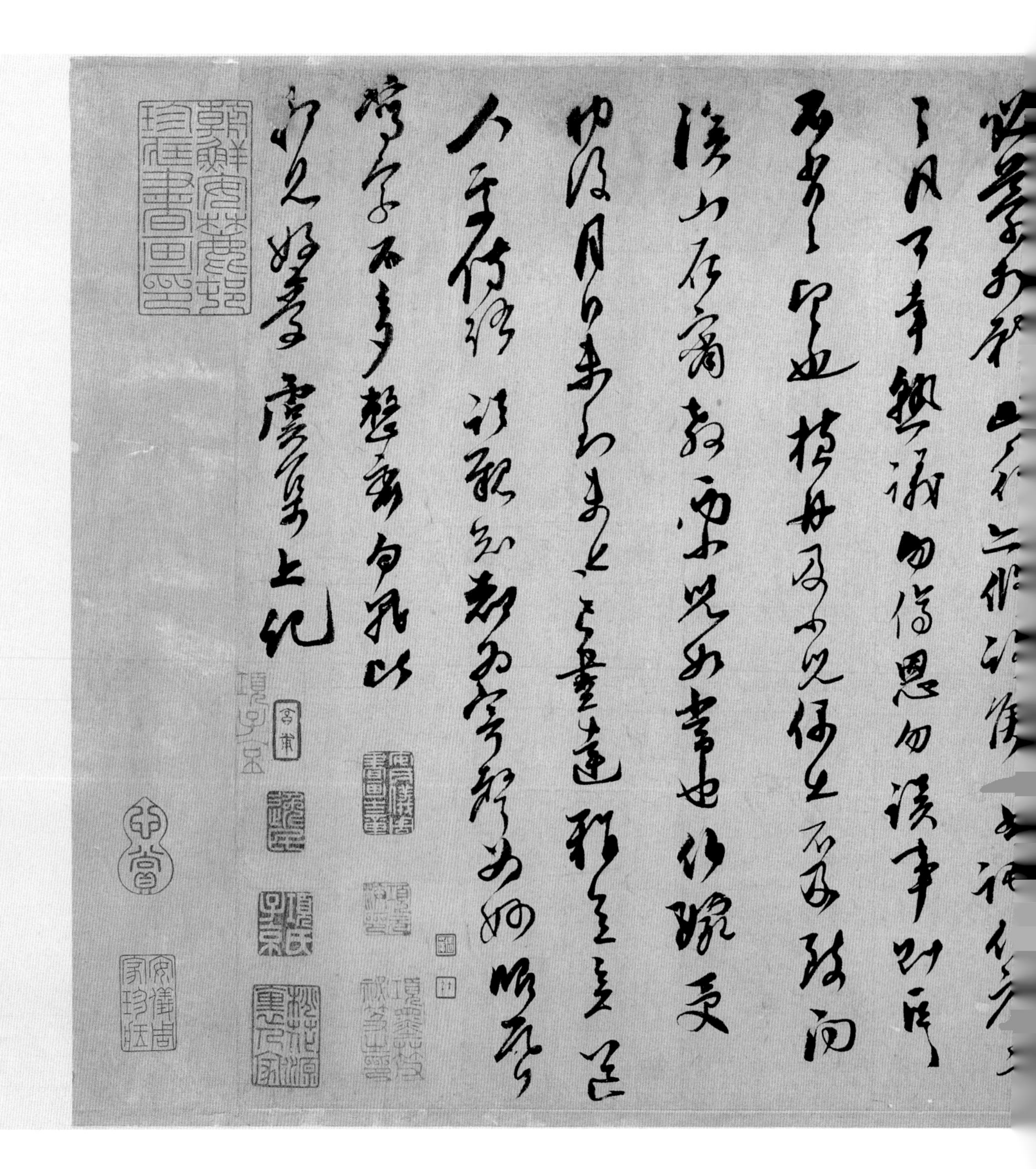

"用筆若草草，而中自遒勁"。

鑑藏印記：項元汴諸印，"董奕少氏"(白文)、"李肇亨"(朱文)、"桃花源裏人家"(朱文)及安岐、景賢、何子彰、趙叔彥、張爰、譚敬諸印。

歷代著錄：《墨緣彙觀》、《三虞堂書畫目》。

釋文：

集頓首奉記。白雲法師和上鄉契，去年過訪，足仞至情。別後極深懷繫。大墓甚感用情，親戚因不知首尾，不知歸附以來，又六十餘年，先參政之所經理遺意，老者今秋遺女後方可出。秋深要來，能來為妙。竹深舊相識，如來說可奉承。茲因俞伯康山長還吳，略得布此。秋冬間能來住一兩月，同出亦好也。大墓事已一再囑丹口以先世委用之意，必蒙相體。此行亦修路，俟一書托伯康言之凡可。幸熟議勿停恩勿誤事，則區區不肖之望也。植舟及小兒偶出，不及致問。溪山在齋，教兩小兒如常也。伯婉受助後，月日未到未上，已盡達雅意矣。道人處傳語諸親知都為寄聲為妙。眼昏寫字不多整齊，勿罪。比相見好口。虞集上記。

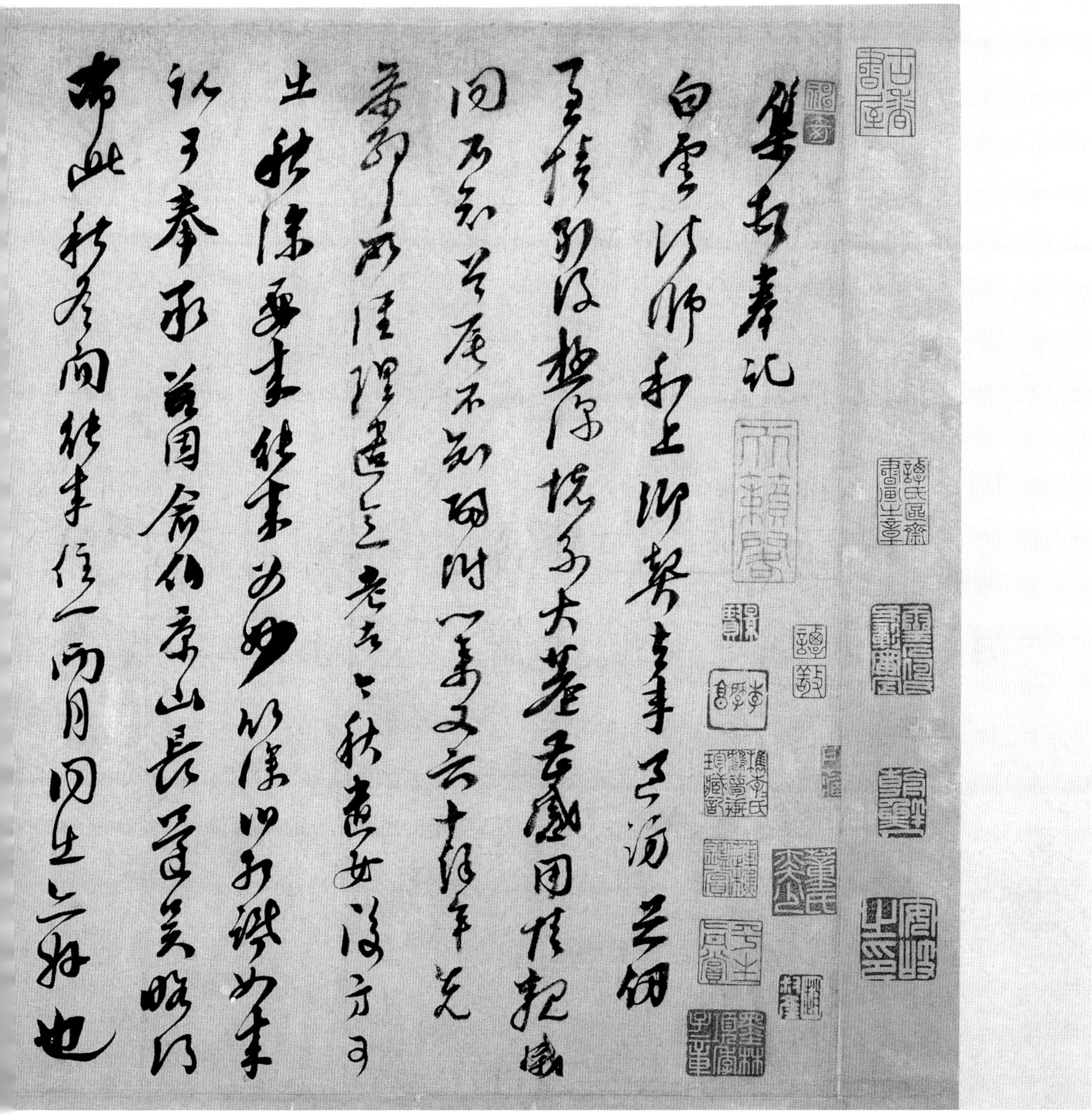

53

虞集　楷書即辰帖頁

紙本　楷書
縱32.3厘米　橫93.2厘米

Ji Chen Tie in regular script
By Yu Ji
Leaf, ink on paper
H. 32.3cm　L. 93.2cm

此帖為信札。據信中提到姑蘇、惠泉（在無錫）等地，可知此時虞集已經謝病南歸。後又有“方今龍飛御天”句，應指元順帝即位事，因此，當書於元至正初年，是虞集的晚年作品。鈐“虞集”（朱文）印。此頁為《元八家書札》之一。

陶宗儀《書史會要》中對虞集書法有很高評價，認為：“集真、行、草、篆皆有法度，古隸為當代第一。”虞集博學多才，詩詞文賦均負盛名。當時朝廷典冊，公卿大臣之碑版，多出其手。此帖雖為楷體，且兼有行書筆意，書法精到，淳古蒼勁，波瀾老成。

鑑藏印記：“項墨林父祕笈之印”（朱文）、“墨林山人”（白文）、“天籟閣”（朱文）、“項子京珍藏印”（朱文）等。帖中有項元汴書“承字號”三字。

歷代著錄：《鐵網珊瑚》、《平生壯觀》。

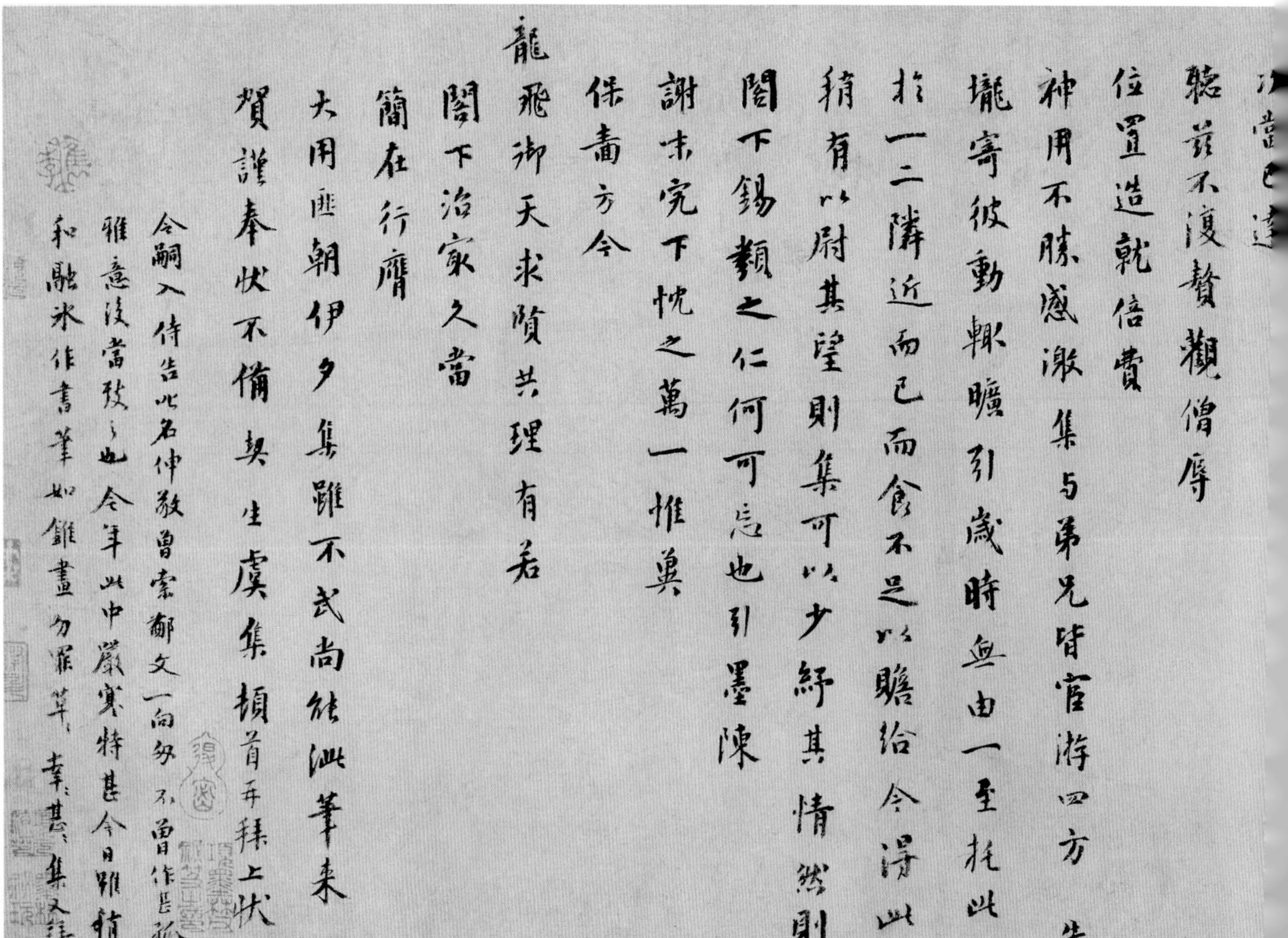

釋文：

契生虞集頓首謹記事呈上大尹相公，王。

集頓首再拜上狀總管大尹相公閤下。即辰歲事告成，天地方泰，暫弭皇華之節，尚繫白雲之思，神明夾扶，履用清吉，集今夏復過姑蘇，不能少候騎氣之還，已覺悵惘。及承珍灑，乃知又辱追及惠泉，益重不敏之罪。然而千里明月，通夕台星，何異瞻對顏色也。亭中清話，秋仲閒翁自上京還，方面及之。節次當已達聽，茲不複贅。觀僧辱位置造就，倍費神用，不勝感激。集與弟兄皆宦遊四方，先壟寄彼，動輒曠引歲時，無由一至，托此於一二隣近而已。而食不足以贍給，今得此稍有以慰其望，則集可以少紓其情，然則閤下錫類之仁，何可忘也。引墨陳謝，未完下忱之萬一。惟冀保嗇，方今龍飛御天，求賢共理，有若閤下治最久，當簡在行膺大用，匪朝伊夕。集雖不武，尚能泚筆來賀。謹奉狀不備。契生虞集頓首再拜上狀。今嗣入侍告叱名伸敬。曾索鄙文，一向匆匆不曾作，甚孤雅意，後當致之也。今年此中嚴寒特甚，今日雖稍和，融冰作書，筆如錐畫，勿罪草草，幸甚幸甚。集又拜

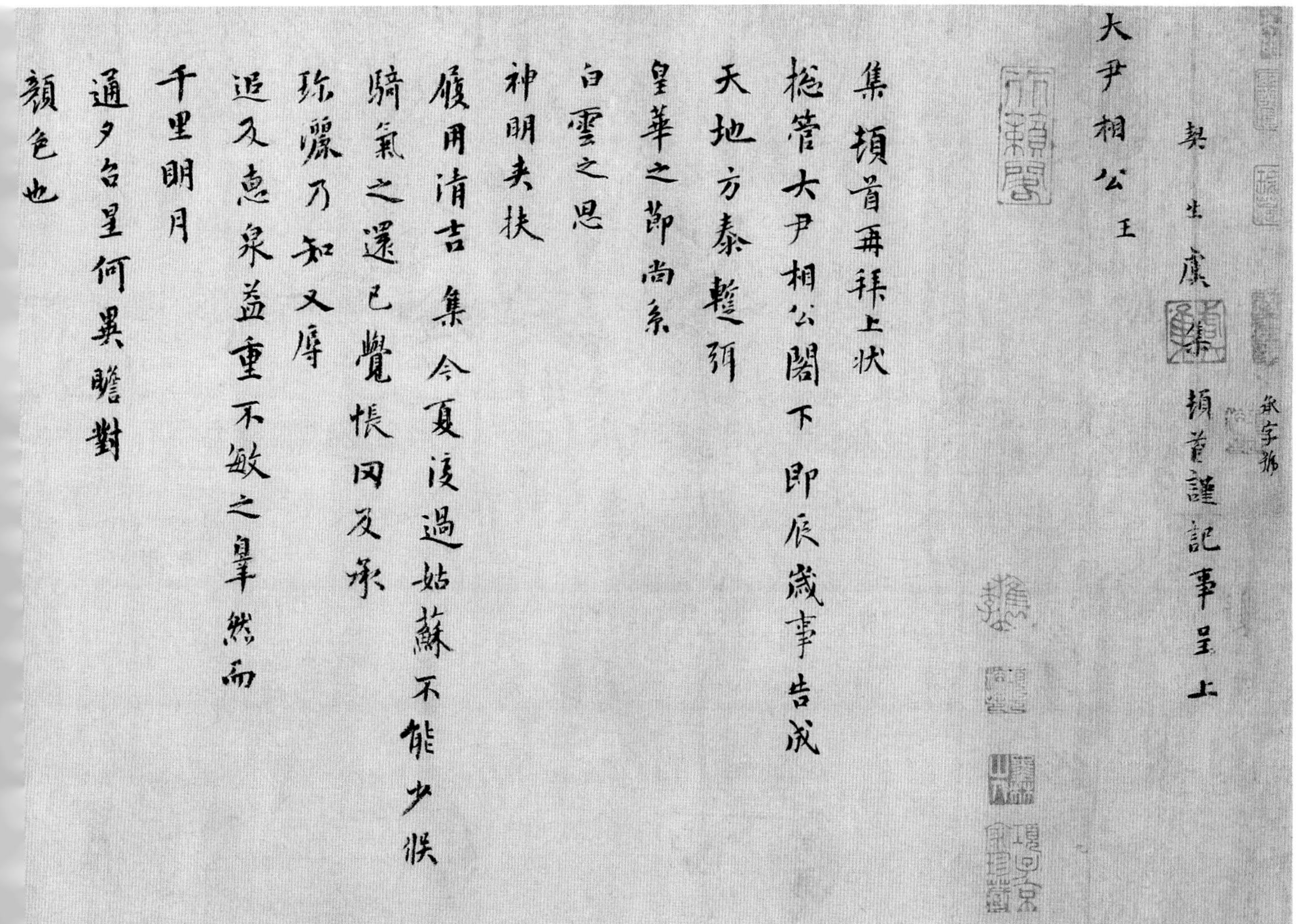

54

郭畀　行書青玉荷盤詩卷

紙本　行書
縱29.3厘米　橫56.2厘米

Qing Yu He Pan Shi in running script
By Guo Bi (1280-1335)
Handscroll, ink on paper
H. 29.3cm　L. 56.2cm

郭畀（1280－1335），字天錫，號雲山、景星子。鎮江（一説京口）人。歷鎮江路學錄、饒州路鄱江書院山長、青田臘源巡檢、平江路吳江州儒學教授、江浙行省辟充掾吏等職。工書畫。

清代唐翰題跋稱，將《青玉荷盤詩》與俞希魯書《郭天錫文集序》、郭畀書《郭景星和梁隆吉詩》合裝為一卷，名為《郭氏詩翰卷》。《青玉荷盤詩》作於"至治初元"（1321），郭畀時年四十二歲。尾鈐"郭畀天錫"（朱文）印。

此帖書法得趙孟頫形骸，是元人中師法趙書之佳者。結構疏密得宜，筆畫勁挺磊落，點畫精美，運筆嫻熟，有一定的藝術水平。

鑑藏印記："硯溪清玩"（朱文）、"年羹堯字亮工別號雙峰"（朱文）、"唐翰題審定"（朱文）、"陸樹聲鑑賞章"（白文）等。

釋文：

太常金奉禮，宴翰苑諸公。出青玉荷盤，色奇古，盤之上擎杯，象蓮蓬，下屈為柄，上覆為蓋，蓋青質而紫章，凡十九點，匠氏剜為蓮房，殆奪天巧。囑丹楊郭畀賦詩。詩固未足為杯盤誇，然將來或可托詩以傳也。

碧雲亭亭水天永，翠蓋翻風墮秋影。文姬團扇感初涼，露華亂落明珠冷。紫莖綠葉歌秋蘭，涉江折得煙蓬還。前緣已被專房誤，守宮血點猶斑斑。麴生解後誇奇特，倒捲滄溟供一吸。太華峰高歸路遙，但覺滿懷春拍拍。俗眼傲睨琉璃鍾，金罍未用爭誇雄。古詩調高和者寡，擬喚杜陵醉中把。　至治初元修禊日

酒邊次
隆吉老兄詩韻
鬢邊已見二毛侵懷
別鄉闊歲月深千古
江山今在眼一時朋
友舊知心醉揮詩卷
真如錦厭說家書可
抵金男子四方元有
志豈容天鯉在泥塗

予和隆吉此詩自大德己亥
至今延祐己未已二十年矣
近於書笥中偶見元卷紙已
斷爛乃命昇子重書于後藏
之寓意齋是歲七月十一日

《青玉荷盤詩卷》之一

斑斑麴生解后詩奇特倒捲滄
溟供一吸太華峯高歸路急
但覺滿懷春拍拍俗眼傲睨
琉璃渾金罍未用爭詩雄古
詩調高和者寡擬喚杜陵醉
中起 至治初元脩禊日

天錫宜長筆精墨妙余于士友
願見不可得者邇以公事來誌
本致之適高駿良彭構雲蓬
愛其瀟灑多襟被其間醉飲
劇談終夕不寐綽有晉人曠
達風度一日為葉秀軒趙揮
壁間竹石就題前詩余與
天錫別一年矣客裏相逢因次
元韻吳興陳象祖頓首再拜
造化凝毫楮樗牙出酒杯
高標塵外鶴清思水邊
梅雨榻容吾輩雲蓬為

《青玉荷盤詩卷》之二

終公大奇之曰取士得如此足矣洎捐館
而君名弗與蓋考官辟嫌也繇是文譽
益振後累舉皆不赴吁今復有若人者
哉余嘗讀劉賓客柳河東集序謂三
光五嶽之分合繫乎文章之高下誠哉
是言也我
朝奄有四海蟠天際地聖
主聖臣光嶽之合亘古莫京英才碩彥
宜乎出于斯時使之作爲文章以鳴
國家之盛君生於混一之後而卒於承
平之世發揚蹈厲大肆厥辭氣完而
聲淳調高而格正煥乎斧藻之彰施
鏗乎金石之考擊泰和渾厚之氣蕩之
溢乎簡冊誠治世之雅音而盛時之傑作
也惜乎天不假之年仕不稱其志使其發
揮華采著作周旋乎道山延閣翱翔乎
西掖北門得以闡鴻猷鋪景鑠則其可
觀豈止如是而已乎君先世洺水人宋靖
康中辟地于蘇自其高曾大父四世相
傳終鮮兄弟其祖母禱于神而得君故
其名畀而字以天錫也晚年歸思退以
自抑其兼人之過方其發授吳江辟掾
丞相府人謂駸駸要途將自此升而竟
弗克壽年財五十六耳豈造物者豐
其賦予而嗇其設施耶豈豐嗇有定
數而造物者無所容其心耶抑偶然耶
莫可得而詰也君三子曰永曰肇而啓其
蒙務者也乃能掇拾遺文汲汲乎思有以
傳後世而光先業亦可謂賢也已序而歸
之姑以寓夫朋友之誼云爾若曰君之詩文

大有佑韋齋集七卷[illegible]
至契佑之又与用中幼同學長同試兩世交誼篤摯故不作一
尋常酬應語書法在顏蘇間亦端莊不佻越二年丁卯三月
復于吳門汪氏得義山和梁隆吉詩一牋爲佑之書而義
山自記於後又佑之賦碧玉荷盤詩一牋又吳興陳彖祖和
贈佑之詩一牋三牋皆堅潤瑴光潔墨色亦黝潤如新以其皆
爲鄔氏舊物迺命工重裝合爲一卷而以用中序文殿之序
後舊有明周文傳跋語仍附裝以存流傳之緒按義山詩作
于大德己亥閱二十年乃命佑之重書時爲延祐己未又二年爲至
治初元則金太常譔集翰林諸公佑之席間賦詩之年也陳彖
祖詩無年月可稽附于後用中序於至正十五年距佑之賦詩時
又三十有五年四牋在當時先後相去已五十有七年迄今同治戊
辰蓋五百七十年矣夫以五百七十年前之名跡事非一時書非一
手烟雲過眼不知幾經浩劫迺一旦符落吾手薈萃裝潢合成
京口鄔氏一段佳話豈非平生真賞中一大快事耶遂筆而記
之如右又按用中作序時佑之卒已二十餘年佑之卒年五十有六
當在元統至元間上推生時則宋季景炎祥興時矣義山年登大
耋至九十二而終方七十時母夫人尚在堂一時傳爲盛事書跋流傳
視佑之尤罕此在延祐己未當爲晚年手跡佑之兩牋一爲辛巳一
爲己未時年甫四十餘用中長佑之一歲作序之年亦已七十餘矣鑒
定古人名跡當先尚論其世爰詳書于後与後之攬者共證焉時
仲夏五月十日嘉興新豐鄉人唐翰題識于太湖廳東山公廨

第二行集字下脫序字
第二十二行辛巳當作辛酉

中華民國辛未十月五日獲觀此
冊於津市官舍因以八百金購置之
王樹常

子爲不朽也余老矣停雲之思日切于懷
其忍爲君執筆乎於誼不可辭吾　父
章齋翁與君之　父義山先生爲道義交
往來款密有通家之好先生年且七十
母夫人尚無恙余每拜堂下必殷勤話舊
相慰藉壽九十二乃終君少於余一歲童
丱相從意氣已相得於惟以學問相濯磨
戲言狎態未始一形於聲音笑貌也孫應
同試藝憲司而貢于大府多版授校官自
是宦遊朔南或出或處會合之日少而乖
違之日多矣雖居同里閈而詩謌倡酬見
於集中者無幾焉君身長八尺餘美須
髯善論辯通　國語倜儻有遠略堂之
然偉丈夫也王公大人見之莫不竦然起敬
且長於書畫吳興趙公子昂漁陽鮮于公
伯機蒯丘李公仲賓房山高公彥敬曾
南商公德符皆相與頡頏之餘子睎之
爲無人而喜與方外之士遊談空覈玄往
往其機鋒抉其微妙山林清韻隨接于
門一時名聲籍甚江浙行省嘗奉
旨擇能書者楷寫大學衍義以進君與
其選飲酒有鯨吸之量醉墨淋漓信手
揮灑當其得意脫情卻立咄咄自嗟賞
曰此不減古人也尺縑片楮得者寶之延
祐甲寅之歲科舉肇行君以經明行修
賓興于鄉次場試太極賦日方午盤桓
場屋間時憲使從公伯庸實監試椽闈
中望其狀貌魁梧遣吏召之前問鄉貫
姓名且曰汝賦已就乎曰已納卷矣曰汝
能背誦乎君應口誦無疑音吐洪暢聽者

《青玉荷盤詩卷》之三

藉是以傳則非余之所敢當也至正十五
年八月既望儒林郎松江府判官致仕
俞希魯謹書

元退思郭子吾嘗聞其人矣文則未
之見也希魯俞子序退思集首之見
其文矣人則未之聞也歲孝其序歟
騷騷乎有典有則字畫且有楷法見
其文固可得其人已同俞之文以求郭之
之文有不待形其顏面聽其論議而
後知者然郭曾卿以學詩此以示二子
得無失手諸[illegible]並軸曾純恍演璐
重以存之其為人與文又得之矣

崑山周　倫跋

書京口郭氏詩傳卷後

《青玉荷盤詩卷》之四

55

郭畀　行書梁棟四禽言詩卷

紙本　行書

縱30.5厘米　橫112.4厘米

Liang Dong Si Qin Yan Shi in running script

By Guo Bi

Handscroll, ink on paper

H. 30.5cm　L. 112.4cm

錄梁隆吉《四禽言》詩。"延祐丁巳"為延祐四年(1317)，"次年歸故里書於家藏《隆吉詩卷》後"，郭畀時年三十九歲。尾鈐"郭畀天錫"(朱文)印。"隆吉"名梁棟，其先湘州人，後遷居鎮江。南宋咸淳進士，官司錢塘縣尉。宋亡，隨弟入茅山，從老氏學，有《梁隆吉詩鈔》。"禽言"為鳥語，鳥鳴聲。宋代梅堯臣曾以鳥鳴比附人事，作《四禽言》詩，蘇軾亦作過《五禽言》詩。

此卷書法婉媚勻整，圓活秀潤，與《青玉荷盤詩》書法的結構安排、行筆頓挫頗為相近，皆有趙書遺風。

鑑藏印記："式古堂書畫"(朱文)、"仙客"(朱文)、"安岐之印"(白文)、"安氏儀周書畫之章"(白文)、"朝鮮人"(白文)、"宣統鑑賞"(朱文)、"無逸齋精鑑璽"(朱文)等。

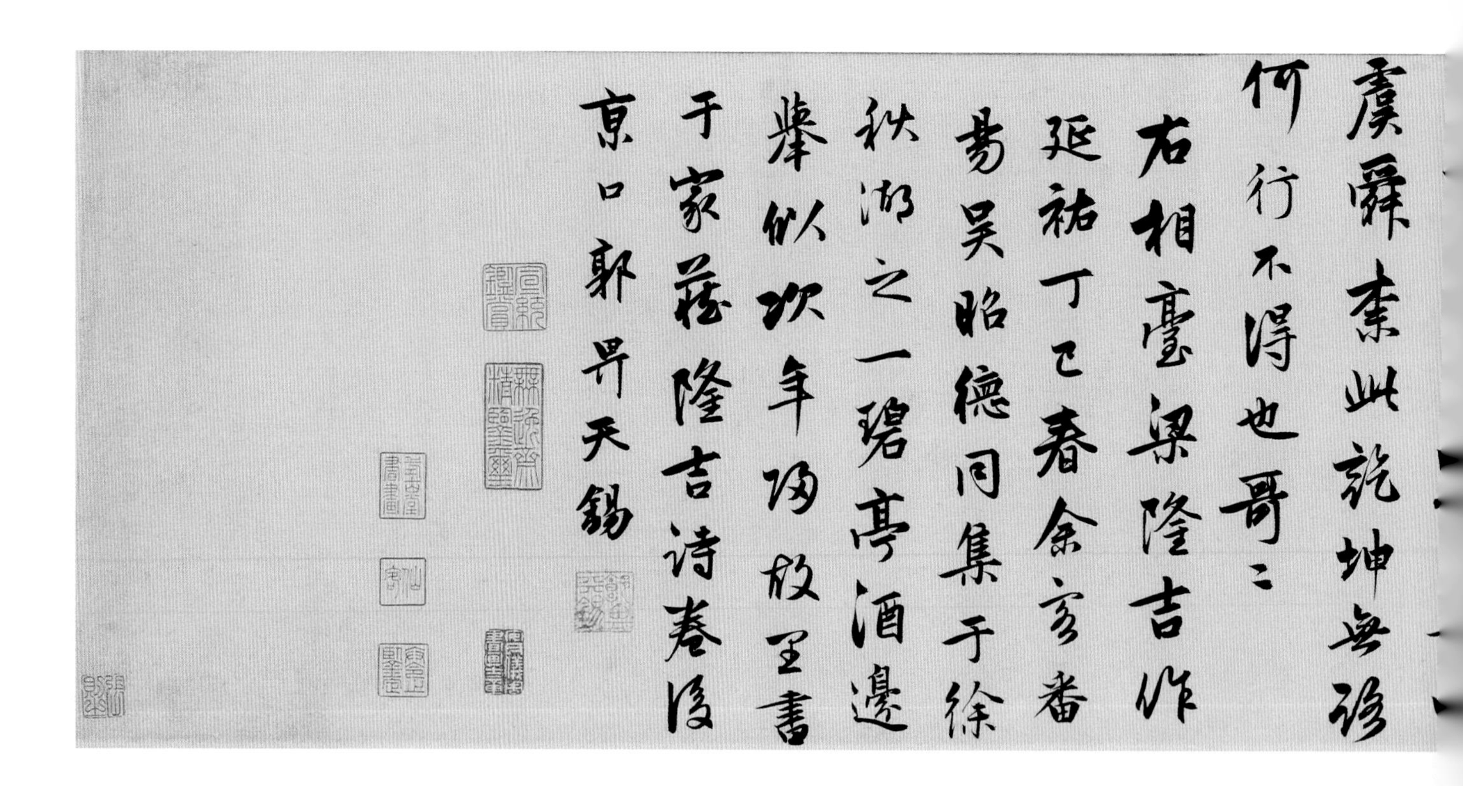

釋文：

四禽言

脱卻布袴。貧家僅有一尺布，寒機剪盡無可裁，可人不來廉叔度，脱卻布袴。

不如歸去。錦官宮殿迷春樹，天津橋上三兩聲，叫破中原無處住，不如歸去。

提葫蘆。今年酒賤頻頻沽，眾人皆醉我亦醉，哀哉誰問醒三閭，提葫蘆。

行不得也，哥哥。湖南湖北秋水多，九疑山前叫虞舜，奈此乾坤無路何，行不得也，哥哥。

右相台梁隆吉作。延祐丁巳春，余客番易，吳昭德同集於徐秋湖之一碧亭，酒邊舉似，次年歸故里書於家藏隆吉詩卷後　京口郭畀天錫

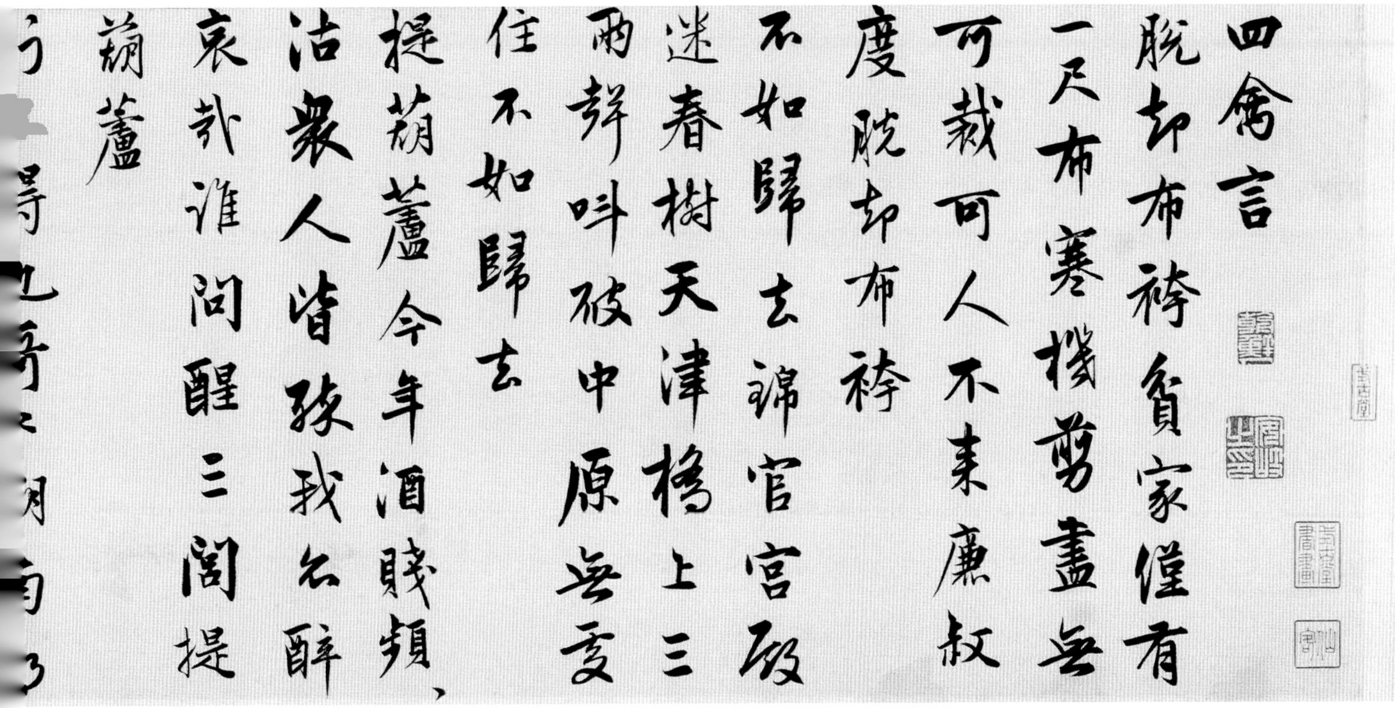

56

張雨　行書題畫詩帖頁

紙本　行書
縱29.3厘米　橫148.5厘米

Ti Hua Shi Tie (Poem inscribed on a painting) in running script
By Zhang Yu (1283-1350)
Leaf, ink on paper
H. 29.3cm　L. 148.5cm

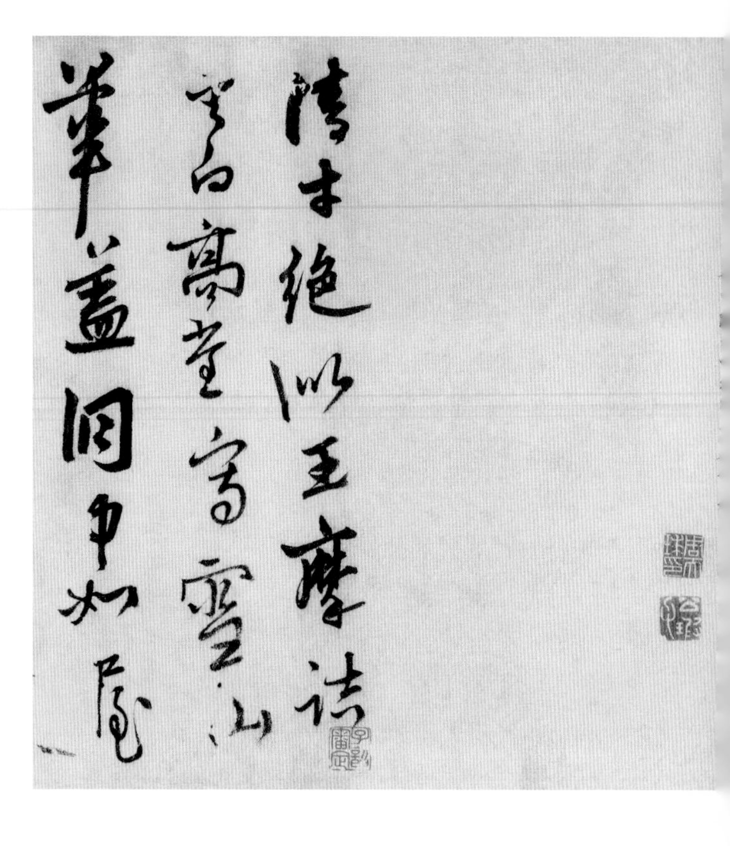

張雨(1283－1350)，一名天雨，字伯雨，號句曲外史。元代錢塘(今浙江杭州)人。年二十餘棄家為道士。從虞集學。博學多聞，善談名理。生平慕米芾為人，故其議論襟度，頗為類之。詩文、書畫，清新流麗，有晉、唐風流。

書錄題張彥輔畫詩二首。"張彥輔"，號六一道士，居北京，善畫山水。"天鏡"，僧園瀞 的字，杭州靈隱寺僧。卷後鄭元祐有"可憐斯人頭已白"句，可知是張雨晚年的作品。尾鈐"張雨私印"(朱文)、"句曲外史張天雨印"(朱文)印。卷後鄭元祐題詩，羅天池題名，卷前沈曾植隸書引首"詩留畫味"。明周天球題詩及畫像皆偽。

張雨書法始學趙孟頫，趙指導其學唐人，故其書遒美之外，尚有縱逸俊邁的特點。此帖書法清勁舒放，筆法頗多變化。

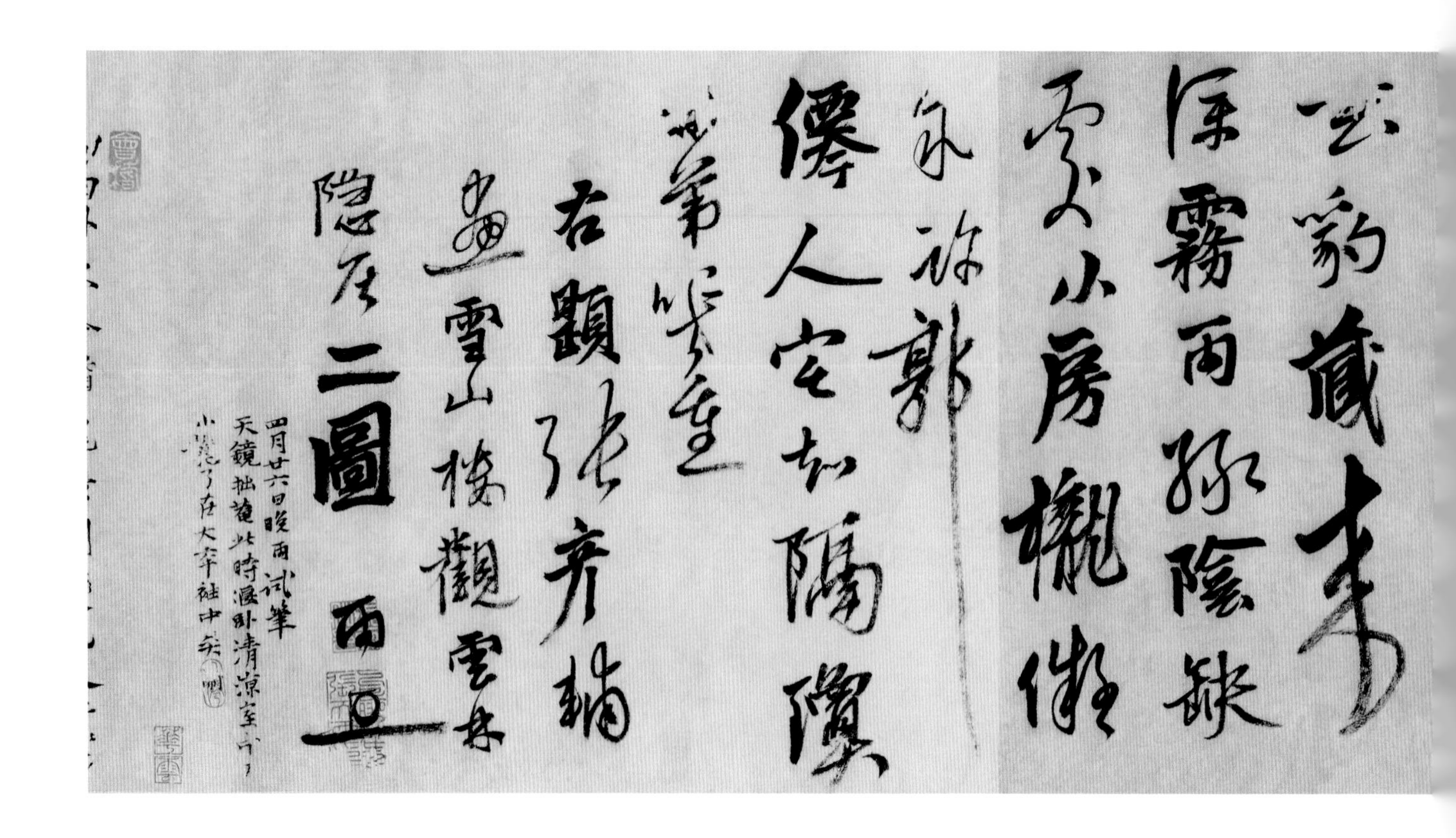

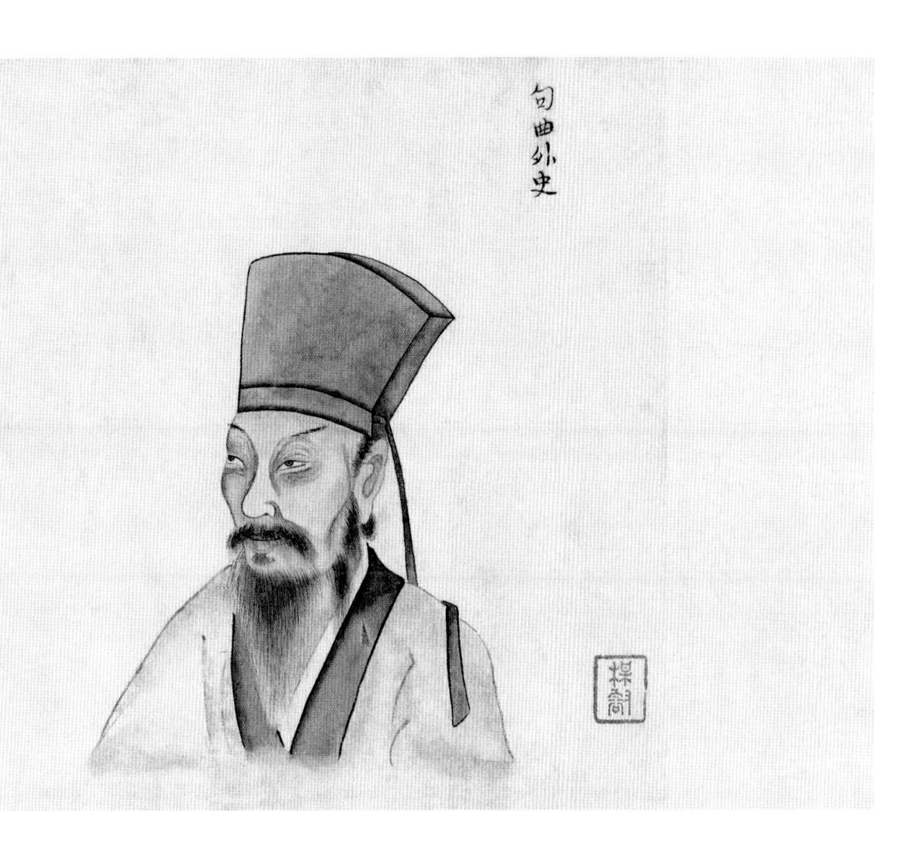

句曲外史
黃冠投隱意翩翩句曲名山藉此賢獨暢玄風

釋文：

清才絕似王摩詰，愛向高堂寫雪山。華蓋洞中如屋裏，志欄橋外是人間。瓊樓只許飛仙住，珠樹應留織女攀。莫信寒泉傷玉趾，最宜清暑聽潺湲。怪底朝寒雲氣濃，卷簾金翠出芙蓉。似傾三峽龍門雪，為洗明星玉女峰。玄豹藏來深霧雨，綠陰缺處小房櫳。擬求許郭仙人宅，知隔瓊華第幾重。　右題張彥輔畫《雪山樓觀》、《雲林隱居》二圖　雨

四月廿六日晚，雨試筆。天鏡、拙庵此時偃卧清涼室中，小龍了在天年袖中矣。

絃此君
説公家
周彥筆

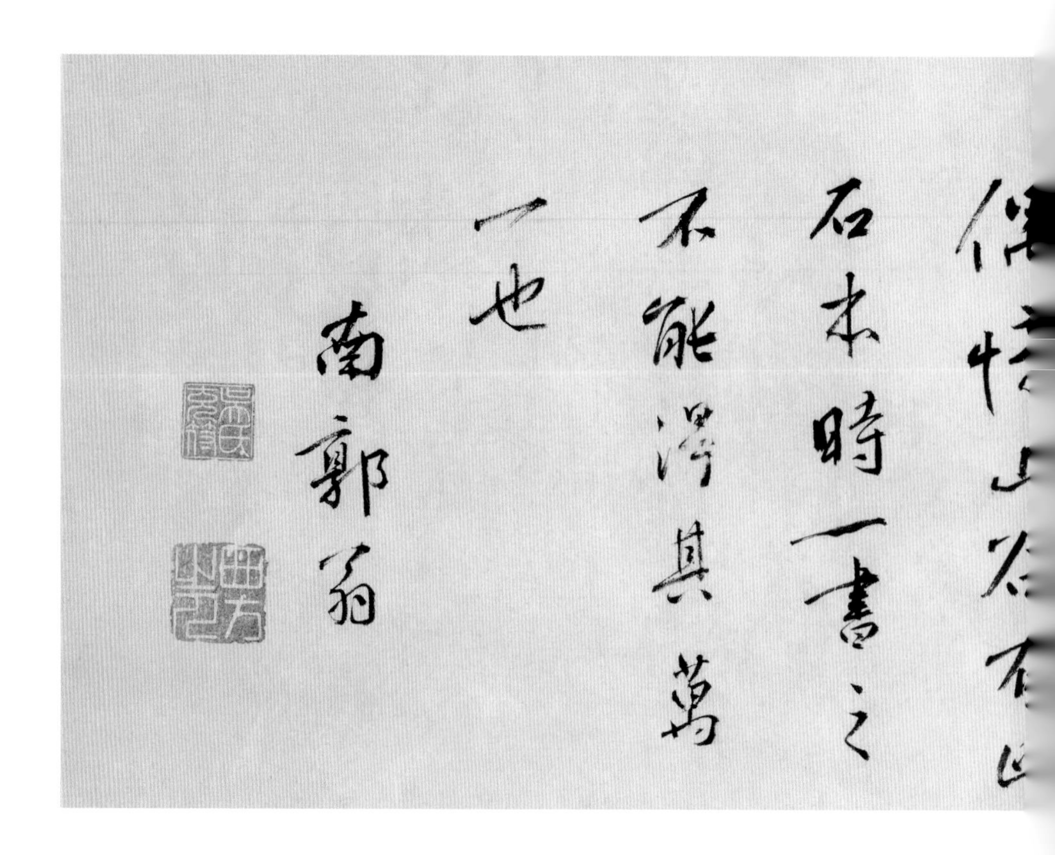

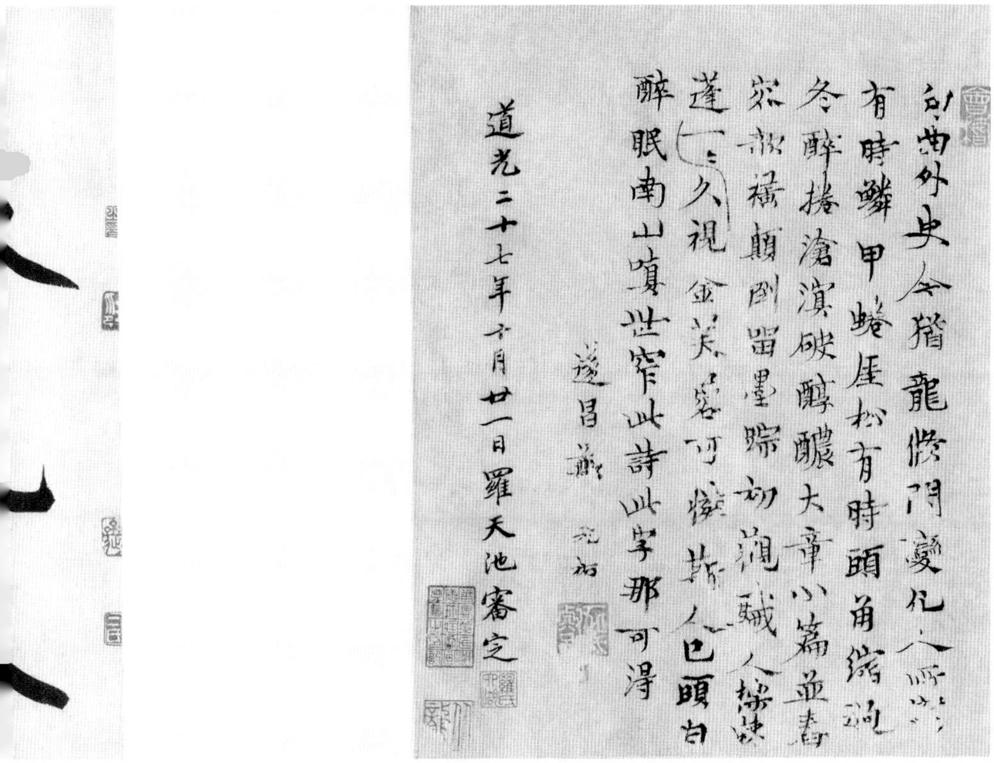

句曲外史今猶龍變化人所嗟
有時鱗甲蟠厓松有時頭角纏洞宮
冬醉搽滄溟破醇醲大章小篇並春
容欹欹頓倒留墨蹤初潤職人探芸
蓬久視金芙蓉可凝斯人已頭白
醉眠南山嶺世窄此詩此字那可得

遂昌 鄭元祐

道光二十七年六月廿一日羅天池審定

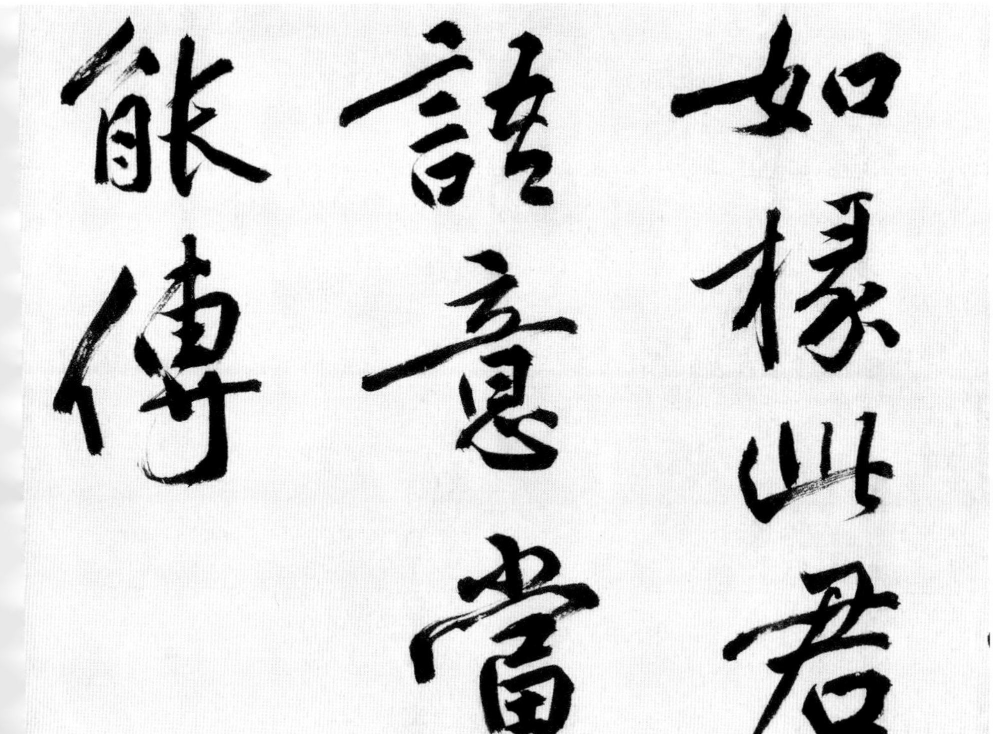

如椽此君
語意當
能傳

57

張雨　行書送柑詩帖頁

紙本　行書
縱26.5厘米　橫29.4厘米

Song Gan Shi Tie in running script
By Zhang Yu
Leaf, ink on paper
H. 26.5cm　L. 29.4cm

書錄“次韻謝天鏡上人送柑”詩。款署“天雨”，鈐“句曲外史”(朱文)印。“天鏡上人”，杭州靈隱寺僧圓瀞。

李日華云：“伯雨書性極高，人言其請益趙魏公(孟頫)，公授以李泰和(李邕)《雲麾碑》，書頓進。”此帖舒放俊麗，清和閒雅，有趙書遺意。但剛勁峻拔，又有李邕書風格。給人以用筆精謹、遒逸清新的感覺。

鑑藏印記：“安儀周家珍藏”(朱文)、“蓮樵鑑賞”(朱文)，“景賢”(白文)，“譚敬”(朱文)等。

釋文：
次韻謝天鏡上人送柑
肚能緊束三條篾，手亦親栽兩棵梨。尚憶黃甘三百顆，好山多在洞庭西。
塵中誰識羅公遠，一嗅香甘瓣瓣輕。不似枇杷金彈子，只供遊俠打啼鶯。天雨

次韻謝
天鏡上人送柑
肚皮緊束三條篾手亦親栽兩顆
棃尚憶黄甘三百顆好山多在洞
庭西
塵中誰識羅公遠一嗅香黄甘辨〻
輕不似枇杷金彈子只供遊俠打
啼鶯

天雨

58

張淵　行書五古詩帖頁

紙本　行書
縱27.4厘米　橫52.7厘米

Wu Gu Shi Tie (Five-syllable ancient-style poetry) in running script
By Zhang Yuan (1264-?)
Leaf, ink on paper
H. 27.4cm　L. 52.7cm

張淵（1264－？），字清夫，號用拙道人。江蘇吳江人。曾官徽東儒學提舉，後棄職還鄉，築心遠堂，以詩酒自娛。博學有詩名，工書法，早年曾從趙孟頫學書。

書五古詩一首。款署"用拙齋書"，鈐"張氏清夫"（朱文）印。是張淵唯一的傳世墨跡。

張淵書法全學趙孟頫《洛神賦》，用筆結字，亦步亦趨，能學得形神兼備，有相當的功力。此帖筆畫清健，筆力圓勁，結體方闊，點畫精美，翩翩有致，學趙孟頫中年書體。

鑑藏印記："儀周鑑賞"（白文）、"蓮樵鑑賞"（朱文）、"景賢"（白文）、"譚氏區齋書畫之章"（朱文）等。

釋文：
雲卧三十年，好間復愛仙。蓬壺雖冥絕，鸞鶴心悠然。歸來桃花岩，得憩雲窗眠。對嶺人共語，飲潭猿相連。時升翠微上，邈若羅浮巔。兩岑抱東壑，一嶂橫西天。樹雜日易隱，崖傾月難圓。芳草換野色，飛蘿搖春煙。入遠構石室，選幽開山田。獨此林下意，杳無區中緣。永辭霜台客，千載方來櫓。用拙齋書

雲卧三十年好閒復愛
仙蓬壺雖冥絕鸞鶴
心悠然歸來桃花巖得
憩雲窗眠對嶺人共語
飲潭猿相連時昇翠微
上邈若羅浮巔兩岑抱
東壑一嶂橫西天樹雜
日易隱崖傾月難圓芳
草換野色飛蘿搖春

59

趙雍　行書鄣南八詠詩卷

紙本　行書
縱30.8厘米　橫227.9厘米

Zhang Nan Ba Yong Shi (Poems to eight views in Zhang Nan) in running script
By Zhao Yong (1289-?)
Handscroll, ink on paper
H. 30.8cm　L. 227.9cm

趙雍(1289－？)，字仲穆，趙孟頫次子。曾官昌國、海寧知州、集賢待制、湖州路同知等。以書、畫知名於世，書法工真、行、草、篆諸體，皆承家學。

書錄淩孟傅"鄣南八詠詩"。款署"淩孟傅詩　趙仲穆書"，鈐"仲穆"(朱文)印。卷後劉麟、顧應祥題詩，卷前執柔道人篆書"鄣南八詠"。淩孟傅名淩悅，元末明初安吉(今屬浙江)人。元後至元進士，有詩名，入明太祖召為捲簾使，累官都御史。性峭直，每以直諫忤帝意。

趙雍書法結體用筆及筆畫特點都恪守家法，《書史會要》記載，趙孟頫"嘗為幻住庵寫金剛經，未半，雍足成之，其聯續處，人莫能辨。"此帖書法結體穩健，形體秀美，溫潤閒雅，功力深厚，有乃父遺風。

鑑藏印記："陳子受家珍藏"(朱文)、"子受祕玩"(朱文)等。

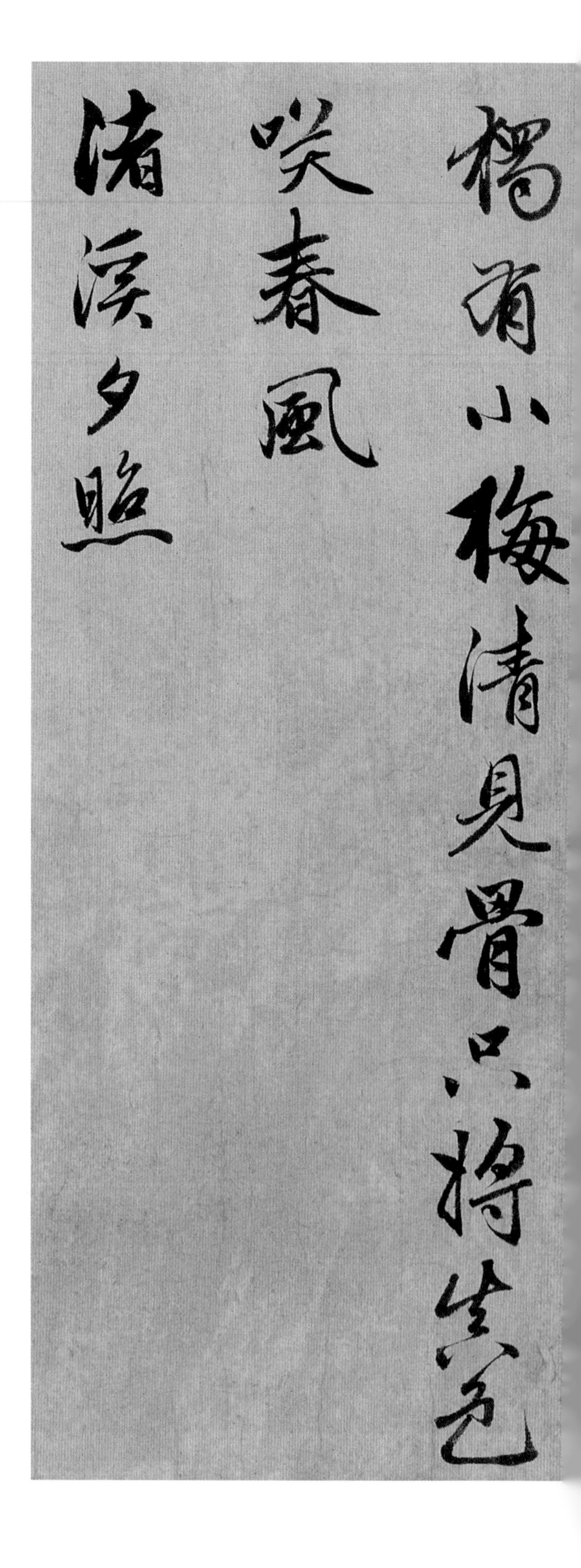

鄣南八詠

天目晴雪

兩池銀水在雲中巖壑生

花瑞氣隆鹽上帝作寒連地

合玉鰲扶竦與天通照人錯

落山旗度向日背幾射峯望

高千丈，傲雪貞標壓眾材。歲久節根堅作玉，風生岩壑響成雷。蒼顏不改只依舊，萬古相期竹與梅。

浮玉晚嬌

白玉山前疊倚紈，故將嬌豔弄輕寒。天香噴散龍涎餅，國色鋪交瑪瑙盤。貴重萬花春作主，醉逢三月日憑闌。自從李白題詩後，不許尋常子弟看。

石埭夜航

順風吹送下山前，石鼓沿溪不凝船。帆影撲開沙上月，櫓聲搖動水中天。滄浪一典尋秋去，玄鶴孤鳴惱夜眠。乘涉已為天下共，載雲歸越在何年。　凌孟傅詩

趙仲穆書

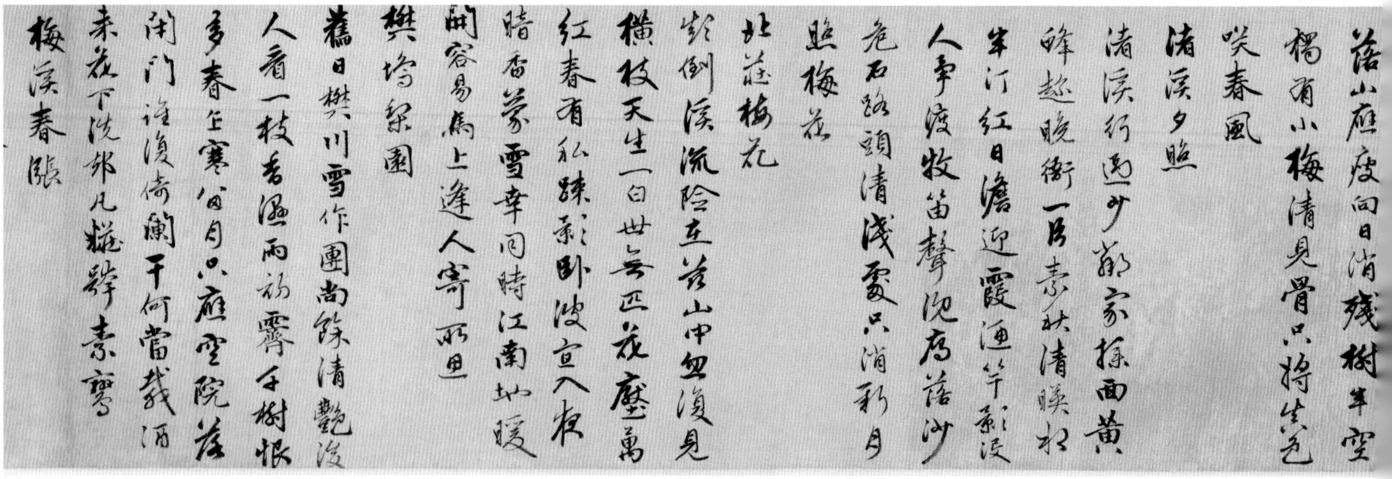

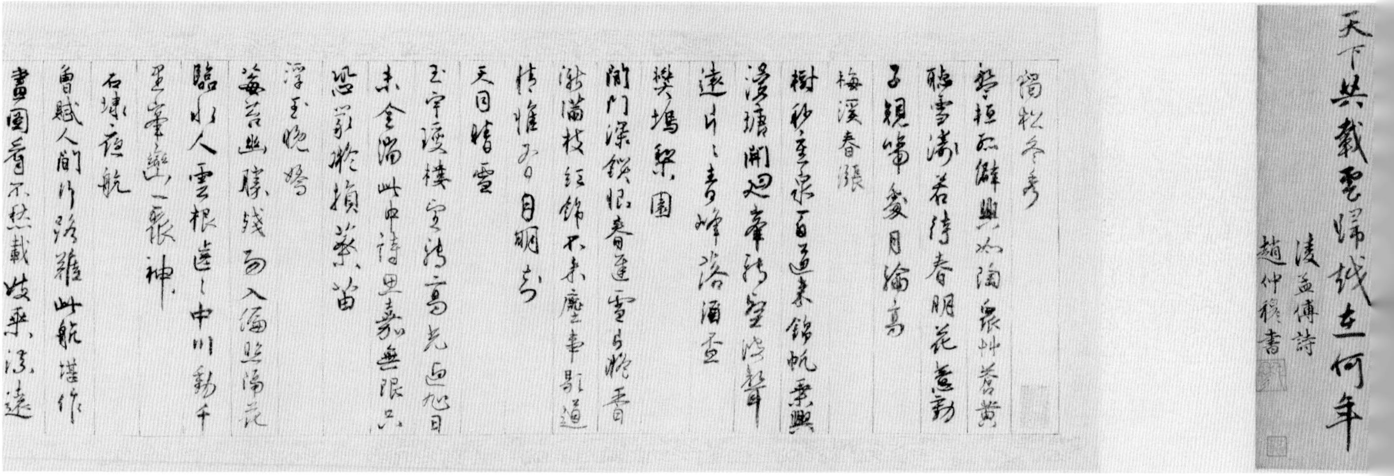

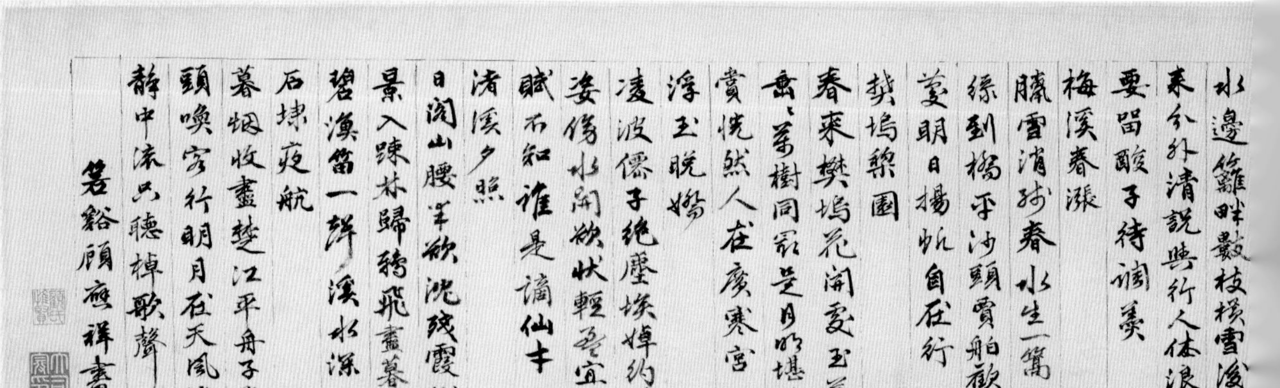

釋文：

鄣南八詠

天目晴雪

雨池銀水在雲中，岩壑生花瑞氣隆。鹽虎作寒連地合，玉鰲扶凍與天通。照人錯落山應瘦，向日消殘樹半空。獨有小梅清見骨，只將真色笑春風。

渚溪夕照

渚溪行過少鄰家，操面黃蜂趁晚衙。一片素秋清映水，半汀紅日澹迎霞。漁竿影沒人爭渡，牧笛聲沉雁落沙。危石路頭清淺處，只消新月照梅花。

北莊梅花

顛倒溪流險在茲，山中忽復見橫枝。天生一白世無匹，花壓萬紅春有私。疏影卧波宜入夜，暗香蒙雪幸同時。江南地暖開容易，馬上逢人寄所思。

樊塢梨園

舊日樊川雪作團，尚餘清艷後人看。一枝香濕雨初霽，千樹恨多春乍寒。留月只應空院落，閉門誰復倚闌杆。何當載酒來花下，洗卻凡妝跨素鸞。

梅溪春漲

玉磬峰頭積雪消，紫梅花下水平橋。噴開石竇山傾倒，怒拍溪門浪動搖。連岸白沙鷗鳥下，滿川紅雨鱖魚跳。黃流引入星河去，一任乘槎上碧霄。

獨松冬秀

撞破關門山勢開，樹頭雲起喚龍來。擊天老蓋

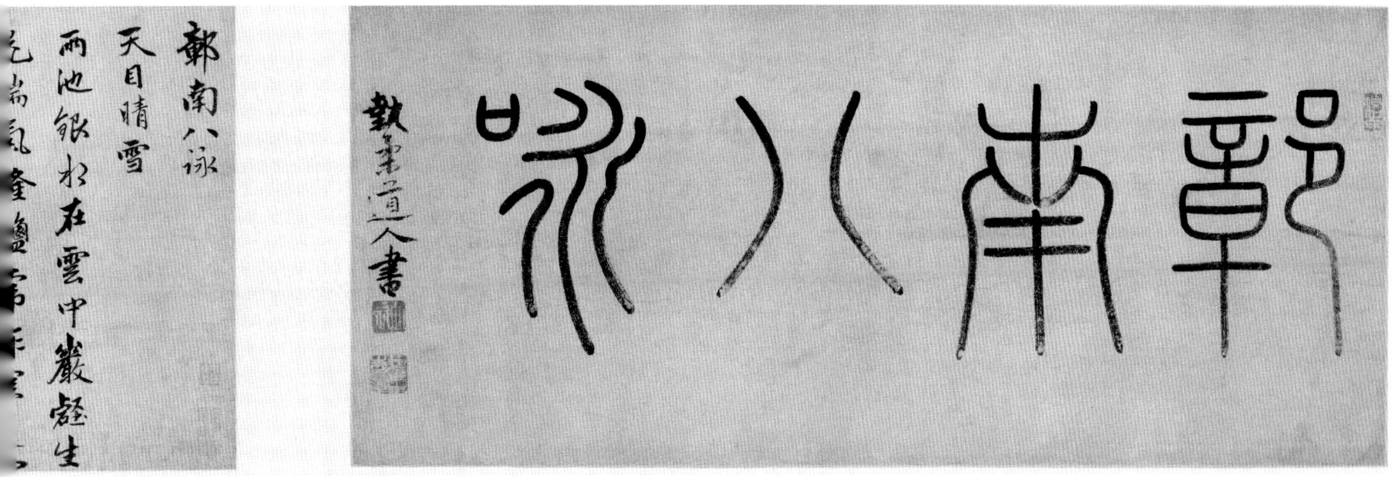

《鄣南八詠詩卷》之一

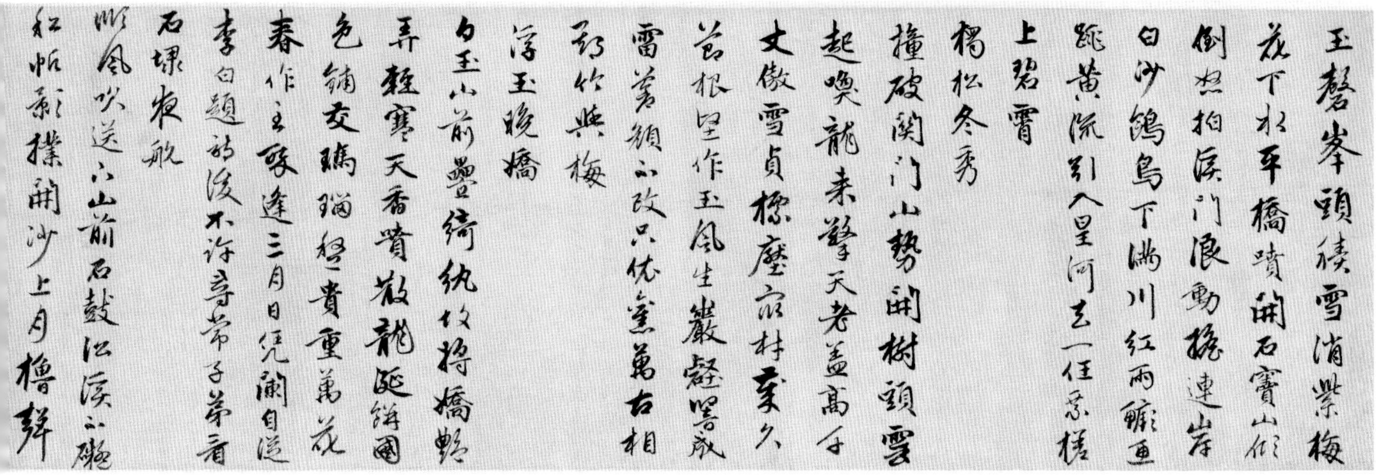

《鄣南八詠詩卷》之二

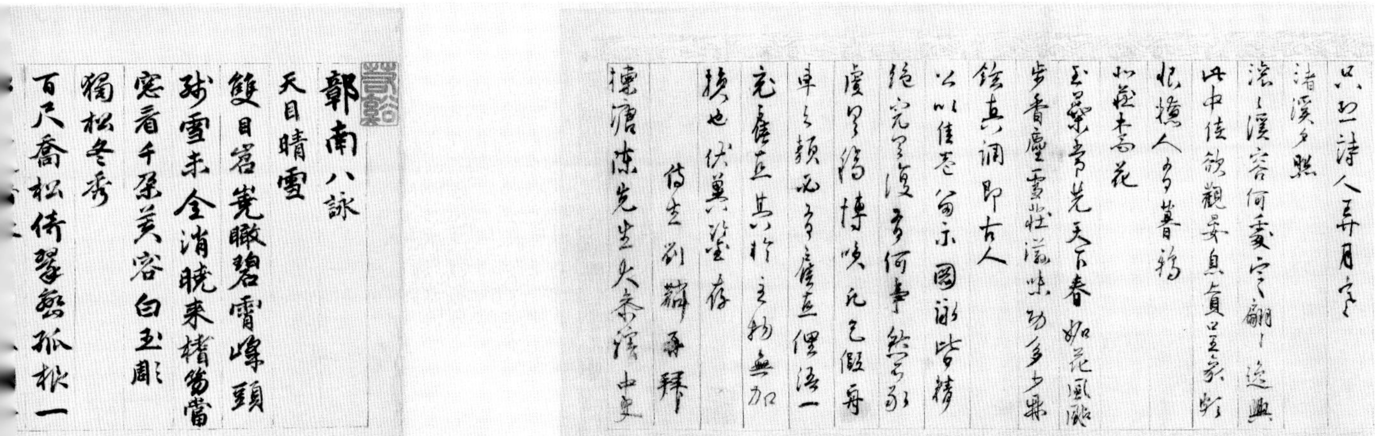

《鄣南八詠詩卷》之三

60

趙麟　行書衡唐帖頁

紙本　行書
縱28.2厘米　橫25.2厘米

Heng Tang Tie in running script
By Zhao Lin (Dates unknown)
Leaf, ink on paper
H. 28.2cm　L. 25.2cm

趙麟(生卒年不詳)，字彥徵。趙雍次子，孟頫之孫。以國子生登第，曾官江浙行省檢校、莒州知州等。善畫人物、馬，亦工書法。

趙孟頫翰墨之妙，貫絕一代。孟頫之孫，雖無盛名，但其書翰皆出規入矩。此帖書法筆意流動，灑落超逸，亦不失家法。正如明陶宗儀《書史會要》所言："麟書更益以工，便可造其父之域"。

鑑藏印記："安岐儀周書畫之章"(白文)、"無恙"(白文)、"樵李氏鶴夢軒珍藏記"(朱文)、"景賢"(白文)等。

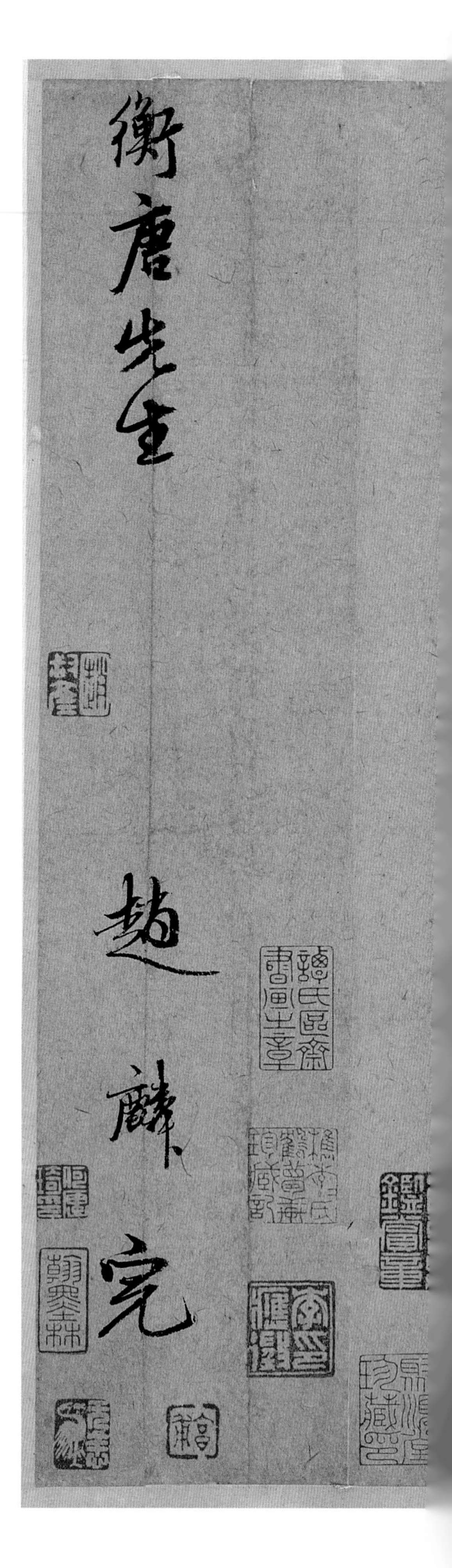

釋文：今早擬欲專造緣執事，昨晚云大尹兄到弊舍，所以不果，而專俟舟從之來臨耳。不然安敢坐待，以速罪也。伏希情恕不具。趙麟拜啟　衡唐徵君先生。衡唐先生　趙麟完

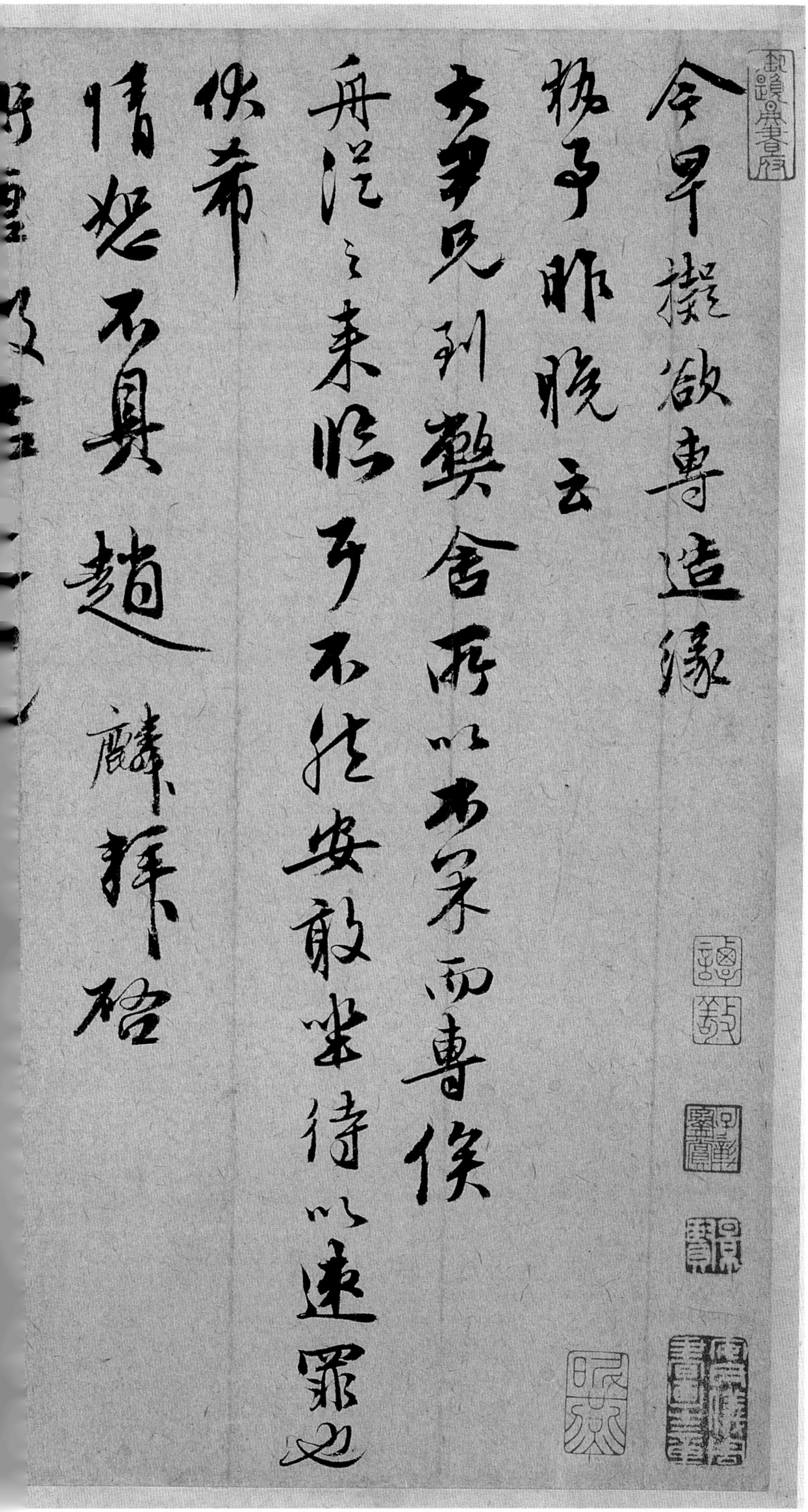

今早擬欲專造緣
拯子昨晚云
大尹見到欒舍所以不果而專候
舟從之來臨平不往安敢坐待以速罪也
伏希
情照不具 趙
麟拜啓

61

康里巎　草書述張旭筆法記卷

紙本　草書
縱35.8厘米　橫329.6厘米

Shu Zhang Xu Bi Fa Ji in cursive script
By Kang Li'nao (1295-1345)
Handscroll, ink on paper
H. 35.8cm　L. 329.6cm

康里巎（1295－1345），字子山，號正齋、恕叟等，元代康里部人。從小受漢文化薰陶，幼肄業國學，博通群書，一生為官，曾先後任祕書監丞、祕書大監、集賢直學士、奎章閣大學士、翰林學士承旨、知制誥、知經筵事等。工書法，楷書師虞世南，行、草書學鍾繇、王羲之，是元代著名的少數民族書法家。

《述張旭筆法記》傳為唐顏真卿著文。款署"至順四年三月五日　康里巎為麓庵大學士書"，鈐"子山"（朱文）、"正齋"（朱文）印。元至順四年（1333），康里巎年三十九歲。

康里氏書法多用中鋒，以行筆迅疾著名。此卷反映了康里氏的這一特點，奮筆疾書，在快速的書寫中並無輕飄浮滑之狀，能保持穩健的書風，顯示出其嫻熟的書藝功力。

鑑藏印記："項墨林鑑賞章"（白文）、"宋犖審定"（朱文）、"曹溶祕玩"（朱文）及乾隆、嘉慶內府諸印。

（釋文見附錄）

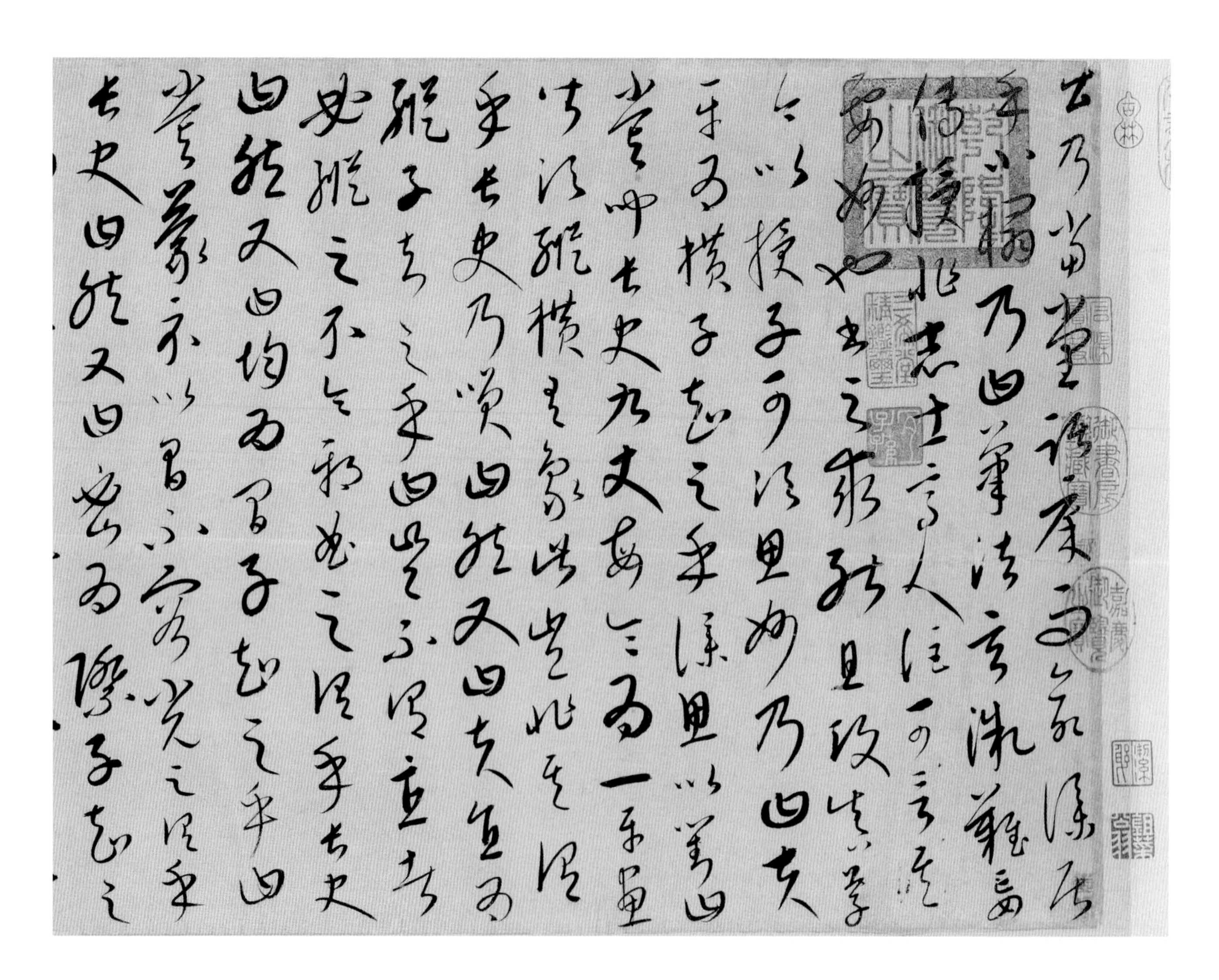

《述張旭筆法記》之一

《述張旭筆法記》之二

《述張旭筆法記》之三

《述張旭筆法記》之四

62

康里巎　草書謫龍說卷
紙本　草書
縱28.8厘米　橫137.9厘米

Zhe Long Shuo in cursive script
By Kang Li'nao
Handscroll, ink on paper
H. 28.8cm　L. 137.9cm

《謫龍說》為唐代柳宗元撰文。康里巎書錄以寄贈友人"彥中判府"。鈐"康里子山"(朱文),引首鈐"松風堂"(朱文)印。卷首清永瑆題簽,後有元周伯琦、昂吉、瞿智,清永瑆題跋。

此帖草法純熟工穩,遒麗秀媚,韻致瀟灑清逸。元瞿智題跋中評此書:"如秋濤瑞錦,光采飛動,可謂妙絕古今矣。"

鑑藏印記:"蕉林鑑定"(白文)、"安儀周家珍藏"(朱文)及清乾隆內府諸印。

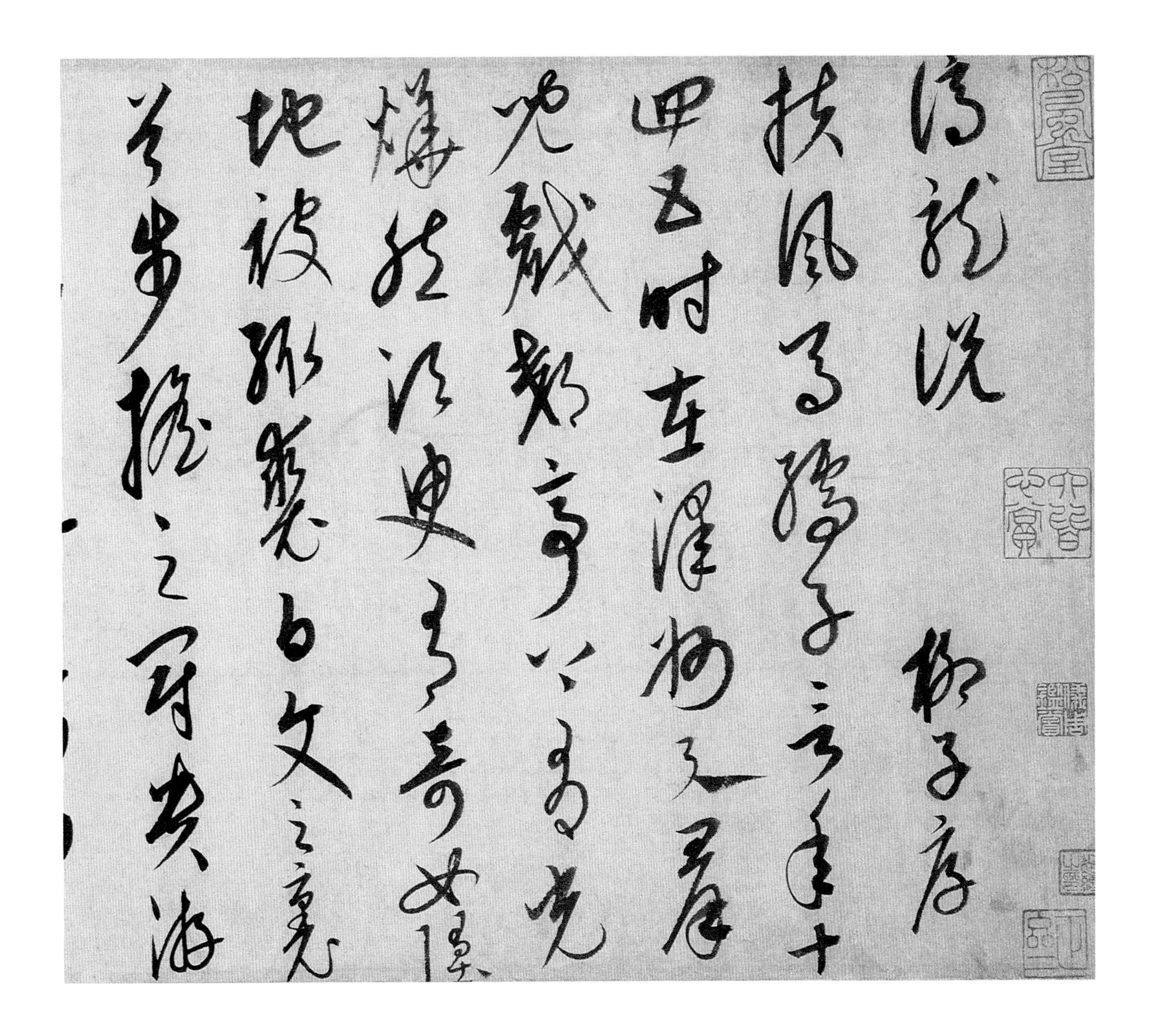

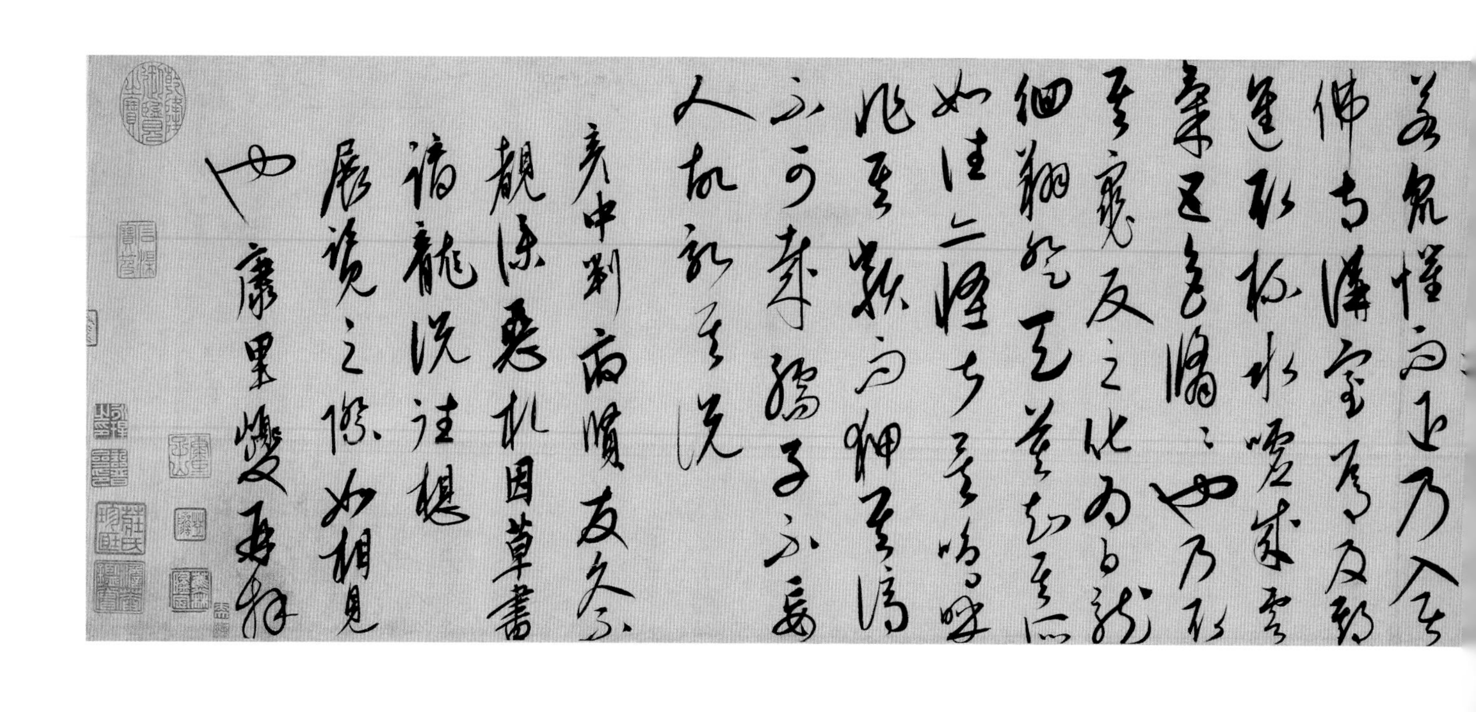

按巙字音同猱子山自書作巙則不合讀為夔音矣此卷草法精熟用筆靈變異常而不至於恠與松雪所識隨俗徽繞古法蕩然者異矣三跋亦致佳信可珍貴

乾隆辛亥五月六日皇十一子識

釋文：

謫龍說　柳子厚

扶風馬孺子言，年十四五時，在澤州，與群兒戲郊亭上。有光爗然，須臾有奇女墮地，被緅裘白文之裏。首步搖之冠，貴遊年少悅之，稍狎焉，女頩爾怒曰：不可。吾固居鈞天帝宮，上下星辰，羞崑崙，薄蓬萊，而不即者。帝以吾心侈大，怒而謫來，七日當復。今吾雖困辱塵土中，非若儷也，吾復且害若。眾懼而退。乃入居佛寺講室焉。及期，進取杯水，噓成雲氣，五色翛翛也。乃取其裘反之，化為白龍，徊翔登天，莫知其所如往，亦怪甚矣。嗚呼，非其類而狎其謫不可哉。孺子不妄人，故記其說。

彥中判府賢友，久不睹僕惡札，因草書《謫龍說》往想，展覽之際，如相見也。

康里巎再拜

《謫龍説卷》之一

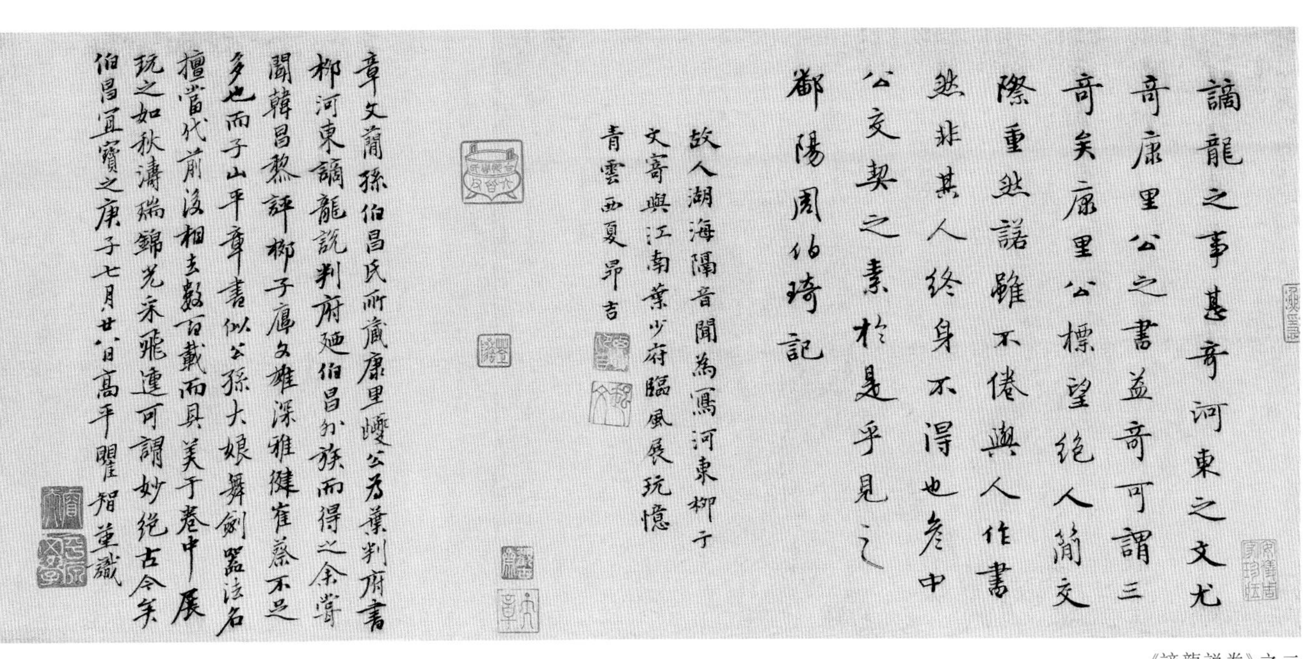
謫龍之事甚奇河東之文尤
奇康里公之書益奇可謂三
奇矣康里公標望絶人蕭文
際重然諾雖不倦與人作書
然非其人終身不得也今卷中
公文契之素於是乎見之
鄱陽周伯琦記
故人湖海陽音聞爲寫河東柳子
文寄與江南葉少府臨風展玩憶
青雲西夏昂吉
章文簡孫伯昌氏所藏康里巎公為葉判府書
柳河東謫龍說判府廼伯昌外族而得之余嘗
聞韓昌黎辞柳子厚文雄深雅健崔蔡不足
多也而子山平章書似公孫大娘舞劍器注名
擅當代前後相去數百載而具美于卷中展
玩之如秋濤瑞錦光采飛連可謂妙絶古今矣
伯昌宜寶之庚子七月廿八日高平瞿智韮識
《謫龍説卷》之二

63

康里巎　草書臨十七帖頁

紙本　草書　兩開
縱28.5厘米　橫42.6、48.8厘米
清宮舊藏

Lin Shi Qi Tie in cursive script
By Kang Li'nao
Leaves, ink on paper
H. 28.5cm　L. 42.6cm
H. 28.5cm　L. 48.8cm
Qing Court collection

唐太宗好右軍（王羲之）書，搜集王書凡三千紙，以一丈二尺為一卷，《十七帖》為其中之一，因第一帖以"十七"字開首，故名。共收二十七帖（一作二十九帖），今有刻本傳世。此帖為康里巎節臨《十七帖》中的數帖。款署"康里巎記"，鈐"子山"（朱文）印。帖前有楷書題簽"康里承旨巎"。

此帖書法字體修長，筆畫遒媚，轉折流便，既有王羲之草書的遒勁秀媚，又不失自己的風格特點。

鑑藏印記："宋犖審定"（朱文）。

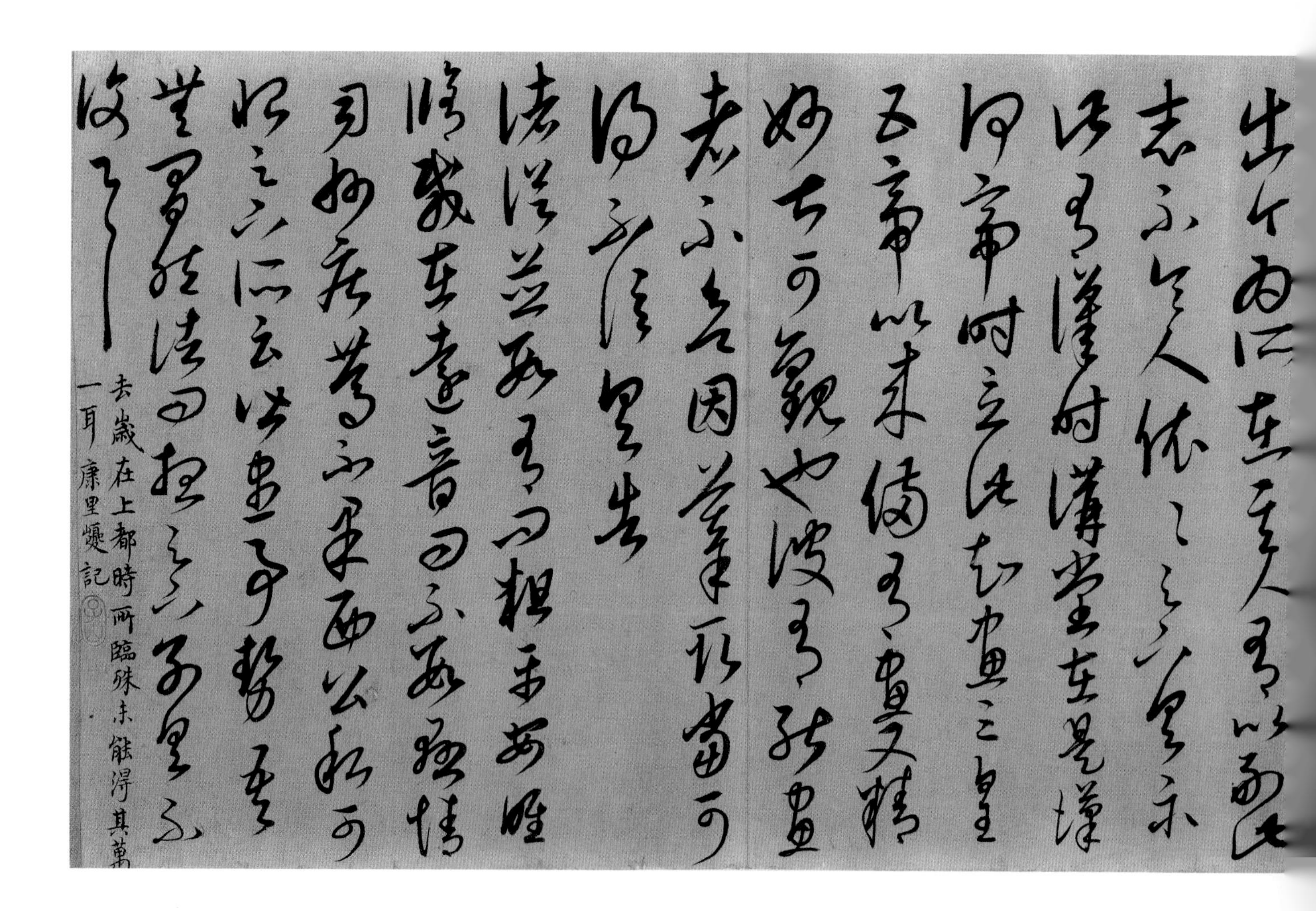

釋文：

嚴君平司馬相如楊子雲皆有後不？胡母氏從妹平安，故在永興居去此七十也。吾在官諸理極差，頃比復勿來示云與其婢問來信不得也。吾有七兒一女，皆同生，婚娶以畢，唯一少者尚未婚耳。過此一婚，便得至彼。今內外孫有十六人，足慰目前，足下情至委曲，故具示。

云譙周有孫，高尚不出。今為所在，其人有以副此志不？令人依依，足下具示。

此有漢時講堂在，是漢何帝時立此。知畫三皇五帝以來備有，畫又精妙，甚可觀也。彼有能畫者不，欲因摹取，當可得不。信具告。

諸從並數有問，粗平安。唯修載在遠，音問不數，懸情。司州疾篤，不果西公，私可恨。足下所云，皆盡事勢，吾無間然，諸問想足下別具，不復一一。

去歲在上都時所臨，殊未能得其萬一耳。　康里巙記

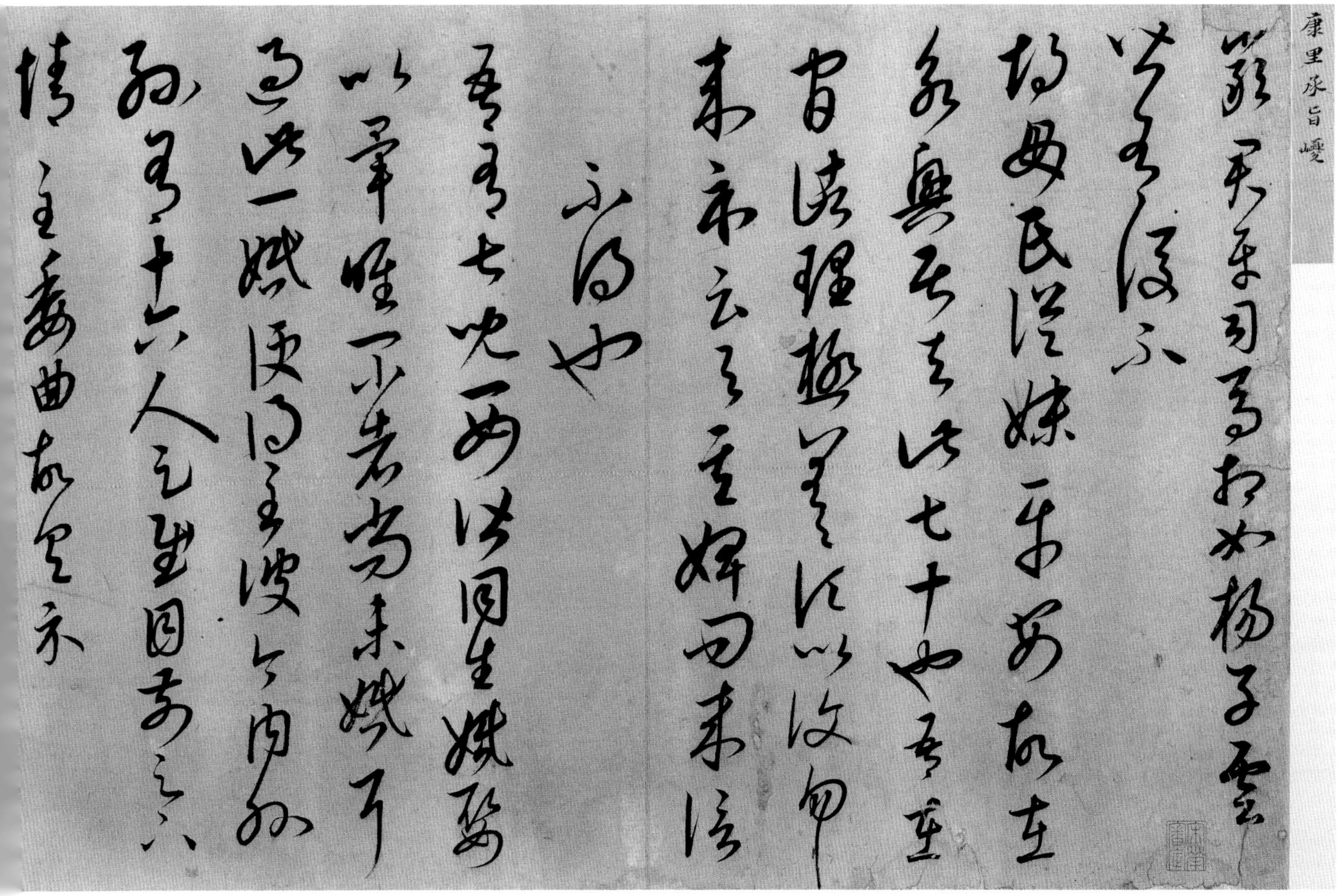

64

康里巎　行草書奉記帖頁
紙本　行草書
縱29.8厘米　橫55.7厘米
清宮舊藏

Feng Ji Tie in running-cursive script
By Kang Li'nao
Leaf, ink on paper
H. 29.8cm　L. 55.7cm
Qing Court collection

《奉記帖》為一通寫給朋友的信札，托寄物件之事。款署"巎再拜"。左下有硃筆小楷三行。

此帖書法運筆疾速、飛動，師法二王及虞世南、孫虔禮(過庭)，有勁媚之態。

鑑藏印記："墨林祕玩"(朱文)、"檇李李氏鶴夢軒珍藏記"(朱文)等。

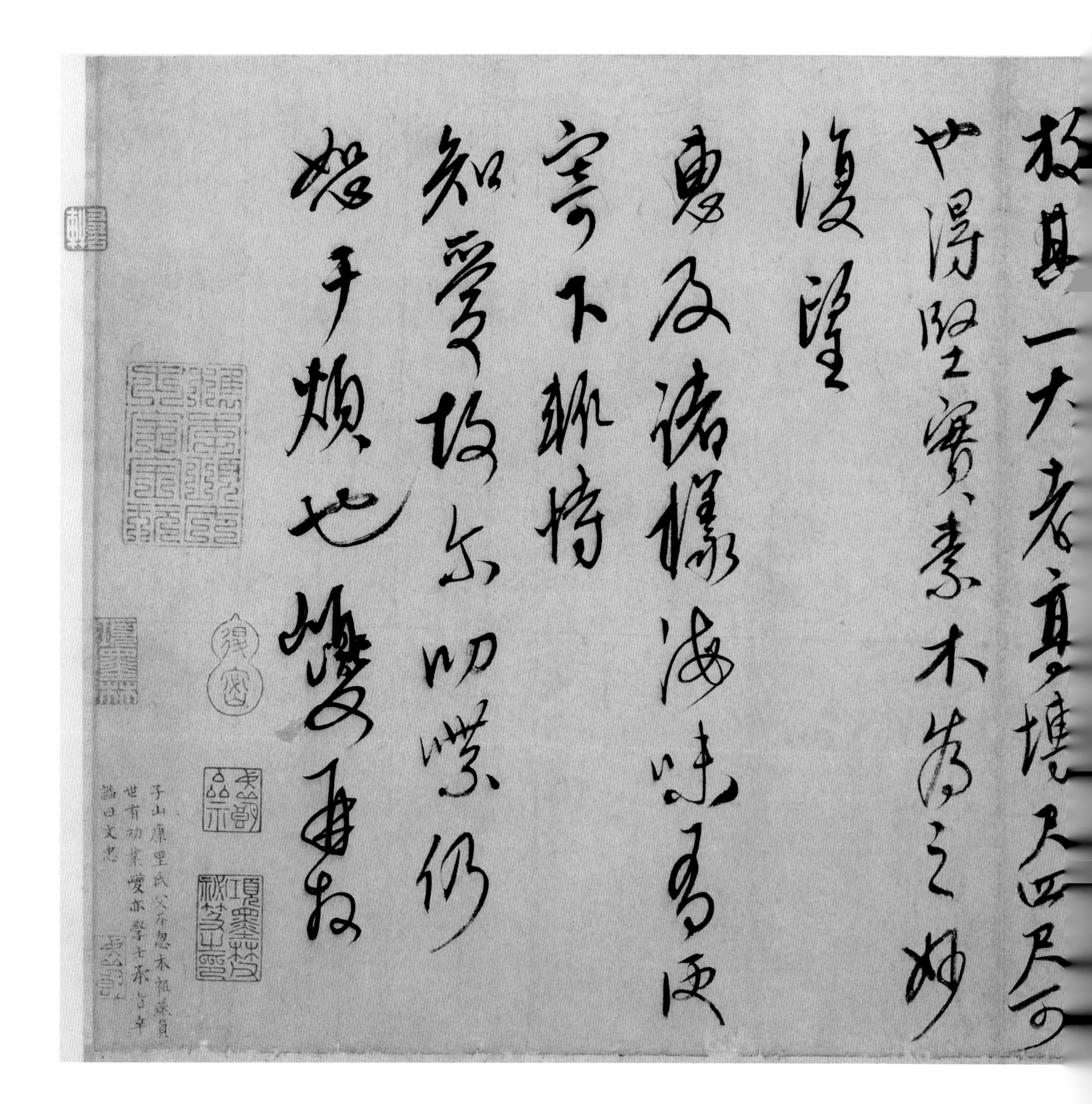

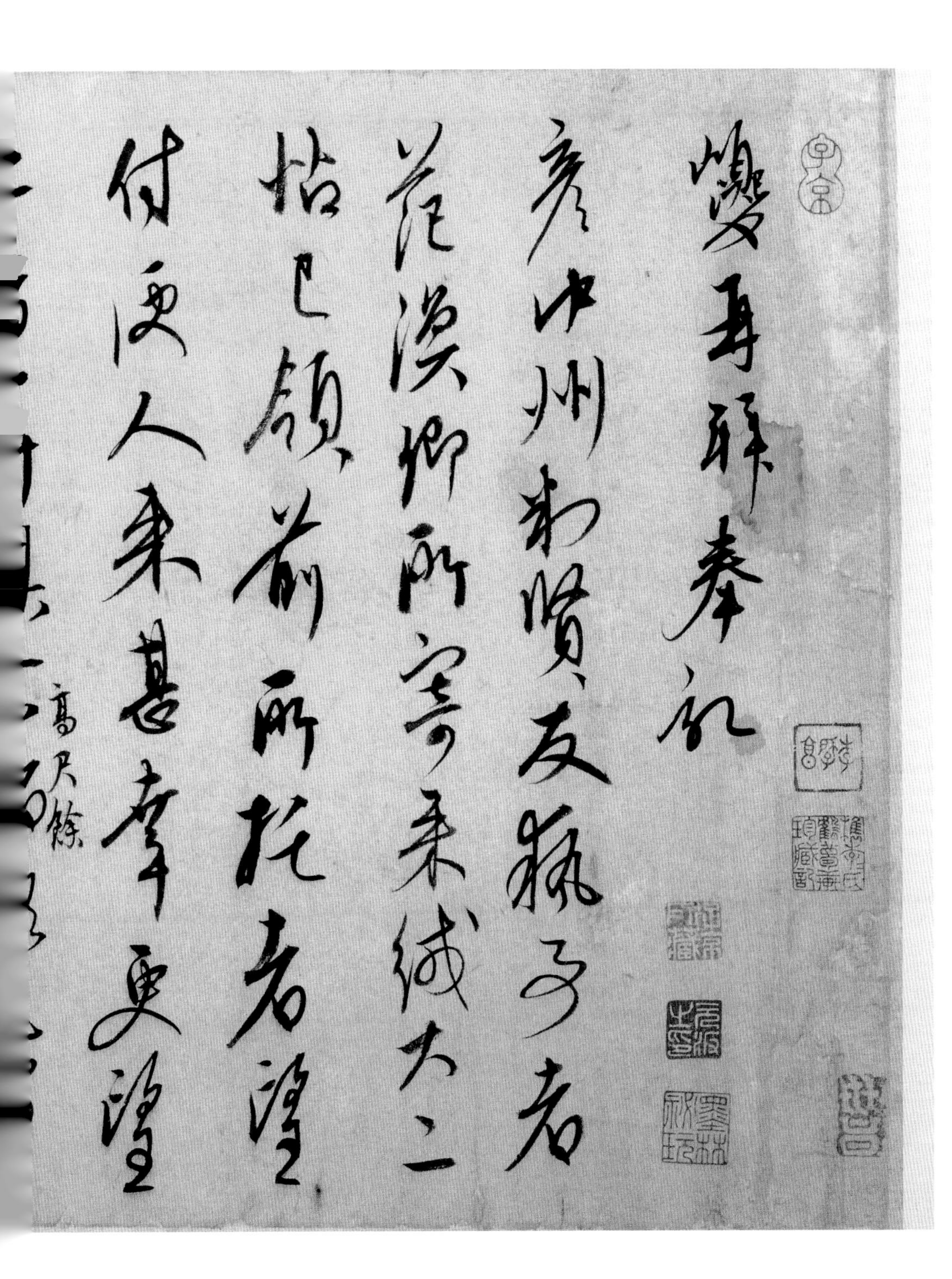

釋文：

巙再拜奉記。彥中州判賢友執事者，范渙卿所寄來絨大二帖，已領。前所托者望付便人來，甚幸。更望二香卓，其一小者（旁注：高尺餘），欲几榻間放；其一大者，高博尺四尺可也。得堅實素木為之，妙。復望惠及諸樣海味，有便寄下。輒恃知愛，故爾叨喋，仍恕干煩也。巙再拜

65

危素　小楷書方寸樓記卷

紙本　小楷書
縱23.4厘米　橫102厘米

Fang Cun Lou Ji in small-regular script
By Wei Su (1303-1372)
Handscroll, ink on paper
H. 23.4cm　L. 102cm

危素（1303－1372），字太樸，一字雲林，元代金谿（今屬江西）人。曾官經筵檢討，修宋、遼、金三史及注《爾雅》，翰林學士承旨。明初為翰林侍講學士，與宋濂同修《元史》，兼弘文館學士。善書法，曾受康里巎傳授，工楷、行、草書，尤精楷書。《明史》有傳。

《方寸樓記》與趙孟頫、楊維楨書合裝一卷。款署"臨川危素記"，鈐"危素"（白文）、"太樸"（朱文）印。

此帖書法工整圓秀，自然流暢，雅致遒逸，結體清秀，頗類虞世南書風。陶宗儀《書史會要》稱："危素文藻敏贍，善楷書，有釋智永及虞永興之典則。"

鑑藏印記："安儀周家珍藏"（朱文）、"乾隆鑑賞"（白文）、"煜峰"（白文）。

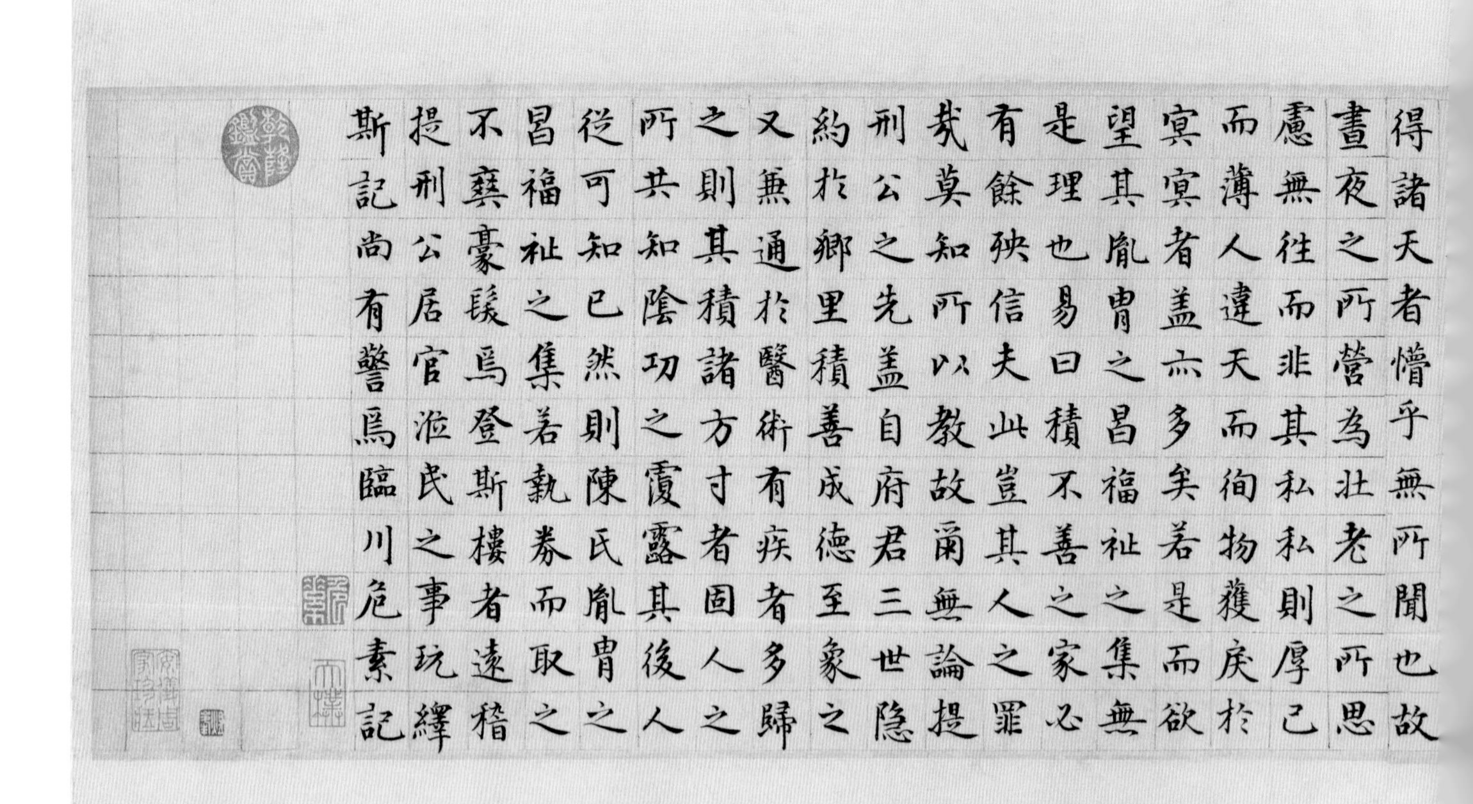

陳氏方寸樓記

宗將仕郎四明陳府君貴白甫以名父之子遭時喪亂棲遁海東以終其身素讀天台舒先生舜侯及其鄉袁文清公為府君所為文而悲之府君之父淛西提刑公居官廉正摧姦擊強扶植善類具有治蹟府君雖不復出仕以禮義世其家迨其孫澤州校官鑄字象之在祿後於祔父而事母至孝比歲有司上其母貞節名公卿大夫與一時文人多頌美之遂有旌表之命象之嘗曰吾與伯氏器之之生也將仕府君自謂方寸之所積以其不愧于天不負於人以至今日享祀孔嚴而詩書有託府君之澤遠矣我故營小樓於郡城鎮明嶺之側而以方寸題其扁取昔人所謂方寸地者子盍為之記嗟乎甚矣教之不可不明也今

66

黃溍　行書六月十一日帖頁

紙本　行書
縱30厘米　橫36.5厘米
清宮舊藏

Liu Yue Shi Yi Ri Tie in running script
By Huang Jin (1277-1357)
Leaf, ink on paper
H. 30cm　L. 36.5cm
Qing Court collection

黃溍（1277－1357），字晉卿，元代婺州義烏（今屬浙江）人。元延祐二年進士，歷官寧海縣丞、翰林應奉、國子博士、江浙儒學提舉、翰林直學士、侍講學士等。以文章稱於時。

《六月十一日帖》為黃溍致"德懋"的信札。"德懋"姓章，是黃氏好友，為《書史會要》所記趙孟頫書的代筆人。據札中"昨暮歸自鄰境，今早又出郊檢田"句推斷，應為黃氏在寧海時所寫，時在延祐二年（1315），年三十九歲，為其早年手筆。

黃溍書法見數種面目，文獻記載他有代筆。此帖尚有南宋人書風，結體瘦長，古拙中蘊雄秀。

鑑藏印記："豐人季氏"（白文）、"也園珍賞"（白文）等。

釋文：
溍頓首再拜。德
懋學正提舉尊契
兄長坐右：溍六
月十一日藉芘祇
賤事，東西驅
役，在邑中僅旬
日耳。昨暮歸自
鄰境，今早又出
郊檢田。適值陳
兄行，倉猝挈
楮，聊伸啓居
敬，甚愧不虔，
且無一物可侑虛
函者，區區願
言，尚需後便，
首祁委鑑。不
宣。溍頓首再拜
八月廿五日謹
空

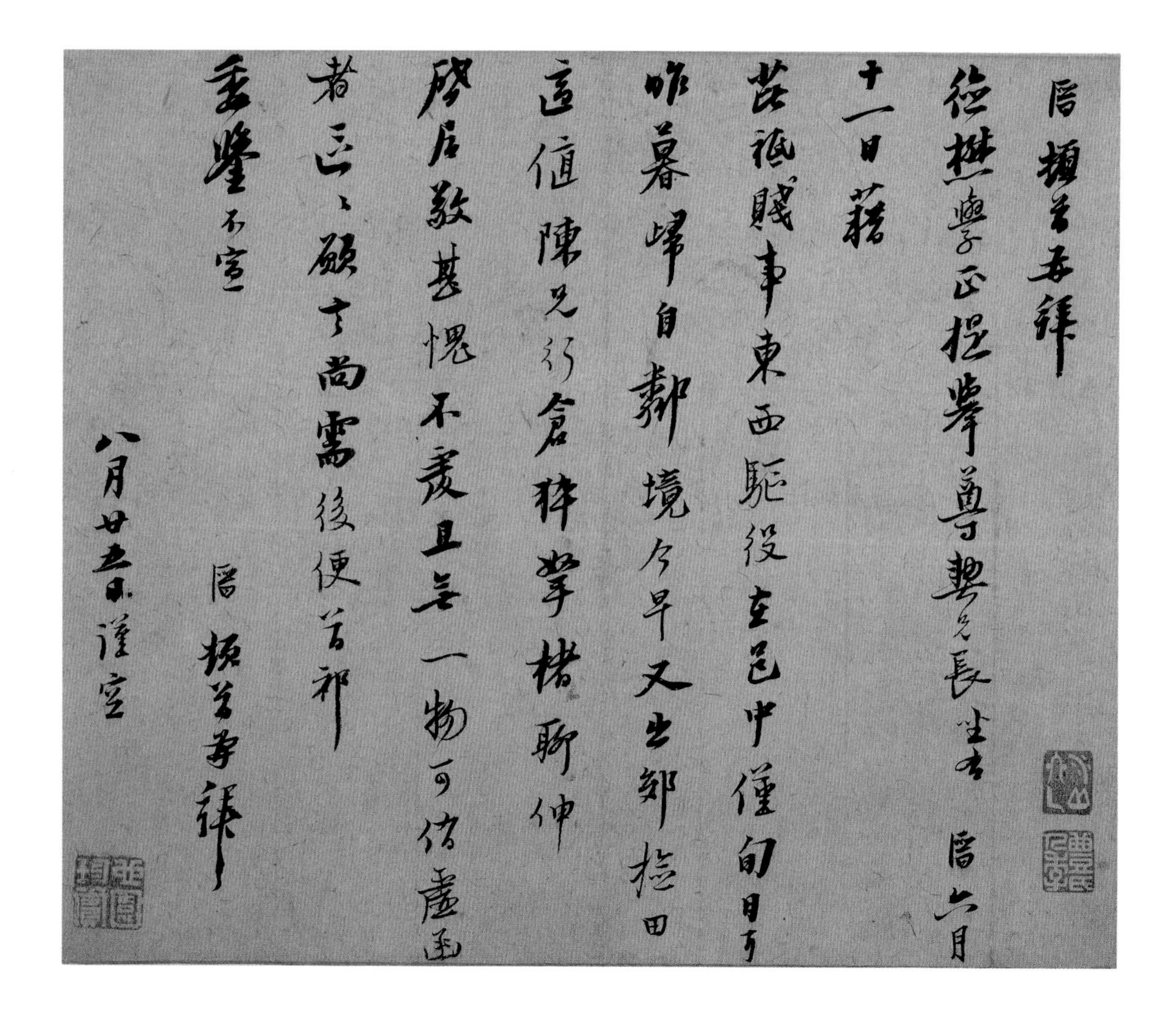

67

楊維楨　行書沈生樂府序卷

紙本　行書
縱28.3厘米　橫76.8厘米

Shen Sheng Yue Fu Xu (Preface to collection of poems by Shen Sheng) in running script
By Yang Weizhen (1296-1370)
Handscroll, ink on paper
H. 28.3cm　L. 76.8cm

楊維楨(1296－1370)，又作禎，字廉夫，號鐵崖、鐵笛道人、抱遺叟、老鐵貞、梅花道人等，元代山陰(今浙江紹興)人。進士，曾官天台尹、江西儒學提舉等。明初應召至南京編纂禮樂書。性狷直，多才藝，詩文風格奇詭，號"鐵崖體"，為元代後期詩壇領袖，其草玄閣門人甚多。善書法，風格拗強蒼勁，別自成家。

《沈生樂府序》是楊氏為沈國瑞的樂府詩集所作。序中對元朝樂府及樂府詩人作了總體評價，並贊沈生的樂府才情兩至，追美宋人。楊維楨本人即為樂府高手，其詩多以史事和神話故事為題材，風格縱橫奇異，"出入少陵、二李間，有曠世金石聲。"(《明史》)此序載於楊氏《東維子文集》。書於元"至正庚子"(1360)，時楊維楨六十五歲。鈐"會稽楊維禎印"(朱文)、"會稽楊氏廉夫"(白文)、"抱遺老人"(白文)、"東維子"(白文)、"清白傳家"(朱文)等印。

此帖書法點畫勁健，富於變化，用墨濃重與枯淡相映；風格矯健橫發，藝術個性鮮明。

鑑藏印記：安岐、衡永等印。

歷代著錄：《壬寅消夏錄》。

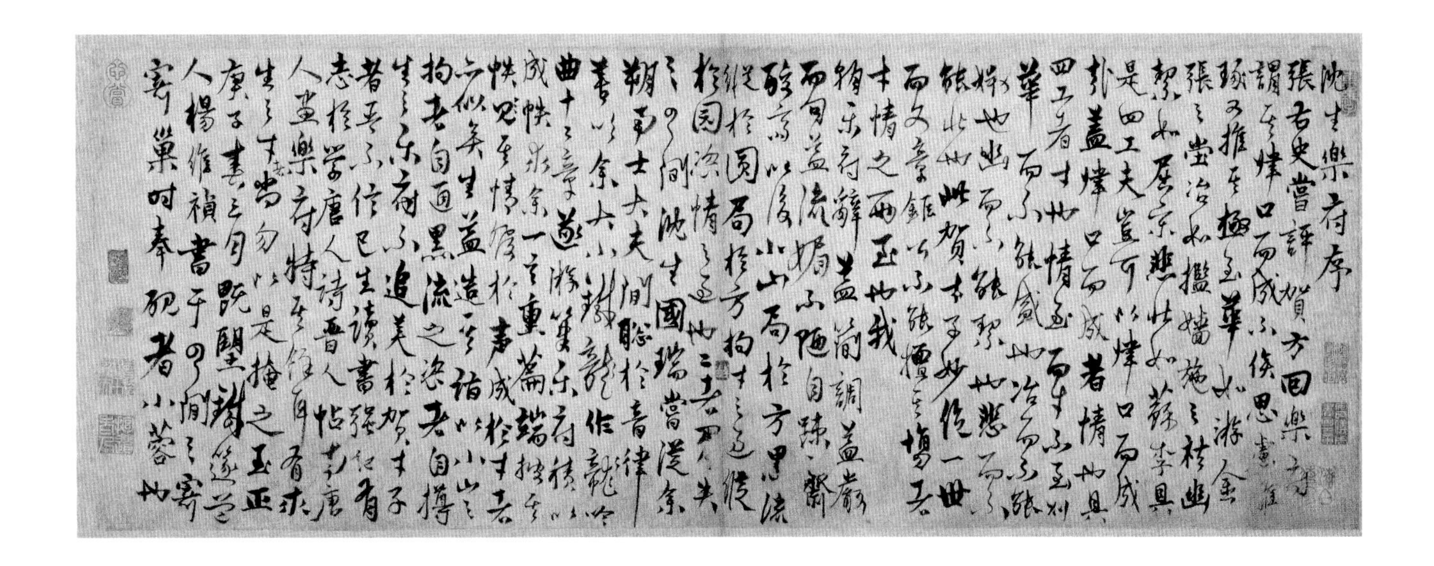

釋文：

沈生樂府序

張右史嘗評賀方回樂府，謂其肆口而成，不俟思慮，雕琢。又推其極至，華如遊金張之堂，冶如攬嬙施之袪，幽潔如屈宋，悲壯如蘇李，具是四工夫，豈可以肆口而成哉？蓋肆口而成者，情也，具四工者，才也；情至而才不至，則華而不能盛也，冶而不能嬈也，幽而不能潔也，悲而不能壯也。此賀才子妙絕一世，而文章鉅公不能擅其場者，才情之兩至也。我朝樂府辭，益簡調益嚴，而句益流媚不陋。自疏齋、酸齋以後，小山局於方，黑流縱於圓；局於方，拘才之過，縱於圓，恣情之過也，二者□失之。雲間沈生國瑞，嘗從余朔南士大夫間。聰於音律，善吹余大小鐵龍，作《龍吟曲》十二章。遂遊筆樂府，積以成帙，求余一言重篇端。披其帙，見(此字點去)其情發於聲，成於才者，亦似矣。生益造其詣，以小山之拘者自通黑流之恣者，自撙生之樂府，不追美於賀才子者，吾不信已。生讀書強記，有志於學唐人詩，晉人帖，南唐人畫，樂府特其餘耳。有求生之才者，尚勿以是掩之。至正庚子春三月既望　鐵篴道人楊維禎書於雲間之寄寄巢　時奉硯者小蓉也

68

楊維楨　行書城南唱和詩卷

紙本　行書
縱31.6厘米　橫216.6厘米

Cheng Nan Chang He Shi (Poems on scenic spots in Chengnan) in running script
By Yang Weizhen
Handscroll, ink on paper
H. 31.6cm　L. 216.6cm

南宋理學家張栻曾於長沙妙高峰築城南書院，詠懷城南勝景成《城南雜詠》二十首，朱熹訪張栻於城南書院，和其詩成《城南唱和》二十首。朱熹手跡經朱氏五世孫散出流傳世上，輾轉歸元人虞子賢。此時張栻書原跡已佚，虞氏遂請楊維楨補錄張栻原詩，與朱熹手跡裝為一卷，至清初孫承澤重裝時乃分而為二。此即楊維楨所書張栻《城南雜詠》二十首。款署"時至正壬寅冬十二月　東維叟楊楨謹再拜書"，末又識"楨贅評"，鈐"廉夫"(朱文)、"會稽楊維禎印"(朱文)印。作者時年六十七歲。卷後有孫承澤、陳獻章、謝肇淛、徐𤊹等家題跋。

楊維楨的書法在元代復古潮流中，似有不守常規之感，結體形態上缺少珠圓玉潤和儒雅精緻。其筆鋒硬峭，筋骨強健，體勢奇崛，風格特異。明代吳寬評其書法"大將班師，三軍奏凱，破斧缺斨，例載而歸。廉夫書或似之。"徐有貞也稱："鐵崖狂怪不經，而步履自高。"此帖筆勢開拓，奔放不羈，風格清勁可喜。

鑑賞印記："太原顓庵王氏拙修堂收藏圖書"(朱文)、"王掞私印"(朱白文)、"西田"(朱文)、"婁江王藻儒氏真賞"(白文)及孫承澤、王南屏、清嘉慶、宣統內府諸印。

歷代著錄：《鐵網珊瑚》、《庚子消夏記》、《石渠寶笈三編》等。

(釋文見附錄)

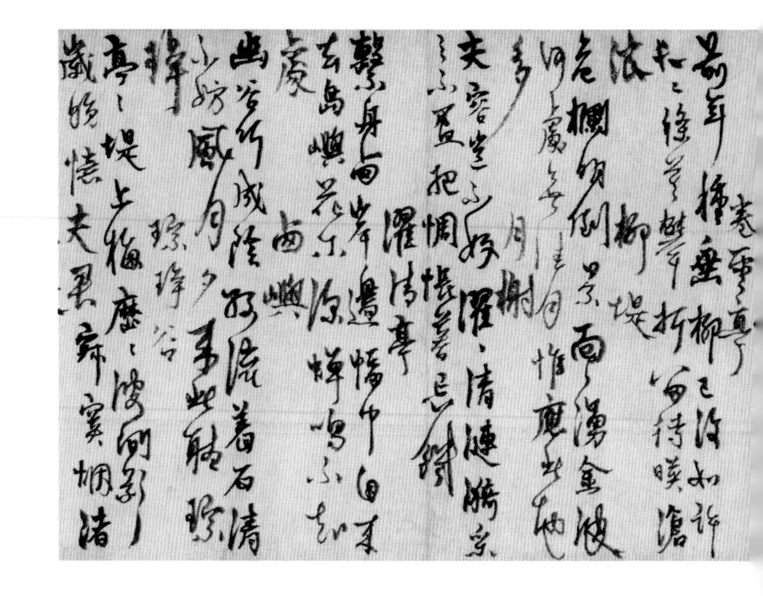

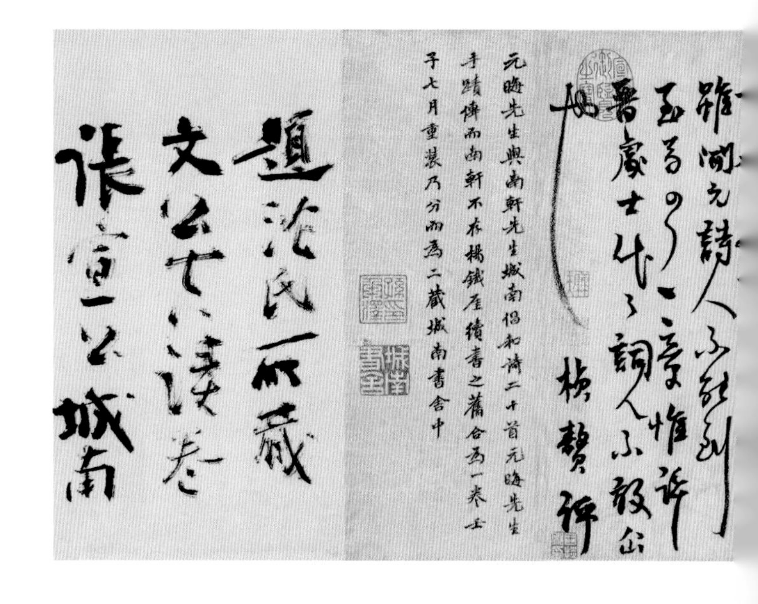

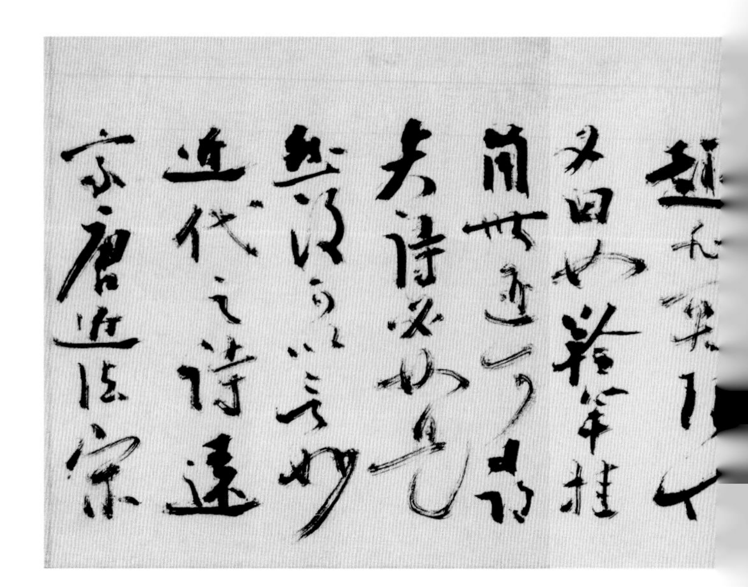

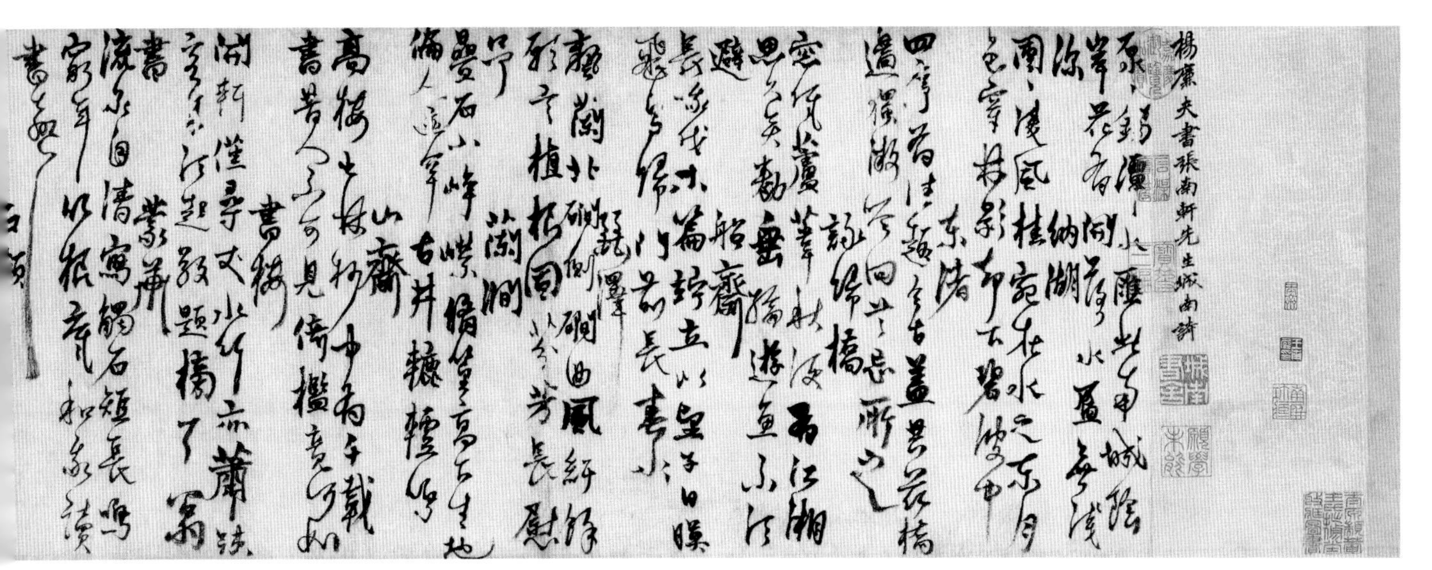

《城南唱和詩卷》之一

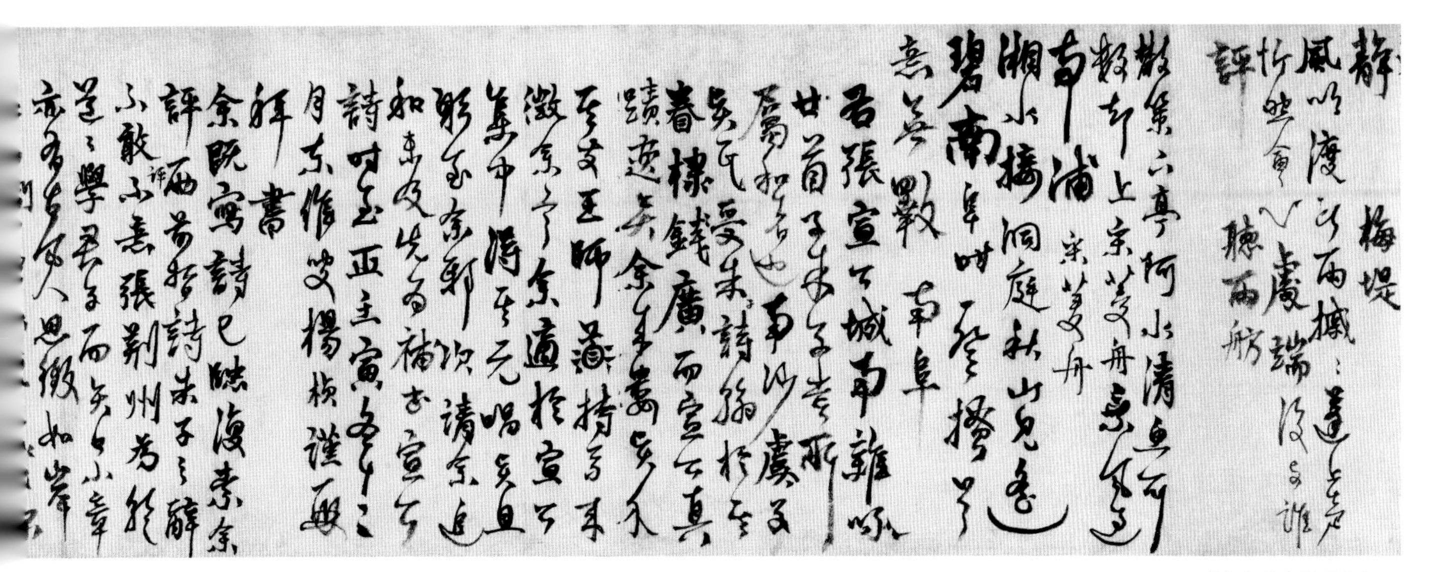

《城南唱和詩卷》之二

《城南唱和詩卷》之三

弘治丁巳夏四月九日白沙陳獻章書于碧玉樓

晦菴先生以理學為世大儒，至其吟咏篇章，超超玄著，絕不類宋

考亭夫子恒兄事南軒先生南軒搆城南書院于潭州嘗賦二十詠考亭為之跋云久聞敬夫城南景物之勝常恨未得往游其間今讀此詩便覺風篁水月去人不遠及乾道三年丁亥八月始訪南軒于潭州留長沙者閱月遍遊城南諸勝道中所得詩二百餘首名東歸亂稿刪二十咏政此時作也南軒真蹟不復見揚廉夫為補書之二公倡和隅于追蹤風雅佀不專以心性相砥礪也數百年間卷易數家而歸在杭可謂得其所主矣攷文公集中涼漲平湖水作綠漲未闌跨水橋作小橋瀨彼澗中居作湫彼又舞雩千載事作千載意千里夢相尋作夢難尋前喆詞翰不敢措語借為稽其年歲攷其異同以質在杭焉

萬曆丁未孟秋晉安徐𤊹敬書

遐菴老人葉恭綽識

廉夫此印銅質帶紐余得之滬肆持鈐之于此為南屏清玩

遐翁

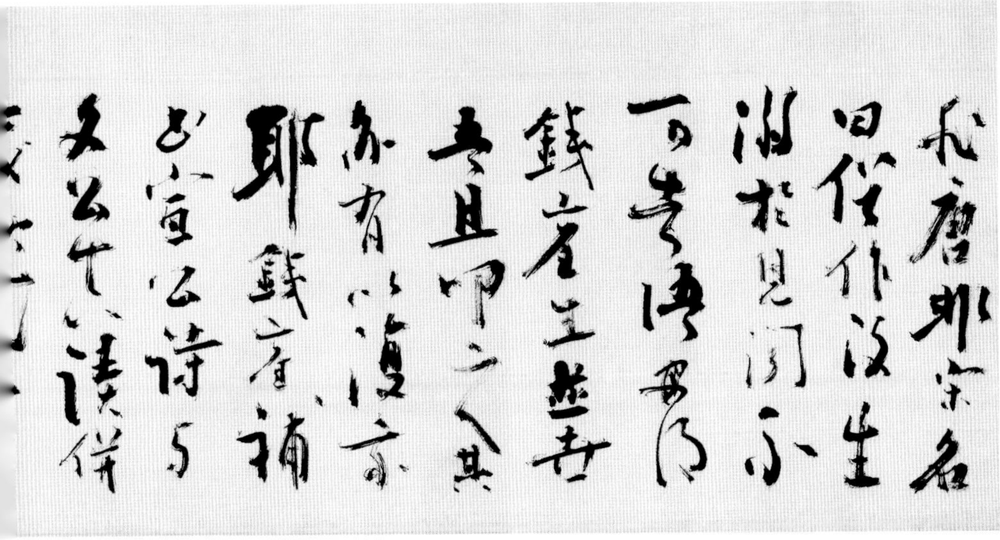

[illegible]

《城南唱和詩卷》之四

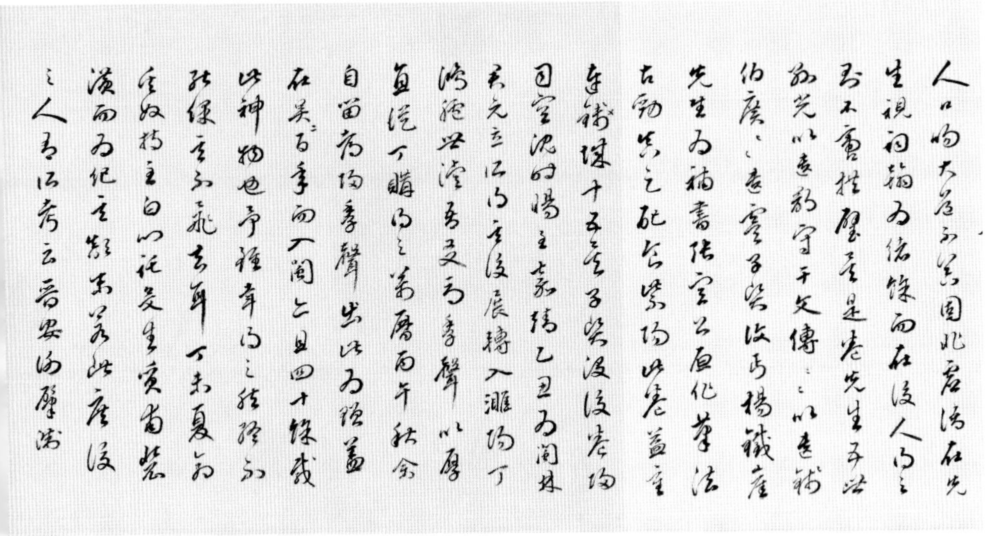

[illegible]

《城南唱和詩卷》之五

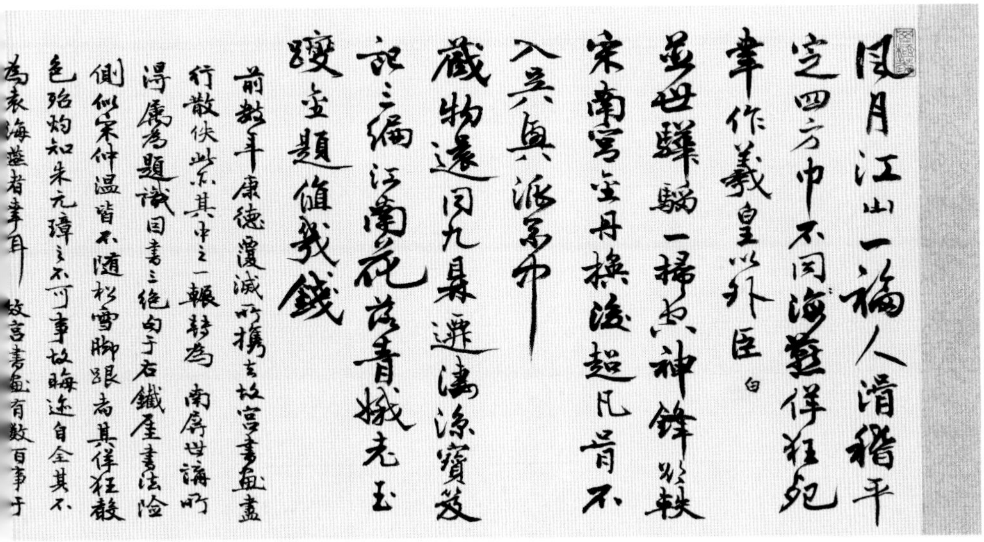

風月江山一禍人滑稽平
定四方巾不同海叟佯狂苑
牢作羲皇以外臣 白
並世驊騮一掃空神鋒收鞅
宋南宮金丹換後超凡骨不
入吳興派家門
藏物遠同九鼎遷濤源寶笈
記之編江南花落青蛾老玉
瓔金題值幾錢

前數年康德覆滅所攜去故宮書畫盡
行散佚此其中之一輾轉為 南潯世講所
得屬為題識因書三絕句于右 鐵崖書法險
側似宋仲溫皆不隨松雪脚跟者 其佯狂[illegible]
色殆灼知朱元璋之不可事故晦迹自全其不
為袁海叟者幸耳 故宮書畫有數百事于

《城南唱和詩卷》之六

69

周伯琦　篆書宮學國史二箴卷

紙本　篆書
縱26厘米　橫284.5厘米

Gong Xue Guo Shi Er Zhen (Two admonitions on Imperial School and History of the State) in seal script
By Zhou Boqi (1298-1369)
Handscroll, ink on paper
H. 26cm　L. 284.5cm

周伯琦（1298－1369），字伯溫，自號玉雪坡真逸、堅白居士，元代鄱陽人。曾官翰林待詔、直學士，江東、浙西肅政廉訪使，資政大夫、江浙行省左丞等。博學，工文章、書法，以篆、隸、真、草書擅名當時。

“宮學”指為皇族子弟設立的學校，“國史”指一國之史。周伯琦於元至正元年（1341）“為宣文閣授經郎，教戚里大臣子弟。每進講，輒稱旨。”（《元史》）二箴應寫於此時。款署“鄱陽周伯琦述並書”，鈐“致用齋”（朱文）、“周氏伯溫”（白文）、“玉雪坡真逸”（白文）印。後有張雨、方鼎錄題跋。

周伯琦篆書有“本朝冠”之譽。陶宗儀《書史會要》稱“伯琦篆師徐鉉、張有，行筆結字殊有隸體。”明代楊士奇認為“其作字結體，蓋出泰山李斯舊碑。”伯琦雖師法前人，但不拘於古法，在結體和筆法上，參以石鼓文之法，筆兼方圓，使轉變化亦多，於規整圓熟中見生拙蕭散之美，有別於穩妥勻稱一類的平庸之作。

鑑藏印記：“岳琪私印”（白文）、“長白李慎勤伯氏鑑賞章”（朱文）、“葉恭綽譽虎印”（白文）等。

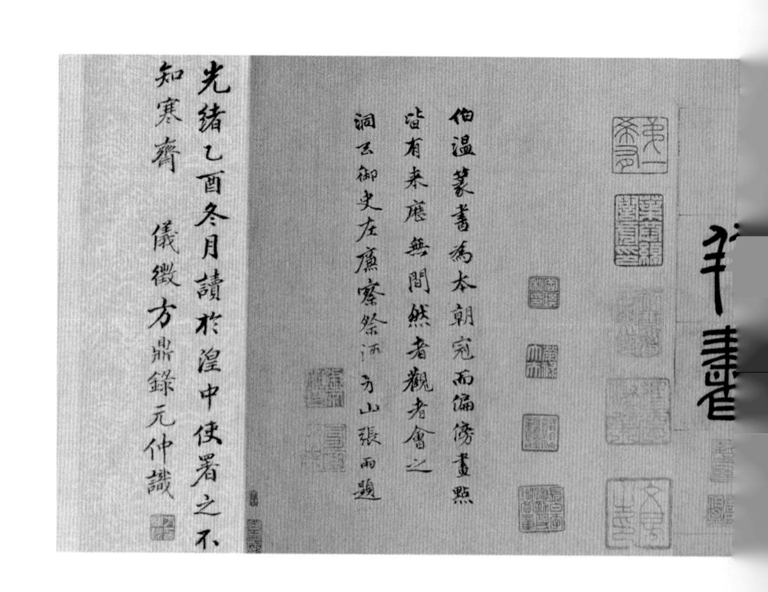

釋文：
宮學箴
惟民生厚，迷後曷反。爰作之師，由近及遠。夔興虞庠，旦揚周典。有美國胄，執經宮館。
養正匪蒙，勿亟勿緩。黼之煣之，聖功斯顯。經國子民，所賚豈淺。惟嚴惟尊，不在躬踐。毀範裂模，皋毗有靦。敬諗從者，函文時動。
國史箴
乾象昭列，人文肇興。結繩既遯，方冊是徵。姚妃典謨，三代誥命。褒善斯勗，貶惡有懲。獲麟聿削，是式是承。合辭比類，歷世相仍。晉狐稱良，姦慗齒冰。暴私蔑實，起蔵售憎。史尚傳信，匪信匪能。執簡以告，下言或聖。　鄱陽周伯琦述並書

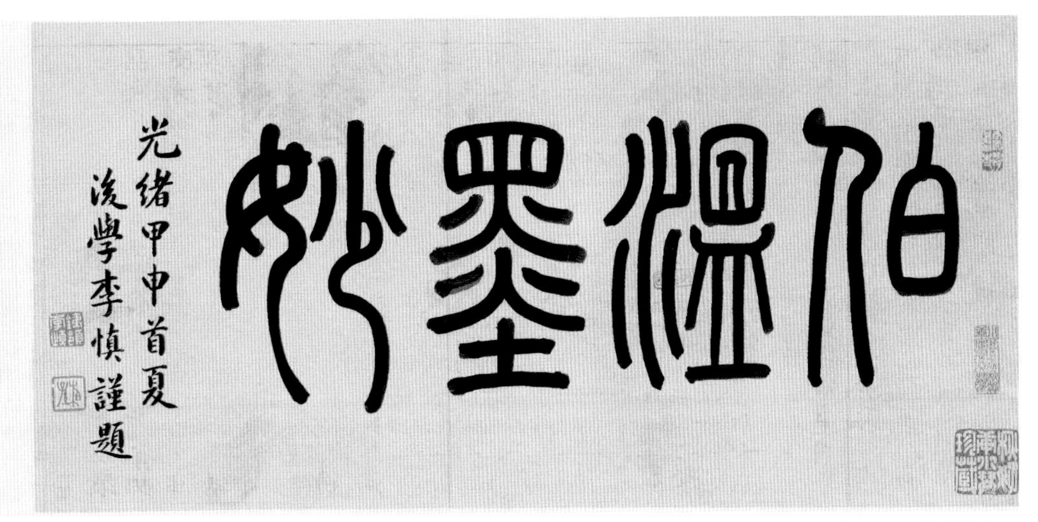

《宮學國史二箴卷》之一

《宮學國史二箴卷》之二

《宮學國史二箴卷》之三

70

周伯琦　楷書通犀飲卮詩頁

紙本　楷書
縱27.1厘米　橫57.3厘米

Tong Xi Yin Zhi Shi in regular script
By Zhou Boqi
Leaf, ink on paper
H. 27.1cm　L. 57.3cm

“通犀飲卮”是用犀牛角製成的酒具，“道隱相國”惠贈這“不世寶”，周伯琦遂賦詩讚美，並為其祝壽。書於至正二十五年（1365），周伯琦時年六十八歲，已屬晚年書。鈐“周氏伯琦”（白文）、“玉雪坡”（朱文）、“素行齋”（朱文）印。

《元史》記載，周伯琦曾“摹王羲之所書蘭亭序、智永所書千文，刻石（宣文）閣中”，足見其師古功力。此帖書法字體較扁，運筆圓轉柔勁，書風古樸秀潤。

鑑藏印記：項元汴、安岐、孫承澤諸家印。

歷代著錄：《壬寅消夏錄》。

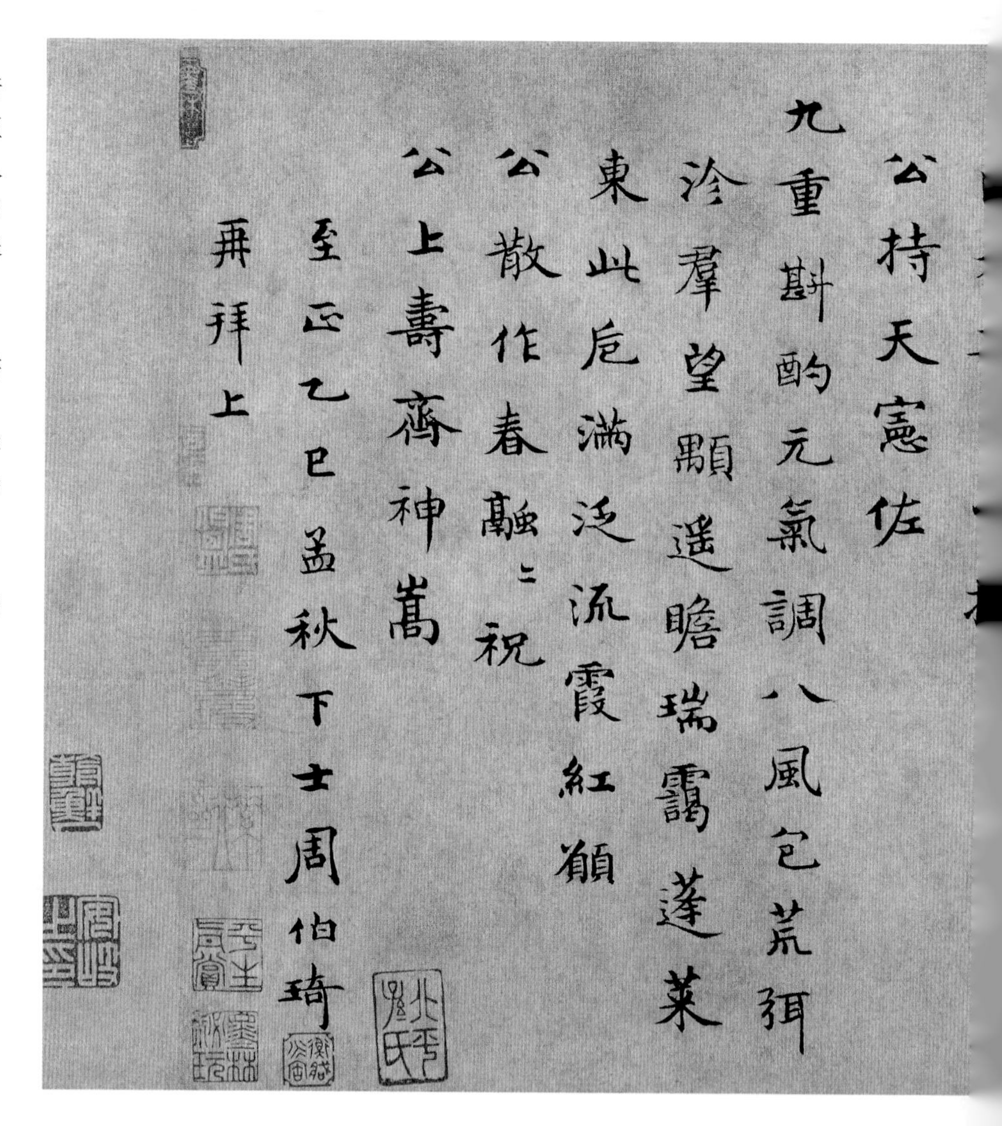

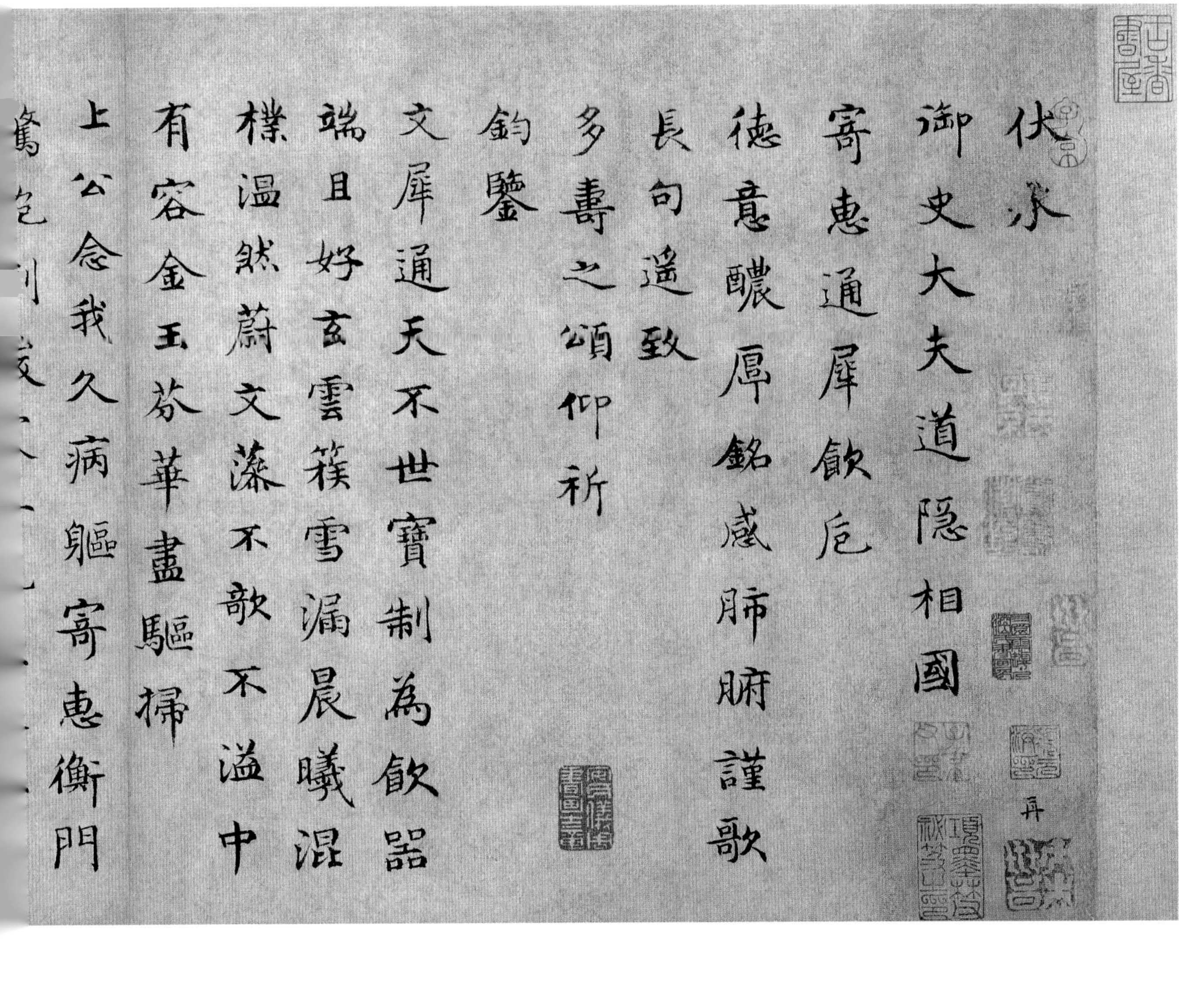

伏承
御史大夫道隱相國
寄惠通犀飲巵
德意醲厚銘感肺腑謹歌
長句遥致
多壽之頌仰祈
鈞鑒
文犀通天不世寶制為飲器
端且好玄雲簇雪漏晨曦混
樸溫然蔚文藻不歆不溢中
有容金玉芬華盡驅掃
上公念我久病軀寄惠衛門

71

吳叡　隸書老子道德經卷

紙本　隸書
縱24.8厘米　橫400.7厘米

Lao Zi Dao De Jing (The Classic of the Virtue of the Tao by Lao Zi) in official script
By Wu Rui (1298-1355)
Handscroll, ink on paper
H. 24.8cm　L. 400.7cm

吳叡(1298－1355)，字孟思，號雪濤散人，先世為濮陽(今屬河南)人，移居杭州，吾丘衍弟子。明代劉基《覆瓿集》稱："叡少好學，工翰墨，尤精篆、隸，凡歷代古文款識制度，無不考究，得其要妙。"在元代中後期書家中以篆隸書著名。

款署"元統三年乙亥歲正月朔　濮陽吳叡為虛碧道士書於觀復齋"，鈐"吳叡私印"(白文)。元統三年(1335)，吳氏三十八歲。帖前有偽盛懋款白描《老子授經圖》，後紙有明代胡子昂題詩、題記兩段。

此帖筆法方圓互見，結體整齊劃一，雖有漢隸風規而實依唐人筆意。通篇用筆工穩精謹，功力深厚。

鑑藏印記："項子京家珍藏"(朱文)、"墨林祕玩"(朱文)、"張伯駿範我氏精玩書畫之印"(朱文)、"宜爾子孫"(白文)、"張子止庵祕笈之印"(朱文)、"翁伯達氏"(白文)等。

存用之不勤
天長地久天地所以能長且久者以其不自生故能
長生是以聖人後其身而身先外其身而身存非以
其無私邪故能成其私
上善若水水善利萬物而不爭處衆人之所惡故幾
於道居善地心善淵與善人言善信政善治事善
能動善時夫惟不爭故無尤矣
持而盈之不如其已揣而銳之不可長保金玉滿堂
莫之能守富貴而驕自遺其咎功成名遂身退天之
道

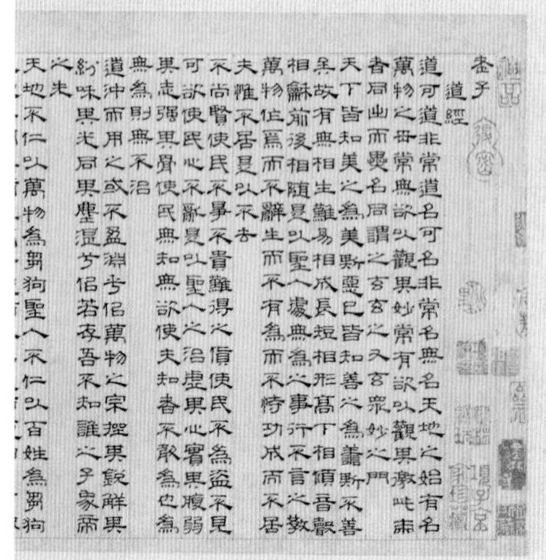

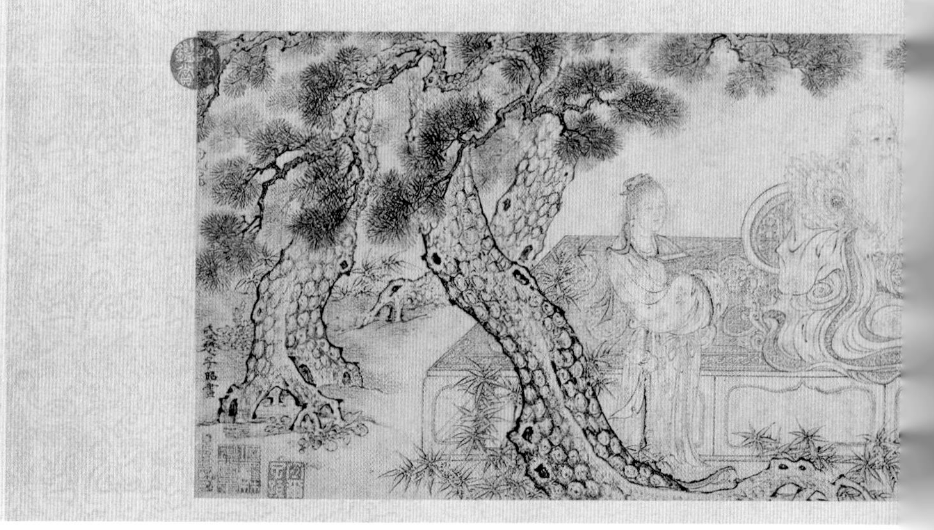

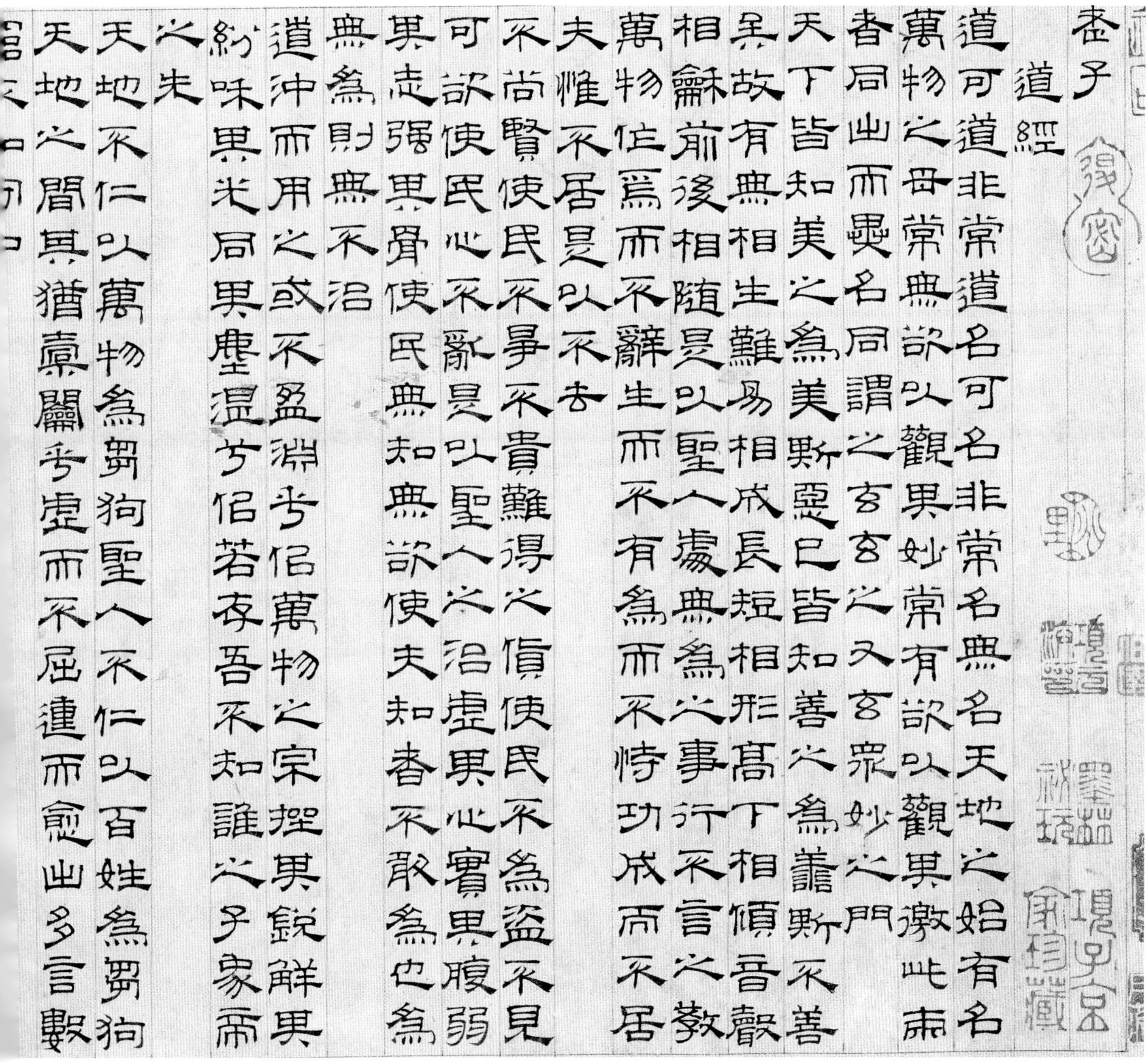
老子 道經
道可道非常道名可名非常名無名天地之始有名
萬物之母常無欲以觀其妙常有欲以觀其徼此兩
者同出而異名同謂之玄玄之又玄衆妙之門
天下皆知美之為美斯惡已皆知善之為善斯不善
矣故有無相生難易相成長短相形高下相傾音聲
相和前後相隨是以聖人處無為之事行不言之教
萬物作焉而不辭生而不有為而不恃功成而不居
夫惟不居是以不去
不尚賢使民不爭不貴難得之貨使民不為盜不見
可欲使民心不亂是以聖人之治虛其心實其腹弱
其志強其骨使民無知無欲使夫知者不敢為也為
無為則無不治
道沖而用之或不盈淵兮似萬物之宗挫其銳解其
紛和其光同其塵湛兮似若存吾不知誰之子象帝
之先
天地不仁以萬物為芻狗聖人不仁以百姓為芻狗
天地之間其猶橐籥乎虛而不屈動而愈出多言數

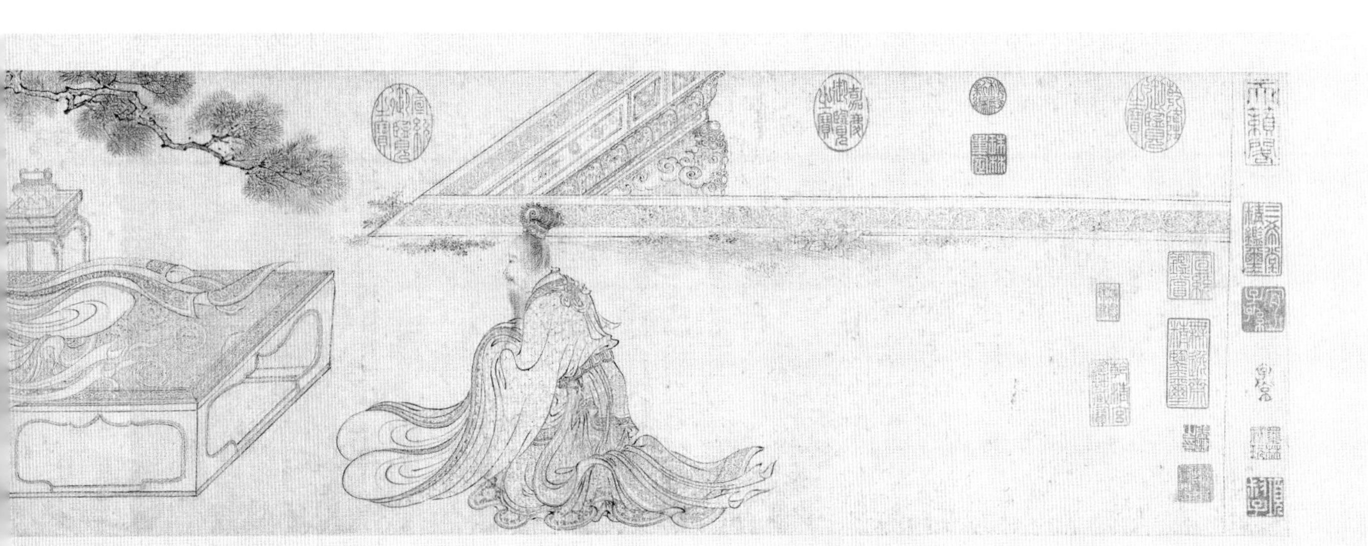

《老子道德經卷》之一

天地之間其猶槖籥乎虛而不屈動而愈出多言數窮不如守中

谷神不死是謂玄牝玄牝之門是謂天地根緜緜若存用之不勤

天長地久天地所以能長且久者以其不自生故能長生是以聖人後其身而身先外其身而身存非以其無私邪故能成其私

上善若水水善利萬物而不爭處衆人之所惡故幾於道居善地心善淵與善人言善信政善治事善能動善時夫唯不爭故無尤矣

持而盈之不如其已揣而銳之不可長保金玉滿堂莫之能守富貴而驕自遺其咎功成名遂身退天之道

載營魄抱一能無離乎專氣致柔能如嬰兒乎滌除玄覽能無疵乎愛民治國能無為乎天門開闔能無雌乎明白四達能無知乎生之畜之生而不有為而不恃長而不宰是謂玄德

三十輻共一轂當其無有車之用埏埴以為器當其無有器之用鑿戶牖以為室當其無有室之用故有之以為利無之以為用

五色令人目盲五音令人耳聾五味令人口爽馳騁田獵令人心發狂難得之貨令人行妨是以聖人為腹不為目故去彼取此

寵辱若驚貴大患若身何謂寵辱辱為下得之若驚失之若驚何謂貴大患若身吾所以有大患者為吾有身及吾無身吾有何患故貴以身為天下則可寄於天下愛以身為天下乃可以託於天下

視之不見名曰夷聽之不聞名曰希搏之不得名曰微此三者不可致詰故混而為一其上不皦其下不昧繩繩兮不可名復歸於無物是謂無狀之狀無物之象是謂忽恍迎之不見其首隨之不見其後執古之道以御今之有能知古始是謂道紀

古之善為士者微妙玄通深不可識夫唯不可識故強為之容豫兮若冬涉川猶兮若畏四鄰儼若客渙若冰將釋敦兮其若樸曠兮其若谷渾兮其若濁孰能濁以靜之徐清孰能安以久之徐生保此道者不欲盈夫唯不盈是以能蔽不新成

致虛極守靜篤萬物並作吾以觀其復夫物芸芸各歸其根歸根曰靜靜曰復命復命曰常知常曰明不知常妄作凶知常容容乃公公乃王王乃天天乃道道乃久沒身不殆

太上下知有之其次親之譽之其次畏之其次侮之故信不足焉有不信猶兮其貴言功成事遂百姓皆曰我自然

大道廢有仁義智慧出有大偽六親不和有孝慈國家昏亂有忠臣

絕聖棄智民利百倍絕仁棄義民復孝慈絕巧棄利盜賊無有此三者以為文不足故令有所屬見素抱樸少私寡欲

絕學無憂唯之與阿相去幾何善之與惡相去何若人之所畏不可不畏荒兮其未央哉衆人熙熙如享太牢如登春臺我獨泊兮其未兆若嬰兒之未孩乘乘兮若無所歸衆人皆有餘我獨若遺我愚人之心也哉沌沌兮俗人昭昭我獨若昏俗人察察我獨悶悶澹兮其若海飂兮似無所止衆人皆有以我獨頑且鄙我獨異於人而貴求食於母

孔德之容唯道是從道之為物唯恍唯忽忽兮恍其中有象恍兮忽其中有物窈兮冥兮其中有精其精

《老子道德經卷》之二

道常無為而無不為侯王若能守萬物將自化化而欲作吾將鎮之以無名之樸無名之樸夫將不欲不欲以靜天下將自正

德經

上德不德是以有德下德不失德是以無德上德無為而無以為下德為之而有以為上仁為之而無以為上義為之而有以為上禮為之而莫之應則攘臂而仍之故失道而後德失德而後仁失仁而後義失義而後禮夫禮者忠信之薄而亂之首也前識者道之華而愚之始也是以大丈夫處其厚不居其薄居其實不居其華故去彼取此

昔之得一者天得一以清地得一以寧神得一以靈谷得一以盈萬物得一以生侯王得一以為天下貞其致之一也天無以清將恐裂地無以寧將恐發神無以靈將恐歇谷無以盈將恐竭萬物無以生將恐滅侯王無以為貞而貴高將恐蹶故貴以賤為本高以下為基是以侯王自稱孤寡不穀此其以賤為本邪非乎故致數車無車不欲碌碌如玉落落如石

反者道之動弱者道之用天下之物生於有有生於無

上士聞道勤而行之中士聞道若存若亡下士聞道大笑之不笑不足以為道故建言有之明道若昧夷道若類進道若退上德若谷大白若辱廣德若不足建德若偷質真若渝大方無隅大器晚成大音希聲大象無形道隱無名夫惟道善貸且成

道生一一生二二生三三生萬物萬物負陰而抱陽沖氣以為和人之所惡唯孤寡不穀而王公以為稱故物或損之而益或益之而損人之所教我亦教之強梁者不得其死吾將以為教父

天下之至柔馳騁天下之至堅無有入於無間是以知無為之有益也不言之教無為之益天下希及之矣

名與身孰親身與貨孰多得與亡孰病是故甚愛必大費多藏必厚亡知足不辱知止不殆可以長久

大成若缺其用不弊大盈若沖其用不窮大直若屈大巧若拙大辯若訥躁勝寒靜勝熱清靜為天下正

天下有道卻走馬以糞天下無道戎馬生於郊罪莫大於可欲禍莫大於不知足咎莫大於欲得故知足之足常足

不出戶知天下不窺牖見天道其出彌遠其知彌少是以聖人不行而知不見而名不為而成

為學日益為道日損損之又損以至於無為無為而無不為矣故取天下常以無事及其有事不足以取天下

聖人無常心以百姓心為心善者吾善之不善者吾亦善之得善矣信者吾信之不信者吾亦信之得信矣聖人之在天下慄慄為天下渾其心百姓皆注其耳目聖人皆孩之

出生入死生之徒十有三死之徒十有三民之生動之死地亦十有三夫何故以其生生之厚蓋聞善攝生者陸行不遇兕虎入軍不被甲兵兕無所投其角虎無所措其爪兵無所容其刃夫何故以其無死地焉

道生之德畜之物形之勢成之是以萬物莫不尊道而貴德道之尊德之貴夫莫之命而常自然故道生之畜之長之育之成之熟之養之覆之生而不有為而不恃長而不宰是謂玄德

天下有始以為天下母既得其母以知其子既知其子復守其母沒身不殆塞其兌閉其門終身不勤開其兌濟其事終身不救見小曰明守柔曰強用其光復歸其明無遺身殃是謂襲常

使我介然有知行於大道唯施是畏大道甚夷而民好徑朝甚除田甚蕪倉甚虛服文采帶利劍厭飲食財貨有餘是謂盜誇非道哉

《老子道德經卷》之三

有君夫惟無知是以不我知知我者希則我貴矣是以聖人被褐懷玉

知不知上不知知病夫惟病病是以不病聖人不病以其病病是以不病

民不畏威大威至矣無狹其所居無厭其所生夫惟不厭是以不厭是以聖人自知不自見自愛不自貴故去彼取此

勇於敢則殺勇於不敢則活此兩者或利或害天之所惡孰知其故是以聖人猶難之天之道不爭而善勝不言而善應不召而自來坦然而善謀天網恢恢疏而不失

民不畏死奈何以死懼之若使民常畏死而為奇者吾得執而殺之孰敢常有司殺者殺夫代司殺者殺是謂代大匠斲夫代大匠斲者希有不傷手矣

民之飢以其上食稅之多是以飢民之難治以其上之有為是以難治民之輕死以其求生之厚是以輕死夫唯無以生為者是賢於貴生

人之生也柔弱其死也堅強萬物草木之生也柔脆其死也枯槁故堅強者死之徒柔弱者生之徒是以兵強則不勝木強則共強大處下柔弱處上

天之道其猶張弓乎高者抑之下者舉之有餘者損之不足者補之天之道損有餘而補不足人之道則不然損不足以奉有餘孰能有餘以奉天下唯有道者是以聖人為而不恃功成而不處其不欲見賢

天下柔弱莫過於水而攻堅強者莫之能勝其無以易之弱之勝強柔之勝剛天下莫不知莫能行故聖人云受國之垢是謂社稷主受國之不祥是謂天下王正言若反

和大怨必有餘怨安可以為善是以聖人執左契而不責於人有德司契無德司徹天道無親常與善人

小國寡民使有什伯人之器而不用使民重死而不遠徙雖有舟輿無所乘之雖有甲兵無所陳之使民復結繩而用之甘其食美其服安其居樂其俗鄰國相望雞狗之聲相聞民至老死不相往來

信言不美美言不信善者不辯辯者不善知者不博博者不知聖人不積既以為人己愈有既以與人己愈多天之道利而不害聖人之道為而不爭

老子

元統三年乙亥歲正月朔濮陽吳叡為虛碧道士書于觀復齋

元統三年歲乙亥[illegible]今踰七十載矣[illegible]孟[illegible]字畫人所貴玉堂學士猶與[illegible]好手[illegible]力追[illegible]法[illegible]

《老子道德經卷》之四

72

泰不華　篆書陋室銘卷

紙本　篆書
縱36.9厘米　橫113.5厘米

Lou Shi Ming in seal script
By Taibuhua (1304-1352)
Handscroll, ink on paper
H. 36.9cm　L. 113.5cm

泰不華（1304－1352），字兼善，號白野，蒙古族伯牙吾台氏，初名達普化，元代台州（今浙江臨海）人。累官至浙東道宣慰使。擅篆、隸、楷書，篆書師徐鉉、張有，後稍變其法，自成一家。

《陋室銘》為唐代詩人劉禹錫的名篇。款署"至正六年正月廿八日　白野兼善書"。至正六年（1346），泰不華四十三歲。前後隔水有清代羅天池題記。

此帖篆法師宋代徐鉉，下筆多用方折，行筆圓活遒勁，齊整秀逸，是傳世泰不華唯一篆書作品。

鑑藏印記："安岐之印"（白文）、"朝鮮人"（白文）、"佩裳寶藏"（白文）、"木頭老子"（白文）等。

釋文：
陋室銘
山不在高，有仙則名；水不在深，有龍則靈。斯是陋室，唯吾德馨。苔痕上階綠，草色入簾青。談笑有鴻儒，往來無白丁。可以調素琴，閱金經。無絲竹之亂耳，無案牘之勞形。南陽諸葛廬，西蜀子雲亭。孔子云：何陋之有？　至正六年正月廿八日白野兼善書

陋室銘
山不在高有仙
則名水不在深
有龍則靈斯是
陋室惟吾德馨
苔痕上階綠草
色入簾青談笑

陋室銘
山不在高有仙
則名水不在深
有龍則靈斯是
陋室惟吾德馨
苔痕上階綠草
色入簾青談笑
有鴻儒往來

元人白野蕙善篆書陋室銘希世名迹
潘德畬方伯借刻於海山仙館帖中 羅天池記

73

倪瓚　小楷書靜寄軒詩文軸

紙本　小楷書

縱62.9厘米　橫23.3厘米

Jing Ji Xuan Shi Wen (Poems and proses on Jing Ji Study) in small-regular script

By Ni Zan (1306-1374)

Hanging scroll, ink on paper

H. 62.9cm　L. 23.3cm

倪瓚(1306－1374)，字元鎮、幼霞，自號雲林生，元代無錫(今屬江蘇)人。家巨富，中年後棄散家財，雲遊四方。博學好古，喜收藏，精詩詞，善書畫，畫名最盛，為"元四家"之一。書法從古隸入手，從歐、褚變出。

《靜寄軒詩文軸》包括《郲伯盛氏小像贊》、《刻古印文詩四韻》五律一首、《靜寄軒詩》七絕三首。上方篆額"靜寄軒"和帖首篆書"靜寄軒詩文"為張紳(詳見圖96)所書。"靜寄軒"是郲伯盛的齋名，字名珪，蘇州人，從吳叡習篆書，喜治印。此帖為倪瓚六十六歲時書，已是晚年筆。後紙有楊守敬題跋。

此帖結體用筆，有很重的分隸意味，力避圓熟，意在古拙；但結體刻意，筆畫精緻，雖求冷逸古淡，卻顯靈秀虛和。

鑑藏印記："郲瑋玄印"(白文)、"士行父"(朱文)、"雲門山房"(白文)、"山友"(朱文)、"石門山人"(白文)、"東吳王蓮涇藏書畫記"(朱文)、"洪楠之印"(白文)、"蔡伯海印"(白文)、"士元珍藏"(朱文)、"麓雲樓書畫記"(朱文)及清嘉慶內府諸印。

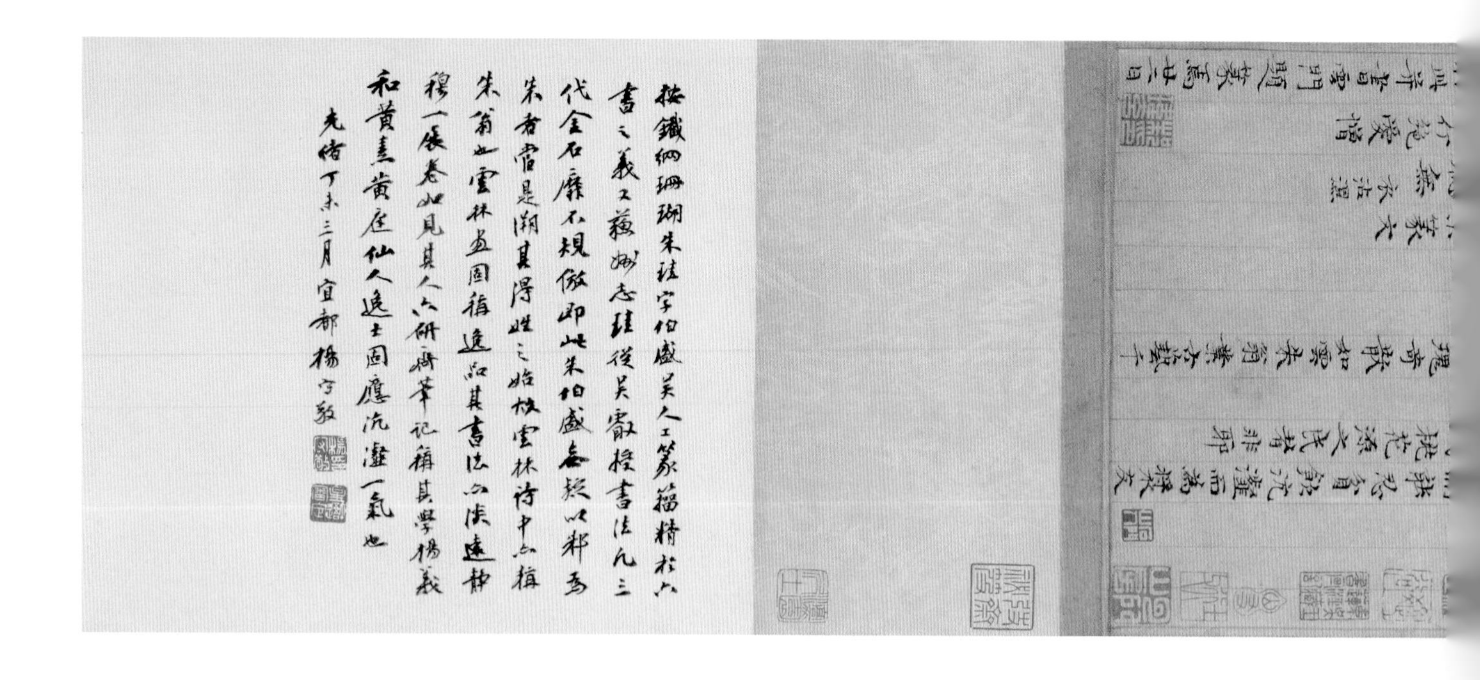

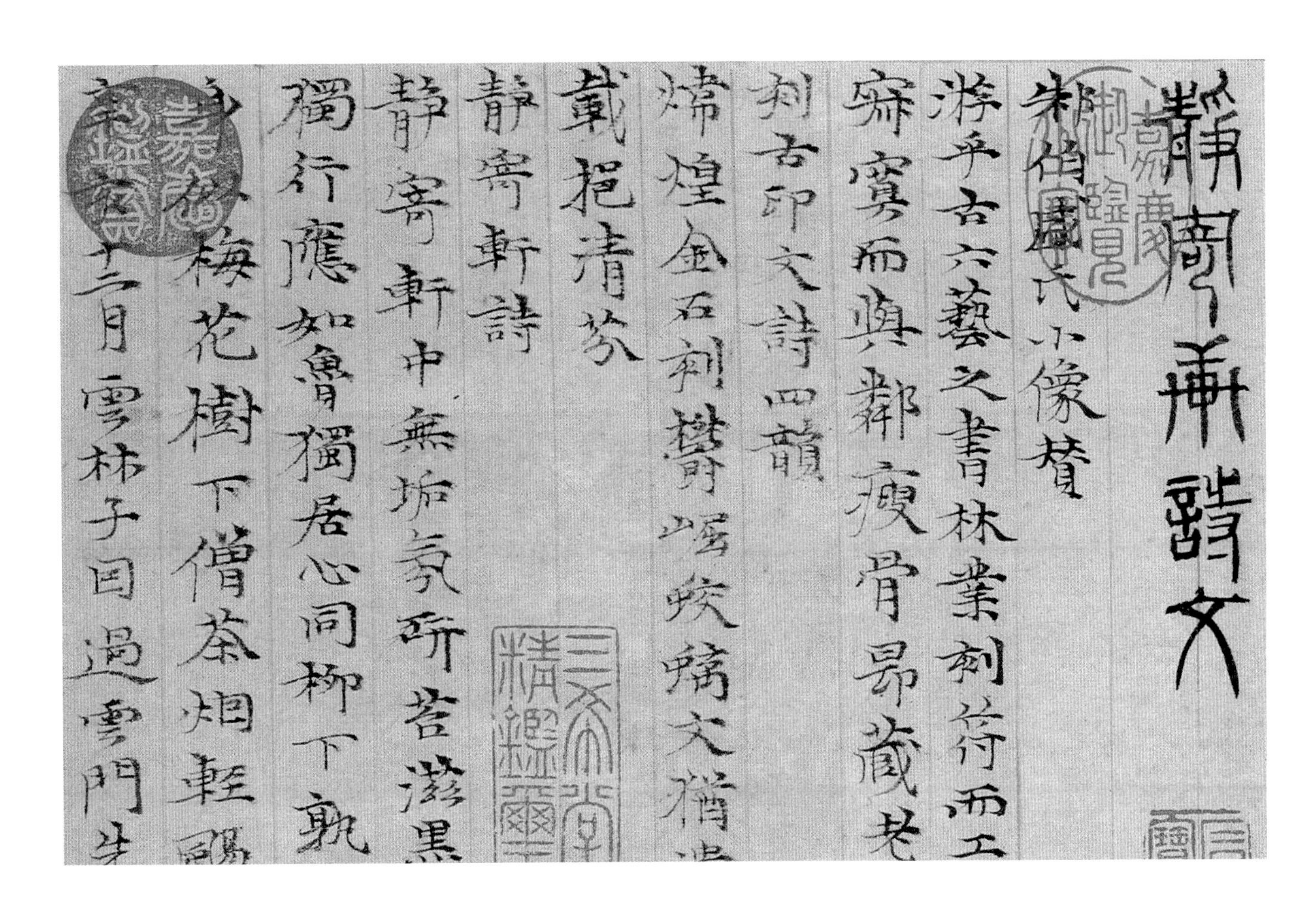

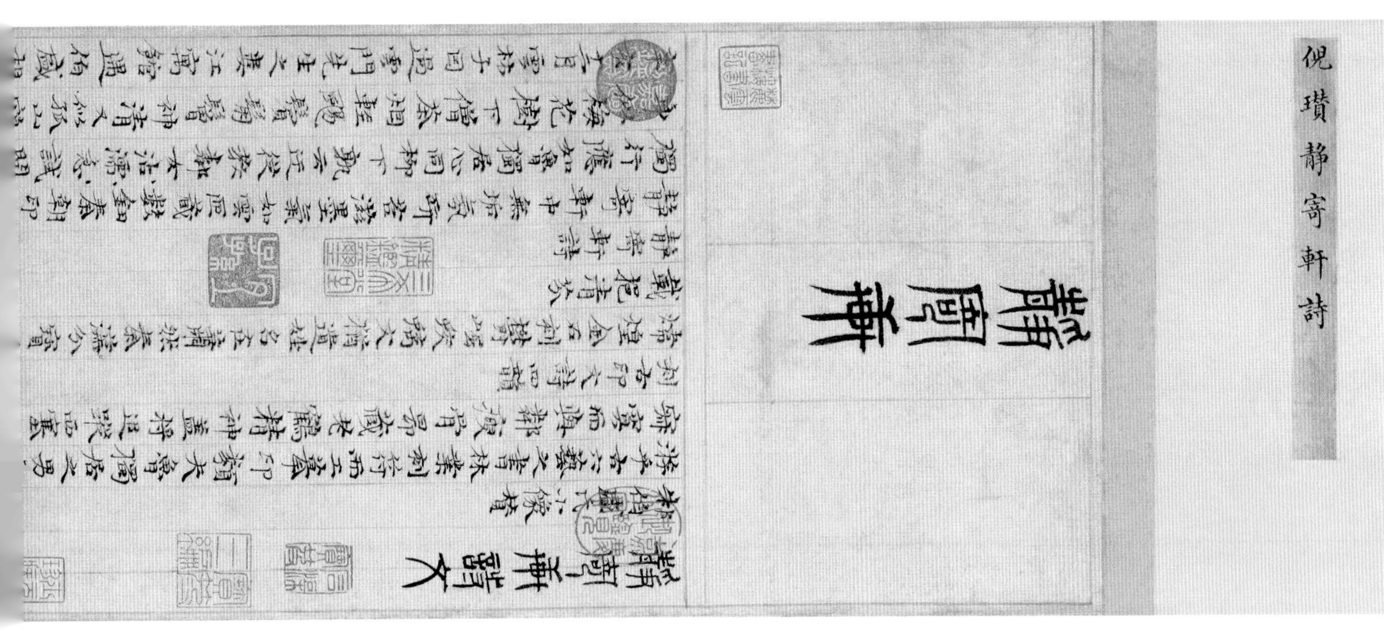

倪瓚 靜寄軒詩

74

倪瓚　行楷書淡室詩軸

紙本　行楷書

縱64厘米　橫27厘米

Dan Shi Shi in running-regular script

By Ni Zan

Hanging scroll, ink on paper

H. 64cm　L. 27cm

《淡室詩》是倪瓚為“子安”所作，詩中寄寓了他避世索居，與白雲幽禽為伴的心情。倪氏自稱不善作大字，曾有人請寫碑，辭之。此為倪瓚存世作品中唯一的大字行楷書。此帖書法得於分隸，點畫嚴謹，結體平正工穩，字形大小均勻，章法縱橫有序。

鑑藏印記：“潤州戴植字培之鑑藏書畫章”(朱文)。

釋文：

欲寫新詩塵滿几，味我迂言淡如水。

白雲淡淡何從來，來伴我(此字點去)

孤吟北窗裏。酒味甘濃易變酸，世情

對面九疑山。白雲且結無情友，明月

幽禽與往還。

八月廿日過宗道雲棲樓，命余賦子安

淡室詩，因賦。是日疏雨生涼，山光

滿几，殊有幽興也。瓚

75

俞和　行書臨定武蘭亭序卷

紙本　行書

縱26.7厘米　橫83.7厘米

Lin Ding Wu Lan Ting Xu (Copy of "the Preface to Lanting Pavilion", Ding Wu Edition) in running script

By Yu He (1307-1382)

Handscroll, ink on paper

H. 26.7cm　L. 83.7cm

俞和(1307－1382)，字子中，號紫芝生，元代桐江(今浙江桐廬)人。寓居杭州，隱居不仕。遍臨晉唐諸帖。早年曾學書於趙孟頫，得見趙氏運筆之法。行草逼似趙書，好事者每以其書改款後以充趙書，可以亂真。行楷之外兼善篆、隸、章草諸體。

款署"至正廿年歲在庚子孟夏十三日桐江紫芝生俞和子中臨於黃岡之康園"，鈐"俞和"(朱文)、"紫芝生"(白文)、"特健藥"(朱文)印，引首鈐"清隱"(朱文)、"靜學"(朱文)印。後又章草書詩一段，鈐"俞和"(朱文)印。元至正廿年(1360)，俞和五十四歲。帖前清代王澍、王文治楷書題簽，尾紙有明代陳繼儒，清代王澍、順甫居士、王文治、吳雲、費念慈六家題跋。

此帖為俞和臨宋榻定武本《蘭亭序》。"定武蘭亭"據說為唐代歐陽詢臨本刻石，刻石在北宋時流落於定州，當時稱義武軍，後避宋太宗諱，改定武軍，故名。俞和臨書點畫刻意精心，筆力勁利，牽連轉折無不合矩度。而章草書詩一段則運筆自然生動，線條舒展飄逸。俞和晚年避兵在湖北黃岡，是卷即書於此地。

鑑藏印記："項子京家珍藏"(朱文)、"顧子山祕匧印"(朱文)、"程楨義珍藏印"(朱文)、"吳楨"(朱文)、"虛舟"(朱文)、"吳廷"(朱文)等。

歷代著錄：《過雲樓書畫記》。

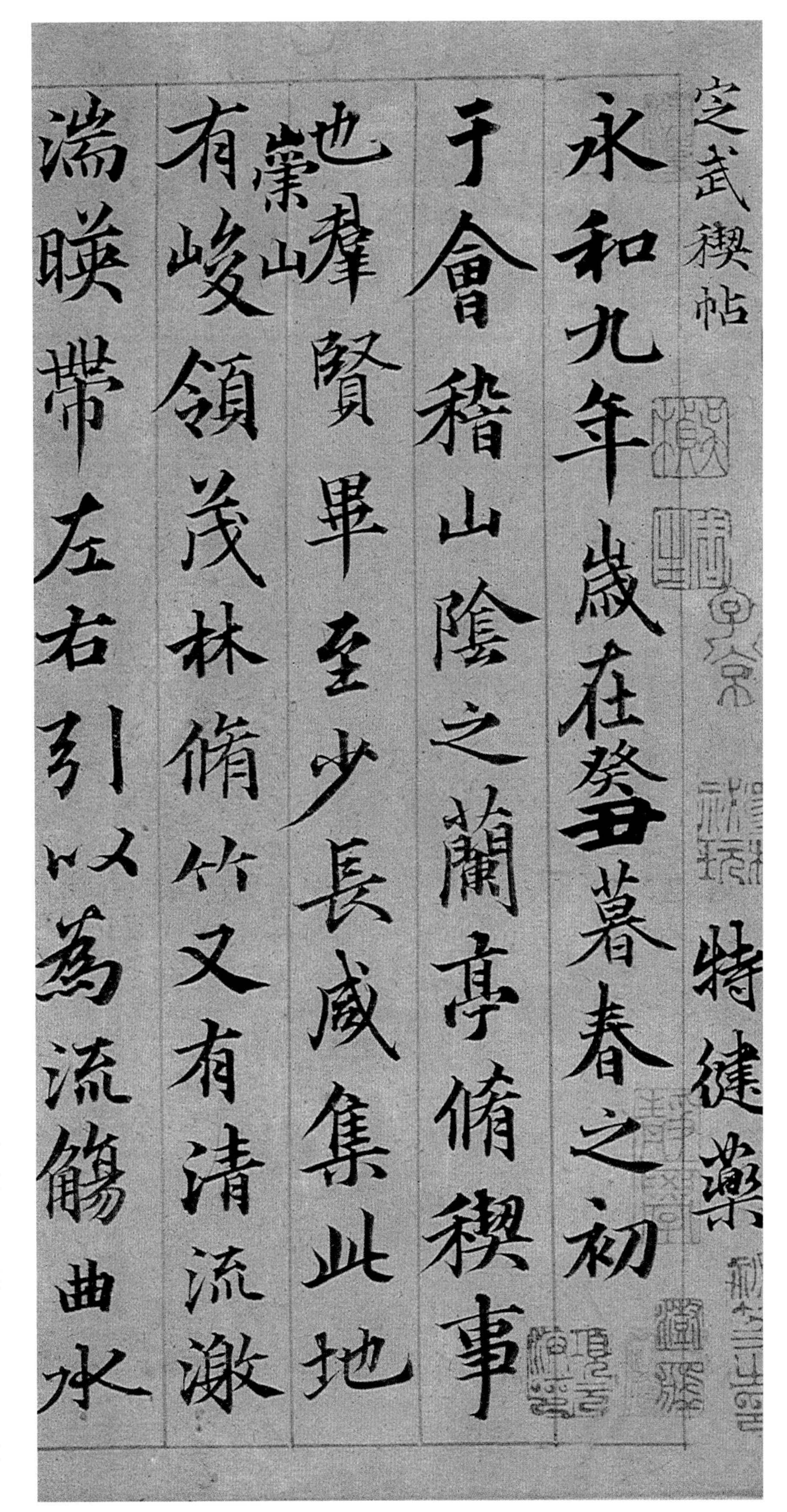

斯於盡古人云死生亦大矣豈
不痛哉每攬昔人興感之由
若合一契未嘗不臨文嗟悼不
能喻之於懷固知一死生為虛
誕齊彭殤為妄作後之視今
亦由今之視昔 悲夫故列
敘時人錄其所述雖世殊事
異所以興懷其致一也後之攬
者亦將有感於斯文

至正廿年歲在庚子孟夏十三日桐江紫芝生俞和子中臨
于黃岡之康園

復始知元代諸家皆自立
門戶不相蹈襲
愈變愈見諸家各樹旗鼓
之妙且欲奪集賢之壘而
拔其幟則止不蹈襲已耳
伯生之瀟宕伯幾之沉著
伯雨之古摩丹邱之峻削
皆是集賢未到之境紫
芝此書純以健舉擅場又
出諸家之外孰謂元代書
家不出集賢蹊逕哉定武
蘭亭無妙不臻而健舉之
中含孕風神乃其正龍正
脈此卷紫芝自題曰特健
藥蓋深有會於定武之健
舉者學書者由此以筆寫
非臣海之津梁也哉是卷

元俞紫芝臨禊帖真蹟 試硯齋藏

元俞紫芝臨禊帖真跡 虞齋書

定武禊帖

特健藥

永和九年歲在癸丑暮春之初
于會稽山陰之蘭亭脩禊事
也群賢畢至少長咸集此地
有崇山峻領茂林脩竹又有清流激
湍映帶左右引以為流觴曲水
列坐其次雖無絲竹管弦之
盛一觴一詠亦足以暢敘幽情
是日也天朗氣清惠風和暢仰
觀宇宙之大俯察品類之盛
所以遊目騁懷足以極視聽之
娛信可樂也夫人之相與俯仰
一世或取諸懷抱悟言一室之內
或因寄所託放浪形骸之外雖
趣舍萬殊靜躁不同當其欣
於所遇暫得於己快然自足不
知老之將至及其所之既惓情
隨事遷感慨係之矣向之所
以俛仰之間……

《臨定武蘭亭序卷》之一

也 莊恂吳周生寶藏之 陳繼儒書

康熙五十有五年歲在丙申秋七月既望良常王澍
若林從繆編修文子借觀十日乃還

紫芝臨蘭亭合有數本真欲究過趙集賢
門徑法力勝而筆無橫逸趙則每多自運故法
意不純此非可勉強就也眉公跋謂與褚登善共
參定武大屬話柄定武之名何昉秖因歐格專立
門戶而褚令自有家法豈惟不屑旁參抑且夢
想不到不意通人落此語病猶見虞舟另跋一卷
謂勝出繆本上彼係生紙此係宋紙故圓渾如志
彼帖雖佳仍未脫趙家筆徑耳合觀識此
西河顧甫居士附跋

《臨定武蘭亭序卷》之二

舊為吳門繆氏所收々歸
休寧試硯齋汪氏於余
益得寓々見之云
嘉慶元年午節後五日丹
徒王文治記

由繆入汪其價值三百金
當時已有石刻拓本亦佳

元代書家莫不宗法趙魏公追其造詣精
純則又自出一幟不肯寄人籬下當日最著者
鮮于伯機鄧善之柯敬仲[illegible]視書甚
欲與魏公抗席俞子中生稍晚少時得親見魏公
運筆之法[illegible]追摹形神畢肖好事者得其
書每用趙款[illegible]鑒者亦莫能辨中年以後
益肆力於魏晉諸帖筆法入古蒼勁逸駿欲
駕[illegible]而已西仙居仰止[illegible]伯生伯雨更無論矣
此卷臨定武禊帖而仍宗法魏公[illegible]
對門卷[illegible]魏晉人風格則又於涯涘自立門徑也後
人立論每奇因魏公名重[illegible]折閱眉公跋亦[illegible]

《臨定武蘭亭序卷》之三

76

俞和　行書自書詩卷

紙本　行書
縱28.8厘米　橫216.7厘米

Zi Shu Shi (Self-transcribed poem) in running script
By Yu He
Handscroll, ink on paper
H. 28.8cm　L. 216.7cm

《自書詩卷》書七言詩八首，第一首《次陸秀才春日幽坐韻》，俞和曾不只一次書寫，故宮博物院藏《雜詩帖》中也有此詩，蓋其得意之作。卷後有明代陳敬宗，清代周壽昌、趙烈文、費念慈題跋。

此帖書法縱橫揮灑，奔放自如，雖筆法、結構是學趙孟頫晚年書，但其縱逸灑脱處，仍為其自家書風特點。元人中學趙功力之深，俞氏為最。所以明代陳敬宗在題跋中云："俞紫芝書，筆意清婉，姿態豐潤，蓋兼得趙松雪之神魄，至不能辨其真贋，可愛也。"

鑑藏印記："項子京家珍藏"（朱文）、"安儀周家珍藏"（朱文）及乾隆內府諸印。項元汴"嗣"字編號。

（釋文見附錄）

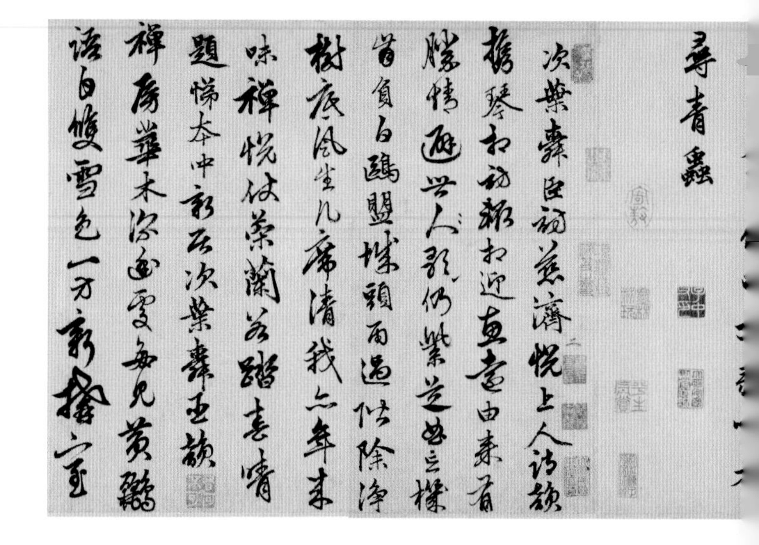

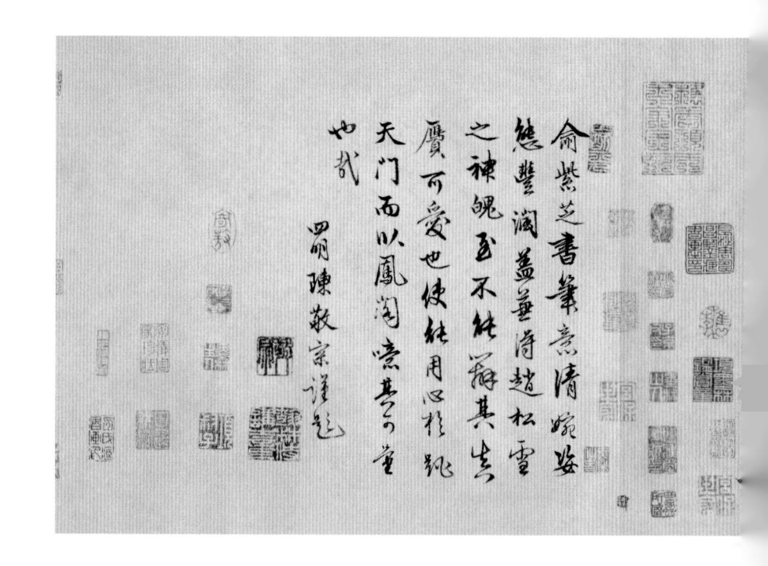

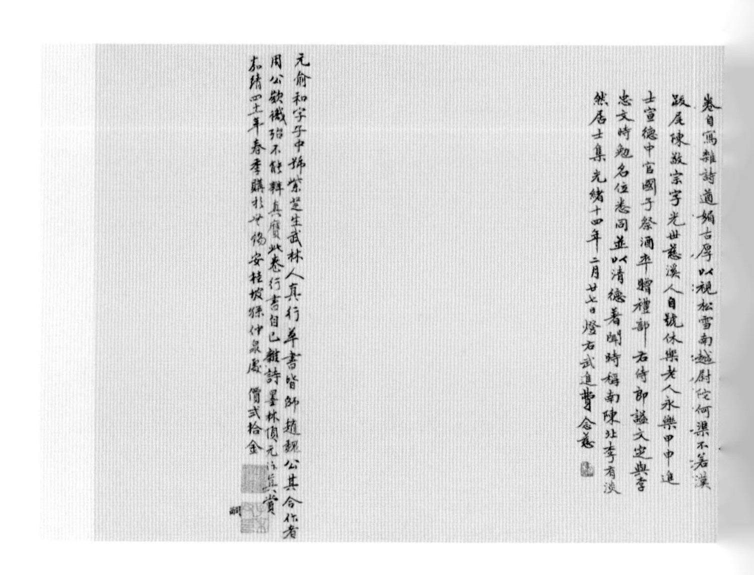

次陸秀才春日幽坐款
新塘百餘流水新[illegible]
窗看花如美人晴絲冉冉
隨復起幽鳥嚶嚶啼更[illegible]
自憐華鬢立海嶠誰[illegible]
[illegible]聯隨山[illegible]坡園荒[illegible]
久稀治且以飲酒從天真
冬日偕友人金子尚游賈氏西
園觀梨樹有感
紫芝山人無所慕仗策[illegible][illegible]
閑縱步遂軒先生[illegible]是之弟
子[illegible]過西園園中梨樹如大
椿百年枝條高輪菌先生[illegible]
是弟子喜我亦嶺賞蓋[illegible]濱
東風有待[illegible]閣[illegible]我華還
來醉其下華時萬朵白於
雲落月溶溶香更雅淡[illegible]
嬌面不潔春好倩徐熙生
色寫以今霜雪苦空空中

《自書詩卷》之一

樹陰三面半開窗[illegible]茶[illegible]
詭頭鼎篝燭凝經為之
釭清膝下無塵俗令時將
綠綺奏飛詭
頌作羽士小象
吳山羽客蓬萊侶閑坐青松
白石間煉就還丹飛白日游心
自與野雲閑
游天龍寺次蘭上人韻款
江影[illegible][illegible]仗策來詩飛風翠畫圖
閑且從聽法留舊寺更[illegible]凌雲上
古臺吸傲不妨雙鬢雪坐臨[illegible]
貴寸心灰百年興廢同誰語目
送空濛又一迴
游靈隱寺[illegible]盛不用貞七老
小有峯頭[illegible]大[illegible]巖[illegible]無[illegible][illegible]
烟清[illegible]喘月昔曾聽古樹拂天
今湯傳陵谷變還成小劫林泉
棲遁是何年我來試句亭前
水一滴書濱問老禪
以洗[illegible]乎兒[illegible]
我家新塘種竹以曰字好為人
敲門天風[illegible][illegible]翡[illegible]羽海月
[illegible]珊瑚根哦詩[illegible][illegible][illegible]偪

《自書詩卷》之二

紫[illegible]之於松雪翁真可謂沉[illegible]一
氣妙能從[illegible]上窺大令其[illegible][illegible]
處深得[illegible]拓神理朗健多姿詩亦
有中唐佳境可稱雙絕
光緒六年歲次庚辰[illegible][illegible]二日書於小對竹軒
長沙周壽[illegible]自[illegible]並識

評內史書者云龍跳天門虎卧鳳闕唐宋來判
真行蹟適字內吾人試滌盡回護依傍之見以為
於此八字合乎否乎必有啞然失笑者矣石本如此
而遇唐人便黃鑒[illegible]亦往往如此終未夢見先師脚
跡矣在黃山谷詩云世人多學蘭亭面欲換凡骨
無仙丹試問蘭亭骨在何許斯卷紫芝真跡
躍躍有生氣如[illegible]龍[illegible]浪不可[illegible][illegible]光緒乙酉丙
戌間入吾門里賞此家家書見宋元蹟多矣見其
董[illegible][illegible][illegible]一二數獨於斯篇愛不忍釋何哉古
人書祇是多力力[illegible]斯氣足氣足斯神完僅僅
於面目[illegible]之以為某若此某若彼星以色見音聲求不
[illegible][illegible][illegible]識之[illegible]顯人盛服坐堂皇[illegible][illegible]
不[illegible]其中無物有不自[illegible]乎詩所云彼其之
子不稱其服知乎此則能見斯卷之可貴而以此剖
判[illegible][illegible][illegible]矣光緒十有二年王辰[illegible]太簇
之月[illegible]靜居士趙[illegible]題記

《自書詩卷》之三

77

王蒙　行書愛厚帖頁

紙本　行書
縱33.3厘米　橫58.7厘米
清宮舊藏

Ai Hou Tie in running script
By Wang Meng (1308-1385)
Leaf, ink on paper
H. 33.3cm　L. 58.7cm
Qing Court collection

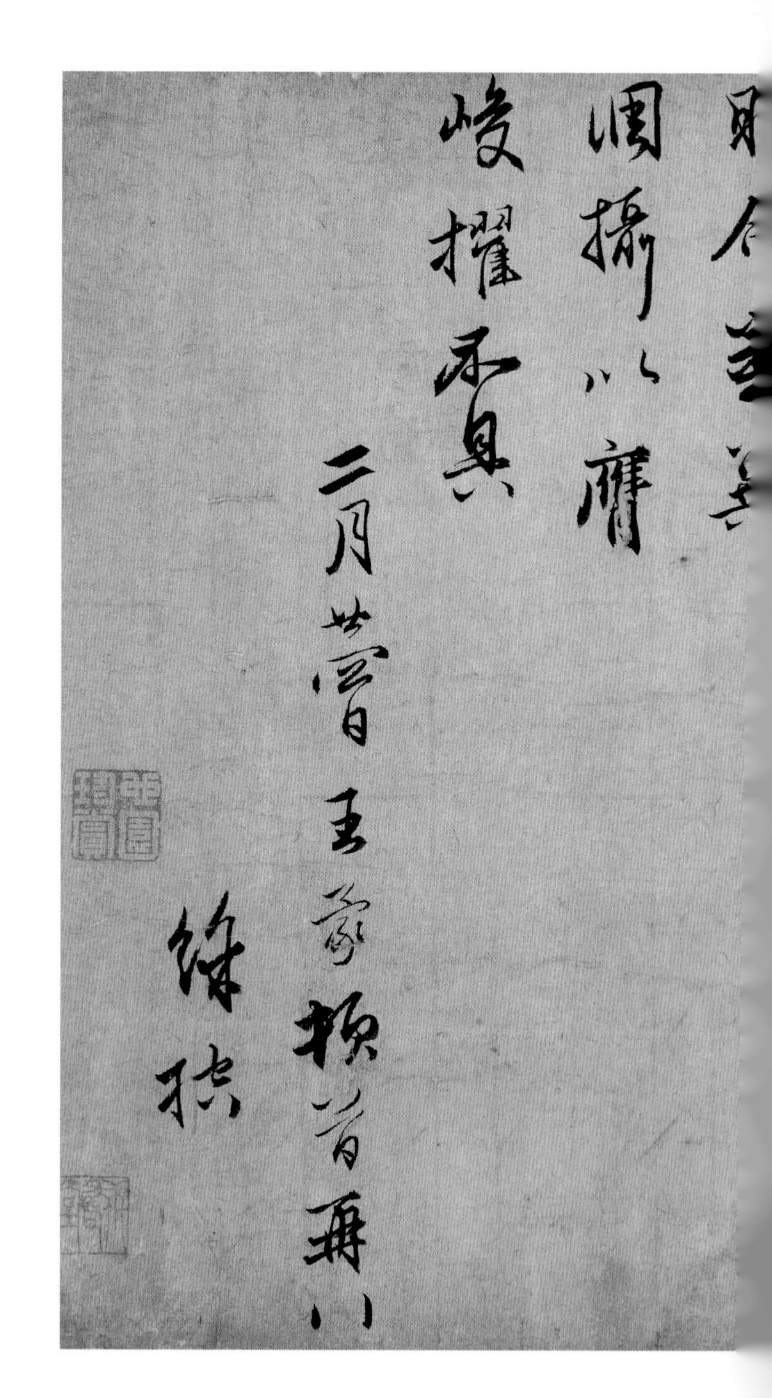

王蒙(1308－1385)，字叔明，號黃鶴山樵、香光居士，元代吳興(今浙江湖州)人。趙孟頫外孫。元末官理問，後棄官隱居臨平。入明曾任泰安知州。丞相胡惟庸被誅，受其牽累死於獄中。工詩文、書畫，尤以畫名著稱，從趙孟頫風格中來，是“元四家之一”。《明史》有傳。

《愛厚帖》為王蒙寫給張經的信札，舉薦林子山(趙雍之甥，趙孟頫外孫)，介紹其讀書博學，多藝能，請張給以“三石米”的差事。張經，字德常，金壇(今鎮江)人，元至正二十二年(1362)為松江府判官。

此帖書法學趙孟頫，不僅點畫轉折有趙書規模，就是用筆結體也極似，且筆墨圓潤，雅致遒逸。

鑑藏印記：“也園珍賞”(白文)、“世受堂”(朱文)。

釋文：
蒙頓首再拜。德常判府相公尊契兄，侍在愛厚，輒為稟白：友人林靜子山，吳興人，亦趙氏之甥也。讀書博學，多藝能，而未有成名，欲權於彼學中養贍，得三石米足矣。用是求書專注，望介注為禱。斯人年幼而多學，亦公家所當養者。王府君處，意不殊此，未由晤會，萬冀調攝，以膺峻擢。不具。二月廿四日　王蒙頓首再拜　餘控

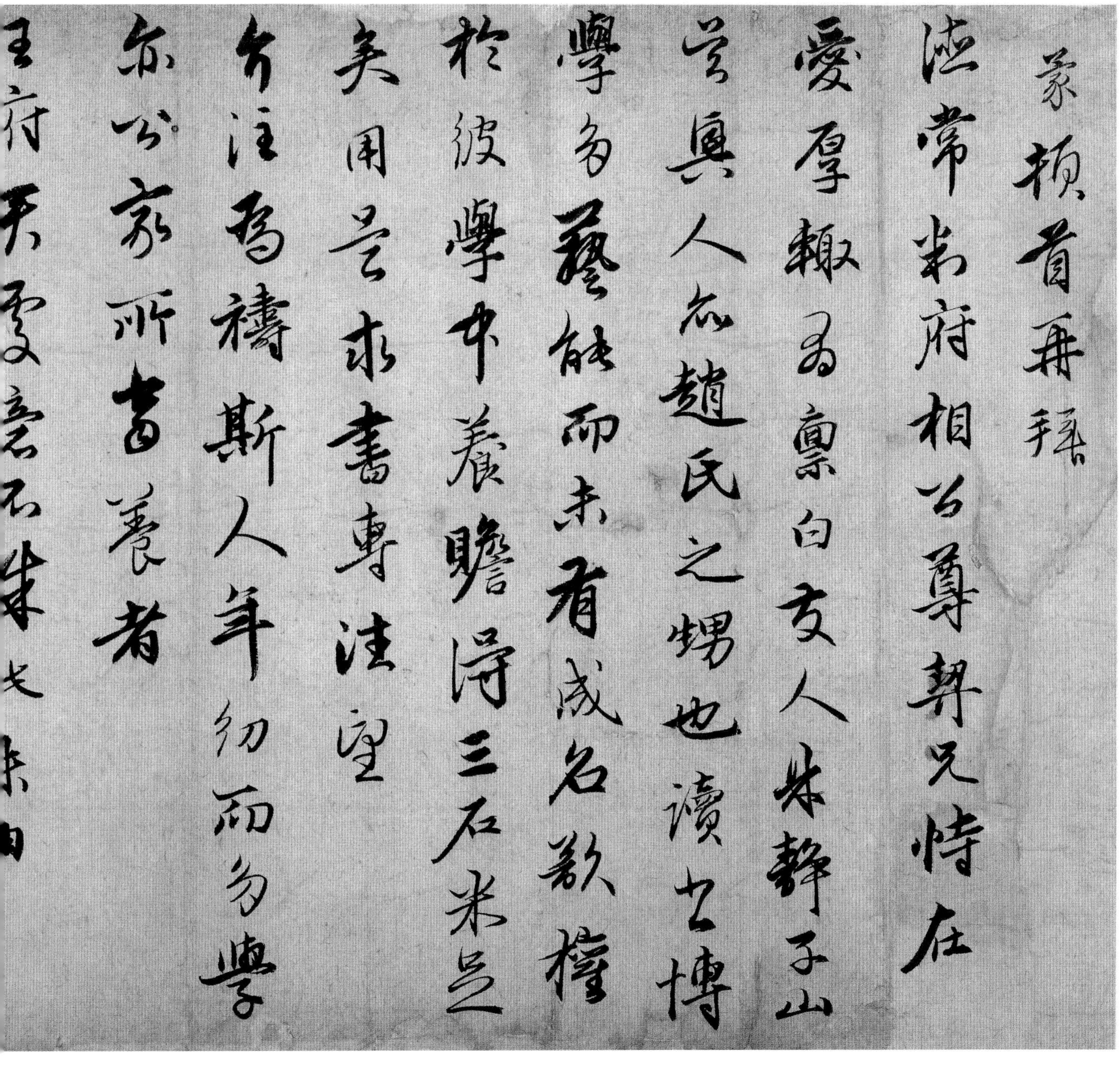

78

歐陽玄　楷書春暉堂記卷

紙本　楷書
縱29厘米　橫102.9厘米

Chun Hui Tang Ji (Notes on Chun Hui Tang) in regular script
By Ouyang Xuan (1283-1357)
Handscroll, ink on paper
H. 29cm　L. 102.9cm

歐陽玄(1283－1357)，字原功，號圭齋，原籍廬陵(今江西吉安)，後遷居湖南瀏陽。元延祐二年賜進士，官至翰林學士承旨。工詩文，善書法，師宗蘇軾。《元史》有傳。

《春暉堂記》記王伯善孝敬母親，同時贊頌了王母的賢惠。"春暉堂"取孟郊"誰言寸草心，報得三春暉"詩意名之。書於"至元後己卯"(1339)，歐陽玄五十七歲。鈐"冀郡歐陽玄印"(白文)印。卷後有元代張翥、吳當、貢師道、程益四家題詩。

此帖書法學蘇軾，結體工穩，筆畫的轉折、提按一絲不苟，有自己的風格特點和一定的藝術水平。

鑑藏印記："安岐之印"(白文)及乾隆、嘉慶、宣統內府諸印。

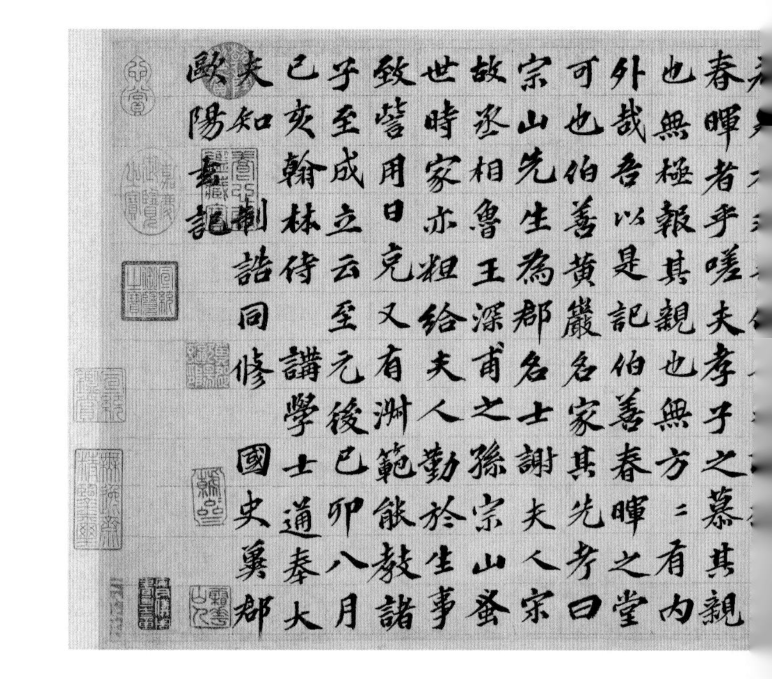

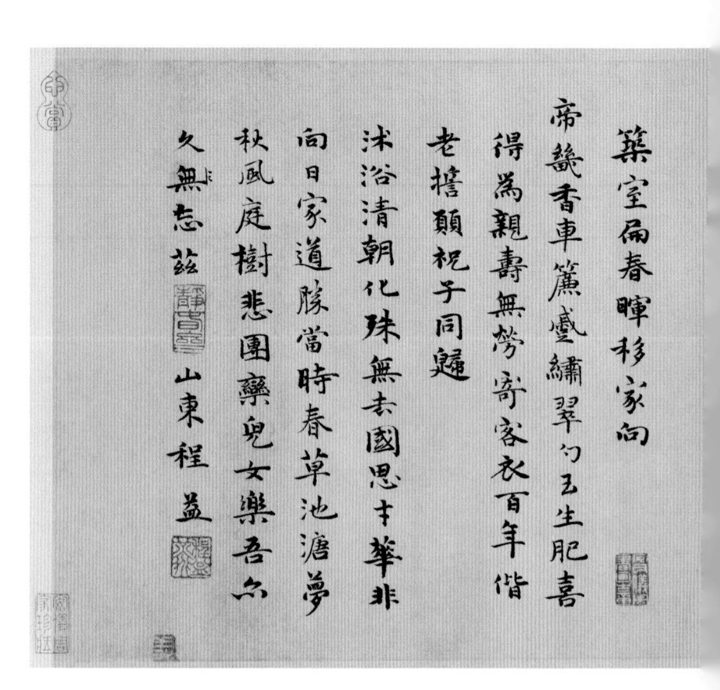

春暉堂記
黃巖王君伯善寄跡老氏法中
從特進吳上卿　侍祠京師泰
定丙寅奉
命代祀江南諸名山事竣告歸養
母未幾上卿力挽之復來乃迎
母俱至得屋順承門之西因而
治之暄涼適宜溫凊有所母髮
居垂五十年行年七十有二矣
京師珍饈輻湊順承懋遷鱗次
伯善賣藥闤闠之中以有餘之
貲左右取甘旨如携母益安裕
順適無病待制吳君養浩名其
奉親之堂曰春暉謁余為之記
夫春暉之義始孟郊誰云寸草
心報得三春暉之句余則以謂
化工之於百物生之而已爾豈
望報者哉特百物各以其所賦
受自見於當世以無負生物者
之初心斯足以為報令以草言
蕢也蓍也蓑菁也以神百穀也
以養人百藥也以療人其微者
也名不見於詩爾雅離騷刈之
可為藥芟槁之可代陶尾其為
世用亦博矣芝蘭也生於山林
雖乏世用而能超然自立乎衆
芳之中服御之者可祛穢濁可

《春暉堂記卷》之一

早歲移天已自嗟白頭今日
到京華不辭織履同方進會
見隨官似大家反哺烏聲時
繞封忘憂萱草鎮開花鄉來
王謝沂風在宜與詞臣作傳
誇　河東張翥

王謝流風故國傳煢嗟苦節更
稱賢承家未墜詩書澤傍舍猶
存伏臘田曉鏡丹鉛塵漠漠寒
窗機杼月娟娟春暉堂外慈烏
樹移在城南尺五天
臨川吳當

繁華流水去潺潺富貴如雲
氣未降謝相有孫鸞影隻
王郎得子鳳毛雙壺觴上
壽城南宅機杼聲秋月夜
窗太史可書傳不朽莫憐

《春暉堂記卷》之二

79

陳植　行書懷存齋詩頁

紙本　行書
縱23.3厘米　橫56.4厘米

Huai Cun Zhai Shi (Poem on Cun Zhai) in running script
By Chen Zhi (1293-1362)
Leaf, ink on paper
H. 23.3cm　L. 56.4cm

陳植（1293－1362），字叔方，自號慎獨癡叟，元代平江（今江蘇蘇州）人。博學，貫通經史百家，亦善書畫。

《懷存齋詩》是陳植懷念“存齋隱君”的。“存齋”即沈右，自號存存齋。“雲林”，即倪瓚。款署“植頓首上”，鈐“慎獨齋”（朱文）、“一丘一壑”（白文）印。

此帖書法行筆流暢，體勢方峻，字體均勻。雖受趙孟頫書影響，但並不刻意求工，而有疏放自然之趣。

鑑藏印記：“項子京家珍藏”（朱文）、“北平孫氏”（朱文）、“安氏儀周書畫之章”（白文）及“衡酒仙家珍藏”（朱文）等。

釋文：
九日有懷存齋隱君一首，聊發一笑。並呈雲林先生，植頓首上
冉冉秋復冬，淒淒寒慄烈。澒洞風塵際，念子久睽別。林屋雨山間，雅懷寄奇絕。淪跡屏紛囂，蘊真獨悟悅。高崖延白雲，清沂弄華月。窮搜吊荒亡，松下尋古碣。摩挲讀漫字，皮陸名炳列。感慨賦（點去）賸篇什，玄談唾霏屑。時從仙侶遊，或迓支郎謁。思歸笠澤秋，扁舟昕旦發。青旻風日澹，丹葩媚林樾。江空景澄霽，水落石巑嶭。今朝定何朝，霜菊粲可擷。汎汎黃金英，眷言此嘉節。負痾志願違，懷君釋悁結。載歌伐木詩，嗟彼朋友缺。美人不可親，耿耿中心□。毋惜問音徽，庶以慰飢渴。

80

李孝光　行書發建業帖頁

紙本　行書
縱31.2厘米　橫38厘米
清宮舊藏

Fa Jian Ye Tie in running script
By Li Xiaoguang (Dates unknown)
Leaf, ink on paper
H. 31.2cm　L. 38cm
Qing Court collection

李孝光(生卒年不詳)，字季和，元代樂清(今浙江溫州)人。曾隱居雁蕩山。至正七年召赴京師，官至文林郎、祕書監丞，卒於任上。以文章負名當世，取法古人，不趨時尚。善書，學蘇軾。《元史》有傳。

《發建業帖》是致僧大訢(笑隱和尚)的書札。大訢俗姓陳，南昌人，建康(今南京)龍翔集慶寺主持，自號笑隱居士。工詩文，與趙孟頫、高克恭、虞集、柯九思等交。據帖中語，此札應書於元至正元年(1341)，時李孝光四十五歲。

此帖書法學蘇軾，用筆豐肥，結體方扁，時出側鋒，其點畫轉折、牽絲搭筆一絲不苟，具有較高的藝術水平。

鑑藏印記："槐庭清玩"(朱文)、"東平"(朱文)。

(釋文見附錄)

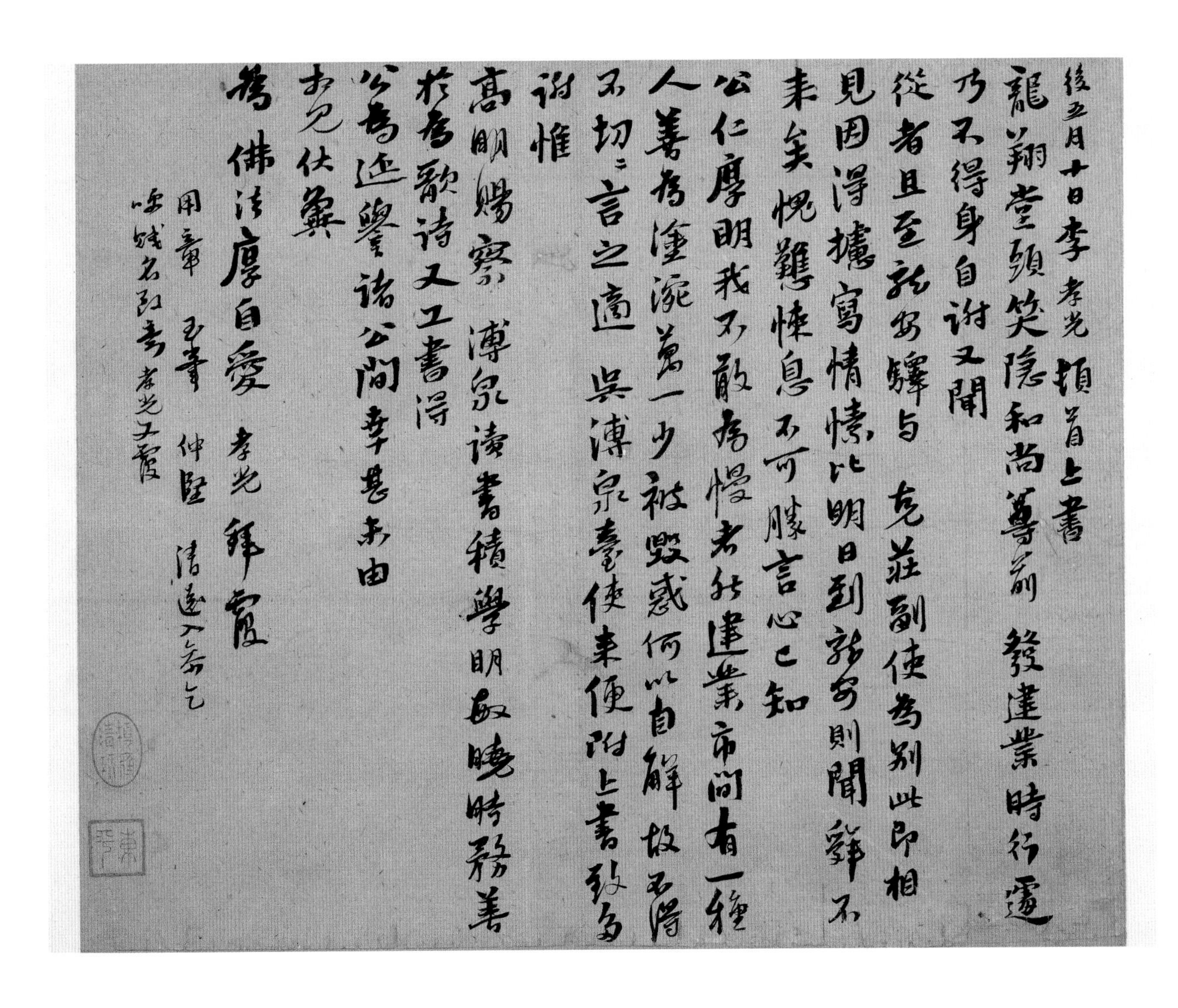

81

邵亨貞　行書詩帖頁

紙本　行書
縱24.5厘米　橫58.9厘米

Shi Tie in running script
By Shao Hengzhen (1309-1401)
Leaf, ink on paper
H. 24.5cm　L. 58.9cm

邵亨貞(1309－1401)，字復孺，號貞溪，祖籍嚴陵，徙居華亭(今上海松江)。明代洪武初年官松江府學訓導。通經史，精文辭，善書法。

此詩是邵亨貞次"東維內翰"(楊維楨)詩韻而作，寫於至正癸卯(1363)，邵氏五十五歲。邵亨貞於至正己亥(1359)到至正乙巳(1365)間曾在吳門屯役，詩帖正書於此時。鈐"睦邵亨貞"(白文)、"邵氏復孺"(朱文)、"青奚野史"(朱文)。

此帖書法學蘇軾、趙孟頫，筆勢跌宕疏放。

鑑藏印記：項元汴、孫承澤、安岐、衡永諸家印。

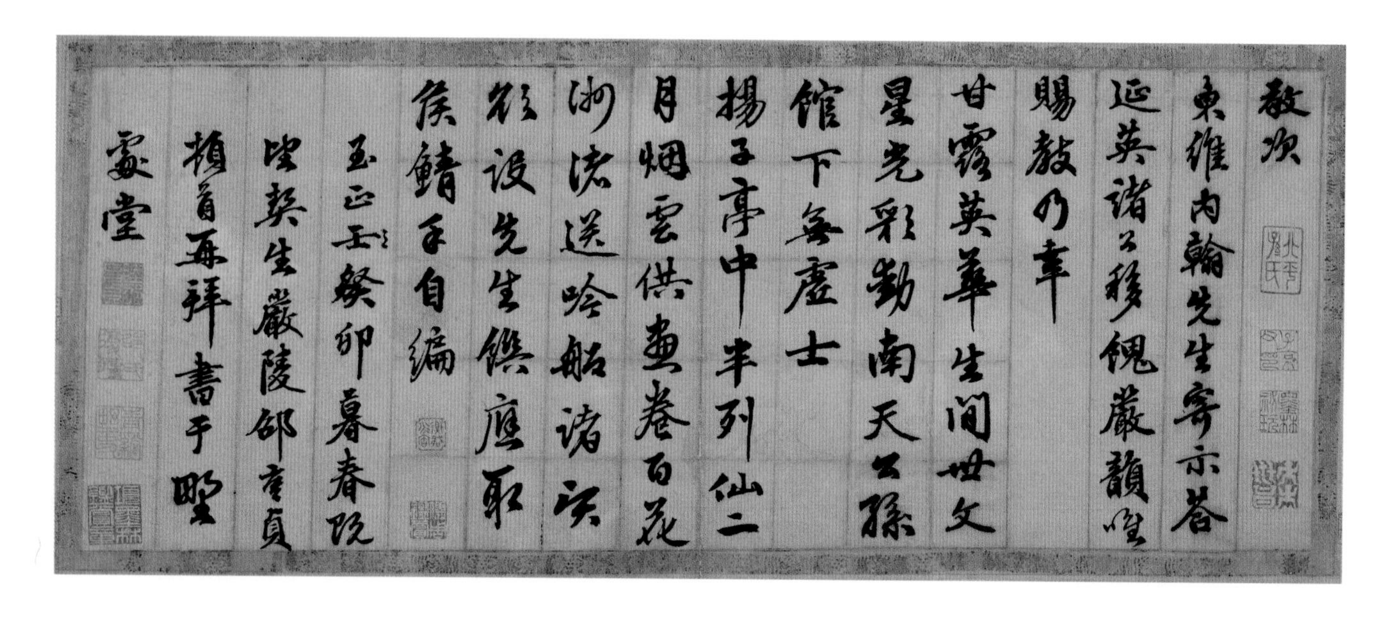

釋文：
敬次東維內翰先生寄示答延英諸公移餽嚴韻，唯賜教乃幸
甘露英華生間世，文星光彩動南天。公孫館下無虛士，楊子亭中半列仙。二月煙雲供畫卷，百花洲渚送吟船。諸賢欲設先生饌，應取侯鯖手自編。
至正壬(點去)癸卯暮春既望，契生嚴陵邵亨貞頓首再拜書於野處堂

82

段天祐　行書安和帖頁

紙本　行書
縱27.3厘米　橫54.5厘米

An He Tie in running script
By Duan Tianyou (Dates unknown)
Leaf, ink on paper
H. 27.3cm　L. 54.5cm

段天祐（生卒年不詳），字吉甫，元代汴梁（今河南開封）人。元泰定元年（1324）進士，授靜海縣丞，後擢國子助教，遷翰林應奉，江浙儒學提舉。擅長書法。

《安和帖》是寫給“起善賢契友”的書信，信裏談到與“起善”等人的書畫交往。“起善”名王東，號澹軒；“張子昭”名旻，好樂府詞曲，富藏書；“師夔”名張舜咨，號櫟山、輒醉翁，杭州人，工畫。

此帖從米芾書中取法，又具有元人書法特有的精緻平和。

鑑藏印記：項元汴、安岐、何子彰、完顏景賢、趙叔孺、譚敬、張爰等人印。

歷代著錄：《墨緣彙觀》、《三虞堂書畫目》。

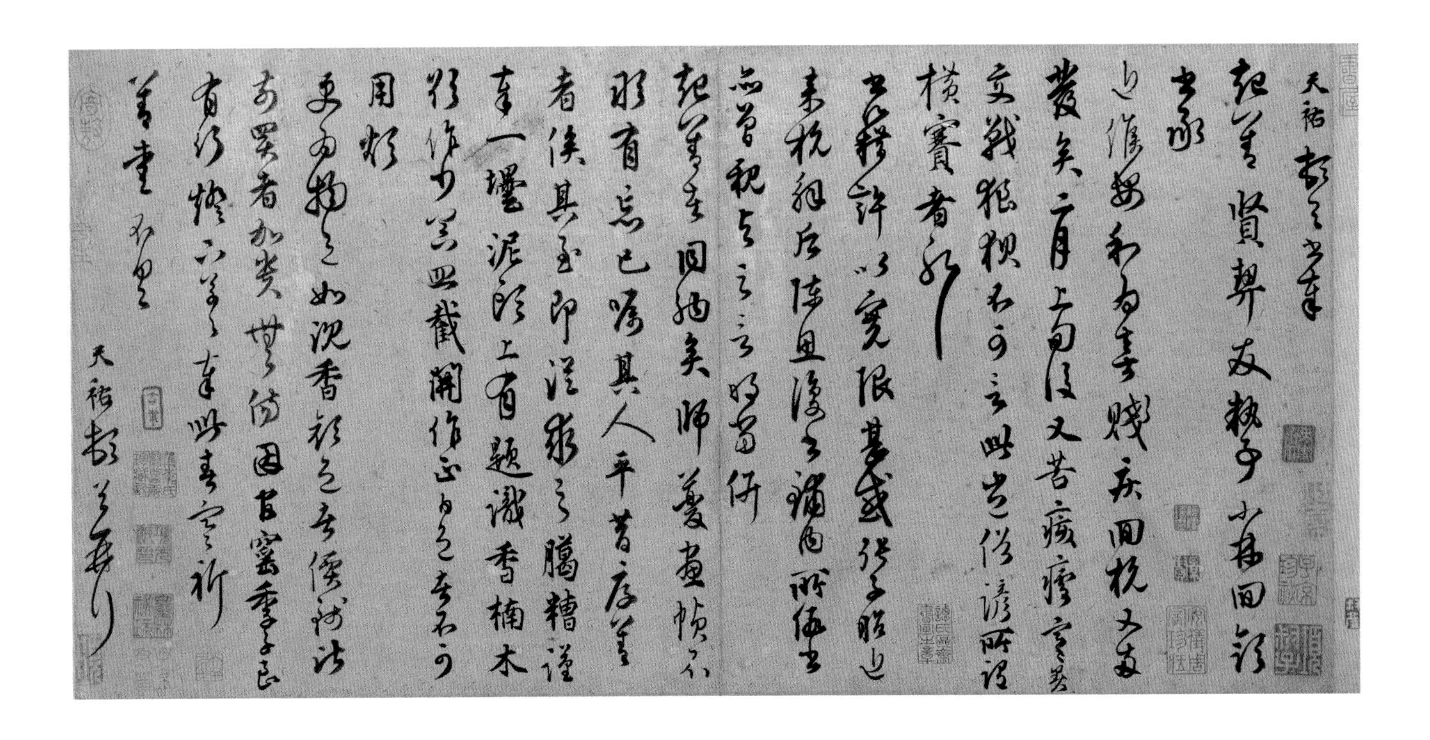

釋文：
天祐頓首，書奉起善賢契友執事：小林回，領書，承近候安和為喜。賤疾回杭又兩發矣，二月上旬後又苦痎瘧，寒暑交戰，狼狽不可言。此豈俗諺所謂橫賽者耶？書籍許以寬限，甚感。張子昭近來杭，解後陳思復書鋪內所假書，亦曾親與之言，明當並起善者同納矣。師夔畫幀不敢有忘，已囑其人平昔厚善者。俟其至，即從求之。臘糟謹奉一壇，泥頭上有題識。香楠木欲作少器皿，截開作正白色者不可用，煩更為物色，如沉香顏色者，價錢比前買者加貴無傷。因官窰季子良有行，燈下草草奉此。春寒祈善愛不具。天祐頓首再拜

83

陳基　行書賢郎帖頁

紙本　行書
縱38厘米　橫42.5厘米
清宮舊藏

Xian Lang Tie in running script
By Cheng Ji (1314-1370)
Leaf, ink on paper
H. 38cm　L. 42.5cm
Qing Court collection

陳基(1314－1370)，字敬初，元代臨海(今浙江台州)人。少時受業於黃溍。至正中官經筵檢討。後參與張士誠軍事，授內史，遷學士院學士。明初，召修元史，書成還家。明敏好學，以詩文書法著稱。

《賢郎帖》為致袁泰書札。袁泰字仲長，別號寓齋，袁易次子，曾為郡學教授，以詩文著名於世。此帖是陳基中年手跡，風格流利蒼秀。

鑑藏印記："真賞"(朱文)、"半千"(朱文)、"江夏氏圖書記"(朱文)、"東平"(朱文)、"乾隆鑑賞"(白文)、"宣統鑑賞"(朱文)、"無逸齋精鑑璽"(朱文)等。

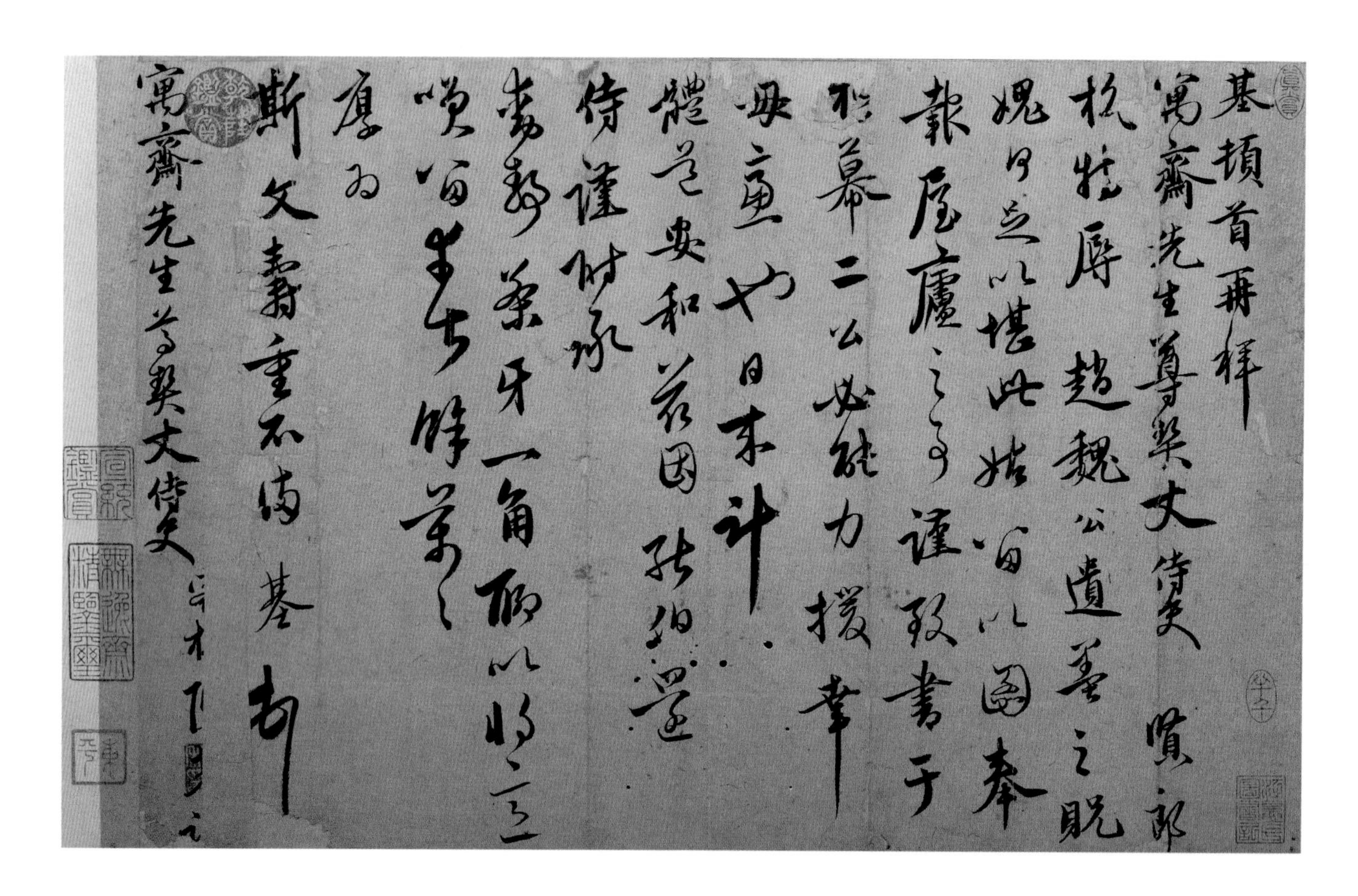

釋文：
基頓首再拜，寓齋先生尊契丈侍史：賢郎杭特辱趙魏公遺墨之貺，媿何足以堪此，姑留以圖奉報。屋廬之事，謹致書於口幕二公，必能力援，幸毋慮也。日來計體道安和，茲因能伯還侍，謹附承動靜。茶牙一角，聊以將意，笑留幸甚。餘萬萬厚為斯文壽重，不備。基頓首。寓齋先生尊契丈侍史

84

陳基　行書得馬帖頁

紙本　行書
縱32.7厘米　橫43.4厘米

De Ma Tie in running script
By Chen Ji
Leaf, ink on paper
H. 32.7cm　L. 43.4cm

《得馬帖》為陳基入張士誠太尉府參與軍事時發自杭州的書信，信中有“備負我行”表明了他的身份境況，其時間可能是在至正二十三年(1363)或稍晚。鈐“陳氏敬初”(朱文)印。

此帖筆法老勁，結體沉穩，風格愈加成熟遒健。

鑑藏印記：項元汴印。

釋文：
書奉伯升、廷玉兩賢契足下，寓杭陳基謹封。基頃浦濟川還，嘗報得馬之事。比經歷相公家人至杭，辱書，乃知浦生之書尚未達，且審日來公務勤勞，近履佳勝，欣慰欣慰。僕迂拙之縱，備負戒行，殊愧弗稱。然勉強之餘，無足多道。匆匆不及奉廷章、子堅、佑之三椽長書，話間幸為引忱。家下乏人，須吾友時加照拂。便中煩取安書寄來，尤仞意厚。霜寒尚希為遠業自愛。不宣。基報。伯升、廷玉兩賢契足下。十一月十日空。

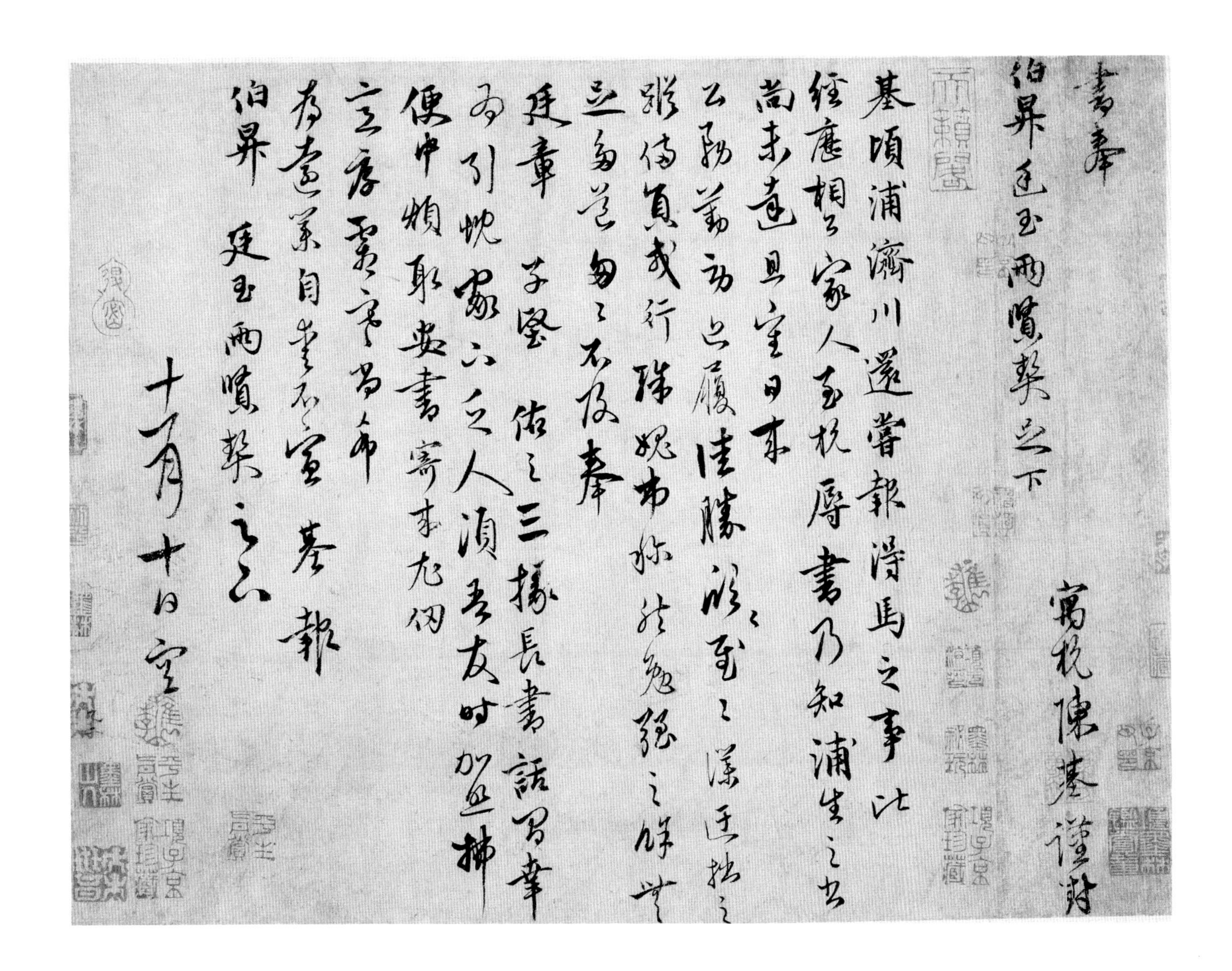

85

沈右　楷書中酒雜詩並簡帖頁

紙本　楷書

縱27厘米　橫40.5厘米

Zhong Jiu Za Shi Bing Jian Tie (Letter to Chen Zhi) in regular script

By Shen You (Dates unknown)

Leaf, ink on paper

H. 27cm　L. 40.5cm

沈右（生卒年不詳），字仲説，號寓齋，元代吳（今屬江蘇蘇州）人。家境富有，隱居不仕。工詩文。書法學歐陽詢，遒媚工整。

《中酒雜詩並簡帖》是寫給陳植的手札。其中提到的"敬初"、"明德"、"伯行"是陳基、鄭元佑、錢逵的字，他們都是擅名當時的文人、書法家。此札反映了元末吳越（蘇、杭）一帶文人間詩酒唱和的生活。

沈右小楷以精緻與遒媚為主要特色。此帖體勢端謹而舒展，筆筆妥貼，通篇自然協調。

鑑藏印記："北平孫氏"（朱文）、"蓮樵鑑賞"（朱文）、"景賢"（白文）、"子彰珍玩"（朱文）、"張爰私印"（白文）及項元汴、安岐、譚敬諸印。

歷代著錄：《鐵網珊瑚》、《式古堂書畫彙考》、《平生壯觀》、《墨緣彙觀》、《三虞堂書畫目》。

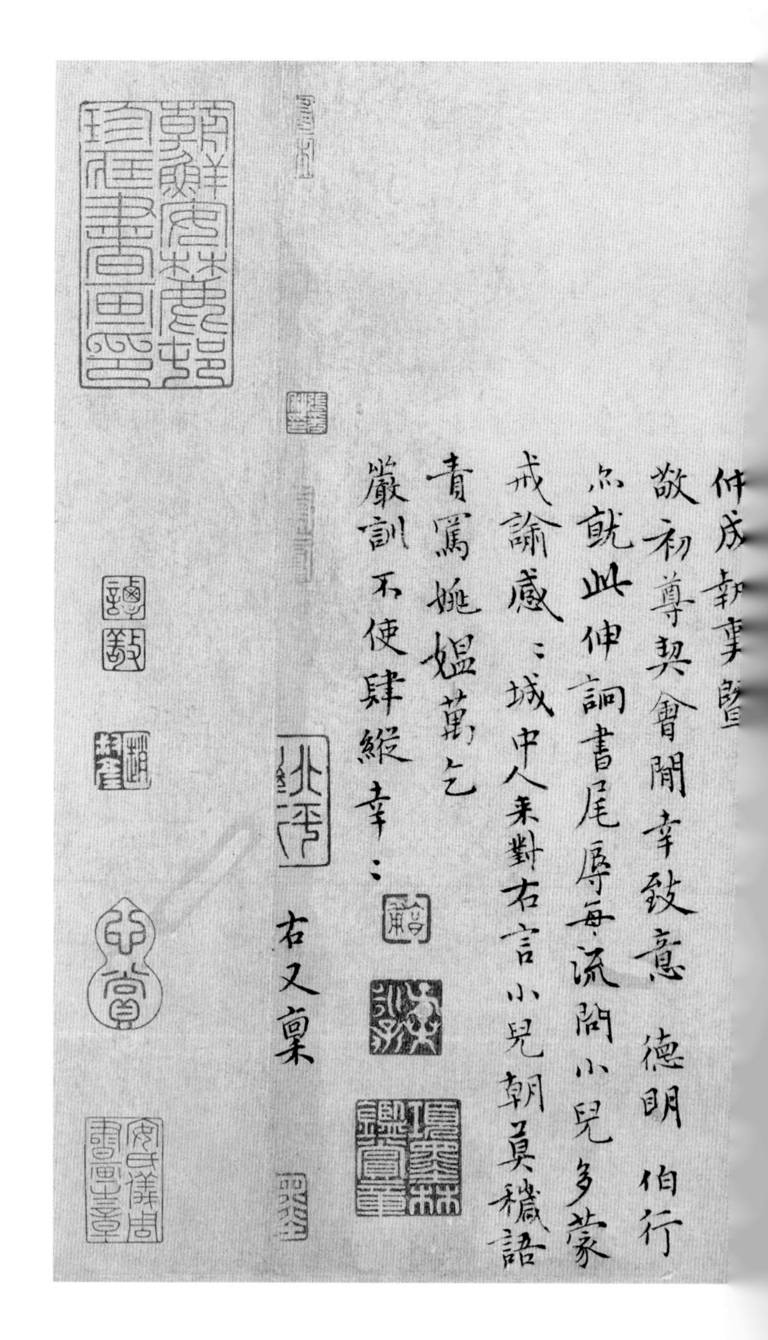

敬初尊契會間幸致意　德明　伯行

亦就此伸詢書尾辱每流問小兒多蒙

戒諭感々城中人來對右言小兒朝莫穢語

責罵姬媼萬乞

嚴訓不使肆縱幸々

右又稟

右頓首拜啓十月望過吳江別業得
所惠書者三光景如過隙駒僻居江村況味寥落東
流活々悵望送清晝耳比日來計
體道迪吉右萍梗之蹤每懷
相從聚首實迫以歲計未免淹遲旋日須至節前
可歸相會有期已篆書千字文留此多日乞
恕皋稽之辠嘗因親戚會讌爲酒所困終日憒々近
者始覺神清尚欲借觀數日決不爲寒具油所涴呵々

中酒雜詩四句五首

中酒如臥病天寒露爲霜東軒候朝旭暴背妻移牀
江頭風浪急舟小力難勝一棹歸來晚長林月已恒
歲閏寒猶薄風迴水自生杖藜隨小步極目大江橫
太丘海岱士肆情丘壑間考槃詩賦罷采菊對南山
用酒享公堂農家畫滌場（改後二句云 縣官薄稅斂田野足耕桑）
縣官施德澤賦稅給蒸嘗

右拙詩如上僭易錄呈并乞
裁正茲因端便勒此具記不備 況右頓首拜啓
卅方教授先生尊契丈坐下

86

陸廣　楷書詩簡帖頁

紙本　楷書

縱29.7厘米　橫32.4厘米

Shi Jian Tie in regular script

By Lu Guang (Dates unknown)

Leaf, ink on paper

H. 29.7cm　L. 32.4cm

陸廣(生卒年不詳)，字季弘，號天游生，元代吳(今江蘇蘇州)人。擅畫山水，工書。

《詩簡帖》為寫給“克用先生”詩兩首。“克用”即虞堪(詳見圖95)，是南宋名相雍國公虞允文的八世孫。虞雍公曾有古劍一柄，為人賞嘆，第一首詩就是詠這把古劍，同時追憶虞雍公於社稷朝廷的忠勤業績。楊維楨、倪瓚、秦文仲等亦有詠此劍的詩篇。此帖書法師法《曹娥碑》，風格瘦硬清勁。

鑑藏印記：項元汴、孫承澤、安岐、完顏景賢、何厚琦、趙叔彥、張爰、譚敬諸家印記。

歷代著錄：《墨緣彙觀》、《三虞堂書畫目》。

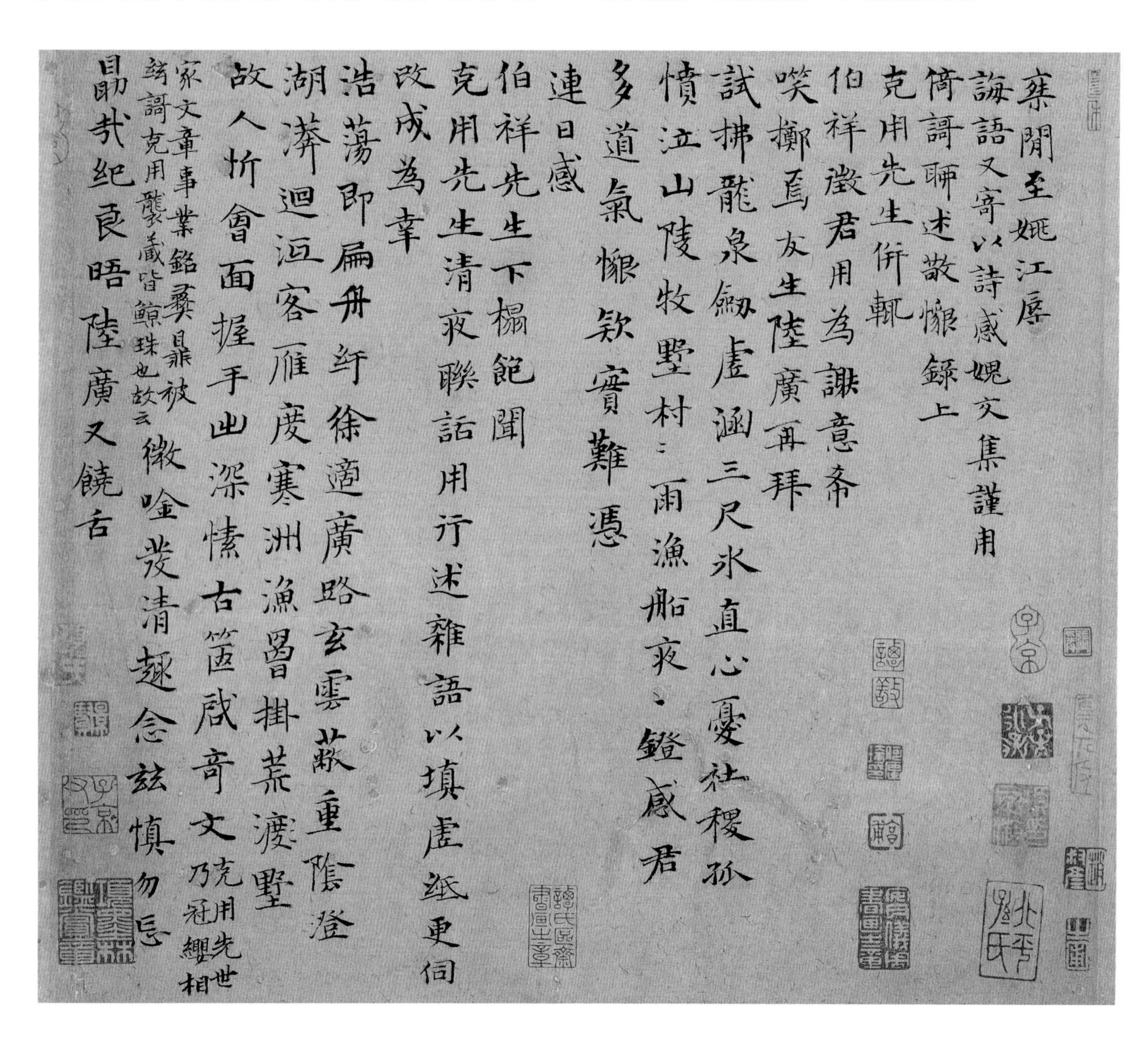

87

衛仁近　行書修問帖頁

紙本　行書
縱30.5厘米　橫43.6厘米
清宮舊藏

Xiu Wen Tie in running script
By Wei Renjing (Dates unknown)
Leaf, ink on paper
H. 30.5cm　L. 43.6cm
Qing Court collection

衛仁近（生卒年不詳），字叔剛，一字子剛，元代華亭（今上海松江）人。從楊維楨遊，不仕。有《敬聚齋詩稿》，楊維楨為之作序，稱贊他“才之高出等輩”。卒年四十七歲。

《修問帖》是致“九成學士”的信札，因不慎將其詩稿焚燬，故寫信告罪。信中提到的錢應科乃著名筆工。款鈐“衛仁近印”（白文）印。

此帖書法流暢自然，蘊藉有風致。《書史會要》稱衛氏楷書學《黃庭經》，觀此帖縱意而成，而法不離其中。

鑑藏印記：“豐人季氏”（白文）、“友古軒真賞”（朱文）。

歷代著錄：《石渠寶笈初編》。

釋文：
衛仁近再拜，九成學士兄閣下。仁近啟：違別甚久，殊切馳情。每欲修問，阻梗弗克，此心徒悵然耳。新涼口惟履候勝常。賤子塊處如昔，無足為故人道者。少意吳興錢應科，縛兔糊口，所製甚精。近來吾鄉備言吾兄作成之厚，尤且歸美賤子，是蓋吾兄愛僕之至，而使人皆推及之也。茲因其歸，故奉此書以為謝，餘懷尚圖面既。日外承以詩摘奇見假，不料托之於鄰家，遂為祝融氏所挾而去，獲罪何可言。吾兄能以情恕之，則幸也。若曰飾辭，天其鑑之。相見未卜，惟慎護興息。不宣。
八月十七日　衛仁近再拜
九成學士友兄閣下

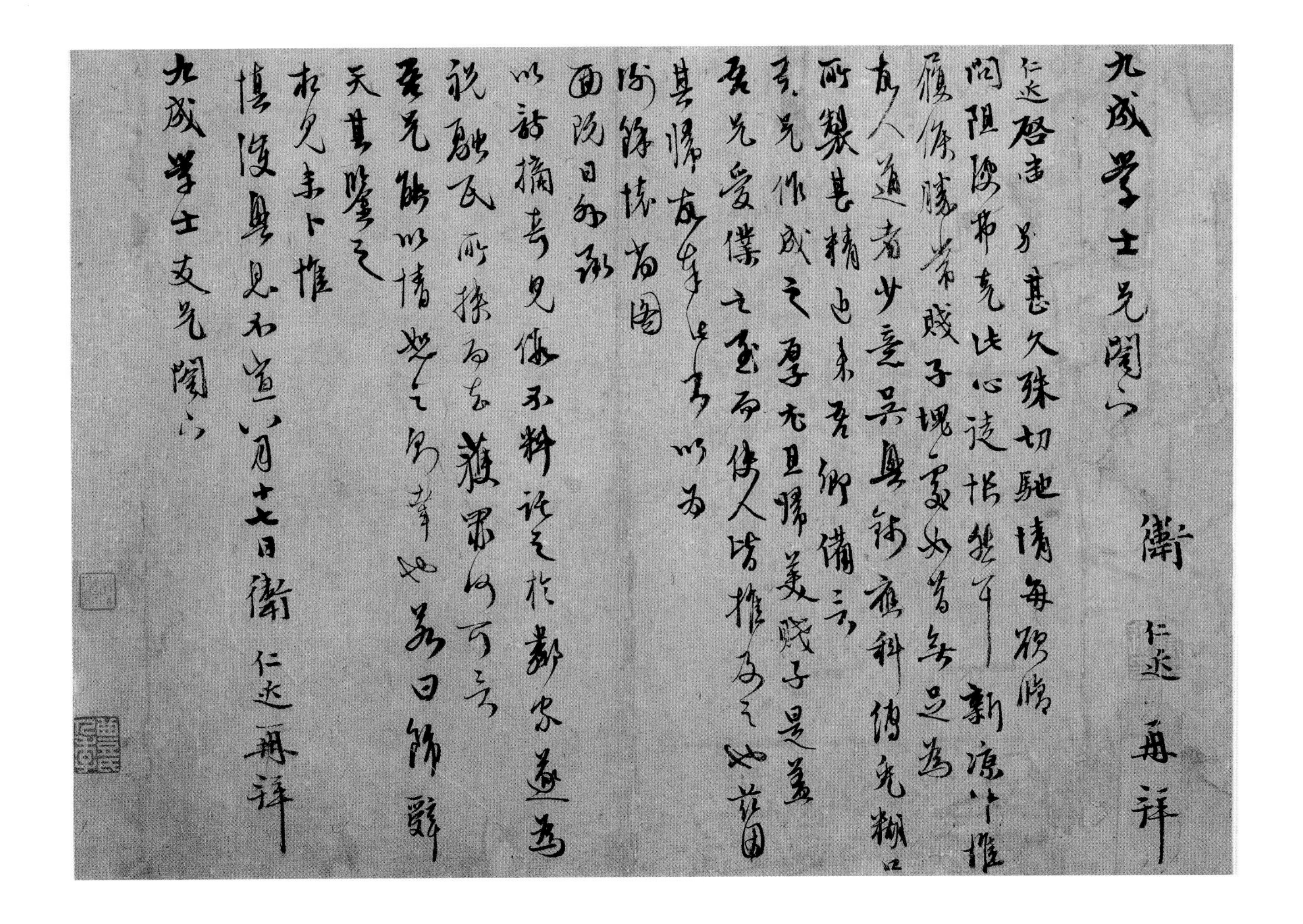

88

陸居仁　草書苕之水詩卷

紙本　草書
縱28.2厘米　橫130.7厘米

Shao Zhi Shui Shi in cursive script
By Lu Juren (Dates unknown)
Leaf, ink on paper
H. 28.2cm　L. 130.7cm

陸居仁（生卒年不詳），字宅之，號巢松翁、雲松野褐，元代華亭（今上海松江）人。隱居不仕，教授以終。工詩，與楊維楨、錢維善相唱和，死後與楊、錢同葬千山東麓，人稱“三高士墓”。善書法。

《苕之水詩卷》錄七言詩一首，讚揚筆工陸文俊所製毛筆精良耐用，奪造化之功。陸文俊，元代吳興（今浙江湖州）人，世代以製筆為業，聞名天下。據自署年款，此詩書於明洪武四年辛亥（1371）。鈐“宅之”（朱文）、“陸氏居仁”（白文）、“靜壽山”（朱文）、“臥松亭”（白文）、“寄寄軒”（朱文）、“雲問”（朱文）、“幽谷一叟”（白文）印。後幅有元代張樞楷書次陸詩韻一首，乃張樞傳世名跡。另有元代陳樸題跋、袁凱詩題。

此帖書法飄逸蒼秀，得張旭、懷素、孫過庭遺意，是陸氏晚年草書精品。

鑑藏印記：項元汴、卞永譽、安岐及乾隆、宣統內府諸印。項元汴“意字號”編號。

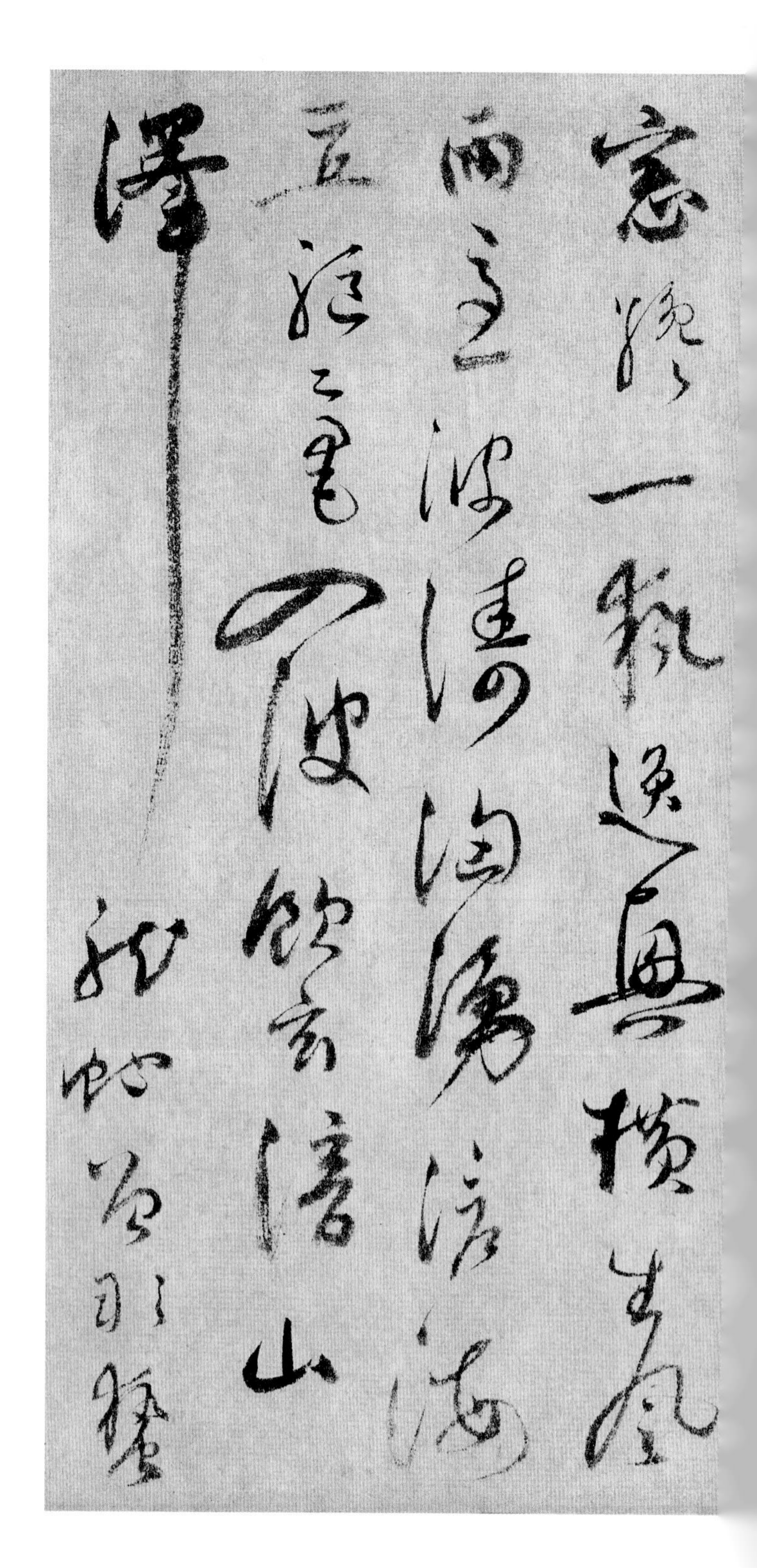

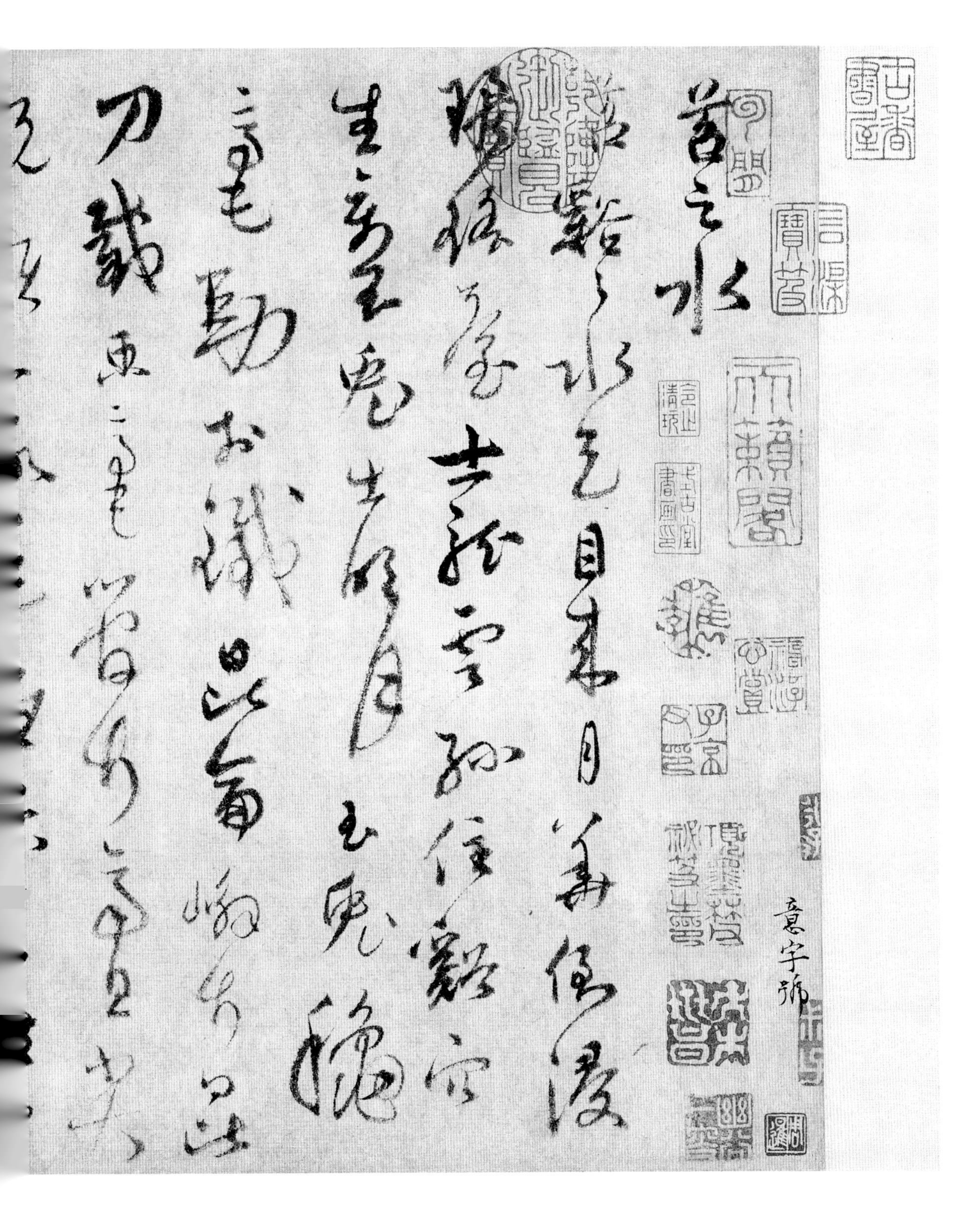

陸氏藝殊绝温馮豈獨賢後生
方可畏前輩忽無傳視草非
吾事意生花亦偶然多君二豪意
猶得賦歸田
華亭袁凱

釋文：

苕之水

苕谿之水天目來，月華倒浸瓊瑤台。
士龍雲孫住谿穴，生禽玉兔出明月。
玉兔秋毫勁於鐵，崑崙嶰竹昆刀截。
束毫管竹齊且尖，脱穎不數毛錐銛。
來供雲窗纔一執，逸興橫生風雨意。
波濤洶湧滄海立，驅毫入波飲玄涪。
山澤龍蛇曾敢蟄，飛走雲煙鬼神泣。
科斗久廢篆籀構，撥橙蠲匾何盤紆。
躍龍卧虎便且舒，鍾王草聖人爭趣。
眵瞳晚年方着書，心畫每愛隺骨臞。
良林遒健鐵不如，眾材翕茸來墨豬。
遂良擇材人未識，妙趣難施渾綿力。
琉璃象管徒爾飾，到手胡能供一擲。
苕東此藝比屋攻，幾人如俊稱良工。
補天須奪造化功，何時可入明光宮。
麒麟涓涓瀉寒淥，目光隱見流鸜鵒。
洴藤澼繭三百幅，一拂春膏淨於玉。
辭宏氣壯意神速，頃刻珠璣千萬斛。
浩然文思河東傾，傭書耻作細若蠅。
會縛虎鬚作椽筆，一畫天地咸清寧。
傳岩更肖旁求形，歧山鼓文燕然銘。
浯溪磨崖書頌聲，殷周漢唐相中興。
此時名遂功業成，貢爾中書封管城。
歲在重光大淵獻冬日至後十有二日
雲松老人在城東寄寄軒書

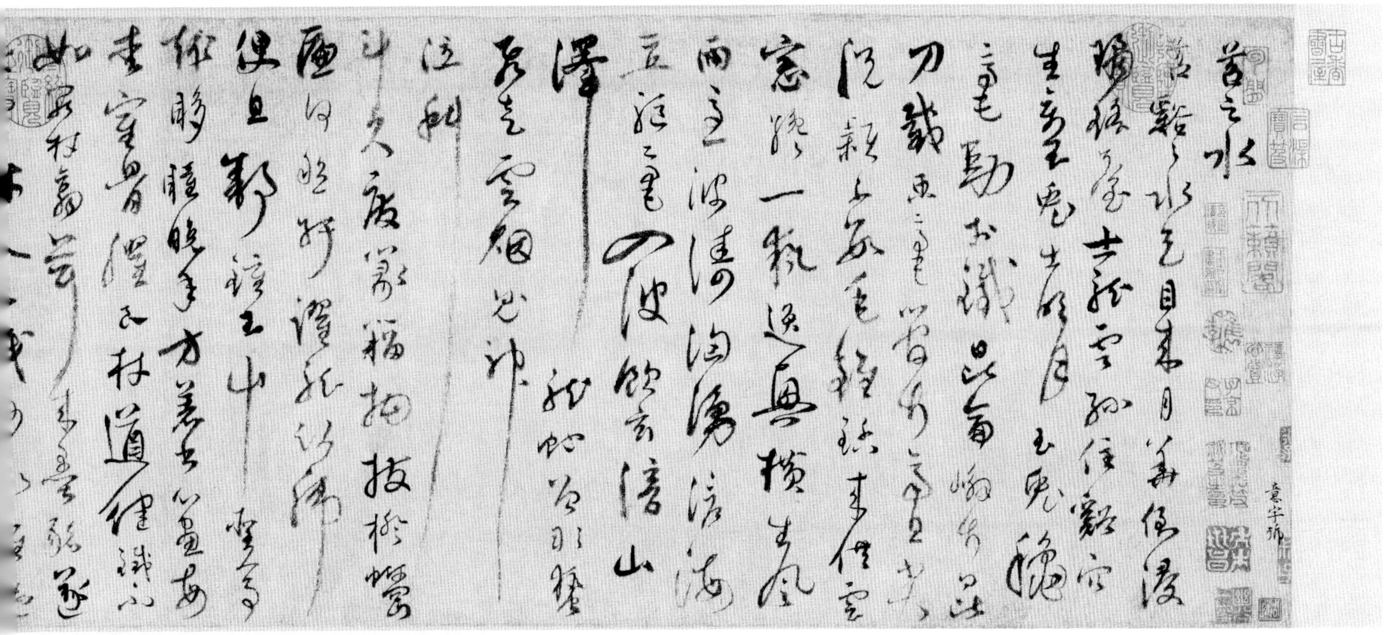

《苕之水詩卷》之一

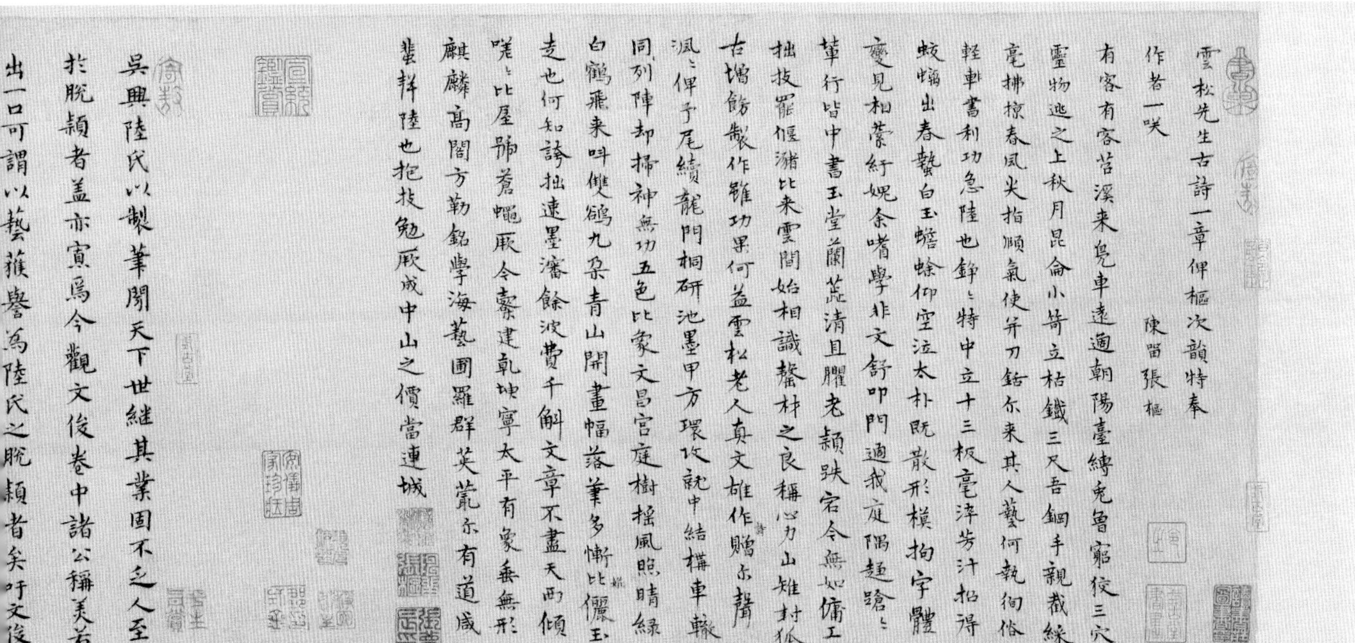

《苕之水詩卷》之二

89

饒介　行草書士行帖頁

紙本　行草書
縱28.4厘米　橫32.9厘米

Shi Xing Tie in running-cursive script
By Rao Jie (Dates unknown)
Leaf, ink on paper
H. 28.4cm　L. 32.9cm

饒介(生卒年不詳)，字介之，自號華蓋山樵、醉翁，元代臨川(今屬江西)人。元末由翰林應奉出為浙西憲僉，累升淮南行省參政。張士誠入吳，仍請為原職。吳亡，俘至金陵被誅。其友人釋道衍說他“介之為人，倜儻豪放，一時俊流皆與交。書似懷素，詩似李白，氣燄光芒，燁燁逼人。”

《士行帖》是饒介致張紳的信札。張紳字士行(詳見圖96)，元末為張士誠所用，與饒介既為同僚亦相友善。從信中內容分析，二人此時都在張士誠幕府為官，時間是元代末年。

此帖章法自然貫通，字體疏朗，用筆細勁與方厚相間。姿彩神韻似其為人。

鑑藏印記：項元汴、項廷謨、安岐、何子彰、趙書彥、完顏景賢、譚敬、張爰等家印。

歷代著錄：《墨緣彙觀》、《三虞堂書畫目》。

釋文：
介再拜。衰病不得時面，殊懸懸。爾舉令弟文已發，如見諸(點去)朱相、董公及眾幕客，幸著一語，庶風水與舟相資也。非相厚善，言不及此，俟面為可盡耳。草草，不一一。介再拜。士行尉相先生契家　謹空

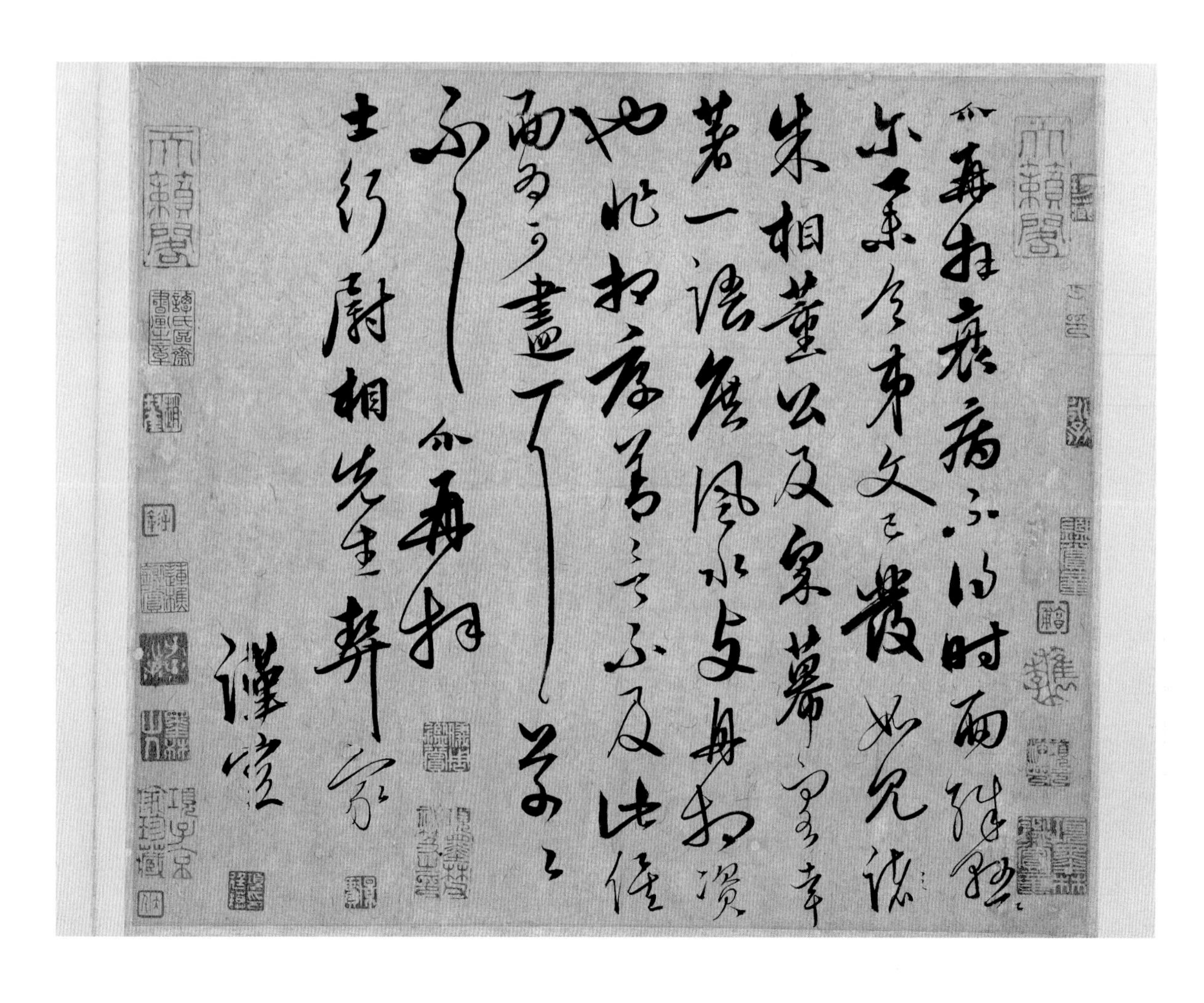

90

饒介　行書蘭亭帖頁
紙本　行書
縱21.7厘米　橫21.9厘米
清宮舊藏

Lan Ting Tie in running script
By Rao Jie
Leaf, ink on paper
H. 21.7cm　L. 21.9cm
Qing Court collection

《蘭亭帖》係饒介寫給"唯允"的書信，內容是借《蘭亭序》等物。"唯允"名陳汝言，號秋水，元代臨江（今江西靖江）人，寓吳。曾做張士誠的藩府參謀，洪武初，官濟南經歷。擅畫山水，與王蒙交厚。饒介與汝言既是同籍，又同為張氏所用，交往應很密切。

此帖雖寥寥數筆，但通篇頗具規模，體現了勁健瀟灑的書風。

鑑藏印記："友古軒"（白文）。

歷代著錄：《石渠寶笈初編》（《元諸名家尺牘冊》）。

釋文：
蘭亭序並圓玉印
借來，幸付之。
琴軫萬勿憚煩，
必致之耳。然欲
劍合延平也。不
覺喋喋。介白
事。唯允鄉姻
謹遺

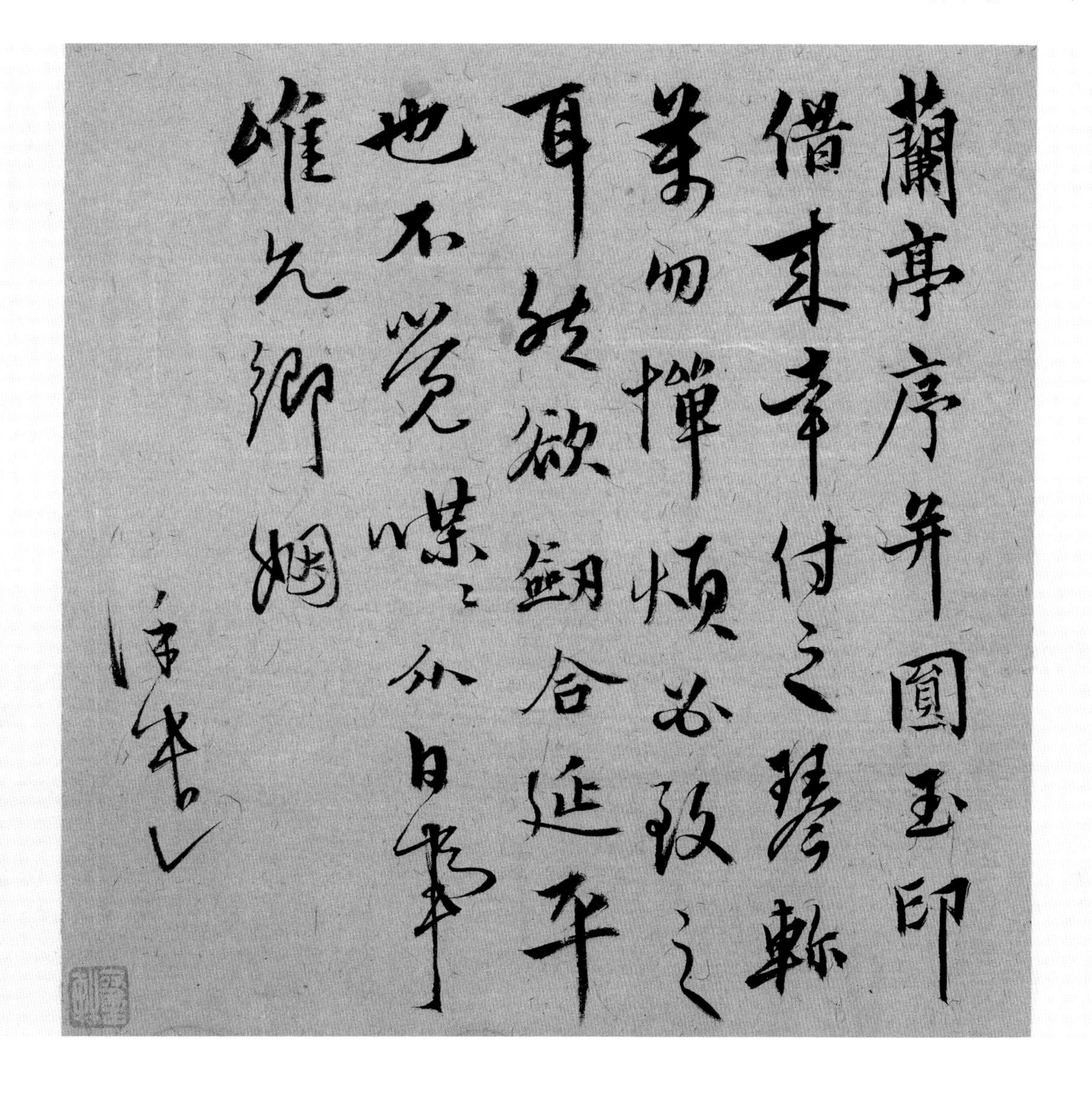

91

俞俊　行書別駕帖頁

紙本　行書
縱27.2厘米　橫56厘米
清宮舊藏

Bie Jia Tie in running script
By Yu Jun (Dates unknown)
Leaf, ink on paper
H. 27.2cm　L. 56cm
Qing Court collection

俞俊(生卒年不詳)，字子俊，號雲東，松江人。歷官鎮江路蒙古字學正，麗水巡檢。張士誠據吳，他通過行賄得署華亭縣尹，升平江路判官。多酷政，邑民恨之。

《別駕帖》是俞俊致張經書信，答覆借舟轎事。張經字德常，元至正壬寅年(1362)做松江府判官，故俞俊稱他"德翁判府"。款鈐"俞俊"(朱文)印。

此帖書法受米芾及南宋人書影響，用筆使轉自如，柔勁靈動。

鑑藏印記："九如清玩"(朱文)、"阿爾喜普之印"(白文)。

歷代著錄：《石渠寶笈初編》。

釋文：
俊頓首拜復，德翁判府相公閤下：昨因別駕廳急足端便，嘗奉尺書，計塵聽覽。伻來伏領教帖，審隆委之的，奈何相望益遠，豈勝瞻馳。所喻革悉，元有黑鮰船，舊冬承差，過海州時，為河冰割損，近日發回江南修艌未來。止有大坐船，緣寓舍偪仄，行李雜物，盡在其中，不可移動。轎子亦無附餘者，莫能應所需，惶悚之至。妨命有愆，幸垂原亮。不具備。俊頓首拜復。
頓首拜復，德翁判府相公閤下　安東俞俊堇封

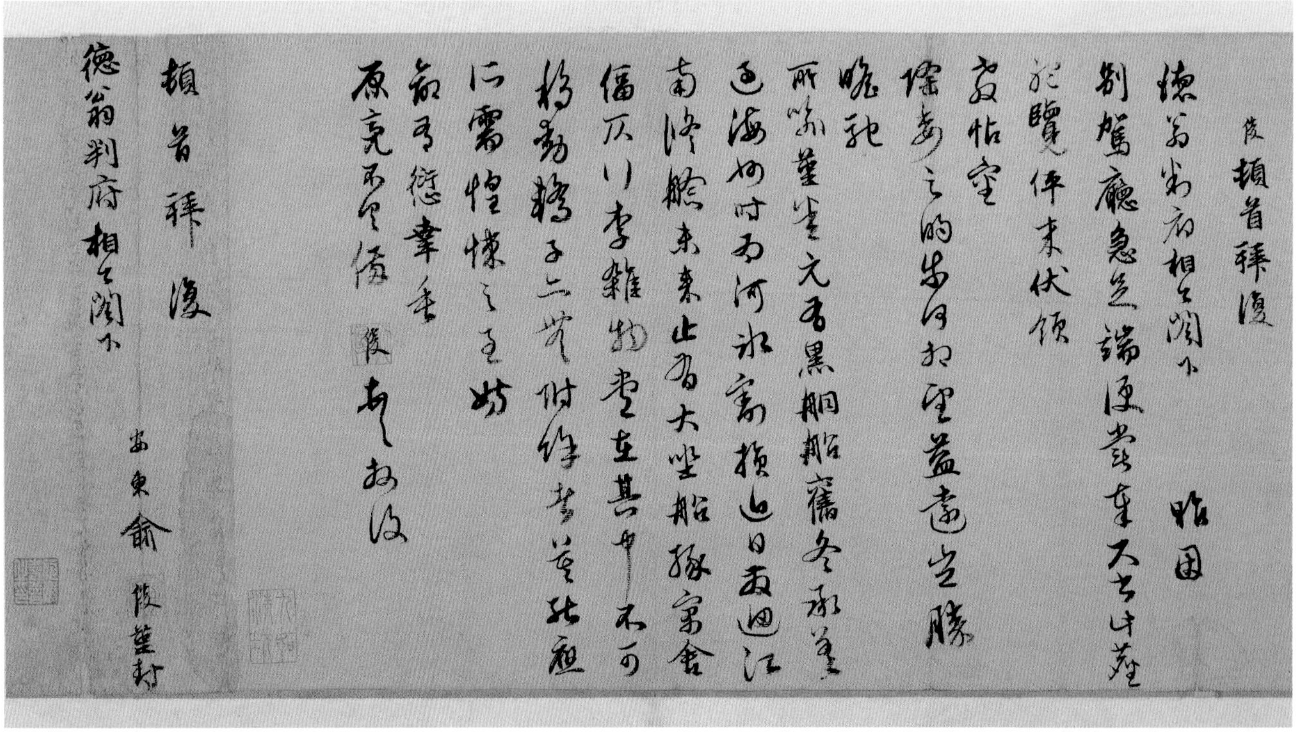

92

姚安道　楷書題趙畫詩頁

紙本　楷書

縱24.7厘米　橫43.3厘米

Ti Zhao Hua Shi (Poem dedicated to painting of Zhao Mengfu) in regular script

By Yao Andao (Dates unknown)

Leaf, ink on paper

H. 24.7cm　L. 43.3cm

姚安道(生卒年不詳)，字師德，鄞(今浙江寧波)人。

《題趙畫詩頁》是姚氏應友人索求為趙孟頫畫《攜琴訪友圖》作的詩跋，書於元至正九年(1349)，此時距趙氏去世已二十七年了。款鈐"鄞姚安道師德靜學齋"(朱文)印。

此帖書法俊整而勁峭，風格在歐(陽詢)、柳(公權)之間。

鑑藏印記："章鉅私印"(白文)、"德畬心賞"(朱文)、"張珩私印"(白文)、"吳興張氏圖書之記"(朱文)、"吳縣潘承厚博山珍藏"(朱文)等。

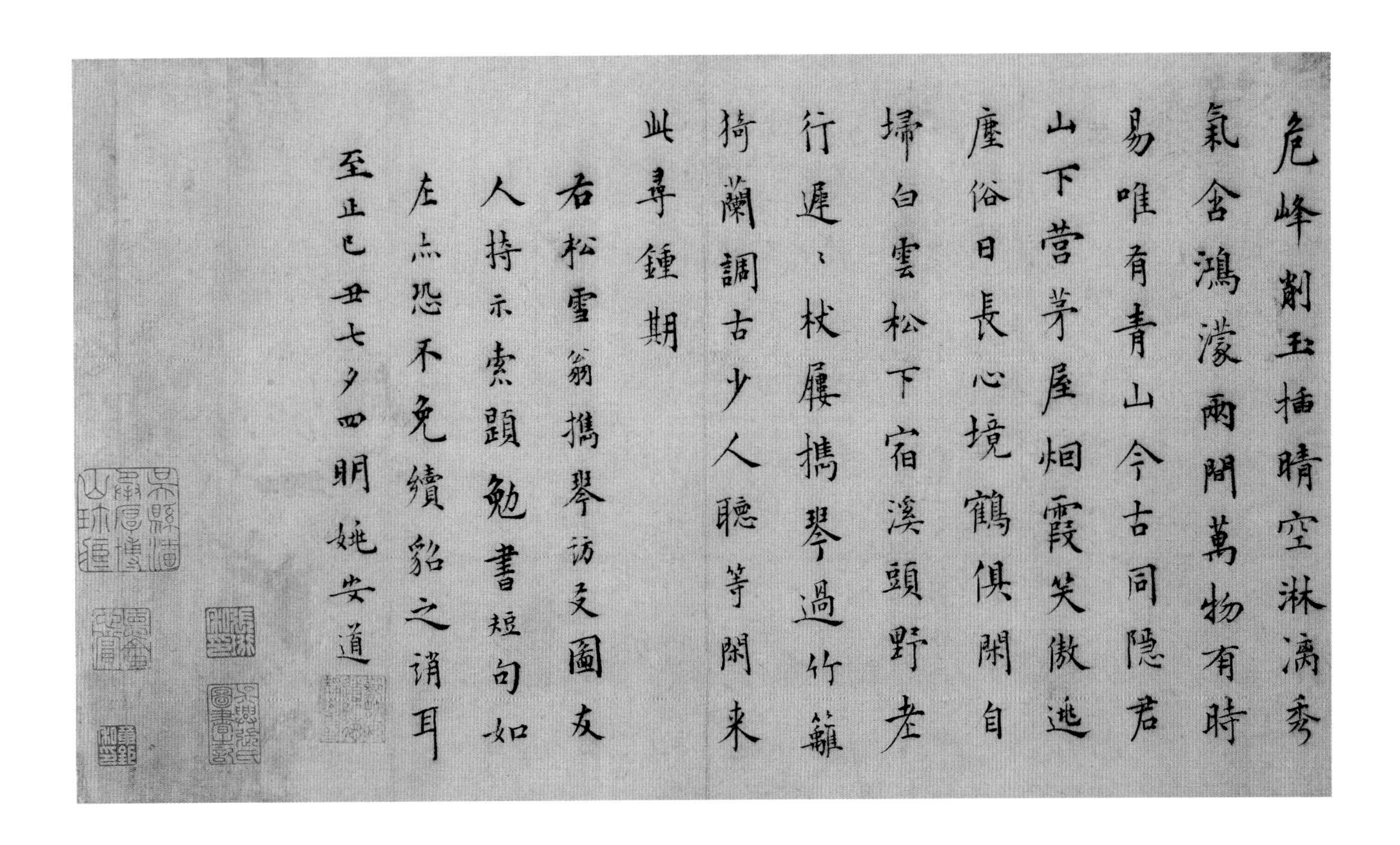

93

俞鎬　行草書雲間帖頁

紙本　行草書

縱29.8厘米　橫20.7厘米

清宮舊藏

Yun Jian Tie in running-cursive script

By Yu Hao (Dates unknown)

Leaf, ink on paper

H. 29.8cm　L. 20.7cm

Qing Court collection

俞鎬(生卒年不詳)，字孟京，號樸齋、山史，元代雲間(今江蘇松江)人。

此帖是致"惟明先生"的信札，主要談買碑帖之事。書法自然流美，用筆雖率意，但不失法度。

鑑藏印記：項元汴諸印。

歷代著錄：《石渠寶笈初編》。

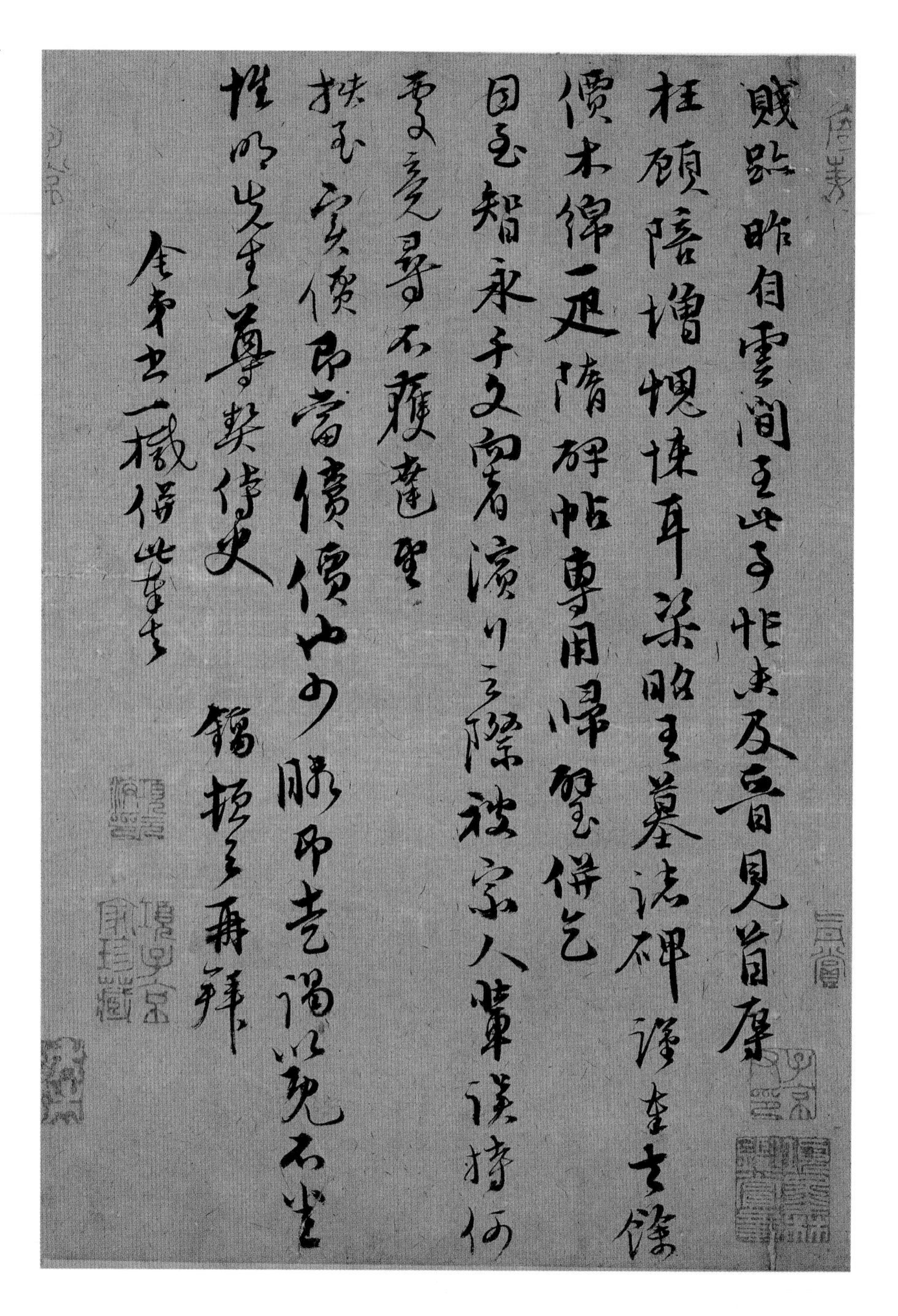

釋文：

賤跡昨自雲間至此，事忙未及晉見。首辱枉顧，陪增愧悚耳。《渠昭王墓誌碑》謹奉去，餘價木棉一疋，隋碑帖專用歸璧，並乞目至。智永《千文》向者濱行之際，被家人輩誤持何處，竟尋不獲達，望批至實價，即當償價也。少暇即走謁，以既不悉。惟明先生尊契侍史，鎬頓首再拜。舍弟書一械，並此奉去。

94

王立中　行書蘭陵王詞帖頁

紙本　行書
縱27.2厘米　橫43.4厘米

Lan Ling Wang Ci Tie in running script
By Wang Lizhong (Dates unknown)
Leaf, ink on paper
H. 27.2cm　L. 43.4cm

王立中(生卒年不詳)，字彥強，號仲齋，遂寧(今屬四川省)人。元至正十七年(1357)曾官無錫州判，元代末年為松江知府，入明朝致仕。能畫，有《破窗風雨圖》見於著錄。

《蘭陵王詞帖》書為"復孺翰學"。"蘭陵王"，詞牌名，"復孺翰學"指邵亨貞(詳見圖81)。款署"至正改元"(1341)，鈐"王氏立中"(朱文)、"彥強"(朱文)墨印。

王立中存世墨跡罕見，本帖書法取米芾結字的攲險，輔以平和質樸的筆致，別具一種散淡舒緩的意趣。

鑑藏印記：安岐、衡永等家印記。

歷代著錄：《墨緣彙觀》、《壬寅銷夏錄》。

釋文：
早春承佳章，一唱三嘆，雖欲效颦，未遑也。偶因登高望遠，有感於懷，漫依來韻，填蘭陵王一解以寄，並呈季野隱君、立禮學士同發笑粲乃幸。吳庚弟王立中頓拜，復孺翰學久契兄：
草煙碧，愁滿春波未極。銷凝久。無限感懷，別後高陽定誰憶。鱗鴻斷信息。空望天涯異國，關情處，還念舊遊孤客，飄零傍江驛。　當時漫曾歷。向水畔吟軒，花下行屐，論文相與陪尊席。同竹逕微步，市橋閒眺，總總猶是恨晚識。早催整行色。重惜野毒白甚，欲寄離情，難訪陳跡。東風不到秦樓側，任月榭幽靜，雨窗蕭瑟。垂楊依舊，似夢裏暗繡陌。
至正改元四月廿六日

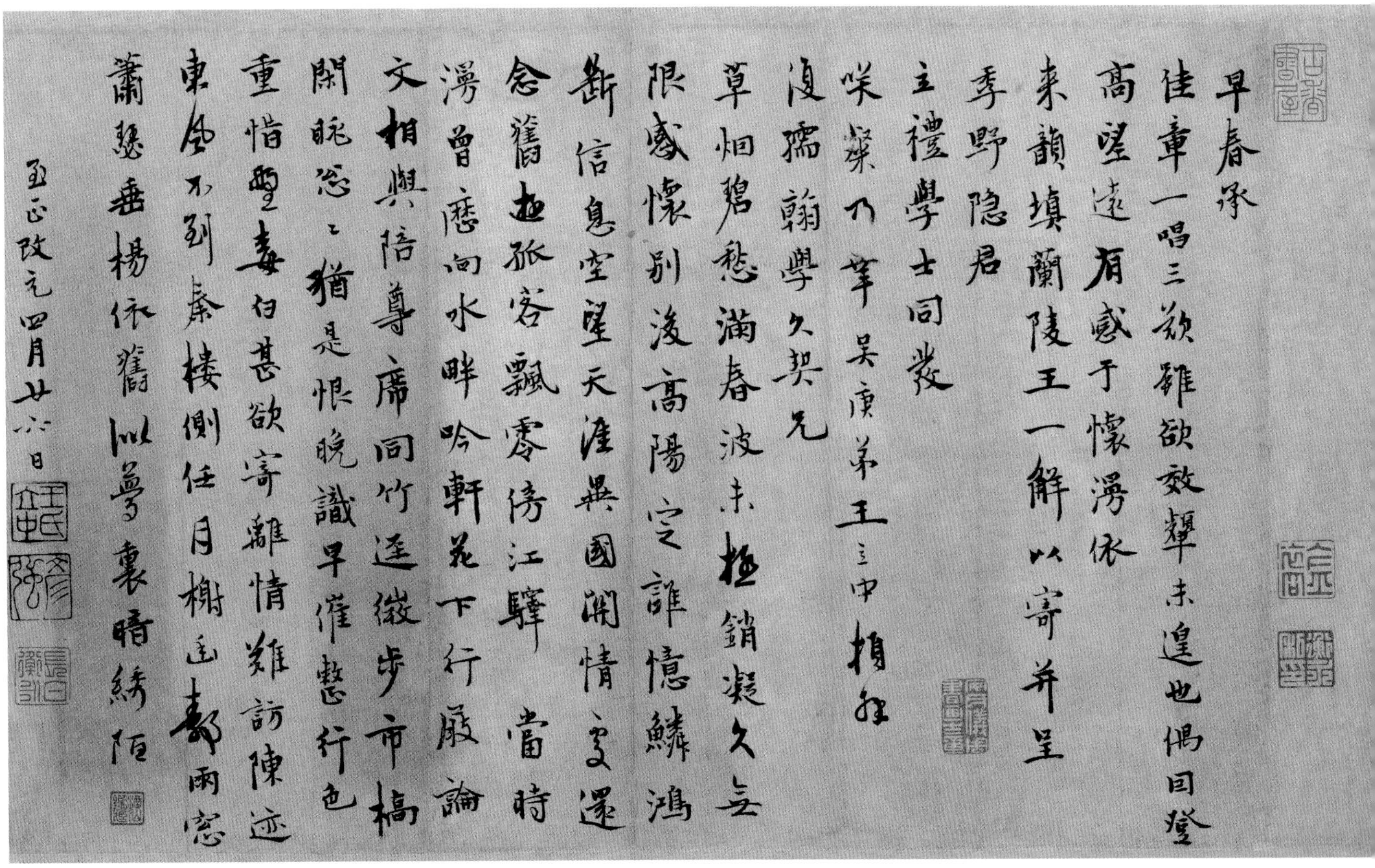

95

虞堪　行草書期約帖頁

紙本　行草書
縱22.6厘米　橫34.1厘米
清宮舊藏

Qi Yue Tie in running-cursive script
By Yu Kan (Dates unknown)
Leaf, ink on paper
H. 22.6cm　L. 34.1cm
Qing Court collection

虞堪（生卒年不詳），字克用，一字勝伯，元代長洲（今江蘇蘇州）人。宋丞相虞允文八世孫。喜作詩，能畫山水，藏書甚富。明洪武中做過雲南府學教授，卒於官。

《期約帖》是寫給“惟明典書先生”的信札，言約會事。“惟明”名錢唐，象山（今江蘇丹徒）人，明洪武初年授刑部尚書。信中說，他與錢唐有約，但久候不見錢唐來，遂用了“尾生梁下”的典故。尾生是古代傳說中堅守信約的人，他與女子約會於橋下，女子未來，河水上漲，仍不去，抱橋柱淹死。虞堪戲稱自己為守信的尾生。

此帖書法遠師王羲之，用筆、結體保持了晉人風範。同時又受趙孟頫書影響，風格勁健，意態優雅。

鑑藏印記：項元汴諸印。

歷代著錄：《石渠寶笈初編》。

釋文：
堪奉白：曩有期
約，久之不至，幾
為尾生梁下之說，
呵呵！後專留舍弟
候報，虛留兼日，
略不聞有涯涘，不
審何也？茲專令舍
弟詣前，望如前
諸，付至一覽，可
否？只一日便奉報
耳，非敢爽言。如
獲見成圖，幸報，
亦非虛詞也。仲點
處亦乞介注。託愛
干聒，惟雅亮。草
草，罪罪，不宣。
堪頓首奉白　惟明
典書先生至友侍史

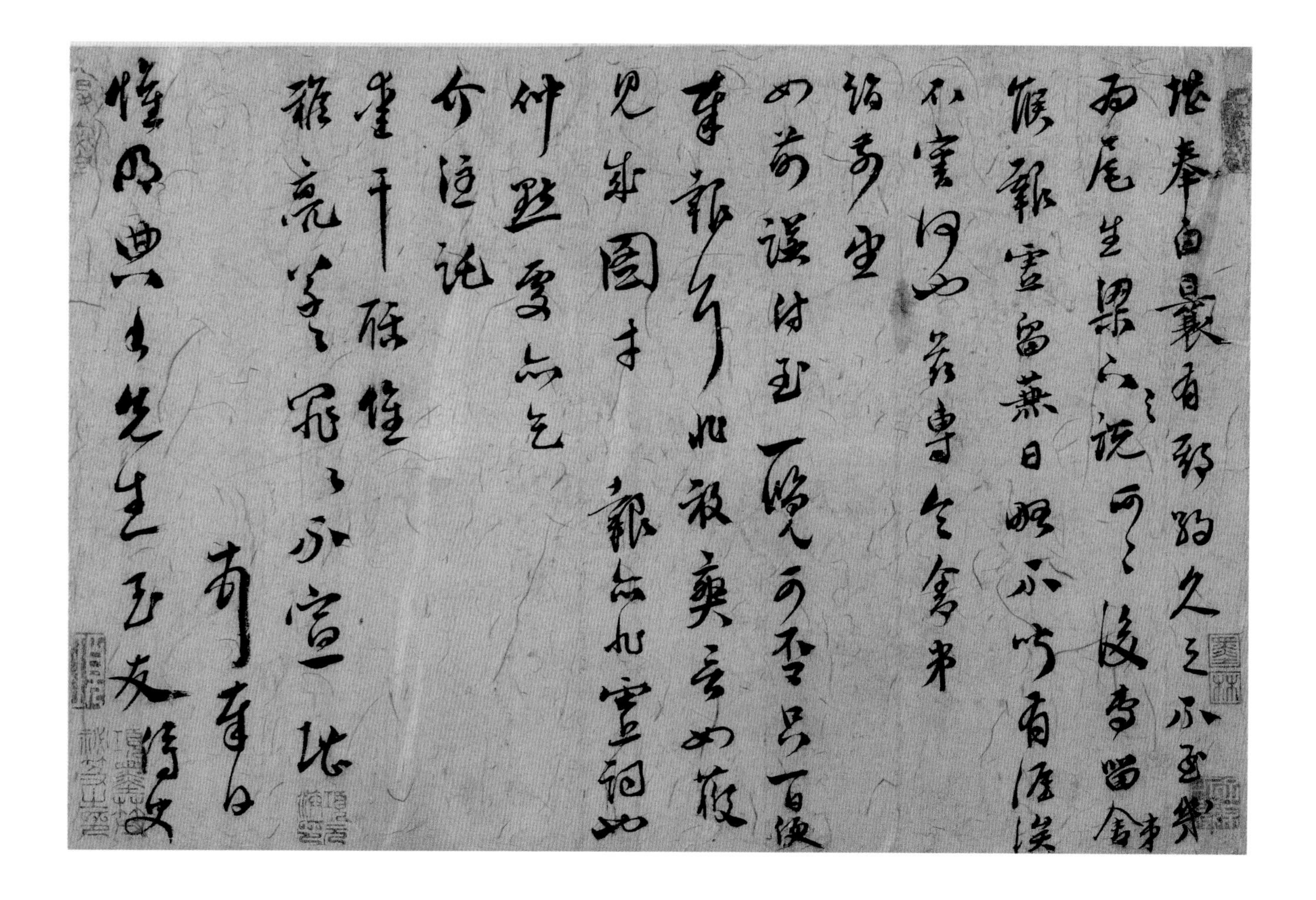

96

張紳等五家　行書詩帖卷

紙本　行書
縱33.8厘米　橫302.6厘米

Shi Tie (Poems by five masters) in running script
By Zhang Shen and others
Leaf, ink on paper
H. 33.8cm　L. 302.6cm

《詩帖卷》包括張紳、張文在、王默、王東、程琚五家詩墨跡。引首前拙庵題簽"元人墨跡"，卷後有項元汴跋語。

張紳(生卒年不詳)，字士行，一字仲紳，自稱雲門山樵，山東濟南人。明洪武中官浙江布政使。工詩文，能篆書，善寫墨竹。其詩為答謝"雪坡參政"惠贈菜蔬而作。鈐"內史中尉之印"(白文)、"雲門山道人"(朱文)印。張紳書法以瘦而頎、風骨棱棱為特點。此帖書法受趙孟頫影響，結體趨圓闊，這在張紳存世作品中少見。

張文在(生卒年不詳)，號存存道人。詩為寄贈"天錫"、"陳叔方"七絕五首。"天錫"即郭畀，"陳叔方"即陳植。詩稱贊二人技藝神縱，人物風流，可見張氏與二人交往密切。鈐"張文在印"(朱文)、"存存道人易室"(朱文)印。此帖書法學蘇軾。

王默(生卒年不詳)，字伯靜，一字子章，松江人。明洪武初舉孝廉，為潞州判官。此篇為和"用賓學士"詩一首，描寫閒適安樂、詩酒往來的文人隱居生活。鈐"王子章氏"(朱文)印。其書法學趙孟頫，"行筆甚捷"(《書史會要》)，點畫多方側牽帶，風格勁健爽利。

王東(生卒年不詳)，字起善，號澹軒，吳人。與錢良佑、段天祐為友。書懷"可矩"詩一首，寫於至正十五年(1355)。從詩中看，"可矩"乃朝中重臣，已年過花甲，因此，應是王東晚年懷友之作。鈐款印"起善齋"(朱文)、"王東"(白文)、"王起善父"(白文)、"澹軒清玩"(白文)、"澹軒"(朱文)、"□□後裔"(白文)、"梅屋"(朱文)。此帖書法學趙孟頫，有一定功力。

程琚，生卒年與生平不詳。據詩中述及，他客居金華(今屬浙江)，仕途不暢，心緒落寞。此篇書法結體方闊，用筆圓勁，有明顯的趙字韻味。

鑑藏印記："宋氏泰山家藏"(朱文)、"拙庵心賞"(朱文)、"太山趙氏拙庵圖書"(白文)、"仁圃趙氏鑑定"(白文)、"南宗北趙"(白文)、"拙""庵"(朱白文聯珠)及項元汴等印。

歷代著錄：《式古堂書畫彙考》(《元名翰卷》)。

(釋文見附錄)

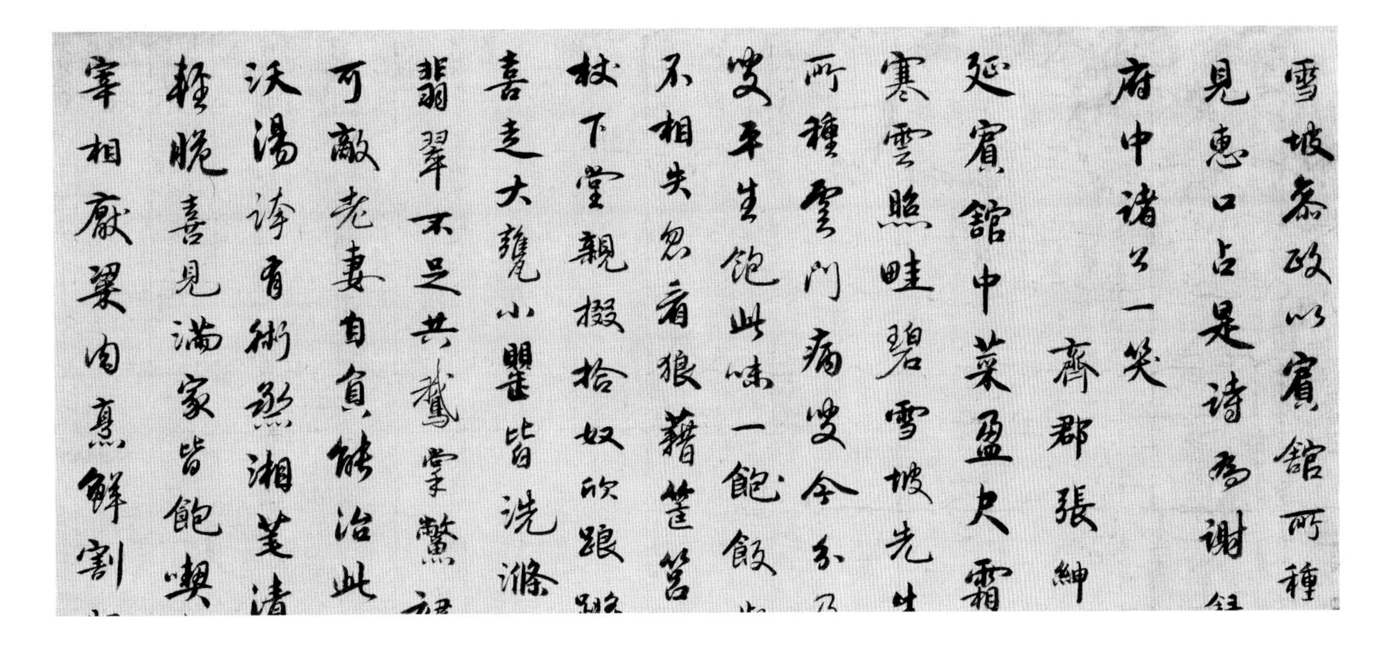

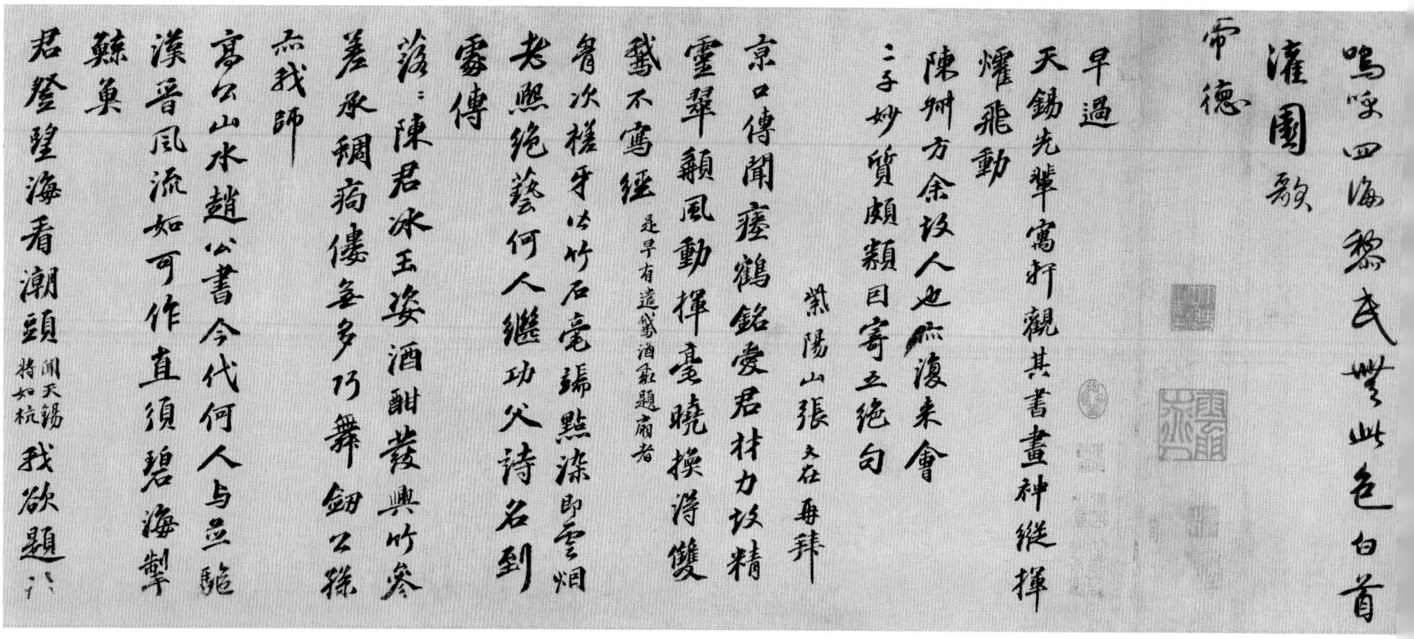

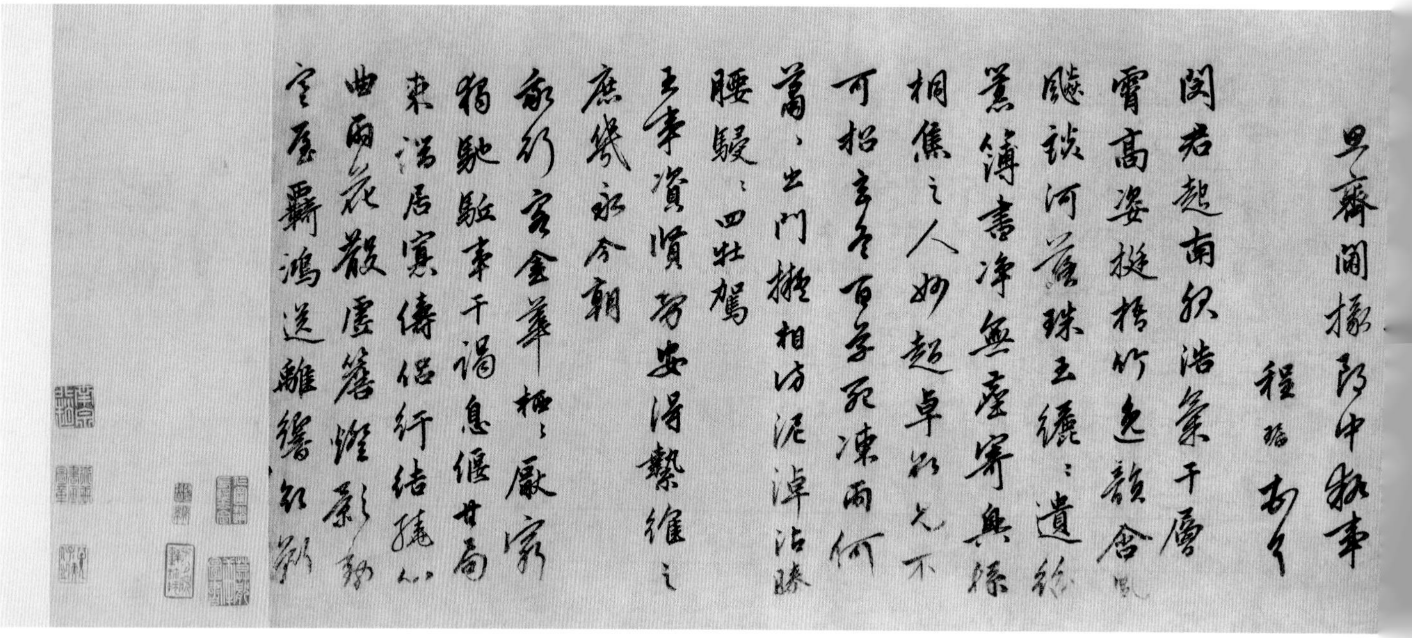

嗚呼四海黎民叢此色白首
灌園叟
帶德
早過
天錫先輩寓軒觀其書畫神縱揮
燿飛動
陳州方余坟人也亦淺來會
二手妙質頗類因寄五絕句
紫陽山張文在再拜
京口傳聞瘞鶴銘愛君材力坟精
靈翠韻風動揮毫曉換得雙
鵝不寫經 是早有遺鵝酒求題扇者
肴次種牙以竹石亮瑞點染即雲烟
老興絕藝何人繼功父詩名到
處傳
淺淺陳君冰玉姿酒酣發興竹參
差承稠病傳無多巧舞劍公孫
亦我師
高公山水趙公書今代何人與並驅
漢晉風流如可作直須碧海擘
鯨魚
君登望海看潮頭 聞天錫將如杭 我欲題詩

見齊聞撥郎中被事
程琦 [illegible]
閃君起南紙浩氣干層
霄高姿挺拔竹色韻含風
颸談河落珠玉纏纏遺絲
叢簿書淨無塵寫與諸
相焦焦人妙超卓卓不
可招吾之百年死凍雨何
篇篇出門擁相仿泥淖沾膝
腰駿駿四牡觴
王事資賢安得縶維之
庶幾永今朝
翩翩[illegible]金華極極嚴家
精馳駿來千陽息偃甘雨
來諸居寒傳侶行結攜人
曲雨花散塵篋縱影移
空屋霧鴻送離觴知歎

雪坡各改以賓館所種
見惠口占是詩為謝録
府中諸公一笑
齊郡張紳再拜
延賓館中菜盈尺霜後
寒雲照畦碧雪坡先生昔
所種雲門病叟今亦及[illegible]
叟平生飽此味一飽飯與此
不相失忽看狼藉筐筥富
杖下堂親掇拾奴欣跟蹲婢
喜走大甕小罌皆洗滌琅玕
翡翠不足共鸞掌鷩裙若
可敵老妻自負能治此然火
沃湯烹青紺熬湘芝漬青
桂脆喜見滿家皆飽喫我閔
宰相厭粱肉烹鮮割肥亦
所得先生年來在改府一
飯魚羹端可述頗公身任

《詩帖卷》之一

北固樓閣道酒碌仍可飲幾時元
禮許同舟
永寧
佳章依韻奉和録似
用賓學士賢契友
致匠尤[illegible] 照 邦
白日來何煌黃河去不還故人成契闊
新安絕近攀高躡思丘壑幽居隔闊
劉琴橫膝舞鼓门設且常開名遠金
閏籍身閑玉筍 王藏循路匯易仕進之
清朝甘躡踐綠服自斑斕訪舊遊溪上
惟銀名賓稱寡措囊空作老悭
尋盟過御灣別離今轉合笑語不閑
刪吟竊詩清思林餘酒破新開農務
學圃携妓且遊山力學識希聖知之
之訂頑頻年云簡事終日有餘閑會
見駒千里常窺豹一斑但當鑽故紙何
用解連環蒲扇帷勤寫蔡孤之儔
寄鏡中多雪鬢席上亦雲鬟詩寄
青山裏書來白水間何時如有約
坐石共垂綸
王正乙未夏五月望日兩個過觀
諸公佳製為當世為亦欣而
可能以仕于邦有懷故人搦成一律 王東
奉賀
清邦四十年拯中直要九重至西州冠
蓋中州家南斗文章北斗樣曉係
星馳奉童馬秋帆風送掛江南雨
宵展卷相思意長在金國夕照邊

《詩帖卷》之二

97

王禮寔　行書騎氣帖頁

紙本　行書
縱31.1厘米　橫58.9厘米
清宮舊藏

Qi Qi Tie in running script

By wang Lishi (Dates unknown)
Leaf, ink on paper
H. 31.1cm　L. 58.9cm
Qing Court collection

王禮寔(生卒年不詳)，號梁溪生，元代常州路(今屬江蘇無錫)人。約活動於元至治到至順年間。曾官平江路嘉定州訓導。

《騎氣帖》是致"叔方"(陳植)的信札。二人都在平江路(今蘇州)，所以禮寔有幸"追陪左右宴遊"。帖中稱陳植"年當強仕"，即四十歲，故應書於元至順四年(1333)。

此帖書法秀整，承襲趙孟頫、鮮于樞風格。

鑑藏印記：項元汴等印。

歷代著錄：《石渠寶笈初編》(《元名家尺牘》)。

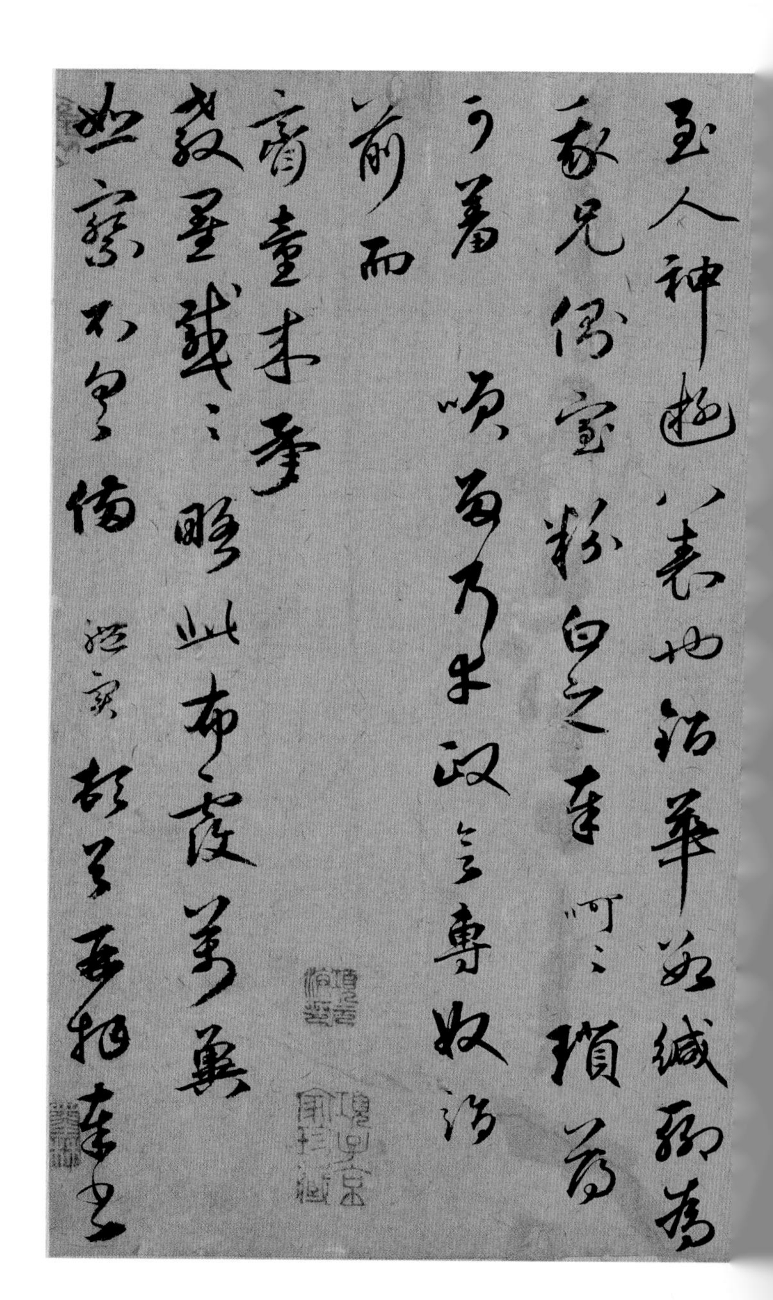

釋文：

禮寔頓首肅拜奉書，叔方翰學聘君尊兄長坐右：昨辱騎氣賁臨，獲追陪左右宴遊。奉玄又玄之高論，使塵塵膠轇（點去）轕之心，不□一洗也。殊愧乏物以款□□，諒高懷空洞，必無訝焉。別來越宿，傾促以不可言。少白，賤跡自武林還，深愧無足為野芹意者。藤冠一枚謹用馳獻，惟我兄年當強仕，可彈而出，不可掛諸壁也。香匙一付，煩寘几案間，長夏焚妙香以讀莊老，庶幾想見至人神遊八表也。鉛華數緘，聊為我兄側室粉白之奉，呵呵。瑣薄可羞，笑留乃幸。政令專奴詣前，而齋童來承教墨，感感。略此布覆，萬冀恕察不具備。禮實頓首再拜奉書

98

馬治　行書數年帖頁

紙本　行書
縱28.5厘米　橫46.2厘米
清宮舊藏

Shu Nian Tie in running script
By Ma Zhi (1322-?)
Leaf, ink on paper
H. 28.5cm　L. 46.2cm
Qing Court collection

馬治（1322—？），字孝常，宜興人。初為僧，工詩文。明洪武初，由茂才舉授內丘知縣，遷建昌府同知。洪武十七年（1384）猶在世。

《數年帖》是寫給"子新提控先生"的書信並五律二首，追憶往日宦遊生涯，感懷歲月流逝。從信中"相望各已頭白"等內容推測，此帖應作於晚年。款署"治"，鈐"馬治私印"（白文）印。

此帖書法圓熟柔勁，平淡而率真。明代詹景鳳在《詹氏小辨》中評："自洪武而下至永樂，多法詹、宋，馬治小字獨法晉唐，豈其人亦邁時者耶。"

鑑藏印記："篤壽"（朱文）、"讀畫"（朱文）、"長白索氏珍藏圖書印"（朱文）等。

歷代著錄：《石渠寶笈初編》。

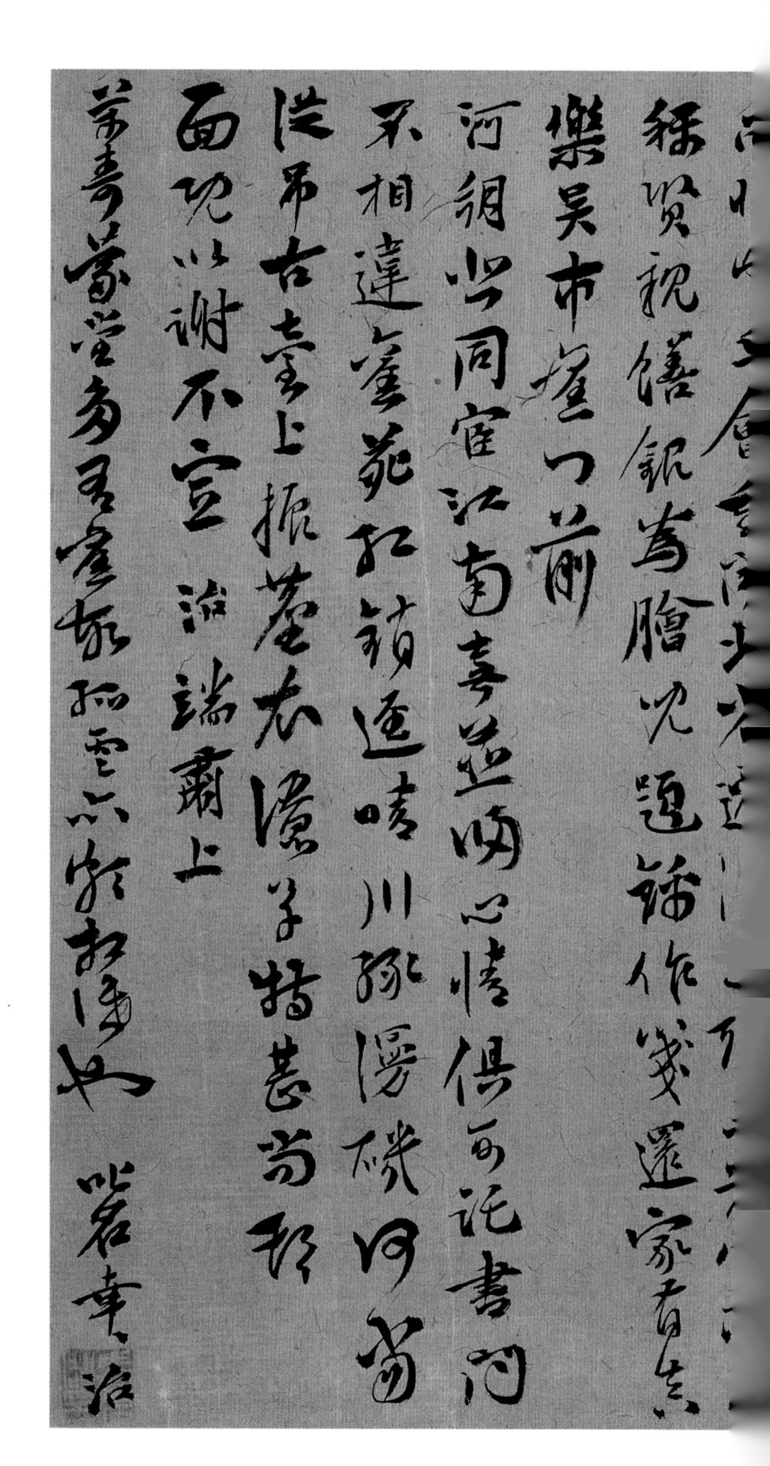

釋文：

治端肅上復，子新提控先生侍史：數年北方宦遊，中間憂患顛沛之際，竟不成別，而其襟抱情誼，彼此初未嘗與世俗俱變也。在懷慶時，頗曾附北平便人書中，未知達否？私常怏怏。近損庵老僧歸自吳，忽枉手字，恍然往事如夢，□在目前，尤為可嘆，安得臂羽便從公於高台故城之間傾倒宿昔耶。然相望各已頭白，此又何足置念。侍奉外唯想令子茂異文藻有加於前，從容祖父子孫間，家庭之樂，遂成四世，為可慶耳。秋來必圖一見。比到鄉里，諸況如客，多有未堪，唯訪舊一節未成，尤為耿耿。

二詩寄上，恨乏紙筆。

尚憶巾丘會，重聞北省遷。法云殊未貴，官府盡稱賢。親饍銀為膾，兒題錦作箋。還家有真樂，吳市舊門前。

河朔悲同宦，江南喜並歸。心情俱可託，書問不相違。舊苑紅銷逕，晴川綠漫磯。何當從吊古，台上振塵衣。潦草特甚，尚期面既以謝不宣。治端肅上

萬壽蒙堂多有舊故，孤雲亦頗相識也。比名幸幸　治

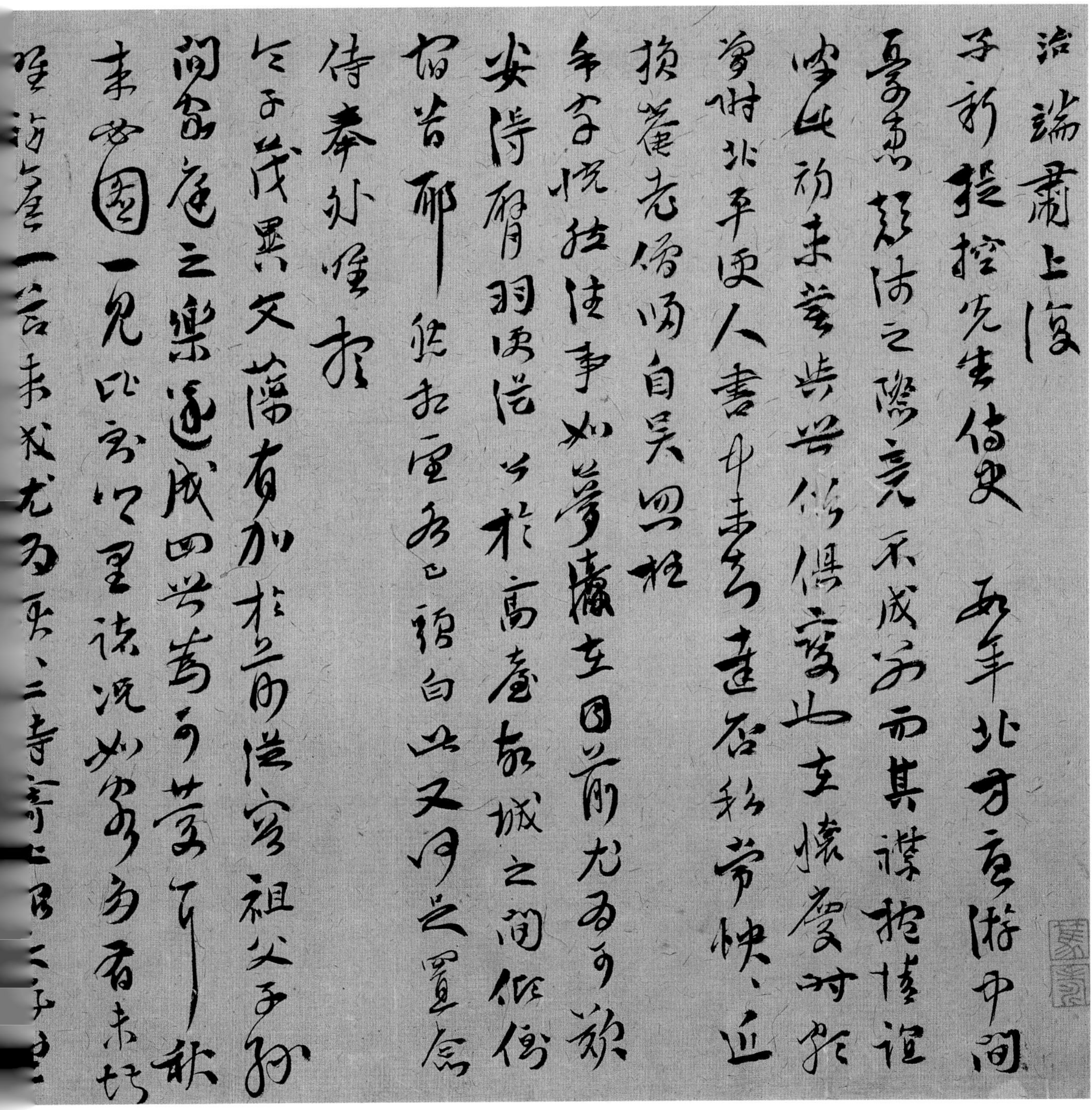

99

仇遠等五家　贈莫維賢詩文卷

紙本　共五段
一、　縱30厘米　橫61.3厘米
二、　縱34厘米　橫59.4厘米
三、　縱35.6厘米　橫84.3厘米
四、　縱31.3厘米　橫31.4厘米
五、　縱24.6厘米　橫23.3厘米

Zeng Mo Weixian Shi Wen (Poems and proses presented to Mo Weixian) in running, regular, or running-cursive script
By Qiu Yuan and others
Handscroll, ink on paper
1. H. 30cm　L. 61.3cm / 2. H. 34cm　L. 59.4cm
3. H. 35.6cm　L. 84.3cm / 4. H. 31.3cm　L. 31.4cm
5. H. 24.6cm　L. 23.3cm

《贈莫維賢詩文卷》包括白珽、張翥、仇遠、張雨、桑維慶五家書法。前有周伯琦篆書"西湖草堂"及明人補作《西湖草堂圖》。莫維賢，後名昌，字景行，工詩，築室於靈隱、天竺間，結屋栽杏，號曰"杏園"，入明為杭州訓守。

一、白珽行書"題莫景行西湖寫真畫"詩。行筆自然流暢，點畫率意灑脱，書風蒼勁質樸。從風格上看，應是晚年書。

二、張翥楷書"書西湖稿"，款署"泰定三年□集丙寅三月甲子　晉寧張翥拜手"，鈐"張伯舉父"(白文)、"晉陽張翥中舉"(朱文)、"聽風雨齋"(朱文)印。此書結體、筆勢取法於歐陽詢，方正工穩，筆鋒轉換處棱角分明，有峭拔俊挺之勢。

張翥(1287－1368)，字仲舉，元代晉寧(今屬雲南)人。早年從仇遠學詩。曾官翰林國史院編修、翰林學士承旨等。其詩、詞俱工。

三、仇遠行草書"莫景行詩引"，款署"泰定丁卯(1327)重九日引　南陽仇遠敬書"，時作者年八十一歲。鈐"躬行齋"(朱文)、"山村居士"(朱文)印。此帖書體變化多端，融楷、行、草三體於其中，自然流美，體勢舒展，筆墨豐潤，點畫精到，沒有了早年習歐體而成的拘謹姿態，是仇遠晚年書法傑作。

四、張雨行楷書跋，款署"海昌張雨跋"，鈐"貞居"(白文)印。此帖書法體現了張雨早年習趙孟頫，後得唐人筆法，既具峭健之勢，又有遒媚之姿。

五、桑維慶行書"次韻二首"，款署"桑維慶堇再拜"，鈐"維□"(朱文)、"桑氏□□"(朱文)印。桑維慶生平不詳，其書法筆勢沉着，點畫頗見功力。

鑑藏印記：明代沐璘及清乾隆內府諸印。

歷代著錄：《石渠寶笈續編》。

(釋文見附錄)

達人風得煙霞趣買屋西湖

皆城住伊誰筆有縮地法畫

卷溯山入掌葉勢如翠浪蹴

天起一線縱描互剝蝕僊宮

佛祠何處所時看朱樓出煙

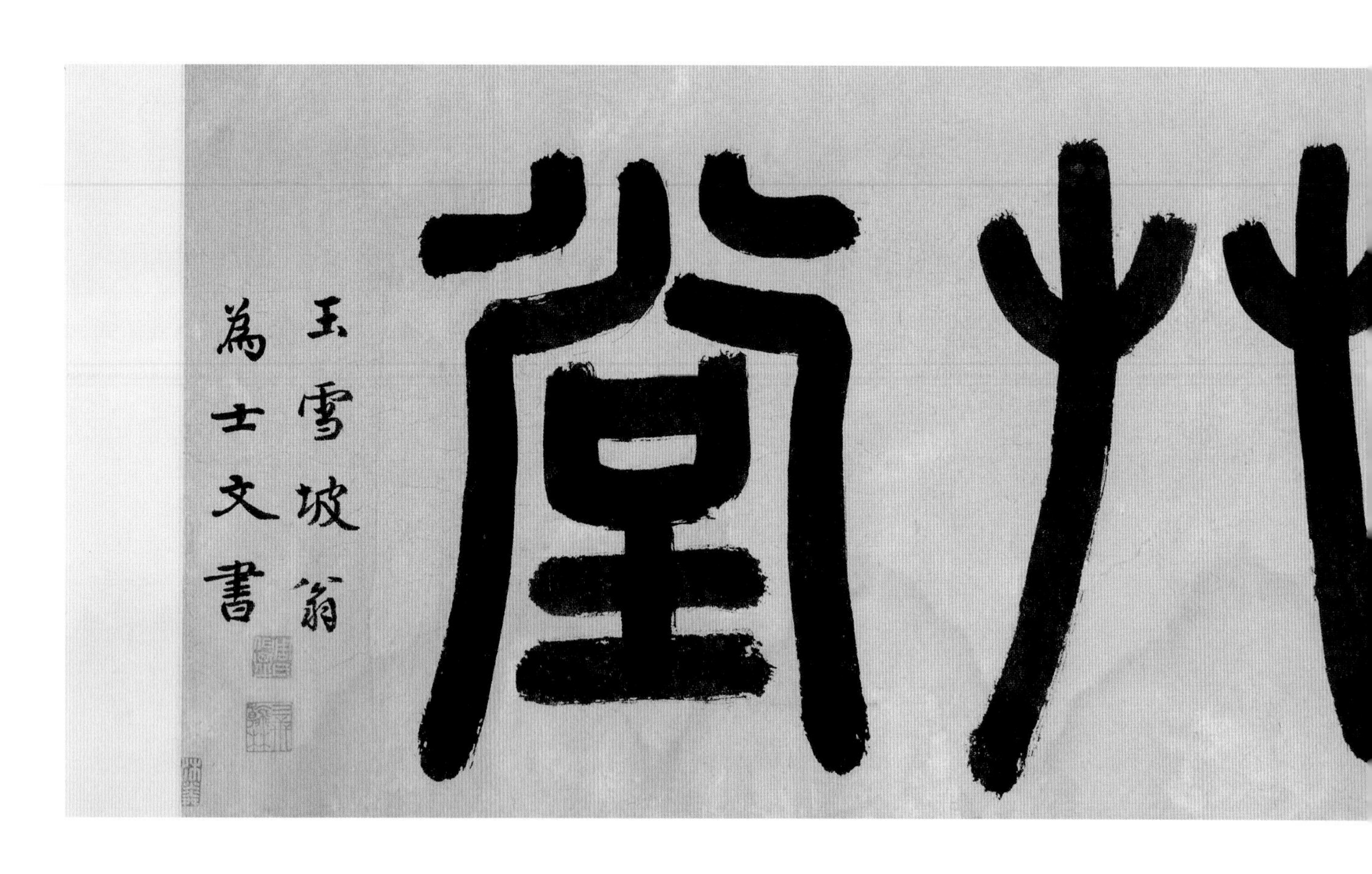
玉雪坡翁
為士文書

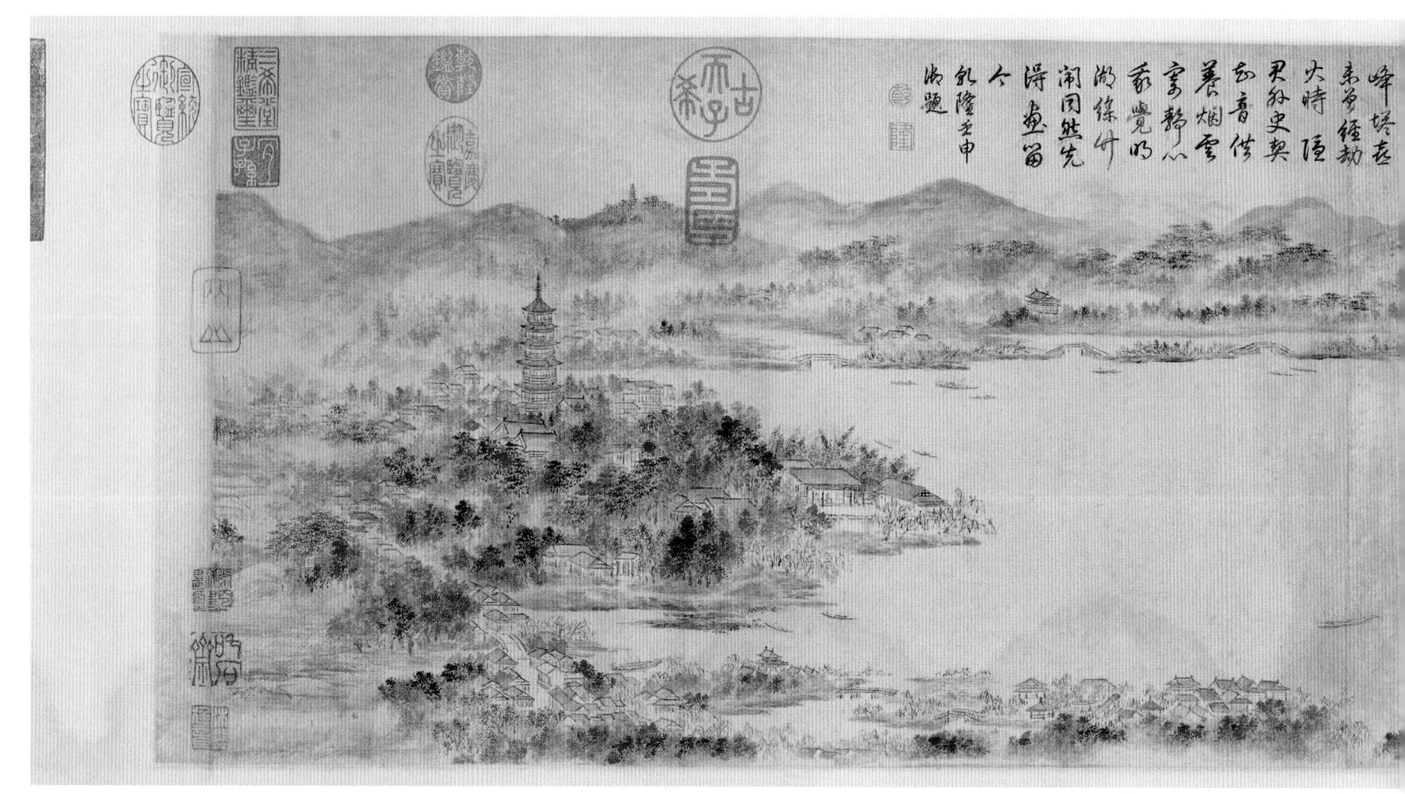

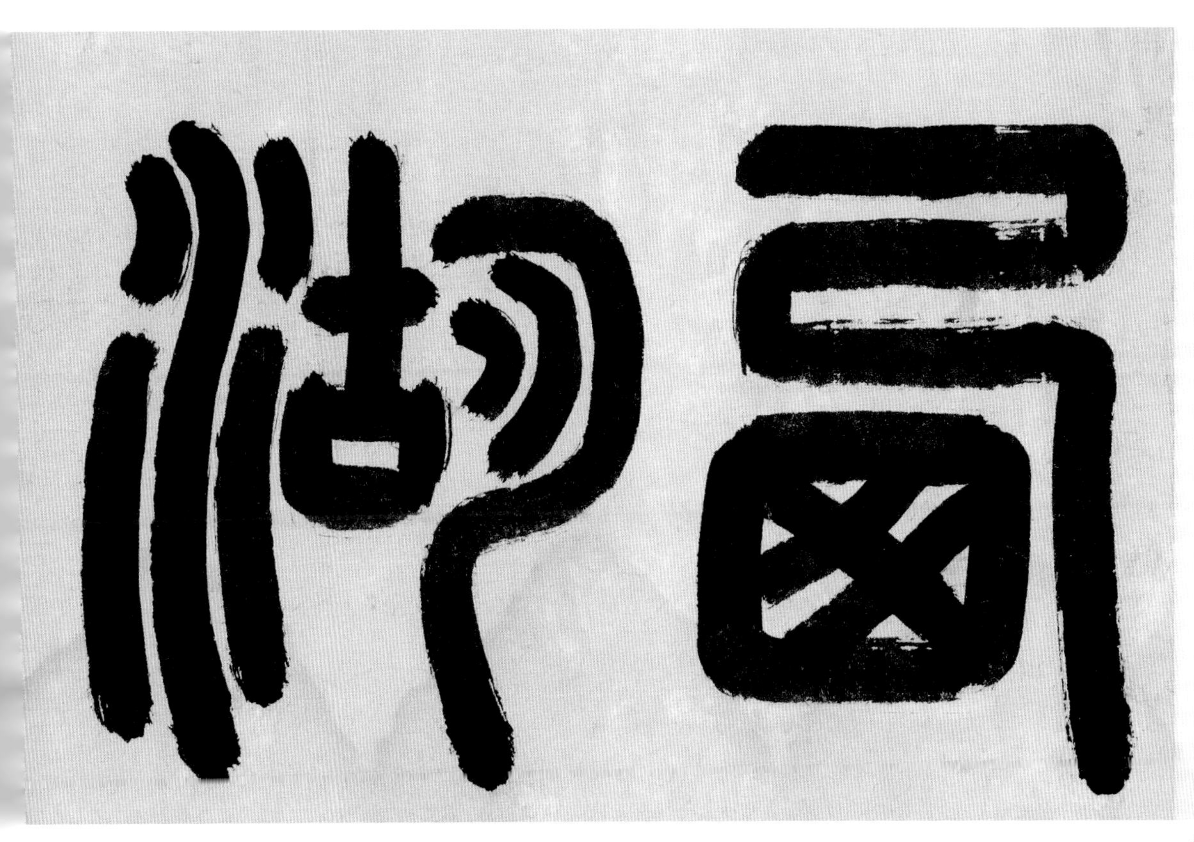

《贈莫維賢詩文卷》之一

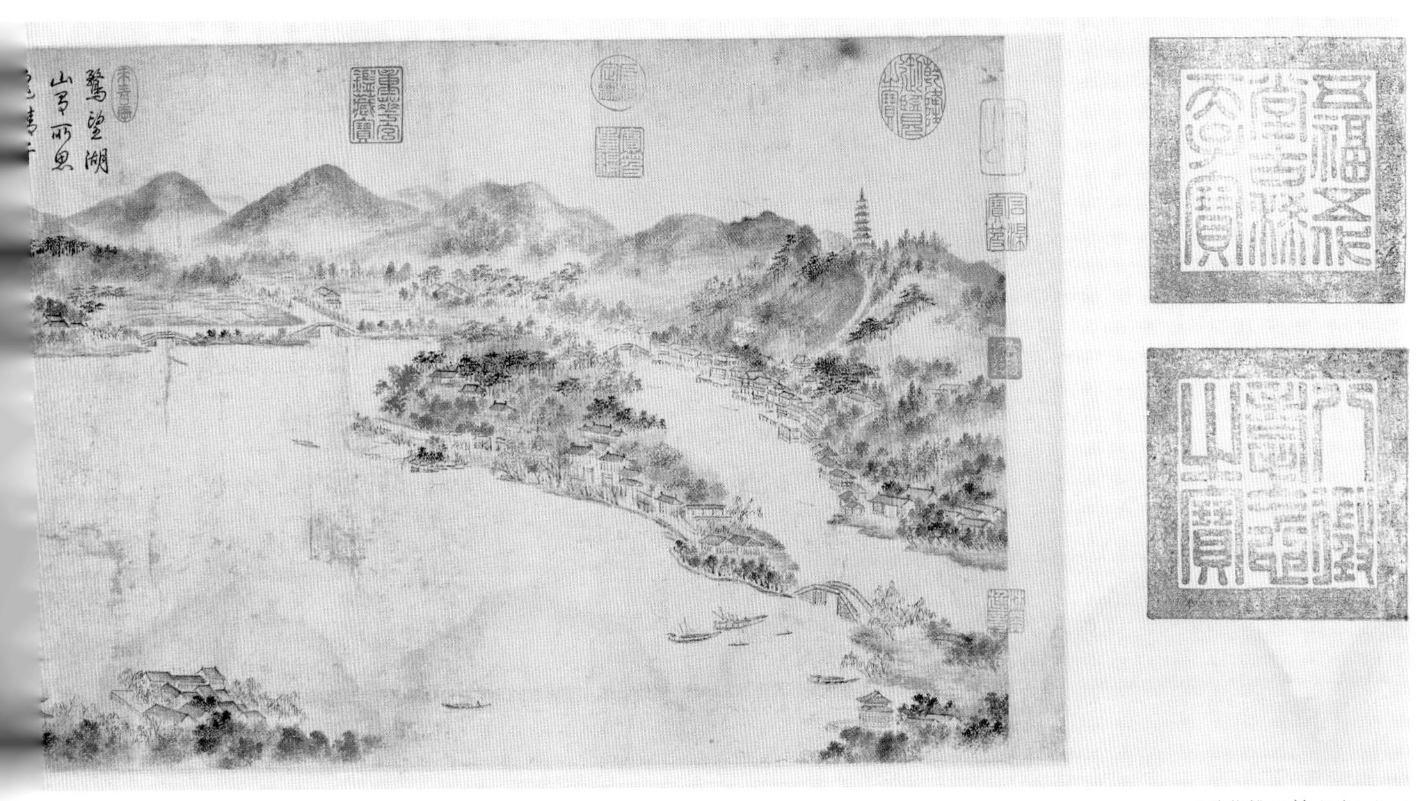

《贈莫維賢詩文卷》之二

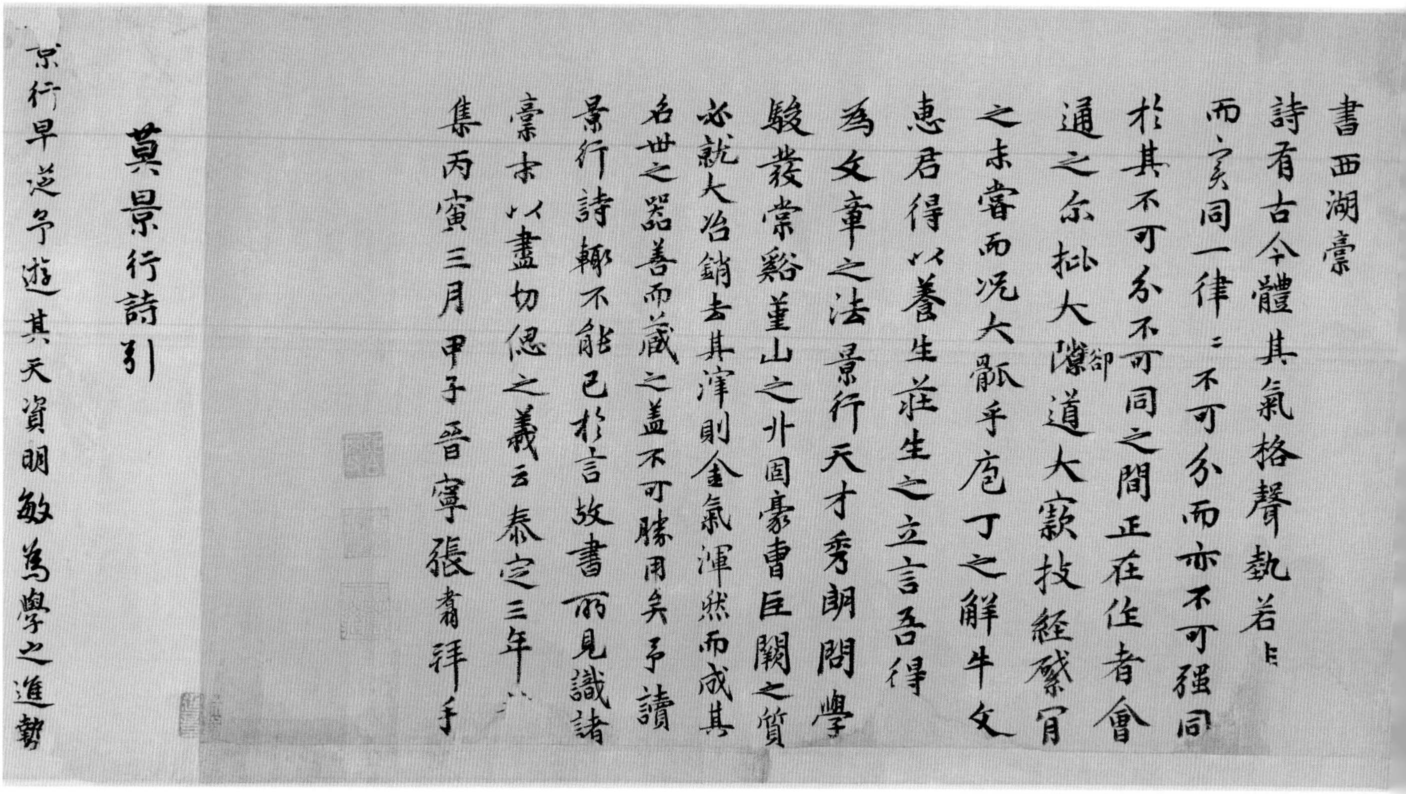

書西湖稾
詩有古今體其氣格聲埶若上
而實同一律〻不可分而亦不可強同
於其不可分不可同之間正在作者會
通之耳批大隙(卻)道大窾技經綮肎
之未嘗而况大軱乎庖丁之解牛文
惠君得以養生莊生之立言吾得
為文章之法景行天才秀朗問學
駿𤼵崇谿董山之北固豪曹臣關之質
必就大冶銷去其滓則金氣渾然而成其
名世之器善而藏之蓋不可勝用矣予讀
景行詩輒不能已於言故書所見識諸
稾末以盡切偲之義云泰定三年以
集丙寅三月甲子晉寧張翥拜手

莫景行詩引
景行早從予遊其天資明敏為學之進勢

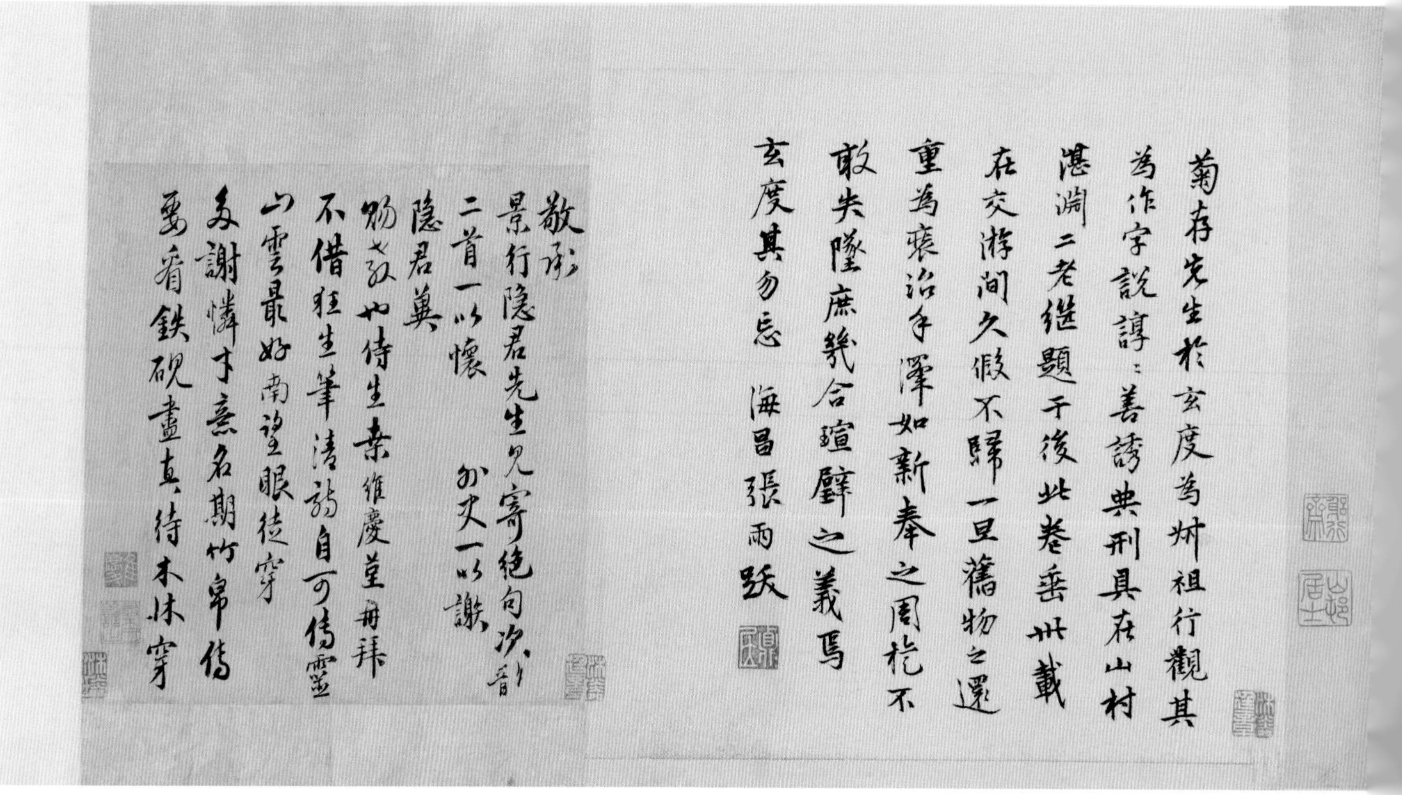

菊存先生於玄度為姊祖行觀其
為作字說諄〻善誘典刑具在山村
湛淵二老繼題于後此卷垂卅載
在交游間久假不歸一旦舊物之還
重為裝治手澤如新奉之周於不
敢失墜庶幾合璧之義焉
玄度其勿忘　海昌張雨跋

敬和
景行隱君先生見寄絶句次韻
二首一以懷　外史一以謝
隱君莫
物之敬如侍生葉維慶頓首拜
不借狂生筆清詩自可傳靈
山雲最好南望眼徒穿
又謝憐才意名期竹帛傳
要看鐵硯畫真待木床穿

擬題
莫景行西湖寫真畫　廷楨[illegible]

達人風滑烟霞趣買屋西湖[illegible]
皆城住伊誰筆有縮地法畫
卷湖山入毫素勢如翠浪蹴
天起一線縱橫垂影繞僧宮
佛祠何處所時有朱樓出烟
樹畫船百尺小於蚕不見汀鷗
與沙鷺南山北山相媚嫵都是杖
藜曾到處自看水影夢東坡
兩色山光窮西子幾回閉戶成臥（晴光）
遊不厭連朝阻風雨人生百年
一瞬幾度將迎鐵爐歲（炊黍）
寒只合觀畫圖不作宣明面相顧

《贈莫維賢詩文卷》之三

翩翩若鷹隼之習泉[illegible]之達即浸淫不可御
喜為詩氣實而思銳一字一句必研煉
不為年詩已成編予嘗斷取律詩自唐以前
不論上之為李杜韋柳下之為姚賈許劉可
專一体而多成一體以傳於前時後世後世[illegible]
才力不至固有高下大小之殊若[illegible]
[illegible]可[illegible]者論[illegible]往體後來體[illegible]
之以象而[illegible]張弛之宜則[illegible]
審[illegible]轂率規[illegible]的而發為[illegible]者蓋亦為
之而非其意於的[illegible]未之[illegible]也於有古體[illegible]
今體律絕有不同而律[illegible]不同一於此則得之
不一於此則失也[illegible]學者所以為的而審[illegible]
發為[illegible]於[illegible]不工[illegible]也持之既久手調而
心應目注而力隨百發百中必無遺鏃射至於巧而
於造於[illegible]詩不[illegible]不可也景行之於詩學力
如此用志不分不患不至於[illegible]吾衰且耄弗[illegible]
抒思於詩門景行而與之[illegible]因綴為語于其編
首以相[illegible]景行[illegible]

《贈莫維賢詩文卷》之四

100

顧祿　隸書五言詩帖頁
紙本　隸書
縱25.8厘米　橫54.2厘米

Wu Yan Shi Tie (Poem with five characters each line) in official script
By Gu Lu (Dates unknown)
Leaf, ink on paper
H. 25.8cm　L. 54.2cm

顧祿（約生活在元末明初），字謹中，華亭（今上海松江）人。以太學生除太常典簿，後為蜀府教授。少有才名，嗜酒善詩，才情爛漫，人贈詩稱其為“兩京詩博士，一代酒神仙”。精於隸書、行草。

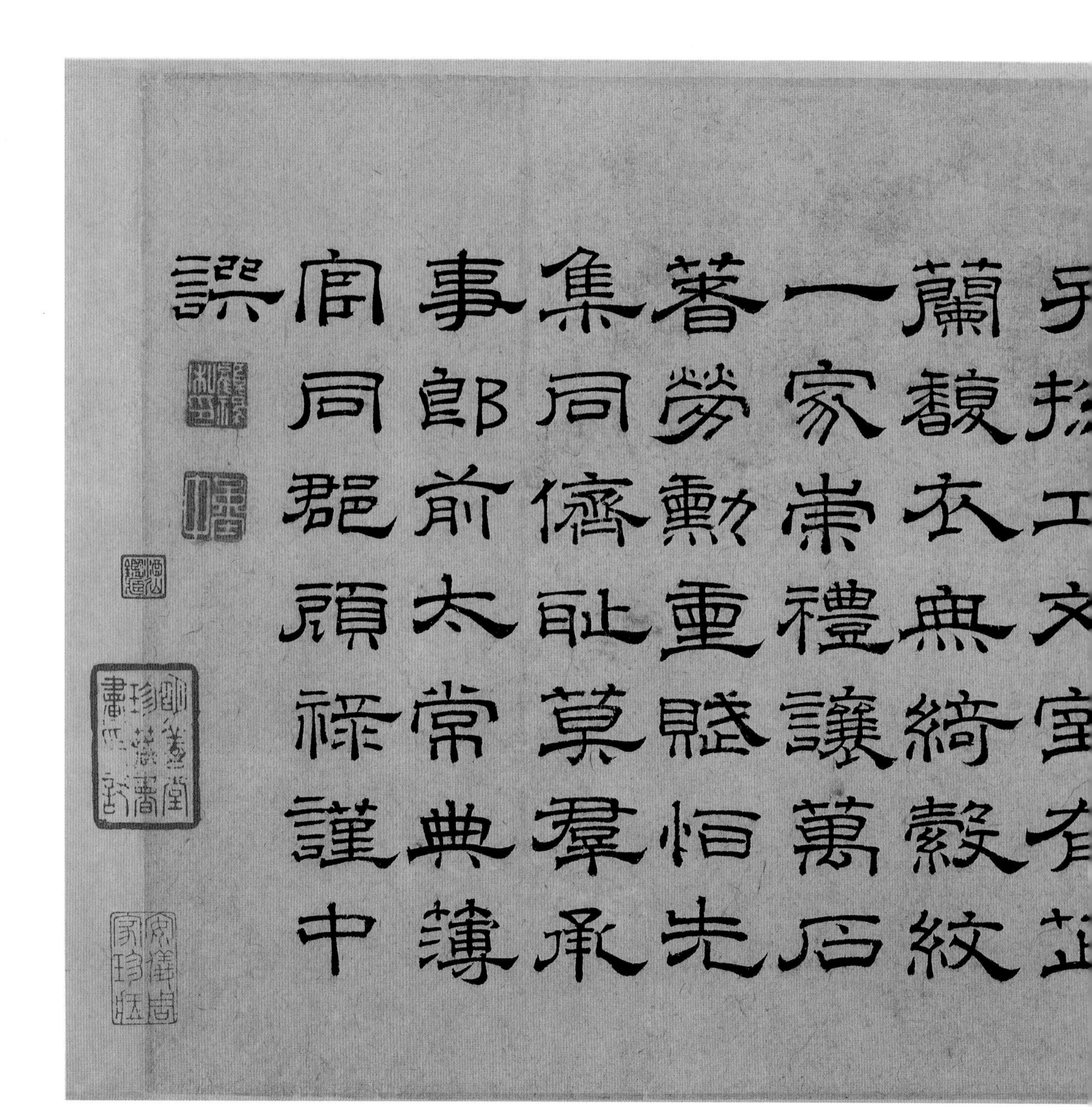

《五言詩帖》記述張氏在淞江治水之功。楊維楨有《張氏通波阡表》一卷，是應學生張麒所請，褒揚張氏祖上五世以來，在淞江疏通波塘的積善修德立業之功。顧祿詩意與此同，可知也是贈與張氏後人的，或許就是張麒。鈐“顧祿私印”(白文)、“謹中”(白文)印。

此帖書法宗漢隸，結體工整，點畫靈動圓轉，具有厚重古雅的風度。

鑑藏印記：安岐、衡永等家印。

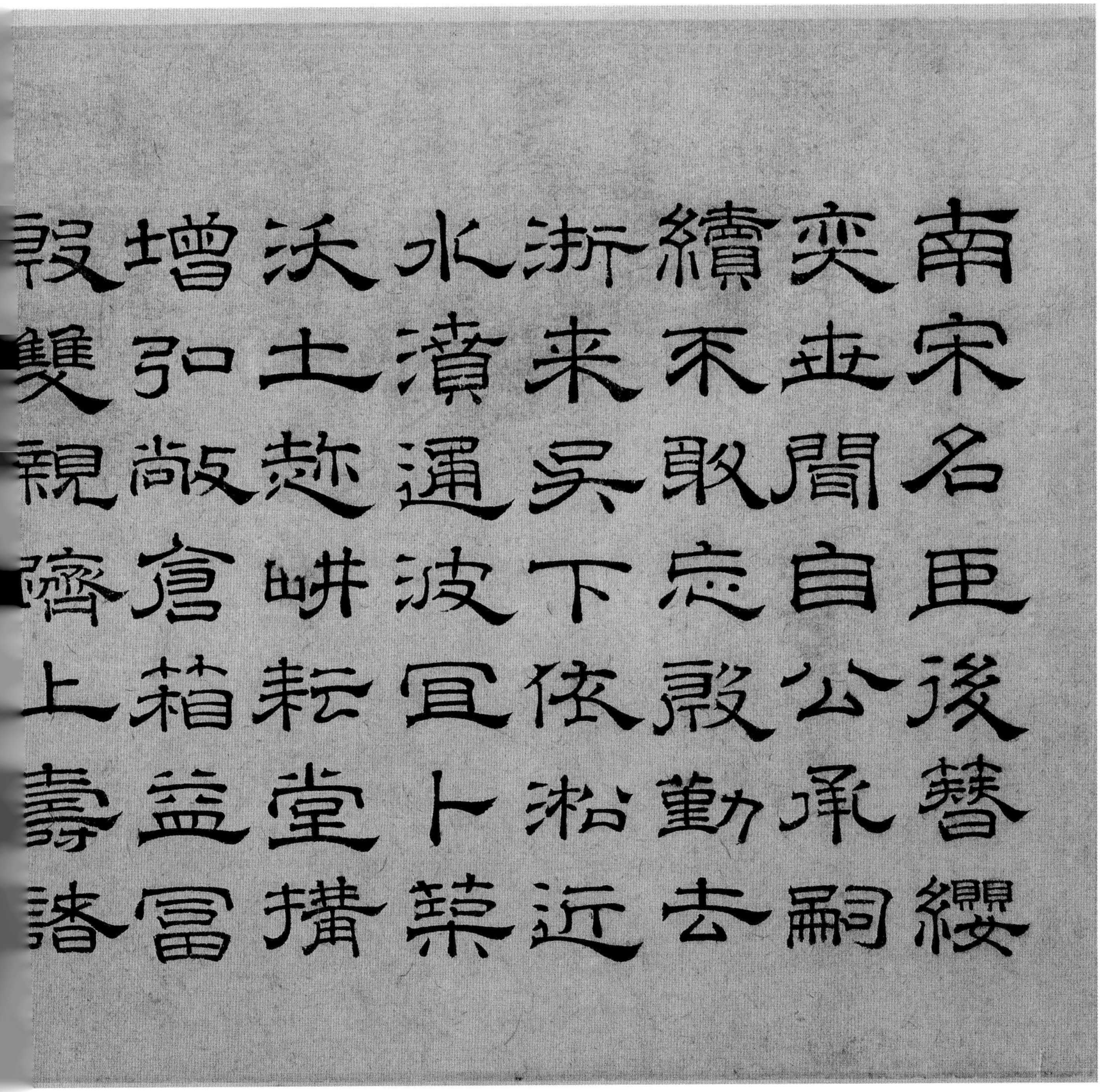

101

廼賢　行楷書南城詠古詩帖卷

紙本　行楷書
縱23.5厘米　橫156.6厘米

Nan Cheng Yong Gu Shi Tie (Poems written in Nan Cheng on the ancient times) in running-regular script
By Nai Xian (1309-1364)
Handscroll, ink on paper
H. 23.5cm　L. 156.6cm

廼賢(1309－1364仍在世)，又作納新、納延，字易之，別號河朔外史，元代西域葛邏祿(今阿爾泰山以西)人。葛邏祿又作合魯，漢譯馬，所以又被稱作葛邏祿廼賢、合魯易之、馬易之等。官至翰林編修。以詩文歌辭著名當時。清代王士禎稱贊他"事功節義文章，彬彬極盛，雖齊魯、吳越衣冠士胄，何以過之。"

《南城詠古詩帖》書錄五言詩十六首，為與友人遊歷大都南城時所作，書於至正十一年(1351)。

此帖書法筆畫挺勁，結字疏朗，受趙孟頫及張雨、倪瓚諸家書影響，工整中饒有逸致。

鑑藏印記："衣園藏真"(白文)、"雪野"(白文)、"教忠堂藏"(白文)、"世道"(白文半印)、"王與稽"(白文)、"芙蓉山房"(白文)及乾隆、嘉慶、宣統內府諸印。

歷代著錄：《石渠寶笈》、《三希堂法帖》。

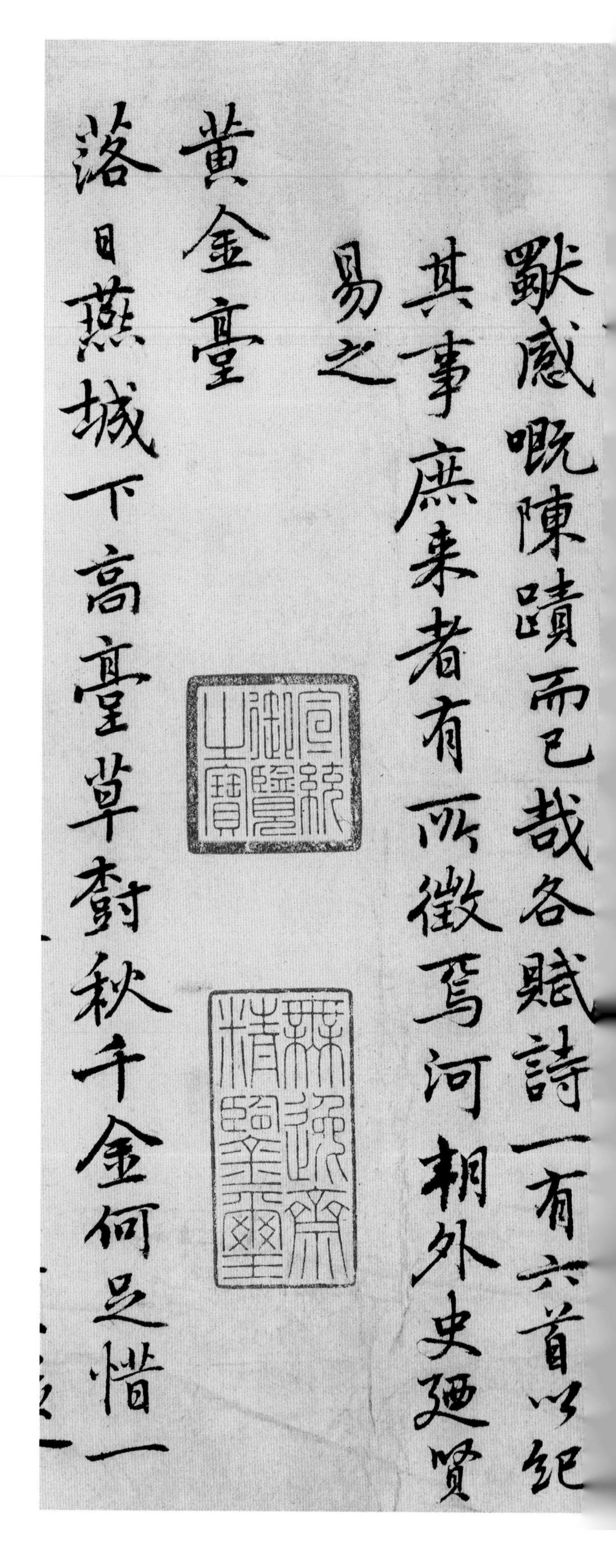

南城詠古

至正十一季龝八月既望太史宇文公太常危公偕燕人梁處士九思臨川黃君殷士四明道士王虛齋新進士朱夢炎与余凡七人聯轡出遊燕城覽故宮之遺蹟凡其城中塔廟樓觀臺榭園亭莫不裴徊瞻眺拭其殘碑斷柱為之一讀指其廢興而論之余七人者吕為人生出處聚散

憫忠閣

高閣秋天迴金仙寶珞齊青山排闥現紫氣隔城迷朱栱浮雲濕琱檐落照低回懷百戰士惆悵立層梯　唐太宗憫征遼而建

壽安殿

夢斷朝元閣來尋賣酒樓野花迷輦路落葉滿宮溝風雨青城暮河山紫塞愁老人頭霜白扶杖話幽州　殿基今為酒家壽安樓

聖安寺

蘭若城幽處聯鑣八月來寶華旛蓋合衮冕画圖開斷碣莓苔暗空庭落葉堆飢鳶不避客攫食下生臺　寺有金世宗章宗像

大悲閣

閣道連天起丹青飾井幹如何千手眼只著一衣冠金牖鮫龍扶琱甍吻獸攢憑高天萬里白竚不勝寒　湖牖為虞學士世南書

鐵牛廟

獒人重東作鎔鐵像牛形角斷苔華碧蹄穿土銹腥遺踪傳野老古廟託山靈一酹壺中酒穰穰黍麥青

雲僊臺

臺殿青冥外團團海月涼隔簾湖鳳管

秋水清無底涼風起綠波錦帆非昨夢王對憶清歌帝子吹笙絕漁郎把釣多磯頭浣沙女猶是宮娥　即金之太液池

白馬廟

祠宇當城角霜蹄刻畫真房星何日墜駿骨自能神曾蹴燕山雪思清瀚海塵長疑化龍去騰躍上雲津

萬壽寺

皇唐開覩揭歷劫拒金時絕妙青松障清涼白玉池長廊秋靡響高閣夜鐘遲猶有乘閒客扶筇讀舊碑　寺有許道寧画屏

玉虛宮

樓觀迴深巷松枝夾路低拾薪供早爨抱瓮灌春畦經向瑯函讀詩從石鼎題白須張道士送客過桃谿　主宮張真人貌甚清古

是月廿日孱

夢炎進士再訪余於金臺寓舍索書前詠為書之　賢記

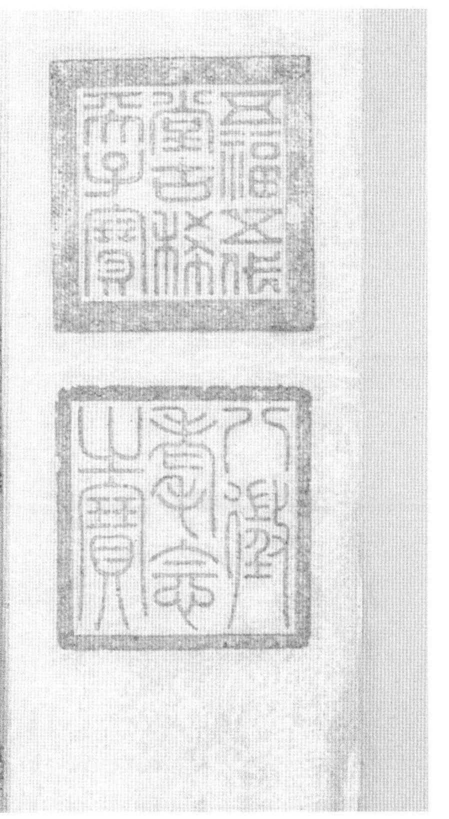

南城詠古

至正十一秊龝八月既望太史宇文公太常危公偕燕人梁處士九思臨川黃君殷士四明道士王虛齋新進士朱夢炎与余凡七人聯轡出遊燕城覽故宮之遺蹟凡其城中塔廟樓觀臺榭園亭莫不裵佪瞻眺拭其殘碑斷柱為之一讀指其廢興而論之余七人者已為人生出處聚散不可常也解后一日之樂有足惜者豈歔感慨陳蹟而已哉各賦詩十有六首以紀其事庶来者有所徵焉河朔外史廼賢易之

黃金臺

落日燕城下高臺草樹秋千金何足惜一

《南城詠古詩帖卷》之一

秉燭奏霓裳銅雀晨霞晚金盤夕露瀼傒人不復返愁殺海生桑　即金之望月臺

長春宮

觚稜環秋日迢遞謁琳宮松子花飄落谿流杯閣道樓臺背下土環珮憶高風草昧艱難日神仙第一功　全真丘神仙處機之居太祖嘗召至西域之雪山講道勸上以不殺

竹林寺

城南天尺五祇樹給孤園甲第王侯去精藍帝釋尊老僧澤塔影稚子斵松根何日天台路相從一問源　金熙宗駙馬宮也寺僧云塔無影

龍頭觀

僊館紅塵外龍頭浔借看雨雲氣濕近席雨聲寒碧西凝螺黛香涎逼麝檀牙籤認題字猶是建隆刊　龍頭懸一牙籤題曰建隆元年

妝臺

廢苑鶯聲盡荒臺燕麥生韶華如逝水粉黛憶傾城野菊金鈿小秋潭玉鏡清誰憐舊時月曾向日邊明　金章宗為李妃所築嘗与妃露坐臺上章宗戲云二人土上坐妃應聲對曰一月日邊明章宗大悅臺在昭明觀後

雙塔

安史開元日千金構塔基岂尊寧妄福天道自無私寶鐸遊絲罥銅輪碧蘚滋　安祿山史思明所建

《南城詠古詩帖卷》之二

附錄

圖9

仇遠　行書自書詩卷

釋文：

約山中友

望極秋空無片雲，前山歷歷見遙岑。新鴻漸到邊塵靜，舊雨不來汀草深。仙李有時曾入夢，伯桃死後少知人。如君真是忘機者，海上漚盟便可尋。

宋飯冰

欲共談詩一解頤，停雲空惹思依依。梅花賦就廣平老，楊柳門開靖節歸。驛路數程征馬瘦，家書千里過鴻稀。思君怕倚闌杆北，拄笏看山竟落暉。

北窗

北窗隱几樂吾天，莫遣新愁到耳邊。一帽好花供醉舞，半床涼月伴閒眠。故人自欲辭文叔，明主何嘗棄浩然。留取長安遮日手，養成指甲理朱弦。

拜霞嶼待制伯祖墓下

難尋華表與豐碑，三尺墳台山四圍。翁仲多年蒼珮剝，子孫寒食紙錢稀。瘦藤拔地長蛇走，灌木維垣野鼠肥。遠也久違鄉族去，忍將椒酒酹斜暉。

高臥

人生天地一蘧廬，耕鑿雖勞樂有餘。因閱杜詩刪舊稿，為觀羲帖習行書。山公醉後猶騎馬，渭叟閒來只釣魚。世道秋風總蕭索，何如高臥白雲居。

雨餘

兩兩鳴鳩語畫簷，雨餘芳草欲生煙。甕頭酒熟常留客，象外詩成頗類仙。揚子有才猶執戟，淵明無事合歸田。地偏時事人傳少，收拾琴書且晝眠。

元友山南山新居

桃柳參差出短牆，小樓突兀瞰湖光。出門便與青山對，讀易能消白日長。硯石洗來如玉潤，藥苗曬得似茶香。鄰僧亦有通文者，常把詩來惱漫郎。

再賦

幽居穩佔南山下，人跡稀疏水竹村。轉巷始知猶有路，傍湖更好別開門。酒尊盡日嘗謀婦，詩課閒時略抱孫。孤鶴不來高士少，暗香且伴月黃昏。

答胡葦杭

久矣相期物外遊，長風吹不斷閒愁。兩山翼翼青如舞，雙鬢颼颼白始休。蕉鹿夢回天地枕，蓴鱸興到水雲舟。舊藏方鏡明如月，看去看來又一秋。

次胡葦杭韻

曾識清明上巳時，懶能遊治步芳菲。梨花半落雨初過，杜宇不鳴春自歸。雙塚年深人祭少，孤山日晚客來稀。江南尚有餘寒在，莫倚東風褪絮衣。

送王仙麓史君赴道州暫歸三山

家山小為離支留，征旆催行莫待秋。應有矮奴騎竹馬，相隨迓吏拜蘭舟。舜山如畫當樓見，楚水浮香繞郡流。念我有親頭雪白，雲龍追逐恨無由。

奉寄恬上人

竹笻輕健草鞵寬，野外消磨半日閒。病葉已霜猶戀樹，片雲欲雨又歸山。燈分寺塔晴偏見，水隔漁家夜不關。愧我莫如沙上鷺，霎時飛去便飛還。

閻氏園池

真妃已返鳳台仙，獨立池亭思愴然。海岳不傳青鳥信，石房誰抱白雲眠。宮桃移種難生實，院籜初翻又引鞭。凝碧荒涼弦管靜，萍花浮滿釣魚舡。

江上送友

知爾懷親憶故州，相逢沽酒且遲留。夕陽有恨荒荒白，江水無聲泯泯流。孤鳥出潮投渚尾，野蘆飛雪壓船頭。卻愁明月中秋近，不得同登庾亮樓。

送劉竹間歸廬陵

驛路梅花漠漠寒，狨衫絮帽出長安。懸知客久歸心切，自覺交深別語難。春入西江隨馬去，山留殘雪待人看。青原白鷺如相問，十載湖濱只釣竿。

道場山

山行龜背路羊腸，伏虎禪師古道場。老木陰中安御坐，白雲堆裏撫僧床。勺泉清澈涵秋味，尖塔孤撐界夕陽。笑月亭空人影散，松風如雨動天簧。

何山

溪轉峰回一徑平，田頭白水照人清。寺因何氏封山姓，客把坡詩證地名。蘿月長隨行道影，杉風猶帶讀書聲。雲津橋下潺湲急，僧濯袈裟客濯纓。

新安郡圃

台榭凌空眼界寬，得閒來此獨憑欄。春浮練水蒸城潤，雪被黃山入座寒。古樹巢空群鳥散，荒池沙滿碎藻乾。白雲在望歸期定，不見青油護牡丹。

拜孫花翁墓下

水仙分地葬詩人，一片荒山野火焚。薦菊有亭今作圃，掃松無子漫留墳。蝸牛負殼粘碑石，老鶴攜雛入隴雲。欲把長籥歌楚些，卻憐度曲不如君。

兵間有歌舞者

邊塵未定苦無謀，年少金多絕不憂。野戰已酣紅帕首，塗歌猶醉錦纏頭。蛾貪銀燭那知死，月戀金尊不照愁。亦欲辟秦高隱去，桃花源上覓漁舟。

寄董無益

郵鈴帶箭發紛紛，何日山深耳不聞。遷客無鄉難辟禍，飢民失業半充軍。馬蹄亂踏湖西雪，鷹陣平拖塞北雲。我亦懶談今世事，自看吊古戰場文。

題小閣，一團和氣

斫窗粘紙着方床，四面虛明取鄉陽。氈席坐來終日煥(暖)，皮簾揭動北風涼。掛屏(點去)瓶水滿梅花落(點去)活，折鼎湯鳴芋子香。布被蒙頭晝眠熟，不知門外雪洋洋。

董靜傳掛冠四聖觀

靜挼秋淥洗荷衣，問隱孤山只鶴隨。得酒可謀千日醉，掛冠獲恨十年遲。雲和家有仙人譜，石鼎今無道士詩。莫對梅花譚(談)世事，此花曾見太平時。

劉悅心入道三茅觀

鷃冠高掛九松顛，去潔三茅香火緣。相國向獲為道士，將門今又出神仙。坐看紅日生滄島，吟寄青衣入洞天。跨鶴歸來雲捨近，西風井邑只依然。

同揚心卿過孤山訪靜傳不遇，自遊和靖祠下，明日奉寄二高士

飛仙又向別峰遊，竹下閒房且小留。滿髩朔風吹客帽，倚闌落日在湧舟。梅花路冷難尋塚，葑草田荒半作洲。獨往獨來沙鳥怪，山空木短使人愁。

酬鄧山房尊師

山房閒伴白雲棲，琴不須彈聽者稀。北道主人新拜號，西州隱士舊傳衣。粵亡未合鴟夷去，蜀遠難隨杜宇歸。亦欲共君聯石鼎，龍頭豕腹怕相譏。

不應聘高士

束書入谷起征君，盥耳淵棲似不聞。知有故人來問字，喜無逋客為移文。忍貧羞說黃金盡，愛老慵將白髮芸。獨倚高樓南北望，青天依舊有閒雲。

懷古

吹殺青燈炯不眠，滿衿懷古恨綿綿。江東曾識亙司馬，滄海難追魯仲連。吳岫月明吟木客，漢宮露冷泣銅仙。何時一酌桃源酒，醉倒春風數百年。

和范愛竹三首

半生豪氣學元龍，湖海惟知敬數公。徒有貞心招隱逸，恨無巨眼識英雄。天衢騎馬衣冠異，雨屋鳴雞杼柚空。西崦東屯何日了，定應愁老浣花翁。

二

秉燭追遊憶盛時，懽(歡)悰終較昔年稀。柳多客折涼陰薄，薇少人餐雨綠肥。蝴蝶覺來方識夢，海鷗飛去未忘機。相逢且可談風月，莫話興亡與是非。

三

風雨蕭蕭白晝昏，肅襟受此一涼恩。丘園不作軒裳夢，陵谷空遺斧鑿痕。乍可扣舷歌楚澤，何堪抱瑟立齊門。有時

散步西原上，共醉田家老瓦盆。

問趙元父病

裹飯無因絕往還，惟應帖子報平安。山公馬向花前放，岐伯書從枕上看。貿易近來多北藥，支持強欲着南冠。有時泥醉西園月，只欠梅花共倚闌。

贈金蓀壁

黃紙紅旗事已休，莫思入谷有鳴騶。天開東壁圖書府，人立西湖煙雨樓。林淺易尋和靖隱，菊荒空憶魏公遊。客來把玩新題扇，半似鍾繇半似歐。

再答元父

驟裹龍媒去未還，獨騎款段客長安。青黃誰採溝中斷，黑白當從局外看。尊俎風流陳日月，山林人物古衣冠。桂花滿袖王孫遠，空倚天風十二闌。

寄趙春洲莫兩山

湖山蕩目舊遊空，風景荒涼客路窮。雨意忽生桐葉外，秋光都在木樨中。乾坤混混多遊騎，江漢寥寥有斷鴻。自古隱人多嗜酒，卻憐無酒醉新豐。

和雨山

世事抨棋入角危，有人袖手只攢眉。路通巴蜀那須檄，馬立澶淵更要詩。公竟醉耶從汝笑，樹猶如此信吾衰。傳聞雙珥消兵氣，猶把葵心向鬱儀。

二

窮鄉何處覓新豐，身世悠悠醉夢中。未學伏波屍馬革，且隨甫裏問龜蒙。簷頭喜有桑榆日，兵後那無草木風。亦欲飛神遊八極，扁舟坦卧不須篷。

讀陳去非集

簡齋吟冊是吾師，句法能參杜拾遺。宇宙無人同叫嘯，公卿自古嘆流離。窮塗劫劫誰憐汝，遺恨茫茫不在詩。莫道墨梅曾遇主，黃花一絕更堪悲。

近世習唐詩者，以不用事為第一格。少陵無一字無來處，眾人固不譏也。若不用事，云者正以文不讀書之過耳。暇日，與里人盛元仁言之。予、元仁俱以筆墨受雨山先生知，予之心、元仁之心、先生之心同矣。元仁歸十錦將東書渡淮，輒錄小卷贈行，以寄君思。若元仁小好詩，錄以教我，以寄予思。明月天涯，千里對面，稽不孤矣。戊寅七夕前三日武林仇遠頓首再拜。

圖33

趙孟頫　行草書絕交書卷

釋文：

嵇叔夜與山巨源絕交書

康白：足下昔稱吾於穎川，吾嘗謂之知言。然經怪此，意尚未熟悉於足下，何從便得之也？前年從河東還，顯宗、阿都說足下議以吾自代；事雖不行，知足下不知。足卜傍通，多可而少怪；吾直性狹中，多所不堪，偶與足下相知耳。間聞足下遷，惕然不喜；恐足下羞庖人之獨割，引屍祝以自助，手薦鸞刀，漫之羶腥。故具為足下陳其可否。吾昔讀書，得並介之人，或謂無之，今乃信其真有耳。性有所不堪，真不可強。今空語同知有達人，無所不堪，外不殊俗，而內不失正，與一世同其波流，而悔吝不生耳。老子、莊周，吾之師也，親居賤職；柳下惠、東方朔，達人也，安乎卑位。吾豈敢短之哉！又仲尼兼愛，不羞執鞭，子文無欲卿相，而三登令尹。是乃君子思濟物之意也。所謂達人能兼善而不渝，窮則自得而無悶。從此觀之，故堯舜之君世，許由之岩棲，子房之佐漢，接輿之行歌，其揆一也。仰瞻數君，可謂能遂其志者。故君子百行，殊塗而同致，循性而動，各附所安。故有處朝廷而不出，入山林而不反之論。且延陵高子臧之風，長卿慕相如之節，志氣所託，不可奪也。每讀尚子牙、台孝威傳，慨然慕之，想其為人。少加孤露，母兄見驕，不涉經學。性復疏懶，筋駑肉緩，頭面常一月十五日不洗；不大悶癢，不能沐也。每常小便而忍不起，令胞中略轉乃起耳。又縱逸來久，情逸傲散，簡與禮相背，懶與慢相成，而為儕類見寬，不改其過。又讀莊、老，重增其放。故使榮進之心日頹，任實之情轉篤。此由禽鹿，少見馴育，則服從教制；長而見羈，則狂顧頓纓，赴蹈湯火；雖飾以金鑣，饗以嘉肴，逾思長林而志在豐草也。阮嗣宗口不論人過，吾每師之而未能及。至性過人，與物無傷，唯飲酒過差耳。至為禮法之士所繩，疾之如讎，幸賴大將軍保持之耳。吾不如嗣宗之賢，而有慢馳之闕，又不識人情，暗於機宜；無石之慎，而有好盡之累，久與事接，疵釁日生，雖欲無患，其可得乎？又人倫有禮，朝廷有法，自惟至熟，有必不堪者七，甚不可者二。卧喜晚起，而當關呼之不置，一不堪也。抱琴行吟，弋釣草野，而吏卒守之，不得妄動，二不堪也。危坐一時，痺不得搖，性復多蝨，(把) 搔無已，而當裹以章服，揖拜上官，三不堪也。素不便書，不喜作書，而人間多事，堆案盈几，不相酬答，則犯教傷義，欲自勉強，則不能久，四不堪也。不喜弔喪，而人道以此為重，已為未見恕者所怨，至欲見中傷者；雖瞿然自責，然性不可化，欲降心順俗，則詭故不情，亦終不能獲無咎無譽，如此五不堪也。不喜俗人，而當與之共事，或賓客盈坐，鳴聲聒耳，囂塵臭處，千變百技，在人目前，六不堪也。心不耐煩，而官事鞅掌，機務纏其心，世故繁其慮，七不堪也。又每非湯、武而薄周、孔，在人間不止此事，會顯世教所不容，此甚不可一也。剛腸疾惡，輕肆直言，遇事變發，此甚不可二也。以促中小心之性，統此九患，不有外難，當有內病，寧有久處人間邪？又聞道士遺言，餌術、黃精，令人久壽，意甚信之。遊山澤，觀魚鳥，心甚樂之。一行作吏，此事便廢，安其舍其所樂，而從其所懼哉！夫人之相知，貴識其天性，因而濟之。禹不偪伯成子高，全其節也。仲尼不假蓋子夏，護其短也。近諸葛孔明不偪元直以入蜀，華子魚不強幼安以卿相。此可謂能相終始，真相知也。足下見直木必不可以為輪，曲者必不可以為桷，蓋不欲以枉其天才，令得其所也。故四民有業，各以其志為樂，唯達者為能通之；此似足下度內耳。不可自見好章甫，越人以文冕也；自以嗜臭腐，養鴛雛以死鼠也。吾傾學養生之術，方外榮華，去滋味，遊心於寂寞，以無為為貴。縱無九患，尚不顧足下所好者。又有心悶疾，頃轉增篤，私意自試，必不能堪其所不樂。自卜已審，若道盡塗窮則已耳。足下無事冤之，令轉於溝壑也。吾新失母兄之歡，意常淒切。女年十三，男年八歲，未及成人，況復多病，顧此悢悢，如何可言。今但願守陋巷，榮華獨能離之，以此為快，此最近之，可得而言耳。然使長才廣度，無所不淹，而能不營，乃可貴耳。若吾多病困，欲離事自全，以保餘年，此真所乏耳。豈可見黃門而稱貞哉！若趣欲共登王塗，期於相致，時為歡益，一旦迫之，必發其狂疾。自非重怨，不至於此也。野人有快炙背而美芹子者，欲獻之至尊，雖有區區之意，亦已疏矣。願足下勿似之。其意如此。既以解足下，並以為別。嵇康白。　延祐六年九月望日　吳興趙孟頫書

圖40

鄧文原　章草急就章卷

釋文：

急就奇觚文眾異羅列諸物名姓字分別部居不雜廁用日約少誠快意勉力務之必有憙請道其章宋延年節子方衛益壽史步昌周千秋趙孺卿爰展世高辟兵　第二　鄧萬歲秦眇房郝利親馮漢疆戴護郡景君明董奉德桓賢良任逢時侯仲郎由廣國榮惠嘗篤承祿令狐橫朱交便孔何傷師猛虎石敢當所不侵龍未央伊嬰齊　第三　翟回慶畢稚季昭小兄柳堯舜藥禹湯淳於登費通光柘恩舒路正陽霍聖宮顏文章莞財歷遍呂張魯賀憙灌宜王程忠信吳仲皇許終古賈友倉陳元始韓魏唐　第四　掖容調柏杜揚曹富貴李尹桑蕭彭祖屈宗談樊愛君崔孝襄姚得賜燕楚嚴薛勝客聶邗將求男弟過說長祝恭敬審無妨龐賞賫聲士梁成博好范建羌閻驩喜　第五　寧可忘苟貞夫茅涉臧田細兒謝內黃柴桂林溫直衡奚驕叔邴勝箱雍弘敞劉若芳毛遺羽馬牛羊尚次倩丘則剛陰賓上翠鴛鴦庶霸遂萬段卿冷幼功武初　第六　褚回池蘭偉房減罷軍橋竇陽康輔福宣棄奴陰滿息充申屠夏修俠公孫都慈仁他郭破胡虞尊偃憲義渠蔡遊威左地餘譚平定孟伯徐葛咸軻敦錡蘇耿潘扈　第七　錦繡縵旄離雲爵乘風縣鐘華隤樂豹首落莽兔雙鶴春草雞翹鳧翁濯鬱金半見霜白蒨縹綟綠丸皁紫硟烝慄絹紺縉紅繎青綺羅谷靡潤鮮綈絓練素帛蟬　第八　絳緹繡紬絲綿帊幣囊橐不直錢服鎖緰此天繒連貰貸賣買販肆便資貨市贏匹幅全絡紵枲縕裹約纏綸組縌綬以高遷量尺丈寸斤兩銓取受付予相因緣　第九　稻黍秫稷粟麻粳餅餌麥飯甘豆羹葵韭葱蓼蘋蘇姜蕪夷鹽豉醯醬漿芸蒜薺分茱臾香老菁蘘何冬日臧梨柿奈桃待露霜棗杏瓜棣饊飴餳園菜果蓏助米糧　第十　甘麩恃美夾諸君袍襦表里曲領帬襜褕袷複絝襲緷單衣蔽膝布無尊箴縷補袒橏緣循舄沓裒越緞紃靸鞮印角褐韤巾尚韋不借為牧人完堅耐事愈比倫　第十一　屐蕎素粗贏窶貧旃裘索擇蠻夷民去俗歸義來附親譯槌贊拜稱妾臣戎貊總閲什伍陳廩食縣官帶金銀鐵鈇銍鑽釜鍑鍪鍛鑄鈆錫鐙錠鈴鏑鉤銋斧鋥鑿鉏　第十二　銅鐘鼎鈃鋗匜銚釭鐧鍵鑽冶鐈竹器簦笠簟籧篨笔箭篚筥箯篳篝篵箄箕帚筐篋簍橢盂槃案桮問椀蠡斗素升半卮簞榑榼椑㩶匕簣缶瓴盤盎甕熒壺　第十三　甑甇甂甌甀甖盧累繘繩索紡絞纑簡札檢署槧櫝家板柞所產谷口茶水蟲科斗黿蝦蟇鯉鮒蟹鱣鮐鮑鰕妻婦聘嫁賫

媵僮奴婢私隸枕床楨薄蒻藺席鏡奩疏比各異工蕡戶簾條潰縱澤窜沐浴揃搣寡合同椽飭刻畫無等雙繫臂琅玕虎魄龍璧碧珠璣玫瑰甕玉瑨環佩靡從容射魃闢邪除群風凶　第十五　竽瑟空侯琴筑鉏鐘磬鞀簫鼙鼓明五音雜會歌謳聲倡優俳笑觀倚庭侍酒行解宿昔醒廚宰切割給使令薪炭葦孰炊生膹膾炙截各有刑酸鹹酢淡辨濁清　第十六　肌脇脯臘魚臭腥沽酒釀醪稽檠捏棋局博戲相易輕冠幘簪黃結髮紐頭額頞准麋目耳鼻口脣舌斷牙齒頰頤頸項肩臂肘卷捥節搔母指手胂胦匈肋喉膺髃　第十七　腸胃腹肝心主脾腎五臟脃齊乳尻寬脊膂要背僂股腳膝臏脛為柱腨踝跟踵相近聚矛鑲盾刃刀鉤鈒鈹鎔釖鏦鐔鍭弓弩箭矢鎧兜鍪鐵垂杖梲柲殳　第十八　輜輬軸輿輪康輻轂錧鎋柔檮桑軹軾軫苓轙納衡蓋橑捭捝戹縛棠轡鞅絆羈韁茵茯薄杜鞍鑣鍚靳靷茸軨色焜煌革嗇髹漆猶黑倉室宅廬舍樓殿堂　第十九　門戶井灶廡囷京椱檮薄廬瓦屋梁泥涂堊墍壁垣墻幹楨板栽度員方屏廁溷渾糞土壤墼甕廥庼庫東箱碓磑扇隤舂簸楊頃町界畝畦埒畷疆畔畷佰耒梨鉏　第二十　種樹收斂賦稅攈護秉把插枝杷桐梓樅鬆榆櫄樗槐檀荊棘葉枝扶騂騩騅駮驪驢騏駹馳騶怒步超牂羖羯羠羭六畜番息豚彘豬豭豶狡狗野雞雛　第廿一　犙犻特犗羔犢駒雄牝牡相隨趨糟糠汁葦橋莝芻鳳爵鴻鵠鶩雉鷹鷂鴆䳄翳貂尾鳩鴿鶉鴳中網死鳶鵲鴟梟驚相視豹狐距虛豺犀豸貍兔飛鼠狼麋麞　第廿二　麇塵麠鹿皮給履寒氣泄注腹臚張痂疕疥癘癡聾忘癰疽瘛瘲痿疾疢疝瘕顛疾狂失虐瘚痛痳溫病消湯歐懣欬逆讓瘴熱瘻痔眵眼篤癃衰廢迎醫匠　第廿三　灸刺和藥逐去邪黃芩伏令礜茈胡牡蒙甘草菀梨盧烏喙付子椒元華半夏皁夾艾橐吾弓絕厚樸桂栝樓款東貝母姜狼牙遠志續斷參土人亭歷桔梗龜骨枯　第廿四　雷失產菌蓋兔盧卜蘿譴崇父母恐祠祀社保敢勝奉巧觴塞禱鬼神寵棺槨秉櫝遣送踴喪吊悲哀面目種哭泣綴祭墓塚諸物盡訖五官出宦學諷詩孝經論　第廿五　春秋尚書律令文治禮掌故底癘身志能通達多見聞名顯絕殊異等倫超擢推舉白黑分積行上究為牧人丞相御史郎中君進近公卿付僕勳前後常侍諸將軍　第廿六　列侯封邑有土臣積學所致無鬼神馮翊京兆執治民廉潔平端拊順親變化迷惑別敏新奸邪並塞皆理馴更卒歸城自詣因司農少府國之淵援眾錢谷主辨均　第廿七　皋陶造獄法律存誅罰詐偽劾罪人廷尉正監承古先總領煩亂決疑文鬥變殺傷撲伍鄰遊徼亭長共雜診盜賊繫囚榜笞臀朋黨謀敗相引牽欺誣詰狀還反真　第廿八　坐生患害不足憐城窮情得具獄堅籍受驗登記問年閭里鄉縣趣辟論鬼新白粲鉗鈦髡不肯謹慎自令然輸屬治作峪谷山菰萩起居課後先斬伐材木斫株根　第廿九　犯禍事危置對曹謾訑首匿愁勿聊縛購脫漏亡命流攻擊劫舊檻車膠嗇夫假佐扶致牢疻痏保辜謕呼獋之興猥逮詷諒求輒覺沒人檄報留受賕杜冤憤怒仇　第卅　讒諛爭語相牴觸憂念緩急悍勇獨乃肯省察諷諫讀江水涇渭街術曲筆研投笄膏火燭賴斂救解貶秩祿邯鄲河間沛巴蜀潁川臨淮集課錄依慁汙擾貪者辱　第卅一　漢地廣大無不容盛萬方來朝臣妾使令邊境無事中國安寧百姓承德陰陽和平風雨時節莫不茲榮蝗蟲不起五穀熟成賢聖並進博士先生長樂無極老復丁　大德三年三月十日為理仲雍書於大都慶壽寺僧房巴西鄧文原。

圖*61*

康里巎　草書述張旭筆法記卷

釋文：

公乃當堂踞床，而命僕居乎小榻，乃曰："筆法玄微，難妄傳授，非志士高人，詎可言其要妙也。書之求能，且攻真草，今以授子，可須思妙。" 乃曰："夫平為橫，子知之乎？"僕思以對曰："嘗聞長史九丈每令為一平畫，皆須縱橫有象，此豈非其謂乎？"長史乃笑曰："然。"又曰："夫直謂縱，子知之乎？"曰："豈不謂直者必縱之不令邪曲之謂乎？"長史曰："然。"又曰："均為間，子知之乎？"曰："嘗蒙示以間不容光之謂乎？"長史曰："然。"又曰："密為際，子知之乎？"曰："豈不謂築鋒下筆，皆令宛成，不令其疏之謂乎？"長史曰："然。"又曰："鋒為末，子知之乎？"曰："豈不謂末以成畫，使其鋒健之謂乎？"長史曰："然。"又曰："力為骨體，子知之乎？"曰："豈不謂趯筆則總畫皆有筋骨，字體自然雄媚之謂乎？"長史曰："然。"又曰："輕為曲折，子知之乎？"曰："豈不謂鉤筆轉角，折鋒輕過，亦謂轉角為暗過之謂乎？"長史曰："然。"又曰："決謂牽掣，子知之乎？"曰："豈不謂牽掣為弊，決意挫鋒，使不怯滯，令險峻而成，以謂之決乎？"曰："然。"又曰："補為不足，子知之乎？"曰："嘗聞於長史，豈不謂結構點畫或有失趣者，則以別點畫旁救之謂乎？"長史曰："然。"又曰："損謂有除，子知之乎？"曰："嘗蒙所授，豈不謂趣長筆短，常使意氣有餘，畫若不足之謂乎？"曰："然。"又曰："巧謂佈置，子知之乎？”曰：“豈不謂欲書先預想字形佈置，令其平穩，或意外字體，令有異勢，是謂之巧乎？”曰：“然。”又曰：“稱為大小，子知之乎？”曰：“嘗聞教授，豈不謂大字促之令小，小字展之使大，兼令茂密，所以為稱乎？”長史曰：“然，子言頗皆近之矣。夫書道之妙，煥乎其有旨焉，字外之奇，凡庸不能辨，言所不能盡。世之學者，皆宗二王、元常，頗存逸跡，曾不睥睨筆法之妙，遂爾雷同。獻之謂之古肥，旭謂之今瘦，古今既殊，肥瘦頗反，如自省覽，有異眾說。張芝、鍾繇巧趣，精細殆同，神機肥瘦古今，豈易致意，真跡雖少，可得而推。逸少至於學鍾，勢巧形密，及其獨運，意疏字緩，譬楚晉習夏，不能無楚，過言不悒，未為篤論。又子敬之不逮逸少，猶逸少之不逮無常，學子敬者畫虎也，學無常者畫龍也。余雖不習，久得其道，不習而言，必慕之歟。儻著巧思，思盈半(半)矣。子其勉之，工若精勤，悉自當為妙筆。”真卿前請曰：“幸蒙長史九丈傳授用筆之法，敢問攻書之秒，何如得齊於古人？”張公：“妙在執筆，令其圓暢，勿使拘攣。其次識法，謂口傳手授之訣，勿使無度，謂筆法也。其次在於佈置，不慢不越，巧使合宜。其次紙筆精佳，其次變法適懷，縱捨掣奪，或有規矩，五者備矣，然後能齊於古人。”曰：“敢問長史神用執筆之理，可得聞乎？”長史曰：“予傳授筆法，得之於老舅彥遠曰：‘吾昔日學書，雖功深，奈何跡不至殊妙。後聞於褚河南，曰：用筆當須如印印泥，思所不悟。後於江島，遇見沙平地靜，令人意悅欲書，乃偶以利鋒畫而書之，其勁險之狀，明利媚好，自茲乃悟用筆如錐畫沙，使其藏鋒，畫乃沉着。當其用筆，常欲使其透過紙背，此功成之極矣。真草用筆，悉如畫沙，點畫淨媚，則其道至矣。如此則其跡可久，自然齊於古人。但思此理，以專想功用，故其點畫不得妄動，子其書紳。’”予遂銘謝，逡巡再拜而退。自此得攻書之妙，於茲五年，真草自知可成矣。

魯公此文，議論精絕，形容書法要妙無餘蘊矣。今之曉書意者，莫莫如公，所以及此。至順四年三月五日　康里巙為麓庵大學士書

圖68

楊維楨　行書城南唱和詩卷

釋文：

原原錫潭水，匯此南城陰。岸花有開落，水盈無淺深。納湖

團團淩風桂，宛在水之東。月色穿林影，卻下碧波中。東渚

四序有佳趣，今古蓋共茲。橋邊獨微吟，回首忘所之。咏歸橋

窗低蘆葦秋，便有江湘思。久矣倦垂綸，遊魚不須避。船齋

長哦伐木篇，置立以望子。日映(暮)飛鳥歸，門前長春水。麗澤

藝蘭北磵側，磵曲風紆餘。願言植根固，芬芳長慰予。蘭澗

疊石小崢嶸，修篁高下生。地偏人跡罕，古井轆轤鳴。山齋

高樓出林杪，中有千載書。昔人不可見，倚檻竟何如。書樓

開軒僅尋丈，水竹亦蕭疏。客來須起敬，題榜了翁書。蒙軒

流泉自清寫，觸石短長鳴。窮年竹根底，和我讀書聲。石瀨

雲生山氣佳，雲捲山色靜。隱幾亦何心，此意相與永。卷雲亭

前年種垂柳，已復如許長。長條莫攀折，留待映滄浪。柳堤

危欄明倒景，面面湧金波。何處無佳月，惟應此地多。月榭

夫容豈不好，濯濯清漣漪。採之不盈把，惆悵暮忘飢。濯清亭

繫舟西岸邊，幅巾自來去。島嶼花木深，蟬鳴不知處。西嶼

幽谷竹成陰，懸流着石清。不妨風月夕，來此聽琮崢。琮錚谷

亭亭堤上梅，歷歷波間影。歲晚憶夫君，寂寞煙渚靜。梅堤

風吹渡頭雨，摵摵篷上聲。忻然會心處，端復與誰評。聽雨舫

散策下亭阿，水清魚可數。卻上採菱舟，乘風過南浦。採

菱舟

湘水接洞庭，秋山見遙碧。南皐時一登，搔首意無斁。南皐

右張宣公城南雜詠二十首，子朱子嘗所屬和者也。南沙虞子賢氏，受朱子詩翰於其眷棣錢廣，而宣公真跡逸矣。余來婁，賢介其友王師道持卷來徵余言。適於宣公集中得其元唱，賢且躬至余邸次，請余追和，未及，先為補書宣公詩。時至正壬寅冬十二月　東維叟楊楨謹再拜書

余既寫詩已，賢復索余評兩前哲詩。朱子之辭不敢評。不意張荊州為乾道道學君子，而矢口小章，亦有古風人思致。如岸花有開落，水流無淺深；日暮飛鳥歸，門前長春水；又如古井轆轤鳴，雖開元詩人不能到。至卷雲一章，惟許晉處士作之，詞人不敢企也。　楨贅評

圖76

俞和　行書自書詩卷

釋文：

次陸秀才春日幽坐韻

新塘雨餘流水新，隔窗看花如美人。晴絲冉冉墮復起，幽鳥嚶嚶啼更嚬。自怜華髮在海嶠，誰肯野服隨山民。故園荒穢久弗治，且得飲酒從天真。

冬日偕友人金子尚遊賈氏西園觀梨樹有感

紫芝山人無所慕，仗策岡頭閒縱步。蘧軒先生欣見之，弟子相邀過西圃。圃中梨樹如大椿，百年枝幹高輪菌。先生驚見弟子喜，我亦歎賞荒煙濱。東風有待憑闌者，我輩還來醉其下。

華時萬朵白於雲，澹月溶溶香更雅。洗妝嬌面不勝春，好倩徐熙生色寫。只今霜雪苦寒中，掃除宿莽驅園僮。地僻無憂人剪伐，時有剝(點去)啄木尋青蟲。

次葉舜臣訪慈濟悅上人詩韻

攜琴相訪輒相迎，惠遠由來有勝情。避世人(點去)歌仍紫芝曲，忘機肯負白鷗盟。城頭雨過階除淨，樹底風生几席清。我亦年來味禪悅，仗策蘭若踏春晴。

題悌本中新居次葉舜臣韻

禪房華木深幽處，每見黃鸝語自雙。雪色一方新構室，樹陰三面半開窗。鬻茶聯句龍頭鼎，剪燭翻經雁足缸。清勝了無塵俗事，時將綠綺奏飛瀧。

題張羽士小像

吳山羽客蓬萊侶，閱世青松白石間。煉就還丹飛白日，遊心自與野雲閒。

遊天龍寺次簡上人詩韻

江郭幽尋仗策來，龍飛鳳舞畫圖開。且從聽法留蕭寺，更欲淩雲上古台。笑傲不妨雙鬢雪，登臨唯覺寸心灰。百年興廢同誰語，目送寒潮又一回。

遊靈隱寺有感，示用貞長老

小朵峰頭訪大顛，岩扉無復舊蒼煙。清猿嘯月昔曾聽，古樹拂天今漫傳。陵谷變遷成小劫，林泉棲遁是何年。我來試勺亭前水，一滴曹溪問老禪。

次沈斯樂見寄

我家新塘種竹所，問字時有人敲門。天風晝翻翡翠羽，海月夜照瑚瑚根。哦詩政爾遣偪側，對客嫩與通寒溫。且傾新釀百壺酒，與子日醉梅花村。

圖80

李孝光　行書發建業帖頁

釋文：

後五月十日，李孝光頓首上書，龍翔堂頭笑隱和尚尊前：發建業時行遽，乃不得身自謝。又聞從者且至龍安驛，與克莊副使為別，此即相見，因得攄寫情愫。比明日到龍安，則聞辭不來矣，愧戀悚息，不可勝言。心已知公仁厚，明我不敢為慢者。然建業市間，有一種人善為涂涴，萬一少被毀惑，何以自解，故不得不切切言之。適吳溥泉台使來，便附上書致多謝，惟高明賜察。溥泉讀書積學，明敏曉時務，善於為歌詩，又工書，得公為誕譽諸公間，幸甚。未由相見，伏冀為佛法厚自愛，孝光拜覆。用章、玉峰、仲堅、清遠入參，乞呼賤名致意，孝光又覆

圖96

張紳等五家　行書詩帖卷

釋文：

雪坡參政以賓館所種□見惠，口占是詩為謝，錄□府中諸公一笑。　齊郡張紳再拜

延賓館中菜盈尺，霜後寒雲照畦碧。雪坡先生昔所種，雲門病叟今分及。病叟平生飽此味，一飽(點去)飯與此不相失。忽看狼籍筐筥富，□杖下堂親掇拾。奴欣踉蹡婢喜走，大甕小罌皆洗滌。琅玕翡翠不足共，鵝掌鱉裙差可敵。老妻自負能治此，然火沃湯誇有術。烝湘芼漬貴輕脆，喜見滿家皆飽喫。我聞宰相厭粱肉，烹鮮割肥分所得。先生年來在政府，一飯魚羹端可述。願公身任調與燮，四海黎民無此色。嗚呼！四海黎民無此色，白首灌園歌帝德。

早過天錫先輩寓軒，觀其書畫，神縱揮爗飛動。陳叔方，余故人也，亦復來會。二子妙質頗類，因寄五絕句。　紫陽山張文在再拜

京口傳聞瘞鶴銘，愛君材力故精靈。翠髯風動揮毫曉，換得雙鵝不寫經。是早有遣鵝酒求題扇者。

胸次槎牙皆竹石，毫端點染即雲煙。老熙絕藝何人繼，功父詩名到處傳。

落落陳君冰玉姿，酒酣發興竹參差。承蜩痀僂無多巧，舞劍公孫亦我師。

高公山水趙公書，今代何人與並驅。漢晉風流如可作，直須碧海掣鯨魚。

君登望海看潮頭，聞天錫將如杭　我欲題□北固樓。聞道酒醪仍可飲，幾時元禮託同舟。

承寄佳章，依韻奉和。錄似用賓學士賢契友改正尤荷。
默頓首

白日來何短，黃河去不還。故人成契闊，新貴絕追攀。高蹈思丘壑，幽居隔闠闤。琴橫時再鼓，門設且常關。名遠金閨籍，身閒玉筍□。藏修雖匪易，仕進亦惟艱。名實稱窮措，囊空作老慳。清朝甘蹭蹬，綵服自斑斕。訪舊遊溪上，尋盟過泖灣。別離今暫合，笑語不須刪。吟罷詩清思，杯餘酒破顏。問農將學圃，攜妓且遊山。力學誠希勝，知言足訂頑。頻年無個事，終日有餘閒。會見駒千里，常窺豹一斑。但當鑽故紙，何用解連環。蒲扇惟勤寫，桑孤亦倦彎。鏡中多雪髮，席上紫雲鬟。詩寄青山裏，書來白水間。何時如宿約，坐石共垂綸。

至正乙未夏五月望日，雨窗迺觀諸公佳製。其間逝者亦眾，而可矩公仕於朝，有懷其人，輒成一律。　王東

委質清朝四十年，孤忠直貫九重天。西州冠蓋中州客，南斗文章北斗權。曉轡星馳秦塞馬，秋帆風送楚江船。雨窗展捲相思意，長在金園夕照邊。

雨中成二詩，奉呈思齊闖掾郎中執事。　程琚頓首

閔君起南服，浩氣千層霄。高姿挺梧竹，逸韻含□飈。談河落珠玉，纚纚遺紛囂。簿書淨無塵，寄興繫桐焦。之人妙超卓，欲見不可招。玄冬百草死，涷雨何蕭蕭。出門擬相訪，泥淖沾□腰。騤騤四牡駕，王事資賢勞。安得縶維之，庶幾永今朝。

我行客金華，棲棲厭窮獨。馳駈事乾謁，息偃甘局束。端居寡儔侶，紆結繞心曲。雨花散虛簷，燈影動寒屋。羈鴻送離響，欲□(以下缺失)

圖99

仇遠等五家　贈莫維賢詩文卷

釋文：

擬題莫景行西湖寫真畫。珽頓首

達人夙得煙霞趣，買屋西湖背城住。伊誰筆有縮地法，盡卷湖山入豪素。勢如翠浪蹴天起，一線縱橫兩新路。仙宮佛祠何處所，時有朱樓出煙樹。畫船百尺小於蠶，不見汀鷗與沙鷺。

南山北山相媚嫵，都是杖藜曾到處。月香水影夢東坡，晴光雨色山光(此二字點去)顰西子。幾回閉戶成卧遊，不厭連朝阻風雨。人生百年一炊黍，幾度將迎鐵爐步。歲寒只合觀畫圖，不作宣明面相顧。

(第二段“書西湖稿”略)

莫景行詩引

景行早從予遊，其天資明敏，為學之進，勢翩翩若鷹隼之習，泉流之達，即浸淫不可御。喜為詩，氣實而思銳，一字一句必研練□□。不數年，詩已成編。予嘗斷取律詩，自唐以前不論，上之為李、杜、韋、柳，下之為姚、賈、許、劉。不專一體，而各成一體，以傳於當時。

後世維其才力所至，固有高下大小之殊，若其所長，有可得言者矣。詩猶弓然，往體張，來體馳，正之以檠，而得

張馳之宜，則弓為良弓矣。善射者，審其彀率，規其的而發焉，其不中者，蓋亦有之。而求其遠於的，則未之有也。詩有古體律，有今體律，體有不同，而律無不同。一於此則得之，不一於此則失之。善學者，取以為的，而審其所發焉，則詩有不工，吾弗信也。持之既久，手調而心應，目注而力隨，百發百中，必無遺鏃。射至於巧，則詩造於玄矣。詩不玄，不可也。景行之於詩，學力如此，用志不分、不患、不造於玄。吾衰且耄，弗復抒思於詩，得景行而與之，因綴數語於其編首，以相摩策，景行其當勉於予言。

泰定丁卯重九日引　南陽仇遠敬書

菊存先生於玄度為叔祖行，觀其為作字說，諄諄善誘，典刑具在。山村、湛淵二老繼題於後。此卷垂卅載，在交遊間久假不歸。一旦舊物之還，重為裝治，手澤如新，奉之周旋，不敢失墜。庶幾合瑄璧之義焉，玄度其勿忘。　海昌張雨跋

敬承景行隱君先生見寄絕句，次韻二首。一以懷外史，一以謝隱君，翼賜教也。侍生桑維慶堇再拜

不借狂生筆，清詩自可傳。靈山雲最好，南望眼徒穿。

多謝憐才意，名期竹帛傳。要看鐵硯盡，真待木床穿。